D1723455

Dorothee Frings, Martina Domke

Asylarbeit

Der Rechtsratgeber für die soziale Praxis

© 2016 **Fachhochschulverlag**
DER VERLAG FÜR ANGEWANDTE WISSENSCHAFTEN

Dorothee Frings, Martina Domke
Asylarbeit
Der Rechtsratgeber für die soziale Praxis

Band 14

© 2016 Fachhochschulverlag
ISBN 978-3-943787-58-0

Satz:
Sarah Kalck

Druck und Bindung:
docupoint GmbH
39179 Barleben

Preis:
Das Buch kostet je Exemplar 25,– €
(zuzüglich Portokosten)

Bestellungen:
Fachhochschulverlag.
DER VERLAG FÜR ANGEWANDTE WISSENSCHAFTEN E.K.
Kleiststraße 10, Gebäude 1
60318 Frankfurt am Main

Telefon (0 69) 15 33–28 20
Telefax (0 69) 15 33–28 40
bestellung@fhverlag.de
http://www.fhverlag.de

Die Verfasserinnen garantieren nicht für die Richtigkeit aller Aussagen.

Bibliografische Information der Deutschen Nationalbibliothek:
Die Deutsche Nationalbibliothek verzeichnet diese
Publikation in der Deutschen Nationalbibliografie;
detaillierte bibliografische Daten sind im Internet
über http://dnb.d-nb.de abrufbar.

Vorwort

Dieser Rechtsratgeber richtet sich an Fachkräfte in der Verfahrensberatung, den Aufnahmeeinrichtungen und Kommunen, den Migrationsberatungsstellen und Jugendmigrationsdiensten, in Einrichtungen für unbegleitete Minderjährige und Asylberatungsstellen; aber auch an die Mitarbeiterinnen der Regeldienste, insbesondere Schwangerschaftsberatungsstellen, Frauenhäuser und -beratungsstellen, Jugendämter, Jobcenter und Sozialdienste. Studierenden, die sich u. a. in Refugee Law Clinics engagieren, kann dieser Rechtsratgeber als Einstieg dienen, auch wenn er keine Anleitung zur juristischen Fallbearbeitung bietet. Auch andere ehrenamtliche Unterstützer können ihn als Fundgrube für Einzelfragen nutzen.

Zur besseren Orientierung haben wir den einzelnen Kapiteln eine Inhaltsübersicht vorangestellt.

Die »begriffliche Vielfalt« des Asylrechts wird durch ein Glossar (→ S. 416) erschlossen.

Als Grundlage für eine Einschätzung der Handlungsoptionen, finden Sie im Anhang einen Aufnahmebogen (→ S. 448), in dem die wichtigsten Daten erfasst werden können.

Eine Schnellübersicht auf → S. 451 ermöglicht einen raschen Zugriff auf die sozialen Leistungen.

Der Rechtsratgeber ist auf dem Stand 1. Mai 2016.

Die Struktur des Asylverfahrens befindet sich im Umbau und der Prozess der Gesetzgebung zur Beschränkung der Rechte von Flüchtlingen ist nicht abgeschlossen. Dennoch wollten wir den Erscheinungstermin des Rechtsratgebers angesichts der Informationsnachfrage aus der Praxis nicht noch weiter hinausschieben.
Auf Änderungen werden wir daher zeitnah mit einer Neuauflage reagieren. Auch dafür freuen wir uns auf Anregungen und Kritik, um diesen Rechtsratgeber zu verbessern.

Prof. Dr. jur. Dorothee Frings
Hochschule Niederrhein

Martina Domke
Leiterin des Fachdienstes Migration
des Diakonischen Werks Köln

INHALT

Abkürzungsverzeichnis

ABl	Amtsblatt
AEUV	Vertrag über die Arbeitsweise der EU
AFBG	Aufstiegsfortbildungsförderungsgesetz
AI	amnesty international
Alg I	Arbeitslosengeld I
Alg II	Arbeitslosengeld II
Alt.	Alternative
ARB	Assoziationsratsbeschluss
AsylbLG	Asylbewerberleistunggesetz
AsylG	Asylgesetz
AsylVfG	Asylverfahrensgesetz (jetzt: Asylgesetz)
AuAS	Schnelldienst Ausländer- und Asylrecht (Zeitschrift)
AufenthG	Gesetz über den Aufenthalt, die Erwerbstätigkeit und die Integration von Ausländern im Bundesgebiet (Aufenthaltsgesetz)
AufenthV	Aufenthaltsverordnung
AuslR	Ausländerrecht
AZR	Ausländerzentralregister
BA	Bundesagentur für Arbeit
BAB	Bundesausbildungsbeihilfe
BaFin	Bundesanstalt für Finanzdienstleistungsaufsicht
BAföG	Bundesgesetz über individuelle Förderung der Ausbildung (Bundesausbildungsförderungsgesetz)
BAföG-VwV	Allgemeine Verwaltungsvorschrift zum Bundesausbildungsförderungsgesetz
BAMF	Bundesamt für Migration und Flüchtlinge
BauGB	Baugesetzbuch
BEEG	Gesetz zum Elterngeld und zur Elternzeit
BeschV	Verordnung über das Verfahren und die Zulassung von im Inland lebenden Ausländern zur Ausübung einer Beschäftigung (Beschäftigungsverordnung)

BFH	Bundesfinanzhof
BGB	Bürgerliches Gesetzbuch
BGBl.	Bundesgesetzblatt
BGH	Bundesgerichtshof
BKA	Bundeskriminalamt
BKGG	Bundeskindergeldgesetz
BMAS	Bundesministerium für Arbeit und Soziales
BMF	Bundesministerium der Finanzen
BMI	Bundesministerium des Innern
BQFG	Gesetz über die Feststellung der Gleichwertigkeit von Berufsqualifikationen
BSG	Bundessozialgericht
BT-Drs.	Bundestagsdrucksache
BüMA	Bescheinigung über die Meldung als Asylsuchender
BvB	Berufsvorbereitende Bildungsmaßnahmen
BVerfG	Bundesverfassungsgericht
BVerwG	Bundesverwaltungsgericht
DA	Durchführungsanweisung
DSM	Diagnostischer und statistischer Leitfaden psychischer Störungen (Diagnostic and Statistical Manual of Mental Disorders)
DSGV	Deutscher Sparkassen- und Giroverband
Dublin-VO	Verordnung (EU) Nr. 604/2013 (Dublin III)
EAE	Erstaufnahmeeinrichtung
EASY	Erstverteilung von Asylbegehrenden
eAT	Elektronischer Aufenthaltstitel
ED	Erkennungsdienst(lich)
EG	Europäische Gemeinschaft
EGBGB	Einführungsbuch zum Bürgerlichen Gesetzbuche
EGMR	Europäischer Gerichtshof für Menschenrechte

EMRK	Konvention zum Schutz der Menschenrechte und Grundfreiheiten (Europäische Menschenrechtskonvention)
EStG	Einkommensteuergesetz
EU	Europäische Union
EuGH	Europäischer Gerichtshof
EWR	Europäischer Wirtschaftsraum
FamG	Familiengericht
FeV	Fahrerlaubnis-Verordnung
ff.	fortfolgende
FG	Finanzgericht
FlüAG	Flüchtlingsaufnahmegesetz
FreizügG	Gesetz über die allgemeine Freizügigkeit von Unionsbürgern (Freizügigkeitsgesetz/EU)
GARP	Government Assisted Repatriation Programme
GEAS	Gemeinsames Europäisches Asylsystem
GER	Gemeinsamer Europäischer Referenzrahmen für Sprachen
GFK	Abkommen über die Rechtsstellung der Flüchtlinge (Genfer Flüchtlingskonvention)
GG	Grundgesetz
GKV	Gesetzliche Krankenversicherung
GRC	Europäische Grundrechtecharta
GwG	Gesetz über das Aufspüren von Gewinnen aus schweren Straftaten (Geldwäschegesetz)
HAÜ	Haager Adoptionsübereinkommen
HKL	Herkunftsländer
HumHAG	Gesetz über Maßnahmen für im Rahmen humanitärer Hilfsaktionen aufgenommene Flüchtlinge
i.V.m.	in Verbindung mit

ICD	Internationale statistische Klassifikation der Krankheiten und verwandter Gesundheitsprobleme (International Statistical Classification of Diseases and Related Health Problems)
IFSG	Infektionsschutzgesetz
IMK	Innenministerkonferenz
IntV	Verordnung über die Durchführung von Integrationskursen für Ausländer und Spätaussiedler
IOM	International Organisation for Migration
IPbürgR	Internationaler Pakt über bürgerliche und politische Rechte
JMD	Jugendmigrationsdienst
KRK	Übereinkommen über die Rechte des Kindes (UN-Kinderrechtskonvention)
LGBTI*	Lesben, Schwule, Bi-, Trans- und Intersexuelle
LSG	Landessozialgericht
MBE	Migrationsberatung für Erwachsene
MIK NRW	Ministerium für Inneres und Kommunales Nordrhein-Westfalen
MiLoG	Gesetz zur Regelung eines allgemeinen Mindestlohn (Mindestlohngesetz)
MINT	Mathematik, Ingenieurwesen, Naturwissenschaften, Technik (Mangelberufe)
MuSchG	Mutterschutzgesetz
n.F.	neue Fassung
NJW	Neue juristische Wochenzeitschrift
NRW	Nordrhein-Westfalen
NVwZ	Neue Zeitschrift für Verwaltungsrecht
NZFam	Neue Zeitschrift für Familienrecht

o.Ä.	oder Ähnliches
OEG	Opferentschädigungsgesetz
OLG	Oberlandesgericht
OVG	Oberverwaltungsgericht
PKH	Prozesskostenhilfe
PStG	Personenstandsgesetz
PStV	Verordnung zur Ausführung des Personenstandsgesetzes
PTBS	Posttraumatische Belastungsstörung
QRL	Qualifikationsrichtlinie
RBStV	Rundfunkbeitragsstaatsvertrag
Rdnr.	Randnummer
REAG	Reintegration and Emigration Programme for Asylum Seekers in Germany
RL	Richtlinie
RVG	Rechtsanwaltsvergütungsgesetz
SchKG	Gesetz zur Vermeidung und Bewältigung von Schwangerschaftskonflikten (Schwangerschaftskonfliktgesetz)
SchulG	Schulgesetz
SGB	Sozialgesetzbuch
SGG	Sozialgerichtsgesetz
SSW	Schwangerschaftswoche
StAG	Staatsangehörigkeitsgesetz
StGB	Strafgesetzbuch
StPO	Strafprozessordnung
StVollzG	Strafvollzugsgesetz
UhVorschG	Gesetz zur Sicherung des Unterhalts von Kindern alleinstehender Mütter oder Väter durch Unterhaltsvorschüsse oder -ausfallleistungen (Unterhaltsvorschussgesetz)
UmF	unbegleitete minderjährige Flüchtlinge
UN	Vereinte Nationen (United Nations)
UNHCR	Hoher Flüchtlingskommissar der Vereinten Nationen (United Nations High Commissioner for Refugees)
VerfGH	Verfassungsgerichtshof
VG	Verwaltungsgericht
VGH	Verwaltungsgerichtshof
VO	Verordnung
VwGO	Verwaltungsgerichtsordnung
VwV AufenthG	Allgemeine Verwaltungsvorschrift zum Aufenthaltsgesetz
VwVfG	Verwaltungsverfahrensgesetz
WÜK	Wiener Übereinkommen über konsularische Beziehungen
ZAB	Zentrale Ausländerbehörde
ZAV	Zentrale Auslands- und Fachvermittlung der Bundesagentur für Arbeit
ZPO	Zivilprozessordnung
ZWST	Zentralwohlfahrtsstelle der Juden in Deutschland

I Überblick

1 Was sind Flüchtlinge?

Zunächst sind Flüchtlinge Menschen, die ein bestimmtes Gebiet, eine Stadt oder ein Haus verlassen, weil sie an diesem Ort Furcht empfinden. Soziologisch können sie also ebenso gut als Fliehende, Geflüchtete oder Geflohene bezeichnet werden.

Für die rechtliche Einordnung helfen diese Bezeichnungen nicht weiter, weil der Begriff des Flüchtlings im Zusammenhang mit internationalen Asyl- und Menschenrechtskonventionen steht. In der UN-Menschenrechtskonvention (MRK) und auch im Grundgesetz (GG) (Art. 16a) findet sich nur der Begriff des »Asyls«. In der »Genfer Flüchtlingskonvention« von 1951 (GFK) wird in Art. 1 A definiert, dass der Begriff »Flüchtling« auf jede Person anzuwenden ist, die

»aus der begründeten Furcht vor Verfolgung wegen ihrer Rasse, Religion, Nationalität, Zugehörigkeit zu einer bestimmten sozialen Gruppe oder wegen ihrer politischen Überzeugung sich außerhalb des Landes befindet, dessen Staatsangehörigkeit sie besitzt, und den Schutz dieses Landes nicht in Anspruch nehmen kann oder wegen dieser Befürchtungen nicht in Anspruch nehmen will; oder die sich als staatenlose infolge solcher Ereignisse außerhalb des Landes befindet, in welchem sie ihren gewöhnlichen Aufenthalt hatte, und nicht dorthin zurückkehren kann oder wegen der erwähnten Befürchtungen nicht dorthin zurückkehren will.«

An dieser Definition fällt die starke Betonung des Willens von Menschen auf, sich nicht an einen Ort zurückzubegeben, wo sie sich bedroht fühlen. Die Bedrohung muss allerdings auch nach dieser Definition objektiv bestehen.

Auf diese Flüchtlingsdefinition bezieht sich auch das Recht der EU, das in Art. 78 AEUV sicherstellen will, dass die GFK von allen Mitgliedstaaten angewendet und das Gemeinsame Europäische Asylsystem (GEAS, siehe unten → 4) in Übereinstimmung mit der Konvention entwickelt wird.

Der Begriff »Flüchtling« wird in diesem Sinne für Menschen verwendet, deren Schutzanspruch in einem Verfahren geprüft wurde und denen förmlich der Status entsprechend der Definition in der GFK zuerkannt wurde.

Zur Unterscheidung werden diese Menschen im Folgenden als »anerkannte Flüchtlinge« bezeichnet.

Der Oberbegriff Flüchtlinge wird hingegen auch für all diejenigen verwendet, die aus Furcht vor Verfolgung oder Bedrohung mit Gewalt, Hunger oder Elend ihren Lebensort verlassen haben und (noch) keine Anerkennung erlangt haben.

Außerdem werden nur solche Personen als Flüchtlinge bezeichnet, die auf ihrer Flucht mindestens eine Grenze überschritten haben. Innerhalb eines Landes Geflohene werden auch Binnenflüchtlinge genannt; weltweit sind sie vermutlich sogar die größte Gruppe. Für die Schutzgewährung in Deutschland spielen sie aber keine Rolle, weil ein Schutzantrag erst nach der Grenzüberschreitung in Deutschland gestellt werden kann.

Folgende Begriffe haben in unserer Darstellung eine feststehende Bedeutung:

- **Asylsuchende**
  = Menschen, die einen Schutzantrag beim BAMF (siehe Glossar) gestellt haben oder stellen wollen, über den noch nicht entschieden ist.

- **Asylberechtigte**
  = Menschen, die nach Art. 16a GG vom BAMF als Asylberechtigte anerkannt worden sind.

- **Anerkannte Flüchtlinge**
  = Menschen, die vom BAMF als Flüchtlinge nach der GFK anerkannt worden sind.

- **Subsidiär Schutzberechtigte**
  = Menschen, die vom BAMF als subsidiär Schutzberechtigte anerkannt worden sind.

2   Asyl und Flüchtlingsschutz in der internationalen Geschichte

Das Asylrecht galt im Verlauf der Geschichte seit der Antike überwiegend nicht als Recht des Flüchtlings, sondern als zwischenstaatliches Recht im Widerstreit zwischen dem Recht der Staaten, über ihre Angehörigen zu bestimmen (Personalhoheit), und dem Recht der Staaten, über die Vorgänge auf ihrem Gebiet zu entscheiden (Territorialhoheit). Zu einer Kollision dieser Prinzipien kommt es, wenn eine Person sich außerhalb des angestammten Gebietes – später dann des Staates seiner Zugehörigkeit – aufhält und sowohl der Herkunftsstaat als auch der Aufenthaltsstaat das Recht geltend macht, über das Schicksal der Person zu verfügen. Das Asylrecht regelte, wann der Aufenthaltsstaat zur Auslieferung der Person an den Herkunftsstaat verpflichtet war. Im Verlauf der Geschichte durfte mal die Auslieferung der »Politischen« und mal die Auslieferung der »Kriminellen« verweigert werden (Tiedemann 2015, S. 4).

In diese Konstruktion des Asylrechts ist die Perspektive der Schutzsuchenden selbst nicht einbezogen, und bis zum Beginn des 20. Jahrhunderts spielte sie nahezu keine Rolle.

Erstmals im britischen »**Aliens Act**« **von 1905**, der auf die Abwehr der Zuwanderung von Juden und verarmten Bauern aus Russland gerichtet war, findet sich der Gedanke des Schutz vor Verfolgung, auch wenn damit noch kein individueller Rechtsanspruch verbunden war:

> »... in the case of an immigrant who proves that he is seeking admission to this country solely to avoid prosecution or punishment on religios or political grounds or for an offence of a political character or persecution, involving danger of imprisonment or danger to life or limp, on account of religios belief, leave to land shall not be refused ...« (Aliens Act 1905).

Das 19. Jahrhundert war noch überwiegend von Arbeitsmigration im Zuge der Herausbildung der industriellen Zentren geprägt. Erst der Zerfall des osmanischen Reichs und der Habsburger Monarchie nach dem ersten Weltkrieg führte zu Fluchtbewegungen, Vertreibungen und einem Bevölkerungsaustausch in einem nationalstaatlichen Europa in einem nicht gekannten Ausmaß. Etwa zehn Millionen Menschen mussten ihren Wohnort verlassen (Oltmer 2013, S. 40 f.).

Mit der **Gründung des Völkerbundes 1920** beginnt die Geschichte der internationalen Flüchtlingshilfe und des **Amtes des Hochkommissars für Flüchtlinge** mit seinem ersten Amtsinhaber, Fridjof Nansen. Auf seinen Namen geht der Begriff »Nansen-Pass« für den ersten international anerkannten Reiseausweis für Flüchtlinge zurück (Tiedemann 2015, S. 5 f.).

Im Oktober 1933 wurde vom Völkerbund die Konvention über den internationalen Status der Flüchtlinge verabschiedet. Das Abkommen bezog sich auf Flüchtlinge aus der Sowjetunion und der Türkei und enthielt die Verpflichtung der Beitrittsstaaten, Verfolgte nicht in den Herkunftsstaat zurückzuschicken (»Non-Refoulement«). Beigetreten sind diesem Abkommen lediglich acht Staaten – Belgien, Bulgarien, Dänemark, Frankreich, Großbritannien, Italien, Norwegen und die Tschechoslowakei (Makarov 1952, S. 432 f.).

Angesichts der Verfolgung der Juden in Deutschland und Österreich und ihrer Flucht aus diesen Ländern kam es auf Initiative von Roosevelt im **Juli 1938** zur **Konferenz von Evian**, an der Regierungsvertreter von 32 Staaten teilnahmen. In einer Resolution wurde die Grundlage für ein neues internationales Flüchtlingskommissariat gelegt, aber zugleich lehnte die große Mehrzahl der vertretenen Staaten »unter Bekundung grundsätzlicher Anteilnahme an dem Flüchtlingsproblem« (Auswärtiges Amt 1939) die Aufnahme von Flüchtlingen ab. Das Ergebnis der Konferenz zeigt auf eindrucksvolle Weise, dass die Flüchtlingsaufnahme von der Staatengemeinschaft nur dann positiv bewertet wird, wenn damit eigene Interessen und Positionierungen innerhalb internationaler Konflikte verbunden sind. Sobald das Ausmaß der Fluchtbewegung eine Belastung der eigenen Systeme erwarten lässt und nicht nur zur wirtschaftlichen Entwicklung beiträgt, bleibt es bei unverbindlichen Deklarationen und dem Verweis auf die Verpflichtung anderer Staaten.

Auch die unter dem Eindruck der Verbrechen gegen die Menschlichkeit in Deutschland von der UN-Vollversammlung 1948 verabschiedete »Allgemeine Erklärung der Menschenrechte« nimmt zwar das Asylrecht auf, gestaltet es in der Endfassung aber nur als Staatenrecht auf Asylgewährung und nicht als individuellen Schutzanspruch (Art. 14).

Einen gewaltigen Sprung in der Entwicklung des internationalen Flüchtlingsschutzes bildet die **Genfer Flüchtlingskonvention (GFK)**, die am **28.7.1951** von der UNO-Generalversammlung verabschiedet und bis heute von 146 Staaten ratifiziert (in nationales Recht übernommen) wurde.

Die GFK wird von drei entscheidenden Elementen geprägt:
– der Ausgestaltung eines einheitlichen Flüchtlingsbegriffs,
– dem subjektiven Rechtsanspruch auf Nicht-Zurückweisung in einen Verfolgerstaat (Non-Refoulement) und
– der Festlegung bestimmter Rechtspositionen für anerkannte Flüchtlinge.

Zwei Elemente, die ihr gelegentlich zugeschrieben werden, enthält die GFK nicht: einen Rechtsanspruch auf die Zuweisung des Flüchtlingsstatus und einen allgemeinen Schutz vor Menschenrechtsverletzungen. Das Refoulement-

Verbot beinhaltet für die Staaten ein absolutes Verbot, an der Auslieferung zum Zweck der Verfolgung mitzuwirken, und ein korrespondierendes Individualrecht der Schutzsuchenden. Darin nicht enthalten ist das Verbot der Auslieferung an einen Staat, der z.b. zur Verfolgung kriminellen Unrechts Folter anwendet, der grausame Körperstrafen verhängt oder in dem eine konkrete Lebensgefahr durch Krieg, Hunger oder fehlende Gesundheitsversorgung besteht. Die GFK schützt also nicht vor allen lebensbedrohlichen Situationen. Ebenso wenig verpflichtet die GFK die Mitgliedstaaten auf die Zuerkennung eines Flüchtlingsstatus mit internationalem Pass, Aufenthaltstitel und sozialer Teilhabe.

Neben die GFK tritt aber die **vom Europarat 1950 geschaffene Europäische Menschenrechtskonvention (EMRK)**. Durch sie erhalten die bereits auf der Ebene der Vereinten Nationen festgelegten menschenrechtlichen Mindeststandards für den Europäischen Raum (einschließlich Russland und der Türkei) ein besonderes Maß an Verbindlichkeit, weil zu ihrer Überwachung der Europäische Gerichtshof für Menschenrechte in Straßburg[1] geschaffen wurde, der verbindliche Entscheidungen treffen und den Staaten Sanktionen auferlegen kann.

Als Abschiebeschutz wegen drohender Menschenrechtsverletzung sind das Verbot der Todesstrafe nach Art. 2 und das Folterverbot sowie das Verbot einer unmenschlichen oder erniedrigenden Strafe oder Behandlung nach Art. 3 EMRK zu beachten.

In zahlreichen Entscheidungen hatte der EGMR klargestellt, dass nicht nur staatliche oder private Handlungen selbst als Verstoß gegen die EMRK zu werten sind, sondern dass es jedem Mitgliedstaat untersagt ist, durch eigenes Handeln eine Person der Gefahr dieser Behandlung auszusetzen (EGMR vom 7.7.1989 – Nr. 1/1989/161/217 »Soering«; EGMR vom 7.3.2000 – Nr. 43844/98 zur Kettenabschiebung).

---

[1] Gegründet 1959 und auf der Grundlage des 11. Zusatzprotokolls in einen ständig tagenden Gerichtshof umgewandelt. Privatpersonen können direkt eine Beschwerde beim Gerichtshof in Straßburg einlegen, wenn sie sich in einem durch die Konvention garantierten Rechte verletzt fühlen. Beschwerden können sich gegen einen oder mehrere Staaten richten, die die Konvention ratifiziert haben. Alle innerstaatlichen Rechtsbehelfe müssen erschöpft sein und die endgültige innerstaatliche Entscheidung in dem Verfahren darf nicht länger als sechs Monate zurückliegen (Artikel 35). Neben der Individualbeschwerde (Artikel 34) sieht die Europäische Menschenrechtskonvention auch Staatenbeschwerden vor, die ein Mitgliedstaat gegen einen anderen Mitgliedstaat erheben kann (Artikel 33).

Auch das BVerfG ist dieser Auslegung gefolgt und sieht die Pflicht zur Prüfung des Abschiebeschutzes nach Art. 3 EMRK, wenn die Zuerkennung des Asylstatus oder des Flüchtlingsstatus nach der GFK abgelehnt wird (BVerfG vom 20.12.1989 – 2 BvR 958/86).

So standen auch im Europäischen Rahmen zunächst zwei verschiedene Flüchtlingsbegriffe nebeneinander: einerseits der mit Aufenthalts-, Familiennachzugs- und Sozialrechten verbundene Flüchtlingsschutz, andererseits der Menschenrechtsschutz, der lediglich den Schutz vor Abschiebung ohne Ansprüche auf Aufenthaltstitel und eine reine Existenzsicherung ohne soziale Teilhaberechte beinhaltet. Erst mit der ersten **Qualifikationsrichtlinie (QRL) 2004/83/EG**, in der der Flüchtlingsbegriff und die Rechtsstellung von Flüchtlingen geregelt werden, wurde der Begriff des »subsidiären Schutzes« geschaffen, der in der Neufassung 2011/95/EU weiterentwickelt wurde. Voraussetzung für den Schutzanspruch ist die Gefahr eines ernsthaften Schadens, der in Art. 15 QRL wie folgt definiert wird:

»Als ernsthafter Schaden gilt
a) die Verhängung oder Vollstreckung der Todesstrafe oder
b) Folter oder unmenschliche oder erniedrigende Behandlung oder Bestrafung eines Antragstellers im Herkunftsland oder
c) eine ernsthafte individuelle Bedrohung des Lebens oder der Unversehrtheit einer Zivilperson infolge willkürlicher Gewalt im Rahmen eines internationalen oder innerstaatlichen bewaffneten Konflikts.«

Es handelt sich dabei nicht um eine schlichte Übernahme des menschenrechtlichen Abschiebeschutzes in den Europäischen Flüchtlingsschutz. Der subsidiäre Schutz nimmt den Wortlaut der Art. 2 und 3 EMRK auf, erweitert den Schutz jedoch auf schwerwiegende Bedrohungen im Zusammenhang mit militärischen Konflikten. Dieser neu geschaffene Schutzstatus wird mit der Flüchtlingsanerkennung zusammengeführt und zu einem Status des »internationalen Schutz« (Art. 2 lit. h QRL). Durch die Verbindung von Flüchtlingsschutz und Menschenrechtsgarantie zu einem einheitlich subjektiven Schutzanspruch konstituiert die Europäische Staatengemeinschaft eine neue Dimension des internationalen Flüchtlingsbegriffs (Bast 2011, S. 238). Es kommt so zu einer endgültigen Ablösung des Asylrechts als Instrument der Beziehung zwischen Nationalstaaten hin zu einem menschenrechtlich gebundenen Individualanspruch auf Aufnahme und Teilhabe im Zufluchtsstaat.

3   Asyl in Deutschland – Eine Kurzgeschichte

Bis 1938 spielte das Asylrecht in Deutschland keine große Rolle, weil es keine Zuzugsbeschränkungen gab. Unerwünschte Ausländer konnten zwar ausgewiesen werden, aber es bedurfte keiner Genehmigung, um sich in Deutschland aufzuhalten. Im »Deutschen Auslieferungsgesetz« von 1929 (RGBl. I 239) war bereits eine Schutzklausel für Personen enthalten, die wegen einer politischen Straftat verfolgt wurden.

Erst durch die nationalsozialistische Ausländerpolizeiverordnung vom 22.8.1938 (RGBl. 1938 II 1063) wurden Ausländer verpflichtet, um eine Aufenthaltserlaubnis nachzusuchen, wenn sie in Deutschland arbeiten wollten. Mit dieser Verordnung von 1938 beginnt die Aufenthaltserlaubnispflicht in Deutschland. Sie wird noch bis zum ersten Aufenthaltsgesetz von 1965 in Kraft bleiben.

Aus der Erfahrung von Flucht, Vertreibung und fehlendem Flüchtlingsschutz wird das individuelle Grundrecht auf Asylrecht in die Verfassung der Bundesrepublik Deutschland vom 23.5.1949 aufgenommen.

»Politisch Verfolgte genießen Asylrecht« (Art. 16 Abs. 2 GG, Fassung von 1949).

Als politisch verfolgt gilt dabei, wer wegen seiner Rasse, Religion, Nationalität, Zugehörigkeit zu einer sozialen Gruppe oder wegen seiner politischen Überzeugung Verfolgungsmaßnahmen des Staates ausgesetzt ist, die mit Gefahren für Leib und Leben oder Beschränkungen der persönlichen Freiheit verbunden sind, oder solche Verfolgungsmaßnahmen begründet befürchtet und von seinem Heimatstaat keinen Schutz erhalten kann. Nicht die Flüchtlinge müssen politisch sein, sondern die Verfolgung, d.h. diese muss auf ein Merkmal der Person zielen und darf keine rechtmäßige Verfolgung von Straftaten sein. Abgrenzungsprobleme traten immer schon bei der Frage auf, ob Menschen wegen ihrer politischen Überzeugung oder wegen terroristischer Straftaten oder Staatsschutzdelikten verfolgt wurden.

Immer aber musste es sich um gezielte staatliche Verfolgung wegen eines Merkmals handeln; Gefahrsituationen wie Krieg, Bürgerkrieg, Umweltkatastrophen, Hunger, Todesgefahr wegen fehlender medizinischer Versorgung oder Verfolgung durch Privatpersonen gehörten nicht dazu.
Anderseits bestand das Recht auf Asyl unbedingt; auch schwere Straftaten standen der Anerkennung nicht entgegen.

Das Asylrecht beinhaltete auch das Recht auf einen Aufenthaltstitel, der jedoch erst mit dem Ausländergesetz von 1965 geschaffen wurde – damals noch

von Anfang an unbefristet –, und damit zugleich der Anspruch auf den Flüchtlingsausweis nach der GKF.

In den 1960er- und 1970er-Jahren beriefen sich fast ausschließlich Flüchtlinge aus den Staaten des Warschauer Paktes auf das Asylrecht in Deutschland
und wurden auf dem Hintergrund des »kalten Kriegs« problemlos als Asylberechtigte anerkannt, weil sie sich bereits durch ihre Ausreise strafbar gemacht hatten und deshalb politischer Verfolgung ausgesetzt waren. Die größte Gruppe der »Ostflüchtlinge« kam Anfang der 1980er-Jahre aus Polen im
Zusammenhang mit den Aufständen unter Führung der oppositionellen Ge-
werkschaft Solidarność.

Erst mit Beginn der 1980er-Jahre gelangten Flüchtlinge aus aller Welt, u.a.
aus Afghanistan, Iran, Türkei, Eritrea und Libanon, in größerer Zahl nach
Deutschland. Ihre Asylanträge wurden überwiegend abgelehnt, weil sie nicht
vor politischer Verfolgung, sondern vor Krieg und Bürgerkrieg geflohen waren.

Ab 1991 kamen in großer Zahl Menschen hinzu, die vor den Jugoslawienkrie-
gen geflohen waren; erstmals nach dem Zweiten Weltkrieg wurde in Europa
die Zivilbevölkerung in kriegerische Auseinandersetzungen einbezogen. Par-
allel zu einer rassistischen Bewegung gegen Flüchtlinge, die vor Brandstif-
tung, Mordanschlägen und Gewalttaten von organisierten Banden (Hoyers-
werda 1991, Rostock und Mölln 1992, Solingen 1993) nicht halt machte, wurde von Politik und Medien ein beständiges Bedrohungsszenario durch
»Flüchtlingsfluten« aufgebaut. Anders als heute (2015/2016) fehlte es damals
aber an einer breiten Bewegung der Zivilbevölkerung zur Unterstützung der
Flüchtlinge.

Mit der Verfassungsänderung von 1993 wurde das Asylrecht durch Art. 16a
GG davon abhängig gemacht, dass auf dem gesamten Fluchtweg keine Möglichkeit bestand, anderswo um Schutz nachzusuchen. Damit reduzierte sich
das Asylrecht auf ein Recht für Begüterte, die mit ordentlichen Flugtickets
und Visa ausreisen können; denn Deutschland ist lückenlos von Staaten umgeben, in denen Asylanträge gestellt werden können.

Für die inhaltlichen Asylentscheidungen hatte das Asylrecht des Grundgesetzes
damit ausgedient. In den Jahren nach 1993 kam faktisch nur noch der Flüchtlingsschutz nach der GFK zur Anwendung; zusätzlich rückte der Menschenrechtsschutz nach der Europäischen Menschenrechtskonvention (EMRK) in den
Vordergrund.

Gleichzeitig wurden Unterbringung, Verfahren und die Sicherung des Lebensunterhalts in den Strukturen geregelt, die im Wesentlichen bis zum März 2016 galten. Asylgesuche wurden und werden jetzt noch mehr in einem Ablauf von Stationen und Verfahrensschritten bearbeitet, die so kompliziert sind, dass Asylsuchende mit einer Unzahl von schriftlichen Belehrungen ausgestattet werden müssen, in denen steht, wann und wie sie sich von A nach B zu begeben haben, wie sie sich dabei zu verhalten haben, welche Prozeduren sie über sich ergehen lassen müssen und auf welche Weise Abweichungen sanktioniert werden.

Nur wenige Jahre nach der Grundgesetzänderung und der weitgehenden Abschaffung des Asylrechts hat Deutschland die Kompetenz zur Regelung des Asylrechts durch Beschluss des Europäischen Rats in Tampere 1999 und der Schaffung eines gemeinsamen Europäischen Asylsystems (GEAS) weitgehend an den Europäischen Gesetzgeber abgetreten.

4 Das Gemeinsame Europäische Asylsystem und was davon bleibt

Art. 78 AEUV bestimmt zunächst in Abs. 1, dass die EU ein gemeinsames Asylsystem (GEAS) schafft, welches allen international Schutzberechtigten einen angemessenen Status bietet und sie vor Zurückweisung schützt. Die EU verpflichtet sich dabei auf die Einhaltung der GFK.

Das gesamte System sollte darauf gerichtet sein, vergleichbare Standards bei der Anerkennung, bei den Verfahrensrechten, den Aufnahmebedingungen und den Rückführungsbedingungen zu schaffen. Ziel war es, dadurch eine »sekundäre Migration« (also die Weiterwanderung in Europa) zu verhindern.

Die rechtlichen Grundlagen dieses Systems sind:

1. Die Dublin-Verordnung (Nr. 604/2013), welche den zuständigen EU-Staat bestimmt und die Regularien schafft, wie dieser ermittelt wird und die Überstellungen von einem Staat in den anderen abgewickelt werden.

2. Die Qualifikationsrichtlinie (2011/95/EU), welche die inhaltlichen Kriterien für die Anerkennung als Flüchtlinge oder als subsidiär Schutzberechtigte festlegt und die Rechtsstellung nach der jeweiligen Anerkennung bestimmt.

3. Die Verfahrensrichtlinie (2013/32/EU), welche die zwingenden Abläufe und Rechte im Asylverfahren bestimmt.

4. Die Aufnahmerichtlinie (2013/33/EU), welche die Bedingungen der Unterbringung, einer eventuellen Haft, der Leistungen zum Lebensunterhalt, der Gesundheitsversorgung, des Zugangs zum Arbeitsmarkt und zur Bildung, die Bewegungsfreiheit sowie die Informations- und Beratungsansprüche während des Asylverfahrens regelt.

5. Die Rückführungsrichtlinie (2008/115/EU), welche die Voraussetzungen und die Schutzrechte im Verfahren über die Aufenthaltsbeendigung regelt.

Alle diese Regelungen sind verbindliches Recht in Deutschland – die Dublin-Verordnung wird unmittelbar als Gesetz angewendet und die Richtlinien sind in nationales Recht umzusetzen. Mit der Qualifikationsrichtlinie und der Rückführungsrichtlinie ist dies weitgehend geschehen; die Verfahrens- und die Aufnahmerichtlinie sollen nicht umgesetzt werden, obwohl die Umsetzungsfrist im Juli 2015 abgelaufen ist.

Tatsächlich ist das GEAS jedoch zusammengebrochen. Die meisten EU-Staaten erklären offen, dass sie an einer Verteilung nicht teilnehmen, und einige registrieren eintreffende Flüchtlinge auch nicht.

Es hat sich aber vor allem gezeigt, dass das Grundkonzept der Zuständigkeit nicht haltbar ist. Ihm zufolge soll das Asylverfahren – von Ausnahmen abgesehen – von dem Staat durchgeführt werden, der die Asylsuchenden erstmals auf das Territorium der EU lässt. Dieses System hat lange Zeit die Staaten des Zentrums (Deutschland, Frankreich, Benelux) sowie des Nordens begünstigt, während die Last von den Mittelmeeranrainerstaaten getragen werden musste.

Die Systeme dieser Staaten sind durch die zahlreichen Flüchtlinge, die über das Mittelmeer im EU-Gebiet eintreffen, längst kollabiert.

Die wichtigste Gegenstrategie der EU ist es, Flüchtende in Gebiete außerhalb der EU umzuleiten und sich der menschenrechtlichen Verantwortung dadurch zu entziehen, dass Schutzansprüche mangels Gebietskontakt nicht geltend gemacht werden können. Wichtigster Partner soll dabei die Türkei werden. Ihr werden milliardenschwere Zuschüsse in Aussicht gestellt, damit sie wahlweise auf eigenem oder syrischem Territorium Flüchtlingslager für Millionen von Menschen errichten kann.

Die tiefe Verstrickung der Türkei in den syrischen Bürgerkrieg, ihr Vernichtungskrieg gegen die eigene kurdische Bevölkerung und die radikale Abschaffung rechtsstaatlicher Verhältnisse in der Türkei unter Präsident Erdogan scheinen für die EU und die Bundesregierung kein Hindernis zu sein, der Türkei die Aufgabe zu übertragen, eine Flüchtlingsabriegelung zu schaffen. Am

18.3.2016 wurde zwischen der EU und der Türkei eine Vereinbarung getroffen, nach der die Türkei alle Flüchtlinge zurücknimmt, die über die Türkei nach Griechenland kommen. Die Vereinbarung ist kein internationales Abkommen und löst auch keine Rechtspflichten der EU aus; deshalb braucht sie auch nicht parlamentarisch abgesichert zu werden.

Seit dem 20.3.2016 werden alle über das Mittelmeer kommenden Menschen auf den griechischen Inseln in Haft genommen, unabhängig vom Alter und Gesundheitszustand. Der Flüchtlingskommissar der UN (UNHCR) hat erklärt, unter diesen Umständen könne sein Amt nicht mehr an der Registrierung der Flüchtlinge mitwirken, weil das Verfahren nicht mit der GFK vereinbar sei.

Die EU hat mit den Entscheidungen zur Schließung der Außengrenzen endgültig den Boden der Europäische Verträge (die Bindung an die GFK in Art. 77 Abs. 1 AEUV) verlassen. Griechenland und alle anderen Mitgliedstaaten werden aufgefordert, vom Konzept der »sicheren Drittstaaten« (siehe Glossar) selbst dann Gebrauch zu machen, wenn die fraglichen Staaten der GFK nicht als Vollmitglieder beigetreten seien (was vor allem auf die Türkei zielt). Für die Zurückschiebung in einen »sicheren Drittstaat« sei jeder Transit ausreichend (so die Kommission ihrem »Communication from the Commission to the European Parliament and the Council on the State of Play of Implementation of the Priority Actions under the European Agenda on Migration« vom 10.2.2016). Das Vorgehen verstößt auch gegen das Verbot der Kollektivausweisungen nach Art. 4 des Protokolls Nr. 4 zur Europäischen Menschenrechtskonvention (EMRK).

Die zweite Maßnahme soll eine Verteilung der Flüchtlinge auf die EU-Staaten nach dem Kriterium der Belastbarkeit sein. Dafür wurden unter dem zynischen Begriff der »Hotspots« in den Mittelmeeranrainerstaaten Griechenland und Italien Registrierungszentren für viele tausend Menschen eingerichtet. Hier sollen die Flüchtlinge gesammelt und anschließend verteilt werden. Selbst wenn das Registrieren funktioniert, die Verteilung funktioniert jedenfalls nicht. Die meisten EU-Staaten verweigern sich schlicht jeder Aufnahme.

Die EU erodiert, weil die eigenen Gesetze nicht mehr eingehalten, die Grenzen geschlossen und gemeinsame Absprachen verweigert werden.

Die Flucht der Menschen aber geht weiter – aufgrund der Verweigerung des Familiennachzugs (→ S. 392) kommen immer mehr Frauen und Kinder – und während die Europäische Politik den Ertrinkenden im Mittelmeer Frontex und die Nato schickt, machen sich tausende Menschen aus der Zivilbevölkerung auf an die Küsten, schicken Rettungsschiffe und versuchen in jeder Stadt und Gemeinde, die eintreffenden Menschen zu unterstützen und sie gegen den gewalttätigen Rassismus von Neonazis und der selbsternannten »Volksmitte« zu verteidigen.

5 Das Asylverfahren – Ein allererster Überblick

Der Ablauf eines Asylverfahrens ist gesetzlich sehr genau geregelt, verläuft aber in den letzten zwei Jahren so unplanmäßig, dass selbst für Juristinnen manchmal nicht mehr zu durchschauen ist, was gerade geschieht. Zurzeit wird der gesamte Ablauf umstrukturiert, sodass wir nur einen Überblick dazu geben können, was gerade in diesem Moment vorgesehen und geplant ist, Änderungen sind jederzeit möglich.

Das gesamte Verfahren lässt sich in mehrere Abschnitte aufteilen, wobei es sehr wichtig ist, in der Beratung vorab festzustellen, in welchem Abschnitt Asylsuchende sich befinden.
Zukünftig gehört dazu auch die Einteilung in vier verschiedene Kategorien, in der Sprache der Unternehmensberatung McKinsey »Cluster«, für die unterschiedliche Abläufe gelten.

(A) Antragstellerinnen aus Staaten mit hoher Anerkennungsquote: Ihre Anerkennung soll möglichst binnen weniger Tage im Ankunftszentrum vorgenommen werde; eine Weiterleitung an die (normale) Aufnahmeeinrichtung erfolgt nur, wenn eine schnelle Entscheidung nicht möglich ist.

(B) Antragstellerinnen aus »sicheren Herkunftsstaaten« (siehe Glossar), Folgeantragstellerinnen und Personen, denen vorgeworfen wird, über ihre Identität zu täuschen bzw. deren Feststellung zu behindern: Sie verbleiben bis zur Entscheidung und Aufenthaltsbeendigung im »Wartebereich« der Ankunftseinrichtung.

(C) Die übrigen Antragstellerinnen, deren Verfahren längere Zeit beanspruchen: Sie werden zügig an die (normalen) Aufnahmeeinrichtungen weiterverteilt und bleiben dort entweder bis zur Entscheidung oder werden auf die Kommunen weiterverteilt.

(D) Die Antragstellerinnen, bei denen ein Verfahren nach der Dublin-Verordnung (siehe Glossar) eingeleitet wird und die an einen anderen EU-Staat überstellt werden sollen: Sie werden ebenfalls an die (normalen) Aufnahmeeinrichtungen weitergeleitet, es sei denn es handelt sich um »Fälle« aus der Kategorie B.

Schaubild 1:
Cluster A: Syrien, Irak, Iran, Eritrea

	Einreise: Notunterbringung/Registrierungszentrum	(Erst-)Aufnahmeeinrichtung	Ankunftszentrum	Selbstorganisierte Privatwohnung oder kommunale Unterbringung
Ort	Einreise: Notunterbringung/Registrierungszentrum	(Erst-)Aufnahmeeinrichtung	Ankunftszentrum	Selbstorganisierte Privatwohnung oder kommunale Unterbringung
Behörde	(Bundes-)Polizei/Ausländerbehörde/Landesstelle	Landesstelle: ED/Unterbringung	BAMF: Verfahren	Ausländerbehörde
Verfahren	Weiterleitung	Asylgesuch[1]/ED-Behandlung	Asylantrag[1] Anhörung[2] Entscheidung[2]	Aufenthaltserlaubnis und evtl. Flüchtlingspass
Papier	(Eigener Pass) Anlaufbescheinigung	Ankunftsnachweis/BüMA	Aufenthaltsgestattung	Fiktionsbescheinigung bis zur Ausstellung der Aufenthaltserlaubnis

[1] Liegen Anhaltspunkte für die Zuständigkeit eines anderen EU-Staats vor, wird in das Verfahren der Gruppe D übergeleitet.

[2] Nach der Anhörung wird in das Verfahren der Gruppe C übergeleitet, wenn eine Anerkennung nicht kurzfristig möglich erscheint. Ebenso wird nach einer ablehnenden Entscheidung verfahren.

Cluster B: Beschleunigtes Verfahren nach § 30a AsylG

	Einreise: Notunterbringung/Registrierungszentrum	(Erst-)Aufnahmeeinrichtung	Ankunftszentrum				
Ort	Einreise: Notunterbringung/Registrierungszentrum	(Erst-)Aufnahmeeinrichtung	Ankunftszentrum				
Behörde	(Bundes-)Polizei/Ausländerbehörde/Landesstelle	Landesstelle: ED/Unterbringung	BAMF: Verfahren		Verwaltungsgericht		Ausländerbehörde ZAB
Verfahren	Weiterleitung	Asylantrag	Anhörung i.d.R. am Ankunftstag	Entscheidung innerhalb einer Woche[3]	Eilantrag/Klage innerhalb einer Woche	Entscheidung ohne Anhörung innerhalb einer Woche	Ausreise Abschiebung
Papier	(Eigener Pass) Anlaufbescheinigung	Ankunftsnachweis/Aufenthaltsgestattung					

[3] Kann nicht innerhalb einer Woche entschieden werden, so wird in das Verfahren der Gruppe C, wenn in einen anderen EU-Staat überstellt werden soll, auch der Gruppe D übergeleitet. Dasselbe gilt, wenn der Antrag nicht als unbeachtlich, unzulässig oder offensichtlich unbegründet abgelehnt wird.

Cluster C: »Normales« Verfahren mit offenem Ausgang

Ort	Einreise: Notunterbringung/Registrierungszentrum	Ankunftszentrum/(Erst-)Aufnahmeeinrichtung	Aufnahmeeinrichtung (max. 6 Monate) ⟶	Kommunale Unterbringung	Privatwohnung bei Anerkennung
Behörde	(Bundes-) Polizei/Ausländerbehörde/Landesstelle	Landesstelle/BAMF	Landesstelle: Unterbringung BAMF: Verfahren	Verwaltungsgericht	Ausländerbehörde ZAB
Verfahren	Weiterleitung	Asylgesuch, ED-Behandlung, Dublin-Anhörung	Asylantrag Anhörung Entscheidung	Eilantrag, Klage Entscheidung	Aufenthaltserlaubnis oder Ausreise/Abschiebung
Papier	(Eigener Pass) Anlaufbescheinigung	Ankunftsnachweis/BüMA	Aufenthaltsgestattung		

Cluster D: Dublinverfahren

Ort	Einreise: Notunterbringung/Registrierungszentrum	Ankunftszentrum/(Erst-)Aufnahmeeinrichtung	Aufnahmeeinrichtung (max. 6 Monate)			
Behörde	(Bundes-) Polizei/Ausländerbehörde/Landesstelle	Landesstelle/BAMF	Landesstelle: Unterbringung BAMF: Verfahren		Verwaltungsgericht	Ausländerbehörde ZAB
Verfahren	Weiterleitung	Asylgesuch, ED-Behandlung, Dublin-Anhörung	Asylantrag	EURODAC-Anfrage[4] Überstellungsentscheidung	Eilantrag/Klage, Frist: 1 Woche Entscheidung	Abschiebung in Dublin-Staat
Papier	(Eigener Pass) Anlaufbescheinigung	Ankunftsnachweis/BÜMA	Aufenthaltsgestattung			

[4] Bringt die EURODAC keinen Treffer oder wird die Rückübernahme abgelehnt (siehe Schema zum Dublin-Verfahren, → S. 29), erfolgt die Überleitung in das Verfahren der Cluster C.

Mit dem am 17. März 2016 in Kraft getretenen »Gesetz zur Einführung beschleunigter Asylverfahren«, (BGBl. 2016, Teil I, S. 390 ff.) gilt für viele Flüchtlinge ein besonderes Schnellverfahren (§ 30a AsylG), das die Möglichkeiten der Unterstützung durch die Asylarbeit in vielen Fällen stark einschränkt. Dabei ist sie gerade bei diesen Verfahren unverzichtbar, weil die Menschen einem Regelwerk ausgeliefert werden, deren Bedeutung sie in der kurzen Zeit nicht begreifen können.

Folgende Gruppen sind von dem Schnellverfahren (entspricht dem Cluster B oben) betroffen:

1. Staatsangehörige eines »sicheren Herkunftsstaates« (siehe Glossar);

2. Personen, die die Behörden vorsätzlich über Identität oder Staatsangehörigkeit getäuscht haben;

3. Personen, die Reisedokumente unterschlagen haben; es genügt, wenn die Umstände diese Annahme offensichtlich rechtfertigen;

4. Asylsuchende, die einen Folgeantrag stellen;

5. Asylsuchende, die den Asylantrag stellen, nachdem oder unmittelbar bevor eine Abschiebungsandrohung erlassen wurde;

6. Asylsuchende, die sich weigern, ihre Fingerabdrücke abnehmen zu lassen;

7. Personen, die aus schwerwiegenden Gründen der öffentlichen Sicherheit oder öffentlichen Ordnung ausgewiesen wurden, oder bei denen schwerwiegende Gründe die Annahme rechtfertigen, dass sie eine Gefahr für die nationale Sicherheit oder die öffentliche Ordnung darstellen.

Schaubild 2: Beschleunigtes Verfahren nach § 30a AsylG

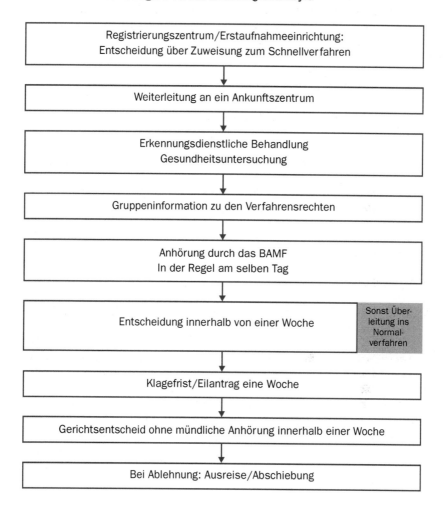

Für die Gruppe der Folgeantragstellerinnen (unter »Cluster B«, Nr. 4 → S. 26) wird ein Asylverfahren nur durchgeführt, wenn zunächst festgestellt wurde, dass nach dem Abschluss des vorangegangenen Verfahrens neue Umstände eingetreten oder neue Beweise aufgetaucht sind (→ S. 171).

Schaubild 3: Verfahren bei Folgeanträgen

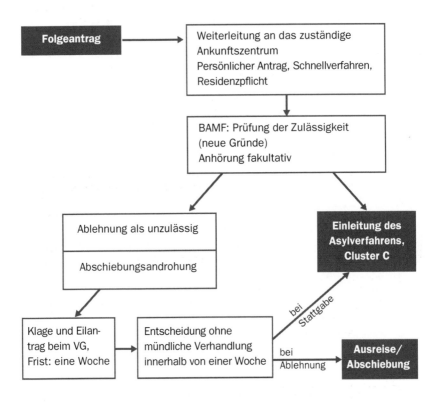

Für die Antragstellerinnen, die nicht einem Schnellverfahren zugewiesen werden, wird dem eigentlichen Asylverfahren noch eine »Dublin-Prüfung« (→ S. 158) vorangestellt. Das »Dublin-Verfahren« wird immer dann durchgeführt, wenn es Anhaltspunkte dafür gibt, dass die Flüchtlinge bereits in einem anderen EU-Staat registriert wurden, oder sie selbst die Einreise und den Aufenthalt in einem anderen EU-Staat vortragen. Dasselbe gilt auch, wenn ein anderer EU-Staat ein Visum ausgestellt hat oder sich Familienangehörige in einem anderen EU-Staat befinden. Dublin-Verfahren sind sehr formalisiert und von knappen Fristen abhängig. Sie sollten möglichst immer durch eine Rechtsanwältin begleitet werden.

Schaubild 4: Dublin-Verfahren

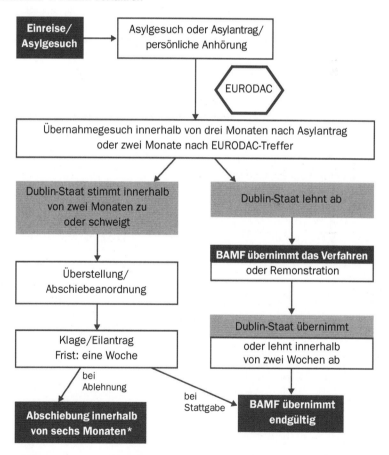

* Berechnet ab dem Eingang der Zustimmung bzw. dem Ablauf der Frist von zwei Monaten, zuzüglich der Zeit eines Eilverfahrens (umstritten); verlängert auf 12 Monate bei Haft und auf 18 Monate bei Untertauchen.

Das Asylverfahren wird bestimmt durch die Zuständigkeiten verschiedener Behörden. Diese Zuständigkeiten sind für die Flüchtlinge selbst und die Asylberatung von zentraler Bedeutung, um Anliegen zumindest beim richtigen Empfänger zu stellen:

Bundesamt für Migration und Flüchtlinge (BAMF)

Das BAMF ist für das eigentliche Asylverfahren zuständig; es
- prüft, ob Deutschland oder ein anderer EU-Staat zuständig ist (Dublin-Verfahren). In der Regel erfolgt die Prüfung nach der Stellung des Asylantrags (förmlich). Sie kann aber schon früher erfolgen; ein System ist kaum erkennbar (→ S. 160). Eine persönliche Anhörung ist vorgeschrieben;
- prüft, ob der Antrag ein Folge- oder Zweitantrag und deshalb unzulässig ist (→ S. 171 und → S. 172);
- stellt rechtliche Informationen zum Asylverfahren zur Verfügung (Art. 12 Abs. 1 VerfahrensRL, siehe Glossar);
- führt die Anhörung durch, in der jede Antragstellerin individuell die Gründe für ihre Flucht und die Umstände der Verfolgung oder Bedrohung darstellen kann (Herzstück des Verfahrens);
- entscheidet über
  - (1) Asyl nach Art. 16a GG,
  - (2) Flüchtlingsstatus nach der GFK,
  - (3) subsidiären Schutz,
  - (4) Abschiebeschutz.

Das BAMF wendet das AsylG an. Das AufenthG kann es nur anwenden, wenn das AsylG darauf verweist.

Ausländerbehörde

Die Ausländerbehörden erfüllen Aufgaben bei der Hinführung zum Asylverfahren, der Amtshilfe für das BAMF während des Asylverfahrens und nach dem Asylverfahren wieder alle aufenthaltsrechtlichen Angelegenheiten einschließlich der Beendigung des Aufenthalt. Einige Aufgaben, insbesondere die Aufenthaltsbeendigung, werden oft nicht von den lokalen Ausländerbehörden, sondern einer »Zentralen Ausländerbehörde« (ZAB) wahrgenommen:
- Vorregistrierung und Weiterleitung an ein Ankunftszentrum, Ausstattung mit Fahrkarte und Reiseproviant im Auftrag des zuständigen Sozialamts (→ S. 134).
- Entgegennahme von **schriftlichen** Asylanträgen (→ S. 187) und Weiterleitung an die Zentrale des BAMF.

- Verlängerung von Ankunftsnachweisen/BüMA und Aufenthaltsgestattungen während des Asylverfahrens als Amtshilfe für das BAMF.
- Erteilung von Beschäftigungserlaubnissen (eventuell nach Zustimmung durch die Arbeitsagentur).
- Erteilungen von Erlaubnissen zum vorübergehenden Verlassen des Bezirks der Ausländerbehörde während der Residenzpflicht in der Aufnahmeeinrichtung oder in den ersten drei Monaten, in Amtshilfe für das BAMF (→ S. 234 und → S. 244).
- Entgegennahme und Weiterleitung von Umverteilungsanträgen an die Landesstellen (→ S. 239).
- Ausstellung der Aufenthaltserlaubnisse, Flüchtlingspässe oder Reiseausweise für Ausländerinnen und der Fiktionsbescheinigungen nach einem positiven Asylbescheid.
- Vorbereitung der freiwilligen Ausreise, Gewährung einer Ausreisefrist, einer Grenzübertrittsbescheinigung (keine Tickets oder Reisebeihilfe, nur Weiterleitung an die Rückkehrberatung oder das Sozialamt).
- Vorbereitung und Durchführung der Abschiebung, Beschaffung von Passersatzpapieren; teilweise wird die Organisation der Abschiebung den **Zentralen Ausländerbehörden (ZAB)** übertragen.
- Festnahmen und Haftanträge.

Die Ausländerbehörde wendet das AufenthG an. Das AsylG nur dann, wenn sie in Amtshilfe für das BAMF arbeitet.

Landesstellen für die Verteilung von Asylsuchenden

Die Landesstellen übernehmen im Auftrag der Landesregierungen die Aufnahme, Verteilung und Unterbringung der Asylsuchenden. Mit der für 2016 geplanten Neustrukturierung werden drei verschiedene Kategorien von Aufnahmeeinrichtungen geschaffen:

1. **Registrierungszentren,**
2. **Erstaufnahmeeinrichtungen, die den Ankunftszentren zugeordnet sind, und**
3. **(normale) Aufnahmeeinrichtungen.**

Die Landesstellen oder die durch Landesgesetz festgelegte Institution (oft die ZAB) sind zuständig für die Betreibung der Unterbringungseinrichtungen (Erstaufnahmeeinrichtungen), die den Ankunftszentren (→ S. 137) zugeordnet sind.

Weitere Aufgaben der Landesstellen sind:

- Einrichtung der **Registrierungszentren, Erstaufnahmeeinrichtungen und Aufnahmeeinrichtungen** (Liegenschaften und Ausschreibungen für Betreiber).
- Aufnahme der Asylsuchenden und Abfrage der zuständigen Aufnahmeeinrichtung im Computersystem EASY.
- Weiterleitung an ein Ankunftszentrum eines anderen Bundeslandes.
- Registrierung, Abfrage aller Personenstandsdaten, eventuell auch des Reisewegs.
- Erkennungsdienstliche Behandlung (Fotos, Fingerabdrücke).
- Ausstellung des Ankunftsnachweises.
- Gesundheitsuntersuchung (auf ansteckende Erkrankungen).
- Weiterleitung an eine (normale) Aufnahmeeinrichtung.
- Weiterleitung an die zuständige Kommune.
- Bearbeitung von Anträgen auf Umverteilung innerhalb des Bundeslandes.
- Bearbeitung von Anträgen auf Umverteilung aus einem anderen Bundesland.

Die Landesstellen und die Aufnahmeeinrichtungen wenden das AsylG und die Landesgesetze über die Verteilung und die Betreibung der Aufnahmeeinrichtungen an.

Sozialämter

Die Sozialämter sind zuständig für die Bereitstellung der Leistungen zum Lebensunterhalt während des Asylverfahrens; im Einzelnen:

- Ausgabe des Taschengelds oder der Sachleistungen in den Aufnahmeeinrichtungen (→ S. 228).
- Ausstellung von Berechtigungsscheinen zur medizinischen Versorgung.
- Beantragung einer Krankenkarte, wenn diese eingeführt wurde (→ S. 247).
- Auszahlung oder Überweisung der Regelleistungen bei Unterbringung in der Kommune (→ S. 252).
- Umstellung auf Analogleistungen zum SGB XII (→ S. 264).
- Wechsel von einer kommunalen Unterkunft in eine andere in derselben Kommune.
- Auszug in eine Privatwohnung.
- Anträge auf Pflegeleistungen oder Eingliederungsleistungen für behinderte Menschen.
- Anträge auf Dolmetscher- und Fahrtkosten für den Besuch von Ärzten oder Therapeutinnen.

- Einrichtung von Arbeitsgelegenheiten in den Aufnahmeunterkünften, den kommunalen Gemeinschaftsunterkünften oder bei anderen gemeinnützigen Trägern.
- Ausstellung von Bescheinigungen über den Bezug von Leistungen nach AsylbLG (z.B: für Prozesskostenhilfe).

Die Sozialämter wenden das AsylbLG an.

Arbeitsagentur

Während des Asylverfahrens sind die Arbeitsagenturen für alle Leistungen der Beratung, Vermittlung und Qualifizierung für den Arbeitsmarkt zuständig (→ S. 279).

Die Arbeitsagenturen wenden das SGB III an.

Jobcenter

Die Jobcenter sind ab der rechtskräftigen Anerkennung als Asylberechtigte, Flüchtlinge, subsidiär Schutzberechtigte oder der Zuerkennung eines Abschiebehindernisses durch das BAMF für die Leistungen zum Lebensunterhalt zuständig. Im Zusammenhang mit den finanziellen Leistungen werden auch die Leistungen der Arbeitsmarktintegration erbracht (→ S. 315).

Die Jobcenter wenden das SGB II an.

Die Bundesagentur für Arbeit, das BAMF, der Bayerische Rundfunk und das Goethe-Institut haben gemeinsam eine App mit einer einfachen Darstellung des Asylverfahrens entwickelt. »Ankommen« steht in den Sprachen Arabisch, Englisch, Farsi, Französisch und Deutsch zur Verfügung und ist nach dem Download auch ohne Internetzugang zu nutzen: www.ankommenapp.de

6   Grundanforderungen an die Asylarbeit

6.1   Rechtsberatung

Für viele Beratungsstellen und Projekte ist nicht eindeutig klar, ob und in welchen Grenzen sie ihre Klientinnen beraten und im Asylverfahren und gegenüber sonstigen Behörden und Personen in Rechtsfragen unterstützen dürfen.

Rechtsberatung ist gesetzlich erlaubt und erwünscht – muss aber auch verantwortet werden können.

Als im Jahre 2008 das alte Rechtsberatungsgesetz aus der Zeit des Nationalsozialismus abgeschafft und mit dem neuen Rechtsdienstleistungsgesetz (RDG) auch den Sozialberufen und Privatleuten das Recht eingeräumt wurde, rechtliche Unterstützung zu leisten, wurde der Berufsschutz für Juristen deutlich verschoben zu Gunsten einer Öffnung gegenüber der Sozialen Arbeit und bürgerschaftlichem Engagement.

Aber nicht alles ist erlaubt!

Rechtsberatung ist:

- Verfahrensberatung im Sinne der Hilfen bei der Klärung von Zuständigkeiten, der Verhandlung mit dem BAMF oder der Ausländerbehörde, Akteneinsicht und Bewertung der Erfolgsaussichten, Vorbereitung der Anhörung, Umverteilungsanträge, Erläuterung der Konsequenzen einer Asylentscheidung.

- Prüfen von Sozialleistungsansprüchen, Anträge in Vollmacht der Klientinnen, Widersprüche, Verhandlungen mit Leistungsträgern, Kindschaftsangelegenheiten, Registrieren beim Standesamt, Verhandlung mit Vermietern, Arbeitgebern etc.

- Akteneinsicht kann sowohl von den Flüchtlingen selbst als auch von den Asylberaterinnen beantragt werden. Erforderlich ist eine Vollmacht oder Schweigepflichtentbindungserklärung (→ S. 36). Sehr gut überlegt werden sollte allerdings, ob die Einsicht in die Akte ausreicht oder ob die rechtliche Bewertung des Geschehens eine anwaltliche Vertretung erfordert.

- **Nicht erlaubt** ist die Vertretung im gerichtlichen Verfahren; d.h. es dürfen auch keine Schriftstücke von den Sozialarbeiterinnen zur Akte gereicht werden und keine telefonischen Erklärungen oder Nachfragen beim Gericht erfolgen.

Zulässig ist es dagegen, den Klientinnen bei der Abfassung von Schreiben zu helfen, die dann aber von der Klientin unterzeichnet sein müssen. Zulässig ist es auch, als Institution z.b. ein sozialpädagogisches Gutachten zu Bedarfen und Prognosen abzugeben. Es muss entweder vom Gericht angefordert werden oder von dem Rechtsanwalt bei Gericht eingereicht werden. **Zulässig** ist immer auch die Unterstützung von Klientinnen bei der Stellung eines gerichtlichen Antrags bei der Rechtsantragstelle. Klagen und Eilanträge können nicht nur schriftlich, sondern auch »zu Protokoll der Geschäftsstelle« des Gerichts eingereicht werden. Dafür gibt es Rechtsantragsstellen bei den Gerichten.

- **Nicht unter Rechtsberatung** fallen soziale Hilfen bei der Arbeits- und Wohnungssuche, der Anmeldung in Kita und Schule und auch nicht die einfache sprachliche Hilfe beim Ausfüllen von Antragsformularen oder die Begleitung zum Amt nur als seelische Unterstützung oder zum Übersetzen.

Rechtsberatung ist nur unter Anleitung zulässig (§ 6 Abs. 2 RDG).

Verbände der freien Wohlfahrtspflege (auch kleine Vereine) und anerkannte Träger der Jugendhilfe dürfen im Rahmen ihres Aufgabenbereichs Rechtsberatung durchführen. Da der Auftrag zumeist auf eine ganzheitliche Beratung gerichtet ist, wird die Beratung im Migrations- und Sozialrecht mit erfasst. Sie müssen aber über die personelle, sachliche und finanzielle Ausstattung verfügen und die Anleitung muss sichergestellt sein (§§ 8 Abs. 2, 7 Abs. 2, 6 Abs. 2 RDG).

Die Anleitung muss von einer Volljuristin durchgeführt werden und besteht aus drei Elementen (§ 6 Abs. 2 RDG):
a. **Einweisung**: Grundlagenschulungen im Fachgebiet, Sachverhaltsaufklärung, Haftung für falsche Beratung, Schweigepflicht.
b. **Fortbildung**: Die Fachkenntnisse müssen laufend aktualisiert werden durch Seminare, Rundschreiben, Hinweise, Literatur.
c. **Mitwirkung im Einzelfall**: Die juristische Anleitung muss nicht ständig vor Ort sein; es genügt, dass sie über E-Mail oder Telefon herangezogen werden kann, wenn die Einzelfälle komplexere Fragen aufwerfen.

Wichtig ist aber, dass die verfügbare juristische Anleitung über die Fachkompetenz im Asylrecht und eventuell noch im Sozialrecht verfügt; der Justitiar eines Wohlfahrtsverbandes dürfte dazu nur bedingt geeignet sein.

Wenn Asylsuchende von Flüchtlingsberaterinnen unterstützt und gegenüber Behörden und Privatpersonen (Vermieter, Arbeitgeber) vertreten werden, benötigen sie eine Vollmacht. Es macht Sinn, diese schriftlich in der Akte zu hinterlegen, um sie auch kurzfristig bei Bedarf einsetzen zu können. Viele Behörden erwarten auch – zu Recht – die Vorlage der Vollmacht.

Sinnvoll ist eine kurze Vollmacht, deren Inhalt jeweils mit den Vollmachtgeberinnen abgesprochen werden sollte:

Vollmacht

Ich, Veronica Konaz, geb. am 3.6.1989, wohnhaft in Berlin, bevollmächtige die Mitarbeiterinnen der Beratungsstelle XX, insbesondere Frau Gundula Grün, in meinem Namen alle Verfahrenshandlungen gegenüber allen mit meinem asyl- und ausländerrechtlichen Verfahren befassten Behörden vorzunehmen. Die Vollmacht erstreckt sich auch auf den Abschluss von außergerichtlichen Vereinbarungen.

Berlin, den 15.4.2016

_____

(Unterschrift)

Speziell für die Zusammenarbeit mit Ärzten und Krankenhäusern wird auch eine Schweigepflichtentbindungserklärung benötigt. Der Unterschied zur Vollmacht besteht darin, dass keine Vertretung oder Verhandlung für die Asylsuchenden erfolgt, sondern lediglich Informationen eingeholt werden.

Schweigepflichtentbindung

Ich, Frau Veronica Konaz, geb. am 3.6.1989, wohnhaft in Berlin, entbinde Frau Dr. Schön, Ärztin für Allgemeinmedizin, (alle Ärztinnen des Krankenhaus St. Gereon) von ihrer Schweigepflicht gegenüber den Mitarbeiterinnen der Beratungsstelle XX, insbesondere gegenüber Frau Gundula Grün.

Berlin, den 15.4.2016

_____

(Unterschrift)

Natürlich können auch Behördenmitarbeiterinnen oder die Mitarbeiter anderer Sozialberatungsstellen von der Schweigepflicht entbunden werden. Vollmacht und Schweigepflichtentbindung dürfen aber nicht rein vorsorglich eingefordert werden. Gegenüber den Klientinnen muss immer völlig transparent sein, wie und warum diese Erklärungen verwendet werden.

6.2 Besondere Herausforderungen für Asylberaterinnen

Asylberaterinnen wissen, dass sie den Flüchtlingen nur als Lotsen zur Verfügung stehen können, ihnen aber weder die Familie noch ihr soziales Umfeld ersetzen können. Dennoch ist es für alle, auch für professionelle Sozialarbeiterinnen, immer wieder schwierig, sich auf die Perspektive der Betroffenen einzulassen und dennoch die eigene immer wieder zu finden.

Im Mittelpunkt stehen die Anliegen und Bedarfe der geflüchteten Menschen; der Unterstützungsbedarf ist abhängig von ihrer eigenen Handlungskompetenz.

Am Anfang überwiegen ein umfassender Orientierungsbedarf sowie der Wunsch nach Austausch und sozialen Kontakten zu vertrauenswürdigen Menschen. Das sprachliche Kommunikationsproblem und der kurzzeitige Aufenthalt an einem Ort führen zu einem Gefühl des Ausgeliefertseins.

Der wichtigste Auftrag ist daher, die Abläufe, Rechte und Pflichten im Verfahren zu erläutern und die von den Ankommenden selbst gewünschten Kontakte zu unterstützen. Der erste Weg führt meist zu Familienangehörigen, Religionsgemeinschaften oder Treffpunkten der vertrauten Community (zu den Reiseerlaubnissen bei Residenzpflicht → S. 234). Aber auch das ist nicht für alle Menschen gleich, z.b. gehen allein reisende Frauen manchmal eher auf Distanz zu ihrer Community und manchen Flüchtlingen sind vielleicht ganz unerwartete Kontakte wichtig.

Im weiteren Verlauf des Verfahrens werden weitere Anliegen bedeutend. Obwohl natürlich jeder Flüchtling mit seinem persönlichen Rucksack eintrifft und dieser auch seinen Bedarf bestimmt, gibt es doch Anliegen, die für viele von großer Bedeutung sind:

■ **Die Sorge um den Ausgang des Asylverfahrens.**
Die Beraterinnen müssen sich hier mit Prognosen zurückhalten. Sie können aber schon frühzeitig versuchen, mit den Asylsuchenden einen Plan B zu entwickeln, indem sie schauen, ob sich berufliche Qualifikationen ausbauen lassen, soziale Beziehungen entwickeln lassen, um eine Beschäftigung zu finden (Vorsicht, bei Asylsuchenden aus »sicheren Herkunftsstaaten« (siehe Glossar) bietet das keine Chance) oder Weiterwanderungsmöglichkeiten bestehen.
Oft muss die Bedeutung der Anhörung erst vermittelt werden; deren Vorbereitung gehört in aussichtsreichen, aber schwierigen Fällen zu einer zentralen Aufgabe der Asylberatung.
Kapitel II soll hierzu die entsprechenden Hinweise und Kriterien liefern.

■ **Die Sorge um die Familie.**
Viele Flüchtlinge treffen ohne ihre Familie ein, oder sie kommen im Familienverband, haben aber Eltern, Geschwister oder weitere gefährdete Verwandte zurückgelassen. Ganz wichtig ist daher der Kontakt, der fast immer über das Handy hergestellt werden muss. Deshalb sollte jedem Flüchtling ein kostenloser WLAN-Zugang zur Verfügung stehen. Vielfach stellen Internet-Anbieter den Unterkünften den Zugang als Sponsoren zu Verfügung; aber sie müssen natürlich erst dazu aufgefordert werden. Übergangsweise müssen Alternativen wie Cafés und Privatpersonen gesucht werden. Auf der anderen Seite müssen die Asylberater aber auch ein realistisches Bild über die Möglichkeiten des Familiennachzugs vermitteln. Diese werden im Kapitel V dargestellt.

■ **Der Wunsch nach Arbeit und die Möglichkeit, Geld zu verdienen.**
Neben der erheblichen Bedeutung für die eigene Handlungsfähigkeit werden damit weitere Bedarfe bedient: die Ablenkung vom Grübeln, die Selbstversorgung und die Möglichkeit, das Überleben der Familie durch Geldleistungen ins Ausland zu sichern. Aus diesem Grund werden die Möglichkeiten zu arbeiten in Kapitel IV ausführlich dargestellt.

■ **Der Verlust der gesellschaftlichen Stellung.**
Viele geflüchtete Menschen verfügten im Herkunftsland über eine gefestigte soziale Einbindung; ihnen wurde ein hoher Respekt in Hinblick auf ihren Beruf, ihre Fähigkeit und die Stellung ihrer Familie im Gemeinwesen entgegengebracht. Nichts davon zählt mehr in Deutschland. Es ist also sehr wichtig zu ermitteln, welche Aufgaben Menschen übernehmen können und wollen, um ihnen ein Stück dieser sozialen Einbindung zurückzugeben. Das können Aufgaben in der religiösen Gemeinschaft, in der vor Ort bereits vorhanden Community, in der Flüchtlingseinrichtung oder in anderen Gruppen vor Ort sein. Wichtig ist, dass die Menschen eine Aufgabe und Verantwortung übernehmen und nicht Hilfeempfänger bleiben.

■ **Die Fortsetzung von Aktivitäten, die ihr bisheriges Leben geprägt haben.**
Manchmal werden von Flüchtlingsinitiativen allerhand Freizeitaktivitäten angeboten, die sehr unterschiedlich angenommen werden. Wichtig ist das Gespräch über gewohnte Betätigungen, die manchmal ganz wesentlich für die Belastbarkeit und auch für Bewältigung von Belastungen sein können. Haben die Menschen viel Musik mit anderen gemacht, gerne Fußball oder eine andere Sportart betrieben, etwas Handwerkliches hergestellt, Spiele gespielt etc. Hier liegen die Anknüpfungspunkte, um Menschen aus den Flüchtlingsunterkünften und von außerhalb zusammenzubringen, Materialien und Räume zu beschaffen.

- **Die medizinische Versorgung.**
Nach einer längeren Flucht können Krankheiten aufflammen, es kann aber auch sein, dass Erkrankungen ignoriert werden, insbesondere wenn es sich um psychische Krankheitsbilder handelt. Asylberaterinnen verfügen in der Regel über Grundkenntnisse von Krankheitssymptomen und können versuchen, darüber ins Gespräch zu kommen. Wichtig ist der Aufbau einer kleinen Datenbank über geeignete niedergelassene Ärzte mit Sprachkenntnissen und Engagement, wenn Diagnose und Therapie aufwendiger sind. Auch hier muss eine ablehnende Haltung des Flüchtlings respektiert werden, weil eine medizinische Behandlung nicht aufgedrängt werden darf, es sei denn, die Erkrankung gefährdet andere.

- **Die Frustration durch den fehlenden Fortgang des Verfahrens.**
Die derzeitigen Wartezeiten sind für die Menschen im Verfahren unerträglich. Alle Beraterinnen berichten von der zunächst hohen Motivation nach der Ankunft – trotz hoher Belastung durch Krieg, Verfolgung und Flucht – und einer zunehmenden Antriebslosigkeit aufgrund der unabsehbaren Perspektive. Auch das beste Zureden hilft hier kaum weiter. Manche Flüchtlinge kehren ins Kriegsgebiet zurück oder reisen einfach weiter, obwohl ihnen die Anerkennung nahezu sicher ist. Etwas abgemildert werden kann diese Frustration meist nur durch Arbeit und/oder die Übernahme von Verantwortung für andere (siehe die Möglichkeiten der Arbeitsgelegenheiten etc., → S. 237). In den ersten Unterkünften beginnen Hungerstreiks und Proteste gegen diese ohnmächtige Warteposition. Auch wenn diese nicht unmittelbar zu einer Beschleunigung der Verfahren führen, kann zumindest erreicht werden, dass der Asylantrag gestellt werden kann.

6.3 Dolmetscherinnen

Auch für die Beratungsstellen besteht das zentrale Problem der sprachlichen Verständigung. Es gibt bestimmte Beratungen, die zwingend mit Dolmetscherinnen geführt werden müssen, weil sprachliche Missverständnisse oder Ungenauigkeiten fatale Folgen haben können; dazu gehören:

- die Vorbereitung der Anhörung beim BAMF;
- die Information über das Dublin-Verfahren und die Erklärung, warum die Einschaltung von Rechtsanwältinnen unverzichtbar ist;
- das Aufsetzen einer Erklärung an die Ausländerbehörde, das BAMF oder das Verwaltungsgericht.

Freunde und Familienangehörige können nur selten einen Ersatz bieten – zum einen, weil die Sprachkenntnisse oft nicht für eine exakte Übersetzung ausreichen, zum andern, weil sie vielleicht so stark selbst engagiert sind, dass ihnen die Neutralität für eine korrekte Übersetzung fehlt. Kinder sollten grundsätzlich nicht für Übersetzungen herangezogen werden.

Die Übersetzung in Asylangelegenheiten fordert besondere Fähigkeiten, Verantwortungsbewusstsein und Verfahrenskenntnisse von den Dolmetscherinnen. Besonders sinnvoll ist es, einen lokalen Kreis von geschulten Dolmetscherinnen aufzubauen, auf den verschiedene Einrichtungen auf Honorarbasis oder mit Aufwandsentschädigung für ehrenamtliche Tätigkeit zurückgreifen können. Menschen mit Aufenthaltsgestattung oder mit Duldung dürfen nicht auf Honorarbasis tätig werden, sondern nur als Beschäftigte (z.b. Minijob) oder mit Aufwandsentschädigung.

> Der UNHCR Österreich hat ein sehr instruktives Trainingshandbuch für Dolmetscherinnen im Asylverfahren entwickelt, von dem auch Sprachmittler in den Beratungsstellen profitieren können (Download unter http://www.unhcr.at/service/publikationen.html).

Natürlich können die Beratungsstellen nicht für jede Nachfrage oder Beratung über Sozialleistungen Dolmetscher zur Verfügung stellen; hier müssen Familienangehörige, Internet-Sprachprogramme, Übersetzungs-Apps, Bild-Kommunikationshilfen (z.b. von Langenscheidt, http://www.langenscheidt.de/Zeig-mal-Schnell-kommunizieren-mit-Bildern, für 1,50 €) und Telefon-Dolmetscherinnen helfen. Für viele Fragen gibt es auch mehrsprachige Merkblätter.

> Für den gesamten Gesundheitsbereich und Fragen der sexuellen Identität und Familienplanung hat die Bundeszentrale für gesundheitliche Aufklärung (BZfgA) ein Internet-Portal in vielen Sprachen und auch zum Hören geschaffen: www.zanzu.de

6.4   Das Verhältnis zu Rechtsanwältinnen

Dass in schwierigen Asylverfahren mit Fristen und rechtlichen Feinheiten Rechtsanwältinnen benötigt werden, wird von niemandem in der Asylarbeit bezweifelt. Wichtig sind drei Aspekte:

1. Der Zeitpunkt, zu dem Verantwortung abgegeben wird
Die Grenzen der eigenen Vertretung und Beratung von Flüchtlingen richtig einzuschätzen, bedeutet, auch dann, wenn Klienten aus Kostengründen keine Anwälte einschalten möchten, klar zu benennen, wann die Verantwortung nicht mehr übernommen werden kann. In der Regel ist dies bei allen Dublin-Verfahren (→ S. 158) gegeben, wenn die Klienten die Ausreise verhindern wollen. Auch wenn ein Gerichtsverfahren zu erwarten ist, bei dem es um mehr als Zeitgewinn geht, sollte schon frühzeitig eine anwaltliche Vertretung eingeschaltet werden. Drohende Aufenthaltsbeendigungen außerhalb des Asylverfahrens benötigen fast immer eine rechtliche Vertretung.

Die gesetzliche Verpflichtung zur Anleitung durch Volljuristin bei der Rechtsberatung führte bei vielen Trägern der Flüchtlingsberatung zu Rahmenverträgen mit Anwältinnen, die den Beratern die Einholung eines juristischen Rates kostenfrei möglich machen. So kann auch abgesprochen werden, ob die Übernahme der Vertretung erforderlich ist.

Achtung: Sozialarbeiterinnen dürfen keine Vertretung vor Gericht übernehmen und auch keine Anträge stellen oder Unterlagen einreichen!

2. Die Hilfe bei der Auswahl
Sorgfalt ist bei der Auswahl einer geeigneten Anwältin notwendig, weil das Asyl- und Ausländerrecht zahlreiche Sonderregeln enthält und spezifische Kenntnisse erfordert, über die auf andere Rechtsgebiete spezialisierte Anwälte oft nicht verfügen. Ein Anwaltswechsel im laufenden Verfahren ist nur möglich, wenn der erste Anwalt vollständig bezahlt wurde. Der neue Anwalt muss dann ein zweites Mal bezahlt werden.
Zukünftig gibt es den Fachanwalt für Migrationsrecht und damit wird erstmals ein Nachweis über die Fachkompetenz für Asyl- und Ausländerrecht geschaffen.

3. Die Zusammenarbeit nach einer Mandatsübernahme
Engagierte Fachanwälte arbeiten in der Regel gut mit Flüchtlingsräten, Wohlfahrtverbänden und anderen Flüchtlingsorganisationen zusammen. Sie wissen deren politische Interessensvertretung in der Flüchtlingspolitik zu schätzen, aber auch die Unterstützung der Flüchtlingsberaterinnen im Einzelfall, z.B. durch eine detaillierte Aufbereitung der Fluchtgeschichte, die Begleitung zu Terminen oder die Abklärung von Sozialleistungsansprüchen vor Ort.
Grundsätzlich bedarf es einer guten Absprache, damit Anwältinnen und Beraterinnen das gleiche Ziel verfolgen und nicht unterschiedliche, gar widersprüchliche Anträge und Angaben an die Behörden gerichtet bzw. gemacht werden.

6.5 Verantwortung übernehmen – Aufgaben teilen

Jede Sozialarbeiterin weiß es: niemals als Einzelkämpferin bis zum Rande der Erschöpfung alles selbst tun wollen.

Wichtig ist eine gute Vernetzung mit allen lokal oder regional oder sogar bundesweit agierenden Flüchtlingsorganisationen und Beratungsstellen, um sich fachlich auf dem Laufenden zu halten und durch den Erfahrungsaustausch immer wieder neue Handlungsanregungen und Reflexionen der eigenen Arbeit zu gewinnen.

Es gilt aber auch, mit vielen verschiedenen Diensten, Ämtern und Einzelpersonen auf der lokalen Ebene in Kontakt zu bleiben. Die Flüchtlingsberatung übernimmt oft den Auftrag eines Clearings und der Vermittlung an andere Fachberatungsstellen (beispielhaft: Schwangerenberatung, Frauenberatungsstellen, Schulsozialarbeit). Um in der Kommune anzukommen, ist es für Flüchtlinge wichtig, den Weg zu den Regeldiensten zu finden. Aufgabe der Flüchtlingsberatung ist es, Brücken zu bauen. Dies bezieht sich sowohl auf das Wissen von Flüchtlingen um die Angebote der Regeldienste als auch auf die Öffnung der Regeldienste für Flüchtlinge mit ihren besonderen Bedürfnissen.

Hilfreich können auch Kontakte zu einzelnen Ärztinnen, Mitarbeiterinnen von Gesundheitsämtern, Sozialämtern und Ausländerbehörden sein, die in schwierigen Situationen bereit sind, im Rahmen ihrer Möglichkeiten zu unterstützen.

Bei anderen Diensten, Ämtern und Personen sollte nachgefragt werden, wenn das eigene Wissen nicht reicht – oder nur zur Sicherheit, weil Fehler in diesem Bereich oft gravierende Auswirkungen haben können. Es hilft nebenbei auch, besser zusammenzuarbeiten.

Und natürlich geht es nicht ohne ehrenamtliche Unterstützung. Ein zuverlässiges Netz, eine gute kontinuierliche Kommunikation und die Einschätzung, wer für welche Aufgabe geeignet ist, sind sehr hilfreich. Oft geht es um die Begleitung zu Ärztinnen, Ämtern, Sprachkursträgern und Beratungsstellen. Sehr wichtig ist die Abgrenzung in zwei Richtungen:

- Niemand sollte begleitet werden, weil Ehrenamtlerinnen sich dafür anbieten. Die meisten Flüchtlinge können ihre Anliegen nach kürzester Zeit selbst vorbringen – manchmal unterstützt durch einen Zettel oder einen Text im Smartphone, der das Anliegen auf deutsch benennt.

- Ist allerdings damit zu rechnen, dass vor Ort Verhandlungen geführt werden müssen (z.B. Wohnungswechsel gegenüber dem Sozialamt, Antrag auf

Weiterbildung beim Jobcenter, Antrag auf Teilhabe am Arbeitsleben bei der Arbeitsagentur, Erziehungshilfen beim Jugendamt), dürfen Ehrenamtlerinnen mit diesem Auftrag nicht überfordert werden. Das ist der Aufgabenbereich für professionelle Flüchtlingsberatung.

Ehrenamtlerinnen leisten großartige Arbeit, es ist aber ganz natürlich, dass sie dabei immer wieder auch Grenzen überschreiten und im »best interest« der Flüchtlinge handeln wollen. Aufgabe der Sozialarbeiterinnen ist es, deutlich zu machen, dass jeder erwachsene Mensch allein über sein »best interest« entscheidet, einschließlich des Grundrechts auf Unvernunft.

6.6 Sozialpolitisches Engagement

Sozialpolitisches Engagement ist ein wichtiger Auftrag der Flüchtlingsberatung. Die Wahrnehmung der Perspektive der Flüchtlinge, die aus der parteilichen Beratung in vielen Einzelfällen entsteht, bringt eine besondere Verpflichtung, aber auch Fähigkeit für eine humane Flüchtlingspolitik zu streiten, Defizite offenzulegen und Veränderungen einfordern. Positive rechtliche Veränderungen und soziale Verbesserungen für Flüchtlinge haben meist ihre Wurzeln in Anstößen oder Kampagnen von engagierten Menschenrechtlern – mit Hartnäckigkeit und langem Atem.

Auf politischer Ebene können sich nicht nur die Trägerverbände einbringen, auch die einzelnen Beratungsstellen erreichen die Öffentlichkeit, indem sie unhaltbare Zustände oder skandalöse Verhaltensweisen in die Medien bringen.

> Die Zusammenarbeit mit den Medien kann schwierig sein, weil die mediale Regel, eine Story plakativ an einer Person darzustellen, ganz anders gelagert ist als die Interessen der Flüchtlinge, gehört zu werden.
> Wenn Medienvertreter über die Flüchtlingsorganisation nach maßgeschneiderten Flüchtlingen (»Wir hätten gerne eine vergewaltigte Frau aus Eritrea, die im Schlauchboot gekommen ist«) suchen, ist höchste Vorsicht geboten. Fast immer wollen die Medien vor allem Gesichter von Flüchtlingen. Die Mediendarstellung kann aber für die Betroffenen sehr gefährlich sein oder sie entwürdigen und funktionalisieren. Flüchtlinge dürfen nicht zu einer solchen Medienbeteiligung aufgefordert oder gar gedrängt werden.
> Anders kann es sein, wenn vor Ort ein bestimmter Vorgang skandalisiert werden soll und die Beratungsstelle mit zuverlässigen Medienvertreterinnen, die sich konsequent an Absprachen halten, eine gute Zusammenarbeit entwickelt.

Besonders wichtig ist die Vernetzung der verschiedenen Akteure der Zivilgesellschaft und der freien Wohlfahrtspflege im Bereich der Flüchtlingsarbeit, um auf lokaler Ebene zu einer Stimme zu werden, die gehört wird. Vor Ort können bessere Strukturen in Fragen von Unterbringung, Versorgung und Begleitung von Flüchtlingen konzipiert und mit den Behörden verhandelt werden.

Die EU-Aufnahmerichtlinie (siehe Glossar) bietet aktuell die Möglichkeit, im Rahmen von kommunalen oder überregionalen Runden Tischen o.ä. zwischen Behörden, Flüchtlingsberaterinnen und Politik Instrumente und Strukturen zu entwickeln, um besonders Schutzbedürftige gemäß der EU-Richtlinie zu identifizieren und angemessen zu unterstützen. Da die Richtlinie rechtlich bindend ist, aber (noch) nicht in ein Bundesgesetz umgesetzt wurde, ist jedes Bundesland und jede einzelne Kommune verpflichtet, entsprechend der Richtlinie zu handeln. So entsteht viel Handlungsspielraum, in dem auch die Expertise der Flüchtlingsberaterinnen gefragt ist.

An vielen Orten hat sich mittlerweile eine regelmäßige und institutionalisierte Kommunikation – meist in Form von Runden Tischen – zwischen Flüchtlingsberatung und Behörden etabliert und als hilfreich erwiesen, um strukturelle Verbesserungen und die Ausgestaltung von Handlungsspielräumen zu verhandeln.

Und nicht zuletzt: Flüchtlinge haben eigene Stimmen. Um sie hörbar zu machen, benötigen sie Raum, Zeit und Ermutigung. Flüchtlingsberatung sollte sich von dem Ziel der Selbstermächtigung nicht nur im Einzelfall, sondern auch in ihrem sozialpolitischen Engagement leiten lassen.

II Schutzberechtigte

1   Überblick

Im Folgenden werden die Voraussetzungen für die Gewährung eines Schutzstatus durch die Bundesrepublik Deutschland (vertreten durch das BAMF) erläutert.

In diesem Kapitel geht es nur um die Gewährung im Rahmen eines Prüfungsverfahrens (dargestellt im Kapitel III) des BAMF für Personen, die sich auf deutschem Territorium aufhalten.

Verfahren der Übernahme aus dem Ausland werden im Kapitel VI vorgestellt.

Der Schutz von Flüchtlingen wird in Deutschland bestimmt durch drei Rechtsebenen:

■ Das deutsche Verfassungsrecht: Art. 16a GG.

■ Das Recht der Europäischen Union: Art. 78 AEUV und die Richtlinien und Verordnungen des Gemeinsamen Europäischen Asylsystems (GEAS).

■ Internationales Recht: Die Genfer Flüchtlingskonvention (GFK) der Vereinten Nationen von 1951, in der Form des Protokolls von New York aus dem Jahr 1967.

Möglich sind folgende Schutzberechtigungen:

Status	Voraussetzung	Ausschlussgrund	Aufenthaltstitel
1. Asylberechtigung nach Art. 16a GG	Staatliche Verfolgung; keine Einreise über einen »sicheren Drittstaat«	Ausweisung aus schwerwiegenden Gründen der öffentlichen Sicherheit und Ordnung; Verurteilung zu einer Haftstrafe von mind. drei Jahren; nach Ermessen bei Verurteilung von mind. einem Jahr bei Gewalttaten (auch Bewährung)	Aufenthaltserlaubnis nach § 25 Abs. 1 AufenthG; Flüchtlingspass
2. Flüchtling nach der Genfer Flüchtlingskonvention (Konventionsflüchtling)	Staatliche und nichtstaatliche Verfolgung; fehlender Schutz	Wie vor	Aufenthaltserlaubnis nach § 25 Abs. 2 1. Alt. AufenthG; Flüchtlingspass
3. Subsidiär schutzberechtigt	Erheblicher Schaden im Kontext von Krieg oder Menschenrechtsverstößen	Wie vor	Aufenthaltserlaubnis nach § 25 Abs. 2, 2. Alt. AufenthG; **kein** Flüchtlingspass
Variante zu 1. bis 3.: Familienschutz	Ehegatte und minderjährige Kinder bzw. Eltern und Geschwister von minderjährigen Kindern	Entsprechend dem jeweiligen Schutzstatus	Aufenthaltserlaubnis nach § 25 Abs. 1 oder 2 AufenthG, entsprechend wie bei Schutzberechtigten; Flüchtlingspass bei Anerkennung nach 1. oder 2.
4. Abschiebehindernis (zielstaatsbezogen)	Unmittelbar akute Gefahr für Leib und Leben, schwere Menschenrechtsverletzungen	Nur Duldung: erhebliche Straftaten, Terrorismus, Gefahr für die Sicherheit oder die Allgemeinheit	Aufenthaltserlaubnis nach § 25 Abs. 3 AufenthG; **kein** Flüchtlingspass

Die Asylberatung ist besonders wertvoll, wenn sie zunächst prüft, ob die Erlebnisse und Geschehnisse im Herkunftsland, gegebenenfalls aber auch in Drittstaaten oder in Deutschland, zu Risiken bei der Rückkehr führen, die einen der verschiedenen Schutzansprüche auslösen.

Eine chronologische Erfassung der persönlichen Erlebnisse, die Klärung von Widersprüchen, die Verbesserung der Detailtiefe und Anschaulichkeit ist die eine Seite; die andere ist die genaue Beschäftigung mit der Situation im Herkunftsland und der Abgleich der Geschehnisse mit den ermittelten Zuständen in dem jeweiligen Staat, manchmal aber auch in der spezifischen Region, aus der der Flüchtling kommt.

Jede Asylantragstellerin kann die Lageberichte zu ihrem Herkunftsstaat anfordern, wenn das Interesse an den Informationen für ein laufendes Verfahren belegt wird.

Die Bestellung erfolgt über IBIS e.V. Mail: info@ibis-ev.de, Fax: 0441/9849606.

Es muss ein Dokument aus einem laufenden Verfahren oder ein entsprechender Antrag ans BAMF oder die Ausländerbehörde beigefügt werden.

---

2   Asylgründe nach Art. 16a GG

Politisch verfolgt ist eine Person, deren Leib, Leben oder persönliche Freiheit in Anknüpfung an ihre politische Überzeugung, an ihre religiöse Grundentscheidung oder an für sie unverfügbare Merkmale, die ihr Anderssein prägen, gefährdet oder verletzt werden.

Das Asylrecht des Grundgesetzes hat heute keine praktische Relevanz mehr. Es wurde durch die einschränkenden Zusätze in Art. 16a GG im Jahr 1993 so restriktiv gefasst, dass nur noch ein verschwindend geringer Teil der Flüchtlinge diesen Status erhält. Da die Anerkennung als Flüchtling allerdings die gleiche Rechtsposition verleiht, wird Art. 16a GG für den Flüchtlingsschutz auch nicht mehr benötigt.

Folgende Anforderungen müssen erfüllt sein:

Das Asylrecht des GG erfasst nur **staatliche** (politische) Verfolgungshandlungen.

- Eine Verfolgung gilt als politische, »wenn sie dem Einzelnen in Anknüpfung an seine politische Überzeugung, seine religiöse Grundentscheidung oder an für ihn unverfügbare Merkmale, die sein Anderssein prägen, **gezielt Rechtsverletzungen** zufügt, die ihn ihrer **Intensität** nach aus der übergreifenden Friedensordnung der staatlichen Einheit ausgrenzen« (BVerfG vom 10.7.1989 – 2 BvR 502/86).

- **Keine politische Verfolgung** liegt vor, wenn staatliche Maßnahmen dem **staatlichen Rechtsgüterschutz**, etwa im Bereich der Terrorismusbekämpfung dienen oder sie nicht über das hinausgehen, was auch bei der Verfolgung krimineller Taten ohne politischen Bezug regelmäßig angewandt wird. Das Asylgrundrecht gewährt keinen Schutz vor drohenden Verfolgungsmaßnahmen, die keinen politischen Charakter haben (zuletzt: BVerfG vom 4.12.2012 – 2 BvR 2954/09).

- **Kein Schutz der Freiheit der Religionsausübung**; asylrelevant sind nur Verfolgungen, die sich auch gegen eine Glaubenshaltung als solche und eine Religionsausübung im privaten Bereich richten. Solange nur die öffentliche Religionsausübung verfolgt wird, gilt dies nicht als asylrelevant (kann aber zur Flüchtlingsanerkennung führen).

- In der Regel **kein Schutz** bei einer Verfolgungsgefahr wegen einer **exilpolitischen Betätigung** oder anderweitig selbst gesetzten Gründen nach Verlassen des Herkunftsstaates (**subjektive Nachfluchtgründe**).

- Keinen Anspruch auf Asyl hat, wer aus einem anderen EU-Staat oder aus einem anderen »**sicheren Drittstaat**« (Norwegen und die Schweiz) eingereist ist (Art. 16a Abs. 2 GG). Durch diese Beschränkung des verfassungsrechtlichen Asylrechts können Flüchtlinge, die auf dem Landweg nach Deutschland gekommen sind, kein Asylrecht erhalten, weil Deutschland ausschließlich von sicheren Staaten umgeben ist. Flüchtlinge müssen beweisen, dass sie auf dem Luft- oder Seeweg eingereist sind, um als Asylberechtigte anerkannt zu werden.

- Keinen Anspruch auf Asyl hat, wer in einem sonstigen **Drittstaat vor Verfolgung sicher** war (§ 27 AsylG). Die Anforderungen an diese Sicherheit sind:
  - Keine Verfolgung in diesem Drittstaat.
  - Keine Gefahr der Rückschiebung in einen Verfolgerstaat.
  - Hilfestellungen bei der Existenzgründung in diesem Drittstaat.

  Insgesamt muss sich ein Bild ergeben, nach dem die Flucht in diesem Drittstaat ein Ende gefunden hat. Dies ist immer dann gegeben, wenn der Drittstaat einen Flüchtlingsausweis ausgestellt hat oder wenn der Aufenthalt drei Monate angedauert hat, es sei denn, die oben genannten Anforderungen waren nicht erfüllt.

- Für »sichere Herkunftsstaaten« (→ S. 93) gilt die Vermutung der Verfolgungsfreiheit.

Nach dem Wortlaut des Art. 16a GG könnten Verfolgte diesen Schutzstatus unabhängig von der Frage erhalten, ob sie schwere Straftaten begangen haben oder sich gegen die internationale Friedensordnung verhalten haben. Das EU-Recht (Qualifikationsrichtlinie) verpflichtet Deutschland jedoch, die Ausschlussgründe der Genfer Flüchtlingskonvention (GFK) zu beachten. Deshalb kann eine Person nicht als asylberechtigt anerkannt werden, wenn sie nicht zugleich auch den Status eines Flüchtlings nach der GFK erwirbt. Das verstoße nicht gegen die Verfassung, weil das Asylrecht des Art. 16a GG durchaus Schranken durch andere Verfassungswerte erfahre, solange sein Kerngehalt unangetastet bleibe. Der Kerngehalt sei vor allem der Abschiebeschutz. Auch die Gefahr für die Sicherheit und Ordnung wird als Ausdruck der Schranken des Grundrechts gesehen, weil damit öffentliche Rechtspositionen von Verfassungsrang berührt werden (BVerfG vom 31.3.2011 – 10 C 2.10).

Beispiel

Soraja hat sich im Iran am bewaffneten Untergrundkampf beteiligt und einen Sprengsatz in eine Polizeistation geworfen. Sie wird deshalb im Iran mit der Todesstrafe bedroht. In Deutschland betätigt sie sich nicht politisch.

Nach dem Asylrecht des GG wäre ihr bis zur Geltung der Qualifikationsrichtlinie (QRL) der Status als Asylberechtigte zuzuerkennen gewesen. Sie ist politisch verfolgt, weil ihre Handlungen nicht nur als Straftaten, sondern auch als militante Handlungen der Opposition verfolgt werden. Eine Gefahr für die öffentliche Sicherheit und Ordnung geht von ihr nicht aus. Sie ist aber nach Art. 33 Abs. 2 GFK und Art. 12 Abs. 2b QRL vom internationalen Schutz ausgeschlossen. Würde ihr dennoch nach deutschem Recht Asyl gewährt, so würde damit das GEAS untergraben (EuGH vom 9.11.2010 – C-57/09).

Vor Abschiebung bleibt Soraja schon wegen der drohenden Todesstrafe geschützt (§ 60 Abs. 2 AufenthG).

Wenn eine der Ausschlussklauseln vorliegt oder wenn das BAMF von einer Ausschlussmöglichkeit (s. § 60 Abs. 8 Satz 3 AufenthG) Gebrauch macht, muss der Asylantrag nach § 30 Abs. 4 AsylG als offensichtlich unbegründet abgelehnt werden (→ S. 190).

3　Flüchtlingsanerkennung

Es handelt sich um die wichtigste Prüfung im gesamten Asylverfahren und den Schutzstatus, der am häufigsten zugesprochen wird.

§ 3 Abs. 1 AsylG übernimmt den Wortlaut der GFK:

»Ein Ausländer ist Flüchtling im Sinne des Abkommens vom 28. Juli 1951 über die Rechtsstellung der Flüchtlinge (BGBl. 1953 II, S. 559, 560), wenn er sich

1. aus begründeter Furcht vor Verfolgung wegen seiner Rasse, Religion, Nationalität, politischen Überzeugung oder Zugehörigkeit zu einer bestimmten sozialen Gruppe
2. außerhalb des Landes (Herkunftsland) befindet,
   a) dessen Staatsangehörigkeit er besitzt und dessen Schutz er nicht in Anspruch nehmen kann oder wegen dieser Furcht nicht in Anspruch nehmen will oder
   b) in dem er als Staatenloser seinen vorherigen gewöhnlichen Aufenthalt hatte und in das er nicht zurückkehren kann oder wegen dieser Furcht nicht zurückkehren will.«

Die weiteren Kriterien für die Anerkennung als Flüchtling im Sinne der GFK werden durch die Qualifikationsrichtlinie (siehe Glossar) vorgegeben. Ziel ist es dabei, einen einheitlichen Standard in allen EU-Staaten herzustellen. Dadurch soll auch verhindert werden, dass Flüchtlinge versuchen, in den Staat zu gelangen, in dem ihre Anerkennungschancen am günstigsten sind.

In der Realität zeigt sich jedoch, dass auch bei einem ausdifferenzierten System der Anforderungen und Ausnahmen in den verschiedenen Staaten Wertungen und Annahmen in die Entscheidungen einfließen, die zu ganz unterschiedlichen Anerkennungsquoten führen.

Die Prüfung der Voraussetzungen lässt sich in mehrere einzelne Punkte zerlegen:

- Verfolgungshandlung
- Verfolgungsgründe
- Verfolgungsakteure
- Fehlende Schutzgewährung
- Fehlende Möglichkeit, sich der Verfolgung zu entziehen

Sehr wichtig ist, dass eine Flüchtlingsanerkennung erst dann erfolgen kann, wenn alle fünf Voraussetzungen vorliegen. So führt der Charakter der Verfolgungshandlung allein nicht zur Anerkennung, und die fehlende Schutzgewährung reicht nicht aus, wenn noch Möglichkeiten bestehen, sich der Verfolgung zu entziehen.

In der Beratung kommt es also darauf an, keine Voraussetzung isoliert zu betrachten, sondern das Erlebte eines Flüchtlings auf alle fünf Voraussetzungen hin zu überprüfen.

3.1 Verfolgungshandlung (§ 3a AsylG, Art. 9 QRL)

Die Verfolgungshandlung bezieht sich immer auf Menschenrechtsverletzungen, die aber eine bestimmte Intensitätsschwelle überschreiten müssen, um als Verfolgung zu gelten.

Als Regelbeispiele (typisch, aber nicht abschließend) werden in § 3a Abs. 2 AsylG genannt:

1. **»die Anwendung physischer oder psychischer Gewalt, einschließlich sexueller Gewalt«.**
   Hierzu gehören u.a. alle Formen von Folter, polizeilicher Gewalt, häuslicher Gewalt und Vergewaltigung;

2. **»gesetzliche, administrative, polizeiliche oder justizielle Maßnahmen, die als solche diskriminierend sind oder in diskriminierender Weise angewandt werden«.**
   Als solche sind Maßnahmen diskriminierend, die Menschen wegen einer Eigenschaft sanktionieren, z.B. Angehörigen von Volksgruppen das Betreten bestimmter Orte verbieten oder sie von der Schule ausschließen. Diskriminierend angewendet werden Maßnahmen, wenn die Polizei bei Kontrollen oder Festnahmen nach bestimmten äußeren Merkmalen auswählt oder die Behörden Genehmigungen und Verbote nach unzulässigen und unsachlichen Kriterien erteilen;

3. **»unverhältnismäßige oder diskriminierende Strafverfolgung oder Bestrafung«.**
   Diese liegt vor, wenn eine Sanktion an sich gerechtfertigt ist, aber so schwer ausfällt, dass sie in keinem Verhältnis mehr zum Vergehen steht, z.B. wenn Kriegsdienstverweigerung mit lebenslanger Haftstrafe bedroht wird oder die Strafen nach bestimmten Merkmalen einer Person unterschiedlich ausfallen, z.B. wenn Taten der Angehörigen der Minderheitsreligion generell höher bestraft werden als dieselben Taten der Angehörigen der Mehrheitsreligion;

4. **»Verweigerung gerichtlichen Rechtsschutzes mit dem Ergebnis einer unverhältnismäßigen oder diskriminierenden Bestrafung«**
   Hierunter fallen alle Bestrafungen, die der willkürlichen Entscheidung einzelner Amtsträger überlassen bleiben, z.B. wenn eine Person wegen der Beteiligung an einer Schlägerei für mehrere Monate inhaftiert wird ohne ein Gericht anrufen zu können;

5. »**Strafverfolgung oder Bestrafung wegen Verweigerung des Militär-dienstes in einem Konflikt, wenn der Militärdienst Verbrechen oder Handlungen umfassen würde, die unter die Ausschlussklauseln des § 3 Absatz 2 fallen«.**
Hier handelt es sich um eine besondere Klausel, die im Rahmen von Art. 9 Abs. 2 e der Qualifikationsrichtlinie der EU entwickelt wurde. Die Bestrafung der Kriegsdienstverweigerung ist an sich noch keine menschenrechtswidrige Verfolgungshandlung. Wenn es in diesem Krieg jedoch zu Verbrechen gegen die Menschlichkeit kommt und die Wehrpflichtigen in die Gefahr geraten, an diesen Handlungen mitzuwirken, erhält die Kriegsdienstverweigerung eine Legitimation durch das internationale Völkerrecht. Eine Sanktionierung gilt deshalb als Verfolgungshandlung;

6. »**Handlungen, die an die Geschlechtszugehörigkeit anknüpfen oder gegen Kinder gerichtet sind«.**
Gemeint sind hier Handlungen, die auf die Identität als Frau abstellen, also alle unerwünschten sexuellen Handlungen oder auch Handlungen, die eine bestimmte gesellschaftliche Rollenerwartung ausnutzen, z.B. der Zwang den Kopf zu entblößen, um eine Frau vor der Öffentlichkeit bloßzustellen. Bei den Handlungen, die gegen Kinder gerichtet sind, kann es sich um Inhaftierungen, Verpflichtungen zum Wehrdienst oder sonstige Maßnahmen handeln, die dem Kindeswohl widersprechen. Die ausdrückliche Aufnahme dieser Handlungen verdeutlicht, dass in diesen Fällen keine weitere Prüfung erforderlich ist, ob ein Menschenrecht schwerwiegend verletzt wird.

Drei Verletzungshandlungen sind zu unterscheiden:

a. Eine Handlung, die eine **schwerwiegende** Verletzung grundlegender Menschenrechte darstellt, insbesondere wenn sie gegen den Schutz des Lebens, das Verbot der Folter, das Verbot unmenschlicher oder erniedrigender Behandlung, das Verbot der Sklaverei verstoßen oder eine Strafe ohne Gesetz darstellen (Art. 15 Abs. 2 EMRK). Es können auch andere Menschenrechte grundlegend sein. Allerdings reicht nicht jede Verletzung aus, sie muss auch so gravierend sein, dass die Verletzung als schwerwiegend gilt.

Beispiele

Anatol wird gezwungen ohne Bezahlung für einen regionalen Parteifunktionär zu arbeiten (Sklaverei, Art. 7 EMRK = Regelbeispiel nach § 3a AsylG).

Bhavin kann seine Schulden nicht bezahlen. Er wird inhaftiert und so lange in Haft behalten, bis die Familie die Schulden bezahlen kann (Schuldhaft, Art. 11 Internationaler Pakt über bürgerliche und politische Rechte (IPbürgR) = andere grundlegende Menschenrechtsverletzung).

b. Die schwerwiegende Verletzung eines grundlegenden Menschenrechts kann auch darin liegen, dass erst die **Wiederholung** einer Handlung in der Summe einen gravierenden Eingriff in ein grundlegendes Menschenrecht darstellt.

Beispiel

Chen Lu erleidet wiederholt körperliche und seelische Übergriffe (ein einzige Vorfall wäre noch nicht so gravierend gewesen, dass er allein als schwere Menschenrechtsverletzung zu kennzeichnen wäre; die beständige Wiederholung schafft jedoch eine Situation der dauernden Bedrohung und Ausweglosigkeit).

c. Auch die **Kumulation** verschiedener Verletzungen, die keine schwerwiegenden Menschenrechtsverletzungen darstellen, kann dann eine relevante Verfolgungshandlung sein, wenn sie die Betroffenen in vergleichbarer Weise belastet. Hier geht es vor allem um Diskriminierungen, von denen die Verfolgten in verschiedenen Lebensbereichen betroffen sein müssen, damit die Eingriffe denen einer schwerwiegenden Menschenrechtsverletzung gleichen.

Beispiel

Viele Sachverständige gehen davon aus, dass Roma in mehreren Balkanstaaten einem ganzen Bündel verschiedener Diskriminierungen ausgesetzt sind und dies in der Zusammenschau (Kumulation) als Verfolgung zu werten ist (so Marx, 2014b, S. 15). Diese Einschätzung wird jedoch vom Gesetzgeber und von der Bundesregierung nicht geteilt, weil alle Balkanstaaten als »sichere Drittstaaten« eingestuft wurden. Flüchtlinge können sich deshalb auf die nach der Auskunftslage dokumentierten Diskriminierungen allein nicht mehr berufen (die Vermutung der Verfolgungsfreiheit wird vom BVerfG vom 14.5.1996 – 2 BvR 1507/93 als verfassungskonform bewertet).

Eine Verfolgung darf nur angenommen werden, wenn Flüchtlinge glaubhaft darlegen können, dass sie in **Abweichung** von der allgemeinen Lage im Herkunftsland aus spezifischen (untypischen) Gründen verfolgt werden. Nachteile, die Menschen aufgrund der allgemeinen Zustände in ihrem Herkunftsstaat zu erleiden haben, z.B. in Folge von Naturkatastrophen, Arbeitslosigkeit, einer schlechten wirtschaftlichen Lage oder in Folge von Unruhen, Revolutionen und Kriegen, gelten nicht als Verfolgung (z. B. OVG NRW vom 3.11.2014 – 18 A 2638/07.A).

Die Menschenrechtsverletzung muss durch die Verfolgungshandlung verursacht worden sein. Es muss also immer geprüft werden, ob ein direkter Zusammenhang zwischen Handlung und »Ergebnis« besteht.

Beispiel
___

Daniel ist in der Haft schwer erkrankt. Die Inhaftierung von Daniel stellt eine Verfolgungshandlung dar. Die Erkrankung beruhte jedoch auf einer unerkannten Vorerkrankung. Die Inhaftierung hat keinen schwerwiegenden gesundheitlichen Schaden verursacht. Geprüft werden muss also, ob die Haft alleine bereits eine schwere Menschenrechtsverletzung darstellt (z. B. weil sie ohne gesetzliche Grundlage erfolgte), der gesundheitliche Schaden bietet hierfür keine Begründung.

3.2 Verfolgungsgründe

Die Verfolgungshandlung muss **wegen** einer tatsächlichen oder zugeschriebenen Eigenschaft, Tätigkeit oder Zugehörigkeit erfolgen. Schwere Menschenrechtsverletzungen, die eine Person **zufällig** treffen, ohne dass sie durch eine bestimmte Ausrichtung motiviert werden, lösen keinen Flüchtlingsschutz aus (möglicherweise aber einen subsidiären Schutz). Werden Zivilpersonen z.b. in einem Bürgerkrieg bedroht, weil sich die bewaffneten Kräfte des Gegners in zivilen Einrichtungen verschanzt haben, so werden sie nicht als Individuum bedroht, sondern nur wegen ihrer zufälligen Anwesenheit.

Es kann aber sein, dass Menschen aus bestimmten Gründen verfolgt werden, obwohl sie den Verfolgern gar nicht namentlich oder individuell bekannt sind. Manchmal richtet sich Verfolgung gegen »alle, die so sind oder sich so verhalten«, z.b. gegen alle Homosexuellen, gegen jeden, der das Land verlässt oder gegen alle Juden, Muslime, Frauen, Kommunisten. Es reicht aus, dass eine Person potentiell als »Feind« identifiziert werden könnte.

Es kommt auch nicht darauf an, ob eine Person wirklich die Eigenschaft hat, die getroffen werden soll. Verfolgt ist auch, wem eine bestimmte Zugehörigkeit, z. B. zu einer Religion, Partei, Volksgruppe, nur zugeschrieben wird.

Das AsylG nennt (entsprechend Art. 10 Qualifikationsrichtlinie) fünf verschiedenen Verfolgungsgründe. Diese Auflistung ist abschließend, d.h. jede Verfolgungshandlung muss durch einen dieser Gründe motiviert sein.

Im Folgenden werden die Verfolgungsgründe in vier Gruppen behandelt, weil die Verfolgung wegen der Herkunft und wegen der Nationalität zwar im Gesetz getrennt genannt werden, sich aber nicht wirklich trennscharf von einander abgrenzen lassen:

1. **Herkunft (Ethnie, Hautfarbe, Nationalität und rassistische Zuschreibung)**, § 3b Abs. 1 Nr. 1 und Nr. 3 AsylG.

2. **Religion**, § 3b Abs. 1 Nr. 2 AsylG.

3. **Zugehörigkeit zu einer bestimmten Gruppe** (identitätsbildende gemeinsame Merkmale, die von der Gesellschaft als andersartige bewertet werden), auch geschlechtliche Identität und sexuelle Orientierung, § 3b Abs. 1 Nr. 4 AsylG.

4. **Politisch oppositionelle Haltung oder Handlung**, § 3b Abs. 1 Nr. 5 AsylG.

3.2.1 Herkunft, Ethnie, Nationalität

Der Begriff der Rasse wird in § 3b Abs. 1 Nr. 1 AsylG genannt und ihm werden die Aspekte Hautfarbe, Herkunft und Zugehörigkeit zu einer ethnischen Gruppe zugeordnet. Es besteht im europäischen Rechtsraum Einigkeit darüber, dass es keine biologischen Rassen gibt, der Gesetzestext kann also nur in dem Sinne umgedeutet werden, dass es um rassistische Zuschreibungen geht. Die Verfolgung ist auf Merkmale gerichtet, die in einem Zusammenhang mit ethnischen Zugehörigkeiten oder davon abgeleiteten Merkmalen bestehen. Tatsächlich handelt es sich dabei um soziale Begriffe, die sich aus sehr unterschiedlichen Faktoren zusammensetzen können. Rassistisch begründete Verfolgungen werden häufiger auch als Verfolgung wegen der Nationalität oder aber wegen der Zugehörigkeit zu einer bestimmten »sozialen Gruppe« gewertet.

Die Nationalität ist nicht gleichzusetzen mit der Staatsangehörigkeit, es handelt sich um ethnische oder sprachliche Gruppen, die durch eine kollektive ethnische Identität bestimmt werden. Beispiele sind Stammeszugehörige, Volkszugehörige oder auch Angehörige einer ausländischen Staatsangehörigkeit; in der Geschichte der Fluchtbewegungen waren z.B. Kurden im Irak oder in der Türkei, Palästinenser im Libanon, Tamilen in Sri Lanka, Tutsis in Ruanda von Verfolgung wegen der ethnischen oder nationalen Zugehörigkeit betroffen. Allerdings wird auch in diesen Fällen meist nicht von einer Gruppenverfolgung ausgegangen, weil es nicht gelingt nachzuweisen, dass alle Mitglieder der nationalen Gruppe getroffen werden sollen (BVerwG vom 21.4.2009 – 10 C 11.08). In manchen Fällen kommt es auch zu einer Überlagerung mit dem Merkmal der Religion, wie etwa bei den Yeziden aus dem Irak (z.B. VG Dresden vom 13.2.2015 – 2 K 3657/14).

Aus jüngerer Zeit sind keine Entscheidungen der Verwaltungsgerichte zur Verfolgung ausschließlich wegen der Herkunft oder Ethnie bekannt.

Ablehnungen in der Rechtsprechung:

Mazedonien: Keine Gruppenverfolgung der Roma (VG Gelsenkirchen vom 27.3.2015 – 17a K 857/14.A; VG Aachen vom 27.4.2015 – 1 L 358/15.A; OVG Lüneburg vom 28.11.2014 – 8 LA 150/14).

Serbien: Keine Gruppenverfolgung der Roma (VG Oldenburg vom 9.4.2015 – 7 B 1548/15; VG Münster vom 11.5.2015 – 4 K 802/13.A; VG Gelsenkirchen vom 12.6.2015 – 13a K 5918/12.A).

Georgien: Keine Verfolgung der ossetischen Minderheit (VG Gelsenkirchen vom 30.3.2015 – 6a L 434/15.A), **der Kurden und Jesiden** (VG Gelsenkirchen vom 14.9.2015 – 6a L 1808/15.A).

Armenien: Yeziden werden als Minderheit zwar diskriminiert, dies erreicht aber nicht die Schwelle einer Verfolgung (VG Schwerin vom 2.7.2015 – 15 A 137/12 As).

Russland: Keine ethnische Verfolgung der Inguschen (VG Berlin vom 26.5.2015 – 33 K 233.14 A).

3.2.2   Religion und Weltanschauung

Der Schutz vor religiöser Verfolgung erfasst nicht nur den Angriff auf die Glaubensüberzeugung als solche, sondern auch Maßnahmen gegen die öffentliche Bekundung, die Versammlung von Glaubensgemeinschaften oder bestimmte Lebensführungen und Bekleidungen aus religiösen Gründen (Grundsatzurteil: EuGH vom 5.9.2012 – C-71/11 und – C-99/11). Erfasst wird auch die Verfolgung von Nicht-Gläubigen. So kann also sowohl das Verbot als auch das Gebot einer Verschleierung eine religiöse Verfolgung (soweit darin eine schwere Menschenrechtsverletzung liegt) darstellen, die Bestrafung wegen einer Werbung für die Religion in der Öffentlichkeit, das Verbot des Baus eines Gotteshauses, und auch die Bestrafung wegen des Verlassens der Glaubensgemeinschaft oder wegen des Übertritts zu einer anderen Glaubensgemeinschaft. Allerdings ist die Freiheit der Glaubensausübung nur geschützt, soweit die Gläubigen ihr aus einem inneren Antrieb nachgehen, aus einer Überzeugung, die wesentliches Element der eigenen religiösen Identität ist (BVerwG vom 20.2.2013 – 10 C 23.12).

Irak: Ein durch unbekannte Akteure verfolgter Schiit (VG Hamburg vom 19.2.2015 – 8 A 1470/13); **Jeziden als Gruppe wegen der Religionszugehörigkeit** (VG Dresden vom 13.2.2015 – 2 K 3657/14).

Iran: Strafbarkeit von Atheismus und Apostasie (ACCORD, 25.3.2015, ID 299403, ecoi.net); **Sunniten wegen Religionsausübung hingerichtet** (Radio Free Europe, 4.3.2015, ID 298044, ecoi.net).

Pakistan: Öffentliche Religionsausübung von Ahmadis wird verfolgt
(BVerwG vom 20.2.2013 – 10 C 23.12; siehe auch: UK Home Office, 23.2.2015,
ID 297232, ecoi.net).
Afghanistan: Keine religiöse Verfolgung von Sikhs und Hindus (VG Gelsenkirchen vom 20.8.2015 – 5a K 4515/13.A).

Immer wieder wird betont, dass die Aufnahme in die christliche Gemeinde
durch die Taufe allein nicht ausreiche, vielmehr müsse eine tiefe innere Hinwendung erkennbar sein und glaubhaft gemacht werden. Nur dann ergibt
sich eine Gefahr der religiösen Verfolgung bei Rückkehr, wenn die innere Bindung an den Glauben so stark ist, dass er auch unter Bedrohung weiter praktiziert würde (BVerwG vom 9.12.2010 – 10 C 13.09; HessVGH vom 24.6.2010 –
8 A 290/09.A).

Manche Gerichte nehmen hier intensive Befragungen zu den Religionsgeboten, Gebeten und Bibelinhalten (10 Gebote) vor (VG Ansbach vom 26.8.2015 –
B 3 K 15.30348).

3.2.3   Zugehörigkeit zu einer bestimmten Gruppe

Der Verfolgungsgrund der Zugehörigkeit zu einer bestimmten Gruppe
hatte ursprünglich nach der Bestimmung in der GFK wenig Konturen und wirkte eher wie eine Auffangbestimmung. Zwischenzeitlich kommt diesem Verfolgungsgrund eine ganz entscheidende Rolle insbesondere im Zusammenhang
mit den Merkmalen des Geschlechts und der sexuellen Orientierung zu.

»Gruppe« ist nicht im Sinn einer kollektiven Selbstbestimmung gemeint, sondern wird über bestimmte Merkmale bestimmt, die bestimmten Personen
gleichermaßen eigen sind oder ihnen zugeschrieben werden.

Geschlechtsspezifische Verfolgung

Besonders häufig sind Verfolgungen, die auf das Gruppenmerkmal
»Frau« oder »Mädchen« zu sein abstellen oder auch eine bestimmte Teilgruppe
der Zugehörigkeit zum weiblichen Geschlecht erfassen. Darunter fallen alle Gesetze, Maßnahmen und Bestrafungen, die einseitig auf das Verhalten von Frauen abstellen oder aber die Selbstbestimmung der Frau in menschenrechtswidriger Weise beschneiden. Verfolgungshandlungen können dabei sein: Zwangsverheiratung, Verfolgungen wegen Ehrverletzungen, häusliche Gewalt, Genitalverstümmelung, Kriminalstrafen wegen Ehebruchs oder außerehelichen Geschlechtsverkehrs.

Bei Flüchtlingsfamilien sollte darauf geachtet werden, dass die Verfolgungsgefahr eventuell nur für die minderjährigen Mädchen bestehen kann (Genitalverstümmelung, Zwangsverheiratung). Diese Gefahren müssen mit den Eltern besprochen und in das Asylverfahren eingebracht werden. Es besteht das Risiko, dass sie weder von den Anhörerinnen bzw. Entscheiderinnen des BAMFs noch von der betroffenen Familie selbst erkannt werden.

Die im Folgenden genannten Gerichtsentscheidungen betreffen Einzelfälle, die nicht ohne weiteres auf andere Fälle übertragen werden können. In vergleichbaren Fällen können die Entscheidungen aber als Argumentationshilfen herangezogen werden. Aktuelle Informationen finden sich in der Datenbank »European Country of Origin Information Network« (ecoi.net). Weitere Datenbanken siehe Informationsquellen (→ S. 460 ff.).

Afghanistan: Westlich geprägte Frauen werden als Gruppe aus geschlechtsspezifischen Gründen verfolgt (OVG Niedersachsen vom 21.9.2015 – 9 LB 20/14); **Zugang von Frauen zur Justiz nach Gewalterfahrung** (UN-Menschenrechtskommissar, ID 301158, ecoi.net); **Gewalt gegenüber Frauen** (UNHCR-Richtlinien zur Feststellung des internationalen Schutzbedarfs afghanischer Asylsuchender vom 6.8.2013, S. 55; Schweizerische Flüchtlingshilfe, Afghanistan Update: Die aktuelle Sicherheitslage vom 5.10.2014, S. 13; Afghanistan Independent Human Rights Commission (AIHRC): Summary of the Findings Report on Violence against Women vom 8.3.2015; UN General Assembly, Report of the Special Rapporteur on violence against women, its causes and consequences, Mission to Afghanistan, 12.5.2015, S. 5 – alle ecoi.net).

Angola: Gefahr der Genitalverstümmelung in seltenen Fällen, Zwangsprostitution, Kindesmissbrauch weit verbreitet (OVG NRW vom 14.2.2014 – 1 A 1139/13.A).

Coté d'Ivoire: Kein effektiver staatlicher Schutz vor Genitalverstümmelung und häuslicher Gewalt (VG Hannover vom 26.3.2012 – 4 A 3105/11).

Kenia: Keine Anerkennung wegen der Gefahr der Genitalverstümmelung, weil die Frau in der Landeshauptstadt Schutz finden kann (VG Frankfurt vom 16.4.2014 – VG 6 K 19/12.A).

Marokko: Haftstrafe wegen Ehebruchs (AI, Urgent Action vom 22.4.2015, ID 301263, ecoi.net); **Gefahr von Ehrenmorden wegen außerehelichen Geschlechtsverkehrs** (ACCORD vom 12.2.2015, ID 296556, ecoi.net).

Nigeria: Der Staat ist nicht willens einen Schutz vor Genitalverstümmelung zu bieten (VG Stuttgart vom 20.8.2015 – A 7 K 1575/14; VG Trier vom 16.1.2013 – 5 K 776/12.TR; VG Köln vom 24.7.2014 – 15 K 1919/14.A zugunsten eines Mädchens, die erst nach der Ausreise der Mutter geboren wurde);

Lebensbedingungen alleinstehender Frauen (ACCORD vom 27.3.2015, ID 299483, ecoi.net); **Sexuelle Orientierung und Gender-Identität** (UK Home Office, März 2015, ID 300670, ecoi.net); **Gewalthandlungen gegen Frauen sind weiterhin sehr verbreitet, die staatlichen Schutzmaßnahmen greifen noch nicht effektiv** (UN-Menschenrechtsrat, Rashida Manjoo: Report of the Special Rapporteur on violence against women, its causes and consequences, Mai 2015, ID 304746, ecoi.net).
Pakistan: Schutzmöglichkeiten für weibliche Opfer von Gewalt (Immigration and Refugee Board of Canada, 15.1.2015, ID 295399); **Sexuelle Minderheiten** (ebenso, 9.1.2015, ID 295401).
Serbien: Blutrache und Frauen als Opfer innerhalb der Roma-Gemeinschaft, Schutzmöglichkeiten (Schweizerische Flüchtlingshilfe, Bericht vom 9.12.2014, ID 297198, ecoi.net).

Sexuelle Orientierung

Die Verfolgung wegen der sexuellen Orientierung ist in den letzten Jahren zunehmend bedeutsam geworden. Das BVerwG vom 15.3.1988 – 9 C 278.86 hatte zwar schon früher erstmals einen Flüchtling anerkannt, der wegen seiner Homosexualität verfolgt wurde, aber wegen der Zugehörigkeit zu einer bestimmten sozialen Gruppe. Erst mit der Gestaltung des Flüchtlingsrechts durch die Vorgaben der EU (Qualifikationsrichtlinie 2011/95/EU) wurde die sexuelle Orientierung als ein eigener Verfolgungsgrund aufgenommen. Erfasst werden damit homosexuelle Orientierungen ebenso wie Transsexualität und andere Formen der geschlechtlichen oder sexuellen Identität. Hierzu hat der EuGH vom 7.11.2013 – C-199/12 entschieden, dass nicht verlangt werden kann, dass die eigenen Persönlichkeit so weit zurückgenommen wird, dass die sexuelle Orientierung geheim gehalten wird und nur im Verborgenen gelebt wird. Auch muss die Befragung zum sexuellen Intimleben zudringliche, diskriminierende und menschenunwürdige Fragen vermeiden und bei der Bewertung der Glaubwürdigkeit die besonderen Schwierigkeiten berücksichtigen, die bei Angaben zum Intimleben bestehen (EuGH vom 2.12.2014 – C-148/13). Der UNHCR hat Anhaltspunkte zur Feststellung der sexuellen Orientierung entwickelt, die auf die Befragung nach Sexualpraktiken verzichtet (Guidelines on international protection No. 9, Rz. 62, 63).

Es gibt eine hohe Anzahl von Staaten auf der Welt, in denen Menschen wegen ihrer sexuellen Orientierung verfolgt werden; hierzu gehören auch die meisten islamisch ausgerichteten Staaten. Für die Flüchtlingsanerkennung reicht nicht jede gegen die Homosexualität gerichtete Strafvorschrift, erst wenn Freiheitsstrafen angedroht und auch tatsächlich verhängt werden, liegt eine »unverhältnismäßige diskriminierende Bestrafung« vor.

Anerkennungen in der Rechtsprechung:
Afghanistan: VG Augsburg vom 29.7.2013 – Au 6 K 13.30158.
Iran: VG Köln vom 13.3.2014 – 16 K 5798/12.A; VG München vom 6.5.2014 –
M 2 K 13.30691; VG Würzburg vom 17.12.2014 – W 6 K 14.30391.
Nigeria: VGH Baden-Württemberg vom 7.3.2013 – A 9 1873/12; VG Regens-
burg vom 19.11.2013 – RN 5 K 13.30226; VG Aachen vom 12.12.2014 – 2 K
1477/13.A
Uganda: VG Berlin vom 29.10.2013 – VG 34 L 89.13 A: Eilverfahren, weitere
Aufklärung erforderlich.

Ablehnung in der Rechtsprechung:
Republik Guinea: VG Düsseldorf vom 21.1.2015 – 13 K 5723/13.A.
Serbien: VG Berlin vom 9.12.2014 – 7 L 603.14 A.
Bosnien und Herzegowina: VG Regensburg vom 8.12.2014 – RO 6 S
14.30809. Keine Anerkennung mehr in Hinblick auf die Bestimmung als »sicheres Herkunftsland« trotz fehlendem staatlichen Schutz gegen Übergriffe
privater Akteure, siehe Amnesty International, Amnesty Report 2013 Bosnien
und Herzegowina, 23.5.2013.
Georgien: Die Schwelle der schwerwiegenden Menschenrechtsverletzung
wird nicht erreicht, obwohl Angriffe auf Homosexuelle, auch tätliche, durchaus zur Normalität gehören (VG Hannover vom 18.2.2015 – 1 A 109/13).
Ghana: VG Düsseldorf vom 15.4.2014 – 13 L 728/14.A.
Indien: VG Düsseldorf vom 4.11.2014 – 14 K 1800/14.A.
Kenia: VG Potsdam vom 13.5.2014 – VG 6 K 3802/13.A; zu Frauen: OVG Lüne-
burg vom 18.10.2013 – 8 LA 221/12.
Mazedonien: VG Würzburg vom 21.8.2014 – W 1 S 14.30384.
Russland: VG Potsdam vom 27.2.2014 – VG 6 K 435/13.A.

Eine Anerkennung allein wegen der praktizierten Homosexualität ist bei den
letztgenannten Herkunftsstaaten also eher unwahrscheinlich. Das schließt jedoch nicht aus, dass weitere Umstände (Aktivisten, hervorgehobene Position,
extreme persönliche Bedrohung) individuell zu einer anderen Bewertung führen können. Zudem verbessert sich die Auskunftslage zur Verfolgung von Homosexualität zunehmend.

Auskünfte:
Marokko: Homosexualität ist strafbar und wird verfolgt (Auskunft von AI an
das VG Düsseldorf vom 1.4.2015, ID 307705, ecoi.net).
Pakistan: Verbot gleichgeschlechtlicher Beziehungen (Auskunft der Schwei-
zerischen Flüchtlingshilfe vom 11.6.2015, ID 306705, ecoi.net).
Russland: Gericht bestätigt die **Kündigung des Arbeitsverhältnisses wegen
der gleichgeschlechtlichen sexuellen Orientierung einer Frau** (Radio Free
Europe, 23.4.2015, ID 301372, ecoi.net).

Kamerun: Gewalt gegen LGBTI*-Aktivisten (World Organisation against Torture, Februar 2015, ID 297640, ecoi.net).

Sonstige Gruppenzugehörigkeit

Denkbar sind auch weitere Gruppenbildungen entlang bestimmter Merkmale. Diskutiert wird z.b. die Zugehörigkeit zu einer bestimmten Familie, wenn sich die Blutrache einer anderen Familie gegen sie richtet.

Ablehnung in der Rechtsprechung:
Albanien: Blutrache, die sich gegen eine bestimmte Familie richtet, sei nicht als Verfolgung einer bestimmten sozialen Gruppe zu werten (VG Düsseldorf vom 12.3.2015 – 6 K 8197/14.A; das VG Wiesbaden prüft die Frage durch Einholung von Auskünften (Beweisbeschluss vom 25.2.2016 – 3 K 1450/15. WI. A, ecoi.net)).

3.2.4   Politisch oppositionelle Haltung oder Handlung

Die Verfolgung eines Menschen aus politischen Gründen kann sich gegen Meinungsäußerungen, Versammlungen oder sonstiges öffentliches Auftreten richten.

Handelt es sich dabei um Straftaten, die nicht allein wegen der politischen Gesinnung verfolgt werden und auch in demokratischen Rechtsstaaten strafrechtlich verfolgt würden (Verrat von Staatsgeheimnissen, Beleidigungen, Verunglimpfungen oder auch Gewalttaten), so gelten sie nur dann als politische Verfolgung, wenn nicht nur die Straftat als solche verfolgt wird, sondern die angedrohten Strafen zugleich auch die Gesinnung einer Person treffen sollen und im Verhältnis unangemessen hoch sind (»Politmalus«).

Gerade bei der Verfolgung wegen einer oppositionellen politischen Betätigung kommt es auf die individuellen Verhaltensweisen und die Frage an, welche Beachtung diese Verhaltensweisen gefunden haben.
Es darf deshalb aus den folgenden Beispielen nicht auf die Erfolgsaussichten jedes Flüchtlings aus demselben Herkunftsland geschlossen werden.

Armenien: Verfolgung von Oppositionellen im Zusammenhang mit Wahlen bejaht (VG Aachen vom 3.2.2015 – 8 K 2082/12.A; VG Weimar vom 24.6.2015 – 5 K 20053/13 We). **Politische Verfolgung wegen der Teilnahme an einer Demonstration wird für unglaubhaft gehalten** (VG Bayreuth vom 20.2.2015 – B 4 K 13.30402).

Äthiopien: Anerkennung bei exponierter exilpolitischer Tätigkeit für die Organisation OLF in Deutschland (VG Wiesbaden vom 27.4.2015 – 5 K 1532/ 14.WI.A). **Keine Anerkennung bei exilpolitischer Tätigkeit für Oppositionspartei, wenn dabei keine exponierte Stellung eingenommen wurde** (VG Saarland vom 22.1.2015 – 3 K 537/14).

China: Verurteilung zu langjährigen Haftstrafen wegen »Störung der öffentlichen Ordnung« (RFA – Radio Free Asia: Chinese Anti-Graft Campaigner Xu Jailed; Activist Hu Jia Held, 17.6.2015, ID 305468, ecoi.net).

Eritrea: Bestrafung wegen illegaler Ausreise (UK Home Office: März 2015, ID 298898, ecoi.net).

Georgien: Nur führende Partei- und Regierungsvertreterinnen (frühere) haben Verfolgungsmaßnahmen zu befürchten, untergeordnete politische Aktivisten werden nicht verfolgt (VG Leipzig vom 26.5.2015 – 6 K 429/13.A).

Myanmar: Guilty verdict for »insulting religion« must be overturned immediately (AI, Urgent Action vom 2.6.2015, ID 304196, ecoi.net); **Haftstrafen für Menschenrechtsaktivisten** (AI, Urgent Action vom 19.5.2015, ID 303008, ecoi.net).

Ruanda: Jede ernstzunehmende politische Opposition wird verfolgt und ausgeschaltet (VG Braunschweig vom 29.1.2015 – 7 A 69/13; vom 15.4.2014 – 7 A 128/12; VG Lüneburg vom 21.11.2013 – 6 A 122/10; VG Braunschweig vom 25.7.2012 – 7 A 275/10).

Syrien: Der syrische Staat betrachtet das Stellen eines Asylantrages im Zusammenhang mit einer illegalen Ausreise generell als Ausdruck einer politischen oppositionellen Gesinnung. Rückkehrende Asylsuchende werden bei der Einreise nicht nur der üblichen Befragung unterzogen, sondern sind von Folter bedroht (OVG Mecklenburg-Vorpommern vom 24.4.2014 – 2 L 16/13; OVG Berlin-Brandenburg vom 9.1.2014 – OVG 3 N 91.13; VGH Baden-Württemberg vom 19.6.2013 – A 11 S 927/13; OVG Sachsen-Anhalt vom 18.7.2012 – 3 L 147/12. Eine andere Ansicht vertritt von den Obergerichten nur das OVG NRW in ständiger Rechtsprechung, u.a. vom 13.2.2014 – 14 A 198/14.A). **Das BAMF vertritt seit April 2016 die Auffassung, dass die illegale Ausreise für eine Verfolgungsgefahr nicht ausreicht. Begründet wird dies damit, dass die syrischen Auslandsvertretungen Pässe an syrische Staatsangehörige ausstellen, die sich im Ausland aufhalten. Wenn keine gezielt individuellen Verfolgungen in Syrien glaubhaft gemacht werden, wird vom BAMF nur noch ein subsidiärer Schutzstatus anerkannt.**

Usbekistan: Folter und unmenschliche Haftbedingungen (AI: »Secrets and Lies: Forced confessions under torture in Uzbeskistan« vom 15.4.2015, ID 300809, ecoi.net).

Exilpolitische Aktivitäten

Politische Tätigkeiten in Deutschland werden nur dann als verfolgungsrelevant betrachtet, wenn mit ihnen eine bereits vorhandene politische Einstellung fortgesetzt wird.
Verlangt wird einerseits, dass die politische Einstellung schon vor der Ausreise erkennbar war, und dass die Betätigung nach der Einreise alsbald wieder aufgenommen wurde und erkennbar aus einer gefestigten inneren Überzeugung erfolgt.

Ausgeschlossen werden soll ein Missbrauch des Asylrechts durch die bewusste und zielgerichtete Konstruktion einer Verfolgungslage. Schwierigkeiten entstehen dann, wenn Flüchtlingen die politische Betätigung im Herkunftsland nicht geglaubt wird und diese dann auch nicht als Anknüpfung für eine exilpolitische Tätigkeit in Deutschland akzeptiert wird. Flüchtlinge werden dann so bewertet als hätten sie in Deutschland zum ersten Mal politische Aktivitäten entfaltet. Nicht selten stellen z. B. Studierende einen Asylantrag, die schon im Herkunftsland politisch aktiv, aber noch nicht auffällig waren und erst durch politische Tätigkeit in Deutschland in Gefahr geraten. Hier kommt es also darauf an, die politische Einstellung vor der Ausreise zu belegen.

Wird die exilpolitische Tätigkeit erst in einem Asylfolgeverfahren (→ S. 171) geltend gemacht, so wird gesetzlich vermutet, dass die Aktivisten missbräuchlich handeln, um Gründe für die Schutzgewährung selbst zu schaffen (§ 28 Abs. 2 AsylG). Diese Vermutung kann jedoch widerlegt werden, wobei ein durchgängiges Bild eines politisch aktiven Menschen eher gegen die Missbrauchsvermutung spricht; dagegen muss eine erstmalige Aufnahme von politischen Aktivitäten sehr gut begründet sein (BVerwG vom 31.1.2014 – 10 B 5.14). Beispiele dafür sind grundlegende politische Veränderungen im Herkunftsstaat nach dem Ende des ersten Asylverfahrens, vor allem aber eine Glaubenskonversion (VG Gelsenkirchen vom 10.7.2014 – 5a K 6097/12.A)

Äthiopien: Angehörige der OLF und deren Exilorganisation werden von der Regierung des Terrorismus verdächtigt (Auswärtige Amt, Lagebericht vom 4.3.2015). **»Oromos, die sich im Ausland aufhalten, sind dem Generalverdacht ausgesetzt, den oromischen Befreiungskampf zu unterstützen.** Kommt eine exilpolitische Aktivität für eine Oromo-Organisation im Ausland hinzu, verdichtet sich die Gefahr, bei einer Rückkehr Opfer von Inhaftierung und Verschwindenlassen zu werden, faktisch zur Gewissheit (VG Wiesbaden vom 31.3.2015 – 5 K 1073/14.WI.A; VG Frankfurt vom 3.3.2015 – 5 K 2067/14.F.A). Dagegen reichen dem VG Kassel vom 22.1.2015 – 1 K 1772/14.KS.A; VG Bayreuth vom 30.3.2015 – B 3 K 14.30153 einfache Mitgliedschaft und die Veröffentlichung von Artikeln unter eigenem Namen nicht, weil dem äthiopischen Geheimdienst bekannt sei, dass derartige Aktivitäten nur der Schaffung von Nachfluchtgründen diene.

China: Jede Form der politisch oppositionellen Betätigung von Angehörigen der Volksgruppe der Uiguren wird von den chinesischen Behörden genau beobachtet und löst bei Rückkehr Verfolgungsgefahr aus (VG Stuttgart vom 20.7.2015 – A 11 K 5566/14; VG Freiburg vom 7.4.2014 – A 6 K 860/12).

Eritrea: Exilpolitische Aktivitäten für die EPPF werden bei Rückkehr mit Haft von unbekannter Zeit geahndet. Der eritreische Geheimdienst überwacht die EPPF in Deutschland sehr genau (VG Münster vom 22.7.2015 – 9 K 3488/13.A).

Syrien: Einzelfall, in dem die gesetzliche Missbrauchsvermutung im Folgeverfahren widerlegt werden konnte (VG Magdeburg vom 26.6.2014 – 9 A 59/13).

Türkei: Exilpolitische Tätigkeiten für PKK-nahe Organisationen werden in jüngster Zeit vom türkischen Staat wieder politisch verfolgt. Weil die Tätigkeiten der PKK-Aktivisten jedoch gegen die Grundsätze der UN verstoßen, wird keine Flüchtlingsanerkennung, sondern nur ein Abschiebeschutz gewährt (OVG Sachsen vom 16.10.2014 – A 3 A 253/13).

Sonderfall: Wehrdienstentziehung

Die Bestrafung wegen Wehrdienstentziehung wird von den meisten Staaten dieser Welt als Wehrdienstdelikt verfolgt und ist an sich noch kein Asylgrund.

Übermäßig harte Strafen, das Fehlen eines rechtsstaatlichen Verfahrens und willkürliche Inhaftierungen sind aber ein wichtiges Indiz dafür, dass nicht nur das Verhalten bestraft werden soll, sondern auch die dahinterstehende vermutete oppositionelle Gesinnung.

Eritrea: Drohende Bestrafung wegen Wehrdienstentziehung führt zur Anerkennung als politischer Flüchtling (VG Minden vom 13.11.2014 – 10 K 2815/13.A; VG Schwerin vom 29.2.2016 – 15 A 3628/15 As SN).

Türkei: Die Wehrdienstverweigerung wird zwar bestraft, aber es besteht kein »Politmalus« wegen der kurdischen Volkszugehörigkeit (VG Dresden vom 9.3.2015 – A 3 K 3550/14; VG München vom 28.8.2014 – M 24 K 12.30028; VG Dresden vom 28.8.2014 – A 3 K 417/13; VG Leipzig vom 20.6.2013 – A 5 K 680/12).

USA: Bestrafungen wegen der Verweigerung des Militärdienstes in einem Konflikt, der völkerrechtswidrige Handlungen umfasst, gelten nach Art. 9 Abs. 2 Buchst. e der Verfahrensrichtlinie 2011/95/EU als Verfolgungshand-

lung. Belegt werden muss aber konkret, dass der Betroffene in die Gefahr der Begehung von Kriegsverbrechen hätte geraten können (EuGH vom 26.2.2015 – C-472/13). Der Entscheidung liegt der Fall eines Deserteurs im Irak-Einsatz der USA zugrunde.

3.3   Verfolgungsakteure

Anders als bei der Asylanerkennung, die ausschließlich auf staatliche Verfolgung abstellt, kennt die GFK verschiedene Verfolgungsakteure:
– **Staatliche Organe**
– **Staatsähnliche Akteure**
– **Nichtstaatliche Akteure**.

Die Auflistung ist streng genommen nicht erforderlich, weil alle möglichen Akteure auch als Verfolger in Betracht kommen. Die Auflistung dient jedoch einer wichtigen Klarstellung, weil lange umstritten war, ob auch nichtstaatliche Akteure Verfolger sein können und für die Asylanerkennung nach Art. 16a GG weiterhin eine staatliche Verfolgung gefordert wird. Nichtstaatliche Akteure können alle Privatpersonen sein, sowohl Personen, die eine gewisse informelle Machtposition genießen, als auch Familienmitglieder, die nur in einem sehr privaten Radius fähig sind, andere Mitglieder unter Druck zu setzen oder Gewalt auszuüben.

3.4   Fehlende Schutzgewährung

Diese Frage wird sowohl an Hand der allgemeinen Situation in einem Land als auch auf dem Hintergrund der individuellen Umstände geprüft.
– Gibt es in dem Staat Gesetze, die diese private Verfolgungshandlung untersagen? Steht z.B. sexuelle und sonstige häusliche Gewalt, Genitalverstümmelung, Zwangsverheiratung unter Strafe?
– Werden diese Gesetze landesweit angewendet; wie sieht die Verfolgungsdichte und das Maß der Strafen aus?
– Sind die Strafverfolgungsinstitutionen funktionsfähig; welche Rolle spielt Korruption?
– Existieren in dem Land Anlaufstellen für Verfolgte und Geschädigte; können diese effektiven Schutz bieten?
– Gibt es individuelle Faktoren, die den Zugang zu bestehenden Schutzmöglichkeiten erschweren? Zum Beispiel persönliche oder wirtschaftliche Beziehungen zwischen Tätern und Mitgliedern der Polizei, Justiz.
   Vorsicht! Gerade hier reicht es in der Regel nicht, solche Umstände zu behaupten, es ist notwendig und oft auch möglich, konkrete Informationen über die Akteure einzuholen.

Für die »sicheren Herkunftsländer« (siehe Glossar) wird vermutet, dass ein effektiver staatlicher Schutz gegen die Verfolgung durch private Akteure besteht. Der Gegenbeweis kann nur gelingen, wenn in dem individuellen Fall besondere Verfolgungsumstände vorliegen, die gerade von den allgemeinen Verhältnissen in diesem Land abweichen.

3.5   Fehlende Möglichkeit, sich der Verfolgung zu entziehen

Nicht als verfolgt gelten Menschen, die sich der Verfolgung entziehen können, indem sie sich an einen anderen Ort begeben. Grundsätzlich wird hierbei unterschieden zwischen einer inländischen und einer landesexternen Schutzmöglichkeit.

3.5.1   Landesinterner Schutz

Als verfolgt gelten nur Flüchtlinge, die in ihrem Herkunftsstaat nicht auf andere Gebiete ausweichen können, um dort Schutz zu finden. Um Flüchtlinge auf einen landesinternen Schutz zu verweisen, reicht es nicht, wenn in einer anderen Region keine Verfolgung zu erwarten ist, es muss eine reale Chance bestehen, zumindest ein Leben am Rande des Existenzminimums zu führen. Deshalb wird die Frage des internen Schutzes auch abhängig von den persönlichen Umständen der Asylantragstellerinnen bewertet. Einem jungen, gesunden Mann kann eher zugemutet werden, dass er sich in einer fremden Umgebung durchschlägt als alten oder kranken Menschen oder alleinstehenden Frauen, eventuell zusätzlich mit Kindern.

Afghanistan: Interne Schutzalternative in Kabul (OVG Münster vom 20.7.2015 – 13 A 1531/15.A), **nicht aber für alleinstehende, psychisch labile Frau** (VG München vom 21.5.2013 – M 23 K 12.30506).
Irak: Ohne Beziehungen können verfolgte Schiiten keinen anderweitigen Schutz im Nordirak finden (VG Hamburg vom 19.2.2015 – 8 A 1470/13).
Kosovo: Albaner können bei Bedrohung durch Blutrache Sicherheit in anderen Gebieten des Landes finden (VG Aachen vom 18.7.2014 – 9 L 424/14.A; VG München vom 20.5.2015 – M 15 S 15.30638).
Russland: Tschetschenen werden nicht landesweit verfolgt (VG Berlin vom 24.3.2015 – 33 K 229.13 A). **Auch Verfolgte aus Dagestan können in anderen Regionen Russlands Aufnahme und Schutz finden** (VGH Bayern vom 7.1.2015 – 11 B 12.30471).
Türkei: Kurden aus dem türkisch-syrischen Grenzgebiet können bei Verfolgungsgefahren durch lokale Akteure internen Schutz in der Westtürkei finden (OVG Sachsen vom 22.11.2014 – A 3 A 519/12).

3.5.2 Schutz in einem Drittstaat

Keine Flüchtlingsanerkennung können Personen erhalten, die bereits in einem anderen Drittstaat vor Verfolgung geschützt sind. In erster Linie werden Menschen erfasst, die bereits in einem anderen Staat einen internationalen Schutzstatus erhalten haben. Wer etwa in einem anderen Dublin-Staat anerkannt wurde und sich dann nach Deutschland begeben hat, unterliegt nicht mehr dem Europäischen Verteilungsverfahren. Eine Anerkennung kann aber in Deutschland nicht erreicht werden, weil bereits ein anderweitiger Schutz besteht. Nach § 34a AsylG ist in diesen Fällen eine Abschiebungsanordnung vorgesehen, weil der Asylantrag als unzulässig zurückgewiesen wird. Die Abschiebung darf in diesem Fall aber nicht in den Herkunftsstaat erfolgen, sondern muss auf die Abschiebung in den »sicheren Drittstaat« gerichtet sein.

Sudanesischer Staatsangehöriger: Die Ablehnung seines Asylantrags ausschließlich wegen einer bereits erfolgten Schutzgewährung in Italien ist rechtmäßig (VG Berlin vom 9.7.2015 – 34 L 259.15 A).
Syrischer Staatsangehöriger: Keine Verletzung des Art. 3 EMRK bei seiner Rückführung nach Bulgarien, wo dieser den Flüchtlingsstatus erhalten hatte (OVG Schleswig vom 29.10.2015 – 12 A 286/15).

Möglich ist auch der Verweis auf eine Verfolgungssicherheit in einem Staat außerhalb der EU. Allerdings muss entweder eine Flüchtlingsanerkennung vorliegen oder durch eine dauerhafte oder langjährige Erlaubnis zum Aufenthalt eine endgültige Aufnahme erfolgt sein.

Geprüft werden muss auch in Hinblick auf »sichere Drittstaaten«, ob die Lebensbedingungen oder die Gesundheitsversorgung so extrem unzulänglich sind, dass darin eine grausame oder unmenschliche Handlung (Art. 3 EMRK) des Staates zu sehen ist und deshalb subsidiärer Schutz zu gewähren ist (→ S. 80). Die Messlatte orientiert sich nicht an den Anforderungen der Aufnahmerichtlinie, sondern nur an den allgemeinen Mindestanforderungen für jeden Menschen, welche der EGMR aus der Europäischen Menschenrechtskonvention (EMRK) ableitet.

Das Übereinkommen zwischen der EU und der Türkei vom 18.3.2016 versucht sich auch auf diese Konstruktion zu stützen. Die Flüchtlinge, die aus der Türkei über das Meer nach Griechenland kommen, haben aber weder einen Flüchtlingsstatus noch einen gesicherten Aufenthalt in der Türkei. Deshalb wird versucht, die Türkei als »sicheren europäischen Drittstaat« nach Art. 39 Abs. 1 RL 2013/32/EU einzuordnen, weil dann der Schutzstatus im Transitland nicht mehr geprüft werden muss. Rechtlich ist dies jedoch unzulässig, weil die Türkei der GFK nur mit der Einschränkung beigetreten ist, dass sie ausschließlich auf Flüchtlinge aus europäischen Staaten anzuwenden ist (Ursprungsfassung). Auch wird das Verbot der Abschiebung in Herkunftsländer ohne Prüfung der Verfolgungsgefahr (Refoulement-Verbot) von der Türkei nicht eingehalten (Gutachten Marx, 14.3.2016, www.proasyl.de).

3.6   Wahrscheinlichkeit der Verfolgung

Die Flüchtlingsanerkennung erfordert eine begründete Furcht vor Verfolgung. Obwohl sich die Formulierung nach einer subjektiven Perspektive der Flüchtlinge anhört, wird in der Rechtsprechung gefordert, dass objektiv eine überwiegende Wahrscheinlichkeit für die Verfolgung besteht.

Wer vor seiner Ausreise bereits politisch verfolgt war oder wem eine Verfolgung unmittelbar bevorstand, gilt auch für die Zukunft als von Verfolgung bedroht, wenn nicht stichhaltige Gründe für eine grundlegende Veränderung der Verfolgungssituation sprechen.

Art. 4 Abs. 4 Qualifikationsrichtlinie:

»Die Tatsache, dass ein Antragsteller bereits verfolgt wurde oder einen sonstigen ernsthaften Schaden erlitten hat bzw. von solcher Verfolgung oder einem solchen Schaden unmittelbar bedroht war, ist ein ernsthafter Hinweis darauf, dass die Furcht des Antragstellers vor Verfolgung begründet ist bzw. dass er tatsächlich Gefahr läuft, ernsthaften Schaden zu erleiden, es sei denn, stichhaltige Gründe sprechen dagegen, dass der Antragsteller erneut von solcher Verfolgung oder einem solchen Schaden bedroht wird.«

Beispiele

Ali konnte nachweisen, im Iran wegen Teilnahme an einer Demonstration inhaftiert gewesen zu sein. Für die Anerkennung der Flüchtlingseigenschaft wird vermutet, dass er auch bei einer Rückkehr in den Iran erneut verfolgt wird.

Fatih wurde in Libyen vom Geheimdienst Gaddafis mit Haftbefehl gesucht. Nachdem dieses Regime gestürzt wurde, besteht für Fatih keine Verfolgungsvermutung mehr.

Wer unverfolgt eingereist ist, gilt nur dann als verfolgt, wenn ihm bei einer Rückkehr Verfolgung **mit beachtlicher Wahrscheinlichkeit** droht. Der EGMR vom 28.2.2008 – Nr. 37201/06 »Saadi« verlangt für das Abschiebeverbot eine ernsthafte bzw. tatsächliche Gefahr, eine Risikoschwelle, die der »beachtlichen Wahrscheinlichkeit« in der Rechtsprechung des BVerwG vom 27.4.2010 – 10 C 5.09 entspricht.

Das bedeutet, es muss eine **Gefahr** bestehen, **die sich schon so weit verdich-tet hat, dass bei einer Rückkehr jederzeit mit einer individuellen Verfolgung gerechnet werden muss.**

Beispiel

Shirin hat die iranische Staatsangehörigkeit und studiert in Deutschland. Sie lebt mit einer deutschen Frau als Paar in Hamburg zusammen. Ihre Partnerschaft wurde eingetragen und Shirin engagiert sich auch in der LGBTI*-Bewegung. Sie beantragt die Flüchtlingsanerkennung, weil sie im Iran wegen Homosexualität verfolgt würde. Ihr wird der Flüchtlingsstatus zuerkannt, weil auch die lesbische Liebe im Iran strafrechtlich verfolgt wird (Art. 127 bis 134 IranStGB) und davon ausgegangen werden kann, dass Shirins sexuelle Orientierung den iranischen Behörden bereits bekannt geworden ist oder spätestens bei einer Rückkehr bekannt würde.

3.7   Nachweis der Verfolgung

Zu einer Anerkennung als Flüchtling gehört auch, dass die Verfolgung nicht nur behauptet, sondern auch nachgewiesen wird.

Das ist in jedem Asylverfahren ein besonders heikler Punkt. Es gehört typischerweise zu Verfolgung und Flucht, dass Geschehnisse nicht »bewiesen« werden können, weil möglicherweise vorhandene Dokumente zurückgelassen werden mussten, vor allem aber Zeugen kaum verfügbar sind.

Deshalb verlangt das Gesetz auch keinen Beweis der Verfolgung, sondern nur eine Glaubhaftmachung.

»Nach der Rechtsprechung des Bundesverwaltungsgerichts muß auch in Asylstreitigkeiten das Gericht die volle Überzeugung von der Wahrheit – und nicht etwa nur von der Wahrscheinlichkeit – des vom Kläger behaupteten individuellen Schicksals erlangen, aus dem er seine Furcht vor politischer Verfolgung herleitet. Wegen der häufig bestehenden Beweisschwierigkeiten des Asylbewerbers kann schon allein sein eigener Tatsachenvortrag zur Asylanerkennung führen, sofern sich das Tatsachengericht unter Berücksichtigung aller Umstände von dessen Wahrheit überzeugen kann. Wenn wegen Fehlens anderer Beweismittel nicht anders möglich, muß die richterliche Überzeugungsbildung vom Vorhandensein des entscheidungserheblichen Sachverhalts in der Weise geschehen, daß sich der Richter schlüssig wird, ob er dem Asylsuchenden glaubt. Daran kann er sich wegen erheblicher Widersprüche im Vorbringen des Asylbewerbers gehindert sehen, es sei denn, die Widersprüche und Unstimmigkeiten können überzeugend aufgelöst werden« (BVerwG vom 21.7.1989 – 9 B 239.89).

In manchen Entscheidungen findet sich eine sehr pauschale Ablehnung, der
Vortrag sei
- nicht stimmig,
- nicht schlüssig,
- nicht substantiiert,
- nicht widerspruchsfrei.

»Zur Überzeugung des Gerichts ist es auch in der mündlichen Verhandlung nicht ge-
lungen, einen stimmigen und schlüssigen Sachverhalt in substantiierter Weise zur
behaupteten Verfolgung vorzutragen und die zuvor aufgezeigten Ungereimtheiten
nachvollziehbar und überzeugend aufzulösen. Demnach steht zur Überzeugung des
Gerichts weiter fest, dass das gesamte Vorbringen des Klägers bezüglich seines
persönlichen Schicksals vor seiner Einreise in die Bundesrepublik Deutschland unglaubhaft ist« (VG Hannover vom 16.2.2015 – 10 A 10678/14, Côte d'Ivoire).

In vielen Bescheiden finden sich Bewertungen der Glaubwürdigkeit, die von
subjektiven Eindrücken der Anhörerinnen geprägt sind und bestimmte Verhaltensweisen als »normal« vorgeben.

»Hiernach sei die Klägerin dem äußeren Anschein nach und auch nach dem im
Gespräch gezeigten massiv selbstbewussten Verhalten älter als sie angebe. Im
Rahmen des Gesprächs habe sich die Klägerin offensichtlich mehrmals das La-
chen verkneifen müssen. Es sei auch wenig glaubhaft, dass die Klägerin als an-
gebliches Entführungsopfer und in Beirut zur Arbeit gezwungen, sich weder vor Ort
noch im Rahmen der Flugreise hilfesuchend z.B. an einen Polizeibeamten am Flughafen gewendet habe. Der Gesamteindruck lasse darauf schließen, dass sich die
Klägerin einer fiktiven Geschichte bediene und vorsätzlich falsche Tatsachen mit-
teile« (VG Ansbach vom 24.3.2015 – AN 3 K 14.30132 unter Bezug auf den
BAMF-Entscheid).

Die Beispiele sollen verdeutlichen, wie bedeutsam es ist, Flüchtlinge sehr
sorgfältig auf die Anhörung vorzubereiten.

Die Anforderungen:

- Der geschilderte Sachverhalt muss **in sich stimmig** sein. Hier bieten sich
  Probleme, weil die realen Lebensabläufe manchmal sehr eigentümlich oder
  auch unlogisch erscheinen. Es kommt darauf an, auch unwahrscheinliche
  Geschehensverläufe so im Zusammenhang zu erläutern und zu begründen,
  dass sie für Außenstehende nachvollziehbar werden.
  Gerade dieser Punkt verlangt intensive Vorarbeit. Oft müssen zunächst sehr
  viele Einzelheiten aus der eigenen Biographie des Flüchtlings, aber auch
  seines familiären, beruflichen und sozialen Umfelds zusammengetragen

werden, um dann zu sortieren, welche Ereignisse und Bedingungen für die Darstellung der Verfolgungssituation bedeutsam sind. Hier sind Beraterinnen herausgefordert, sich selbst nicht im Dickicht der anderen Biographie zu verlaufen, Unwichtiges von Wichtigem zu unterscheiden und den Ablauf gerade durch die Konzentration auf das Wesentliche übersichtlich und nachvollziehbar werden zu lassen.

– Die Vorkommnisse müssen **mit den Informationen übereinstimmen**, die aus dem Herkunftsland vorliegen. Viele Antragsteller unterschätzen, wie genau die Verhältnisse heute geprüft werden können, bis hin zu den Namen unterer Funktionsträger, den genauen Örtlichkeiten und natürlich den verwendeten amtlichen Formularen und den jeweiligen Korruptionsmechanismen.

– Die Schilderung muss **detailreich** sein. Es kommt darauf an, wichtige zentrale Abläufe mit der Genauigkeit eines Dokumentaristen zu schildern, weil hieraus den Anhörerinnen beim BAMF oder den Richtern eine unmittelbare Vorstellung von den Ereignissen vermittelt wird. So wird der Erzählerin geglaubt, dass sie wirklich persönlich anwesend war.
Nicht unterschätzt werden darf auch die Angabe von z.B. **exakten Daten, Zeiten, Orten, beteiligten Personen, richtigen Verwandtschaftsverhältnissen**. Die Chronologie von wichtigen Geschehnissen muss genau stimmen. Wenn es allerdings keinen vernünftigen Grund dafür gibt, sich ein exaktes Datum zu merken, dann sollte lieber eine zeitliche Einordnung erfolgen (im Frühjahr, einige Wochen nach meiner Haftentlassung, etwa ein Jahr bevor mein Vater starb) und auf keinen Fall willkürlich ein Datum festgelegt werden. Eine falsche Datumsbestimmung kann sehr leicht in Widerspruch zu anderen Ereignissen geraten und dann als widersprüchlicher Vortrag gewertet werden.
Beachtet werden muss auch, dass **traumatisierte Menschen** oft über das auslösende Ereignis nicht berichten können, zumindest aber in eine abgespaltene Beobachterrolle geraten, die auf Außenstehende wirkt, als sei der Bericht auswendig gelernt und würde ohne innere Beteiligung vorgetragen. In diesen Fällen muss das BAMF unbedingt vor der Anhörung darüber unterrichtet werden, dass die Befragung zu dem traumatisierenden Ereignis nur bedingt möglich ist. Angeboten werden kann auch, diesen Teil der Geschehnisse schriftlich niederzulegen. Das ist aber nur möglich, wenn eine Therapeutin oder erfahrene Asylberaterin die Vorfälle in einem sachlichen Bericht wiedergeben kann.
Gleichzeitig sollte aber versucht werden, die Umfeldsituation, d.h. die Lebensbedingungen, die örtlichen Verhältnisse, die Geschehnisse vor dem Eintritt des Ereignisses möglichst detailreich zu beschreiben, um die Glaubwürdigkeit des Gesamtberichts zu belegen und die Unfähigkeit über Ereignisse zu berichten auf das Trauma einzugrenzen.

– Die Darstellungen müssen im Wesentlichen **widerspruchsfrei sein, oder die Widersprüche müssen überzeugend begründet werden.** Asylsuchende werden mehrfach befragt. Erste Angaben werden oft schon an der Grenze, bei der Polizei oder der Ausländerbehörde erfragt. Diese beziehen sich meist nicht auf die eigentliche Verfolgungssituation, sondern auf den Reiseweg. Werden hierzu später abweichende Angaben gemacht, ohne dass erklärt wird, warum, wirkt sich das auf die Bewertung der gesamten Glaubwürdigkeit aus. Aber auch sonst scheitern viele Anträge daran, dass die Angaben bei der Anhörung beim BAMF und später beim Gericht nicht übereinstimmen. Art. 16 Satz 2 der VerfahrensRL (siehe Glossar) verpflichtet dazu, Asylantragsteller bei widersprüchlichen Angaben auf diese Widersprüche hinzuweisen und ihnen die Gelegenheit zu geben, diese zu erklären oder richtig zu stellen. Das Protokoll der Anhörung sollte zusammen mit den Flüchtlingen nochmals genau auf derartige Widersprüche durchgesehen werden. Eigentlich dürfen Asylbescheide nicht auf Widersprüche gestützt werden, auf die zuvor nicht hingewiesen wurde. Es besteht dann aber nur die Möglichkeit, sie im Klageverfahren (anwaltlich vertreten) aufzuklären.

– Besonders negativ wirkt ein sog. **gesteigertes Vorbringen, wenn Tatsachen erst später vorgebracht werden** (VGH Baden-Württemberg vom 27.8.2013 – A 12 S 2023/11; HessVGH vom 4.9.2014 – 8 A 2434/11.A).
Auch bei Beraterinnen kann leicht der Eindruck entstehen»mehr ist besser als weniger«. Das ist oft falsch! Jede zusätzliche Verfolgungsbegründung, jede weitere Intensivierung der Menschenrechtsverletzung, jedes später aufgetauchte Dokument (nach der persönlichen Anhörung beim BAMF) müssen rigoros darauf geprüft werden, warum sie erst verspätet eingebracht wurden und wie für einen (nicht generell gutwilligen) Außenstehenden die Verspätung nachvollziehbar ist. Auch nachträglich vorgelegte Dokumente sind immer dem Verdacht der Fälschung ausgesetzt, für die Echtheit muss mehr oder weniger der volle Beweis geliefert werden. Besondere Vorsicht ist bei Briefen geboten, die von der Familie geschrieben wurden und darüber berichten, dass die Asylsuchende von der Polizei gesucht wurde. Derartige Briefe können auf Bestellung verfasst werden und das werden sie auch in großem Umfang. Ihre Vorlage kann mehr Schaden als Nutzen anrichten.
In vielen Fällen ist es sinnvoller, es bei der bisherigen Darstellung zu belassen.
Bevor nachträglich Ereignisse vorgetragen oder Dokumente vorgelegt werden, sollte eine Anwältin eingeschaltet werden. Ein ausführliches Handbuch zur Glaubwürdigkeitsprüfung in Englisch für Asylanhörerinnen »Credibility Assessment in Asylum Procedures – A Multidisciplinary Training Manual« findet sich auf der Homepage des Hungarian Helsinki Committee (www.helsinki.hu/en/credibility-assessment-in-asylum-procedures-a-multidisciplinary-training-manual/, aufgerufen 16.4.2016).

3.8   Ausschlussgründe

Flüchtlinge, die bei Rückkehr mit einer Verfolgung zu rechnen haben, werden dennoch nicht anerkannt, wenn einer der folgenden Ausschlussgründe vorliegt:

3.8.1   Zuständigkeit der UNRWA (§ 3 Abs. 3 AsylG)

Ausgeschlossen ist, wer den Schutz oder Beistand einer Organisation oder einer Einrichtung der Vereinten Nationen (abgesehen von dem allgemein zuständigen UNHCR) in Anspruch nehmen kann. Derzeit existiert nur die **United Nations Relief and Works Agency for Palestine Refugees in the Near East (UNRWA)**, die Einrichtungen in Jordanien, Syrien, Libanon, dem Gazastreifen und dem Westjordanland unterhält. Damit sind Palästinenser, die über einen Zugang in diese Staaten (Staatsangehörigkeit oder Aufenthaltserlaubnis) verfügen, von der Flüchtlingsanerkennung ausgenommen.

3.8.2   Völkerrechtsverbrechen (§ 3 Abs. 2 Nr. 1 AsylG)

Keine Flüchtlingsanerkennung erhält, wer »ein Verbrechen gegen den Frieden, ein Kriegsverbrechen oder ein Verbrechen gegen die Menschlichkeit begangen hat.«

Welche Verbrechen erfasst sind, wurde erstmals im Londoner Statut des internationalen Nürnberger Militärtribunals von 1945 festgelegt und richtet sich heute nach dem Römischen Statut des Internationalen Strafgerichtshof vom 17.7.1998, in Kraft seit dem 1.8.2002.

Auch die Mittäterschaft (Anstiftung, Beihilfe) gilt gleichermaßen als Völkerrechtsverbrechen.

Eine strafrechtliche Verurteilung ist nicht erforderlich; es reichen schwerwiegende Anhaltspunkte, d.h. glaubhafte Indizien (BVerwG vom 31.3.2011 – 10 C 2.10, Rn. 26). Vor der Abschiebung sind Straftäter oft dennoch geschützt, wenn ihnen die Todesstrafe, Folter oder unmenschliche Haftbedingungen drohen (Art. 3 EMRK).

3.8.3   Schwere nichtpolitische Straftaten (§ 3 Abs. 2 Nr. 2 AsylG)

Keine Flüchtlingsanerkennung erhält, wer »vor seiner Aufnahme als Flüchtling eine schwere nichtpolitische Straftat außerhalb des Bundesgebiets begangen hat, insbesondere eine grausame Handlung, auch wenn mit ihr vorgeblich politische Ziele verfolgt wurden«. Um diese Regelung ist in der Rechtsliteratur lange gerungen worden, bis der EuGH vom 9.11.2010 – C-57/09 und – C-101/09 den Begriff »nichtpolitisch« näher definiert hat. Eigentlich sollten zunächst einmal »gemeine Straftäter« ausgeschlossen werden, um das Bild der politischen Opfer nicht in Misskredit zu bringen. Nichtpolitisch ist zunächst eine Tat, die überwiegend aus anderen Motiven, Geldgier, Rachsucht oder sonstigen persönlichen Beweggründen begangen wird. Dazu gehören aber nach der neueren Rechtsprechung auch alle grausamen Handlungen, und damit alle als terroristisch eingestuften Straftaten (BVerwG vom 4.9.2012 – 10 C 13.11; EuGH vom 9.11.2010 – C-57/09 und – C-101/09), weil das Merkmal für terroristische Handlungen die Ausübung von Gewalt gegenüber der Zivilbevölkerung ist.

Faktisch hat diese Auslegung dazu geführt, dass vor allem politische Betätigungen als »terroristisch« und damit als »nichtpolitische« Straftaten bewertet und vom Flüchtlingsschutz ausgenommen werden. Voraussetzung ist allerdings der Nachweis einer individuellen Verantwortung für terroristische Straftaten (BVerwG vom 19.11.2013 – 10 C 26.12). So werden militärische Aktionen der PKK (Kurdistan) als »terroristisch« und damit als nichtpolitische Straftaten eingeordnet (BVerwG vom 4.9.2012 – 10 C 13.11).

Die Flüchtlinge können dennoch in der Regel nicht abgeschoben werden, weil das Refoulement-Verbot (Art. 33 GFK), das Verbot der grausamen und unmenschlichen Behandlung (Art. 3 EMRK) sowie das Gebot des Lebensschutzes (Art. 2 Abs. 2 GG) die Bundesrepublik verpflichtet, keine Abschiebungen vorzunehmen, wenn schwere Gefahren für Leib und Leben drohen.

3.8.4   Handlungen im Widerspruch zu den Zielen und Grundsätzen der UN (§ 3 Abs. 2 Nr. 3 AsylG)

Auch hier bereitet die Abgrenzung zu terroristischen Straftaten erhebliche Schwierigkeiten. Der EuGH vom 9.11.2010 – C-57/09 und – C-101/09 ist entsprechend davon ausgegangen, dass Straftaten des internationalen Terrorismus sowohl als schwere nichtpolitische Straftaten als auch als Handlungen im Widerspruch zu den Grundsätzen der UN einzustufen sind. Ausgeschlossen sind allerdings terroristische Handlungen, die sich ausschließlich auf einen Staat beziehen, weil ihnen das Element des internationalen Terrorismus fehlt. Eine UN-Definition zum Terrorismus gibt es nicht. Die Gerichte orientieren sich an der Definition des EU-Rahmenbeschlusses 2002/475/JI vom 13.6.2002, nach dem die Handlungen darauf gerichtet sein müssen, die Zivilbevölkerung einzuschüchtern, Behörden zu nötigen und die Grundstrukturen des Staates zu beseitigen oder zu schwächen. Auch hier reicht nicht jede Beteiligung; es kommt jedoch nicht auf die strafrechtliche Einordnung an; auch intensive propagandistische Tätigkeiten werden erfasst (BVerwG vom 19.11.2013 – 10 C 26.12; kritisch Marx, ZAR 2014, 340 ff. mit Blick auf die schwammigen Konturen der individuellen Zurechnung).

3.8.5   Versagung des Flüchtlingsstatus (§ 3 Abs. 4 AsylG)

Eine eigenartige Konstruktion findet sich in § 3 Abs. 4 AsylG. Dort wird die Feststellung der Flüchtlingseigenschaft verbunden mit der gleichzeitigen Versagung des Flüchtlingsstatus. Diese Konstruktion hat der Gesetzgeber gewählt, weil die Ausschlussgründe von der Feststellung der Flüchtlingseigenschaft in der GFK abschließend geregelt sind und durch den deutschen Gesetzgeber nicht ausgeweitet werden können. Um dem Schutz der öffentlichen Sicherheit und Ordnung dennoch Gewicht zu verleihen, wird ein Flüchtling vom Status ausgeschlossen, wenn er »**aus schwerwiegenden Gründen als eine Gefahr für die Sicherheit der Bundesrepublik Deutschland anzusehen ist oder eine Gefahr für die Allgemeinheit bedeutet, weil er wegen eines Verbrechens oder besonders schweren Vergehens rechtskräftig zu einer Freiheitsstrafe von mindestens drei Jahren verurteilt worden ist.**« (§ 60 Abs. 8 AufenthG, auf den § 3 Abs. 4 AsylG verweist).

Zusätzlich erhält das BAMF durch das »Gesetz zur erleichterten Ausweisung von straffälligen Ausländern und zum erweiterten Ausschluss der Flüchtlingsanerkennung bei straffälligen Asylbewerbern« vom 11.3.2016, in Kraft seit dem 17.3.2016 (BGBl. I vom 16.3.2016, S. 394), die Möglichkeit, nach Ermessen von der Zuerkennung des Flüchtlingsstatus abzusehen (§ 3 Abs. 4 AsylG i.V.m. § 60 Abs. 8 Satz 3 AufenthG), wenn Asylsuchende
– eine **Gefahr für die Allgemeinheit** bedeuten;
– wegen einer oder mehrerer vorsätzlicher Straftaten zu einer **Freiheits- oder Jugendstrafe von mindestens einem Jahr** verurteilt wurden, auch dann, wenn diese Strafe zur Bewährung ausgesetzt wurde.
– Es muss sich um **Straftaten gegen das Leben, die körperliche Unversehrtheit, die sexuelle Selbstbestimmung, das Eigentum oder wegen Widerstands gegen Vollstreckungsbeamte** handeln und
– die Straftaten müssen mit **Gewalt**, unter Anwendung von Drohung mit Gefahr für Leib oder Leben oder mit **List** begangen worden sein.

Diese Neuregelung geht auf die Sexualstraftaten auf der Kölner Domplatte in der Silvesternacht 2015/16 zurück, wird aber voraussichtlich meist andere

Personen treffen, weil die Täter von Köln überwiegend nicht ermittelt werden können oder keine Flüchtlinge sind. Auch Straftaten im Zusammenhang mit gewaltsamen Protesten in den Unterkünften können nach der Neuregelung zum Ausschluss vom Flüchtlingsstatus führen. Einig sind sich alle Rechtsexperten, dass nicht die beschriebenen Straftaten allein einen Ausschluss vom Flüchtlingsstatus auslösen können, sondern immer genau geprüft werden muss, ob eine gegenwärtige »Gefahr für die Allgemeinheit« besteht (Thym, Stellungnahme vom 22.2.2016 vor dem Innenausschuss). Bei einer Aussetzung der Strafe zur Bewährung wird eine positive Sozialprognose getroffen, folglich kann kaum eine Gefahr für die Allgemeinheit bestehen. Wichtig ist auch, dass in diesen Fällen nicht die Flüchtlingseigenschaft entfällt, sondern nur ein Flüchtlingsstatus nicht zuerkannt wird. Die Abschiebeverbote der GFK (Art. 33), der QRL (Art. 21) und der EMRK (Art. 3) gelten also uneingeschränkt (RAV, Stellungnahme vom 22.2.2016 vor dem Innenausschuss). Darauf verweist auch § 60 Abs. 9 AufenthG.

4 Subsidiärer Schutz (§ 4 AsylG)

Der subsidiäre Schutz wird erst geprüft, wenn weder eine Asylberechtigung noch eine Flüchtlingsanerkennung ausgesprochen wurde.

Er wird also gewährt, wenn keine Verfolgung wegen eines asylrelevanten Merkmals zu befürchten ist, aber ein ernsthafter Schaden droht. Der Begriff des Schadens stellt einen unmittelbaren Bezug zu den individuellen Menschenrechten der Europäischen Menschenrechtskonvention (EMRK) her. Ihre Verletzung ist nicht davon abhängig, dass Akteure mit einer Schädigungsabsicht handeln, die aus einem bestimmten Grund auf eine individuelle Person zielt.

Die Voraussetzungen einer fehlenden Schutzgewährung und eines fehlenden anderweitigen Schutzes gelten für die Abwendung des ernsthaften Schadens ebenso.

Drei Ausprägungen dieses Schadens legt § 4 AsylG entsprechend der QRL (siehe Glossar) fest:

4.1 Gefahr der Todesstrafe

Die Todesstrafe ist nach Art. 2 EMRK untersagt. Liegt bereits eine Verurteilung zum Tode vor, kommt es allein darauf an, ob die Gefahr einer Vollstreckung besteht. Beseitigt werden kann diese nur, wenn die Todesstrafe in einem Land generell nicht mehr vollstreckt wird, entweder aufgrund amtlicher Verfügungen oder langjähriger Praxis.

Im Übrigen ist zu prüfen, ob eine hinreichende Wahrscheinlichkeit für eine Verurteilung zum Tode und deren Vollstreckung besteht.

Iran: Gefahr der Todesstrafe wegen Rauschgiftdelikten (VG München vom 18.4.2001 – M 9 K 00.51639). In jüngerer Zeit wurde diese Gefahr von den Gerichten nicht gesehen, wenn es in Deutschland bereits zu einer Verurteilung gekommen war, weil der Iran das Verbot der Doppelbestrafung beachte.

4.2 Gefahr der Folter oder der unmenschlichen oder erniedrigenden Behandlung oder Bestrafung

Voraussetzung für Folter oder unmenschliche oder erniedrigende Behandlung ist nicht zwingend ein staatliches Handeln. Nach der Rechtsprechung des EGMR wird nicht auf den Begriff des »Handelns« abgestellt, sondern auf die Gefahrenquelle.

Folter setzt eine schwerwiegende Leidenszufügung voraus und muss mit einem bestimmten Ziel verbunden sein, z.B. den Willen eines Menschen zu brechen (EGMR vom 13.12.2012 – Nr. 39630/09 »El-Masri«, Rn. 196). Das Folterverbot besteht absolut und darf auch nicht zur Terrorismusbekämpfung eingesetzt werden.

Eine **unmenschliche oder erniedrigende Bestrafung oder Behandlung** wird durch grausame Körperstrafen verwirklicht, ebenso durch unmenschliche Haftbedingungen, wenn es an einer Mindestausstattung fehlt und die Sanitäranlagen keine Privatsphäre bieten oder keine medizinische Versorgung verfügbar ist (EGMR vom 10.1.2012 – Nr. 42525/07 und – Nr. 60800/08 »Ananyev u.a./Russland«, Rn. 185; Grundsätze: EGMR vom 10.4.2012 – Nr. 24027/07, – Nr. 1949/08, – Nr. 36742/08, – Nr. 66911/09 und – Nr. 67354/09 »Babar Ahmad u.a.«, Rn. 201). Die Grundsätze einer Mindestausstattung und einer gewissen Handlungsfreiheit gelten unter Berücksichtigung der therapeutischen Anforderungen auch für die Psychiatrie.

Auch erniedrigende bzw. unmenschliche Vernehmungsmethoden fallen unter das Verbot des Art. 3 EMRK (EGMR vom 13.12.2012 – Nr. 39630/09 »El-Masri«, Rn. 196).

Die Gefahr einer solchen Behandlung muss auch gegenwärtig noch gegeben sein. Wenn eine Kriminalstrafe in Deutschland schon verbüßt wurde, kommt es darauf an, ob bei einer Abschiebung eine erneute Bestrafung möglich ist oder aus anderen Gründen eine Wiederholungsgefahr besteht (EGMR vom 28.2.2008 – Nr. 37201/06 »Saadi«, Rn. 146).

Nach der Rechtsprechung des EGMR stellt auch eine **mangelnde medizinische Behandlung**, die den Menschen dem Tod oder einer erheblichen Gesundheitsgefahr aussetzt, eine unmenschliche Behandlung dar (EGMR vom 2.5.1997 – Nr. 146/1996/767/964). Allerdings liegt die Schwelle besonders hoch, wenn die unmenschliche Behandlung nicht unmittelbar auf staatliche Maßnahmen zurückzuführen ist. Eine hypothetische Gefahr reicht ebenso wenig aus wie eine Verschlechterung der Behandlungsbedingungen. Es muss vielmehr eine **konkrete Leib- oder Lebensgefahr** durch die fehlenden Behandlungsmöglichkeiten nachgewiesen werden (EGMR vom 6.2.2001 – Nr. 44599/98). Die Rechtsprechung des EGMR ist beim Schutz nach Art. 3 EMRK wegen fehlender medizinischer Behandlung bislang äußerst restriktiv (vom 26.2.2015 – Nr. 1412/12, ablehnend bei dialysepflichtigem Flüchtling aus Kirgisistan; vom 27.2.2014 – Nr. 70055/10, ablehnend bei HIV-infizierter Frau mit drei Kindern aus Nigeria) und wird dafür aus den eigenen Reihen auch kritisiert (abweichende Voten in beiden Verfahren).

Eine Besonderheit ergibt sich dadurch, dass die Verwaltungsgerichte ganz **überwiegend gesundheitliche Gefahren** weiterhin nicht in Hinblick auf den Status als subsidiär schutzberechtigt prüfen, sondern nur als nationales Abschiebehindernis nach § 60 Abs. 7 AufenthG. Das BVerwG (vom 31.1.2013 – 10 C 15.12) hat hierzu folgende Kriterien entwickelt:

»Der Umstand, dass im Fall einer Aufenthaltsbeendigung die Lage des Betroffenen einschließlich seiner Lebenserwartung erheblich beeinträchtigt würde, reicht nach dieser Rechtsprechung allein nicht aus, einen Verstoß gegen Art. 3 EMRK anzunehmen. Anderes kann nur in besonderen Ausnahmefällen gelten, in denen humanitäre Gründe zwingend gegen die Aufenthaltsbeendigung sprechen (EGMR, Urteil vom 27.5.2008 – Nr. 26565/05, N./Vereinigtes Königreich – NVwZ 2008, 1334 Rn. 42). So hat der EGMR ein Abschiebungsverbot aus Art. 3 EMRK zugunsten eines im fortgeschrittenen, tödlichen und unheilbaren Stadiums an Aids Erkrankten angenommen, weil die Abschiebung seinen Tod beschleunigen würde, er keine angemessene Behandlung erreichen könne und kein Beweis für irgendeine mögliche moralische oder soziale Unterstützung im Zielstaat zu erbringen sei (EGMR, Urteil vom 2.5.1997 – Nr. 146/1996/767/964, D./Vereinigtes Königreich – NVwZ 1998, 161 Rn. 52 f.). Zusammenfassend führt der Gerichtshof zur Herleitung eines Abschiebungsverbots aus Art. 3 EMRK aufgrund von Krankheiten aus, dass angesichts der grundlegenden Bedeutung von Art. 3 EMRK im System der Konvention zwar eine gewisse Flexibilität notwendig sei, um eine Ausweisung (expulsion) in besonderen Ausnahmefällen zu verhindern. **Doch verpflichte Art. 3 EMRK die Staaten nicht, Fort-**

schritte in der Medizin sowie Unterschiede in sozialen und wirtschaftlichen Standards durch freie und unbegrenzte Versorgung von Ausländern ohne Bleiberecht zu beseitigen (EGMR, Urteil vom 27.5.2008 a.a.O., Rn. 44, eigene Hervorhebung).«

Das BAMF und die Gerichte werden daher in den meisten Fällen einer unzureichenden medizinischen Versorgung keinen subsidiären Schutz gewähren.

Zugleich hat das BVerwG auch darauf hingewiesen, dass neben den Schutzansprüchen aus Art. 3 EMRK auch die nationalen Abschiebehindernisse nach § 60 Abs. 5 und Abs. 7 AufenthG zu prüfen sind; wobei allerdings für den Schutz vor Menschenrechtsverletzungen nach der EMRK entsprechend § 60 Abs. 5 AufenthG derselbe Maßstab gilt wie für die »grausame oder unmenschliche Behandlung« im Rahmen des subsidiären Schutzes. Nach § 60 Abs. 7 AufenthG ist hingegen darauf abzustellen, ob die Betroffenen durch eine Abschiebung einer extremen Gefahrenlage ausgesetzt werden. Der Maßstab ist hier das verfassungsrechtliche Verbot, durch Maßnahmen der staatlichen Behörden gegen die Achtung der Menschenwürde (Art. 1 Abs. 1 GG) und das Recht auf Leben (Art. 2 Abs. 2 GG) zu verstoßen (BVerwG vom 17.10.1995 – 9 C 9.95).

In einigen Entscheidung hat der EGMR eine Auffassung entwickelt, nach der auch **fehlende Versorgung** und **unerträgliche Lebensbedingungen** den Charakter einer unmenschlichen Behandlung haben (EGMR vom 21.1.2011 – Nr. 30696/09 »M.S.S./Belgien und Griechenland; EGMR vom 13.10.2011 – Nr. 10611/09 »Husseini/Schweden).

In einer Entscheidung des EGMR vom 18.6.2009 – Nr. 45603/05 – Budina/ Russland heißt es:

»..., dass die Verantwortlichkeit des Staates (nach Art. 3 EMRK) wegen der Behandlung eines Bf. begründet sein kann, der vollständig von staatlicher Unterstützung abhängig ist und behördlicher Gleichgültigkeit gegenübersteht, obwohl er sich in so ernsthafter Armut und Bedürftigkeit befindet, dass dies mit der Menschenwürde unvereinbar ist.«

Nachdem das BVerwG sich viele Jahre dieser Position verweigert hatte, folgte nun auch das oberste deutsche Verwaltungsgericht der Auffassung des EMRK (BVerwG vom 31.1.2013 – 10 C 13.12).

Das bedeutet, dass eine Abschiebung unzulässig ist, wenn es bei einer Rückkehr nicht möglich ist, die finanziellen Mittel zu erarbeiten oder zu erlangen, die für die Befriedigung der elementaren Grundbedürfnisse erforderlich sind (BayVGH vom 21.11.2014 – 13a B 14.30284). Sowohl der EGMR als auch das BVerwG beschränken das Abschiebeverbot wegen unmenschlichen Lebensbedingungen aber auf **Extremlagen, in denen eine hilflose Person ihrem Schicksal überlassen bleibt.**

Abschiebehindernis wegen unmenschlichen Lebensbedingungen:
Afghanistan: Familien mit minderjährigen Kindern wegen der schlechten Lebensbedingungen, diese sind als Gefahr der grausamen und unmenschlichen Behandlung nach Art. 3 EMRK zu werten (BayVGH vom 21.11.2014 – 13a B 14.30284).

Angola: Überlebensmöglichkeiten müssen für Risikogruppen (kleine Kinder, Schwangere, Schwerkranke) als bedenklich eingestuft werden (VG Arnsberg vom 29.10.2014 – 2 K 3842/13.A).

Kosovo: Einzelfall einer alleinerziehenden jungen Roma, die seit ihrer frühen Kindheit in Deutschland lebt; es besteht die konkrete Gefahr einer unmenschlichen oder erniedrigenden Behandlung (VG Oldenburg vom 20.5.2015 – 5 A 2507/14). Vorsicht! Die Entscheidung erging zu einem Zeitpunkt, als Kosovo noch nicht als »sicherer Herkunftsstaat« festgelegt war.

Somalia: Extrem schlechte humanitäre Situation (VG Regensburg vom 8.1.2015 – RN 7 14.30016).

Serbien: Zugang zu Sozialleistungen für Roma (Schweizerische Flüchtlingshilfe, 15.3.2015, ID 301312, ecoi.net); kein Abschiebehindernis nach den Entscheidungen des BAMF und der Gerichte.

Menschenrechtsverletzung durch Folter, unmenschliche Haftbedingungen:
Armenien: Menschenunwürdige Haftbedingungen bei Bestrafung wegen Wehrdienstentziehung (VG Münster vom 20.1.2015 – 2 K 1505/12.A).

China: Folter im Polizeigewahrsam (Human Rights Watch, Bericht vom Mai 2015, ID 302739, ecoi.net).

Ungarn: Haftbedingungen und fehlender effektiver Rechtsschutz (EGMR vom 10.3.2015 – Nr. 14097/12 u.a.).

4.3   Kriegsflüchtlinge

Subsidiären Schutz erhält auch, wer »eine ernsthafte individuelle Bedrohung des Lebens oder der Unversehrtheit [als] Zivilperson infolge willkürlicher Gewalt im Rahmen eines internationalen oder innerstaatlichen bewaffneten Konflikts«befürchten muss. Es handelt sich hier um einen eigenständigen Schutzanspruch durch Art. 15 der Qualifikationsrichtlinie (siehe Glossar), der nicht unmittelbar aus der EMRK übernommen wurde.

Die Richtlinie selbst enthält keine weitere Definition des »internationalen oder innerstaatlichen Konflikts«. Nach der Rechtsprechung des EuGH vom

30.1.2014 – C 285/12 »Diakité«, Rn. 35 handelt es sich bei einem **innerstaatlichen Konflikt** um

> »eine Situation, in der die regulären Streitkräfte eines Staates auf eine oder mehrere bewaffnete Gruppen treffen oder in der zwei oder mehrere bewaffnete Truppen aufeinandertreffen, ohne dass dieser Konflikt als bewaffneter Konflikt, der keinen internationalen Charakter aufweist, im Sinne des humanitären Völkerrechts eingestuft werden braucht und ohne dass die Intensität der bewaffneten Auseinandersetzung, der Organisationsgrad der vorhandenen bewaffneten Streitkräfte oder die Dauer des Konflikts Gegenstand einer anderen Beurteilung als der des im betreffenden Gebiet herrschenden Grads an Gewalt ist«.

Einen Anspruch auf diesen Schutz haben also Flüchtlinge, die nicht wegen eines individuellen Merkmals verfolgt werden, ihr Heimatland jedoch wegen einer unmittelbaren **Gefahr für Leib und Leben in einer Kriegs- oder Bürgerkriegssituation** verlassen haben.

Es reicht allerdings nicht aus, festzustellen, dass in dem jeweiligen Land eine bewaffnete Auseinandersetzung besteht; diese muss auch zu einer konkreten Bedrohung für den einzelnen Flüchtling führen.

Für die individuelle Bedrohung bedarf es nach der Rechtsprechung des BVerwG vom 27.4.2010 – 10 C 4.09, Rn. 33 und vom 17.11.2011 – 10 C 13.10, Rn. 22 f. einer **Feststellung zur Gefahrendichte**, zu der auch eine quantitative Ermittlung des Tötungs- und Verletzungsrisikos gehört.

Eine individuelle Gefahr muss dann nicht mehr nachgewiesen werden, wenn der Grad der willkürlichen Gewalt ein so hohes Niveau erreicht hat, das Menschen allein wegen ihrer Anwesenheit im Kriegsgebiet einer realen Gefahr für Leib- und Leben ausgesetzt sind (EuGH vom 17.2.2009 – C 465/07).

Erwartet wird vom BAMF und den Tatsachengerichten tatsächlich, dass sie eine Quote der Toten im Verhältnis zur Gesamtzahl der Bevölkerung ermitteln (»body count index« aus der US-amerikanischen Militärberichterstattung) und auf dieser Grundlage dann eine Gesamtbewertung des Risikos für die einzelne Rückkehrerin ermitteln (BVerwG vom 13.2.2014 – 10 C 6.13, Rn. 24). So soll etwa die Relation von 1:800 von Schwerverletzten oder Toten zur Gesamtbevölkerung nicht ausreichen, um eine individuell bedrohliche Sicherheitslage anzunehmen (BVerwG vom 17.11.2011 – 10 C 13.10, Rn. 22).

Der Grad der willkürlichen Gewalt kann aber umso geringer sein, je mehr die persönliche Situation dazu führt, dass Betroffene besonderen Risiken ausgesetzt sind.

Afghanistan: Abgelehnt für alleinstehende junge Männer (VG Bayreuth vom 1.4.2015 – B 3 K 14.30510).
Burundi: Anerkannt: Innerstaatlicher Konflikt und Präsidentenwahlen 2015 (VG Hannover vom 30.9.2015 – 10 A 10743/14).
Mali: Übergriffe auf Zivilbevölkerung nehmen zu (Human Rights Watch, Bericht vom 14.4.2015, ID 300684, ecoi.net; keine aktuellen Gerichtsentscheidungen, weil Flüchtlinge aus Mali im Dublin-Verfahren an andere EU-Staaten überstellt werden).
Nigeria: Menschenrechtsverletzungen durch Streitkräfte im Zuge der Bekämpfung von Boko Haram (AI: »Stars on their shoulders. Blood on their hands: War crimes committed by the Nigerian military«, Juni 2015, www.amnesty.org/en/documents/afr44/1657/2015/en/, aufgerufen 16.4.2016); **Kein innerstaatlicher Konflikt** (VG Gelsenkirchen vom 7.12.2015 – 9a K 5165/14.A).
Somalia: Ein innerstaatlicher bewaffneter Konflikt wurde weiter angenommen, aber auch eine allgemeine Verbesserung der Sicherheitslage. Ohne zusätzliche Risikofaktoren bestehe keine »ernsthafte individuelle Bedrohung« infolge willkürlicher Gewalt im Rahmen eines innerstaatlichen bewaffneten Konflikts i.S.d. § 4 Abs. 1 Satz 2 Nr. 3 AsylVfG (VG Aachen vom 13.4.2015 – 7 K 711/14.A).

4.4   Ausschlussgründe

Nach § 4 Abs. 2 AsylG werden in Anlehnung an Art. 17 Qualifikationsrichtlinie folgende Ausschlussgründe für den subsidiären Schutz festgelegt:

1. **Bei einem Verbrechen gegen den Frieden, einem Kriegsverbrechen oder einem Verbrechen gegen die Menschlichkeit.**
Es gelten hier dieselben Kriterien wie bei den Ausschlussgründen der Flüchtlingsanerkennung (→ S. 74).

2. **Bei einer schweren Straftat.**
Hier wird eine sehr viel niedrigere Schwelle gelegt als bei der Flüchtlingsanerkennung. Als schwere Straftat gelten alle Verbrechen (angedrohte Mindeststrafe ein Jahr), aber auch Vergehen können erfasst sein.

3. **Bei Handlungen, die den Zielen und Grundsätzen der UN widersprechen.**
Es gelten hier dieselben Kriterien wie bei den Ausschlussgründen der Flüchtlingsanerkennung (→ S. 75).

4. **Bei einer Gefahr für die Allgemeinheit oder für die Sicherheit der Bundesrepublik Deutschland.**
Es handelt sich um einen sehr weiten Ausschlussgrund, der sowohl extremistische Handlungen, die Zugehörigkeit zu einer verfassungsfeindlichen Organisation, den Konsum von Rauschgift wie auch ansteckende Krankhei-

ten erfassen kann. Ansteckende Erkrankungen können nur dann die Allgemeinheit gefährden, wenn die Betroffenen sich Schutzmaßnahmen und erforderlichen Behandlungen entziehen.

Personen, die unter die Ausschlussklausel fallen, können in der Regel dennoch nicht abgeschoben werden, weil alle ernsthaften Schäden, die zum subsidiären Schutz führen, zugleich auch nationale Abschiebehindernisse (siehe im Folgenden, → 5) darstellen, für die es keine Ausschlussgründe gibt.

5   Abschiebehindernisse nach nationalem Recht (§ 60 Abs. 5 und Abs. 7 AufenthG)

Das **BAMF** prüft im Rahmen des Asylverfahrens nur Abschiebehindernisse, die sich auf den Staat beziehen, in den abgeschoben werden soll (**zielstaatsbezogen**), also in der Regel den Herkunftsstaat.

Für sog. **inlandsbezogene** Abschiebehindernisse, auch Vollzugshindernisse genannt (Familienbindung, Reiseunfähigkeit, fehlende Reisedokumente), ist nicht das BAMF, sondern die **Ausländerbehörde** zuständig. Es kommt daher vor, dass der Bescheid des BAMF feststellt, dass kein Abschiebehindernis vorliegt und die Abschiebung in den Herkunftsstaat androht, obwohl die Abschiebung aus rechtlichen oder tatsächlichen Gründen nicht möglich ist und die Ausländerbehörde eine Duldung erteilen muss.

Die Aufteilung der Zuständigkeiten lässt sich dadurch erklären, dass es für die inlandsbezogenen Abschiebehindernisse auf die tatsächlichen Gegebenheiten in Deutschland ankommt, die sich zudem jederzeit ändern können und deshalb die lokalen Ausländerbehörde besser in der Lage sind, die Situation einzuschätzen und auf Veränderungen zu reagieren.

Beispiel

M. aus Nigeria reist im Januar 2015 nach Deutschland ein und wird am 30.9.2015 zu ihren Fluchtgründen angehört. Nach gesundheitlichen Besonderheiten gefragt, gibt sie keine Probleme an. Am 1.3.2016 erhält sie den ablehnenden Bescheid mit der Abschiebungsandrohung nach Nigeria. Sie ist zu diesem Zeitpunkt im siebten Monat schwanger und wird deshalb von den Fluggesellschaften nicht mehr transportiert. Die Ausländerbehörde muss eine Duldung ausstellen.

Die Abschiebehindernisse, die im Asylverfahren geprüft werden, sind nicht im AsylG, sondern in § 60 Abs. 5 und 7 AufenthG geregelt.

- **§ 60 Abs. 5 AufenthG**

»Ein Ausländer darf nicht abgeschoben werden, soweit sich aus der Anwendung der Konvention vom 4. November 1950 zum Schutze der Menschenrechte und Grundfreiheiten (BGBl. 1952 II S. 685) ergibt, dass die Abschiebung unzulässig ist.«

- **§ 60 Abs. 7 AufenthG**

»Von der Abschiebung eines Ausländers in einen anderen Staat soll abgesehen werden, wenn dort für diesen Ausländer eine erhebliche konkrete Gefahr für Leib, Leben oder Freiheit besteht. Gefahren nach Satz 1, denen die Bevölkerung oder die Bevölkerungsgruppe, der der Ausländer angehört, allgemein ausgesetzt ist, sind bei Anordnungen nach § 60a Abs. 1 Satz 1 zu berücksichtigen.«

Der letzte Satz beinhaltet, dass nur die politische Entscheidung über einen Abschiebestopp (§ 60a Abs. 1 AufenthG) Schutz vor allgemeinen Gefahren gewähren kann. Diese Einschränkung verstößt gegen die Verfassung, weil sie den Schutz des Lebens nach Art. 2 Abs. 2 GG nur durch eine politische Entscheidung wirksam werden lässt. Werden von den Bundes- und Landesministerien jedoch keine Anordnungen getroffen, die Abschiebungen in Gebiete mit extremen Gefahren verbieten, so würde der Grundrechtsschutz leer laufen. Die Regelung muss deshalb verfassungskonform ausgelegt werden.

5.1 Abschiebehindernisse nach der EMRK (§ 60 Abs. 5 AufenthG)

Reduziert auf die Situation im Herkunftsland sind nur Art. 2 (Todesstrafe) und Art. 3 (Folter oder unmenschliche oder erniedrigende Behandlung oder Bestrafung) als Abschiebeverbote bedeutsam. Der hier gewährte Schutz stimmt inhaltlich überein mit den Anforderungen für den subsidiären Schutzstatus. Da mit dem Abschiebeverbot kein Schutzstatus verbunden ist und auch alle sonstigen Rechtspositionen geringer ausgestaltet sind als beim subsidiären Schutz, ist der Abschiebeschutz nach § 60 Abs. 5 AufenthG nur dann relevant, wenn der subsidiäre Schutz nach § 4 Abs. 2 AsylG ausgeschlossen ist.

Beispiel

P. aus Malaysia ist in Deutschland bei einem Drogentransport erwischt worden und erhält eine Freiheitsstrafe von vier Jahren. Er stellt einen Asylantrag, weil ihm in Malaysia wegen dieses Drogendelikts die Todesstrafe droht.
Er wird wegen eines unpolitischen Kriminaldelikts verfolgt und kann deshalb keinen Flüchtlingsstatus erhalten. Auch subsidiärer Schutz kann ihm nicht zugesprochen werden, weil er eine schwere Straftat begangen hat und deshalb ein Aus-

schlussgrund vorliegt (§ 4 Abs. 2 Nr. 2 AsylG). Ihm steht jedoch wegen der drohenden Todesstrafe ein Abschiebehindernis aus § 60 Abs. 2 AufenthG im Zusammenhang mit Art. 2 EMRK zu.

5.2   Abschiebehindernis auf der Grundlage des deutschen Verfassungsrechts (§ 60 Abs. 7 AufenthG)

Nach § 60 Abs. 7 AufenthG **soll** von der Abschiebung abgesehen werden, wenn im Herkunftsstaat »eine erhebliche konkrete Gefahr für Leib, Leben oder Freiheit« droht. Das BAMF entscheidet nur über die Frage, ob derartige Gefahren vorliegen. Tatsächlich bleibt aber für die Ausländerbehörde kaum Spielraum für eine abweichende, d.h. ablehnende Entscheidung. Da alle öffentlichen Institutionen an das Grundgesetz gebunden sind, ist es der Ausländerbehörde untersagt, daran mitzuwirken, eine Person durch ihre Handlung (Abschiebung) einer unmittelbaren Gefahr für Leben, Gesundheit oder Freiheit auszusetzen (Art. 2 Abs. 2 GG).

Diesem Grundsatz widerspricht auch der weitere Satz in § 60 Abs. 7 AufenthG:

»Gefahren nach Satz 1, denen die Bevölkerung oder die Bevölkerungsgruppe, der der Ausländer angehört, allgemein ausgesetzt ist, sind bei Anordnungen nach § 60a Abs. 1 Satz 1 zu berücksichtigen.«

Mit diesem Satz wird der Grundrechtsschutz an die politischen Entscheidungsträger delegiert und das Individuum von einem individuellen Schutzanspruch ausgeschlossen.

Im Lichte des GG bedarf es also einer Einschränkung: Eine Abschiebung verletzt immer dann das Verfassungsrecht auf Leben nach Art. 2 Abs. 2 GG, wenn die Ausländerin gleichsam sehenden Auges dem sicheren Tod oder schwersten Verletzungen ausgeliefert würde (BVerwG vom 23.8.2006 – 1 B 60.6 und vom 8.9.2011 – 10 C 14.10).

Die Verwaltungsgerichte (BVerwG vom 17.11.2011 – 10 C 13.10; OVG Niedersachsen vom 29.4.2015 – 9 LA 242/14) orientieren sich hier an dem quantitativen Risiko, zu Tode zu kommen oder schwer verletzt zu werden. So läge ein Risiko von 1:800 (0,125 %), in dem betreffenden Gebiet verletzt oder getötet zu werden, weit entfernt von der Schwelle der beachtlichen Wahrscheinlichkeit.

»Für aus dem europäischen Ausland zurückkehrende afghanische Staatsangehörige ist angesichts der aktuellen Auskunftslage im Allgemeinen derzeit nicht von einer extremen Gefahrenlage im angesprochenen Sinne auszugehen« (Sächsisches OVG vom 21.10.2015 – 1 A 144/15.A; so auch BayVGH vom 10.8.2015 – 13a ZB 15.30050; OVG Niedersachsen vom 3.2.2015 – 9 LA 266/13 und vom 20.7.2015 – 9 LB 320/14).

Anders aber, wenn aus individuellen Gründen eine besondere Schutzbedürftigkeit besteht (VG Stuttgart vom 21.12.2015 – A 6 K 2392/15). Angenommen wurde eine solche Gefahr bei einem Angehörigen des Volks der Hazara, der sich in seinem Leben ausschließlich im Iran aufgehalten hatte und deshalb schon an seiner Sprache erkennbar sei, weil »sich die allgemeine Gefahr in Afghanistan derart zu einer extremen, individuellen Gefahr verdichtet, dass eine entsprechende Anwendung von § 60 Abs. 7 Satz 1 AufenthG geboten ist.« Unter diesen Umständen sei es ausgeschlossen, dass der Lebensunterhalt selbst verdient werden könne (VG Lüneburg vom 14.1.2015 – 1 A 1946/13).

Der Hauptanwendungsfall für den Abschiebeschutz nach § 60 Abs. 7 AufenthG sind Gefahren für Leib und Leben durch fehlende medizinische Versorgung bzw. fehlender Zugang zu medizinischer Versorgung. Obwohl es sich hierbei auch um die Gefahr einer unmenschlichen oder erniedrigenden Behandlung nach Art. 3 EMRK handeln könnte und damit zum Status als subsidiär schutzberechtigt führen würde, behandeln die meisten Verwaltungsgerichte diese Risiken nur als Abschiebehindernisse nach Art. 2 Abs. 2 GG.

Nach der Neuregelung des § 60 Abs. 7 Satz 2 AufenthG (Gesetz zur Einführung beschleunigter Asylverfahren vom 11.3.2016, in Kraft seit dem 17.3.2016, BGBl. I vom 16.3.2016, S. 390) sollen nur noch »lebensbedrohliche oder schwerwiegende Erkrankungen, die sich durch die Abschiebung wesentlich verschlechtern würden«, berücksichtigt werden. Damit verliert der § 60 Abs. 7 AufenthG jedoch weitgehend seine eigenständige Bedeutung, weil diese schwerwiegenden Gesundheitsrisiken bereits ein Abschiebeverbot nach Art. 3 EMRK auslösen und damit bei der subsidiären Schutzberechtigung zu prüfen sind.

Schwerwiegende Auswirkungen auf den Abschiebeschutz wird die Regelung haben, nach der das Niveau der medizinischen Versorgung zukünftig ebenso wenig ausschlaggebend ist wie die Frage, ob diese Versorgung auch tatsächlich zugänglich ist. Ziel der Gesetzgebung ist es, nur noch vor konkreten, zeitnah absehbaren und lebensgefährlichen Gesundheitsschäden durch eine Abschiebung zu schützen (Gesetzesbegründung vom 16.2.2016, BT.-Drs. 18/7538, S. 18). Allerdings waren auch bisher die gesundheitlichen Abschiebehindernisse unmittelbar aus dem Lebensschutz des Art. 2 Abs. 2 GG abgeleitet, sodass erwartet werden kann, dass die Gerichte das Recht auf Leben und körperliche Unversehrtheit nicht mit gänzlich neuen Maßstäben bewerten werden.

Auch im Asylverfahren sind die Anforderungen an medizinische Atteste zu berücksichtigen, die mit dem Asylbeschleunigungsgesetz vom 11.3.2016 für den Abschiebeschutz in § 60a Abs. 2c Satz 2 AufenthG genau festgelegt wurden:

»Der Ausländer muss eine Erkrankung, die die Abschiebung beeinträchtigen kann, durch eine qualifizierte ärztliche Bescheinigung glaubhaft machen. Diese ärztliche Bescheinigung soll insbesondere die tatsächlichen Umstände, auf deren Grundlage eine fachliche Beurteilung erfolgt ist, die Methode der Tatsachenerhebung, die fachlich-medizinische Beurteilung des Krankheitsbildes (Diagnose), den Schweregrad der Erkrankung sowie die Folgen, die sich nach ärztlicher Beurteilung aus der krankheitsbedingten Situation voraussichtlich ergeben, enthalten.«

Die Kriterien entsprechen in etwa den vom BVerwG (vom 11.9.2011 – 10 C 8.07, Rn. 15) bereits festgelegten.

Umstritten ist zunächst, welche Ausbildung erforderlich ist, um ein Fachgutachten über eine posttraumatische Belastungsstörung (PTBS) erstellen zu können. Unstreitig sind dazu Fachärztinnen für Psychiatrie befähigt. Auch psychologischen Psychotherapeuten wird überwiegend eine ausreichende Fachkompetenz zugestanden (OVG NRW vom 9.12.2003 – 8 A 5501/00.A und vom 19.12.2008, – 8 A 3053/08.A; BayVGH vom 23.11.2012 – 13a B 12.30061, Rn. 22; VG München vom 3.5.2013 – M 23 K11.30599, Rn. 18; VG Ansbach 11.7.2013 – An 11 K13.30264, Rn. 48).

Dagegen wird die Fachkompetenz von nichtärztlichen Psychotherapeutinnen von einzelnen Verwaltungsgerichten abgelehnt (VG München vom 28.5. 2013 – M 12 K 13.30199 Rn. 55 und vom 25.1.2012 – M 12 K 10.30022). Die Bundespsychotherapeutenkammer hat zu diesem Konflikt in der Rechtsprechung Stellung genommen und betont, dass sowohl Psychologische Psychotherapeuten als auch Kinder- und Jugendpsychotherapeuten durch ihre umfassende Ausbildung zur Diagnose der PTBS befähigt sind (Stellungnahme vom 9.1.2014, PDF unter: www.bptk.de → Stellungnahmen → Stellungnahmen nach Thema → weitere Themen: Substantiierung von PTBS durch Psychotherapeuten).

Die Auseinandersetzung ist auch deshalb von großer Bedeutung, weil der diagnostische Bedarf nicht allein durch Fachärzte für Psychiatrie gedeckt werden kann.

Was muss das Attest enthalten?
– Auf welcher medizinisch/psychiatrischen Grundlage wurde die Diagnose erstellt?
– Welche konkreten Symptome weist die Erkrankung auf?
– Werden die geschilderten Beschwerden durch die erhobenen Befunde bestätigt?

– Seit wann und wie häufig befindet sich der Patient in ärztlicher Behandlung?
– Wie und mit welchem Erfolg wurde die Erkrankung bisher behandelt?
– Welche Prognose wird über den weiteren Verlauf gestellt? Ohne eine Rückführung in den Herkunftsstaat und gegebenenfalls Abweichung bei einer Rückführung.
– Welche Behandlung (Medikation und Therapie) wird im zukünftigen weiteren Verlauf erforderlich sein?

Diese Kriterien wurden vom BVerwG vom 11.9.2007 – 10 C 8.07 entwickelt und sind nun auch gesetzlich vorgeschrieben (§ 60a Abs. 2c Satz 2 AufenthG).

Werden unzureichende Atteste vorgelegt, so muss das Gericht später auch auf entsprechende Anträge der Rechtsanwältinnen kein neues Gutachten mehr einholen.

»Ärztliche Bescheinigungen, die ohne die erforderliche Distanz allein auf den von dem Betroffenen vorgetragenen Angaben beruhen, begründen hingegen keine hinreichende Tatsachengrundlage, um einen entsprechenden Beweisantrag zu stützen.« (VGH Baden-Württemberg vom 9.12.2014 – A 9 S 1791/13).

Viele Ärztinnen und Therapeutinnen haben sich noch zu wenig mit den Anforderungen an Gutachten in Asyl- und Abschiebeverfahren beschäftigt und stellen Atteste und Befunde aus, die diesen Kriterien in keiner Weise entsprechen.

Es ist ein wichtiger Auftrag der Asylberatung, die Ärzte und Therapeuten zu beraten und die Gutachten im Einzelnen mit ihnen entlang der Kriterien durchzugehen. Schlechte und unzureichende Atteste sollten in Zukunft nicht mehr in Asylverfahren verwendet werden, sie könnten eine Entscheidung sogar negativ beeinflussen. Das Problem der fehlenden geeigneten medizinischen Gutachterinnen ist allerdings nicht lösbar.

Auch wenn die Möglichkeit einer Behandlung im Herkunftsland grundsätzlich besteht, kann der Zugang ausgeschlossen sein, wenn die erforderlichen finanziellen Mittel nicht beschafft werden können. In diesen Fällen müssen detailliert die Lebensumstände und Einkommensverhältnisse der gesamten Familie geschildert werden.

Albanien: Eine Abschiebehindernis ergibt sich dann aus einer schweren psychischen Erkrankung, wenn diese gerade auf der Diskriminierung wegen Homosexualität basiert (VG Aachen vom 18.12.2014 – 1 K 672/14 A). Vorsicht! Zum Zeitpunkt der Entscheidung war Albanien noch kein »sicheres Herkunftsland«.

Iran: Bei einer schweren depressiven Erkrankung besteht keine ausreichende Behandlungsmöglichkeit (VG Magdeburg vom 12.3.2015 – 2 A 52/13 MD).
Kosovo: Trauma-Erkrankungen können grundsätzlich im Kosovo behandelt werden (BayVGH vom 28.5.2015 – 21 ZB 15.30076; OVG Saarland vom 16.6.2015 – 2 A 197/14).
Georgien: Sowohl ambulante als auch stationäre medizinische Behandlungen sind kostenfrei zugänglich, auch bei HIV-Erkrankungen (VG Würzburg vom 5.10.2015 – W 7 K 15.30563) **oder onkologischen Erkrankungen** (VG Regensburg vom 9.9.2015 – RO 9 K 15.31575).
Russland: Die psychiatrische Versorgung wird außerhalb der Großstädte immer schlechter und ist oft nicht bezahlbar (Schweizerische Flüchtlingshilfe, Russland: Stationäre psychiatrische Behandlung, Juni 2015, ID 306847, ecoi.net); **die medizinische und pflegerische Versorgung einer 80-Jährigen zumindest fraglich** (VG Würzburg vom 16.11.2015 – W 7 E 15.1080).

Es ist für die Zukunft mit einer deutlichen Verschärfung der Entscheidungspraxis des BAMF hinsichtlich der Gefahren durch fehlende medizinische Behandlung zu rechnen. Die lebensbedrohliche Situation muss präzise und lückenlos vorgetragen und durch genaue Fachgutachten dokumentiert werden.

6 Familienschutz

Die unmittelbaren Familienangehörigen werden in die Asylberechtigung, Anerkennung als Flüchtling oder Gewährung des subsidiären Schutzstatus einbezogen.

Der Schutz der Familieneinheit wurde durch Art. 23 Qualifikationsrichtlinie zum verbindlichen Recht in der EU; er ist in § 26 AsylG geregelt.

6.1 Der Status des Familienasyls/internationalen Familienschutzes

Der Status des Familienasyls oder des internationalen Familienschutzes ist identisch mit dem Status der Stammberechtigten (Person, die originär als Asylberechtigte, Flüchtling, subsidiär Schutzberechtigte anerkannt wurde). Die Aufenthaltserlaubnis nach § 25 Abs. 1 oder Abs. 2, 1. Alternative AufenthG wird zusammen mit einem Flüchtlingsausweis nach der GFK erteilt. Bei Familienangehörigen von subsidiär Schutzberechtigten wird die Aufenthaltserlaubnis nach § 25 Abs. 2 , 2. Alternative AufenthG zusammen mit einem Reiseausweis für Ausländer (§ 5 AufenthV) erteilt, wenn ein National-

pass nicht zumutbar beschafft werden kann. Der Unterschied zu den Stammberechtigten besteht aber darin, dass

1. der Status von der stammberechtigten Person abhängig bleibt, d.h., wird
dieser der Status entzogen, verlieren ihn auch die Familienangehörigen
(§ 73 Abs. 2b AsylG, s. auch → S. 212);

2. von Personen mit Familienasyl/internationalem Familienschutz keine weiteren Familienangehörigen einen Schutzstatus ableiten können (§ 26
Abs. 4 Satz 2 AsylG).

Jeder Flüchtling kann frei entscheiden, ob nur der Antrag auf Familienschutz
gestellt werden soll, oder ob zunächst ein Anspruch auf eigenen Flüchtlingsschutz gestellt wird und nur bei einer Ablehnung nachrangig über den Familienschutz entschieden werden soll. § 26 Abs. 1 Nr. 3 und Abs. 3 Nr. 3 AsylG
verlangen auch, dass der Antrag auf einen Familien-Schutzstatus »unverzüglich nach der Einreise« gestellt wird, diese Vorschrift hat jedoch keine Bedeutung mehr. Die seit Juli 2015 in Deutschland unmittelbar anwendbare VerfahrensRL (siehe Glossar) bestimmt in Art. 10, dass kein Antrag wegen verspäteter Antragstellung abgelehnt werden darf.

6.2 Voraussetzungen für Familienasyl/Familienschutz

Es müssen im Wesentlichen drei Voraussetzungen erfüllt sein.

1. der Stammberechtigte muss unanfechtbar als asylberechtigt oder international schutzberechtigt anerkannt sein (§ 26 Abs. 1 Nr. 1 AsylG). Die Anerkennung darf weder widerrufen noch zurückgenommen sein (§ 26 Abs. 1
Nr. 4, Abs. 2, Abs. 3 Nr. 4 AsylG).

2. Es muss sich um einen der folgenden Familienangehörigen handeln:

- Ehegatten oder eingetragenen Lebenspartner, wenn die Ehe/Partner-
schaft bereits im Staat der Verfolgung oder Bedrohung bestanden hat
(§ 26 Abs. 1 AsylG). Der Ausschluss vom Familienasyl für Ehen, die erst
auf der Flucht oder in Deutschland geschlossen wurden, ist sehr umstritten. Der EGMR vom 6.11.2012 – Nr. 22341/09 »Hode u. Abdi« (ebenso
Tiedemann, 2015, S. 81) sieht hierin einen Verstoß gegen das Diskriminierungsverbot nach Art 14 EMRK im Zusammenhang mit dem Familienschutz nach Art. 8 EMRK.
Es muss eine gültige Ehe/Lebenspartnerschaft vorliegen, d.h. sie muss
entweder nach dem Recht des Staates, indem sie geschlossen wurde, of-

fiziell anerkannt sein oder nach dem Recht des Staates, dem beide Ehegatten/Lebenspartner gemeinsam angehören.

Der Ehegatte/Lebenspartner muss entweder vor dem Stammberechtigten eingereist sein, oder den Antrag **unverzüglich** nach Einreise gestellt haben. Der Antrag kann natürlich erst gestellt werden, wenn der Ehegatte von dem Aufenthalt des Stammberechtigten in Deutschland erfährt. Auch sonst darf ein Antrag nach Art. 10 VerfahrensRl (siehe Glossar) nicht wegen Verspätung abgelehnt werden. Die Anforderung der »Unverzüglichkeit« hat damit seine Wirkung verloren.

Beispiel

B., syrischer Staatsangehöriger und G., libanesische Staatsangehörige, haben in Syrien in einer Moschee geheiratet. Die Ehe ist nach syrischem Recht nicht gültig geschlossen. Auf der Flucht haben sie dann in der Türkei eine Ehe gültig geschlossen. Beide stellen in Deutschland einen Asylantrag. B. wird als Flüchtling anerkannt, G. wird abgelehnt. Sie erhält auch keinen internationalen Familienschutz, weil die Ehe im Verfolgerstaat nicht gültig geschlossen worden war. Sie kann allerdings den Familiennachzug nach § 30 AufenthG unter den erleichterten Bedingungen des § 29 Abs. 2 AufenthG erhalten.

■ Kinder, wenn sie zum Zeitpunkt der unanfechtbaren Anerkennung der Stammberechtigten noch minderjährig und ledig sind (§ 26 Abs. 2 AsylG). Dazu gehören auch in Deutschland geborene Kinder, die auch Jahre nach der Anerkennung der Stammberechtigten noch in diesen Status einbezogen werden können.

■ Eltern, ein Elternteil oder andere Angehörige, die das förmliche Sorgerecht für ein minderjähriges, lediges Kind (Stammberechtigte) inne haben (§ 26 Abs. 3 Satz 1 AsylG; Art. 2 j QRL) werden in den Schutzstatus einbezogen, wenn das Familienleben bereits im Herkunftsland bestand (§ 26 Abs. 3 AsylG). Der Antrag muss unverzüglich nach der Einreise gestellt werden (siehe oben für Ehegatten).

■ Geschwister werden ebenfalls einbezogen, wenn sie zum Zeitpunkt der Asylantragstellung (erstes Asylersuchen, auch an der Grenze) minderjährig und ledig sind (§ 26 Abs. 3 Satz 1 AsylG). Auch die Stammberechtigte muss noch minderjährig sein, wenn das Geschwister den Antrag auf Familienschutz stellt (VG Hamburg vom 5.2.2014 – 8 A 289/13).

Beispiel

L. reist im Alter von 15 Jahren auf dem Landweg aus Syrien ein. Er stellt am 15.2.2015 ein Asylgesuch und wird im November 2015 als Flüchtling anerkannt. Am 1.2.2016 reisen seine Mutter und sein älterer Bruder (wird am 30.6.2016 volljährig) ein und stellen noch am selben Tag ein Asylgesuch. Das BAMF entscheidet am 15.9.2016 und gewährt beiden Familienflüchtlingsschutz. Der Bruder war zum Zeitpunkt der Antragstellung noch minderjährig. Alle drei Personen hatten bereits in Syrien zusammengelebt.

3. Es darf auch in der Person des Familienangehörigen kein Ausschlussgrund bestehen. Für die Angehörigen von Flüchtlingen gelten die Ausschlussgründe unter → 3.8 und für die von subsidiär Schutzberechtigten diejenigen aus → 4.4. Ergänzend ist der Familienschutz auch ausgeschlossen, wenn der Familienangehörige selbst die Verfolgung oder den Schaden verursacht hat oder von dem weiterhin eine Gefahr für die Stammberechtigte ausgeht. Dabei geht es z.b. um Fälle, in denen sich der Vater einer Minderjährigen, der wegen drohender Zwangsverheiratung Flüchtlingsschutz gewährt wird, nicht auf Familienschutz beziehen kann.

6.3   Keine Einbeziehung in einen Abschiebeschutz

Aus der Feststellung eines Abschiebehindernis ergibt sich kein Familienschutz. Auch die Aufenthaltserlaubnis zum Familiennachzug wird »nur aus völkerrechtlichen oder humanitären Gründen oder zur Wahrung politischer Interessen der Bundesrepublik Deutschland erteilt« (§ 29 Abs. 3 Satz 1 AufenthG). Wenn die Familieneinheit allerdings in keinem anderen Land als Deutschland gelebt werden kann, so kann die Aufenthaltserlaubnis zum Familiennachzug kaum verweigert werden. Voraussetzung sind hier aber ein gesicherter Lebensunterhalt, fehlende Ausweiseinteressen und eventuell auch ein Visumsverfahren vom Ausland aus.
Liegen diese Voraussetzungen nicht vor, so kommt auch die Erteilung einer Aufenthaltserlaubnis nach § 25 Abs. 5 AufenthG in Betracht. Das Abschiebehindernis liegt hier in dem Gebot des Familienschutzes nach Art. 6 GG und Art. 8 EMRK, wenn die Familieneinheit nur in Deutschland hergestellt werden kann. Besteht ein Einreise- und Aufenthaltsverbot nach § 11 AufenthG, so muss zunächst die nachträgliche Aufhebung nach § 11 Abs. 4 AufenthG beantragt werden.

7   Konzept der »sicheren Herkunftsstaaten«

Das Konzept der »sicheren Herkunftsstaaten« (Art. 16a Abs. 1 Satz 1 GG) war wesentlicher Kernbestand der grundlegenden Revision des Asylrechts von 1993, zusammen mit der Drittstaatenregelung und dem Flughafenverfahren.

Heute wird die Regelung des Grundgesetzes überlagert durch die Verfahrensregelungen innerhalb des Gemeinsamen Europäischen Asylsystems (GEAS). Die VerfahrensRL enthält in Art. 36 kein gemeinsames Konzept der »sicheren Herkunftsstaaten« mehr, sondern nur noch die Anforderungen für eine individuelle Prüfung, ob ein Herkunftsstaat für einen Flüchtling sicher ist.

Allerdings gibt es Überlegungen der Europäischen Kommission, eine gemeinsame Liste »sicherer Herkunftsländer« einzuführen. Es geht dabei auch um die Einbeziehung der Türkei, der als Gegengeschenk für riesige Flüchtlingslager die Anerkennung der EU auf der politischen Ebene geboten werden soll.

Gleichzeitig bestimmt Art 37 der VerfahrensRL, dass die einzelnen Mitgliedstaaten die bisherigen Bestimmungen »sicherer Herkunftsstaaten« beibehalten und auch neue Staaten entsprechend festlegen können. Dadurch haben wir in der EU gegenwärtig die Situation, dass jeder Staat nach eigener Einschätzung »sichere Herkunftsstaaten« bestimmt.

In Deutschland gelten derzeit nach Anlage II zu § 29a AsylG als »sichere Herkunftsstaaten«:

- **Albanien**
- **Bosnien und Herzegowina**
- **Ghana**
- **Kosovo**
- **Mazedonien, ehemalige jugoslawische Republik**
- **Montenegro**
- **Senegal**
- **Serbien**

Diese Staaten werden auch von einigen anderen Dublin-Staaten als sicher bewertet, insgesamt fallen die Bewertungen jedoch uneinheitlich aus. Als sicher werden bewertet:

- **Albanien**: von Belgien, Bulgarien, Dänemark, Frankreich, Luxemburg, Österreich, Tschechien, Vereinigtes Königreich.
- **Bosnien und Herzegowina**: von Belgien, Bulgarien, Dänemark, Frankreich, Luxemburg, Österreich, Tschechien, Vereinigtes Königreich.
- **Ghana**: von Bulgarien, Frankreich, Luxemburg, Malta, Slowakei, Vereinigtes Königreich.
- **Kosovo**: von Belgien, Dänemark, Luxemburg, Tschechien, Vereinigtes Königreich.
- **Mazedonien**: von Belgien, Bulgarien, Dänemark, Frankreich, Luxemburg, Österreich, Tschechien, Vereinigtes Königreich.
- **Montenegro**: von Belgien, Bulgarien, Dänemark, Frankreich, Luxemburg, Österreich, Slowakei, Tschechien, Vereinigtes Königreich.

- **Senegal:** von Frankreich, Luxemburg, Malta.
- **Serbien:** von Belgien, Bulgarien, Dänemark, Luxemburg, Österreich, Tschechien, Vereinigtes Königreich.

Als weitere »sichere Herkunftsstaaten« werden nach dem Gesetzentwurf vom 5.2.2016 (BR.-Drs. 68/16) und der Stellungnahme des Bundesrats vom 18.3 2016 (BR.-Drs.-68/2/16) in die Liste aufgenommen:
- **Algerien,**
- **Marokko,**
- **Tunesien.**

Ausgelöst wurde diese Entscheidung durch die steigenden Antragszahlen einerseits und durch die Straftaten in der Silvesternacht auf der Kölner Domplatte, die überwiegend Personen aus diesen Herkunftsländern zugeschrieben werden. Unklar ist weiterhin, ob sich die Zuordnung zur Asylantragstellung und zu den angegebenen Nationalitäten auch statistisch belegen lässt.

Die Entscheidung ist in Hinblick auf die schwierige Menschenrechtslage in allen drei Herkunftsländern problematisch.
Algerien sieht sich noch den geringsten Vorwürfen der Menschenrechtsverletzung ausgesetzt. Aber auch hier kommt es zu Folter im Zusammenhang mit Strafverfahren wegen Terrorismus und zu Einschränkungen der Versammlungs- und Vereinigungsfreiheit, die Todesstrafe wird weiterhin verhängt, nicht aber vollstreckt und der Gewaltschutz für Frauen ist völlig unzureichend (Pro Asyl, Stellungnahme vom 16.2.2016, www.proasyl.de; Gesetzentwurf vom 5.2.2016, BR.-Drs. 68/16).
Marokko verfügt nicht über eine demokratische Verfassung, Presse- und Meinungsfreiheit werden eingeschränkt, es kommt zu Folter bei der Verfolgung von Staatsschutzdelikten und die Todesstrafe wird weiter verhängt, nicht aber vollstreckt. Ehebruch und Homosexualität sind strafbar und werden auch verfolgt. Eine besondere Dichte an Menschenrechtsverletzung findet sich bei der Verfolgung der Opposition im Westsahara-Konflikt (Pro Asyl, Stellungnahme vom 16.2.2016, www.proasyl.de; Gesetzentwurf vom 5.2.2016, BR.-Drs. 68/16).
Tunesien gilt als menschenrechtlich besonders problematisch; es kommt zu extralegalen Tötungen und Folter, die Meinungs- und Versammlungsfreiheit wird eingeschränkt, die Todesstrafe wird verhängt, aber nicht vollstreckt. Homosexualität ist strafbar und es werden mehrjährige Freiheitsstrafen sowohl gegen Männer als auch gegen Frauen verhängt (Pro Asyl, Stellungnahme vom 16.2.2016, www.proasyl.de; Gesetzentwurf vom 5.2.2016, BR.-Drs. 68/16).

Das Konzept beinhaltet die **gesetzliche Vermutung**, dass es in diesem Staat keine Verfolgung gibt und auch keine Menschenrechtsverletzungen oder Gefahren, die einen subsidiären Schutz erforderlich machen würden. Eine Flüchtlingsanerkennung oder subsidiärer Schutz kann nur noch erreicht werden, wenn der Nachweis gelingt, dass und warum die allgemeine Vermutung im individuellen Fall nicht zutrifft.

Kriterien für die Bestimmung »sicherer Drittstaaten« in Deutschland

Die Bestimmung muss sowohl den Anforderungen des Art. 16a GG als auch den Vorgaben des Asylverfahrensrechts der EU gerecht werden.

Das AsylG selbst enthält keine Regelung zur Bestimmung der »sicheren Drittstaaten«. Die Kriterien müssen direkt Art. 16a Abs. 3 GG entnommen werden:

> »Durch Gesetz, das der Zustimmung des Bundesrates bedarf, können Staaten bestimmt werden, bei denen auf Grund der Rechtslage, der Rechtsanwendung und der allgemeinen politischen Verhältnisse gewährleistet erscheint, dass dort weder politische Verfolgung noch unmenschliche oder erniedrigende Bestrafung oder Behandlung stattfindet. Es wird vermutet, dass ein Ausländer aus einem solchen Staat nicht verfolgt wird, solange er nicht Tatsachen vorträgt, die die Annahme begründen, dass er entgegen dieser Vermutung politisch verfolgt wird.«

Geprüft werden müssen hierzu also die Verfassungsstruktur, die Demokratie und Rechtsstaatlichkeit gewährleisten muss, der Beitritt zu internationalen und regionalen Menschenrechtskonventionen unter Einbeziehung der Auskünfte offizieller Stellen und anerkannter Organisationen zur Qualität der Rechtsstaatssysteme und zur Achtung der Menschenwürde.

Daneben tritt die Prüfliste aus dem Anhang I der Verfahrensrichtlinie 2013/33/EU zu Art. 37 Abs. 1:

> »Ein Staat gilt als sicherer Herkunftsstaat, wenn sich anhand der dortigen Rechtslage, der Anwendung der Rechtsvorschriften in einem demokratischen System und der allgemeinen politischen Lage nachweisen lässt, dass dort generell und durchgängig weder eine Verfolgung im Sinne des Artikels 9 der Richtlinie 2011/95/EU noch Folter oder unmenschliche oder erniedrigende Behandlung oder Strafe noch Bedrohung infolge willkürlicher Gewalt im Rahmen eines internationalen oder innerstaatlichen bewaffneten Konflikts zu befürchten sind.
> Bei der entsprechenden Beurteilung wird unter anderem berücksichtigt, inwieweit Schutz vor Verfolgung und Misshandlung geboten wird durch
> a) die einschlägigen Rechts- und Verwaltungsvorschriften des Staates und die Art und Weise ihrer Anwendung;

b) die Wahrung der Rechte und Freiheiten nach der Europäischen Konvention zum Schutz der Menschenrechte und Grundfreiheiten und/oder dem Internationalen Pakt über bürgerliche und politische Rechte und/oder dem Übereinkommen der Vereinten Nationen gegen Folter, insbesondere der Rechte, von denen gemäß Artikel 15 Absatz 2 der Europäischen Konvention keine Abweichung zulässig ist;
c) die Einhaltung des Grundsatzes der Nicht-Zurückweisung nach der Genfer Flüchtlingskonvention;
d) das Bestehen einer Regelung, die einen wirksamen Rechtsbehelf bei Verletzung dieser Rechte und Freiheiten gewährleistet.«

Diese Kriterien sind konkreter und damit auch weitergehend als die des Grundgesetzes, insbesondere beziehen sie auch Bedrohungen durch nichtstaatliche Akteure ein, gegen die kein ausreichender Schutz zu erlangen ist.

Allerdings wird in der Rechtsprechung des EuGH vom 31.1.2013 – C-175/11 und der nationalen Gerichte der weite Spielraum betont, der den Staaten bei der Bewertung der Situation in einem Staat und bei der Auswahl der Informationsquellen, die dieser Bewertung zu Grunde liegen, zukommt.

Die gesetzliche Vermutung bedeutet, dass die Flüchtlinge den Nachweis erbringen müssen, dass in ihrem individuellen Einzelfall eine spezifische Verfolgung oder Gefahr vorliegt, die für diesen Staat eigentlich untypisch ist.

Beispiel

Eine junge Frau aus Serbien, die zur Volksgruppe der Roma gehört, macht geltend, sie sei in keiner »normalen« Schule aufgenommen worden, habe keinen Arbeitsplatz finden können. Auch sei sie immer wieder sexuell beleidigt und attackiert worden. Sie habe mehrfach versucht, diese Handlungen bei der Polizei anzuzeigen und um Schutz gebeten. Sie sei aber von den Polizisten nur ausgelacht, sexuell beleidigt und weggeschickt worden.

Da der Gesetzgeber die Frage der Funktionsfähigkeit des staatlichen Schutzes bei kriminellen Angriffen vorab geprüft habe, grundsätzlich bejaht habe und Serbien zum »sicheren Herkunftsstaat« erklärt habe, reicht die Schilderung der jungen Frau nicht aus, um eine individuelle Abweichung zu begründen.

In einem vergleichbaren Fall argumentiert das VG Regensburg vom 24.2.2015 – RN 6 S 15.30120:

»Ebenso bestehen auch keine Anhaltspunkte dafür, dass eine Bedrohung durch nicht staatliche Akteure i.S.v. § 3 c Nr. 3 AsylVfG vorliegt, gegen welche die Antragstellerin staatlichen Schutz nicht erlangen könnte. Das Gericht verkennt dabei nicht, dass nach dem Lagebericht eingeräumt wird, dass die Polizei nicht in allen Fällen mit der gebotenen Konsequenz gegen Übergriffe auf Minderheiten (vor allem Roma und Homosexuelle) vorgeht und die Polizei Übergriffe in manchen Fällen nur zögerlich verfolgt (Lagebericht, S. 11). Nach dem Bericht ist jedoch auch davon auszugehen, dass Anzeigen von Roma wegen Körperverletzung zu Gerichtsprozessen führen. Außerdem bestehen nach dem Lagebericht Ausweichmöglichkeiten für Angehörige der betroffenen Gruppen, sich in toleranteren Teilen Serbiens niederzulassen ...«

So oder so ähnlich argumentieren das BAMF und die Verwaltungsgerichte ganz überwiegend.

Die gesetzliche Vermutung der Nichtverfolgung lässt sich nicht allein mit Beschreibungen der allgemeinen Lage für bestimmte Minderheiten widerlegen, sondern muss zusätzlich einen besonders gelagerten Ausnahmefall nachweisen.
Viele Gerichte halten den Berichten über verweigerten Schutz oder auch verweigerte medizinische Behandlung entgegen, die Betroffenen hätten ja die Möglichkeit, ihre Rechte vor den Gerichten einzuklagen.

»Soweit die Kläger auf eine von ihnen aus finanziellen Gründen nicht erfüllbare, faktische Pflicht zur Selbstzahlung der Behandlung infolge Korruption verweisen, können sie damit nicht durchdringen. Nach den Feststellungen des Lageberichts sind keine nachgewiesen Fälle von Behandlungsverweigerung in öffentlichen Einrichtungen bekannt (vgl. Lagebericht, a.a.O., S. 15 f.). Dementgegen hat der Kläger zu 1) in der mündlichen Behandlung in glaubwürdiger Empörung davon berichtet, dass man seine Ehefrau in Serbien einen ganzen Tag ohne Behandlung im Krankenhaus habe warten lassen und ein Arzt ihr sodann lediglich eine Privatbehandlung angeboten habe. Den Klägern ist es jedoch – für den Fall, dass ihnen nach der Rückkehr erneut eine Behandlung im Rahmen der gesetzlichen Krankenversicherung verweigert werden sollte – zuzumuten, unter Zuhilfenahme der dafür zuständigen Stellen, beispielsweise der Roma-Gesundheitsmediatoren, des Republikanischen Krankenversicherungsfonds, oder erforderlichenfalls durch Inanspruchnahme gerichtlichen (Eil-) Rechtsschutzes ihren Anspruch auf Behandlung gegenüber einem diese rechtswidrig verweigernden Arzt durchzusetzen.« (VG Berlin vom 28.1.2015 – 7 K 546.15 A).

Allerdings gibt es einige wenige Gerichte, die auch Zweifel an der Bestimmung bestimmter Staaten als »sichere Drittstaaten« anmelden:
Das VG Stuttgart hatte noch vor der gesetzlichen Zuordnung Serbiens als »sicheren Herkunftsstaat« eine Gruppenverfolgung der Angehörigen der Volksgruppe der Roma angenommen (VG Stuttgart vom 25.3.2014 – A 11 K 2917/13). Diese Entscheidung wurde aber vom VGH Baden-Württemberg vom

24.6.2015 – A 6 S 1259/14 aufgehoben und das Vorbringen des betroffenen Ehepaars als »offensichtlich unbegründet« abgelehnt. Zweifel an der Einstufung Serbiens als »sicheres Herkunftsland« hatte zunächst auch das VG Münster vom 27.11.2014 – 4 L 867/14.A, gab sie jedoch in der Hauptsacheentscheidung vom 11.5.2015 – 4 K 3220/13.A auf.

Von der Vermutung der Sicherheit in einem Staat werden **nationale Abschiebehindernisse** nach § 60 Abs. 7 AufenthG nicht erfasst. Auch wenn das Gesundheitssystem in einem »sicheren Herkunftsstaat« grundsätzlich als funktionsfähig bewertet werden muss, so kann es durch die Abschiebung zu Retraumatisierungen kommen, die für die Betroffenen lebensgefährlich werden können.

Beispiele

So hat das VG München vom 29.7.2015 – M 24 K 12.30727 im Fall einer Frau entschieden, die in Mazedonien extremer Gewalt und Bedrohung durch die Familie ihres Mannes ausgesetzt war und in der Folge so schwer psychisch erkrankte, dass sie in Deutschland wegen dieser Erkrankung mehrere Monate stationär in der Psychiatrie verbrachte.
Das VG Aachen vom 18.12.2014 – 1 K 672/14.A begründete das Abschiebehindernis hinsichtlich Albaniens mit dem Zusammenhang zwischen Krankheit und dem Stress, der mit dem Verbergen der Homosexualität verbunden ist.

Diese Einzelentscheidungen dürfen aber nicht darüber täuschen, **dass auch Menschen mit schweren psychischen Erkrankungen in der Regel keinen Abschiebeschutz erhalten werden. Allen Balkanstaaten wird eine umfassende medizinische Versorgung der Bevölkerung attestiert:**

Beispiele

»... Bericht des Auswärtigen Amtes über die asyl- und abschieberelevante Lage in **Bosnien und Herzegowina** vom 11. November 2014, wonach die gängigen Medikamente auf dem örtlichen Markt erhältlich sind und, soweit Krankenversicherungsschutz besteht, bei ärztlicher Versorgung von der Krankenversicherung auch bezahlt werden. Zudem ist für alle Rückkehrer in Bosnien und Herzegowina eine medizinische Versorgung in ihrem aktuellen Wohnort gewährleistet« (VG Schwerin vom 9.3.2015 – 5 B 65/15 As).

»... Bezug wird genommen auf die Darlegungen im Lagebericht des Auswärtigen Amtes hinsichtlich der **Republik Serbien** vom 15.12.2014 (Seite 17). Danach sind unter anderem psychische Erkrankungen wie etwa Depressionen, Traumata, Schizophrenie, posttraumatische Belastungsstörungen (medikamentöse und psychologische Behandlung) in Serbien behandelbar. Psychische Krankheiten werden vorwiegend medikamentös behandelt. Es besteht jedoch (wenn auch im begrenztem Umfang) auch die Möglichkeit anderer Therapieformen« (VG Wiesbaden vom 20.5.2015 – 1 K 160/15. WI.A).

»Die attestierten Erkrankungen können nach den der Kammer vorliegenden und in das Verfahren eingeführten Erkenntnissen in **Mazedonien** behandelt werden. Das dortige Grundleistungspaket der Krankenversorgung ist sehr breit gefächert und umfasst fast alle medizinischen Leistungen, abgesehen von einigen Ausnahmen wie z.b. schönheitschirurgische Eingriffe oder homöopathische Medizin. ... Insbesondere können psychiatrische Erkrankungen aller Art, einschließlich einer posttraumatischen Belastungsstörung (PTBS), zureichend behandelt werden. Eine hinreichende medikamentöse Versorgung ist gewährleistet. In Skopje gibt es neben dem Universitätsklinikum ›Klinisches Zentrum‹ mit einer psychiatrischen Abteilung ein weiteres Krankenhaus für Psychiatrie sowie Privatkliniken zur stationären Behandlung. Im Land gibt es insgesamt drei staatliche Psychiatrien, die jeweils für eine Region des Landes zuständig sind. Es stehen daneben sowohl stationäre als auch ambulante Behandlungsmöglichkeiten in Allgemeinkrankenhäusern zur Verfügung. ...
Die Kläger können darüber hinaus auch tatsächlich einen Zugang zu der notwendigen gesundheitlichen Versorgung erlangen. Insbesondere ist der Zugang zu medizinischen Behandlungen des öffentlichen Gesundheitssystems für die Bevölkerung in Mazedonien unabhängig von der ethnischen Herkunft gewährleistet.
Das heutige Gesundheitssystem in Mazedonien basiert auf einer allgemeinen Versicherungspflicht. De facto ist der Großteil der mazedonischen Bevölkerung (knapp 93 %) über den Gesundheitsfond FZO versichert. Jeder offiziell registrierte Bürger kann in den Genuss des Versicherungsschutzes kommen. Er steht auch Angehörigen der unterschiedlichen Volksgruppen und mittellosen Rückkehrern offen. ...
Der Kammer liegen zur Gesundheitsversorgung und der Behandlung von Rückkehrern im Mazedonien zahlreiche Erkenntnisse vor. Hiernach ist, wie ausgeführt, der Zugang zur grundsätzlich kostenfreien Gesundheitsfürsorge auch für abgeschobene Asylbewerber regelmäßig gewährleistet und der Bezug von Sozialhilfeleistungen nach Registrierung auf Antragstellung auch für Roma erreichbar« (VG Gelsenkirchen vom 27.3.2015 – 17a K 857/14.A).

III   Das Asylverfahren

1   Einreise nach Deutschland

Die Flüchtlingsberatung wird in der Regel erst nach einer erfolgreichen Einreise eingeschaltet. Dennoch ist es wichtig, zu verstehen, welche Bedeutung dieser Vorgang für Menschen auf der Flucht hat, zum einen rückblickend, um z.b. eine Inhaftierung zu verstehen oder zu überprüfen, zum anderen im Vorfeld, weil in Zeiten grenzenloser Information Nachfragen dazu kommen, welche Risiken z.b. Angehörige eingehen werden, wenn sie versuchen nach Deutschland zu gelangen.

Obwohl die GFK eine internationale Konvention unter dem Dach der Vereinten Nationen ist, können Flüchtlinge sich immer nur auf dem Territorium eines ganz bestimmten Staates auf sie berufen. Menschen- und Flüchtlingsrechte können erst geltend gemacht werden, wenn die Einreise in einen Staat abgeschlossen ist.

Davor können sie von der Grenzpolizei und anderen Staatsorganen **zurückgewiesen** werden. Allerdings sind die Grenzorgane bei der Ausübung staatlicher Gewalt auch schon dann an die Menschenrechte gebunden, wenn die Betroffenen die Grenze noch nicht überschritten haben. Das bedeutet vor allem, dass Flüchtlinge nicht durch den Einsatz von Abwehrmethoden, die gegen das Grundgesetz, die EMRK oder die GFK verstoßen, vom Grenzübertritt abgehalten werden dürfen (EGMR vom 23.12.2012 – Nr. 27765/09, »Hirsi«).

Auch im grenznahen Bereich können Einreisende aufgegriffen und **zurückgeschoben** werden.
In bestimmten Fällen kann der Grenzübertritt auch zur **Inhaftierung** führen.

Die Regelungen finden sich im AufenthG und AsylG. Zu beachten sind aber auch die Dublin-Verordnung, die Rückführungsrichtlinie, die VerfahrensRL und die GFK (siehe Glossar).

Im Folgenden geht es nur um Einreisen ohne die erforderlichen Einreisepapiere.
Flüchtlinge kommen in der Regel ohne ein Visum, oft auch ohne einen Reisepass. Selbst wenn sie über ein Schengenvisum verfügen oder sich für einen Kurzaufenthalt visumsfrei nach Deutschland begeben, handelt es sich um eine unerlaubte Einreise, weil sie kommen, um einen Asylantrag zu stellen. Das ist aber ein anderer Zweck als ein kurzfristiger Besuchsaufenthalt.

1.1   Einreise auf dem Landweg

Die meisten Flüchtlinge müssen ihren Weg nach Deutschland auf dem Landweg suchen. Normalerweise werden sie bei der Einreise nach Deutschland in Autos, Zügen oder zu Fuß nicht kontrolliert, weil Deutschland von Schengen-Staaten umgeben ist, also zu allen Nachbarstaaten (ausgenommen Großbritannien und Irland) die Grenzen offen sind. Allerdings schließt das Schengen-Abkommen Kontrollen im grenznahen Bereich nicht aus. Auch können »im Falle einer schwerwiegenden Bedrohung der öffentlichen Ordnung« (Art. 23 Verordnung (EG) Nr. 562/2006 über den Schengen-Grenzkodex) außerordentliche Grenzkontrollen für maximal 30 Tage angeordnet und bei Andauern der Gefahr um jeweils 30 Tage verlängert werden. Die Anordnungen der Bundesregierung seit September 2015 stützen sich auf diese Regelungen und wurden nach Art. 25 Verordnung (EG) Nr. 562/2006 (Schengen-Grenzkodex) ohne vorherige Ankündigung in Kraft gesetzt. Allerdings müssen die Kommission, die Mitgliedstaaten und auch die Öffentlichkeit über diese Maßnahme informiert werden. Die Europäische Kommission betrachtet die temporäre Einführung von Grenzkontrollen zwischen Österreich und Deutschland als vereinbar mit dem Schengen-Abkommen (EU-Aktuell vom 23.10.2015). Zwischenzeitlich wurden an sehr vielen Grenzen innerhalb der EU die Grenzkontrollen wieder eingeführt.

Bei der Einreise auf dem Landweg besteht für Flüchtlinge das Risiko der Zurückweisung, der Zurückschiebung oder der Dublin-Haft.

1.1.1 Die Zurückweisung (das Verbot, das Territorium der Bundesrepublik zu betreten)

Wer illegal einreisen will, ohne ein Asylgesuch zu stellen, wird zurückgewiesen (§ 15 Abs. 1 AufenthG). Abschiebehindernisse wie Verfolgung, schwere Menschenrechtsverletzungen oder Gefahr für Leib und Leben stehen einer Zurückweisung entgegen. Allerdings erfolgt die Zurückweisung stets in einen EU-Staat (oder die Schweiz), sodass es kaum möglich ist, derartige Gefahren erfolgreich geltend zu machen (§ 15 Abs. 4 Satz 1 AufenthG).

Wer beim Grenzübertritt ein **Asylgesuch** (→ S. 131) stellt, darf in der Regel nicht zurückgewiesen werden (§ 15 Abs. 4 Satz 2 AufenthG).

Diese Sonderstellung von Asylsuchenden wird nicht nur durch deutsches Recht bestimmt, sondern ist schon in der GFK als Refoulement-Verbot (Art. 33) niedergelegt.

Verhältnis zwischen deutschen und EU-Asylrecht

Im AsylG wird in § 18 Abs. 2 bestimmt, wann asylsuchenden Ausländern die Einreise verweigert werden kann:

- Wenn die Person aus einem »sicheren Drittstaat« einreist (dazu gehören alle EU-Staaten, Norwegen, und die Schweiz), es sei denn, Deutschland ist für die Durchführung des Asylverfahrens zuständig (§ 18 Abs. 1 Nr. 1 und Abs. 4 AsylG).
Eine **Abweisung** an der Grenze darf jedoch nach der Dublin-Verordnung (EU) Nr. 604/2013 (Art. 20 Abs. 1 und 2) **nicht erfolgen**, solange nicht in einem förmlichen Verfahren der dafür zuständigen Stelle (Art. 4 Verfahrens-RL, siehe Glossar, in Deutschland das BAMF) geprüft wurde, welcher Staat für das Asylverfahren zuständig ist. Auch muss die Möglichkeit eingeräumt werden, gegen die Entscheidung Rechtsmittel einzulegen (Art. 27 Abs. 1). **Die Regelung ist also solange nicht relevant, wie es kein Verfahren zur Feststellung des zuständigen Dublin-Staates (das sind alle EU-Staaten, Island, Liechtenstein, Norwegen und die Schweiz) im Transitbereich des Grenzübergangs gibt.** Ein Ziel der Pläne für **Transitunterkünfte** war es, in diesen Grenzlagern festzustellen, ob der Staat, aus dem die Flüchtlinge einreisen, für die Durchführung des Asylverfahrens zuständig ist. Allerdings dürfte dies nur selten feststellbar sein, weil in der Regel mehrere EU-Staaten durchquert wurden, von denen nur der erste für das Verfahren zuständig ist bzw. der zweite, wenn in den ersten wegen systemischen Mängeln nicht überstellt werden

kann. Hinzukommt, dass noch zahlreiche weiter Gründe für eine andere Zuständigkeiten bestehen können (Familienangehörige, Einreisegenehmigung durch einen EU-Staat, längerer Aufenthalt oder Einleitung eines Asylverfahrens).

Beispiel

Reisen Flüchtlinge z.b. über Griechenland, Kroatien und Österreich nach Deutschland ein und stellen in Griechenland und Kroatien einen Asylantrag, so ist derzeit Kroatien zuständig, weil Griechenland bislang noch wegen systemischer Mängel ausfällt. Österreich ist aber nicht zuständig und deshalb kann Deutschland auch nicht die Einreise verweigern; es muss sie gestatten und anschließend das Überstellungsverfahren nach Kroatien durchführen.

■ Wenn Anhaltspunkte für die Zuständigkeit des EU-Staates bestehen, aus dem die Einreise erfolgt (§ 18 Abs. 1 Nr. 2 AsylG). Für diese Regelung gilt ebenso, dass zunächst das Verfahren nach der Dublin-Verordnung durchzuführen ist. **Auch diese Regelung ermöglicht also keine Abweisung an der Grenze.**

■ **Nach einer Verurteilung in Deutschland zu mindestens drei Jahren Haft in den letzten drei Jahren.** Aus der Verurteilung muss sich auch aktuell noch eine Gefahr für die Allgemeinheit ergeben.
Auch hier darf jedoch die Einreise nicht verweigert werden, wenn damit eine Prüfung des Asylantrags ausgeschlossen würde.

■ **Wenn über das Asylgesuch in Deutschland bereits eine rechtskräftige ablehnende Entscheidung getroffen wurde und die Einreise zum Zweck eines Asylfolgeantrags erfolgt.**

»Im Falle einer unerlaubten Einreise aus einem sicheren Drittstaat (§ 26a) kann der Ausländer nach § 57 Abs. 1 und 2 des Aufenthaltsgesetzes dorthin zurückgeschoben werden, ohne dass es der vorherigen Mitteilung des Bundesamtes bedarf« (§ 71 Abs. 6 Satz 2 AsylG).

Auch in diesen Fällen muss von den Grenz- oder Ausländerbehörden zumindest geprüft werden, ob durch die Zurückschiebung eine Verletzung von Grund- oder Menschenrechten zu erwarten ist. Die Abschiebehaft kann angeordnet werden bis über die Zulässigkeit des Asylfolgeantrags entschieden wurde (§ 71 Abs. 8 AsylG), obwohl die Abschiebung bis dahin gehemmt ist (Bergmann in: Renner/Bergmann/Dienelt, Ausländerrecht 2013, § 71 AsylVfG Rn. 50 f.; Marx, AsylVfG 2014, § 71 Rn. 112 ff.). Zusätzlich muss aber ein Haftgrund wie Fluchtgefahr vorliegen.

An der Landesgrenze besteht (derzeit) keine Möglichkeit, Personen vor der Einreise systematisch festzuhalten, um ein Dublin-Verfahren durchzuführen. Möglich ist die Zurückweisung aber, wenn entweder kein Asylantrag gestellt wird oder ein Asylantrag in Deutschland bereits rechtskräftig abgelehnt wurde.

Flüchtlinge, die nach einem abgelehnten Asylantrag ausreisen, sind dringend darauf hinzuweisen, dass sie bei einer Wiedereinreise zurückgeschoben oder in Abschiebehaft genommen werden können. In der Regel besteht zusätzlich ein Einreise- und Aufenthaltsverbot aus dem ersten Verfahren (§ 11 Abs. 7 AufenthG), welches auflebt, wenn das BAMF entscheidet, kein weiteres Verfahren durchzuführen.

1.1.2 Die Zurückschiebung

Die Zurückschiebung ist die Rücküberstellung in einem unmittelbaren zeitlichen und räumlichen Zusammenhang mit dem Grenzübertritt. Die Zurückschiebung ist zulässig nach einer unerlaubten Einreise (§ 57 Abs. 2 AufenthG). Auch hier schützt nur ein Asylgesuch wirksam vor einer Rückschiebung. Die Ausnahmen sind dieselben wie bei einer Zurückweisung (§ 18 Abs. 3 AsylG).

1.1.3 Die Dublin-Haft

Sobald Flüchtlinge um Schutz nachgesucht haben (Asylgesuch), darf eine Inhaftierung zur Sicherung der Rücküberstellung in den zuständigen Dublin-Staat (Überstellungshaft) nur nach den Regeln der Dublin-Verordnung erfolgen (BGH vom 22.10.2014 – V ZB 124/14).

Das AufenthG hat hierfür mit der Neufassung vom Juli 2015 eine problematische Rechtsgrundlage geschaffen, weil es diese Haft nicht selbst regelt, sondern auf die Dublin III-Verordnung verweist (§ 2 Abs. 15 AufenthG unter Verweis auf Art. 28 Abs. 2 VO (EU) Nr. 604/2013). Ob die Gerichte diese Regelung als ausreichende Grundlage für Haftanordnungen betrachten werden, muss sich erst noch erweisen.

In der Verordnung wird klargestellt, dass **die Haft nicht allein deshalb angeordnet werden darf, weil ein Dublin-Verfahren durchgeführt wird**, d.h. der Verdacht besteht, dass ein anderer EU-Staat für das Asylverfahren zuständig ist (Art. 28 Abs. 1).

■ Erforderlich ist eine **konkrete Fluchtgefahr**. Das Gesetz nennt bestimmte Anhaltspunkte, die in der Regel eine Fluchtgefahr begründen (§ 2 Abs. 15 mit Verweis auf § 2 Abs. 14 AufenthG). Besonders gefährlich für Flüchtlinge, die die Landgrenze überschreiten, ist die Fluchtgefahr, die sich aus der Bezahlung von Schleppern ergeben soll, oder die dadurch belegt wird, dass ein Asylverfahren in einem anderen EU-Staat bereits eingeleitet wurde und die Einreise nach Deutschland dazu dient, sich der Durchführung dieses Verfahrens zu entziehen. Diese weite Formulierung erfasst letztlich jede Person, die in Deutschland einen Asylantrag stellt, nachdem sie bereits in einem anderen EU-Staat registriert wurde (Beichel-Benedetti, NJW 2015, 2541, 2545).

■ Die Zurückschiebung muss **innerhalb von drei Monaten** möglich sein (§ 62 Abs. 3 Satz 2 AufenthG). Diese Frist kann auf sechs Monate verlängert werden, wenn die Zurückschiebung von den Betroffenen selbst vereitelt oder behindert wurde, insbesondere durch Täuschung über die Identität oder über verfügbare Reisedokumente (§ 62 Abs. 4 AufenthG).

■ Die Haft darf nicht angeordnet werden, wenn die Zurückschiebung durch ein **milderes Mittel** vermieden werden kann oder wenn sie in Hinblick auf das **Kindeswohl** unangemessen ist. Familien mit minderjährigen Kindern dürfen nur ausnahmsweise inhaftiert werden (§ 62 Abs. 1 AufenthG).

■ Auch müssen die Bedürfnisse von **besonders schutzbedürftigen Personen** (Kinder, Alleinerziehende, Kranke, Behinderte, Traumatisierte, Ältere) berücksichtigt werden. Diese Personen dürfen nur inhaftiert werden, wenn ein besonderes überwiegendes staatliches Bedürfnis hierfür besteht. Diese Anforderung der Rückführungsrichtlinie und der Verfahrensrichtlinie ist nicht in deutsches Recht umgesetzt. Die Prüfung der Schutzbedürftigkeit muss von Fachkräften in jedem Einzelfall eingefordert werden, weil viele Haftrichter keine Kenntnis von Regelungen haben, die sie nicht in den üblicherweise von ihnen verwendeten Gesetzen finden. Es gibt auch weiterhin kein Verfahren, in dem die besondere Schutzbedürftigkeit und damit insbesondere Traumatisierungen und sonstige psychische Erkrankungen noch vor der Inhaftierung festgestellt werden könnten.

Die Dublin-Haft darf nur nach den Regeln der Abschiebehaft durchgeführt werden.

Dazu bedarf es zunächst einer **richterlichen Anordnung**, die bei einem Aufgreifen an der Grenze nicht zwingend bei der Festsetzung vorliegen, jedoch so schnell wie möglich (unverzüglich) nachgeholt werden muss. Die absolute Grenze, die aber nicht nach Belieben ausgeschöpft werden darf (BVerfG vom

15.5.2002 – 2 BvR 2292/00), wird mit dem Ablauf des auf die Festnahme folgenden Tages gesetzt (§ 62 Abs. 5 AufenthG; Art. 104 Abs. 2 GG).

Zuständig für die Haftanordnung ist das örtliche Amtsgericht (§ 416 FamFG[1]); vorgeschrieben ist ein begründeter Antrag der Ausländerbehörde (§ 417 FamFG) und eine Anhörung (§ 420 FamFG), zu der bei Bedarf selbstverständlich eine Dolmetscherin hinzuzuziehen ist (Art. 103 Abs. 1 GG). Auch muss die Ausländerbehörde die Akte vorlegen (§ 417 FamFG) und eine Kopie des Haftantrags aushändigen. Auf Wunsch ist ein Angehöriger oder eine Person des Vertrauens zu unterrichten (§ 432 FamFG), und es muss den Betroffenen angeboten werden, mit der konsularischen Vertretung ihres Herkunftsstaates in Kontakt zu treten (Art. 36 Abs. 1 Buchst. b Satz 2 Wiener Übereinkommen über konsularische Beziehungen (WÜK)). Wird dies unterlassen, ist die Haftanordnung rechtswidrig (BVerfG vom 19.9.2006 – 2 BvR 2115/01; BGH vom 6.5.2010 – V ZB 223/09).

Außerhalb des Dublin-Verfahrens darf Haft bei einem Asylgesuch an der Grenze nur angeordnet werden, wenn bereits eine Abschiebungsandrohung vorliegt und die Ausreisefrist abgelaufen ist. Es kann sich also nur um Fälle handeln, in denen zuvor schon ein Aufenthalt in Deutschland bestand. Das Asylgesuch löst keine Aufenthaltsgestattung aus, wenn es sich um einen Folgeantrag (§ 71 AsylG: ein erstes Asylverfahren wurde in Deutschland abgeschlossen) oder einen Zweitantrag (§ 72 AsylG: ein erstes Asylverfahren wurde in einem anderen EU-Staat abgeschlossen) handelt. Hier erfolgt eine Inhaftierung auf der Grundlage einer bestehenden Ausreisepflicht unter den Voraussetzungen des § 62 AufenthG.

Im Moment würden die Kapazitäten der Abschiebehaftanstalten nicht ausreichen, um alle Flüchtlinge, die einen Folgeantrag stellen oder bei denen bereits ein Asylverfahren in einem anderen EU-Staat anhängig ist, an der Grenze anzuhalten und systematisch zu inhaftieren. Es besteht aber eine gesetzliche Regelung, die dies grundsätzlich möglich macht, falls diese Regelungen nicht in Hinblick auf das Verfassungs- und Europarecht ausgesetzt werden.

---

[1] Die Regelung im Gesetz über das Familienverfahren führt sicher zu Verwunderung; in diesem Gesetz sind jedoch auch verschiedene gerichtliche Verfahren geregelt, bei denen in die Persönlichkeitsrechte von Menschen eingegriffen wird, so auch im Buch 7 (§§ 415 ff.) das Verfahren in Freiheitsentziehungssachen.

1.2   Einreise auf dem Seeweg

Besonderheiten gegenüber einer Einreise auf dem Landweg ergeben sich, wenn Deutschland der erste Staat Dublin-Staat ist, der bei der Einreise berührt wird. Es handelt sich um eine Einreise über die EU-Außengrenze. Daher ist eine Zurückschiebung in den Drittstaat möglich, aus dem die
Einreise erfolgte (§ 57 Abs. 1 AufenthG).

Auch diese Regelung wird jedoch durch das EU-Asylrecht überlagert. Nach
Art. 6 Abs. 1 der VerfahrensRL ist jedes Asylgesuch von der zuständigen Behörde – für Deutschland das BAMF – zu prüfen und der Aufenthalt auf dem
Territorium für die Dauer des Verfahrens einschließlich des vorgeschriebenen
Rechtsmittels zu gewähren. **Zurückweisungen sind deshalb auch bei Einreise über eine EU-Außengrenze nicht zulässig, es sei denn, es wird kein Asylantrag gestellt oder es wurde ein Asylantrag bereits rechtskräftig abgelehnt.**

1.3   Einreise auf dem Luftweg – Flughafenverfahren

Auch bei der Einreise über einen deutschen Flughafen gelten die allgemeinen Grundsätze der Einreise.

An einigen Flughäfen – Berlin, Düsseldorf, Frankfurt am Main, Hamburg und
München – bestehen jedoch die Einrichtungen für das sog. **Flughafenverfahren.**

Es handelt sich um ein Schnellverfahren für bestimmte Personengruppen
(§ 18a AsylG):

– Personen aus »sicheren Drittstaaten«: Albanien, Bosnien und Herzegowina,
  Ghana, Kosovo, Mazedonien, Montenegro, Senegal, Serbien;
– Personen ohne gültigen Pass oder Passersatz.

Ausgenommen sind grundsätzlich Minderjährige, die ohne einen Personen-
sorgeberechtigten einreisen (Unbegleitete minderjährige Flüchtlinge; für das
Verfahren → S. 196).

Für Erwachsene, aber auch für Familien mit Kindern ohne Altersgrenze nach
unten wird das Asylverfahren durchgeführt, während die Flüchtlinge im Transitbereich des Flughafens bleiben. Sie werden hier meist in Baracken oder Con-
tainern hinter Stacheldraht untergebracht. Unverständlich bleibt die Entscheidung des BVerfG vom 14.5.1996 – 2 BvR 1516/93, mit der nicht nur das Flugha-

fenverfahren als solches für verfassungsgemäß erklärt wurde, sondern auch das Festhalten im Transitbereich nicht als Freiheitsentziehung gewertet wurde. Begründet wurde das mit der Möglichkeit der Ausreise aus Deutschland. Dadurch ist bis heute keine richterliche Anordnung nach Art. 104 Abs. 2 GG für die Haft in der Transitzone erforderlich, solange diese 30 Tage nicht übersteigt. Danach ist nach § 15 Abs. 6 AufenthG ein Haftantrag erforderlich.

Ablauf des Verfahrens:

- **Asylgesuch**
  Die sofortige Rückschiebung kann bei einer Einreise ohne den erforderlichen Pass und das erforderliche Visum nur durch die Erklärung, in Deutschland Asyl beantragen zu wollen, verhindert werden (§ 15 Abs. 1 und Abs. 4 Satz 2 AufenthG).

- **Erkennungsdienstliche Behandlung**
  Die Sicherung der Fingerabdrücke und eines Fotos erfolgt durch die Bundespolizei. Die Daten können sehr schnell mit den Datenbanken EURODAC und dem Ausländerzentralregister sowie weiteren Datenbanken der Sicherheitsbehörden abgeglichen werden.

- **Befragung durch die Bundespolizei**
  Meist unmittelbar nach der erkennungsdienstlichen Behandlung erfolgt die Befragung zur Identität, zur Staatsangehörigkeit und zum Reiseweg. Festgestellt werden soll dadurch, ob die Person aus einem »sicheren Drittstaat« eingereist ist (§ 18 Abs. 2 Nr. 1 AsylG). Erfolgte die Einreise unmittelbar aus einem EU-Staat, so ist die Rückschiebung nur zulässig, wenn in diesem Staat bereits ein Asylantrag gestellt worden ist und dieser Staat zur Rücknahme bereit ist. Ansonsten muss zunächst geklärt werden, welcher Dublin-Staat für das Asylverfahren zuständig ist und diese Prüfung darf nur das BAMF durchführen (§ 18 Abs. 2 Nr. 2 AsylG). Die Einreise wird auch verweigert, wenn sich ergibt, dass die Asylantragstellerin in Deutschland zu einer Haftstrafe von mindestens drei Jahren verurteilt worden ist und die letzte Ausreise aus Deutschland noch nicht länger als drei Jahre zurückliegt.

Die Befragung muss auch klären, ob die Durchführung des Flughafenverfahrens in Hinblick auf die besonderen Bedürfnisse von besonders schutzbedürftigen Personen (siehe Glossar) zulässig ist. In dem 29. Erwägungsgrund der VerfahrensRL heißt es dazu:

»Die Mitgliedstaaten sollten bestrebt sein, Antragsteller, die besondere Verfahrensgarantien benötigen, als solche zu erkennen, bevor eine erstinstanzliche Entscheidung ergeht. Diese Antragsteller sollten eine angemessene Unterstützung erhalten, einschließlich ausreichend Zeit, um die notwendigen Voraussetzungen dafür zu schaffen, dass sie das Verfahren effektiv in Anspruch nehmen und die zur Begründung ihres Antrags auf internationalen Schutz erforderlichen Angaben machen können.«

Art. 24 Abs. 3 VerfahrensRL bestimmt, dass insbesondere Personen, die »Folter, Vergewaltigung oder sonstige schwere Formen psychischer, physischer oder sexueller Gewalt erlitten« haben, nicht auf das Flughafenverfahren verwiesen werden dürfen bzw. nach der Feststellung aus dem Transit zu entlassen sind und in das »normale« Verfahren übergehen. Dafür ist natürlich zunächst ein Clearing-Verfahren schon am Flughafen erforderlich, welches bislang nicht existiert. Dennoch kann für einzelnen Personen, die durch Gewalterfahrung beeinträchtigt sind, eine Entlassung aus dem Transit beantragt werden und hierfür auch ein Eilantrag zum Verwaltungsgericht gestellt werden. Liegen wichtige körperliche Anzeichen oder Dokumente für eine gewaltbedingte Belastung vor, so hat das BAMF weitere medizinische und soziale Bedarfe zu klären.

Art. 18 und 19 der VerfahrensRL geben auch vor, dass eine medizinische Untersuchung durch qualifiziertes Fachpersonal vorgenommen werden soll, wenn die erlittene Verfolgung körperliche Spuren hinterlassen hat und die Untersuchungsergebnisse für das Asylverfahren relevant sein können. Für diese Untersuchung müssen die Asylsuchenden ebenfalls aus dem Transitbereich entlassen werden (siehe ausführlich Marx, 2014a, § 18a, Rn. 37 – 47).

Lässt sich die Volljährigkeit nicht eindeutig feststellen, so sind junge Menschen der Obhut des Jugendamtes zu übergeben, die prüfen müssen, ob es sich um einen Minderjährigen handelt (→ S. 196).
Ist ein Flüchtling einmal aus dem Flughafentransit entlassen worden, so kann er nicht wieder dorthin zurückgebracht werden. Das Verfahren ist auch dann, wenn sich die Volljährigkeit nach einer Prüfung herausstellt, von der Außenstelle des BAMF fortzuführen.

Die Befragung dient auch dazu, ein allgemeines Lagebild über die Routen von Flüchtlingen zu erstellen, um entsprechende Abwehrmaßnahmen der Sicherheitsbehörden zu planen (siehe Heinhold, 2015, S. 151).

■ Rechtsbeistand
Nach § 18a Abs. 1 Satz 4 AsylG ist den Antragstellern erst nach der Durchführung der Anhörung durch das BAMF die Gelegenheit zu geben, sich einen Rechtsbeistand (auf eigene Kosten) zu nehmen. Die VerfahrensRL verlangt jedoch, dass jede Antragstellerin umfassend informiert wird über den Verfahrensablauf sowie die Rechte und Pflichten im Verfahren. Diese Infor-

mation umfasst auch den Hinweis, dass ein Rechtsbeistand in jeder Phase des Verfahrens hinzugezogen werden kann.

Zusätzlich sind auf Wunsch kostenlose Rechts- und Verfahrensauskünfte zu gewähren (Art. 19 Abs. 1 VerfahrensRL). Diese Auskünfte sollen von einer speziellen Abteilung des BAMF erteilt werden, welche keine Daten an die Entscheiderinnen oder zu den Akten der Betroffenen geben darf (Leitfaden zur unmittelbaren innerstaatlichen Anwendung der Richtlinie 2013/32/EU des Rates vom 26.6.2013 (VerfahrensRL)). Die Funktionsfähigkeit dieser Abteilung darf bezweifelt werden.

- **Anhörung durch das BAMF**
Für die Anhörung gelten die Schutzregelungen der VerfahrensRL gleichermaßen. Für die Einhaltung bedarf es zwingend anwaltlicher Unterstützung, weil die Eingereisten in aller Regel nicht über die erforderlichen Informationen und auch nicht über die Zeit verfügen, sich mit den Anforderungen des Verfahrens vertraut zu machen.
Deshalb ist es wichtig, dass der effektive Zugang (und auch die Finanzierung) für Flüchtlingsorganisationen gewährleistet wird, wie es Art. 8 Abs. 2 VerfahrensRL (siehe Glossar) verlangt.

- **Fortsetzung oder Beendigung des Flughafenverfahrens**
Spätestens nach der Anhörung entscheidet sich, ob die Entscheidung im Flughafenverfahren getroffen wird, oder ob eine Entlassung aus dem Transit und die Weiterleitung an die zuständige Aufnahmeeinrichtung erfolgt und damit ins normale Asylverfahren übergeleitet wird.

Die Entlassung erfolgt,
- wenn das BAMF zwei Tage nach Stellung des Asylantrags noch nicht entschieden hat oder
- bereits früher, wenn das BAMF feststellt, dass es nicht kurzfristig entscheiden kann.

- **Entscheidung**
Das BAMF entscheidet innerhalb von zwei Tagen nach Antragstellung (oder die Einreise wird erlaubt und es erfolgt die Weiterleitung an die Außenstelle des BAMF):
1. Alternative:
Die Einreise wird erlaubt, wenn der Antrag begründet ist oder als unbegründet abgelehnt wird.
2. Alternative:
Das Flughafenverfahrens wird fortgesetzt, wenn der Antrag als offensichtlich unbegründet abgelehnt wird.

■ **Klage**

1. Alternative:

Die Fristen für Klagen gegen einfach unbegründete Ablehnungen des Antrags (verbunden mit der Einreise nach Deutschland) entsprechen dem üblichen Verfahren und betragen zwei Wochen (§ 74 Abs. 1, 1.Alt. AsylG).

2. Alternative:

Die Frist für Klagen gegen »offensichtlich unbegründet« Entscheidungen (Verbleib im Flughafenverfahren) beträgt eine Woche (§ 74 Abs. 1, 2. Alt. AsylG). Die Klage hat jedoch keine aufschiebende Wirkung. Der Eilantrag zum Verwaltungsgericht muss innerhalb von drei Tagen gestellt werden (§ 18a Abs. 4 Satz 1 AsylG). Die Frist für die Begründung wird auf Antrag um vier Tage verlängert (BVerfG vom 14.5.1996 – 2 BvR 1516/93).

Das Verwaltungsgericht entscheidet im Eilverfahren innerhalb einer Woche. Um dies zu ermöglichen, werden die Akten des BAMF bereits zum Zeitpunkt der Entscheidung an das VG weitergegeben ohne auf die Anforderung des Gerichts zu warten (§ 18a Abs. 3 AsylG). Die Entscheidung wird der Einzelrichterin übertragen. Diese soll ohne mündliche Verhandlung allein aufgrund der Akten entscheiden (§ 18a Abs. 4 Satz 3 AsylG). Hat das Gericht allerdings ernstliche Zweifel an der Richtigkeit der Entscheidung des BAMF kann es auch eine mündliche Verhandlung ansetzen, die Antragstellerin anhören und die Entscheidungsfrist verlängern.
Rechtsanwälte können auch das Gespräch mit dem Gericht außerhalb einer mündlichen Verhandlung suchen.

Das Gericht prüft zusätzlich zu den zielstaatsbezogenen Abschiebehindernisse nach nationalem Recht auch inlandsbezogene Abschiebehindernisse nach § 60a AufenthG (→ S. 338). Allerdings werden nur solche Gründe berücksichtigt, die zu einer Menschenrechtsverletzung durch die Rückschiebung selbst (schwere Krankheit oder unmittelbar bevorstehende Entbindung) führen.

Das Gericht kann im Eilverfahren wie folgt entscheiden:
1. Alternative:
Dem Antrag wird stattgegeben und die Grenzorgane werden verpflichtet, die Einreise zu erlauben.
2. Alternative:
Der Antrag wird zurückgewiesen.
Entweder es erfolgt die Zurückschiebung an den Ausgangsflughafen oder die Abschiebung in den Herkunftsstaat. Ist eine Zurückweisung oder Abschiebung mangels Aufnahmebereitschaft nicht möglich, so wird der Antragsteller an die Außenstelle des BAMF weitergeleitet.

Kommt es zu Verzögerungen der Abschiebung, muss 30 Tage nach Ankunft ein Haftantrag beim Amtsgericht gestellt werden (§ 15 Abs. 6 AufenthG).

Entscheidet das Gericht nicht innerhalb von 14 Tagen, erfolgt die Entlassung aus dem Flughafentransit.

Die Flüchtlingsberatung hat mit diesem Sonderverfahren nur selten zu tun, weil die wenigsten Flüchtlinge auf diesem Weg nach Deutschland einreisen werden. Um dadurch kein Dunkelfeld ohne zivilgesellschaftliche Kontrollmöglichkeiten zu schaffen, gibt es neben den Sozialarbeiterinnen, die für die psychosoziale Begleitung und die **Verfahrensberatung** der festgesetzten Flüchtlinge zuständig sind, auch **Abschiebungsbeobachter** an den Flughäfen, die den Ablauf der Rückführungen dokumentieren. Sie werden von den Wohlfahrtsverbänden auf der Grundlage einer Vereinbarung mit der Bundespolizei dort eingesetzt. Sie können aber nicht aktiv in die Abschiebungen eingreifen oder die Flüchtlinge gegenüber der Bundespolizei vertreten.

Bei der **Unterbringung im Transitbereich** müssen die Vorgaben der Aufnahmerichtlinie (siehe Glossar) eingehalten werden. Wichtig ist insbesondere, dass Frauen und Männer getrennt unterzubringen sind, wenn es sich nicht um Familienangehörige handelt; die Familieneinheit gewahrt wird; Kinder über ausreichend Spiel- und Bildungsmöglichkeiten verfügen; und die Kontaktaufnahme zu Angehörigen, Hilfsorganisationen, Rechtsbeiständen jederzeit gewährleistet ist. Unterstützungsorganisationen vor Ort können von der Bundespolizei verlangen, dass den Festgehaltenen Informationsblätter über Beratungsmöglichkeiten ausgehändigt werden.

Personen, die nicht unter das Flughafenverfahren fallen, aber am Flughafen ein Asylgesuch stellen, werden an die nächste Aufnahmeeinrichtung bzw. Zentrale Ausländerbehörde (ZAB) weitergeleitet.

1.4 Strafbarkeit des illegalen Grenzübertritts

1.4.1 Strafbarkeit der Flüchtlinge

Nach § 95 Abs. 1 Nr. 3 AufenthG macht sich strafbar, wer ohne die erforderlichen Passpapiere und ein erforderliches Visum bzw. einen Aufenthaltstitel nach Deutschland einreist.

Straffrei bleiben aber nach § 95 Abs. 5 AufenthaltsG und Art. 31 Abs. 1 GFK Flüchtlinge, die **unmittelbar** aus einem Verfolgungs- oder Gefahrengebiet kommen und sich **unverzüglich** mit ihrem Schutzbegehren an die Behörden des Einreisestaates wenden.

Als unmittelbar soll die Einreise dann nicht gelten, wenn die Flüchtlinge über einen »sicheren Drittstaat« einreisen. Damit werden aber alle angrenzenden Dublin-Staaten erfasst, sodass die Einreise nach Deutschland auf dem Landweg diese Anforderung nicht erfüllen kann.

Nach der Rechtsprechung des BVerfG (Nichtannahmebeschluss vom 8.12.2014 – 2 BvR 450/11) gilt ein Staat mit systemischen Mängeln im Asylverfahren aber nicht mehr als »sicherer Drittstaat«.

Demgegenüber bewertet der BGH die Einreise aus Griechenland grundsätzlich als Einreise aus einem »sicheren Drittstaat« im Sinne des Art. 16a Abs. 1 GG (BGH vom 26.2.2014 – 4 StR 178/14).

Bei der Einreise über Drittstaaten, die nicht als »sichere Drittstaaten« eingestuft sind, gilt die Einreise immer dann als unmittelbar, wenn die Flüchtlinge sich in diesem Staat nicht niedergelassen haben, sondern ihn nur passiert haben.

Strittig ist immer noch, ob nur die illegale Einreise in diesen Fällen straffrei ist oder auch die Verwendung gefälschter Dokumente.

Das BVerfG vom 8.12.2014 – 2 BvR 450/11 stellt fest, dass Begleitdelikte grundsätzlich strafbar bleiben, es sei denn, es liegen notstandsähnliche Umstände vor, in denen die Flucht vor Verfolgung die Fälschung von Dokumenten oder die Verwendung von gefälschten Dokumenten notwendig macht.

Urkundenfälschungen und die Nutzung gefälschter Urkunden sind allerdings Delikte, die von besonderen Ausnahmen abgesehen nur mit einer Geldstrafe geahndet werden.

Flüchtlinge, die direkt an der Grenze aufgegriffen werden, sollten dennoch eine Rechtsanwältin einschalten, da es immer wieder vorkommt, dass Verfahren eingeleitet werden und Strafbefehle auch wegen des Straftatbestands der illegalen Einreise ergehen, ohne dass es zu einer Prüfung der Strafbefreiung durch Art. 31 GFK kommt.

Manchmal lassen sich Beamte der Bundespolizei sogar eine Vollmacht zur Vertretung in diesem Verfahren ausstellen, mit Verweis auf die bislang fehlende Anschrift. Sollte so etwas bekannt werden, empfiehlt sich der sofortige Widerruf der Vollmacht.

Ohne die Beauftragung eines Rechtsbeistands kann es passieren, dass die Verurteilung erst bekannt wird, wenn z.B. eine Aufenthaltserlaubnis nach der Bleiberechtsregelung (§ 25b AufenthG) beantragt wird.

1.4.2 Strafbarkeit der Schleusung von Flüchtlingen

Der BGH vom 26.2.2015 – 4 StR 233/14 urteilt, dass die Fluchthilfe auch dann strafbar ist, wenn die Flüchtlinge selbst nicht wegen illegalem Grenzübertritt strafbar sind, weil sie unmittelbar aus einem Verfolgerstaat eingereist und nach Art. 31 GFK straffrei sind. Fluchthelfer werden von dieser Strafbefreiung nicht erfasst; ihre Hilfe erfüllt den Tatbestand des § 96 AufenthG, weil der Flüchtling den objektiven Tatbestand der illegalen Einreise verwirklicht hat und lediglich wegen einer Rechtfertigung straffrei gestellt wird.

In dem vom BGH entschiedenen Fall ging es u.a. um Personen, die ihre minderjährigen Verwandten von Griechenland nach Deutschland geholt hatten und deshalb als »Schlepper« verurteilt wurden. Nach dieser Rechtsprechung hätten vor dreißig Jahren die Fluchthelfer von Ostblock-Flüchtlingen allesamt als Kriminelle verurteilt werden müssen.

»In dieser Auslegung wird die Flucht selbst zum Unrecht« (R. Gutmann, Anm. zu dieser Entscheidung, NVwZ 2015, S. 838 f.).

2 Entscheidung für oder gegen ein Asylverfahren

2.1 Problematik des Asylverfahrens

Solange bei der Einreise noch keine Registrierung erfolgte, sollte gut überlegt werden, ob ein Asylantrag gestellt wird.

Dazu muss abgeklärt werden, welche Erfolgsaussichten ein Asylantrag hat, wie gut die Nachweise für eine Verfolgung sind und welche Konsequenzen aus einem abgelehnten Asylantrag folgen.

Für Asylberaterinnen ist dies ein sehr verantwortungsvoller Auftrag. Ihre Aufgabe ist es, die Informationen zu ermitteln, die für die Entscheidung wichtig sind. Die Betroffenen selbst wählen dann den Weg, den sie gehen wollen.

Asylanträge von Angehörigen »**sicherer Herkunftsstaaten**«, die als offensichtlich unbegründet abgelehnt werden, werden seit dem 1.8.2015 /Gesetz zur Neubestimmung des Bleiberechts und der Aufenthaltsbeendigung vom 27.7.2015, BGBl. I vom 31.7.2015, S. 1386) mit einem Einreise- und Aufenthaltsverbot von in der Regel 30 Monaten versehen (§ 11 Abs. 7 Satz 2 AufenthG). Dasselbe gilt auch ab dem 2. Folgeantrag.

Angehörige »sicherer Herkunftsstaaten« fallen während des Asylverfahrens unter ein Arbeitsverbot (§ 61 Abs. 2 Satz 3 AsylG, bei Asylantragstellung ab dem 1.9.2015). Selbst wenn sie danach eine Duldung bekommen, besteht das Arbeitsverbot fort (§ 60a Abs. 6 Nr. 3 AufenthG, bei Asylantragstellung ab dem 1.9.2015).

Eine Aufenthaltserlaubnis zu Beschäftigungszwecken nach § 26 Abs. 2 BeschV (Antrag nur vom Herkunftsland aus, siehe auch → S. 284) kann ihnen nicht erteilt werden, wenn sie in den letzten 24 Monaten Leistungen nach AsylbLG bezogen haben.

Das heißt, Asylanträge von Flüchtlingen aus »sicheren Herkunftsländern« sind oft schädlich und bieten keinerlei Perspektiven.

2.2   Alternativen zum Asylverfahren

Angesichts der Problematik des Asylverfahrens sollten folgende Alternativen geprüft werden:

- der Antrag auf eine Aufenthaltserlaubnis (→ 2.2.1),
- der Antrag auf die Feststellung eines zielstaatsbezogenen Abschiebehindernisses (→ 2.2.2) oder
- der Antrag auf Duldung (→ 2.2.3).

2.2.1   Antrag auf eine Aufenthaltserlaubnis

Die Erteilung einer Aufenthaltserlaubnis ist grundsätzlich nur nach einer erlaubten Einreise möglich, also

1. nach einer Einreise mit Schengenvisum (siehe Glossar) oder visumsfrei,
2. nach der Erteilung einer Duldung (siehe Glossar) oder
3. nach Rückkehr ins Herkunftsland und dem Antrag auf Visum zum Zweck der Beschäftigung oder eines sonstigen Aufenthaltszwecks.

2.2.1.1   Nach einer Einreise mit Schengenvisum oder visumsfrei

Ausländerinnen, die nicht unerlaubt eingereist sind, gehen oft davon aus, dass sie bleiben können, wenn sie die Voraussetzungen eines Anspruchs nach dem AufenthG erfüllen, vor allem zum Familiennachzug, zur Aufnahme einer Erwerbstätigkeit oder zu einem Studium oder einer beruflichen Ausbildung.

Die Grundanforderung an einen Aufenthaltstitel ist jedoch die Einreise mit einem Visum, welches gerade für den spezifischen Zweck des Aufenthalts erteilt wurde. Deshalb müssen auch Ausländer mit guten Aufenthaltsgründen oft erst ins Herkunftsland zurückkehren, um ein Visum zu beantragen.

In bestimmten Fällen jedoch kann der Aufenthaltstitel direkt in Deutschland beantragt werden:

– **Nach der Einreise** ist ein **Rechtsanspruch auf einen Aufenthaltstitel** entstanden (§ 39 Nr. 3 AufenthV). Möglich ist das nur, wenn entweder alle Voraussetzungen des Familiennachzugs erfüllt sind und kein Ausweisungsinteresse (siehe Glossar) (z.B. wegen Einreise mit dem falschen Visum oder einer Straftat während eines Voraufenthalts) besteht oder die Anforderungen für die Erteilung einer Blauen Karte EU (siehe Glossar) vorliegen.
Wenn die Voraussetzungen für ein Studienvisum erfüllt werden, besteht ein Rechtsanspruch auf die Erteilung, obwohl im Gesetz nur ein Ermessensanspruch auf die Aufenthaltserlaubnis nach § 16 AufenthG steht. Der Rechtsanspruch ergibt sich aus der Studierendenrichtlinie unmittelbar, wie der EuGH vom 10.9.2014 – C-491/13 (»Alaya«) ausdrücklich festgestellt hat.

– Ein anderer **Schengen-Staat** (EU ohne Großbritannien und Irland, zusätzlich Norwegen, Island, Liechtenstein und Schweiz) hat einen Aufenthaltstitel ausgestellt, der zu Kurzreisen innerhalb der EU berechtigt, und es besteht ein Rechtsanspruch auf die Erteilung einer Aufenthaltserlaubnis (§ 39 Nr. 6 AufenthV, siehe oben).

– Den Geschädigten durch **Menschenhandel** soll eine Aufenthaltserlaubnis nach § 25 Abs. 4 a AufenthG erteilt werden – selbst bei Ausreisepflicht –, wenn sie in einem Verfahren gegen die Täter als Zeuginnen benötigt werden.

– Die **Rückreise** ins Herkunftsland und die Beantragung eines Visums ist **unmöglich oder unzumutbar** (§ 5 Abs. 2 Satz 2 AufenthG).
Unmöglich ist die Rückreise nur, wenn im Herkunftsland keine deutsche Auslandsvertretung existiert oder die Antragstellerin zu krank für die Reise ist.
Unzumutbar kann sie aus vielerlei persönlichen Gründen oder wegen der Gefahren, die mit einer Rückreise verbunden sind, sein:
– Kleinkinder müssen in Deutschland versorgt werden;
– Krankheiten, Behinderungen und Alter können die Reise zu beschwerlich machen;
– Kriegswirren oder Naturkatastrophen können die Risiken zu hoch werden lassen;

- Schwierigkeiten durch überlange Reisewege von einer möglichen Unterkunft;
- Unzumutbar lange Wartezeiten auf einen Termin für die Beantragung eines Visums.
Bei der Entscheidung über die Unzumutbarkeit haben die Ausländerbehörden einen weiten Ermessensspielraum.

- Personen aus **privilegierten Industriestaaten** nach § 41 AufenthV (Australien, Israel, Japan, Kanada, Südkorea, Neuseeland und USA).

2.2.1.2 Nach der Erteilung einer Duldung

Wenn zunächst aus anderen Gründen eine Duldung erteilt wurde (→ S. 338), besteht bei einigen Konstellationen die Möglichkeit, zu einer Aufenthaltserlaubnis zu wechseln.
Bei dieser Variante besteht Anspruch auf eine Aufenthaltserlaubnis:

- wenn ein Rechtsanspruch auf eine Aufenthaltserlaubnis erst während des Aufenthalts in Deutschland durch Eheschließung, Verpartnerung oder Geburt eines Kindes entsteht (§ 39 Nr. 5 AufenthV);

- eine Aufenthaltserlaubnis nach § 25 Abs. 5 AufenthG, wenn die Abschiebung langfristig nicht möglich sein wird (Ermessensanspruch) oder nach 18 Monaten seit Erteilung der Duldung (Regelanspruch), siehe hierzu auch → S. 364.

- nach zwei Jahren beruflicher Tätigkeit in einem anerkannten Ausbildungsberuf auf der Grundlage einer Ausbildung im Herkunftsland (§ 18a AufenthG);

- nach einer abgeschlossenen Ausbildung in Deutschland, wenn ein Arbeitsverhältnis besteht (§ 18a AufenthG);

- nach den Bleiberechtsregelungen §§ 25a, 25b AufenthG (→ S. 366 und → S. 367).

2.2.1.3 Rückkehr und Antrag auf Visum zum Zweck der Beschäftigung

Mit der Erweiterung der »**sicheren Herkunftsstaaten**« (siehe Glossar und → S. 284) und der Einführung eines stark beschleunigten Verfahrens und einem verkürzten Rechtsschutz für diese Personen wurde als »Ausgleich« eine neue Möglichkeit der Arbeitsaufnahme in Deutschland geschaffen.

Grundvoraussetzung ist, dass in Deutschland kein Asylantrag gestellt wird!

Menschen aus den Balkanstaaten können als Touristen visumsfrei nach Deutschland kommen und sich hier eine Arbeitsstelle suchen. Es muss sich nicht um eine qualifizierte Tätigkeit handeln. Auch können Personen mit einer beruflichen Qualifikation hier Arbeitsstellen annehmen, selbst wenn noch keine Gleichwertigkeitsfeststellung der Qualifikation durch die deutschen Anerkennungsstellen vorliegt.

Allerdings sind auch für diesen Weg nach Deutschland ganz erhebliche Hürden zu überwinden:

1. **Der Antrag kann nur vom Ausland aus gestellt werden.** Im Normalfall muss das Visum zum Zweck der Beschäftigung bei der deutschen Botschaft bzw. einem deutschen Konsulat im Herkunftsstaat beantragt werden. Ausnahmsweise kann auch eine andere deutsche Auslandsvertretung dieses Visum erteilen, wenn eine Person in diesem Staat ihren Wohnsitz hat. **Die Erteilung einer Aufenthaltserlaubnis in Deutschland ohne vorheriges Visumsverfahren ist ausdrücklich ausgeschlossen!**

2. Es bedarf der **Zustimmung der Agentur für Arbeit** zur Erteilung der Aufenthaltserlaubnis. Es wird eine **Vorrangprüfung** (siehe Glossar) durchgeführt! Das bedeutet, dass die Aufenthaltserlaubnis für ungelernte Arbeitskräfte je nach der Region und auch der Branche unterschiedlich erteilt wird. Insbesondere können die Menschen, die hier angekommen sind, zur Antragstellung aber zurückreisen müssen, keine sichere Vorhersage treffen, ob ihnen das Visum erteilt werden wird. Das Problem ist vor allem auch, dass Arbeitgeber oft die Arbeitsleistung erst erproben wollen und dafür zunächst nur Praktika oder befristete Verträge abschließen. Dafür wird die Beschäftigungserlaubnis aber nicht erteilt, weil die Arbeitsbedingungen nicht angemessen sind (Mindestlohn!) oder auch weil der Ausländerbehörde die Prognose in Hinblick auf den gesicherten Lebensunterhalt nicht ausreicht.
Auch wenn die Zustimmung nach § 26 Abs. 2 AufenthG zu einem Visum nicht erteilt werden kann, lassen sich noch weiter Arbeits- oder Ausbildungsaufenthalte prüfen. In Frage kommen z.B. Praktika, wenn in einem Bescheid zur Anerkennung oder Gleichwertigkeitsfeststellung einer Ausbildung eine Anpassungsmaßnahme gefordert wird (§ 17a AufenthG); Stellen im Rahmen des Bundesfreiwilligendienstes (§ 14 BeschV); oder auch Beschäftigungen in Mangelberufen, wenn ein Anerkennungs- bzw. Gleichwertigkeitsbescheid erteilt wurde (§ 6 Abs. 2 Nr. 2 BeschV). Für Mangelberufe wird die Zustimmung der Agentur für Arbeit ohne Vorrangprüfung, nur nach Prüfung der Arbeitsbedingungen erteilt (§ 6 Abs. 3 BeschV). Sie-

he zu den Beschäftigungsmöglichkeiten im Einzelnen: Frings/Tießler-Marenda: Ausländerrecht für Studium und Beratung, 3. Aufl. 2015, Fachhochschulverlag, S. 69 ff.

3. **Das Arbeitseinkommen muss den eigenen Lebensunterhalt sichern**. Dazu wird die Bedarfsberechnung nach SGB II unter Berücksichtigung der Absetzbeträge zu Grunde gelegt. Erforderlich ist ein Nettoeinkommen von ca. 1.200 € im Monat. Deutlich mehr wird erforderlich, wenn auch der Ehegatte/Lebenspartner und/oder Kinder mitreisen sollen; für den Ehegatten zusätzlich ca. 350 € und für die Kinder je nach Alter ca. 100 €. Dabei ist noch nicht berücksichtigt, dass auch höhere Kosten für die Wohnung anfallen. Die Familie kann nur mitreisen, wenn ausreichend Wohnraum nachgewiesen wird (§ 27 AufenthG).

Beispiel

Sonja aus Mazedonien ist nach Deutschland gekommen, um hier Schutz zu suchen vor den Gewalttätigkeiten der Familie ihres Mannes. Einen Asylantrag zu stellen, ist nicht sinnvoll, weil für Mazedonien als »sicheres Herkunftsland« davon ausgegangen wird, dass staatlicher Schutz gegen häusliche Gewalt verfügbar ist. Sonja hat in Mazedonien als Kinderkrankenschwester gearbeitet und hat eine entsprechende Ausbildung.

Folgende Möglichkeiten können geprüft werden:

– Sonja findet ein Krankenhaus, welches sie sofort als Schwesternhelferin einstellt und dabei unterstützt, die Anerkennung ihrer Ausbildung in Deutschland feststellen zu lassen bzw. nach einer gewissen Beschäftigungszeit die Eignungsprüfung abzulegen. Der Antrag auf eine Aufenthaltserlaubnis nach § 18 AufenthG zum Zwecke der Beschäftigung mit Zustimmung der Agentur der Arbeit nach § 26 Abs. 2 BeschV wird voraussichtlich erteilt werden. Der Antrag muss aber von Mazedonien aus gestellt werden.

– Sonja beantragt ihre Berufsanerkennung. Der Antrag wird spätestens drei Monate nach Eingang der vollständigen Unterlagen beschieden (§ 6 Abs. 2 BQFG). Voraussichtlich wird festgestellt, dass eine Anpassungsmaßnahme erforderlich ist. Sie kann sich einen Praktikumsplatz suchen und einen Antrag auf eine Aufenthaltserlaubnis nach § 17a AufenthG stellen. Das Praktikum wird nach einer (unveröffentlichten) Anweisung des BMAS als Praktikum im Rahmen der Ausbildung gewertet. Deshalb muss hierfür kein Mindestlohn gezahlt werden. Auch bedarf es nach § 15 Nr. 1 BeschV keiner Zustimmung der Agentur für Arbeit. Allerdings muss der Lebensunterhalt für die Zeit des Aufenthalts gesichert sein. Das kann entweder durch eine Praktikumsvergütung geschehen, die mindestens bei etwa 800 € brutto liegen muss (reicht nur, wenn keine Unterkunftskosten anfallen) oder durch eine Garantieerklärung nach § 68 AufenthG durch eine Person, die in Deutschland lebt.

– Sonja hat bereits eine Anerkennung ihres Berufs von einer deutschen Anerkennungsstelle. Sie muss nun ein Krankenhaus finden, das mit ihr einen Arbeitsvertrag zu den üblichen oder tariflichen Bedingungen abschließt und kann dann bei der deutschen Auslandsvertretung in Mazedonien die Erteilung eines Visums zum Zweck der Beschäftigung in einem Mangelberuf nach § 18 AufenthG und § 6 Abs. 2 Nr. 2 BeschV beantragen. Die Ausländerbehörde holt die Zustimmung der Agentur für Arbeit ein, die aber nur die Arbeitsbedingungen prüft.

2.2.2 Antrag auf Feststellung eines Abschiebehindernisses (§ 60 Abs. 5 oder Abs. 7 AufenthG)

Wird ein Abschiebehindernis isoliert vom Asylantrag geltend gemacht, so ist nicht das BAMF, sondern die örtliche Ausländerbehörde zuständig.

Vor eine Entscheidung hat sie allerdings die Stellungnahme des BAMF einzuholen (§ 72 Abs. 2 AufenthG).

Das BAMF vertritt die Auffassung, dass jeder inhaltliche Vortrag zu einer Verfolgung oder einem ernsthaften Schaden einschließlich einer gesundheitlichen Gefährdung einen isolierten Antrag auf Abschiebeschutz ausschließt.

Sobald sich Personen auf Gründe berufen, die sowohl einen Schutzstatus als auch ein Abschiebeverbot begründen können (→ S. 77 und → S. 84), hätten sie keine Wahlmöglichkeit, sondern seien zwingend auf das Asylverfahren zu verweisen (DA-Asyl, Mai 2014, S. 40). Die Auffassung des BAMF kann sich dabei auf die Rechtsauffassung des BVerwG vom 3.3.2006 – 1 B 126.05 stützen. Aus dem Wortlaut des § 13 AsylG wird abgeleitet, dass Personen, die sich inhaltlich auf Gründe für einen Schutzstatus berufen, auf das förmliche Asylverfahren beim BAMF verwiesen werden. Es besteht also keine Wahlmöglichkeit.

Diese Auffassung macht es insbesondere unmöglich, sich auf eine unmenschliche Behandlung wegen fehlender medizinischer Versorgung (§ 60 Abs. 5 AufenthG) zu berufen. Eine solche unmenschliche Behandlung stellt nämlich zugleich einen schweren Schaden im Sinne des Anspruchs auf subsidiären Schutz dar (§ 4 Abs. 1 Nr. 2 AsylG) und muss in einem Asylverfahren geltend gemacht werden.

Für das isolierte Verfahren bleiben dann ausschließlich Lebensgefahren, die nicht zugleich auch als grausame oder unmenschliche Behandlung zu betrachten sind (§ 60 Abs. 7 AufenthG). Möglich ist insbesondere die Berufung auf fehlende Überlebensmöglichkeiten im Herkunftsland wegen fehlender sozialer Unterstützung oder Einkommensmöglichkeiten. Das kann in einigen Staaten besonders für alleinerziehende Mütter mit kleinen Kindern oder für Kranke und Behinderte geltend gemacht werden.

Der Vorteil eines isolierten Antrags auf Abschiebehindernisse liegt in Folgendem:

1. Es kann kein Dublinverfahren bei einer Einreise über einen anderen Dublin-Staat durchgeführt werden.

2. Es findet keine Zuweisung in eine Aufnahmeeinrichtung statt. Allerdings unterliegen Personen, die einen solchen Antrag nach der illegalen Einreise stellen, dem Verteilungsverfahren nach § 15a AufenthG, welches ebenfalls die Zuweisung in andere Bundesländer und die Verpflichtung zum Aufenthalt in einer Sammelunterkunft ermöglicht.

Auch für dieses Verfahren empfiehlt sich anwaltliche Unterstützung, weil es sehr schwer ist, Abschiebehindernisse so geltend zu machen, dass nicht zugleich auch Gründe für einen Schutzstatus vorgetragen werden.

2.2.3   Duldung wegen eines tatsächlichen oder rechtlichen Abschiebehindernisses bzw. eventuell eine Aufenthaltserlaubnis (§ 25 Abs. 5 AufenthG)

Eine Duldung nach § 60a AufenthG kann auch nach einer unerlaubten Einreise jederzeit gestellt werden, wenn entweder

1. die Abschiebung tatsächlich nicht möglich ist:

– **Weil ein Pass nicht vorhanden ist und auch nicht beschafft werden kann. Auf dieses Abschiebehindernis ist in vielen Fällen kein Verlass,** weil die Herkunftsstaaten auf Antrag der Ausländerbehörden Ersatzpapiere ausstellen können, die eine Abschiebung ermöglichen. Bestehen Rückübernahmevereinbarungen sind die Staaten hierzu verpflichtet.

Rückübernahmeabkommen mit der EU (Stand April 2015):
– Albanien (seit 1.5.2006)
– Armenien (seit 1.1.2014)
– Aserbeidschan (seit 1.9.2014)
– Bosnien und Herzegowina (seit 1.1.2008)
– Capo Verde (seit 1.12.2014)
– Georgien (seit 1.3.2011)

- Hongkong (seit 1.3.2004)
- Kasachstan (seit 10.12.2009)
- Macau (Sonderverwaltungsregion der VR China, seit 1.6.2004)
- Mazedonien (seit 1.1.2008)
- Moldau (seit 1.1.2008)
- Montenegro (seit 1.1.2008)
- Pakistan (seit 1.12.2010)
- Russische Föderation (seit 1.6.2007)
- Serbien (seit 1.1.2008)
- Sri Lanka (seit 1.5.2005)
- Türkei[1] (seit 1.10.2014)
- Ukraine (seit 1.1.2008).

Weitere deutsche Abkommen bestehen mit:
Algerien, Kosovo, Marokko, Serbien, Südkorea, Syrien, Vietnam.

Die Gefahr einer schnellen Abschiebung für Personen ohne Pass besteht insbesondere für Menschen aus den Balkanstaaten. Mit diesen Staaten hat die Bundesregierung eine Absprache getroffen, nach der die Grenzbehörden auch Reisepapiere akzeptieren, die von den deutschen Ausländerbehörden (EU-Laissez-Passer) ausgestellt werden.

Grundsätzlich kann nach § 13 Abs. 3 AufenthV ein Notreiseausweis ausgestellt werden, allerdings nur, wenn die Beschaffung eines anderen Passpapiers »im Einzelfall nicht in Betracht kommt«.

Eine Ausstellung nur für eine schnelle Abschiebung ohne vorangegangenen Antrag beim jeweiligen Konsulat rechtfertigt die Ausstellung nicht. Insbesondere können dadurch nicht die Nationalpässe ersetzt werden, die beim BAMF hinterlegt wurden und die auf dem Hintergrund erheblicher Organisationsdefizite beim BAMF nur schwer auffindbar sind.

Auch ein Reiseausweis für Ausländer nach § 5 AufenthV kann ausgestellt werden, um die freiwillige Ausreise zu ermöglichen, nicht aber um eine Abschiebung durchzuführen.

---

[1] Die derzeitigen Verhandlungen mit der Türkei beziehen sich nicht auf die Rücknahme eigener Staatsangehöriger, sondern auf Flüchtlinge, die sich vor Einreise in die EU in der Türkei aufgehalten haben. Damit wird die Türkei zum »sicheren Drittstaat« erklärt und quasi in das Dublin-Verfahren einbezogen.

Kein Staat ist verpflichtet, die von Deutschland ausgestellten Reisedokumente anzuerkennen, jeder Staat entscheidet souverän über die Anerkennung als Einreisedokument.

– **Weil die Identität ungeklärt ist.**
Wird Flüchtlingen vorgeworfen, sie würden ihre Identität bewusst verschleiern und an der Aufklärung nicht mitwirken, so müssen sie nach einer unerlaubten Einreise mit der Verhängung von Haft zur Vorbereitung der Abschiebung rechnen (§ 62 Abs. 3 Nr. 1 und Nr. 5 mit Verweis auf § 2 Abs. 14 Nr. 2 AufenthG).

– **Weil die Abschiebung auf Grund einer akuten, schweren Erkrankung, vor allem aber wegen einer fortgeschrittenen Schwangerschaft nicht möglich ist.**
Ab dem 7. Schwangerschaftsmonat ist eine Abschiebung mit dem Flugzeug nicht mehr möglich, weil die Fluggesellschaften die Mitnahme ablehnen. Auch vor diesem Zeitpunkt kann eine Abschiebung nicht vorgenommen werden, wenn die Schwangerschaft mit besonderen Risiken verbunden ist, insbesondere wenn die Gefahr einer Frühgeburt besteht. In der Regel reicht das Attest einer Fachärztin für Geburtshilfe zum Nachweis aus; es kann jedoch jederzeit auch eine amtsärztliche Überprüfung verlangt werden.

Beispiel

Veronika aus Serbien kommt mit dem Bus am 5.10.2015 in Dortmund an. Sie verfügt über einen gültigen Nationalpass und ist im sechsten Monat schwanger. Würde sie derzeit einen Antrag auf Duldung wegen eines Ausreisehindernisses stellen, könnte dieser abgelehnt und ihr Recht zum Aufenthalt beendet werden (wegen der Absicht, länger als 90 Tage in Deutschland zu bleiben). Bleibt sie aber zunächst als Touristin bis zum 3.1.2016 und beantragt dann die Duldung in Hinblick auf die nun unmittelbar bevorstehende Geburt, so muss sie geduldet werden und kann in Deutschland entbinden.

oder

2. die Abschiebung rechtlich nicht zulässig ist:

– Weil sie dem **Kindeswohl widerspricht.** Hierzu gehört der Schutz unbegleiteter Minderjähriger, die nur dann abgeschoben werden dürfen, wenn sie in die Obhut ihrer Familie, eines Vormunds oder einer Institution übergeben werden können, die für sie Verantwortung übernimmt (§ 58 Abs. 1a AufenthG).

– Weil sie zu einer **Trennung von Eltern und betreuungsbedürftigen Kindern** führen würde. Unzulässig ist die Abschiebung von Müttern von Säuglingen bis zur Vollendung des 6. Monats nach der Geburt, weil sich das Neugeborene in den ersten sechs Monaten auch ohne Aufenthaltstitel erlaubt in Deutschland aufhält.
Nach § 81 Abs. 2 Satz 2 AufenthG muss für ein im Bundesgebiet geborenes Kind ein Antrag auf eine Aufenthaltserlaubnis innerhalb des Zeitraums von sechs Monaten nach der Geburt gestellt werden. Solange diese Zeit noch nicht abgelaufen ist, kann der Aufenthalt des Kindes auch nicht beendet werden. Die Mutter kann wiederum nicht ohne das Neugeborene abgeschoben werden und so besteht für sie ein Abschiebehindernis.

Beispiel

Rayowa aus Nigeria ist über Spanien illegal nach Deutschland eingereist. Sie ist jetzt im siebten Monat schwanger. Sie kann alternativ zu einem Asylantrag einen Antrag auf Duldung wegen der fortgeschrittenen Schwangerschaft als Abschiebehindernis stellen. Nach der Geburt des Kindes entsteht ein neues Abschiebehindernis in Hinblick auf das Recht zum Aufenthalt des Kindes. Nach Ablauf des sechsten Monats wird sie aber von einer Abschiebung zusammen mit dem Kind bedroht sein. Sie hat aber so noch die Option, freiwillig auszureisen.

Das gilt nur außerhalb eines Asylverfahrens (siehe auch → S. 342).

– Weil die Abschiebung zu einer **langfristigen Trennung vom Ehepartner** führen würde. Dies verstößt gegen den Schutz von Ehe und Familie aus Art. 6 GG. Berufen können sich Flüchtlinge nur darauf, wenn a) der Ehepartner über ein gesichertes Aufenthaltsrecht in Deutschland verfügt und b) die Visumsbeschaffung mit dem Risiko einer langfristigen Trennung verbunden ist; kurzfristige Auslandsaufenthalte eines Ehegatten (auch mehrere Monate oder ein Jahr) verstoßen nicht gegen das Grundrecht.

– Rechtsgründe stehen der Abschiebung auch entgegen, wenn ein **Strafverfahren anhängig** ist, in dem die Betroffenen Zeugen oder Angeklagte sind und die Staatsanwaltschaft oder das Gericht keine Zustimmung zur Abschiebung erteilt hat (§ 60a Abs. 2 Satz 2 AufenthG).

Beispiel

Laith aus dem Irak wurde unmittelbar nach seiner Einreise Zeuge eines Brandanschlags auf eine Notunterkunft für Flüchtlinge. Die Staatsanwaltschaft stellt eine Bescheinigung aus, dass Laith als Zeuge benötigt wird. Da er über Italien in die EU eingereist ist, möchte er keinen Asylantrag stellen, um nicht im Wege der Dublin-Verteilung nach Italien überstellt zu werden.
In dieser Situation ist es eventuell sinnvoll, den Asylantrag zu stellen, und darauf zu setzen, dass die Dublin-Fristen verstreichen, bevor er als Zeuge in dem Verfahren entbehrlich ist (unbedingt einen Rechtsanwalt einschalten, schon wegen der Fristenkontrolle).

– Die Mitwirkung als **Zeugin** in einem Verfahren wegen Menschenhandels stellt ein spezifisches Abschiebehindernis dar.

– Rechtlich nicht möglich ist die Abschiebung, wenn ein **Abschiebestopp** für das Herkunftsland vom Bund oder von einzelnen Bundesländern verfügt wurde (§ 60a Abs. 1 AufenthG). Die Bundesländer dürfen einen Abschiebestopp (z.B. Winterabschiebestopp) seit November 2015 nur noch für drei Monate verfügen;

oder

3. die Abschiebung aus humanitären Gründen ausgesetzt wird (§ 60a Abs. 2 Satz 3 AufenthG):

Aus humanitären Gründen wird die Abschiebung nur ausgesetzt, wenn außergewöhnliche Umstände die Anwesenheit im Bundesgebiet erfordern, zum Beispiel:

- Die Beendigung einer wichtigen medizinischen Behandlung, etwa einer begonnenen Chemotherapie.
- Die Betreuung eines sterbenskranken Familienangehörigen, selbst wenn es sich nicht um Eltern oder Kinder handelt.
- Der Verbleib der Mutter zur Durchführung eines Vaterschaftsfeststellungsverfahrens, wenn sich daraus die deutsche Staatsangehörigkeit oder ein Aufenthaltsrecht des Kindes ergeben könnte.
- Der Abschluss eines begonnen Schuljahrs, insbesondere wenn dadurch ein Schulabschluss erreicht wird.
- Für den Beginn oder den Abschluss einer vor dem 21. Geburtstag begonnen betrieblichen Ausbildung enthält § 60a Abs. 2 Satz 4 AufenthG eine Sonderregelung, nach der die Duldung erteilt und bis zum Abschluss verlängert wird.
  Vorsicht: Gilt nicht für junge Menschen aus »sicheren Herkunftsstaaten«, siehe Glossar).
- Für den Beginn oder die Fortsetzung eines begonnen Hochschulstudiums enthält § 60a Abs. 2 AufenthG zwar keine Regelung, die Erteilung aus humanitären Gründen ist aber auch zu diesem Zweck möglich. Die Chancen sind besonders gut, wenn das Studium bereits mit vorzeigbaren Ergebnissen betrieben wird und der Lebensunterhalt durch BAföG-Leistungen (Anspruch ab dem 15. Monat des Aufenthalts, § 8 Abs. 2a BAföG) gesichert ist.

Unmittelbar nach einer unerlaubten Einreise kann die Duldung aus humanitären Gründen allerdings nur in extremen Ausnahmesituationen (z.B. naher Angehöriger liegt im Sterben) erreicht werden.

Zu beachten ist, dass auch Personen, die nach einer unerlaubten Einreise keinen Asylantrag stellen, einem Verteilungsverfahren nach § 15a AufenthG unterliegen.

Leben Ehegatten, Lebenspartner oder minderjährige Kinder in Deutschland, so sollten Anträge auf Duldung unmittelbar bei der Ausländerbehörde am Wohnort der Familie gestellt werden, weil dies bei der Verteilung zu berücksichtigen ist:

§ 15a Abs. 1 Satz 5 AufenthG:

»Weist der Ausländer vor Veranlassung der Verteilung nach, dass eine Haushaltsgemeinschaft zwischen Ehegatten oder Eltern und ihren minderjährigen Kindern oder sonstige zwingende Gründe bestehen, die der Verteilung an einen bestimmten Ort entgegenstehen, ist dem bei der Verteilung Rechnung zu tragen.«

Kann die Eheschließung, Verpartnerung oder die Abstammung der Kinder nicht nachgewiesen werden, so helfen (soweit das von den Dokumenten her möglich ist) eine Eheschließung im Konsulat des Herkunftsstaates, eine Verpartnerung beim deutschen Standesamt oder eine Vaterschaftsanerkennung beim Jugendamt, Standesamt, Amtsgericht oder bei einem Notar.

Als sonstige »zwingende Gründe« im Verteilungsverfahren gelten vor allem:

– Bereits begonnene Therapien schwerer körperlicher oder psychischer Erkrankungen.
– Bei Pflegebedürftigkeit die Nähe zu einer verwandten, unterstützungsbereiten Person
– Bei Schwangerschaft das Zusammenleben mit dem zukünftigen Vater; hier muss immer die Vaterschaft schon vor der Geburt anerkannt werden. In der Regel erfolgt das beim Jugendamt. Sollte es aber Schwierigkeiten geben, schnell einen Termin zu bekommen, wird die Anerkennung auch vom Amtsgericht, Standesamt und jeder Notarin vorgenommen.
– Wenn behinderte erwachsene Kinder zu ihren Eltern oder nahen Verwandten ziehen sollen; helfen kann hier auch die Bestellung einer rechtlichen Betreuung nach § 1896 BGB.

Auch aus pragmatischen Gründen wie der Möglichkeit, enge Verwandte im Ausland zu besuchen, den eigenen Nationalpass zu behalten oder jederzeit in ein anderes Land weiterreisen zu können, kann es sinnvoll sein, sich gegen einen Asylantrag zu entscheiden.

Bestehen allerdings sehr gute Aussichten auf eine Anerkennung, sollte auch über die Nachteile des Verzichts auf die Flüchtlingsanerkennung genau informiert werden.

Deutlich weniger belastend ist ein Asylverfahren auf der Grundlage eines schriftlichen Antrags bei der Zentrale des BAMF, weil in diesen Fällen keine Zuweisung in eine Aufnahmeeinrichtung erfolgt.
Möglich ist dies nur für:
– Unbegleitete Minderjährige.
– Personen, die im Besitz eines Aufenthaltstitels mit einer Gesamtdauer von mehr als sechs Monaten sind.
– Personen, die sich in einem Krankenhaus oder einer sonstigen stationären Einrichtung aufhalten.
– Personen, die sich in Haft befinden.
Siehe auch → S. 187.

3 Das Asylgesuch

3.1 Das Asylgesuch als Beginn des Asylverfahrens

Das Asylgesetz schafft mit seiner doppelten Begrifflichkeit von Asylgesuch und Asylantrag eine bürokratische Unterscheidung, die nicht den Regeln des normalen Verwaltungsverfahrens entspricht.

Gemeint ist mit dieser Unterscheidung Folgendes:

Das **Asylgesuch ist ein Asylantrag bei einer unzuständigen Behörde** (Ausländerbehörde, Polizei, Grenzorgane). Diese unzuständigen Stellen sind aber gesetzlich ausdrücklich als Stellen vorgesehen, die das Asylgesuch entgegennehmen (§§ 18, 19 AsylG) und an die zuständige oder eine sonstige Aufnahmeeinrichtung weiterleiten.

Nur in wenigen, gesetzlich bestimmten Fällen, darf der Asylantrag direkt – d.h. schriftlich – an das BAMF gerichtet werden (siehe für dieses Sonderverfahren → S. 187).

Im rechtlichen Sinne ist das Asylgesuch aber sehr wohl ein Antrag, durch welchen ein Verwaltungsverfahren in Gang gesetzt wird.

Nach dem Gesetzeswortlaut werden die Asylgesuche an der Grenze von den Grenzbehörden, von jeder Polizeidienststelle oder Ausländerbehörde entgegen genommen.

Seit März 2016 sind diese Behörden aber nicht mehr befugt, das Asylgesuch durch eine Bescheinigung über die Meldung als Asylsuchende (BüMA, nach § 63a Abs. 1 AsylG seit dem 17.3.2016 offiziell »Ankunftsnachweis« genannt) zu dokumentieren. Polizei und Ausländerbehörden sollen jetzt eine sog. »Anlaufbescheinigung« ausstellen, die keinen Ausweischarakter hat und gesetzlich nicht geregelt ist. Problematisch ist dabei auch, dass diese Bescheinigungen nicht in der BAMF-Akte dokumentiert werden und sich nachträglich nicht feststellen lässt, wann tatsächlich erstmals ein Asylgesuch gestellt wurde.

Die Ausstellung des Ankunftsnachweises/der BüMA wird nach § 63a Abs. 3 AsylG der zuständigen Aufnahmeeinrichtung, ersatzweise der zuständigen Außenstelle des BAMF zugewiesen.

Mit dem Asylverfahrensbeschleunigungsgesetz wurde im Oktober 2015 zunächst die »Bescheinigung über die Meldung als Asylsuchender (BüMA)« erstmals ins Gesetz eingefügt. Mit der Gesetzesänderung vom 11.3.2016 (BGBl. I vom 16.3.2016, S. 394) wurde dann die Bezeichnung »Ankunftsnachweis« für die BüMA in § 63a AsylG eingeführt. Der Ankunftsnachweis ist automatisch lesbar, enthält einen Barcode, ein Lichtbild und die Nummer des Ausländerzentralregisters. Es werden immer Fingerabdrücke hinterlegt. Damit soll eine Doppelregistrierung vermieden werden und eine zweifelsfreie Feststellung der Identität ermöglicht werden.

Entsprechend dem von der Beratungsfirma McKinsey ausgearbeiteten Konzept, welches sukzessive in allen Bundesländern umgesetzt wird, werden vom BAMF sog. **Ankunftszentren** eingerichtet. In diesen Zentren sollen die Verfahren teilweise vollständig (Cluster A und B, → S. 137) abgewickelt werden und teilweise eine Weiterleitung in Aufnahmeeinrichtungen (Cluster C und D, → S. 137) erfolgen.

Die Flüchtlinge werden also von den Ausländerbehörden oder der Polizei mit Fahrkarten ausgestattet und an eine zentrale Registrierungsstelle der Bundesländer, eine Erstaufnahmeeinrichtung des Landes, die wiederum einem Ankunftszentrum zugeordnet ist, oder, soweit noch nicht eingerichtet, an eine Aufnahmeeinrichtung verwiesen. Für diese Weiterleitung wird ihnen eine Art von »Anlaufbescheinigung« (gesetzlich nicht geregelt) ausgestellt (Antwort der BReg. vom 8.3.2016 auf die kleine Anfrage der LINKEN, BT.-Drs. 18/7834, S. 3).

Die Ankunftszentren werden vom BAMF zusammen mit den Landesstellen für Flüchtlingsaufnahme betrieben, die Aufnahmeeinrichtungen allein von den Landesstellen. Sie sind stets einer Außenstelle des BAMF zugeordnet, müssen aber nicht am selben Ort liegen.

Das zuständige Ankunftszentrum oder die zuständige Außenstelle des BAMF wird nach folgenden Regeln festgelegt:

Feststellung der zuständigen Außenstelle des BAMF
Die Verteilung auf die Erstaufnahmeeinrichtungen/Ankunftszentren und Aufnahmeeinrichtungen und damit auch die Festlegung der zuständigen Außenstelle des BAMF erfolgt mit Hilfe des IT-Systems »EASY« (Erstverteilung von Asylbegehrenden).

Ein Kriterium ist die Feststellung der **Kapazitäten** des Ankunftszentrums/der Aufnahmeeinrichtung, gemessen an den Aufnahmequoten für die einzelnen Bundesländer. Diese legen fest, welchen Anteil der Asylsuchenden jedes Bundesland aufnehmen muss, und werden nach dem sogenannten »Königsteiner Schlüssel« (nach Steuereinnahmen und Bevölkerungszahl) festgesetzt.

Ein weiteres Kriterium ist die **Zuständigkeit nach den Herkunftsländern.** So werden z.b. derzeit Asylanträge von Flüchtlingen aus der Ukraine oder Weißrussland ausschließlich in Bayern, Anträge von Flüchtlingen aus Syrien werden hingegen von allen Außenstellen bearbeitet.
Die Zuständigkeitslisten werden vom BAMF nicht veröffentlicht, aber von verschiedenen Flüchtlingsräten; sie finden sich im Netz unter dem Begriff »EASY – HKL-Zuständigkeiten der Außenstellen«.

Der Ankunftsnachweis/die BüMA wird mit einer Gültigkeitsdauer von maximal sechs Monaten ausgestellt und kann um jeweils bis zu drei Monate verlängert werden. Es besteht die Verpflichtung, sich unverzüglich, spätestens aber bis zu dem in der »Anlaufbescheinigung« genannten Termin in die zugeteilte Erstaufnahmeeinrichtung bzw. Ankunftszentrum zu begeben. Nur hier gibt es Leistungen, jetzt allerdings in der Regel nur noch Sachleistungen, → S. 228.
Es muss auch eine Belehrung in der jeweiligen Sprache über die Meldepflicht (§ 22 AsylG) bei dem zuständigen Ankunftszentrum/der zuständigen Aufnahmeeinrichtung ausgehändigt werden.

Diese Belehrung ist sehr wichtig, da bereits eine verspätete Meldung im Ankunftszentrum/in der Aufnahmeeinrichtung zum Verlust des Asylanspruchs führen kann (§ 22 Abs. 3 Satz 2 i.V.m. § 33 Abs. 1 und 5 AsylG).

Flüchtlinge, die sich nicht rechtzeitig in der zuständigen Einrichtung melden, können auch zur Aufenthaltsermittlung ausgeschrieben werden (§ 66 AsylG); das bedeutet, dass sie bei einer Polizeikontrolle festgenommen und der zuständigen Aufnahmeeinrichtung zugeleitet werden können.

Wurde die Belehrung allerdings in der falschen Sprache ausgehändigt oder gegenüber einer Analphabetin der Text nicht mündlich erläutert, so bleibt die Belehrung unwirksam.

Tatsächlich bleibt es aber eine Illusion, zu meinen, Menschen könnten in der Situation des Ankommens auf der Grundlage einer schriftlichen Belehrung mit Verfahrenshinweisen und Ausnahmen und besondere Anforderungen an die Ausnahmen erkennen, welche Konsequenz in welcher Lebenssituation daraus folgt.

3.2   **Der Weg zum zuständigen Ankunftszentrum/**
         zur zuständigen Aufnahmeeinrichtung

Viele Flüchtlinge (zwischen 10 und 30 %) erreichen das Ankunftszentrum/die Aufnahmeeinrichtung nicht oder nicht rechtzeitig – aus den unterschiedlichsten Gründen.

Obwohl bis zum Eintreffen in der zuständigen Einrichtung weder ein Asylgesuch (gestellt ist es im Rechtssinne schon), noch ein Asylantrag förmlich bescheinigt wurde, wird das Verfahren nach § 20 Abs. 3 Satz 2 i.V.m. § 33 Abs. 1 und 5 AsylG eingestellt.

Meldet sich der Flüchtling später in der zugewiesenen Einrichtung, so wird das Asylverfahren wiederaufgenommen und es entsteht kein wesentlicher Schaden.

Das Verfahren wird aber nicht wiederaufgenommen, wenn

– seit der Einstellung des Verfahrens bereits neun Monate vergangen sind oder

– wenn das Verfahren zum zweiten Mal eingestellt wurde (§ 20 Abs. 3 Satz 2 i.V.m. 33 Abs. 5 Satz 6 AsylG).

In diesen Fällen wird das Asylgesuch als Folgeantrag behandelt, es sei denn es gelingt der Nachweis, dass es nicht möglich war, die Einrichtung rechtzeitig aufzusuchen (§ 33 Abs. 2 AsylG).

Kommt es vor dem Eintreffen in der zuständigen Einrichtung zu einer stationären **Krankenhausaufnahme** oder auch zu einer so **schweren Erkrankung**, dass die Reise zu der zuständigen Einrichtung nicht angetreten werden kann, sollten Asylberaterinnen sich von den Kranken bevollmächtigen lassen (→ S. 35) und die **zuständige Einrichtung informieren**, aus Beweisgründen schriftlich oder per Fax. Nach Möglichkeit ist eine einfache Bescheinigung des Krankenhauses oder ein ärztliches Attest über die Reiseunfähigkeit beizufügen. Dasselbe gilt, wenn eine fortgeschrittene Schwangerschaft und bevorstehende Geburt die Reise zur zuständigen ErstaufnahmeE nicht mehr möglich macht.

Auf diese Weise kann eine drohende Einstellung des Asylverfahrens verhindert werden.

Gleichzeitig entsteht durch eine **stationären Aufnahme im Krankenhaus** eine neue Verfahrenssituation, weil nun der **Asylantrag schriftlich** bei der Zentrale des BAMF zu stellen ist (§ 14 Abs. 2 Nr. 2 AsylG). Selbst wenn der Krankenhausaufenthalt nur wenige Tage dauert, kann die Möglichkeit des schriftlichen Antrags genutzt werden, um die Wartezeit zu verkürzen. Nach der Entlassung lebt die Zuweisung wieder auf, aber der Asylantrag ist gestellt und das BAMF ist verpflichtet, eine Aufenthaltsgestattung (→ S. 155) auszustellen.

Wird ein Flüchtling vor dem Eintreffen in der zuständigen Einrichtung in **Untersuchungshaft** genommen, so ist der Asylantrag ebenfalls schriftlich beim BAMF zu stellen.

Für das Strafverfahren besteht ein Anspruch auf eine Pflichtverteidigerin schon wegen der angeordneten Untersuchungshaft (§ 140 Abs. 1 Nr. 4 StPO). Anzuraten ist immer die Auswahl einer Verteidigerin, die auch im Migrationsrecht tätig ist. Die asylrechtliche Vertretung wird allerdings gesondert abgerechnet und muss meist nach der Haftentlassung in Raten gezahlt werden (falls die Vertretenen in Deutschland bleiben).

3.3   Zuweisungsverfahren

In der ersten (noch nicht zuständigen) Aufnahmeeinrichtung, die als **Registrierungszentrum** von den Bundesländern betrieben werden soll, werden die Personenstandsdaten erhoben und es wird auch routinemäßig nach Familienangehörigen in Deutschland gefragt. Kein Problem bildet die gemeinsame Verteilung von zusammen eintreffenden Familienangehörigen (§ 46 Abs. 3 Satz 2 AsylG), wohl aber die Zuweisung an einen Ort, an dem sich bereits ein Ehegatte oder minderjährige Kinder aufhalten. In der Realität ist dieser Gesichtspunkt bei der Bestimmung der zuständigen Aufnahmeeinrichtung schwer durchzusetzen, weil es im AsylG dafür keine Anspruchsgrundlage gibt. Vor allem dann, wenn es nur eine oder nur wenige für die Bearbeitung zuständige Außenstellen des BAMF gibt, bleibt die Familieneinheit unberücksichtigt, weil dem Verfahrensablauf Vorrang eingeräumt wird.

Flüchtlinge mit Familienangehörigen in Deutschland müssen schon im Registrierungszentrum/in der Erstaufnahmeeinrichtung verlangen, dass auf eine Zuweisung in eine Aufnahmeeinrichtung verzichtet wird und sie sofort der Kommune zugewiesen werden, in der sich die Angehörigen aufhalten. Wird dies abgelehnt, kann ein Eilantrag zum VG gestellt werden. Das AsylG enthält zwar keine entsprechende Verpflichtung, jedoch muss die Vorschrift des § 15a Abs. 1 Satz 6 AufenthG analog angewendet werden, weil bei unerlaubt Eingereisten die Familieneinheit auch bei der Verteilung zwingend zu berücksichtigen ist (VerfGH Berlin vom 18.10.2013 – 115/13 und – 115 A/13; VG Bremen vom 13.8.2014 – 4 V837/14; VG Magdeburg vom 22.1.2015 – 9 B 464/14; VG Ansbach vom 25.6.2015 – AN 3 S 15.30853).

Zudem verpflichtet auch Art. 12 der Aufnahmerichtlinie zur Berücksichtigung der Familieneinheit; ebenso muss das Kindeswohl nach Art. 3 KRK (siehe Glossar) vorrangig berücksichtigt werden.

Gefordert wird entsprechend der Aufnahmerichtlinie, dass die Familie bereits im Herkunftsland bestanden hat. Probleme ergeben sich häufig, wenn die die Ehegatten zwar zusammengelebt haben, jedoch nicht nach den lokalen Vorschriften wirksam geheiratet hatten. Schließen sie dann erst in Deutschland die Ehe, so gilt diese nicht als im Herkunftsland geschlossen. Diese Differenzierung stellt jedoch eine willkürliche Ungleichbehandlung dar, die nicht mit dem Recht auf Familienleben nach Art. 8 EMRK zu vereinbaren ist (EGMR vom 6.11.2012 – Nr. 22341/09).

Geschützt ist aber immer nur die Kernfamilie, nicht das Verhältnis zu erwachsenen Kindern, Geschwistern oder Großeltern (VG Aachen vom 17.11.2015 – 4 L 847/15).

Auch eine Schwangerschaft soll an sich der Verteilung nicht entgegenstehen. Lebt der zukünftige Vater jedoch am Aufenthaltsort der Schwangeren und verfügt er entweder über die deutsche Staatsangehörigkeit oder ein gesichertes Bleiberecht, so muss im Rahmen des Ermessens berücksichtigt werden, dass die Mutter und das Kind nach der Geburt einen Anspruch auf Verteilung an den Wohnsitz des Vaters hätten. Deshalb ist eine anderweitige Verteilung in der Zeit der Schwangerschaft unverhältnismäßig (VG Oldenburg vom 1.1.2013 – 11 B 6467/13).

Beispiel

Nayla aus Syrien reist in Bayern ein und wird dort zunächst mit dem Zug nach Emden in Niedersachsen gebracht. Dort wird sie erst nach drei Monaten von der Erstaufnahmeeinrichtung Friedland registriert und erhält eine Anlaufbescheinigung, in der Chemnitz als zuständige Erstaufnahmeeinrichtung/Ankunftszentrum bestimmt wird. In Emden hat sie jedoch einen dort wohnhaften libanesischen Staatsangehörigen mit einer Niederlassungserlaubnis getroffen. Die beiden haben religiös geheiratet und Nayla ist im zweiten Monat schwanger. Nach der Geburt hätte sie einen Anspruch auf Umverteilung nach Niedersachsen und Zuweisung zu der Gemeinde Emden. Deshalb wäre ihre Verteilung nach Chemnitz, Sachsen zum gegenwärtigen Zeitpunkt unverhältnismäßig und es müsste eine Verteilung nach Niedersachsen erfolgen.

Auch sonstige zwingende Gründe müssen im Zuweisungsverfahren berücksichtigt werden. Eine bereits am Ort des gegenwärtigen Aufenthalts begonnene Behandlung einer schweren psychischen Beeinträchtigung kann einer Verteilung entgegenstehen, wenn am Ort der geplanten Zuweisung keine vergleichbaren Behandlungsbedingungen bestehen (VG Ansbach vom 25.6.2015 – AN 3 S 15.30853: Besuch einer Selbsthilfegruppe bei Genitalverstümmelung). Auch kann der Ort der Zuweisung mit individuellen Gefahren für bestimmte Flüchtlinge verbunden sein (VG Magdeburg vom 22.1.2015 – 9 B 464/14: Ehefrau, die vor ihrem Ehemann geflohen ist, wegen der Gefahr der Weitergabe ihres Aufenthaltsortes, wenn sie in einer Unterkunft mit sehr vielen Personen aus ihrem Herkunftsstaat untergebracht würde).

Es gelingt nicht oft, gegen die Verteilungsentscheidung rechtzeitig Rechtsmittel einzulegen. Durch eine Anwältin muss rechtzeitig ein Eilverfahren bei dem Verwaltungsgericht eingeleitet werden, welches für das Ankunftszentrum/die Aufnahmeeinrichtung zuständig ist, die den Ankunftsnachweis/die BüMA ausgestellt hat.

3.4 Ankunftszentren

Der gesamte Ablauf des Asylverfahrens soll im Laufe des Jahres 2016 um die zentrale Drehscheibe der Ankunftszentren herum organisiert werden.
In jedem Bundesland will das BAMF mindestens ein Ankunftszentrum betreiben, welchem eine Erstaufnahmeeinrichtung der jeweiligen Landesstellen (zuständig nach § 44 AsylG) zugeordnet wird.
Alle neu eintreffenden Flüchtlinge sollen ihr Asylgesuch in einem Ankunftszentrum stellen und dort ihren Ankunftsnachweis/ihre BüMA (siehe Glossar) erhalten.
Anschließend erfolgt die Einteilung in **vier Gruppen, sog. Cluster.**

(A) Aus **Staaten mit hoher Anerkennungsquote** (mehr als 50 %), die Anerkennung soll möglichst binnen weniger Tage im Ankunftszentrum erfolgen. An die (normale) Aufnahmeeinrichtung wird nur weitergeleitet, wenn eine schnelle Entscheidung nicht möglich ist.

(B) 1. **Staatsangehörige eines »sicheren Herkunftsstaates«** (siehe Glossar),
2. Personen, die die Behörden vorsätzlich über **Identität oder Staatsangehörigkeit getäuscht** haben,
3. Personen, die **Reisedokumente unterschlagen** haben; es genügt, wenn die Umstände diese Annahme offensichtlich rechtfertigen,
4. Asylsuchende, die ein **Folgeantrag** stellen,
5. Asylsuchende, die den **Asylantrag** stellen, **nachdem oder** unmittelbar **bevor** eine **Abschiebungsandrohung** erlassen wurde,

6. Asylsuchende, die sich **weigern**, ihre **Fingerabdrücke** abnehmen zu lassen,

7. Personen, die aus schwerwiegenden **Gründen der öffentlichen Sicherheit oder öffentlichen Ordnung** ausgewiesen wurden. Das gilt ebenso, wenn es schwerwiegende Gründe für die Annahme gibt, dass die Personen eine Gefahr für die nationale Sicherheit oder die öffentliche Ordnung darstellen.

Sie verbleiben bis zur Entscheidung und Aufenthaltsbeendigung im »Wartebereich« der Ankunftseinrichtung.

(C) Die **übrigen Antragstellerinnen**, deren Verfahren längere Zeit beanspruchen. Sie werden zügig an die (normalen) Aufnahmeeinrichtungen weiterverteilt. Sie bleiben dort entweder bis zur Entscheidung oder sie werden auf die Kommunen weiterverteilt.

(D) Die **Antragstellerinnen**, bei denen ein Verfahren **nach der Dublin-Verordnung** eingeleitet wird und die an einen anderen EU-Staat überstellt werden sollen. Sie werden ebenfalls an die (normalen) Aufnahmeeinrichtungen weitergeleitet, es sei denn es handelt sich um »Fälle« aus der Gruppe B.

Die Gruppen A und B sollen ihr Verfahren in dem Ankunftszentrum abschließen, Gruppe A in der Regel positiv, Gruppe B in der Regel negativ. Die Gruppen C und D werden umgehend in Aufnahmeeinrichtungen weitergeleitet.

Für die »**Cluster B**« gilt seit März 2016 ein spezielles Schnellverfahren (§ 30a AsylG, → S. 146), welches zu einer Aufenthaltsbeendigung innerhalb von maximal drei Wochen führen soll und vollständig im Ankunftszentrum abgewickelt wird.

Das Verfahren für »Cluster B« wird derzeit prioritär durchgeführt; in den Ankunftszentren Bamberg und Manching werden ausschließlich die Verfahren von Flüchtlingen mit der »Cluster B«-Zuordnung bearbeitet, in Bad Fallingbostel ganz überwiegend.

Die Flüchtlinge mit der Zuordnung »**Cluster A**« sollen ebenfalls ihr Verfahren vollständig im Ankunftszentrum abwickeln und bereits nach zwei Tagen ihren Anerkennungsbescheid erhalten. Anschließend sollen sie auf die Kommunen verteilt werden. Eine Rechtsgrundlage dafür existiert zur Zeit nicht, weil eine Zuweisung nach einer Beendigung des Verfahrens nicht mehr erfolgen kann. In Planung ist allerdings ein Gesetz über Wohnsitzauflagen für anerkannte Flüchtlinge (siehe im Einzelnen → S. 295). Es ist absehbar, dass die schnelle Anerkennung keineswegs so schnell umgesetzt wird wie die schnelle Ablehnung, auch deshalb wird das Verfahren für die meisten Flüchtlinge mit der

»Cluster A«-Zuweisung vorläufig noch in der Aufnahmeeinrichtung und nicht im Ankunftszentrum durchgeführt werden.

Das »**Cluster C**« erfasst Flüchtlinge, die nicht A oder B zugeordnet sind und bei denen auch kein Dublin-Verfahren (»Cluster D«) durchgeführt werden soll. Sie werden in die Aufnahmeeinrichtungen (von den Ländern betrieben) überstellt und von dort in die Kommunen verteilt. Der Aufenthalt in der Aufnahmeeinrichtung darf bis zu sechs Monate dauern (§ 47 Abs. 1 Satz 1 AsylG). Es ist anzunehmen, dass innerhalb dieser Gruppe erneut nach Prognosen unterteilt wird und Flüchtlinge aus Herkunftsstaaten mit einer niedrigen Anerkennungsquote in den Aufnahmeeinrichtungen verbleiben, um ihnen innerhalb der sechs Monate einen Asylbescheid zuzustellen. Die übrigen Flüchtlinge werden voraussichtlich recht schnell in die Kommunen verteilt, weil sie besonders lange auf ihre Entscheidung warten müssen.

Flüchtlinge aus den **Clustern A und B**, bei denen sich innerhalb der ersten zwei Tage ergibt, dass ihre Anträge nicht unmittelbar entschieden werden können, werden in das Verfahren des »**Clusters C**« übergeleitet.

Dem »**Cluster D**« werden die Ankommenden zugewiesen, bei denen sich in der Befragung bei Asylantragstellung (auch das »kleine Interview« genannt), oder auch schon davor, Hinweise darauf ergeben, dass ein anderer EU-Staat zuständig ist. Sie werden an die Aufnahmeeinrichtung weitergeleitet und das BAMF führt zunächst das Dublin-Verfahren (→ S. 158) durch.

3.5 Der Ankunftsnachweis – Bescheinigung über die Meldung als Asylsuchender (§ 63a AsylG)

Wichtigstes Dokument für das weitere Verfahren ist der Ankunftsnachweis/die BüMA.

Der Ankunftsnachweis bescheinigt den Aufenthalt und bietet die **Grundlage für die Ansprüche nach AsylbLG** (→ S. 228), **die Fristberechnung beim Arbeitsmarktzugang** (→ S. 279) und den **Anspruch auf Beschulung, Kita** (→ S. 266). Das AsylbLG verlangt zwar in § 1 Abs. 1 Nr. 1 den Besitz einer Aufenthaltsgestattung; diese Formulierung ist jedoch so zu verstehen, dass der Aufenthalt gestattet sein muss; auf den Namen der Bescheinigung kommt es nicht an und der Ankunftsnachweis bescheinigt ebenso gut wie die Aufenthaltsgestattung einen gestatteten Aufenthalt (Antwort der Bundesregierung vom 10.4.2015 auf eine Kleine Anfrage der Linken, BT-Drs. 18/4581, Frage 3).

Es sieht jedoch so aus, dass die Bundesregierung an dieser Auffassung nicht mehr festhält, soweit Flüchtlinge auf dem Landweg eingereist sind. Das Problem besteht aufgrund der gesetzlichen Regelung in § 55 Abs. 1 Satz 2 AsylG, nach der die Aufenthaltsgestattung bei Einreise über einen »sicheren Drittstaat« (immer bei Einreise auf dem Landweg) erst mit der Asylantragstellung beginnt. Hintergrund ist die fehlende Anpassung des Gesetzeswortlauts an die Regelungen des EU-Rechts (Art. 9 Abs. 1 VerfahrensRL), wonach der Aufenthalt immer zur Durchführung des Verfahrens erlaubt ist. Geplant ist nun eine entsprechende gesetzliche Anpassung (Antwort der Bundesregierung vom 8.3.2016 auf die kleine Anfrage der Linken, BT.-Drs. 18/7834, S. 2).

Vollständig geklärt ist der Beginn der Fristen derzeit noch nicht!

Im Zusammenhang mit dem Asylgesuch und vor Ausstellung des Ankunftsnachweises erfolgen weitere Maßnahmen:

3.6 Erkennungsdienstliche Behandlung

Die Abnahme der Fingerabdrücke und eines Lichtbildes sind zwingende Voraussetzung für die Ausstellung des Ankunftsnachweises.

■ **Fingerabdrücke**
Die Daten werden in die EURODAC-Datei eingegeben und dienen in erster Linie der Feststellung, ob ein Dublin-Verfahren durchzuführen ist. Gleichzeitig wird auch geprüft, ob bereits unter einem anderen Namen in Deutschland oder in der EU ein Verfahren geführt wurde. Auch werden die Daten im Ausländerzentralregister (AZR) eingegeben, um Voraufenthalte festzustellen. Viele Flüchtlinge sind sich nicht darüber klar, wie modern und hochgerüstet der Datenabgleich im Europäischen Flüchtlingssystem funktioniert. Deshalb ist die Information für sie wichtig, dass jede Registrierung mit Abnahme der Fingerabdrücke, gleich unter welchem Namen, mit annähernder Gewissheit zu einem »EURODAC-Treffer« führt. Derartige Vorgänge zu verheimlichen, ist daher wenig hilfreich.

■ **Lichtbild**
Das Lichtbild gehört ebenfalls zur erkennungsdienstlichen Behandlung (§ 22 Abs. 1 Satz 2 AsylG).

Von Personen unter 14 Jahren dürfen nur Lichtbilder gemacht werden (§ 16 Abs, 1 Satz 2 AsylG).

3.7   Entgegennahme von Unterlagen

Zu den Mitwirkungspflichten gehört es auch, alle für die Bewertung des Schutzstatus wichtigen Dokumente bereits zum Zeitpunkt des Asylgesuchs auszuhändigen (§ 15 Abs. 2 Nr. 5 AsylG). Die Entscheidung über die Aushändigung von Dokumenten ist nicht einfach: Einerseits besteht ein nicht unbeachtliches Risiko, dass Dokumente auf dem Weg zwischen den Behörden verloren gehen, anderseits wird Flüchtlingen schnell der Vorwurf gemacht, dass verspätet vorgelegte Unterlagen nachträglich auf Bestellung beschafft oder gefälscht worden seien.

Flüchtlinge sollten also darauf bestehen, dass ihnen Kopien aller hinterlegten Dokumente angefertigt werden; darauf besteht ein Rechtsanspruch (§ 21 Abs. 4 AsylG), der aber eingefordert werden muss. Fotos mit dem Smartphone können diese Kopien nicht ersetzen, weil die Kopien einen Stempel des Amts erhalten und damit die Übereinstimmung mit einem Original belegt wird.

Die Behörden sind natürlich besonders interessiert an den Dokumenten, die den Reiseweg belegen und so z.b. zur Feststellung der Zuständigkeit eines anderen EU-Staats im Dublin-Verfahren führen können. Deshalb besteht eine ausdrückliche Verpflichtung zur vollständigen Vorlage all dieser Unterlagen (§ 15 Abs. 3 AsylG).

3.8   Durchsuchung

Falls der Verdacht besteht, dass relevante Unterlagen mitgeführt werden, dürfen auch Durchsuchungen am Körper und der mitgeführten Taschen und sonstigen Gegenstände erfolgen. Es besteht ein Anspruch darauf, nur von einer Person gleichen Geschlechts durchsucht zu werden (§ 15 Abs. 4 AsylG). Das Auslesen von Handydaten auch ohne jede strafrechtliche Ermittlung als einfache Mitwirkungspflicht zur Feststellung der Identität und der Rückführmöglichkeit in einen anderen Staat ist seit 2015 nach § 48 Abs. 3 und Abs. 3a AufenthG zulässig, wenn die Feststellungen anders nicht getroffen werden können. Werden die Zugangsdaten nicht freiwillig herausgegeben, können die Daten beim Provider abgefragt werden (§ 48a AufenthG).

3.9   Hinterlegung von Pass oder Passersatz

Ein mitgeführter Pass muss hinterlegt werden (§ 15 Abs. 2 Nr. 4 AsylG). Hierüber ist eine Quittung auszuhändigen. Die Quittung ist sehr wichtig, weil auch Pässe immer wieder verloren gehen. Auch muss auf einer Kopie mit Stempel bestanden werden, damit die Identität eindeutig belegt werden kann (z.b. für Personenstandseintragungen, Neuausstellung eines Passes durch die Botschaft).

3.10   Sprachaufzeichnungen

Zur Klärung der Identität bei fehlenden Passpapieren können Sprachaufzeichnungen gefertigt werden (§ 16 Abs. 1 Satz 2 AsylG). Heimliche Aufnahmen sind untersagt. Die Aufzeichnungen werden beim BAMF hinterlegt und können vom BKA ausgewertet und vom Bundesverwaltungsamt mit seinen Daten (Fundpapier-Datenbank) abgeglichen werden. Derzeit werden die Sprachaufzeichnungen vor allem bei Personen aufgenommen, bei denen die Angabe bezweifelt wird, syrische Staatsangehörige zu sein.

3.11   Altersprüfungen

Bei allein reisenden jungen Menschen ohne Identitätspapiere, die möglicherweise minderjährig sind, darf in der Erstaufnahmeeinrichtung/Ankunftszentrum keine Altersfeststellung mehr vorgenommen werden. Die Zuständigkeit liegt ausschließlich beim Jugendamt. Die jungen Asylsuchenden werden dem nächstliegenden Jugendamt übergeben (§§ 42 Abs. 1 Nr. 3, 42f SGB VIII). In diesem Fall greift das besondere Verfahren für unbegleitete minderjährige Flüchtlinge (umF) (→ S. 196).

3.12   Gesundheitsuntersuchung

Die Gesundheitsuntersuchung (§ 62 AsylG) – die auch erst in der zuständigen Erstaufnahmeeinrichtung (EAE) erfolgen kann – dient derzeit nicht in erster Linie der Diagnose behandlungsbedürftiger Erkrankungen, sondern der Feststellung ansteckender Krankheiten zum Schutz der Bevölkerung und der Personen in der Aufnahmeeinrichtung. Den Umfang der Untersuchung bestimmt die jeweilige Landesstelle. Dazu gehören meist eine Blutprobe (Test auf HIV und Hepatitis B), eine Stuhlprobe (Test auf Bakterien und bei bestimmten Herkunftsregionen auch auf Parasiten) und eine Röntgenaufnahme der Lunge (Feststellung von Lungentuberkulose). Auch § 36 Abs. 4 Infektionsschutzgesetz (IfSG) verlangt einen entsprechenden Nachweis für die Aufnahme in einer Sammelunterkunft.

Nach der gesetzlichen Vorgabe (§ 62 Abs. 1 AsylG) ist die Untersuchung von der zuständige EAE durchzuführen. Es kommt aber vor, dass die erste EAE, in der die BüMA ausgestellt wird, die Untersuchung durchführt, Unterlagen aber nicht an die zuständige EAE weiterleitet und hier eine erneute Untersuchung angeordnet wird. Die Betroffenen sollten dies verweigern; jede Untersuchung, insbesondere aber die Röntgenaufnahme, stellt einen körperlichen Eingriff dar, der nur im notwendigen Umfang gefordert werden darf. Die zuständige EAE muss bei der ersten EAE anfragen, ob die Untersuchung durchgeführt wurde und an wen die Unterlagen weitergeleitet wurden.

Dennoch sollte dieser in vielen Fällen erste Kontakt mit Medizinern genutzt werden, um auf Gesundheitsprobleme hinzuweisen und zur Behandlung weitergeleitet zu werden.

Dringend ist auch die Durchführung erforderlicher bzw. empfohlener Impfungen. Nachdem die Risiken von schweren Erkrankungen (Masern) deutlich geworden sind, werden seit Sommer 2015 Impfungen durchgeführt. Der Anspruch auf die Impfungen wurde in § 4 Abs. 1 Satz 2 AsylbLG aufgenommen. Die Flüchtlinge wissen aber oft nicht, um welche Impfungen es sich handelt. Es ist für sie wichtig zu wissen, dass Impfungen lediglich angeboten werden dürfen. Sie erfordern das Einverständnis der Flüchtlinge nach einer Aufklärung über die Schutzwirkung und die Risiken und Nebenwirkungen. Auch muss nach der Impfung ein Impfpass ausgestellt werden. Es ist vorgekommen, dass Flüchtlinge eine zweite, identische Impfung erhalten haben, weil die zuständige EAE keine Informationen darüber hatte, dass in der ersten EAE bereits geimpft wurde.

Oft müssen die Asylberater vor Ort zunächst klären, wie die medizinische Versorgung einschließlich der notwendigen Dolmetscher organisiert ist, Defizite aufdecken und durch einen entsprechenden öffentlichen Druck für Abhilfe sorgen.

Keinesfalls kann die medizinische Versorgung in Sammelunterkünften in die Hand von ehrenamtlich tätigen Medizinern gelegt werden. Die Gesundheitsversorgung wird in Deutschland durch niedergelassene Ärzte und Krankenhäuser sicher gestellt. Die Flüchtlingen müssen für die medizinische Behandlung zumindest Berechtigungsscheine erhalten und haben die freie Arztwahl (→ S. 247). Zugleich ist eine Sofortversorgung in den EAE durch die Gesundheitsämter sicher zu stellen, die hierzu Verträge mit Ärzten und Kliniken abschließen können.

In den Einrichtungen selbst besteht eine hohe Gefahr der Ansteckung und der Verbreitung von Krankheiten. Insbesondere Krätze taucht immer wieder auf, deren Behandlung eine umfangreiche Desinfektion aller Kontaktgegenstände, insbesondere von Kleidung und Bettwäsche, erfordert.

Für Fragen zu ansteckenden Erkrankungen ist das Robert-Koch-Institut (www.rki.de) zuständig. Auf der Homepage werden viele Ratgeber, ein Impfkonzept für Asylsuchende und bildgestützte Verständigungshilfen für das medizinische Gespräch bereit gehalten.

Asylberaterinnen sollten auch die ehrenamtlichen Unterstützer dazu anregen, ihren **eigenen Impfschutz zu vervollständigen und unzureichende Hygienezustände sofort den Gesundheitsämtern zu melden.** Während einer ehrenamtlichen Tätigkeit besteht Versicherungsschutz in der gesetzlichen Unfallversicherung. Das setzt keine vorherige Registrierung voraus, sondern wird im Fall einer Verletzung über die Landesunfallversicherung oder die Gemeindeunfallversicherung abgewickelt.

3.13   Clearingverfahren

Unmittelbar nach der Aufnahme im Ankunftszentrum/in der Aufnahmeeinrichtung ist das in der Aufnahme- und in der Verfahrensrichtlinie vorgesehene Clearingverfahren durchzuführen.

Für dieses Verfahren gibt es derzeit keine gesetzliche Grundlage im deutschen Recht, weil die Bundesregierung derzeit nicht beabsichtigt, die AufnahmeRL 2013/33 und die VerfahrensRL 2013/32 in ein nationales Gesetz umzusetzen, obwohl die Frist für diese Umsetzung am 20.7.2015 abgelaufen ist. In den Ankunftszentren und den Aufnahmeeinrichtungen sind nun die Bundesländer dafür zuständig, das in beiden Richtlinien vorgeschriebene Clearingverfahren unmittelbar umzusetzen.

Das Verfahren dient der Feststellung:

1. **ob eine Person zur Gruppe der besonders schutzbedürftigen Personen gehört** (Art. 21, 22 Aufnahmerichtlinie).
Die Liste ist nicht abschließend, erfasst werden in jedem Fall:
– Minderjährige,
– unbegleitete Minderjährige,
– behinderte Menschen,
– ältere Menschen,
– Schwangere,
– Alleinerziehende mit minderjährigen Kindern,
– Opfer von Menschenhandel,
– Personen mit schweren körperlichen Erkrankungen,

– Personen mit psychischen Störungen und
– Personen, die Folter, Vergewaltigung oder sonstige schwere Formen psy-
chischer, physischer oder sexueller Gewalt erlitten haben, z.b. Opfer der
Verstümmelung weiblicher Genitalien.

Soweit sich die Zuordnung nicht bereits aus dem äußeren Erscheinungs-
bild ergibt, muss eine Diagnose durch Fachärzte, Psychiaterinnen oder
Psychologen erfolgen;

2. **welche besonderen Bedürfnisse bei der Unterbringung, Versorgung und
medizinischen Behandlung bestehen.**
Es muss in jedem Fall festgestellt werden, welche baulichen Anforderungen die Unterbringung erfüllen muss. Dazu gehört z.b., dass Kinder und ihre Eltern nicht in offenen Massenunterkünften untergebracht werden dürfen, sondern abgeschlossene Wohneinheiten mit der Möglichkeit eines Familienlebens benötigen; dass traumatisierte Menschen unter Bedingungen
wohnen, die ihnen Schutz vor anderen Personen bieten; sie sollten z.b.
nicht mit Uniformierten oder auch mit fremden Männern konfrontiert werden und nicht einem unmittelbaren Fluglärm ausgesetzt sein. Behinderte
und ältere Menschen benötigen eine barrierefreie Unterkunft, müssen aber
auch zusammen mit Personen wohnen, die bereit sind, sie zu unterstützen.
Diese Bedarfe sind in jedem Einzelfall konkret festzustellen.
Alle besonders schutzbedürftigen Personen haben Anspruch auf eine medizinische Versorgung im Umfang der gesetzlichen Krankenversicherung
(Art. 19 Abs. 2 Aufnahmerichtlinie).
Insbesondere das vorrangig zu beachtende Kindeswohl (Art. 23 Abs. 1 AufnahmeRL; Art. 3 KRK) verlangt nach bestimmten Standards für Einrichtungen, in denen Kinder und Jugendliche untergebracht werden. Gefordert
wurde deshalb von vielen Verbänden, alle Unterkünfte, in denen auch Familien untergebracht werden, einer Genehmigungspflicht zu unterwerfen,
wie sie für Wohneinrichtungen für Minderjährige gilt (§ 45 SGB VIII). Umgesetzt hat der Gesetzgeber lediglich die Anforderung eines polizeilichen
Führungszeugnisses für Beschäftigte und dauerhaft ehrenamtlich Tätige,
die mit Minderjährigen in den Einrichtungen arbeiten (§ 44 Abs. 3 AsylG).
Eine solche Regelung ist zwar notwendig, es bleibt jedoch bei einer Alibi-
funktion, wenn keine weiteren verbindlichen Vorgaben für den Kinder-
schutz und die Gewährleistung des Kindeswohls geschaffen werden.

Es ist nicht damit zu rechnen, dass dieses Clearingverfahren zügig und allen
Anforderungen entsprechend in den Ankunftszentren/Aufnahmeeinrichtungen
durchgeführt wird und die Unterbringungsbedingungen entsprechend gestaltet
werden. Aufgabe der Asylberater ist es, mit den Betroffenen gemeinsam zu
überlegen, welche konkreten Aufnahmebedingungen eingefordert werden sollen. Entsprechend der verfügbaren Ressourcen sollte dies dann exemplarisch

geschehen, auch mit Unterstützung von Interessenvertretungen und Verbänden. Soweit einzelne Maßnahmen gerichtlich durchgesetzt werden müssen, sind auch Anwältinnen hinzuzuziehen.

Für traumatisierte Menschen bietet der kurze Fragebogen von PROTECT (protect-able.eu), einer von der Europäischen Kommission finanzierten Projektgruppe zur Früherkennung von Traumatisierungen bei Flüchtlingen, eine Möglichkeit, zunächst den Verdacht einer Erkrankung zu belegen und eine weitere Abklärung zu fordern. Der Fragebogen liefert keinen Nachweis einer Traumatisierung, kann aber die Basis für die Forderung nach einer entsprechenden diagnostischen Überprüfung bieten. Er sollte möglichst nur von Personen verwendet werden, die zumindest über eine Schulung zum Umgang mit traumatisierten Personen verfügen. PROTECT bietet derartige Schulungen an, weitere Informationen können beim Zentrum für Flüchtlingshilfen und Migrationsdienste (zfm) erfragt werden.

---

4   Das beschleunigte Asylverfahren (§ 30a AsylG)

Für alle Asylsuchende des »Clusters B« (→ S. 137) kann das BAMF nach § 30a AsylG die Durchführung eines beschleunigten Verfahrens anordnen. Die Verfahrenszuweisung ist als Ermessensregelung gestaltet, um eine gewisse Flexibilität je nach den Kapazitäten der Ankunftszentren zu behalten. So könnte das BAMF etwa bei einer neu entstehenden Verfolgungs- oder Gefährdungssituation in einem Herkunftsland die Asylsuchenden aus diesem Staat ausnehmen, die erstmals einen Folgeantrag stellen. Es wird jedoch sicher keine Entscheidungen über jeden Einzelfall geben, sondern grundsätzlich soll die gesamte Personengruppe des »Cluster B« das beschleunigte Verfahren durchlaufen. Nach Art. 24 Abs. 3 VerfahrensRL (siehe Glossar) dürfen »besonders schutzbedürftige Personen« einem beschleunigten Asylverfahren nicht ausgesetzt werden. Derzeit besteht jedoch kein Verfahren, um diese Personen vor der Zuweisung zum »Cluster B« zu identifizieren. Auch ist keine Anweisung des BAMF bekannt, nach der u.a. Familien mit minderjährigen Kindern, alte Menschen, Kranke und Behinderte nicht dem »Cluster B« zugewiesen werden dürfen.

4.1 Besondere Aufnahmeeinrichtungen (§ 5 Abs. 5 AsylG)

Grundsätzlich sollen für das beschleunigte Verfahren besondere Einrichtungen geschaffen werden.

Möglich sind dabei Ankunftszentren ausschließlich für das beschleunigte Verfahren (derzeit Bamberg und Manching, ganz überwiegend auch Bad Fallingbostel), Abteilungen in Ankunftszentren für alle Asylsuchenden (derzeit Heidelberg) oder Aufnahmeeinrichtungen der Länder.

Vorrangig ist dabei die Zuweisung zu einem Ankunftszentrum (besondere Aufnahmeeinrichtung), nachrangig die Zuweisung zu einer »normalen« Aufnahmeeinrichtung (§ 46 Abs. 2 AsylG). Vorrangig sollen Asylsuchende in dem nächstgelegen (nach der Meldung bei Polizei oder Ausländerbehörde) Ankunftszentrum verbleiben (soweit freie Plätze vorhanden sind und eine Zuständigkeit für das jeweilige Herkunftsland besteht), nachrangig auf andere Ankunftszentren verteilt werden.

Beispiel

Sascha kommt aus der Ukraine und stellt einen Asylfolgeantrag (beschleunigtes Verfahren). Er meldet sich an seinem Wohnort in Ludwigshafen bei der Ausländerbehörde. Naheliegend wäre eine Verweisung an das Ankunftszentrum in Heidelberg, welches für Verfahren des »Cluster B« zuständig ist. Es stehen auch freie Plätze zur Verfügung. Allerdings werden Asylverfahren von ukrainischen Staatsangehörigen ausschließlich von der Außenstelle des BAMF in München bearbeitet. Die Ausländerbehörde Ludwigshafen kann deshalb nicht nach Heidelberg verweisen. Da für die Außenstelle München noch keine besondere Aufnahmeeinrichtung besteht, erfolgt die Zuweisung zur allgemeinen Aufnahmeeinrichtung in München. (Die Zuständigkeiten stellen nur Beispiele da, sie können faktisch anders verteilt sein).

4.2 Besonderheiten des Verfahrens

Das Gesetz legt rigide Zeitabläufe fest: **Zwischen der Antragstellung und der Entscheidung des BAMF darf nur eine Woche liegen** (§ 30a Abs. 2 Satz 1 AsylG).

Vorgesehen ist, dass in diesen Verfahren das Asylgesuch und der Asylantrag faktisch zusammen fallen.

Des Weiteren wird in der Regel auf die Durchführung eines Dublin-Verfahrens verzichtet, weil es dadurch nur zu einer Verzögerung käme. Für Angehörige der Balkanstaaten kommt das Dublin-Verfahren generell nicht in Betracht, weil sie visumsfrei legal nach Deutschland einreisen können (→ S. 158).

Nicht verzichtet werden kann auf die zwingende Vorgabe der Information und Beratung über den Verfahrensverlauf, die Rechte und Pflichten im Verfahren, das Recht auf anwaltliche Vertretung und die Möglichkeit mit dem UNHCR und Flüchtlingsorganisationen Kontakt aufzunehmen (Art. 12 VerfahrensRL). Die Umsetzung der vorgeschriebenen Rechte ist im Detail unklar; das BAMF wird jedoch in den Ankunftszentren **Gruppeninformationen** durchführen, bei denen auch Dolmetscher eingesetzt werden.

Unmittelbar im Anschluss daran wird die **Anhörung** durchgeführt, für die allerdings dieselben Regeln zu gelten haben wie im normalen Verfahren (→ S. 175).
Im Regelfall wird die **Entscheidung** als »offensichtlich unbegründet« (siehe auch → S. 190) folgen, gegen die dann **binnen einer Woche sowohl die Klage als auch ein Eilantrag** eingereicht werden muss (§ 74 Abs. 1 und § 36 Abs. 3 AsylG).

Dem Verwaltungsgericht soll dann für die **Entscheidung im Regelfall eine Woche** zur Verfügung stehen. Es soll ohne mündliche Verhandlung entschieden werden (§ 36 Abs. 3 Satz 4 AsylG).
Es können auch Sonderkammern der Verwaltungsgerichte in räumlicher Nähe zu den Ankunftszentren gebildet werden (§ 83 Abs. 2 AsylG) oder einem Verwaltungsgericht in einem Bundesland die Zuständigkeit für alle Asylverfahren eines bestimmten Herkunftsstaates zugewiesen werden (§ 83 Abs. 3 AsylG).
So könnte das BAMF in XY ein Ankunftszentrum nur für Asylsuchende aus den Balkanstaaten einrichten und das Bundesland Z, in dem das Ankunftszentrum liegt, legt durch Rechtsverordnung eine Außenstelle eines VG in XY fest und weist dieser Sonderkammer zugleich alle Verfahren von Asylsuchenden aus den Balkanstaaten zu.

4.3   Aufenthalt während des beschleunigten Verfahrens

Die Asylsuchenden des »**Cluster B**« verbleiben während des gesamten Verfahrens in der besonderen Einrichtung oder Abteilung. Während des Aufenthalts ist die Bewegungsfreiheit auf den Bezirk der Ausländerbehörde begrenzt, in dem die Einrichtung liegt (»**Residenzpflicht**« nach § 56 AsylG, siehe auch → S. 234).
Bereits ein **einmaliges Verlassen dieses Bezirks** führt dazu, dass der Asylantrag als zurückgenommen gilt (§ 33 Abs. 2 Nr. 3 AsylG). Das Verfahren wird eingestellt. Es handelt sich dabei um eine Sonderregelung, die nur für das beschleunigte Verfahren gilt. Allerdings kann die Wiederaufnahme durch einen neuen Antrag bei dem Ankunftszentrum/der Außenstelle des BAMF erreicht

werden, solange eine Frist von neun Monaten noch nicht verstrichen ist (§ 33 Abs. 5 Satz 5 und 6 AsylG).
Handelt es sich allerdings um die **zweite Einstellung des Verfahrens**, so ist eine Wiederaufnahme nicht möglich. Ein weiterer Antrag wird als Asylfolgeantrag (→ S. 171) behandelt und es können jetzt nur noch Gründe geltend gemacht werden, die erst nach der Einstellung des letzten Verfahrens eingetreten sind (§ 33 Abs. 5 Satz 6 AsylG). Dasselbe gilt nach Ablauf von neun Monaten nach der ersten Einstellung.

Flüchtlinge müssen darauf hingewiesen werden, dass sie durch einen ungenehmigten Aufenthalt außerhalb der Stadt/des Kreises ihr Asylverfahren gefährden.
Zugleich sollten Flüchtlingsberaterinnen auch verstehen, dass sie manche Flüchtlinge nicht davon abhalten können, den Kontakt zu »ihren Leuten« aufzunehmen und dafür auch Risiken einzugehen.

Das Verlassen des Bezirks kann nach den Regeln des normalen Verfahrens erlaubt werden (→ S. 234).

In folgenden Fällen kann oder muss die Entlassung aus der besonderen Einrichtung angeordnet werden:

- Die Entscheidung des BAMF liegt eine Woche nach der Antragstellung noch nicht vor (§ 30a Abs. 2 Satz 2 AsylG).
- Einem der vier gestellten Anträge im Asylverfahren (→ S. 154) wird stattgegeben oder der Asylantrag wird lediglich als »unbegründet« abgelehnt (§ 30a Abs. 3 Satz 2 Nr. 2 AsylG). Die Ablehnung als unbegründet ist bei Antragstellerinnen aus »sicheren Herkunftsstaaten« nicht möglich (§ 29a Abs. 1 AsylG), in allen übrigen Fällen ausgesprochen selten.
- Der Asylantrag wird zurückgenommen. Denkbar sind Fallgestaltungen, bei denen ein Rechtsanspruch auf eine Aufenthaltserlaubnis wegen Eheschließung/Verpartnerung oder Geburt eines deutschen Kindes besteht oder auch freiwillige Ausreisen oder Weiterwanderungen.
- Die Abschiebung ist nicht möglich (§ 49 Abs. 1 AsylG). Das geschieht, wenn das Herkunftsland nicht zur Rückübernahme bereit ist, keine Reisepapiere ausstellt und auch kein EU-Laissez-Passer akzeptiert.
- Die Entlassung kann aus Gründen der öffentlichen Gesundheitsvorsorge sowie aus sonstigen Gründen der öffentlichen Sicherheit oder Ordnung oder aus anderen zwingenden Gründen angeordnet werden (§ 49 Abs. 2 AsylG). Neben dem Ausbruch von Seuchen oder Infektionserkrankungen spielt diese Regelung eine wichtige Rolle für den Schutz vor Gewalt in Einrichtungen, für die Sicherung des Kindeswohls und für den Schutz vor Gefahren für Leib und Leben. Die Entlassung aus der Aufnahmeeinrichtung wird zwar in das

Ermessen des Landes gestellt, es geht hier aber immer auch um Schutzansprüche unmittelbar aus dem Grundgesetz und aus Art. 24 Abs. 3 VerfahrensRL (siehe Glossar), die zu einer Ermessensreduzierung bis hin zu einem
Anspruch auf Entlassung führen.

Zwingende Gründe können vorliegen, wenn Personen wegen Krankheit,
Schwangerschaft, Behinderung oder Alter in dem Ankunftszentrum/der
Aufnahmeeinrichtung nicht angemessen und menschenwürdig leben und
versorgt werden können. Zu berücksichtigen ist hier der von der AufnahmeRL (siehe Glossar) angeordnete Schutz des Familienlebens (Art. 18
Abs. 2a AufnahmeRL). Können in der Einrichtung die geschlechts- und altersspezifischen Aspekte nicht berücksichtigt werden (Art. 18 Abs. 3 AufnahmeRL), so ist die Verpflichtung zum Aufenthalt in der Einrichtung zu beenden. Das gilt auch, wenn die besonderen Bedarfe schutzbedürftiger Personen (siehe Glossar) – zum Beispiel behindertengerechte Zugänge, geschützte Räumlichkeiten für traumatisierte Personen und ausreichend
Lernmöglichkeiten für schulpflichtige Kinder – nicht berücksichtigt werden.
Zwingend vorgegeben sind auch ausreichende Schutzvorkehrungen vor Be-
lästigungen und (sexueller) Gewalt.

Beispiele

Eine allein reisende Trans-Frau aus Mazedonien wird in dem Ankunftszentrum wiederholt von Männern sexuell belästigt und angegriffen. Schutzmöglichkeiten bestehen innerhalb der Einrichtung nicht. Ihre Schutzansprüche haben Vorrang vor
der Verpflichtung, in der Einrichtung zu bleiben; sie ist deshalb zu entlassen.

Für eine Frau aus Algerien besteht unmittelbar nach der Niederkunft mit Zwillingen
keine Möglichkeit ihre Kinder angemessen zu versorgen.

Für einen schwer traumatisierten Flüchtling aus Ghana löst die Gemeinschaftsun-
terbringung massive Angstzustände aus, es besteht akute Suizidgefahr. Es erfolgt
die Aufnahme in einer psychiatrischen Klinik.

Zuständig für die Aufhebung der Verpflichtung zum Aufenthalt im Ankunftszentrum ist die Landesstelle.

Wenn die Landesstelle nicht zeitnah über die Beendigung der Verpflichtung
zum Wohnen in der Einrichtung entscheidet, kann das BAMF eine **Erlaubnis
zum vorübergehenden Verlassen** erteilen (§ 57 Abs. 1 AsylG).

Möglich ist auch, dass der Gewalttäter durch die Polizei der Einrichtung verwiesen wird. In diesem Fall muss für ihn die Verpflichtung, sich in der Einrichtung aufzuhalten, beendet und er einer Kommune zugewiesen werden.
Diese Vorgehensweise ist ausnahmsweise angezeigt, wenn das Gewaltopfer in
der Einrichtung über besondere schützende Sozialkontakte verfügt, einen

Verbleib im Ankunftszentrum/in der Erstaufnahmeeinrichtung vorzieht und die Gewalt nur von einem Täter ausgeht.

In Notsituation ist das Verlassen der Einrichtung und damit der Verstoß gegen die Residenzpflicht durch eine Notstandssituation nach § 16 OWiG gerechtfertigt.

5 Weiterleitung in die (normale) Aufnahmeeinrichtung und Verteilung auf die Kommunen

Der Grundgedanke des komplizierten Konzepts der Unterbringung von Asylsuchenden war die Konzentration der ankommenden Menschen an wenigen Orten zur Aufnahme ihres Asylantrags und zur Durchführung der Anhörung. Ein langfristiger Aufenthalt war in diesen Massenunterkünften nicht vorgesehen. Aus den ursprünglich vorgesehenen sechs Wochen, höchstens drei Monaten, sind mit der Asylrechtsänderung vom Oktober 2015 bis zu sechs Monate geworden und für Menschen aus »sicheren Herkunftsstaaten« bis zum Ende des Verfahrens ohne zeitliche Obergrenze (§ 47 Abs. 1 und Abs. 1a AsylG).

5.1 Aufnahmeeinrichtung des Landes

Die Asylsuchenden der »**Cluster C**« und »**Cluster D**« werden unmittelbar nach der Registrierung, ED-Behandlung, Ausstellung des Ankunftsnachweises/der BüMA, Gesundheitsuntersuchung und der Dublin-Befragung (→ S. 160) in eine Aufnahmeeinrichtung (AufnahmeE) des jeweiligen Bundeslandes weitergeleitet.
Diesen AufnahmeE ist eine **Außenstelle des BAMF** zugeordnet, welche das Asylverfahren einleitet, sobald ein **Asylantrag** gestellt ist.
Für die Asylantragstellungen werden Termine vergeben, die Wartezeiten betragen zum Teil mehrere Monate. Deshalb kann es auch passieren, dass Asylsuchende bei Asylantragstellung bereits die AufnahmeE verlassen haben und einer Kommune zugewiesen wurden.
Für den Aufenthalt in der AufnahmeE gelten grundsätzlich dieselben Regeln wie im Ankunftszentrum: eine maximale Aufenthaltsdauer von sechs Monaten (§ 47 AsylG), die Residenzpflicht (§ 56 AsylG) und das Arbeitsverbot (§ 61 AsylG). Auch hier müssen die Mindeststandards der AufnahmeRL eingehalten werden.
Während der Verpflichtung, sich in einer AufnahmeE aufzuhalten, kann keine Umverteilung in eine andere AufnahmeE erfolgen.

Eine **vorzeitige Entlassung** aus der Einrichtung kann ebenso wie im Ankunftszentrum (→ S. 239) aus Gründen der öffentlichen Gesundheitsvorsorge sowie aus sonstigen Gründen der öffentlichen Sicherheit oder Ordnung oder aus anderen zwingenden Gründen angeordnet werden (§ 49 Abs. 2 AsylG). In der Praxis ist die Entlassung hier leichter durchzusetzen, weil mit einer Zuordnung zum »**Cluster C**« jederzeit auch ohne zwingende Gründe eine Verteilung in die Kommune erfolgen kann.

Ob und unter welchen Umständen die Asylsuchenden, bei denen ein Dublin-Verfahren (→ S. 158) durchgeführt wird, die also dem »**Cluster D**« zugeordnet sind, auf die Kommunen verteilt werden sollen, ist unklar. Voraussichtlich wird jedoch versucht, dass Verfahren innerhalb von sechs Monaten in der AufnahmeE durchzuführen.

Die Leistungsansprüchen und Aufenthaltsbedingungen in der AufnahmeE werden in Kapitel IV 2, → S. 222 dargestellt.

5.2   Verteilung auf die Kommunen

Die Verteilung auf die Kommunen erfolgt innerhalb des Bundeslandes, in dem die zuständige AufnahmeE liegt, ohne individuelle Prüfung mittels eines Quotensystems, welches jedes Bundesland eigenständig festlegt. In den Stadtstaaten erfolgt zum Teil keine Verteilung, sondern die Zuweisung einer Anschlussunterbringung.

Jedes Bundesland verfügt über eine Landesstelle für die Verteilung oder Anschlussunterbringung der Asylsuchenden, die ihnen zugewiesen wurden.

Nach der Zuweisung zu einer Kommune wird die Art der Unterbringung jeweils eigenständig entschieden, soweit in den Landesaufnahmegesetzen keine verbindlichen Vorgaben enthalten sind; so verpflichtet das bayerische Landesaufnahmegesetz zur Unterbringung in Gemeinschaftsunterkünften. Einzelheiten zur Unterbringung finden sich im Kapitel IV 3, → S. 239.

6   Asylantrag

In dem zuständigen Ankunftszentrum/Außenstelle des BAMF wird der Asylantrag aufgenommen. Ausgenommen sind die Sonderfälle, in denen der Asylantrag schriftlich bei der Zentrale des BAMF zu stellen ist (→ S. 187) oder das Verfahren im Flughafentransfer durchgeführt wird (→ S. 110).

Davon zu unterscheiden ist die **automatische Antragstellung** für minderjährige Kinder von Asylantragstellern (§ 14a Abs. 1 AsylG). Der Antrag für das Kind gilt mit dem Asylantrag eines Elternteils als gestellt. Reist das Kind später ein, so sind die Eltern und auch die Ausländerbehörde verpflichtet, dies dem BAMF anzuzeigen, welches das Asylverfahren von Amts wegen einleitet (§ 14a Abs. 2 AsylG).

Die Eltern oder der Elternteil in Deutschland können aber auf ein Verfahren verzichten.

Reist das Kind ein, nachdem ein Elternteil bereits anerkannt ist, kann mit dem Verzicht auf ein eigenes Asylverfahren zugleich Familienasyl bzw. internationaler Schutz für Familienangehörige (§ 26 AsylG) beantragt werden (siehe auch → S. 90).

Hierzu wird ein Termin vergeben, den die Betroffenen entweder direkt nach dem Eintreffen erhalten oder der ihnen später zugeschickt wird. Vor diesem Termin sollten keine schriftlichen Begründungen oder Dokumente eingereicht werden. Da noch kein Aktenzeichen des BAMF vergeben wurde, ist das Risiko zu hoch, dass Unterlagen auf dem Weg zwischen den Behörden verloren gehen.

6.1 Termin zur Stellung des Asylantrags

Bei diesem Termin werden viele verschiedene Verfahrensschritte vorgenommen, die die Asylsuchenden trotz genauer Information verwirren und überfordern können.

1. Der Asylantrag
– Der Asylantrag wird in einer Niederschrift – einer Art Personalbogen – ohne Begründung aufgenommen und durch Unterschrift bestätigt.
– Die Aufenthaltsgestattung wird ausgehändigt und durch Unterschrift bestätigt.
– Es wird ein vierseitiges Merkblatt zum Verfahren ausgehändigt, bei Bedarf auch übersetzt, und die Aushändigung durch Unterschrift bestätigt.
– Soweit noch nicht geschehen, werden erkennungsdienstliche (eD-)Maßnahmen durchgeführt, Unterlagen zu den Akten genommen, der Pass eingezogen oder Sprachaufzeichnungen vorgenommen (→ S. 142). Auch hierzu werden Formblätter über die Bedeutung der eD-Behandlung ausgehändigt und deren Aushändigung durch Unterschrift bestätigt.
– Es können weitere Erklärungen verlangt werden, z.B. das Einverständnis mit der Speicherung der Religionszugehörigkeit im AZR.

2. Die sog. Dublin-Anhörung

– Ein dicht bedrucktes einseitiges Merkblatt in der jeweiligen Herkunftssprache, in dem das Dublin-Verfahren kurz erklärt wird, wird ausgehändigt und dies durch Unterschrift bestätigt.

– Die Dublin-Anhörung wird durchgeführt, ein Protokoll gefertigt und dieses – nur auf Wunsch – rückübersetzt und dann unterschrieben.

Die Asylsuchenden unterzeichnen also mindestens sechs verschiedene Papiere, wobei das Risiko sicher groß ist, dass sie im Verlauf der Prozedur den Versuch einfach aufgeben, zu verstehen, was sie tun sollen und welche Rechte sie
haben.

6.2   Niederschrift des Asylantrags

An dieser Stelle bestimmen die Flüchtlinge, was in diesem Verfahren
geprüft werden soll:

Der Normalfall ist die Prüfung aller vier möglichen Anträge (→ S. 46).

Es ist auch möglich, auf die Prüfung der Asylgründe nach Art. 16a GG zu verzichten und nur die übrigen drei Punkte prüfen zu lassen. Das ist insbesondere sinnvoll, wenn das BAMF anbietet, eine Anerkennung ohne mündliche
Anhörung, nur aufgrund einer schriftlichen Befragung vorzunehmen. Derzeit
soll das Verfahren für keine Herkunftsgruppe mehr angewendet werden.

**Durch den Verzicht auf die Asylprüfung nach Art. 16a GG gehen keine
Rechte verloren,** weil die Anerkennung als Flüchtling die gleiche Rechtsstellung verleiht, die Anforderungen aber geringer sind.

Ob der Antrag auch auf die **Feststellung subsidiären Schutzes** (→ S. 77) beschränkt werden kann, ist für die Zeit nach dem Inkrafttreten der Dublin-III-
Verordnung im Juli 2013 umstritten (ablehnend Tiedemann, 2015, S. 112, Rn.
23, befürwortend Heinhold, 2015, S. 91 f.).

**Seit Dublin III unterliegt auch die Feststellung eines subsidiären Schutzes
dem Dublin-Verfahren; es hat also keinen Sinn mehr, den Antrag darauf zu
beschränken, um der Rücküberstellung zu entgehen.**

Dennoch kann es sinnvoll sein, nur einen Schutz vor Krieg oder Bürgerkrieg
zu beanspruchen, aber keinen internationalen Flüchtlingsstatus. Ein möglicher Grund könnte der Wunsch sein, keine Auskunft über bestimmte politische Aktivitäten zu geben, um nicht eine Weitergabe dieser Informationen an

die Nachrichtendienste zu riskieren. Oder ein Flüchtling möchte weiterhin über einen eigenen Nationalpass und nicht über einen Flüchtlingspass verfügen, damit z.b. bei Reisen weder Behörden noch sein soziales Umfeld den Grund der Migration erfahren.

Es ist daher eigentlich nicht logisch, dass ein Schutzanspruch nur unter der Bedingung gewährt wird, dass auch der weitergehende Schutzanspruch beantragt wird (so auch Heinhold 2015, S. 92).

Ein Asylantrag kann nicht auf die Feststellung eines Abschiebehindernisses nach § 60 Abs. 5 oder Abs. 7 AufenthG beschränkt werden, weil dann nicht das BAMF, sondern die Ausländerbehörde zuständig wäre.

Anders aber, wenn zu einem früheren Zeitpunkt bereits ein Asylverfahren durchgeführt wurde, dann bleibt das BAMF auch für einen isolierten Antrag auf Abschiebeschutz zuständig. Typische Beispiele sind schwere Erkrankungen, die erst nach der ersten Asylentscheidung aufgetreten sind und im Herkunftsland nicht behandelt werden können, oder die Geburt eines Kindes, die zu spezifischen Gefahren im Herkunftsland führen kann, von denen vor allem Kleinkinder und Alleinerziehende mit Kleinkindern betroffen sind.

6.3 Die Aufenthaltsgestattung

Die Aufenthaltsgestattung wird in der Regel mit einer Dauer von drei Monaten ausgestellt; nach einer Verteilung in die Kommune kann sie für bis zu sechs Monate ausgestellt werden (§ 63 Abs. 2 AsylG). Sie enthält folgende wichtige Angaben:
– Personalien.
– Aktenzeichen des BAMF (bei allen Anschreiben angeben!).
– Das Datum der Asylantragstellung: Es handelt sich um das Datum der Ausstellung der Aufenthaltsgestattung; dadurch wird aber gegenüber Sozialbehörden der Eindruck erweckt, der gestattete Aufenthalt beginne mit diesem Datum; maßgeblich ist hingegen das Datum der Ausstellung des Ankunftsnachweises/der BüMA, weil der Aufenthalt (spätestens) ab diesem Zeitpunkt als gestattet gilt.
– Die AufnahmeE mit Anschrift, in der die Antragstellerin zu wohnen verpflichtet ist.
– Die Verpflichtung, sich ohne Genehmigung nur im Bezirk der zuständigen Ausländerbehörde aufzuhalten (»Residenzpflicht«).
– Ein Erwerbsverbot.

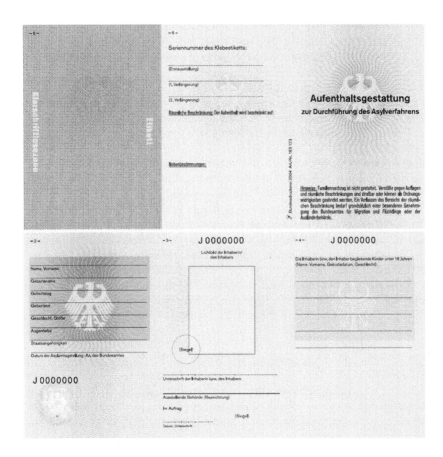

Die Beschränkungen des Aufenthalts und das Erwerbsverbot gelten allerdings nur, solange die Verpflichtung besteht, sich in der AufnahmeE aufzuhalten, mindestens aber für drei Monate. Fristbeginn ist die Ausstellung des Ankunftsnachweises/der BüMA (umstritten, → S. 139 f.).

___
Beispiel

Razim wird am 2.5.2016 von der AufnahmeE Dortmund registriert und erhält eine BüMA mit Datum vom selben Tag. Er wird verpflichtet, sich in die Erstaufnahmeeinrichtung Gießen zu begeben und begibt sich dort hin. Einen Termin zur Asylantragstellung bekommt er erst am 5.7.2016. Seine Aufenthaltsgestattung wird mit Datum von diesem Tag ausgestellt und ist bis zum 5.10.2016 gültig. Am 15.7.2016 wird er der Kommune Marburg zugewiesen und wird dort in einer Gemeinschaftsunterkunft untergebracht.

Er ist ab dem 15.7.2016 verpflichtet, in der zugewiesenen Gemeinschaftsunterkunft zu wohnen. Razim darf sich bis zum 2.8.2016 nur in Marburg aufhalten und unterliegt einem Arbeitsverbot. Ab dem 3.8.2016 (drei Monate ab Ausstellung von Ankunftsnachweis/BüMA) kann Razim sich frei im Bundesgebiet bewegen, nicht aber seinen Wohnort wechseln (§ 59a AsylG). Auch darf er nun eine Arbeitsstelle suchen (§ 61 AsylG), für die er aber eine Beschäftigungserlaubnis von der Ausländerbehörde benötigt, die diese nur mit Zustimmung und nach einer Vorrangprüfung der Arbeitsagentur ausstellt (§ 32 BeschV) (für die Details → S. 279).

Das Datum der Gültigkeit auf der Aufenthaltsgestattung hat nur eine relative Bedeutung:

– Die Gültigkeit besteht fort, wenn bis zum Ablauf noch kein Termin zur Anhörung beim BAMF bestimmt ist oder der Tag der Anhörung nach dem Ablaufdatum liegt (§ 67 Abs. 1 Satz 2 AsylG).

– Die Gültigkeit erlischt schon vor dem Ablaufdatum, wenn die Entscheidung des BAMF unanfechtbar geworden ist, der Asylantrag zurückgenommen wurde, eine Abschiebung oder Überstellung angeordnet oder vollzogen wird.

Es ist also sowohl möglich, dass Flüchtlinge eine abgelaufene Gestattung in der Hand haben, diese aber trotzdem gültig ist, und ebenso, dass sie eine Gestattung mit einem Ablaufdatum in der Zukunft haben und diese dennoch ungültig ist.

Das bedeutet für die Asylberaterinnen, dass sie immer dann, wenn die Anhörung beim BAMF schon durchgeführt wurde, sicherheitshalber nachfragen müssen, ob das Verfahren noch läuft oder schon beendet wurde. Zur Beendigung kann es auch ohne das Wissen der Betroffenen gekommen sein, wenn der Bescheid an eine falsche Adresse zugestellt wurde.

6.4 Prüfung der Zulässigkeit

Vorab wird im Asylverfahren geprüft, ob der Antrag zulässig ist. Bei einem Erstantrag wird meist nur die Zuständigkeit nach der Dublin-Regelung geprüft. Bei einem weiteren Asylantrag wird zusätzlich geprüft, ob überhaupt ein zweites oder weiteres Asylverfahren durchgeführt wird.

Der Asylantrag wird als unzulässig abgewiesen, wenn

– ein anderer EU-Staat, Norwegen oder die Schweiz (Dublin-Staaten) für die Prüfung zuständig ist (§ 26a AsylG; siehe hierzu → 6.4.1);

– in einem sonstigen Drittstaat (außerhalb der EU) bereits Schutz gefunden wurde und die Rückführung in diesen Staat innerhalb von drei Monaten möglich ist (§ 29 AsylG). In diesen Fällen spricht der Gesetzgeber von unbeachtlichen Anträgen; tatsächlich besteht aber kein Unterschied zu unzulässigen Anträgen (siehe hierzu → 6.4.2);

– in Deutschland bereits einmal ein Asylverfahren geführt wurde und die Voraussetzungen für ein Folgeverfahren nicht vorliegen (§ 71 AsylG; siehe hierzu → 6.4.3);

– in einem anderen Dublin-Staat ein Asylverfahren durchgeführt und abgelehnt wurde (Zweitantrag, § 71a AsylG). In Deutschland kann ein weiteres Verfahren nur durchgeführt werden, wenn a) die Zuständigkeit auf Deutschland übergegangen ist (z.b. weil Familienangehörige in Deutschland sind) und b) nach dem Ende des letzten Verfahrens neue Umstände eingetreten sind, die zu einer Neubewertung des Schutzstatus führen (siehe hierzu → 6.4.4);

– der Flüchtling in einem anderen Dublin-Staat bereits einen Schutzstatus erhalten hat. Ein weiteres Verfahren ist ausgeschlossen.

6.4.1   Zuständigkeit eines anderen Dublin-Staats (Dublin-Prüfung)

Vorab muss darauf hingewiesen werden, dass das Dublin-Verfahren als Teil des Gemeinsamen Europäischen Asylsystems nahezu zusammengebrochen ist, die Mitgliedstaaten sich derzeit jedoch nicht auf ein anderes Verteilungssystem einigen können.
Derzeit wird das bisherige Dublin-Verfahren in Deutschland weiter angewendet, wohl auch, um Druck in Richtung auf ein neues Europäisches Verteilungssystem aufzubauen.

Der Asylantrag wird ohne weitere Aufklärung der Fluchtgründe als »unzulässig« abgelehnt, wenn ein anderer EU-Staat für die Durchführung des Verfahrens zuständig ist.

Ausnahme: Keine Dublin-Zuständigkeit besteht, wenn nur ein Abschiebehindernis nach deutschem Recht (§ 60 Abs. 5 oder Abs. 7 AufenthG) geltend gemacht wird, also die Berufung auf Lebens- oder Gesundheitsgefahren durch besondere individuelle Umstände.
Vorsicht! Fehlende medizinische Behandlungsmöglichkeiten im Herkunftsland sind dies auch Gründe für einen subsidiären Schutz und können deshalb als Asylantrag gewertet werden (→ S. 78). Hier wird die Einschaltung einer Rechtsanwältin dringend empfohlen.

6.4.1.1 Kriterien für die Bestimmung der Zuständigkeit

Die Dublin-Staaten haben im Dublin-Kodex eine Hierarchie von Kriterien festgelegt, nach denen für jeden Antrag auf internationalen Schutz eindeutig nur ein Mitgliedstaat zuständig ist.

Wird in Deutschland ein Asylantrag gestellt, ist **Deutschland zuständig**, wenn
- es sich um **unbegleitete Minderjährige** handelt, es sei denn, es befinden sich Familienangehörige (Ehegatten und Verpartnerte, minderjährige Kinder und Eltern bzw. Sorgeberechtigte von Minderjährigen) in einem anderen EU-Staat und die Überstellung entspricht dem Kindeswohl;
- sich mindestens **ein Familienangehöriger in Deutschland** aufhält, der bereits als Flüchtling anerkannt wurde oder subsidiären Schutz erhalten hat (Art. 9 Dublin-VO). Ebenso ist zu verfahren, wenn ein Familienangehöriger in Deutschland bereits einen Asylantrag gestellt hat, über den noch nicht entschieden ist (Art. 10 Dublin-VO). Halten sich mehrere Familienmitglieder in verschiedenen Dublin-Staaten auf, ist Deutschland zuständig, wenn hier zahlenmäßig mehr Personen sind bzw. bei gleicher Anzahl, wenn sich das älteste Familienmitglied in Deutschland aufhält;
- eine deutsche Auslandsvertretung ein **Visum zur Einreise** nach Deutschland ausgestellt hat;
- eine deutsche Ausländerbehörde eine **Aufenthaltserlaubnis** ausgestellt hat;
- die **Einreise visumsfrei** erfolgte;
- die **Einreise über einen Flughafen** erfolgte;
- die **Einreise auf dem Seeweg aus einem Drittstaat** erfolgte, es sei denn, die Asylsuchende hat sich zuvor in einem Dublin-Staat aufgehalten, ist freiwillig und ohne Abschiebungsandrohung ausgereist und hat sich nicht länger als drei Monate außerhalb des Dublin-Gebiets aufgehalten;
- der **Aufenthalt in Deutschland bereits mehr als fünf Monate andauert**, es sei denn in einem anderen Dublin-Staat wurde bereits ein Asylantrag gestellt;
- **seit der ersten Einreise ins Dublin-Gebiet mehr als 12 Monate vergangen** sind und kein Asylverfahren in einem anderen Dublin-Staat eingeleitet wurde;
- sich **keine andere Zuständigkeit** feststellen lässt oder
- Deutschland von seinem **Selbsteintrittsrecht** Gebrauch macht.
-
- Entsprechend ist **ein anderer Dublin-Staat zuständig**, wenn
- **dort ein Familienangehöriger** anerkannt ist oder zuerst einen Asylantrag gestellt hat (bei mehreren siehe oben);
- **dieser Staat ein Visum oder eine Aufenthaltserlaubnis erteilt hat**;
- der Aufenthalt in einem anderen Dublin-Staat **mehr als fünf Monate** angedauert hat;

– in einem anderen Dublin-Staat bereits ein **Asylverfahren betrieben wird**
oder nach einer Zurücknahme, Anerkennung oder Ablehnung beendet ist;
– die **Einreise ins Dublin-Gebiet** unter Verstoß gegen Visa-Vorschriften über
diesen Staat erfolgte. Soweit eine Rückführung in diesen Staat mit Außen-
grenze nicht möglich ist (Griechenland wegen systemischer Mängel), wird
der nächste Staat zuständig, in den innerhalb des Dublin-Gebiets weitergereist wurde.

Zur Bestimmung des zuständigen Mitgliedstaates bedarf es Nachweise über
die Berührungen und Rechtsbeziehungen mit anderen Staaten.
Das wichtigste Instrument hierfür ist die Datei EURODAC (→ 6.4.1.2, Nr. 4).
Daneben können aber auch die Angaben zum Reiseweg und Dokumente aller
Art wie Fahrkarten, Rechnungen, Handydaten als Indizien gelten, aus denen
sich die Zuständigkeit eines Staates ableiten lässt. In der Praxis allerdings
wird die Einleitung einer Dublin-Prüfung vor allem von der Registrierung und
der Asylantragstellung in einem anderen Staat abhängig gemacht.

**Ein unzuständiger Staat kann auch zuständig werden, wenn er einem Über-
nahmeersuchen nicht widerspricht, etwa nicht prüft, wie lange sich Asylsuchende vor dem Asylantrag schon in Deutschland aufgehalten haben.**

6.4.1.2 Der Ablauf der Dublin-Prüfung

1. Vorprüfung
Für die Durchführung des Dublin-Prüfverfahrens ist ausschließlich das
BAMF zuständig. Deshalb beginnt die Prüfung normalerweise mit der Stel-
lung des Asylantrags. Da zu diesem Zeitpunkt oftmals die Frist von fünf
Monaten seit der Einreise abgelaufen ist, nach der die Zuständigkeit auf
Deutschland übergeht, setzt die Vorprüfung mittlerweile schon früher ein.
Durch die Registrierung und ID-Behandlung im Zusammenhang mit dem
Asylgesuch und der Ausstellung des Ankunftsnachweis wird es möglich,
auch die EURODAC-Anfrage bereits vor der Asylantragstellung durchzu-
führen.

2. Information über die Dublin-Prüfung
Sobald allerdings eine Dublin-Prüfung eingeleitet wird, besteht die Verpflichtung nach Art. 4 Dublin-VO die Asylsuchenden schriftlich in einer ihnen verständlichen Sprache über den gesamten Ablauf des Verfahrens
und ihre Rechte und Pflichten in diesem Verfahren zu unterrichten.
Gegenüber Analphabeten oder Menschen, die den Text wegen einer Behinderung nicht lesen können, müssen die Informationen mündlich erläutert werden, das kann auch bei der mündlichen Anhörung geschehen.

3. Persönliches Gespräch

Immer muss zu Beginn des Dublin-Verfahrens ein persönliches Gespräch nach Art. 5 Dublin-VO erfolgen. Es handelt sich nicht nur um die Abfrage von Informationen, sondern jeder Flüchtling muss Gelegenheit erhalten, besondere persönliche Aspekte seiner familiären, privaten oder gesundheitlichen Situation vorzutragen, die sowohl eine andere Zuständigkeit erkennen lassen als auch Gründe für ein Selbsteintrittsrecht Deutschlands benennen können. Bei einer schriftlichen Befragung bleibt hingegen immer unklar, ob die Flüchtlinge alle Aspekte erfasst haben.

Auf das persönliche Gespräch kann verzichtet werden, wenn die Antragsteller bereits im Zusammenhang mit der Information nach Art. 4 Dublin-VO alle Angaben gemacht hat, die es ermöglichen den zuständigen Staat zu bestimmen. Voraussetzung ist auch, dass den Antragstellern ausdrücklich die Möglichkeit eingeräumt wurde, alle weiteren eventuell für die Bestimmung des zuständigen Staates wichtigen Informationen vorzulegen. **Aus dieser Klausel hat das BAMF nun ein neues Vorgehen entwickelt. Die Befragung wird jetzt zum Teil schriftlich durchgeführt. Die Antragsteller bekommen zwar die Informationsblätter, aber es kann nicht mehr nachvollzogen werden, ob sie die Bedeutung des Verfahrens und der von ihnen abgefragten Angaben verstanden haben.**

Sehr bedenklich wird es, wenn die schriftliche Abfrage des Reiseweges mit einem Hinweis auf die Mitwirkungspflichten, einer Fristsetzung und einer Belehrung über das Betreiben des Verfahrens nach § 33 AsylG verbunden wird. Die Antragsteller werden dann auch belehrt, dass ihr Asylantrag als zurückgenommen gilt, wenn sie nicht innerhalb der gesetzten Frist antworten (§ 33 Abs. 4 AsylG).

Wird dieses Schreiben nicht oder nicht rechtzeitig beantwortet, wird das **Asylverfahren eingestellt.** Das führt zunächst zu einem illegalen Aufenthalt, der allerdings durch einen persönlichen Antrag auf Wiederaufnahme beendet werden kann (§ 33 Abs. 5 AsylG). Dies ist jedoch nur einmal möglich, im **Wiederholungsfall** wird ein erneuter Antrag als Folgeantrag behandelt (→ S. 171).

Viele Flüchtlinge sind zu Beginn des Aufenthalts mit den Fragebogen überfordert und verunsichert. Es besteht auch die Gefahr, dass sie sich dann von anderen Flüchtlingen oder Unterstützerinnen helfen lassen, denen Bedeutung und Tragweite dieser Verfahren ebenfalls nicht bewusst ist.

Ob die Vorgehensweise des BAMF mit Art. 5 Dublin-VO vereinbar ist, ist derzeit unklar; die Entscheidung des BVerwG vom 17.6.2014 – 10 C 7.13 hält zwar die Einstellung des Verfahrens wegen einer verspäteten Antwort auf die Abfrage des Reisewegs für rechtmäßig, beschäftigt sich aber nicht mit dem Anspruch auf ein persönliches Gespräch.

Anlässlich des persönlichen Gesprächs oder auf schriftliche Anforderung sind die Antragsteller auch verpflichtet, **Unterlagen zum Reiseweg** wie Fahrkarten, Tankquittungen und Telefonkarten vorzulegen. Das Auslesen der Handydaten ist zwar nach AsylG nicht vorgesehen, es kann jedoch zur Feststellung der Identität und zur Feststellung einer »Rückführungsmöglichkeit in einen anderen Staat« (§ 48 Abs. 3 AufenthG) angeordnet werden. Bei Verweigerung der Zugangsdaten, dürfen diese auch beim Provider abgefragt werden. Geprüft werden muss aber, ob die Informationen nicht auch durch ein milderes Mittel beschafft werden können, und ob die Handydaten tatsächlich mehr erwarten lassen als lediglich Informationen aus dem persönlichen Bereich (§ 48 Abs. 3a AufenthG).

Deutlich wird, dass **auch Asylsuchende nicht vor einem Zugriff auf ihre Handydaten geschützt sind**.

4. **EURODAC-Abfrage**
Die EURODAC-Abfrage erfolgt routinemäßig in jedem Verfahren. EURODAC (siehe Glossar) ermöglicht den Dublin-Staaten die Identifizierung von Asylsuchenden und Personen, die ohne Papiere die EU-Außengrenze überschreiten. Anhand des Vergleichs der Fingerabdrücke kann festgestellt werden, ob eine Person bereits in einem anderen Dublin-Mitgliedstaat Asyl beantragt hat oder illegal eingereist ist.

EURODAC besteht aus einer von der Europäischen Kommission verwalteten zentralen, computergestützten Datenbank für Fingerabdrücke und elektronischen Einrichtungen für die Datenübertragung zwischen den Dublin-Staaten und der zentralen Datenbank.

Neben den Fingerabdrücken werden folgende Daten von den EU-Mitgliedstaaten übermittelt:
– Herkunftsmitgliedstaat;
– Geschlecht der Person;
– Ort und Zeitpunkt der Antragstellung oder Zeitpunkt des Aufgreifens;
– Kennnummer;
– der Zeitpunkt der Abnahme der Fingerabdrücke;
– der Zeitpunkt der Übermittlung der Daten an EURODAC.

5. Aufnahmegesuch

Ergeben sich Hinweise darauf, dass andere Staaten (einer oder mehrere) zuständig sind, erfolgt das **Ersuchen des BAMF** an einen anderen Staat oder auch mehrere Staaten.

Begrifflich wird unterschieden zwischen einem **Aufnahmeersuchen**, wenn noch kein Asylantrag gestellt wurde, und einem **Wiederaufnahmeersuchen**, wenn bereits ein Asylantrag in dem ersuchten Dublin-Staat gestellt wurde.

Fristen für das Ersuchen:
– Zwei Monate nach einem EURODAC-Treffer.
– Drei Monate nach Asylantrag, wenn kein Treffer vorliegt.
– Ein Monat bei Abschiebehaft.

Die Berechnung der Fristen bereitet weiterhin Probleme. Nach Art. 20 Abs. 2 Dublin-VO gilt ein Antrag auf internationalen Schutz als gestellt, wenn den zuständigen Behörden des betreffenden Mitgliedstaats ein vom Antragsteller eingereichtes Formblatt oder ein behördliches Protokoll zugegangen ist. Die zuständige Behörde ist das BAMF. Daraus folgert die Rechtsprechung und die Rechtsliteratur, dass erst der förmliche Asylantrag beim BAMF (das Datum auf der Aufenthaltsgestattung) als Ausgangspunkt für die Berechnung der Frist nach Art. 21 Abs. 1 Satz 1 Dublin-VO von drei Monaten gilt (VG Darmstadt vom 17.6.2015 – 4 L 690/15.DA.A; Filzwieser/Sprung, Dublin-III-Verordnung, Stand: 1.2.2014, Art. 20, K6).

Alternativ wird in Art. 21 Abs. 1 Satz 2 Dublin-VO eine Frist von zwei Monaten nach dem EURODAC-Treffer genannt. Es handelt sich dabei offensichtlich um eine gewollte Verkürzung der Regelfrist von drei Monaten. Daraus folgt dann, dass diese Frist nicht erneut beginnt, wenn die Frist von drei Monaten nach förmlichem Asylantrag bereits abgelaufen ist.
Werden die Fristen nicht eingehalten, so wird Deutschland für die Durchführung des Verfahrens zuständig.

Zu den Folgen des Fristablaufs siehe unten, → Nr. 10.

6. Reaktion des ersuchten Dublin-Staats

Der ersuchte Staat kann auf das Aufnahmegesuch antworten und sich für zuständig erklären. Dieselbe Wirkung tritt ein, wenn der Staat nicht antwortet, dann wird die **Zustimmung nach Fristablauf fingiert.**
Hierin liegt ein besonderes Problem, weil durch die unterlassene Reaktion eine europarechtlich wirksame Zuständigkeit entsteht, obwohl die Voraussetzungen dafür nicht gegeben sind.

Es kann durchaus sinnvoll sein, das zuständige Amt in den jeweiligen Staaten darauf hinzuweisen, dass etwa die Aufenthaltsfrist von fünf Monaten nach Einreise in Deutschland bereits überschritten war oder vorrangig die Zuständigkeit eines anderen Dublin-Staates besteht. Die Folge kann eine Ablehnung durch den ersuchten Staat sein.

Für die Antwort gelten folgende Fristen:

Aufnahmeersuchen:	Anfrage nach EURODAC-Treffer	Zwei Monate Bei Dringlichkeit: ein Monat
	Anfrage ohne EURODAC-Treffer	Bei Haft: zwei Wochen
Wiederaufnahmeersuchen:	Anfrage nach EURODAC-Treffer	Zwei Wochen
	Anfrage ohne EURODAC-Treffer	Ein Monat Bei Abschiebehaft: zwei Wochen

Lehnt der ersuchte EU-Staat die Zuständigkeit ab, muss Deutschland innerhalb von **drei Wochen** eine Beschwerde (Remonstration) an den anderen Staat schicken. Wird die Frist nicht eingehalten, wird Deutschland endgültig zuständig.

Der ersuchte Staat muss innerhalb von **zwei Wochen** antworten, sonst wird dieser Staat endgültig zuständig.

7. Selbsteintritt

Spätestens, wenn die Zuständigkeit eines anderen Dublin-Staates feststeht, muss das BAMF nochmals prüfen, ob es von seinem Selbsteintrittsrecht Gebrauch macht. Es handelt sich dabei um eine Ermessensentscheidung (Art. 17 Dublin-VO), von der Gebrauch gemacht werden muss, wenn sonst gegen höherrangiges Recht oder gegen eine politische Anordnung verstoßen würde.

Das Selbsteintrittsrecht kommt in vier Fällen in Frage:

– In dem ersuchten Staat bestehen **systemische Mängel des Asylverfahrens**, entweder generell (Griechenland, vorläufig bis zum 30.6.2016) oder für bestimmte Personen (Italien für Familien mit Kleinkindern).

– Es besteht ein **Abschiebehindernis**, insbesondere eine schwere Erkrankungen oder eine fortgeschrittene Schwangerschaft. Auch wenn die konkrete Gefahr einer Inhaftierung im Einzelfall besteht und diese mit einer unmenschlichen oder erniedrigenden Behandlung verbunden ist, besteht ein Abschiebehindernis (EuGH vom 5.4.2016 – C-404/15 zu Ungarn und – C-659/15 zu Rumänien).

– Es gibt eine entsprechende **politische Entscheidung**. Im Jahr 2015 gab es diese Entscheidung von Ende August bis Ende Oktober für Antragsteller

aus Syrien. Derzeit besteht nur die Entscheidung hinsichtlich Griechen-
lands.
– Die Prüfung des **Einzelfalls** ergibt **außergewöhnliche Härtegesichts-
punkte**, z.b. die Trennung von Geschwistern, von denen einer gerade
volljährig, der andere noch minderjährig ist oder wenn Flüchtlinge in ganz
besonderer Weise auf die Unterstützung von Verwandten in Deutschland
angewiesen sind.

8. **Bescheid über Unzulässigkeit des Asylantrags (§ 27a AsylG)**
Wird vom Selbsteintrittsrecht kein Gebrauch gemacht, ergeht ein Bescheid
über die Unzulässigkeit des Asylantrags, der verbunden wird mit der Anordnung der Abschiebung (§ 34a AsylG) in den zuständigen EU-Staat.

Die Entscheidung über die Abschiebung wird allein vom BAMF getroffen
(BayVGH vom 28.10.2013 – 10 CE 13.2257). Auch die **inlandsbezogenen
Abschiebehindernisse** (rechtlich als Vollstreckungshindernisse eingeordnet) wie Krankheit, Schwangerschaft oder Familieneinheit werden nur
vom BAMF geprüft (siehe unter 7).

9. **Antrag auf Wiederaufgreifen**
Ist der Bescheid des BAMF über die Abschiebung bereits bestandskräftig
(die Rechtsmittelfrist ist schon abgelaufen) und tritt erst danach ein Abschiebehindernis ein, so muss ein Antrag auf Wiederaufgreifen des Verfahrens (§ 51 Abs. 1 VwVfG) an das BAMF gerichtet werden und durch einen Eilantrag ans Verwaltungsgericht (§ 123 Abs. 1 Satz 1 VwGO) abgesichert werden (BayVGH vom 21.4.2015 – 10 CE 15.810).

Beispiel

Ali ist iranischer Staatsangehöriger und reiste nach einer Registrierung in Kroati-
en nach Deutschland. Hier sucht er am 1.9.2015 um Asyl nach und stellt am
15.1.2016 einen förmlichen Asylantrag beim BAMF. Nach seiner mündlichen
Anhörung und dem Übernahmeersuchen an Kroatien, das unbeantwortet bleibt,
ergeht am 1.4.2016 ein Überstellungsbescheid mit Abschiebungsverfügung
nach § 34a AsylG. Am 15.5.2016 haben Ali und seine deutsche Freundin Annet-
te einen Termin zur Eheschließung am 10.6.2016, nachdem sie alle Papiere beschafft haben. Noch am 15.5.2016 beauftragt Ali eine Rechtsanwältin, die sowohl einen Antrag auf Wiederaufgreifen des Verfahrens ans BAMF stellt als auch
einen Eilantrag ans Verwaltungsgericht, um dem BAMF zu untersagen, nach
Kroatien abzuschieben.
Hier liegen die Dinge relativ klar, weil Art. 6 Abs. 1 GG ein besonderes Schutzgebot
für Ehe und Familie enthält, welches nach der Rechtsprechung nur dann vor einer
Abschiebung schützt, wenn der Heiratstermin unmittelbar bevorsteht (BayVGH

vom 24.10.2012 – 10 CE 12.2125). Voraussichtlich wird das BAMF auf eine Anfrage des Verwaltungsgericht hin von sich aus erklären, bis zur Entscheidung über den Wiederaufgreifensantrag nicht abzuschieben.

10. Abschiebung

Die Abschiebung muss innerhalb von **sechs Monaten** nach Eingang der Antwort des ersuchten Staates bzw. nach Ablauf der Frist für die Rückantwort erfolgen.

Die Frist verlängert sich auf **zwölf Monate**, wenn eine Person sich in der U-Haft oder Strafhaft befindet (nicht Abschiebehaft).

Die Frist verlängert sich auf **18 Monate**, wenn der Person vorgeworfen wird, »untergetaucht« zu sein. In diesen Fällen besteht auch die Gefahr der Verhängung der neu eingeführten »Dublin-Haft« nach § 2 Abs. 15 AufenthG.

Wie die Frist genau zu berechnen ist, wird von verschiedenen Gerichten unterschiedlich bewertet und ist weder vom EuGH noch vom BVerwG bislang entschieden worden. Das BAMF berechnet die Frist ab der gerichtlichen Entscheidung, mit der entweder der Eilantrag oder aber die Klage abgewiesen werden (Art. 29 Abs. 1 Dublin-III-VO).

Diese Berechnung muss zumindest dahin korrigiert werden, dass das gerichtliche Verfahren eine laufende Frist nur unterbricht, aber nicht neu in Gang setzt (OVG NRW vom 10.3.2016 – 13 A 1657/15 A).

Beispiel

Argon reicht durch seine Anwältin gegen einen Überstellungsbescheid nach Ungarn, zugestellt am 16.10.2015, am 15.11.2015 Klage ein und beantragt die Wiederherstellung der aufschiebenden Wirkung. Der Antrag auf Wiederherstellung der aufschiebenden Wirkung wird am 3.12.2015 abgewiesen. Ungarn hatte dem Überstellungsersuchen am 29.9.2015 stattgegeben. Die Frist beginnt am 30.9.2015 und würde ohne Antrag bis zum 30.3.2016 laufen. Der Antrag war 18 Tage bei Gericht anhängig, sodass sich das Ende der Frist maximal auf den 17.4.2016 verschieben könnte.

Einige Verwaltungsgerichte gehen jedoch davon aus, dass gerichtliche Rechtsschutzanträge die Frist nicht unterbrechen, d.h. die Zuständigkeit geht sechs Monaten nach der Zustimmung (auch fingierten) des anderen Dublin-Staates auf Deutschland über (VG Düsseldorf vom 1.12.2015 – 15 L 3737/15.A).

Für die Fristberechnung ist es in einigen Fällen sinnvoller auf Rechtsmittel zu verzichten, z.B. wenn wegen fortgeschrittener Schwangerschaft oder Krankheit die Überstellung nicht vorgenommen werden kann.

Anwaltlicher Rat ist dringend empfohlen!

Ein besonderes Problem besteht beim **Kirchenasyl**. Den Behörden wird der Aufenthalt der Flüchtlinge im Kirchenbereich offiziell mitgeteilt, ein Schutz vor Festnahme und Abschiebung besteht jedoch nur innerhalb der Räume der Kirche.

Das Kirchenasyl muss so lange fortgesetzt werden, bis die Überstellungsfrist (sechs Monate) abgelaufen ist.

Die Abschiebungsanordnung nach § 34a AsylG und ihre Umsetzung lösen kein gesetzliches Einreise- und Aufenthaltsverbot nach § 11 Abs. 1 AufenthG aus, weil es sich nicht um die zwangsweise Vollstreckung einer Ausreiseverpflichtung handelt, sondern weil die Ausreisepflicht nach der gesetzlichen Vorgabe stets durch eine Abschiebung umzusetzen ist (VG Düsseldorf vom 31.8.2015 – 24 K 5369/15, die Berufung wurde wegen grundsätzlicher Bedeutung zugelassen).

11. Freiwillige Ausreise
Eine freiwillige Ausreise in den als zuständig bestimmten Staat ist nicht vorgesehen. Flüchtlinge können der Überstellung (Abschiebung) in diesen Staat durch freiwillige Ausreise zuvorkommen. Oft ist dies nicht sofort möglich, weil der Pass beim BAMF hinterlegt wurde und zunächst herausgegeben werden muss. Manchmal ist er gar nicht auffindbar (Die Welt, Bericht vom 27.10.2015). Auch muss die Finanzierung des Flugtickets geklärt werden. Insbesondere haben die Betroffenen kein individuelles Einreiserecht; der andere Dublin-Staat ist zur Aufnahme nur verpflichtet, wenn die Rückführung im Rahmen des Dublin-Verfahrens erfolgt (BayVGH vom 5.10.2015 – 21 ZB 15.30178). Die Abschiebungsanordnung bleibt jedoch ein Verstoß gegen den allgemeinen Grundsatz des Vorrangs der freiwilligen Ausreise vor der zwangsweisen Deportation (Erwägungsgrund 10 und Art. 7 RückführungsRL (siehe Glossar), zumal es keinen vernünftigen Grund gibt, warum der zuständige Staat nicht bereit sein sollte, auch freiwillig Rückkehrende aufzunehmen. Das BVerwG sieht kein Verpflichtung der Dublin-Staaten, eine freiwillige Ausreise anzubieten. Die RückführungsRL sei nicht anzuwenden, weil nachrangig. Im Ergebnis muss die freiwillige Ausreise aber auch nach der Auffassung des BVerwG zugelassen werden:

»Eine Überstellung ohne Verwaltungszwang ist dem Asylbewerber von der Vollzugsbehörde dann zu ermöglichen, wenn gesichert erscheint, dass er sich freiwillig in den für die Prüfung seines Antrags zuständigen Mitgliedstaat begibt und sich dort fristgerecht bei der verantwortlichen Behörde meldet.« (BVerwG vom 17.9.2015 – 1 C 26.14)

12. Rechtsmittel:

Es sind immer zwei gerichtliche Anträge zu stellen:

– Gegen die Entscheidung des BAMF, mit der der Asylantrag als unzulässig abgewiesen wird, kann innerhalb von zwei Wochen nach Zustellung **Klage** eingereicht werden.
Vorsicht! Die Frist läuft auch, wenn die Betroffenen erst später davon erfahren.
Die Klage hat aber keine aufschiebende Wirkung; das bedeutet, dass die Asylsuchenden in den anderen Dublin-Staat abgeschoben werden können, wenn nur die Klage eingereicht wird.

– Deshalb ist ein **weiterer Eilantrag** beim Verwaltungsgericht erforderlich. Es handelt sich um einen Antrag auf Wiederherstellung der aufschiebenden Wirkung der Klage. Solange über diesen Antrag vom Verwaltungsgericht nicht entschieden ist, darf keine Abschiebung erfolgen.

Die Begründung kann eventuell etwas später nachgereicht werden; dies darf das Verfahren aber nicht verzögern.

Asylsuchende, die bis zur Zustellung des Bescheids des BAMF noch nicht anwaltlich vertreten waren, bleibt meist nur, die Klage und den Eilantrag selbst einzulegen. Das kann mündlich bei der Rechtsantragsstelle des Verwaltungsgerichts geschehen. Es reicht den Wunsch zu äußern, gegen den Bescheid vorzugehen, auf die genaue Formulierung kommt es nicht an. Allerdings empfiehlt sich dringend die Begleitung durch eine Dolmetscherin oder zumindest eine Asylberaterin, um sicher zu stellen, dass das Anliegen verstanden wird. Asylverfahren vor den Verwaltungsgerichten sind gerichtskostenfrei.
Vorsicht! Das betrifft nicht die Kosten eines Rechtsanwalts (→ S. 413).

Anschließend sollte jedoch unverzüglich eine Anwältin mit der Begründung des Antrags beauftragt werden. Drei verschiedene Aspekte können vorgebracht werden:

– Es soll in einen Staat abgeschoben werden, in dem der Aufenthalt für die Betroffenen unzumutbar ist wegen Mängeln des Asylaufnahmesystems.

– Trotz Zuständigkeit eines anderen EU-Staates verstößt die Rückführung gegen Grundrechte (Gesundheit, Schwangerschaft, Familienschutz) oder das BAMF ist aus Gründen der Verhältnismäßigkeit verpflichtet, von seinem Selbsteintrittsrecht Gebrauch zu machen.

– Deutschland ist durch Fristablauf zum zuständigen Dublin-Staat geworden.

Das BVerwG vom 6.6.2014 – 10 B 35.14 hat betont, dass eine Rückführung nur dann unzulässig ist, wenn in dem zuständigen Dublin-Staat **systemische Mängel** des Asylverfahrens oder des Aufnahmesystems bestehen; dagegen reichen einzelne Menschenrechtsverletzungen, selbst wenn die Betroffenen sie schon am eigenen Leib erlebt haben, nicht aus. Argumentiert wird damit, dass das Gemeinsame Europäische Asylsystem (GEAS) auf der gesetzlich vorgegebenen Vermutung beruhe, die Rechte Asylsuchender aus der Grundrechte-Charta, der Genfer Flüchtlingskonvention und der Europäischen Menschenrechtskonvention würden in jedem Mitgliedstaat beachtet (normative Vergewisserung). Diese gesetzliche Vermutung kann zwar widerlegt werden, dafür muss aber das gesamte Asylsystem eines Dublin-Staates grundlegend gestört bzw. funktionsunfähig sein. Diese Konstruktion liegt auch der Entscheidung des EuGH vom 10.12.2013 – C-394/12 (»Abdullahi«) zum Verbot der Überstellung nach Griechenland zugrunde.

Die Situation in den verschiedenen EU-Staaten ändert sich beständig:
– Derzeit wird nicht nach **Griechenland** überstellt;
– nach **Italien** und **Malta** keine Überstellung von Familien mit kleinen Kindern;
– die Situation in **Bulgarien** ist unklar, ein Überstellung wird von den VG teilweise abgelehnt; insbesondere Familien mit Kindern und schutzbedürftige Personen finden keine menschenwürdige Aufnahme (VG Freiburg 4.2.2016 – A 6 K 1356/14; VG Gießen vom 4.8.2015 – 2 K 1742.14.GI.A; VG Schleswig vom 14.10.2015 – 12 A 119.15). Andere Verwaltungsgerichte halten die Überstellung für rechtmäßig (VG Regensburg vom 23.2.2016 – RN 1 S 16.50036; VG Gelsenkirchen vom 19.2.2016 – 2a K 3697/15 A; VG Berlin vom 22.1.2016 – 23 K 618.14 A);
– derzeit lässt sich eine Rückführung nach **Ungarn** nicht verantworten, weil das Asylverfahren systemische Mängel aufweist (VG Potsdam vom 21.9.2015 – VG 4 K 1459.15.A; VG Dresden vom 29.1.2016 – 7 K 1207/15 A). Nach jüngsten Untersuchungen sind Personen, die im Dublin-Verfahren rücküberstellt werden, nicht vor einer Abschiebung nach Serbien sicher, welches als »sicherer Drittstaat« deklariert wurde (VG Düsseldorf vom 22.10.2015 – 13 L 3465.15.A). Auch hier gibt es aber gegenteilige Entscheidungen (VG Greifswald vom 14.3.2016 – 4 B 649/16 As HGW; VG Ansbach vom 17.2.2016 – AN 3 S 16.50035).

Bestehen in dem zuerst zuständigen Dublin-Staat (z.B. bei Landung in Griechenland) systemische Mängel, so wird Deutschland damit noch nicht automatisch zum zuständigen Staat für das Asylverfahren. Es kann auch ein weiterer Staat der Durchreise zuständig werden, wenn die sonstigen Voraussetzungen nach der Dublin-Verordnung erfüllt sind (EuGH vom 14.11.2013 C-4/11 »Puid«).

Nicht einfach zu bewerten sind die **Folgen des Ablaufs von Fristen** für Asylsuchende. So hatte das BVerwG vom 27.10.2015 – 1 C 32.14 entschieden, dass sich nur die Mitgliedstaaten, nicht aber die Betroffenen, auf den Ablauf von Fristen berufen können. Es geht dabei vor allem um die Überstellungsfrist von sechs Monaten ab dem Eingang der Zustimmung des ersuchten Staates oder den Eintritt der Fiktionswirkung bei fehlender Antwort. In mehreren Entscheidungen vertritt das OVG Münster, u.a. vom 10.3.2016 – 13 A 1657/15.A, jedoch die Auffassung, dass nach dem Fristablauf die Zuständigkeit an die Bundesrepublik fällt und damit auch ein **subjektiver Anspruch auf die Durchführung des Verfahrens in Deutschland** entsteht. Auch besteht nach Fristablauf keine Rücknahmepflicht des bisher zuständigen Dublin-Staates, sodass auf diesen auch nicht verwiesen werden kann (VG München vom 18.1.2016 – M 12 K 15.50458). Auch hier gibt es jedoch gegenteilige Auffassungen (VG Göttingen vom 27.1.2016 – 2 A 931/13).

Ob gegen eine Überstellungsanordnung vorgegangen werden kann, weil die Kriterien der Dublin-Verordnung falsch angewendet wurden, ist noch nicht abschließend entschieden. Wenn der Vorrang der Familieneinheit nicht berücksichtigt wurde, haben Flüchtlinge ein subjektives Recht auf den Verbleib bei den engen Familienangehörigen. Wenn aber andere Kriterien nicht berücksichtigt wurden, lassen sich daraus möglicherweise keine Rechte herleiten. Die Feststellungen über die Zuständigkeit sind in einem zwischenstaatlichen Verfahren weitgehend so formalisiert worden, dass nur die Staaten einwenden können, nicht zuständig zu sein. Ob Flüchtlinge diesen Abläufen jedoch einfach ausgeliefert sind, auch wenn sie den Regeln der Dublin-Verordnung widersprechen, muss der EuGH noch klären, nach dem ihm diese Frage von einem niederländischen Gericht vorgelegt wurde (EuGH, C-63/15 »Ghezelbash«).

6.4.2 Sicherheit in einem Staat außerhalb der EU

Bislang sind Fälle einer sicheren Aufnahme in einem Drittstaat außerhalb der Dublin-Zuständigkeit sehr selten. Es genügt nicht, sich in einem Drittstaat längere Zeit aufgehalten zu haben, sondern es muss entweder durch die Gewährung des Flüchtlingsstatus oder durch einen auf Dauer angelegten Aufenthaltsstatus dokumentiert sein, dass keine Abschiebegefahr besteht. Zusätzlich muss der Drittstaat auch seine Aufnahmebereitschaft erklären oder diese durch die Ausstellung eines Reiseausweises dokumentiert haben.

Diese Situation wird sich voraussichtlich ändern, wenn die Türkei von der EU als »sicherer Drittstaat« definiert wird und den Flüchtlingen in der Türkei ein Flüchtlingsstatus zuerkannt würde (dazu müsste zunächst der räumliche Vorbehalt auf europäische Flüchtlinge zur GFK aufgehoben werden) oder eine Aufenthaltserlaubnis erteilt wird.

6.4.3 Asylfolgeantrag

Manche Flüchtlinge und auch ihre Unterstützer meinen, ein Asylverfahren ließe sich einfach wiederholen. Das ist falsch!

Ein Asylfolgeantrag ist auch kein geeignetes Mittel, um Zeit zu gewinnen; dafür sind die damit verbundenen Risiken, insbesondere das Risiko einer schnellen Abschiebung, viel zu hoch.

Ein Folgeantrag ist nur zulässig, wenn

1. grundlegend neuen Ereignisse eingetreten sind oder neue Beweismittel vorliegen, die zu einer Neubewertung der Verfolgung oder der Gefahr führen (»**Nachfluchtgründe**«, § 51 Abs. 1 und Abs. 2 VwVfG), **und**

2. wenn diese neuen Erkenntnisse in der **Frist von drei Monaten** nach Bekanntwerden vorgetragen oder vorgelegt wurden (§ 51 Abs. 3 VwVfG).

Wann die Frist beginnt, ist in der Praxis nicht immer eindeutig festzustellen. Oft entwickelt sich die Situation im Herkunftsland schleichend oder ambivalent. Ab wann daraus für die Einzelne eine Verfolgungsgefahr oder das Risiko eines ernsthaften Schadens entsteht, lässt sich meist nicht datumsgenau feststellen. Aus diesem Grund muss der Antragstellerin auch ein gewisser Bewertungsspielraum bleiben. Wenn keine anwaltliche Vertretung besteht, kann es auch darauf ankommen, wann bestimmte Informationen bei den Flüchtlingen angekommen sind.

Der Vortrag von Nachfluchtgründen muss besonders kritisch geprüft werden. Mit § 28 Abs. 2 AsylG hat der Gesetzgeber eine gesetzliche Vermutung geschaffen, nach der alle Handlungen nach Beendigung eines ersten Asylverfahrens, die eine Verfolgung auslösen können, als missbräuchliche, selbst verursachte Gefährdung zu bewerten seien. Sie können nur zu einer Schutzgewährung führen, wenn die Missbrauchsvermutung widerlegt wird. Es kommt hierbei auch auf die Frage an, warum eine politische, religiöse, künstlerische Aktivität nicht unmittelbar nach dem Eintreffen in Deutschland – also schon während des ersten Asylverfahrens – entfaltet wurde, sondern erst zu einem späteren Zeitpunkt (siehe im Einzelnen → S. 69).

Ein unzulässiger Antrag wird inhaltlich nicht bearbeitet.

Er bietet auch keinen echten Schutz vor Abschiebung. Die Verpflichtung zur Ausreise und die Abschiebungsandrohung aus dem ersten Asylbescheid bleiben in vollem Umfang wirksam.

Die Abschiebung wird lediglich für die Zeit zwischen der Antragstellung und der Mitteilung des BAMF an die Ausländerbehörde ausgesetzt.

Eigentlich müsste in dieser Zeit eine Duldung erteilt werden; dies geschieht jedoch häufig nicht. Oft wird nur eine Grenzübertrittsbescheinigung oder auch gar kein Papier ausgestellt.

Während der Prüfung des Folgeantrags besteht die räumliche Beschränkung (»Residenzpflicht«) des ersten Verfahrens fort (§ 71 Abs. 7 AsylG).

War eine Antragstellerin jedoch nach dem ersten Antrag und vor dem Folgeantrag aus Deutschland ausgereist, so soll sie verpflichtet werden, sich in einer Aufnahmeeinrichtung (ebenfalls des ersten Verfahrens) aufzuhalten (§ 71 Abs. 2 Satz 2 AsylG).

Die Aussetzung der Abschiebung hindert nicht die Möglichkeit, eine Person in Abschiebehaft zu nehmen, wenn sie entweder illegal eingereist ist oder eine dringende Fluchtgefahr angenommen wird.

Es ist noch nicht einmal erforderlich, dass die Antragsteller über die Entscheidung des BAMF informiert werden. Die Abschiebung kann von der Ausländerbehörde sofort vollzogen werden, wenn sie – auch telefonisch oder per Fax – vom BAMF die Mitteilung erhält, dass kein weiteres Verfahren durchgeführt wird (§ 71 Abs. 5 AsylG).

Durch die Neuregelung seit November 2015 darf der Termin zur Abschiebung vorher nicht mehr angekündigt werden (§ 59 Abs. 1 AufenthG).

Ein Asylfolgeantrag birgt also das Risiko, in Abschiebehaft genommen zu werden oder zu einem nicht bekannten und nicht zu bestimmenden Zeitpunkt abgeschoben zu werden.

Die Hürden für die Durchführung eines Asylfolgeverfahrens sind so hoch, dass grundsätzlich nicht auf anwaltlichen Rat verzichtet werden sollte.

6.4.4 Zweitantrag

Ein Zweitantrag nach § 71a AsylVerfG liegt vor, wenn Flüchtlinge bereits in einem anderen EU-Staat ein Asylverfahren durchgeführt haben und dort abgelehnt wurden.

Auch wer nur als subsidiär schutzberechtigt anerkannt wurde, gilt hinsichtlich der Anerkennung der Flüchtlingseigenschaft als Zweitantragsteller. Ausgenommen davon sind Asylsuchende, die ihren Asylantrag vor dem 20.7.2015 gestellt haben (Ablauf der Umsetzungsfrist der VerfahrensRL); sie müssen wegen der Anwendung des bisherigen Verfahrensrechts als Erstantragstellerinnen behandelt werden (BVerwG vom 30.9.2015 – 1 B 51.15).

Geprüft wird nicht, ob im Herkunftsland Verfolgung oder sonstige Gefahrensituationen bestehen, sondern zunächst nur, **ob Deutschland** für die Entscheidung über einen Zweitantrag **nach den Regeln von Dublin III zuständig** ist.

Wird die Zuständigkeit nach Dublin III verneint, dann wird auch bei einem Zweitantrag die Abschiebung in den anderen EU-Staat eingeleitet.

Bejaht wird die Zuständigkeit nur, wenn sich dies aus den Kriterien der Dublin-Verordnung ergibt.
Am häufigsten ist der Fall, dass eine Abschiebung in einen anderen EU-Staat nicht mehr möglich ist, weil die Überstellungsfrist nach Dublin III (→ S. 160) abgelaufen ist.

Beispiel

Rim aus Eritrea ist über Italien eingereist, hat dort einen Asylantrag gestellt und ist dann nach Deutschland weitergereist. Hier wurde ihr Asylantrag als unzulässig abgelehnt und die Abschiebung nach Italien eingeleitet. Wegen einer bevorstehenden Entbindung und dann nach der Geburt des Kindes konnte sie nicht abgeschoben werden, sodass die Frist nach Dublin III von sechs Monaten ablief.
Gleichzeitig wurde ihr Asylantrag in Italien abgelehnt, weil sie zum Anhörungstermin nicht erschienen war.
Deutschland ist nun für das Asylverfahren zuständig, weil die Fristen im EU-Verteilungsverfahren abgelaufen sind (Art. 3 Abs. 2 Dublin-VO).
Möglich ist auch eine Änderung in der Zuständigkeit, weil etwa der Ehemann und ihr erstes Kind zwischenzeitlich auf dem Luftwege über Addis Abeba/Äthiopien nach Deutschland eingereist sind und sich die Zuständigkeit für die gesamte Familie nun nach Art. 11 der Dublin-VO richtet.
Auch dann wird nur geprüft, ob sich seit der Entscheidung der Asylbehörden des anderen EU-Staates etwas an der Verfolgungssituation geändert hat und ob diese Änderungen innerhalb von drei Monaten nach Kenntnisnahme vorgetragen wurden (§ 51 VwVfG).

Im Beispiel von Rim könnten die neuen Tatsachen gerade in der Geburt des Kindes und damit in den besonderen Schwierigkeiten einer alleinstehenden Mutter mit Säugling bei Rückkehr nach Eritrea liegen.

Auch könnte sich erst durch die Ausreise des Ehemannes ergeben haben, dass dieser nun wegen Desertion verfolgt wird und Rim als Ehefrau in diese Verfolgung einbezogen wird.

Achtung! Ein Zweitantrag, bei dem eine geänderte Zuständigkeit und neue Verfolgungsgründe vorgetragen werden sollen, bedarf immer der anwaltlichen Verfahrensvertretung.
Die Asylberatung kann dabei wertvolle Unterstützung leisten, indem die Berichte der Flüchtlinge aufgenommen und strukturiert werden.

Die Entscheidung des anderen EU-Staats kann aufgrund des Konzepts der »normativen Vergewisserung« nicht in Frage gestellt werden. Der Satz des BAMF-Mitarbeiters Richert (BAMF, Entscheiderbrief 2014, 12, 2 f.) – »Da für die Mitgliedstaaten das Konzept der normativen Vergewisserung gilt, drohen dort regelmäßig keine Gefahren« – klingt absurd, gibt jedoch zutreffend die politische Entscheidung der EU-Staaten und des BVerfG wieder, auf die Prüfung von tatsächlichen Gegebenheiten zu verzichten.

Die Ablehnung der Zuständigkeit für einen Zweitantrag führt zu einer Ausreiseaufforderung und **Abschiebungsandrohung in den anderen EU-Staat**, nicht in den Herkunftsstaat. Deshalb müssen die deutschen Behörden und Gerichte auch nicht prüfen, ob Abschiebehindernisse für den Herkunftsstaat bestehen, sondern nur für den anderen EU-Staat.

Ist Deutschland hingegen für die Prüfung zuständig, kann der Zweitantrag immer noch unzulässig sein, weil sich seit der ablehnenden Entscheidung in dem anderen EU-Staat keine neuen Gesichtspunkte ergeben haben. In diesem Fall allerdings droht das BAMF die **Abschiebung ins Herkunftsland** an, es sei denn es liegen aktuelle Abschiebehindernisse vor.

Achtung! Ein Zweitantrag liegt nicht vor, wenn in dem anderen EU-Staat ein Asylverfahren läuft und noch nicht entschieden wurde. Dann wird die Zulässigkeit des Antrags in Deutschland nach Dublin III (→ S. 158) geprüft.
Das BAMF war bislang auch in Fällen, in denen ein Verfahren in einem anderen EU-Staat nicht mit einer Entscheidung abgeschlossen wurde, von einem Zweitantrag ausgegangen. Dafür war es notwendig zu konstruieren, die Antragsteller hätten ihre Asylanträge durch die Weiterwanderung stillschweigend zurückgenommen.
Nachdem diese Konstruktion jedoch in der Rechtsprechung der deutschen Verwaltungsgerichte (VGH Baden-Württemberg vom 29.4.2015 – A 11 S 121/15; VG Osnabrück vom 24. 4.2015 – 5 B 125/15; VG Lüneburg vom 11. 5.2015 – 2 B 13/15; VG Ansbach vom 21.7.2015 – AN 3 S 15.30959) abgelehnt wurde, gab das BAMF diese Haltung auf und wird ein Verfahren so lange nach Dublin III

behandeln, wie keine Entscheidung eines anderen EU-Staates vorliegt (Hinweis in Asylmagazin 2015, S. 221).

Nach einer Anerkennung in einem anderen Dublin-Staat besteht nur die Möglichkeit, einen Antrag auf Aufenthaltserlaubnis nach den allgemeinen Bedingungen zu stellen (Familiennachzug, Studium, Arbeit; siehe hierzu Frings/ Tießler-Marenda, Ausländerrecht für Studium und Beratung, 3. Aufl. 2015, Fachhochschulverlag). Hierfür ist in aller Regel ein Visum der deutschen konsularischen Vertretung in diesem anderen Dublin-Staat erforderlich.

6.5   Anhörung

Kernstück des Asylverfahrens ist die Anhörung durch eine Anhörerin des **BAMF**. Früher waren die Anhörer auch die Entscheider über den Asylantrag, heute werden die Anträge sehr oft von anderen Personen entschieden, manchmal auch von anderen Außenstellen oder eigens eingerichteten »Entscheidungszentren«. Hier sitzen Mitarbeiterinnen, die die Flüchtlinge niemals selbst zu Gesicht bekommen und ausschließlich auf der Grundlage des Protokolls der Anhörung und eventuell weiterer Unterlagen in der Akte entscheiden. Auf diese Weise wird der persönliche Eindruck, und damit auch das Risiko einer emotionalen Anrührung der Entscheider aus dem Entscheidungsprozess entfernt.

Auch wurden sehr schnell (sehenden Auges unter Verstoß gegen die Beteiligungspflicht des Personalrats, DER SPIEGEL vom 26.2.2016) sehr viele neue Mitarbeiterinnen ohne Vorkenntnisse im Asylrecht eingestellt. Ein Qualitätsverlust bei den Entscheidungen ist dabei nicht zu vermeiden.

Es gibt keinen Anspruch auf einen Anhörungstermin in einer bestimmten Frist.

Das BAMF kann die Reihenfolge der Bearbeitung beliebig festlegen. Es werden Gruppen gebildet, die prioritär behandelt werden (nach der Ablehnungs- oder Anerkennungsstatistik). Anträge aus einem bestimmten Staat können auch für bis zu sechs Monate zurückgestellt werden, wenn die politische Lage im Umbruch ist (§ 11a AsylG). Die Ausländerbehörden können dem BAMF jedoch bestimmte Personen nennen, für deren Verfahren sie eine vorrangige Bearbeitung wünschen. Auf diese Listen werden vor allem Straftäter gesetzt, es können aber auch humanitäre Härtefälle (getrennte Familien, schwere Erkrankungen) gemeldet werden.

Sechs Monate nach Asylantragstellung besteht ein Anspruch auf eine Auskunft des BAMF über die voraussichtliche Verfahrensdauer (§ 24 Abs. 4 AsylG). Allerdings wird darauf oft nur geantwortet, die Dauer sei »nicht absehbar«. Nach Ablauf von sechs Monaten ist auch eine Untätigkeitsklage möglich, erfolgreich sind diese Klagen meist erst nach einer Wartezeit von mehr als einem Jahr (z.b. VG Würzburg vom 8.3.2016 – W 1 K 16.30131).

Die Vorbereitung auf die Anhörung gehört zu den wichtigsten Aufgaben der Asylarbeit.
Auch Asylsuchende, die anwaltlich vertreten sind, benötigen hier eine zusätzliche Unterstützung.
Die
1. Achtung auf besondere Vorkehrungen,
2. persönliche Vorbereitung,
3. Begleitung zur Anhörung und der
4. eventuelle Nachtrag zur Anhörung
sind von größter Bedeutung für den Ausgang des Verfahrens und erfordern einen hohen Zeitaufwand.

6.5.1   Besondere Schutzmaßnahmen für die Anhörung

Die VerfahrensRL verlangt zunächst ein Verfahren zur Identifizierung von **Personen, die besondere Verfahrensgarantien benötigen** (Art. 24 Richtlinie 2013/32/EU).
Zu diesen Personengruppen gehören vor allem Minderjährige, Alleinerziehende, Kranke, behinderte und alte Menschen. Besonders hervorgehoben werden auch Traumatisierte und Opfer von Gewalt und sexueller Gewalt. Sie haben einen Anspruch auf besonders geschulte Anhörerinnen und ihnen muss ausreichend Gelegenheit geboten werde, sich zu den Vorgängen in ihrem Herkunftsland zu erklären. Deshalb verbieten sich auch Schnellverfahren bei besonders schutzbedürftigen Flüchtlinge (Pelzer/Pichl, Asylmagazin 2015, S. 331, 337).

Grundsätzlich müssen in jedem Verfahren folgende Garantien beachtet werden:
– Anspruch auf **Anhörung durch eine Person gleichen Geschlechts.**
– **Einzelanhörung** ohne die Anwesenheit von Familienangehörigen (wichtig z.B. im Falle eigener Verfolgungsgründe, von Drohung und Gewalt in der Familie, Zwangsverheiratung).
– **Qualifikation des Anhörers** auch zur Feststellung von Anhaltspunkten für Traumatisierung und psychischer Blockaden.
– Qualifikation der **Dolmetscherin.**
– Freie Wahl der **Interviewsprache.**
– Auf **Widersprüche** muss hingewiesen werden und Gelegenheit gegeben werden, diese auszuräumen.

Die **individuellen Bedürfnisse** besonders schutzbedürftiger Personen müssen zusätzlich ermittelt werden.

Derzeit ist nicht sichergestellt, dass die besonderen Bedarfe durch das BAMF geprüft werden. Bereits im Vorfeld der Anhörung sollte deshalb auf besondere Bedürfnisse hingewiesen werden. Für alleinerziehende Frauen muss z.b. die Kinderbetreuung während der Anhörung sicher gestellt sein, wenn in der Unterkunft keine angemessene Betreuungsmöglichkeit besteht. Für körperlich behinderte Menschen können besondere Vorkehrungen und Kommunikationsmittel erforderlich sein und für Menschen mit kognitiven oder psychischen Beeinträchtigungen besonders qualifizierte Dolmetscher, die in einfacher Sprache geschult sind. Alters- oder krankheitsbedingte Belastungsgrenzen können eine Aufteilung der Anhörung auf zwei Termine erforderlich machen.

Alle verfügbaren Atteste und sonstigen Dokumente, die besondere Bedürfnisse belegen oder auf sie hinweisen, sollten bereits im Vorfeld ans BAMF geschickt werden und die besonderen Anforderungen für die Anhörung möglichst konkret benannt werden.

In folgenden Fällen bestehen noch weitere Besonderheiten:

Starke psychische Beeinträchtigung

Wird in der Vorbereitung deutlich, dass psychische Beeinträchtigungen zu Aussageblockaden, Vermeidungsverhalten, Gedächtnisstörungen oder emotionaler Erregung führen, sollten Asylberaterinnen **vorab eine Mitteilung ans BAMF** schicken (per Fax, nicht per Mail), und darauf hinweisen, dass bei der Befragung eine speziell ausgebildete Anhörerin eingesetzt werden muss. So weit vorhanden, sollten Atteste oder medizinische Befunde beigefügt werden. Wenn bislang keine Behandlung erfolgte, kann auch nur auf Anhaltspunkte nach dem PROTECT-Fragebogen (→ S. 232) hingewiesen werden oder die Symptomatik beschrieben werden. In der Regel sollte **keine Vertagung der Anhörung** beantragt werden, sondern die Betroffenen sollten zum BAMF begleitet werden. Die Mitarbeiter des BAMF können sich dann ein eigens Bild machen und die Befragung kann bei sehr schwierigem Verlauf abgebrochen und vertagt werden.

Gefahr der Genitalverstümmelung

In der Vorbereitung der Anhörung ist bei Eltern von Mädchen aus Staaten in denen Genitalverstümmelung praktiziert wird, darauf zu achten, dass für die Töchter **eigene Asylgründe** geltend gemacht werden. Das gilt auch dann, wenn ein Mädchen erst in Deutschland geboren wurde. Droht dem Mädchen bei einer Rückkehr eine Genitalverstümmlung durch außenstehende Personen oder auf Druck dieser Personen, so kann das Kind als Flüchtling anerkannt werden und die Eltern können durch den Anspruch auf Familienasyl (§ 26 AsylG) einbezogen werden.

Opfer von Menschenhandel

Wenn Asylsuchende außerhalb von Deutschland von Menschenhandel betroffen oder bedroht waren, sollte das BAMF vorab verständigt werden. Es gibt Sonderbeauftragte für Opfer von Menschenhandel beim BAMF, die in diesen Fällen zwingend einzuschalten sind.

Das BAMF weist darauf hin, dass bei folgenden Herkunftsstaaten in besonderem Maße auf Menschenhandel zu achten ist (der Fokus liegt dabei stets auf der sexuellen Ausbeutung, obwohl die Arbeitsausbeutung in der DA Asyl des BAMF auch ausdrücklich genannt wird).

Herkunftsländer	Stichworte in den Leitsätzen
Nigeria	Menschenhandel
Serbien	Menschenhandel
Bosnien und Herzegowina	Zwangsprostitution, Frauen- und Menschenhandel
Kosovo	Menschenhandel
Vietnam	Menschenhandel
Russische Föderation	Menschenhandel
Sudan	Menschenhandel
Südsudan	Menschenhandel
Somalia	Menschenhandel
Äthiopien	Frauenhandel
Kamerun	Menschenhandel
Aserbaidschan	Zwangsprostitution, Frauenhandel
Armenien	Menschenhandel
Georgien	Menschenhandel
Iran	Menschenhandel
Indien	Zwangsprostitution, Menschenhandel, Kinderprostitution
China	

(Quelle: BAMF, DA Asyl, Stand 2/2014, S. 150)

In diesen Fällen wird auch geraten, eine auf Menschenhandel spezialisierte Beratungsstelle (www.kok-buero.de) einzuschalten, das Einverständnis der Betroffenen vorausgesetzt. Auch soll das BAMF in Dublin-Fällen von seinem Selbsteintrittsrecht Gebrauch machen, wenn die Sicherheit der Geschädigten in Deutschland besser gewährleistet werden kann als in dem anderen Dublin-Staat.

Beispiel

Wenn z.B. ein Menschenhändlerring auf der Achse Albanien – Italien agiert, die albanische Frau in Italien zur Prostitution gezwungen wurde und vor den Tätern nach Deutschland geflohen ist, ist ihre Sicherheit in Deutschland besser geschützt. Eine Rückführung nach Italien könnte sie möglicherweise erneut dem Zugriff der Täter aussetzen.

6.5.2 Vorbereitung auf die Anhörung

Vor allen anderen Details steht die Vermittlung der Bedeutung der Anhörung. Fast alle Flüchtlinge wissen, dass der ersehnte Termin für die Anhörung die Entscheidung über ihr weiteres Schicksal bedeutet.

Zunächst gibt es aber Situationen, in denen von Anfang an feststeht, dass es keine Chance im Asylverfahren gibt und deshalb die Anhörung zwar formal durchgeführt wird, das Ergebnis aber schon feststeht. So verhält es sich bei den Anträgen von Menschen aus »**sicheren Herkunftsstaaten**« (siehe Glossar); sie können bis auf wenige Ausnahmen nur einen Abschiebeschutz außerhalb des Asylverfahrens (inlandsbezogen) erhalten (→ S. 338). Es gibt darüberhinaus noch eine große Anzahl **weiterer Staaten**, die als so sicher, gut funktionierend und **rechtsstaatlich gelten**, dass es nur in Ausnahmesituationen möglich ist, eine Verfolgung geltend zu machen. Das gilt gerade auch für die **Gewalterfahrungen** im persönlichen Umfeld, die immer nur dann zu einem Schutz führen können, wenn es kein funktionierendes System staatlichen Schutzes in den Herkunftsländern gibt.

Wenn es aber auf die persönliche Anhörung ankommt, so gilt es grundsätzlich zu vermitteln, dass die Betroffenen sich nicht der Situation ausliefern dürfen, sondern **von ihren Rechten Gebrauch** machen.

Flüchtlinge werden nach ihrem Eintreffen in Deutschland registriert, vermessen, mit Nummern versehen, verschickt, d.h. sie werden einem System ausgeliefert, in dem sie als handelnde Personen nicht vorkommen. Wenn sie nun zur Anhörung bestellt werden und wissen, dass ihr Schicksal von dem Ablauf

des Gesprächs, ja von der einen Person, die ihnen hier gegenüber tritt, abhängt, so werden sie alles daran setzen, einen guten Eindruck zu machen,
freundlich zu sein, nicht zu stören, nicht zu belästigen.
Es gilt aber zu verdeutlichen, dass gerade dieses Verhalten gefährlich für sie
selbst ist. Verwaltungsabläufe in Deutschland funktionieren nicht so, dass
Wohlverhalten belohnt wird. Nur wer seine Rechte einfordert, bekommt sie
auch.

Die Antragsteller
– müssen darauf achten, dass sie genug Zeit haben, ihren **Bericht in Ruhe
  abgeben** zu können, dass alles **richtig übersetzt** wird, dass alles **richtig
  niedergeschrieben** wird;
– können eine **andere Dolmetscherin** verlangen, wenn sie sie nicht verstehen;
– können eine **gleichgeschlechtliche Anhörerin** verlangen, wenn sie über
  Dinge aus ihrem Privat- oder Intimleben berichten;
– dürfen eine **Person ihres Vertrauens** mitbringen;
– haben ein **Recht auf Pausen**, wenn sie erschöpft sind oder es ihnen gesundheitlich nicht gut geht;
– sollen, wenn sie eine **Frage nicht verstehen**, das deutlich sagen und auf
  keinen Fall etwas antworten, was vielleicht nicht passt;
– sollen, wenn der Anhörer unbedingt **konkrete Daten** wissen will, sich auf
  keinen Fall ihm zu Gefallen welche ausdenken, sondern darauf bestehen,
  dass sie nur einen ungefähren Zeitrahmen, kein Datum nennen können.

**Wichtig! Nach der Anhörung wird die Rückübersetzung des Protokolls an-
geboten, darauf sollte auf keinen Fall verzichtet werden!**
Die Neigung zu verzichten, ist hoch, nach einem anstrengenden und langen
Gespräch und auch weil die Anhörerin dadurch aufgehalten wird. Aber an
dieser Stelle können wichtige Korrekturen und Verbesserungen vorgenommen werden, die für die Entscheidung, aber auch darüberhinaus für ein weiteres gerichtliches Verfahren sehr wichtig sein können.

Die persönliche Vorbereitung auf die Anhörung umfasst zwei Teile:

6.5.3   Vorbereitung auf das Interview

Mit jeder Asylantragstellerin wird ein standarisiertes Interview
durchgeführt, welches die Familienverhältnisse, den Reiseweg und vorangegangene Aufenthalte in Europa erfasst. In vielen Fällen wird dieses Interview
bereits im Rahmen einer Dublin-Anhörung durchgeführt worden sein. Spätestens erfolgt es jedoch im Rahmen der Anhörung.

Bei den **Fragen zur Ehe** ist zu klären, ob eine formale oder nur eine informelle (religiöse) Ehe geschlossen wurde. Beide Formen sollten immer angegeben werden. Falsche Angaben können zu erheblichen Problemen beim Familiennachzug führen, aber auch die Glaubwürdigkeit insgesamt beeinträchtigen.

Bei den **Fragen zum Reiseweg** werden die Antragstellerinnen manchmal nicht alle Umstände offen legen. Das ist nachvollziehbar angesichts der Ängste vor einer Deportation in einen Dublin-Staat mit völlig marodem Asylsystem und menschenunwürdigen Aufnahmebedingungen.

Wichtig ist aber, sie genau darüber zu informieren, dass jede Registrierung, insbesondere die Abgabe der Fingerabdrücke, in die EURODAC-Datei eingespeist wird und damit dem BAMF bekannt wird. **Falsche Angaben zu nachweisbaren Aufenthalten in anderen Dublin-Staaten können sich negativ auf die Glaubwürdigkeit auswirken.**

Es ist die Aufgabe der Asylberaterinnen darauf hinzuweisen, wenn Angaben unlogisch, unwahrscheinlich und widersprüchlich sind. Oft lässt sich bei genauerer Prüfung der Details die **Ungereimtheit** entschlüsseln und die Darstellung so ordnen, dass der Ablauf nachvollziehbar und verständlich wird.

Es ist nicht Aufgabe der Asylberaterinnen auf der unbedingten Wahrheit zu bestehen oder sich gar als Kriminalist zu betätigen. Flüchtlinge benötigen sehr viele und sehr gute Informationen auf diesem unbekannten Terrain des Asylverfahrens, aber sie entscheiden letztlich immer selbst, welche Informationen sie dem BAMF geben. Sie allein tragen auch die Verantwortung für ihr weiteres Leben und treffen deshalb vielleicht Entscheidungen, die aus Gründen sinnvoll sind, die die Berater nicht kennen und nicht verstehen.

6.5.4 Vorbereitung auf die Darlegung der persönlichen Fluchtgründe

Auf der Grundlage eines ersten Berichts über die Ereignisse und Umstände vor der Flucht, muss zunächst geklärt werden, welche Vorgänge unter welche mögliche Alternative einer Verfolgung fallen oder aber geeignet sind einen subsidiären Schutz auszulösen. Alle in Kapitel II genannten Voraussetzungen müssen dabei genau durchgeprüft werden.

Beispiel

C. berichtet aus Pakistan geflohen zu sein, weil sie der Religionsgemeinschaft der Ahmadis angehöre.

Zu prüfen ist,

– ob C. bereits von einer Verfolgungshandlung betroffen war, die eine schwerwiegende Menschenrechtsverletzung darstellt oder dieser gleichzustellen ist; alternativ, warum sie eine solche zu erwarten hat;
– ob sich diese Handlungen gegen ihre Religionsausübung richten – in diesem Zusammenhang: zu welcher Art der Religionsausübung sie sich innerlich berufen fühlt (öffentlich oder nur privat);
– von wem diese Verfolgung ausgeht;
– ob vor dieser Verfolgung Schutz erlangt werden kann – auch, wenn das nur in anderen Teilen des Landes möglich ist, und
– ob C. bereits in einem anderen Land einen geschützten Status erreicht hat.

Die persönlichen Angaben müssen dann zunächst mit den zugänglichen Informationen abgeglichen werden. In diesem Fall lässt sich schnell ermitteln, dass die öffentliche Ausübung der Religion der Ahmandis in Pakistan strafbar ist.

Auch zu prüfen ist, wie die Verwaltungsgerichte die Situation bewerten. Es lässt sich feststellen, dass

– nur die öffentliche Religionsausübung als von Verfolgung bedroht betrachtet wird, und
– die Frage, ob die Verfolgung eine schwere Menschenrechtsverletzung darstellt, unterschiedlich bewertet wird: das BVerwG vom 20.2.2013 – 10 C 23.12 bewertet die Maßnahmen als weniger gravierend; der VGH Baden-Württemberg vom 12.6.2013 – A 11 S 757/13 legt dagegen sehr umfassend dar, dass die verschiedenen Verfolgungshandlungen in ihrer Kumulation schwerwiegenden Menschenrechtsverletzungen gleichzustellen sind.

Für die Vorbereitung der Anhörung wird es also darauf ankommen,

– die bereits erlittenen Verfolgungshandlungen und
– die innere Verbundenheit mit der Glaubensgemeinschaft und die Berufung zu einem öffentlichen Bekenntnis glaubwürdig darzustellen.

Viele Asylantragsteller möchten den Schwerpunkt auf die Darstellung der politischen und gesellschaftlichen Verhältnisse im Herkunftsland legen. Für die Anerkennungschancen ist das oft nicht hilfreich. Das BAMF verfügt heute über so viele Informationen zu den Herkunftsländern aus den verschiedenen Quellen, dass durch ausführliche Beschreibungen eher die Gefahr ausgelöst wird, dass die Person als unglaubwürdig dargestellt wird, weil ihre Beschreibung nicht mit den offiziellen Lageberichten und den Auskünften von anderen Organisationen übereinstimmt.

Etwas anderes ist es, wenn ganz spezifische regionale Bedingungen geschildert werden sollen, oder sehr konkrete Vorgänge innerhalb des Staatsapparats, die unmittelbar mit der persönlichen Verfolgungssituation des Antragstellers zusammen hängen. Diese Umstände können von großer Bedeutung sein. Immer aber muss abgeglichen werden, ob sie mit den Auskünften über die allgemeine Situation zusammen passen.

Beispiel

Werden einem Polizeipräsidenten einer Stadt die Inhaftierung von Personen ohne richterlichen Beschluss aus persönlichen Rachemotiven nachgesagt, so muss es diesen Polizeipräsidenten zu dem Zeitpunkt gegeben haben. Auch muss das gesamte Justizsystem fehler- oder lückenhaft gewesen sein, weil die Betroffenen sonst durch einen Anwalt eine gerichtliche Prüfung hätten veranlassen können.

Wenn Personen über die Mitgliedschaft in einer Partei oder Organisation berichten, ist es natürlich von großer Bedeutung, dass ihnen auch das Programm, die Ziele und die Organisationsstrukturen vertraut sind. Je höher eine Person innerhalb der Organisationsstruktur gestanden hat desto besser muss sie die Organisation, auch interne Organisationsprinzipien kennen.

Politisch sehr aktive Menschen werden es unter Umständen ablehnen, detaillierte Angaben zu Fragen der Organisation und personellen Beteiligung an Widerstandshandlungen, Aufständen und oppositionellen Organisationen zu machen. Das ist nachvollziehbar und die Bedenken gegen einen zuverlässigen Geheimnisschutz beim BAMF dürfen auch nicht leichtfertig zerstreut werden. Zwar dürfen die Anhörungsprotokolle den Geheimdiensten nicht zugänglich gemacht werden, das bedeutet aber nicht, dass sie nicht illegal herausgelangen können. Auch können die Dolmetscher, die vielfach noch nicht einmal amtlich vereidigt sind, die Inhalte weitertragen und schließlich wird das Protokoll auch im Gerichtsverfahren einer Vielzahl von Personen bekannt. In diesen Fällen ist es zwingend erforderlich, dass eine Rechtsanwältin eingeschaltet wird, die dann ganz konkret mit dem BAMF aushandeln kann, wie in diesem Asylverfahren vorgegangen werden kann.

Im Übrigen gilt es, sich auf die Umstände zu konzentrieren, die als relevant ermittelt wurden, und hierzu eine glaubwürdige Darstellung zu erarbeiten. Die Kriterien hierzu finden sich in Kapitel II, → S. 70. Das erfordert viel Geduld und eine gute Sprachvermittlung.

Der Informationsverbund Asyl und Migration hat ein gutes Informationsblatt zur Vorbereitung auf die Anhörung in vielen Sprachen (u. a. arabisch und persisch) verfasst, welches den Flüchtlingen, die eine entsprechende Sprache lesen können, zum Selbststudium ausgehändigt werden kann (www.asyl.net/index.php?id=337).

6.5.5   Begleitung zur Anhörung

Die Begleitung zur Anhörung wird schon wegen der zeitlichen Belastung nur ausnahmsweise möglich sein.

Sie macht vor allem Sinn, wenn entweder eine Sonderanhörerin beantragt wurde oder die Situation im Herkunftsland nicht allgemein als bedrohlich bewertet wird, sondern es um eine eigene, komplexe Verfolgungsgeschichte geht. Besonders günstig ist es, wenn eine Asylberaterin verfügbar ist, die auch die Übersetzung verstehen kann.

Insbesondere wenn sehr intime Themen wie Genitalbeschneidung, Zwangsverheiratung oder sexuelle Gewalt angesprochen werden müssen, sollte die Anhörung begleitet werden.

Es besteht ein Anspruch darauf, einen Beistand mit in die Anhörung zu nehmen (§ 14 Abs. 4 VwVfG).

Die persönliche Anhörung darf aber nicht kommentiert, ergänzt oder ausgeschmückt werden.

Die Begleiterin darf vor Ort intervenieren, wenn
– falsch übersetzt wird. Dazu gehört auch eine unzulässige Zusammenfassung. Wenn Flüchtlinge z.B. zehn Sätze sprechen und der Dolmetscher übersetzt mit ein oder zwei Sätzen, so liegt keine wortgetreue Übersetzung mehr vor;
– Flüchtlinge nicht ausreden können oder die Anhörung beendet wird, obwohl noch etwas gesagt werden sollte;
– keine Fragen zur individuellen Verfolgung gestellt werden;
– eine Pause erforderlich ist, weil die psychische Belastung zu hoch wird. Davon sollte zurückhaltend Gebrauch gemacht werden. Wenn aber eine emotionale Erregung in der Situation andauert, ist eine Pause zwingend geboten.

Es ist darauf zu achten, dass das Protokoll vollständig und so langsam, dass alles verstanden werden kann, rückübersetzt wird.

In Zukunft wird das BAMF auch Video-Dolmetscher einsetzen. Dazu werden bis Mitte 2016 fünf »Dolmetscher-Hubs« mit je 30 Dolmetscherinnen eingerichtet.

Falls ein Audiomitschnitt angefertigt wird, muss keine Rückübersetzung erfolgen. Hier kann jedoch eine Kopie gefordert werden, um zu prüfen, was genau gesagt wurde.

6.5.6 Nachträge zur Anhörung

Stellt sich nach der Anhörung heraus, dass wichtige Ereignisse oder Umstände vergessen wurden, so besteht zwar grundsätzlich die Möglichkeit, diese schriftlich nachzutragen, eventuell kann damit aber mehr Schaden als Nutzen angerichtet werden.

Auch hier muss bedacht werden, dass ein sog. »gesteigertes Vorbringen« die Darstellungen insgesamt unglaubwürdig machen kann.

Es müssen Gründe vorgetragen werden, warum wichtige Details vergessen wurden oder noch nicht bekannt waren:

– Antragsteller hatten Angst, dass durch bestimmte Details der Verfolgungsgeschichte ihre Familie im Herkunftsland in Gefahr gerät.
– Der Dolmetscher schien einer gegnerischen politischen Fraktion anzugehören; dafür müssen konkrete Tatsachen sprechen.
– Die Antragsteller haben erst nach der Anhörung von bestimmten Vorgängen erfahren, bei denen sie nicht selbst zugegen waren.
– Es geht um bestimmte Details aus der Intimsphäre; erst ein längeres psychotherapeutisches Gespräch hat die Bereitschaft geschaffen, darüber zu sprechen.
– Aus Unkenntnis hatte eine Frau keine weibliche Anhörerin verlangt und konnte sich einem männlichen Anhörer gegenüber dann nicht offenbaren – dieses Argument ist kaum schlagkräftig, wenn die Frau laut Protokoll ausdrücklich gefragt wurde, ob sie eine weibliche Anhörerin wünscht.

In § 25 Abs. 3 AsylG heißt es:

»Ein späteres Vorbringen des Ausländers kann unberücksichtigt bleiben, wenn andernfalls die Entscheidung des Bundesamtes verzögert würde.«

Es handelt sich um eine Einschränkung der Möglichkeit zur Aufklärung beizutragen, die nach der VerfahrensRL (siehe Glossar) nicht vorgesehen ist und deshalb auch im deutschen Recht nicht mehr angewendet werden darf.

In Zweifelsfällen sollte immer ein anwaltlicher Rat eingeholt werden.

6.6   **Betreiben des Verfahrens und Veränderungsmitteilungen**

Für alle nicht anwaltlich vertretenen Antragstellerinnen ist es von immenser Bedeutung, ihre Mitwirkungspflichten zu kennen:

Betreiben des Verfahrens (§ 33 AsylG)

Bei § 33 AsylG handelt sich um eine ungewöhnliche, fast schikanöse Vorschrift, nach der das BAMF Asylsuchende auffordern kann, das Verfahren zu betreiben. Zwar setzt diese Aufforderung voraus, dass aus einem bestimmten Anlass Zweifel bestehen, ob noch ein Interesse an der Sachentscheidung besteht. Zweifel können sich aus der fehlenden Mitteilung eines Umzugs oder aus jeder angeblichen Vernachlässigung von Mitwirkungspflichten ergeben; dazu gehören unklare Angaben über den Reiseweg, Zweifel am Verbleib des Passes oder die Manipulation der Fingerkuppen, die die Auswertung erschweren (BVerwG vom 5.9.2013 – 10 C 1.13, Rn. 19).

Wenn Antragstellerinnen eine Betreibensaufforderung erhalten, müssen sie entweder die darin enthaltenen konkreten Fragen beantworten oder, wenn keine gestellt werden, allgemein erklären, dass sie die Fortsetzung des Verfahrens wünschen. Die Erklärung muss zwingend **innerhalb eines Monats** nach dem Zugang der Aufforderung des BAMF abgegeben werden.

Wird dies nicht beachtet, kann das Verfahren eingestellt werden, weil die Rücknahme fingiert wird (§ 33 Abs. 1 AsylG).

Allerdings kann die Wiederaufnahme persönlich bei der zuständigen Außenstelle/Ankunftszentrum beantragt werden (siehe auch → S. 134).

Mitteilung jeder Adressänderung

Viele Flüchtlinge gehen davon aus, dass bei einer Ummeldung und Registrierung bei einer Ausländerbehörde nach Verteilung auf die Kommunen ihre neue Anschrift automatisch dem BAMF zugeleitet wird. Dies ist aber nicht immer der Fall; **die Flüchtlinge tragen selbst die alleinige Verantwortung für die Mitteilung jeder Adressänderung ans BAMF.** Noch gefährlicher ist es, wenn nach dem Auszug aus einer Gemeinschaftsunterkunft und dem Einzug in eine eigene Wohnung/Wohngemeinschaft/Untermiete keine Mitteilung ans BAMF erfolgt.

Die **Zustellung von Bescheiden** darf das BAMF grundsätzlich an die letzte bei ihm hinterlegte Anschrift veranlassen, ohne zu überprüfen, ob es eine Meldeänderung gibt. Kann der Bescheid oder auch die Aufforderung, das Verfahren zu betreiben, nicht zugestellt werden, so wird eine Ablehnung rechtskräftig oder das Verfahren wird eingestellt.

Asylberater müssen sich darüber im Klaren sein, dass dieses Risiko eines umfassenden Rechtsverlusts den Flüchtlingen auch dann nicht bewusst ist, wenn sie darüber in ihrer Herkunftssprache schriftlich belehrt wurden. Zum Zeitpunkt der Belehrung sind die meisten Flüchtlinge gar nicht aufnahmefähig, die Verfahren sind zu kompliziert und zu formell, und die verschiedenen beteiligten Behörden werden als einheitliche Asylbehörde wahrgenommen.

7 Die schriftliche Antragstellung

Nur in wenigen Situationen ist ein schriftlicher Asylantrag bei der Zentrale des BAMF in Nürnberg vorgeschrieben (§ 14 Abs. 2 AsylG). Der Antrag kann bei der örtlich zuständigen Ausländerbehörde abgegeben werden und wird von dort an das BAMF weitergeleitet. Für nicht anwaltlich vertretene Flüchtlinge ist dieser Weg immer vorzuziehen, weil die Antragstellung dann eindeutig nachgewiesen ist. Eine mündliche Antragstellung bei der Ausländerbehörde ist nicht vorgesehen; allerdings können die Mitarbeiterinnen der Ausländerbehörde Schreibhilfe leisten, um den schriftlichen Antrag aufzusetzen. Verpflichtet sind sie dazu nicht, und es ist auch verständlich, dass Berichte mit genauen Detailschilderungen der Verfolgungs- und Fluchtumstände nicht aufgenommen werden, weil es hierbei leicht zu Missverständnissen oder ungenauen bzw. falschen Angaben kommen kann.

Dieser schriftliche Asylantrag ist vorgeschrieben für:
– unbegleitete Minderjährige (→ S. 196);
– Personen, die im Besitz eines Aufenthaltstitels mit einer Gesamtdauer von mehr als sechs Monaten sind;
– Personen, die sich in einem Krankenhaus oder einer sonstigen stationären Einrichtung aufhalten; und für
– Personen in Haft.

7.1 Inhaber eines Aufenthaltstitels

Auch wer in Deutschland schon einen Aufenthaltstitel besitzt, kann einen Asylantrag stellen. Die Motivation liegt oft in der Verbesserung der aufenthaltsrechtlichen Situation oder dem besseren Zugang zu sozialen Leistungen.

Es kommt nicht darauf an, wie lange der Aufenthaltstitel noch gültig ist, sondern nur darauf, dass er für mindestens sechs Monate ausgestellt wurde. Ist er abgelaufen und wurde die Verlängerung beantragt, so reicht auch eine Fiktionsbescheinigung nach § 81 Abs. 4 AufenthG; sie ist der Aufenthaltserlaubnis gleichgestellt. Bestand jedoch nur ein Visum und wird die Fiktionsbescheinigung vor Erteilung eines Aufenthaltstitels ausgestellt (§ 81 Abs. 3 AufenthG), so reicht dies nicht für ein schriftliches Verfahren.

Beispiele

Lyla, irakische Staatsangehörige jezidischen Glaubens, ist vor drei Monaten mit einem Studentenvisum nach Deutschland gekommen und hat hier ihr Studium aufgenommen. Ihre Aufenthaltserlaubnis ist ein Jahr gültig. Der Plan finanzielle Unterstützung von ihrer Familie zu erhalten, lässt sich nicht realisieren. Aus diesem Grund stellt sie einen Asylantrag und beschränkt ihn auf die Anerkennung als Flüchtling. Da derzeit von einer Gruppenverfolgung von Jeziden im Irak ausgegangen wird, wird ihr Verfahren beschleunigt bearbeitet (Cluster A). Mit der Flüchtlingsanerkennung kann Lyla BAföG beziehen (→ S. 311).

Fatima aus Syrien lebte bereits seit zwei Jahren im Libanon, als ihr ein libanesischer Staatsangehöriger mit Wohnsitz in Deutschland die Heirat anbot. Sie willigte ein und lebt mit einer Aufenthaltserlaubnis nach § 30 AufenthG als nachgezogene Ehefrau in Hannover. Fatima will aber nicht bei ihrem Mann bleiben. Sie stellt einen Asylantrag; tatsächlich ist sie als Oppositionelle aus Syrien geflohen. Sie behält ihre Aufenthaltserlaubnis während des Asylverfahrens und wird auch keinem Ankunftszentrum zugewiesen. Mit der Anerkennung erhält sie ein eigenständiges Aufenthaltsrecht und wird von ihrem Ehemann unabhängig.

7.2 Stationär Aufgenommene

Kommt es nach der Einreise – eventuell auch nach einer ersten Meldung bei Ausländerbehörde oder Polizei –, aber vor der Ausstellung eines Ankunftsnachweises/einer BüMA (siehe Glossar) zu einer stationären **Krankenhausaufnahme**, so sollte der Asylantrag umgehend schriftlich beim BAMF gestellt werden (§ 14 Abs. 2 Nr. 2 AsylG).

Dadurch kann jedoch das Problem auftreten, dass bei einer Entlassung keine Stelle für die Unterbringung und für die Finanzierung des Lebensunterhalts zuständig ist. Tatsächlich ist das Sozialamt des tatsächlichen Aufenthalts zuständig, weil keine Zuweisung vorliegt (§ 10a Abs. 1 Satz 2 AsylbLG). Die betroffenen Flüchtlinge haben aber keinerlei Dokumente, bevor sie nicht eine Rückmeldung des BAMF erhalten, was wochenlang dauern kann.

Tipp: Der schriftliche Asylantrag wird bei der lokalen Ausländerbehörde abgegeben mit der Bitte um Weiterleitung an das BAMF. Gleichzeitig wird um eine Bescheinigung über die schriftliche Asylantragstellung gebeten. Auf der Grundlage dieser Bescheinigung wird das Sozialamt zahlen.

Nach einer Entlassung kann versucht werden, die Registernummer beim BAMF telefonisch abzufragen oder eine schnelle schriftliche Eingangsbestätigung zu erhalten. Wenn das wegen Überlastung nicht gelingt, muss gegenüber dem Sozialamt auf dem Leistungsanspruch bestanden werden. Er besteht immer dann, wenn eine Zuweisung nicht vorliegt. Ausreichend ist die körperliche Anwesenheit, es muss kein erlaubter Aufenthalt nachgewiesen werden (Wahrendorf, SGB XII, 2014, § 10a AsylbLG, Rn. 10). Eine Zuweisung kann aber nicht vorliegen, wenn der Asylantrag schriftlich gestellt wurde. Notfalls – aber wirklich erst, wenn die Verhandlungen auch mit dem Amtsleiter fehlgeschlagen sind –, muss ein Eilantrag beim Sozialgericht (über die Rechtsantragsstelle) gestellt werden.

7.3 Inhaftierte

Für Personen in Untersuchungs- oder Strafhaft gelten dieselben Regeln wie für stationär Untergebrachte (→ 7.2). Bei einer Inhaftierung während eines laufenden Strafverfahrens besteht ein Anspruch auf die Beiordnung einer Strafverteidigerin (§ 140 Abs. 1 Nr. 4 StPO). Werden Flüchtlinge unvorbereitet in Untersuchungshaft genommen, lassen sie sich meist von Mitgefangenen einen Strafverteidiger empfehlen. Diese Wahl kann aber für die spezifische Situation von Asylsuchenden ungünstig sein. Wenn möglich, sollten Strafverteidiger mit Fachkenntnissen im Asylrecht beauftragt werden oder solche, die eng mit entsprechenden Fachkolleginnen zusammen arbeiten.

8   Entscheidung

Die Entscheidung kann eine Anerkennung einer der vier verschiedenen Schutzstatus enthalten. Bei einem Bescheid darf also nicht nur die erste Entscheidung gelesen werden.

So können die Bescheide mit einer Anerkennung eines Schutzstatus z.b. aussehen:

1. Asylberechtigung
   a) Die Antragstellerin wird als Asylberechtigte nach Art. 16a GG **anerkannt**.
   b) Der Antrag auf Anerkennung als Asylberechtigte nach Art. 16a GG wird **abgelehnt**.
   Dieser Entscheidung kommt keine große Bedeutung zu, weil die Asylberechtigung nicht mehr Rechte verleiht als die Flüchtlingsanerkennung.

2. Flüchtlingsanerkennung
   a) Es wird festgestellt, dass die Antragstellerin **Flüchtling im Sinne der Genfer Flüchtlingskonvention** ist.
   b) Der Antrag auf Feststellung der Flüchtlingseigenschaft wird als **unbegründet** abgelehnt.
   c) Der Antrag auf Feststellung der Flüchtlingseigenschaft wird als **offensichtlich unbegründet** abgelehnt.
   In der Variante a) endet das Verfahren vor dem Bundesamt, die weitere Regelung des Aufenthalts erfolgt durch die Ausländerbehörde (→ S. 294).
   Für die beiden ablehnenden Varianten b) und c) sind die Fristen für das Klageverfahren und das Eilverfahren (→ S. 193) genau zu beachten.

3. Subsidiärer Schutz
   a) Die Antragstellerin **ist subsidiär schutzberechtigt**.
   b) Der Antrag auf Feststellung der subsidiären Schutzberechtigung wird als **unbegründet** abgelehnt.
   c) Der Antrag auf Feststellung der subsidiären Schutzberechtigung wird als **offensichtlich unbegründet** abgelehnt.
   Über diesen Antrag wird nur entschieden, wenn kein Flüchtlingsstatus zuerkannt wurde.
   In der Variante a) besteht die Wahl zwischen einer Klage auf Flüchtlingsanerkennung oder der Akzeptanz des geringer wertigen Status.
   Für die beiden ablehnenden Varianten b) und c) sind die Fristen für das Klageverfahren und das Eilverfahren (→ S. 193) genau zu beachten.

4. Abschiebehindernisse
a) Es **besteht ein Abschiebehindernis** nach § 60 Abs. 5 AufenthG (oder Abs. 7).

b) Es **besteht kein Abschiebehindernis** nach § 60 Abs. 5 oder Abs. 7 AufenthG.

Über diesen Antrag wird nur entschieden, wenn keiner der sonstigen Anträge positiv beschieden wurde.

In der Alternative a) besteht die Wahl zwischen einer Klage auf Flüchtlingsanerkennung bzw. subsidiären Schutz oder der Akzeptanz des geringer wertigen Status.

Für die ablehnende Variante b) sind die Fristen für das Klageverfahren und das Eilverfahren (→ S. 193) genau zu beachten.

Der Bescheid wird in der Regel mit Zustellungsurkunde unmittelbar an die Flüchtlinge geschickt. Eine Aushändigung durch die Ausländerbehörde ist auch möglich. Werden Flüchtlinge anwaltlich vertreten, geht der Bescheid an die Rechtsanwältin.

Das BAMF ist nicht verpflichtet, die Anschrift der Antragsteller zu ermitteln; die Zustellung geht an die letzte bekannte Adresse. Wurde ein Wechsel der Anschrift nicht mitgeteilt, so wird der Bescheid ohne Kenntnis der Antragstellerin rechtskräftig (§ 10 Abs. 2 AsylG).

Die Entscheidungsformel und die Rechtsmittelbelehrung werden in einer Sprache beigefügt, deren Kenntnis beim Antragsgegner vernünftigerweise vorausgesetzt werden kann (§ 31 Abs. 1 Satz 3 AsylG).

Einreise- und Aufenthaltsverbot

Zusätzlich wird bei Ablehnungen von Asylsuchenden aus »sicheren Herkunftsstaaten« (s. Glossar) als »**offensichtlich unbegründet**« und ab dem zweiten unzulässigen Folgeantrag über die Verhängung eines Einreise- und Aufenthaltsverbots entschieden (§ 11 Abs. 7 AufenthG).

Dazu werden die Antragstellerinnen gesondert angehört durch ein Schreiben des BAMF, in dem sie aufgefordert werden, Gründe zu nennen, die einer Einreisesperre entgegenstehen.

Auch wenn der Asylbescheid nicht mit einem Einreise- und Aufenthaltsverbot verbunden wird, tritt ein solches Verbot automatisch ein, wenn eine Person nach dem Asylverfahren abgeschoben wird (§ 11 Abs. 1 AufenthG). In diesem Fall ist das BAMF dafür zuständig zu bestimmen, wie lange das Einreise- und

Aufenthaltsverbot andauern soll (§ 11 Abs. 2 AufenthG). Auch dafür ist eine vorherige Anhörung erforderlich.

Diese Anhörungsschreiben werden oft schon vor einer Entscheidung über den Asylantrag verschickt und führen bei den Betroffenen zu erheblicher Verunsicherung, weil sie wie eine Abschiebungsandrohung wirken. In Wirklichkeit stehen sie unter drei Vorbehalten:
1. Der Asylantrag müsste zunächst in allen vier Anträgen abgelehnt worden sein;
2. Rechtsmittel müssten erfolglos geblieben oder nicht eingelegt worden sein;
3. es dürfte keine freiwillige Ausreise erfolgt sein.

Der Flüchtlingsrat Niedersachsen hat hierzu ein passendes Musterschreiben entwickelt:

Name, Anschrift ....
Datum ....

BAMF-Außenstelle ....

Mein Asylverfahren, AZ.: ....

Hier: Ihr Anhörungsschreiben vom .... zu § 11 AufenthG (Einreise- und Aufenthaltsverbot)

Sehr geehrte Damen und Herren,

Ihr o.g. Schreiben habe ich erhalten. Ich halte die Anhörung zum jetzigen Zeitpunkt nicht für statthaft, weil noch keine bestandskräftige Entscheidung über meinen Asylantrag ergangen ist. Auch die von Ihnen verfügte Fristsetzung ist m.E. gegenstandslos, da bis zu einer vollziehbaren Ausreisepflicht schutzwürdige Belange noch hinzukommen können.

Dessen ungeachtet mache ich folgende Gesichtspunkte gegen die mit einer Abschiebung verbundenen Sperrwirkungen geltend:
Ich verweise zunächst auf die Angaben, die ich bei meiner Anhörung am .... gemacht habe.
Schutzwürdig ist außerdem, dass ....

Abschließend weise ich darauf hin, dass ich in Deutschland in keinerlei Weise straffällig geworden bin.

Mit freundlichen Grüßen

....
(Unterschrift)

Es ist sinnlos, in einer Antwort die Gründe zu nennen, die gegen eine Abschiebung sprechen. Es sollten nur Aspekte benannt werden, die eine besondere, insbesondere familiäre Bindung, zu Deutschland aufzeigen. Wenn z.b. nahe Verwandte in Deutschland leben, die wegen Krankheit oder Alters nicht reisen können, entsteht daraus ein besonderes Bedürfnis, auch weiterhin nach Deutschland einreisen zu können.

9 Rechtsmittel

Rechtsmittel gegen ablehnende Bescheide können nicht durch die Asylberaterinnen eingelegt werden. Eine Vertretung vor Gericht gehört nicht zu den Tätigkeiten, die nach dem Rechtsdienstleistungsgesetz zugelassen sind. In besonders dringenden Fällen können die Klageanträge und auch die Eilanträge von den Betroffenen selbst eingelegt werden. Soll mit einem Verfahren die Entscheidung des BAMF inhaltlich angegriffen werden, so ist hierfür **anwaltlicher Beistand zwingend erforderlich**.

In Notsituationen können Klage und Eilantrag persönlich bei der Rechtsantragsstelle des Verwaltungsgerichts gestellt werden. **Die Begleitung durch eine sprachkundige oder zumindest mit dem Fall vertraute Person ist dringend zu empfehlen.** Für die Prozessführung sollte dann eine fachkundige Rechtsanwältin beauftragt werden.

Es wird deshalb hier nur ein Überblick zu den Fristen gegeben, deren Einhaltung von existenzieller Bedeutung ist:

1. Ablehnung des Antrags als »unzulässig«

Gegen einen Bescheid, nach dem ein anderer Dublin-Staat zuständig ist und die Abschiebung in diesen angeordnet wird, muss **Klage** erhoben und ein **Antrag auf Wiederherstellung der aufschiebenden Wirkung** (§ 80 Abs. 5 VwGO) gestellt werden.

Dasselbe gilt für Bescheide, durch die festgestellt wird, dass ein Asylfolgeantrag (§ 71 AsylG) oder ein Asylverfahren nach einem Zweitantrag (§ 71a AsylG) nicht durchgeführt wird.

Die Frist beträgt für Klage und Eilantrag eine Woche; es muss der Bescheid beigefügt werden und der Antrag muss innerhalb dieser Woche begründet werden.

Wurde ein Folgeantrag gestellt, nachdem die Abschiebungsandrohung rechtskräftig geworden ist, so kann die Abschiebung erfolgen, auch wenn ein Rechtsmittel eingelegt wurde. Zunächst muss bei der Ausländerbehörde schon dann, wenn der Folgeantrag gestellt wird, nachgefragt werden, ob sie bereit ist, den Ausgang des gerichtlichen Eilverfahrens abzuwarten. Wenn dies nicht zugesichert wird, kann ein vorbeugender Rechtsschutz beim Verwaltungsgericht beantragt werden, um der Ausländerbehörde gerichtlich zu untersagen, die Antragsteller vor einer Entscheidung abzuschieben.

2. Ablehnung des Antrags als »unbegründet«

Die Ablehnung als unbegründet kann sich auf alle Anträge beziehen oder nur auf den Antrag, als Asylberechtigte oder als Flüchtling anerkannt zu werden.

Bei einer Teilablehnung ist besonders gründlich zu prüfen, ob eine Klage Aussicht auf Erfolg hat.

Die Ablehnung der Anerkennung als asylberechtigt nach Art. 16a GG ist in aller Regel unbedeutend, wenn die Flüchtlingsanerkennung nach der GFK ausgesprochen wurde, weil mit diesem Status die gleichen Rechte wie mit der Asylberechtigung verbunden sind.

Die Ablehnung als Flüchtling und die Zuerkennung subsidiären Schutzes vermittelt dagegen nur eine wesentlich geringer geschützte Position und lohnt eine gerichtliche Verfolgung des Anspruchs, wenn eine individuelle Verfolgungssituation – auch in der Form der Gruppenverfolgung – vorgetragen wurde.

Auch wenn die drei Anträge (→ S. 190) auf eine Statusfeststellung abgelehnt wurden, aber festgestellt wurde, dass ein Abschiebehindernis vorliegt, kann eine Klage sinnvoll sein, je nachdem auf welche Gründe der Antrag gestützt wurde.

Die Klagefrist beträgt zwei Wochen.

Die Klage hat aufschiebende Wirkung.

Die Begründung kann innerhalb von vier Wochen nach Zugang der Entscheidung nachgereicht werden.

In der Regel wird keine Berufung zugelassen.

3. Ablehnung des Antrags als »offensichtlich unbegründet«

Bei Menschen aus »**sicheren Herkunftsländern**« gibt es keine Ablehnung als »unbegründet«; wird dem Antrag nicht stattgegeben, so erfolgt die Ablehnung immer als »offensichtlich unbegründet« (§ 29a AsylG).
Aber auch sonst werden viele Anträge als »offensichtlich unbegründet« (§ 30 AsylG) abgelehnt.

Die Klagefrist beträgt eine Woche.
Auch gegen das Einreise- und Aufenthaltsverbot muss gleichzeitig Klage erhoben werden.
Die Klage hat **keine aufschiebende Wirkung**; deshalb muss sie zwingend mit einem **Antrag auf Wiederherstellung der aufschiebenden Wirkung** (Eilantrag) verbunden werden.

Hierfür beträgt die Frist ebenfalls eine Woche.

Alle Gründe, mit denen der Bescheid des BAMF angegriffen wird, müssen sofort mit dem Antrag schriftlich dargelegt werden.
Es findet in der Regel keine mündliche Verhandlung statt, es wird nur nach Aktenlage entschieden.
Bei Ablehnung des Eilantrags kann die Abschiebung sofort vollzogen werden.
Erfolgt nicht unverzüglich die freiwillige Ausreise, so kann auch ein Ausreisegewahrsam (§ 62b AufenthG) oder auch eine Abschiebungshaft (§ 63 Abs. 3 AufenthG) verfügt werden.

Prozesskostenhilfe

Prozesskostenhilfe wird in der Regel von der beauftragten Rechtsanwältin beantragt, aber vom Gericht nur bewilligt, wenn folgende Voraussetzungen vorliegen:

1. die Rechtsangelegenheit muss **Aussicht auf Erfolg** haben, und

2. die antragstellende Person muss **mittellos** sein. Zum Nachweis der Mittellosigkeit genügt eine aktuelle Bescheinigung über den Bezug von Leistungen nach AsylbLG.

Insgesamt wird in Asylklageverfahren nur selten PKH bewilligt, sodass nicht erwartet werden kann, dass Rechtsanwälte erst mal ohne Vorschüsse arbeiten, bis ein Gerichtsbescheid vorliegt.

Weil in den Aufnahmeeinrichtungen voraussichtlich kaum noch Bargeld gezahlt werden wird (→ S. 228), wird es für viele Flüchtlinge nicht möglich sein, anwaltlichen Beistand zu bekommen, falls hierfür keine Spenden zur Verfügung stehen.

10 Unbegleitete minderjährige Flüchtlinge (umF)

Unbegleitete minderjährige Flüchtlinge werden in Art. 2 lit. l QualifikationsRL (siehe Glossar) als »**Minderjährige ohne Begleitung eines gesetzlich verantwortlichen Erwachsenen**« definiert. In den meisten Fällen ist der 18. Geburtstag der Zeitpunkt für den Beginn der Volljährigkeit; maßgeblich ist jedoch das sog. Personalstatut des jungen Menschen (Art. 7 EGBGB) und damit das Recht des Herkunftsstaates (OLG Karlsruhe vom 23.7.2015 – 5 WF 74/ 15: algerischer Flüchtling, der erst mit 19 Jahren volljährig wird; weitere Beispiele: Sudan und Guinea mit 21 Jahren).

Mit den steigenden Zahlen der Flüchtlinge stieg ab 2015 auch die Zahl der umF; für 2015 wurden ca. 15.000 Asylanträge beim BAMF registriert und die Zahl der umF in Deutschland lag im Januar 2016 schon bei 60.000 (Bundesverband umF, www.b-umf.de), von denen aber ein Teil keinen Asylantrag gestellt hat. Bis zur Volljährigkeit können sie in der Regel nicht abgeschoben werden und deshalb auch wählen, ob sie ins Asylverfahren gehen oder zunächst nur mit einer Duldung in Deutschland leben.

Das Verfahren und die Aufnahme von umF werden nach einem speziellen Ablauf durchgeführt, der seit dem 1.11.2015 auch eine bundesweite Verteilung nach dem sog. »Königsteiner Schlüssel« (siehe Glossar) umfasst.

Das EU-Recht enthält sowohl in der Verfahrens- als auch in der AufnahmeRL (siehe Glossar) Vorgaben zum **Schutz des Kindeswohls**, die unter dem Einfluss der UN-Kinderrechtskonvention ins Europäische Recht übernommen wurden.

In Deutschland wird die Aufnahme, Unterbringung und Versorgung in die Hand der **Jugendämter (JA)** gelegt und ist im SGB VIII geregelt, sodass hier eine vollständige Parallelstruktur zum Aufnahmeverfahren für Erwachsene besteht.

10.1 Ablauf der Inobhutnahme und Unterbringung

Seit 1.11.2015 wird der eigentlichen Inobhutnahme (§ 42 SGB VIII) eine vorläufige Inobhutnahme (§ 42a SGB VIII) vorgeschaltet. Auftrag der vorläufigen Maßnahme ist es ausschließlich, zu klären, ob eine Verteilung und Übergabe der Minderjährigen an ein anderes JA zu einer Gefährdung seines Kindeswohls führen könnte. Bei dieser Entscheidung ist der mutmaßliche Wille der Personensorge- und Erziehungsberechtigten angemessen zu berücksichtigen (§ 42a Abs. 3 Satz 2 SGB VIII).

Zuständig für die vorläufige Inobhutnahme ist das JA des tatsächlichen Aufenthalts (§ 88a Abs. 1 SGB VIII). Verschwindet ein Minderjähriger vor der Zuweisung und regulären Inobhutnahme, so wird das Verfahren bei einem erneuten Auftauchen an dem dann aktuellen Aufenthaltsort neu in Gang gesetzt.

Folgende Gründe stehen einer Umverteilung entgegen:

■ Das **Kindeswohl** ist gefährdet (§ 42a Abs. 2 Nr. 1 SGB VIII).
Eine Verteilung ist insbesondere ausgeschlossen, wenn die Minderjährigen einen Orts- und Betreuerwechsel wegen Traumatisierungen oder anderen psychischen oder somatischen Erkrankungen oder Behinderungen nicht schadlos verkraften können. Hier ist im Zweifel nicht auf die eigene Sachkunde des JA abzustellen; es muss ein entsprechender Facharzt beigezogen werden. Auch ein besonders langer Fluchtweg, sexuelle Misshandlungen oder Ausbeutungen können gegen einen weiteren Wechsel sprechen. Zu berücksichtigen sind auch besondere Bindungen zu Freunden, Lehrern, privaten Unterstützungspersonen, die sich vor Ort bereits gefestigt haben. Vor allem, wenn es sich nicht um Minderjährige handelt, die frisch eingereist sind, sondern sich schon länger am Ort aufhalten, muss besonders auf die Kontinuität der Bindung geachtet werden. Wenn die Jugendlichen besondere Bedürfnisse haben, wie medizinische Versorgung, aber auch die Förderung besonderer Begabungen, so müssen diese auch am Zuweisungsort befriedigt werden können. Zwar müssen die zuständigen JA grundsätzlich derartige Bedürfnisse befriedigen, dies kann aber an objektive Grenzen stoßen. Wenn die Minderjährigen etwa einer kleinen Religionsgemeinschaft angehören und diese nur an wenigen Orten in Deutschland vertreten ist, ist darauf zu achten, dass der Kontakt zur eigenen religiösen Gemeinschaft möglich bleibt. Ähnliches kann bei einer Behandlung durch eine muttersprachliche Therapeutin gelten. Die Minderjährigen sind an der Risikoeinschätzung zu beteiligen (§ 8 Abs. 1 SGB VIII).

■ **Verwandte** halten sich **in Deutschland** auf, die Minderjährigen und ihre Verwandten wünschen eine räumliche Zusammenführung und diese entspricht dem Kindeswohl (§ 42a Abs. 2 Nr. 2 SGB VIII). Die Verlegung der Minderjährigen an den Aufenthaltsort der Verwandten hat in diesem Fall Vorrang vor der Verteilung. Möglich ist die direkte Überstellung an das JA – selbstverständlich begleitet und in Absprache mit dem aufnehmenden JA –, in dessen Bezirk der Verwandte wohnt und die Unterbringung der Minderjährigen in einer Jugendhilfeeinrichtung. **Häufig sind die JA aber nur bereit, die Minderjährigen zu den Verwandten zu verteilen, wenn diese die Vormundschaft übernehmen und sich tatsächlich in ihrem Haushalt oder in einer Gemeinschaftsunterkunft um die Jugendlichen kümmern.** Auf diese Weise wird den Jugendlichen die besondere Unterstützung durch die Jugendhilfe entzogen und dabei viel Geld gespart; zugleich fehlt es oft an einer ausreichenden Prüfung der Eignung des Verwandten oder auch der vorgesehenen Unterbringung. Selbst das Risiko von Kindesmissbrauch, Arbeitsausbeutung oder Menschenhandel lässt sich nicht ausschließen. Die Bestellung des Vormunds muss sich konsequent am Kindeswohl orientieren, Verwandte dürfen nicht zur Übernahme genötigt werden und Minderjährige in Verwandtenpflege müssen weiter durch die JA betreut werden.

Auch eine Zusammenführung mit **Verwandten im Ausland** ist zu prüfen. Erforderlich sind das Einverständnis aller Beteiligten und eine grenzüberschreitende Kindeswohlprüfung. Halten sich Eltern oder Geschwister in einem anderen Dublin-Staat auf, so wird dieser Staat für die Prüfung des Verfahrens zuständig, es sei denn in Deutschland befinden sich mehr Familienangehörige als in dem anderen Dublin-Staat (→ S. 158). Eine Überstellung darf aber nur durchgeführt werden, wenn das Kindeswohl dadurch nicht gefährdet wird. Der Abschluss dieses Verfahrens in der vorgegebenen Zeit von sieben Werktagen (→ S. 196) ist unrealistisch, sodass die Verteilung nicht durchgeführt werden kann und die Betroffenen bis zur Klärung einer Weiterwanderung vor Ort in Obhut zu nehmen sind.

- Weiter ist die gemeinsame in Inobhutnahme mit **minderjährigen Geschwistern oder anderen Jugendlichen** (Fluchtgemeinschaften) zu prüfen (§ 42a Abs. 2 Nr. 3 SGB VIII). Die Frage, zu wem die Verteilung erfolgt, darf nicht schematisch danach entschieden werden, wer zuerst zugewiesen wurde, sondern hängt von einer Einzelfallprüfung ab. Maßstäbe sind die Qualität der Unterbringung, die schulische Versorgung, die medizinische Anbindung soweit erforderlich und sonstige Unterstützungsmöglichkeiten.

- Der Gesundheitszustand kann einer Verteilung innerhalb von 14 Tagen entgegenstehen (§ 42a Abs. 2 Nr. 4 SGB VIII). Bei dieser Regelung geht es nicht um das Kindeswohl (welches nach § 42a Abs. 2 Nr. 1 SGB VIII geschützt wird), sondern um Gefahren durch **ansteckende Krankheiten** für andere Personen.

Beispiele

Karim ist 16 Jahre alt und war – einschließlich der Überquerung des Mittelmeers – sechs Monate auf der Flucht. In Deutschland hat er sich zunächst bei Landsleuten in Frankfurt aufgehalten, die ihn versorgt haben und nach zwei Monaten zur Ausländerbehörde begleitet haben. Von hier wurde er direkt zum JA gebracht, die ihn vorläufig in einer Bereitschaftspflegestelle untergebracht haben. Karim ist auch nach zwei Monaten in einem sehr schlechten Zustand, er versteht sich sowohl mit seinen ersten Helfern als auch der Pflegefamilie gut und wünscht sich den weiteren Kontakt zu diesen Personen. Da Karims Allgemeinzustand schlecht ist und er auf eine psychotherapeutische Behandlung angewiesen sein wird, würde die Verteilung dem Kindeswohl widersprechen. Das JA Frankfurt führt die reguläre Inobhutnahme durch.

Mirjam, 17 Jahre alt, wird in Osnabrück aufgegriffen. Sie hat von anderen Verwandten gehört, ihr Vater sei als Flüchtling in Schweden aufgenommen worden, hat aber sonst keine Angaben über seinen Aufenthaltsort. Das JA Osnabrück nimmt Mirjam vorläufig in Obhut und bittet die Ausländerbehörde um die Ermittlung des Aufenthaltsortes des Vaters über eine Anfrage beim Schwedischen Bevölkerungsregister (SPAR, Statens personadressregister). Sollte sich herausstellen, dass der Vater tatsächlich in Schweden lebt, müsste Mirjam, vertreten durch einen Vormund, einen Asylantrag stellen, damit das BAMF eine Dublin-Anfrage an Schweden richten könnte, welches nach Art. 8 Abs. 1 Verordnung (EU) Nr. 604/ 2013 (Dublin III) zur Übernahme von Mirjam verpflichtet ist. Da dieses Prozedere in sieben Werktagen nicht zu bewältigen ist, aber dennoch zügig durchgeführt werden kann, wird Mirjam vom JA Osnabrück regulär in Obhut genommen. Eine Verteilung wäre in diesem Fall auch nach § 42b Abs. 4 Nr. 3 SGB VIII untersagt.

Im Rahmen der vorläufigen Inobhutnahme muss zumindest auch eine erste **Gesundheitsuntersuchung** durchgeführt werden. Sie dient der Abklärung, ob eine Verteilung dem Kindeswohl widerspricht, zugleich der Vermeidung von Ansteckungen und schließlich auch der Feststellung von Behandlungsbedarfen.
Die Kommunen können wählen, ob die Untersuchung durch das Gesundheitsamt oder durch niedergelassene Ärztinnen durchgeführt wird.

Wird die **Verteilung** durchgeführt, muss zunächst das zuständige Bundesland und dann innerhalb des zuständigen Landes das zuständige JA bestimmt werden.
Es gibt aufnehmende Bundesländer (die bislang weniger umF haben, als sie nach dem Königsteiner Schlüssel aufnehmen müssen) und abgebende Bundesländer (die zu viele umF untergebracht haben).
Hält sich ein Kind in einem aufnehmenden Bundesland auf, so wird es auch diesem Bundesland zugewiesen, nicht aber zwingend dem JA der vorläufigen Inobhutnahme. Bei der Verteilung innerhalb eines Bundeslandes kann das abgebende JA zwar Wünsche (in Übernahme oder Übereinstimmung mit den Minderjährigen) hinsichtlich des aufnehmenden JA mitteilen, die Entscheidung bleibt aber bei der Landesstelle.

Für das Prüfungsverfahren und Verteilungsverfahren bestehen folgende Fristen:

Anmeldung durch das JA zur Verteilung bei der Landesstelle	innerhalb von sieben Werktagen nach vorläufiger Inobhutnahme
Anmeldung durch die Landesstelle zur Verteilung an das Bundesverwaltungsamt	Innerhalb von drei Werktagen
Benennung des zuständigen Bundeslandes durch das Bundesverwaltungsamt an die Landesstelle	Innerhalb von zwei Werktagen
Bestimmung des zuständigen JA durch die Landesstelle	Innerhalb von zwei Tagen

---

Beispiel

Majid wird am 9.2.2016 vom JA Wuppertal in Obhut genommen und am 15.2.2016 bei der Landesstelle für die Verteilung von UmF in NRW, dem Landschaftsverband Rheinland (LVR), angemeldet. Am 17.2.2016 meldet der LVR Majid beim Bundesverwaltungsamt zur Verteilung an. Da NRW ein abgebendes Land ist, teilt das Bundesverwaltungsamt Majid dem Land Mecklenburg-Vorpommern zu und teilt dies am 19.2.2016 dem LVR und dem Kommunalen Sozialverband Mecklenburg-Vorpommern (KSV) mit. Der KSV bestimmt das JA Wismar zum zuständigen Träger und teilt dies dem JA Wuppertal und dem JA Wismar mit. Die JA treten miteinander in Kontakt und regeln, wann Majid in welcher Einrichtung aufgenommen werden kann. Das JA Wuppertal trägt die Verantwortung dafür, dass Majid nach Wismar begleitet und dort an das JA übergeben und in der Einrichtung aufgenommen wird (§ 42a Abs. 5 Nr. 1 SGB VIII).

Altersfeststellung

In vielen Fällen gilt es zunächst, zu klären, ob eine Person minderjährig oder volljährig ist (nach dem Herkunftsstaat, → S. 196). Da Minderjährige erhebliche Vorteile genießen, insbesondere aber nicht nach der Dublin-Regelung in andere EU-Staaten überstellt werden, führt die Feststellung der Minder- oder Volljährigkeit häufig zu einem Streit vor den Gerichten. Mit dem zum 1.11.2015 eingefügten § 42f SGB VIII wird festgelegt, dass die Altersfeststellung durch das JA vorgenommen wird, und zwar **im Rahmen der vorläufigen Inobhutnahme** (so auch OVG Hamburg vom 18.11.2015 – 2 B 221/15), nicht als Voraussetzung für diese (unzutreffend der Leitfaden des Landes NRW vom 16.12.2015, S. 10).
Die Altersfeststellung erfordert immer eine **vorausgehende Beratung der Minderjährigen** über den Verfahrensablauf und ihre Rechte in diesem Verfahren. Sie dürfen unverzüglich eine Person ihres Vertrauens benachrichtigen (§ 42f Abs. 1 Satz 2 mit Verweis auf § 42 Abs. 2 Satz 2 SGB VIII). Diese oder je-

de andere Person kann mit ausdrücklicher Zustimmung des Minderjährigen an dem Prüfungsverfahren teilnehmen.

Geprüft wird in folgenden Schritten:

1. Zunächst wird das Alter auf der Grundlage **vorhandener Ausweispapiere** festgestellt. Die ersten Probleme entstehen hier, wenn die Echtheit der Dokumente angezweifelt wird. Die JA haben die Möglichkeit, die Papiere der Polizei und bei Bedarf dem BKA zur Prüfung vorzulegen. Allein eine Fälschungsvermutung kann keine Grundlage für eine Altersfeststellung bilden.

2. Sind keine (oder keine echten) Ausweispapiere vorhanden, erfolgt die Altersfeststellung auf der Grundlage einer »**qualifizierten Inaugenscheinnahme**« (§ 42f Abs. 1 SGB VIII). Besondere Bedeutung hat hier die Abfrage der Einschätzung der Minderjährigen selbst, da sie an der Bewertung beteiligt werden müssen (§ 42f Abs. 1 Satz 2 mit Verweis auf § 8 Abs. 1 SGB VIII). Die schlüssige Darstellung der eigenen Biographie kann die Alterseinordnung ermöglichen; es können aber auch weitere Dokumente herangezogen werden wie etwa Schulzeugnisse, amtliche Schreiben mit Geburtsdaten, Handyverträge oder auch private Briefe. Äußere Merkmale wie Haarwuchs, Physiognomie, Größe können auch eine Rolle spielen, reichen aber alleine nicht für eine zuverlässige Einschätzung.
Bei der Befragung und Beobachtung sind mehrere Standards einzuhalten:
   – Es muss sich um qualifizierte Mitarbeiterinnen handeln (pädagogische oder psychologische Ausbildung).
   – Die Gründe für die Befragung müssen genau erläutert werden, ebenso wie die Konsequenzen der Alterseinschätzung und die Bedeutung der Mitwirkungspflicht.
   – Das Gespräch muss immer von zwei Mitarbeiterinnen geführt werden.
   – Es muss ein Dolmetscher beteiligt werden, der auf seine Neutralität und fachliche Kompetenz geprüft wurde.

3. Bestehen ernsthafte Zweifel, so kann eine **körperliche Untersuchung** durchgeführt werden. Bei Zweifeln wird von Minderjährigkeit ausgegangen. Sonst muss die körperliche Untersuchung zumindest angeboten werden (VG Schleswig-Holstein vom 18.12.2015 – 15 B 90/15). Die Untersuchung ist nur mit ausdrücklicher Zustimmung des Minderjährigen zulässig. Zuvor muss er über seine Rechte, die Untersuchungsmethoden und die möglichen Konsequenzen einer Ablehnung aufgeklärt werden (§ 42f Abs. 2 SGB VIII).
Eine körperliche Untersuchung muss durchgeführt werden, wenn der Minderjährige oder sein Vertreter dies beantragt, etwa weil das JA die Volljährigkeit feststellen will.

Es dürfen nur schonende Methoden wie die Untersuchung des Zahnstatus und allenfalls das Röntgen der Handwurzelknochen durchgeführt werden. Ausgeschlossen sind entwürdigende Methoden wie Genitaluntersuchungen. Allerdings können auch körperliche Untersuchungen kein eindeutiges Alter beweisen, sondern das Geburtsdatum nur in einem Zeitfenster von drei bis vier Jahren bestimmen.

4. Bleiben weiterhin Zweifel, ist von der Minderjährigkeit zum Schutz des Kindeswohls vorläufig auszugehen (DIJuF-Rechtsgutachten 9.11.2010, J 4.300 Sch, Das JA 12/2010, S. 547 ff.; OLG Hamm vom 30.1.2015 – 6 UF 155/13).

Gegen die Aufhebung der vorläufigen Inobhutnahme wegen der Annahme der Volljährigkeit, kann **Widerspruch** eingelegt werden. Dieser muss zwingend mit einem **Eilantrag** auf Wiederherstellung der aufschiebenden Wirkung des Widerspruchs verbunden werden, weil der Widerspruch alleine keine aufschiebende Wirkung hat (§ 42f Abs. 3 SGB VIII; siehe OVG Bremen vom 18.11.2015 – 2 B 221/15). Unklar ist, wer einen Minderjährigen in dieser Situation vertreten soll (so auch Hocks, Asylmagazin 2015, S. 367. 370). Während der vorläufigen Inobhutnahme ist das JA der Rechtsvertreter der Minderjährigen (§ 42 a Abs. 3 SGB VIII). Da es sich um eine Entscheidung des JA handelt, würde dieses gegen sich selbst klagen. Da die Volljährigkeit gerade bestritten wird, können die Betroffenen auch nicht selbst vor dem VG klagen. Hier bleibt nur, einen Verfahrenspfleger beim Verwaltungsgericht oder einen Vormund außerhalb des JA beim Familiengericht zu beantragen. Beides können die Betroffenen zwar selbst tun, aber dazu benötigen sie rechtskundige Unterstützung. Zu Recht weist Wiesner (Nachtragskommentierung zum SGB VIII, Dezember 2015, § 42a Rn. N 16) darauf hin, dass § 42a SGB VIII nicht ausschließt, dass die JA bereits während der vorläufigen Inobhutnahme einen Antrag auf Bestellung eines Vormunds oder Verfahrenspflegers beim Familiengericht stellen.

10.2   Abschiebung und Überstellung an einen anderen Dublin-Staat

Die Dublin III-VO enthält in Art. 8 eine Sonderregelung für unbegleitete Minderjährige.

Vorrangig sind der Aufenthalt von Familienangehörigen und sonstigen Verwandten in einem der Dublin-Staaten zu prüfen. Eine Zusammenführung findet statt, wenn sie dem Kindeswohl nicht widerspricht und wenn die Verwandten aufnahmebereit sind.

Es darf nicht wegen eines in einem anderen Dublin-Staat gestellten Asylantrags rücküberstellt werden.

Im Übrigen ist der Staat zuständig, in dem sich der umF aufhält (Art. 8 Abs. 4 VO). So hatte der EuGH auch schon zur Vorgängerverordnung (Dublin II) entschieden (EuGH vom 6.6.2013 – C-648/11); zum Minderjährigenschutz vgl. auch: Hruschka, ZAR 2014, S. 69 ff.; Marx. ZAR 2014, S. 5 ff.).

Nicht geklärt ist, ob umF in einen anderen EU-Staat überstellt werden können, wenn sie dort als Flüchtling oder subsidiär Schutzberechtigt anerkannt wurden. Allerdings gilt auch hier die Grundregel, nach der Abschiebungen von Minderjährigen nur zulässig sind, wenn sie »einem Mitglied seiner Familie, einer zur Personensorge berechtigten Person oder einer geeigneten Aufnahmeeinrichtung übergeben« werden können (§ 58 Abs. 1a AufenthG).

10.3 Anforderungen an die Unterbringung und Versorgung

Unbegleitete Minderjährige verbleiben auch nach dem Ende der Inobhutnahme durch Bestellung eines Vormundes im Leistungsbezug nach SGB VIII.
Wird die Vormundschaft jedoch von Verwandten übernommen, gelten sie nicht mehr als »unbegleitet« und erhalten nur noch Leistungen nach AsylbLG.

In der Vergangenheit wurde problematisiert, ob umF leistungsberechtigt sind, weil der in § 6 SGB VIII a.F. geforderte gewöhnliche Aufenthalt unklar sei. Die Neuregelung in § 6 SGB VIII stellt klar, dass es bei umF nur auf den tatsächlichen Aufenthalt ankommt. Wo der Lebensmittelpunkt liegt, muss nicht geprüft werden. Leider lautet die Formulierung aber immer noch: »rechtmäßig oder aufgrund einer ausländerrechtlichen Duldung«, wobei auch die Aufenthaltsgestattung im Bereich der Jugendhilfe als »rechtmäßiger« Aufenthalt gilt. Dass auch Kinder im Asylverfahren zu den Leistungsberechtigten gehören, ist seit langem vom BVerwG vom 24.6.1999 – 5 C 24.98 festgestellt.

Zu Problemen kann es kommen, wenn umF keine Papiere haben. Da der Asylantrag für umF nicht bei einer Außenstelle des BAMF persönlich gestellt wird, sondern schriftlich zur Zentrale in Nürnberg geschickt wird (§ 14 Abs. 2 Nr. 3 AsylVfG), kann die örtliche Ausländerbehörde kein Papier ausstellen, bis sie vom BAMF die Aufenthaltsgestattung für die Minderjährigen erhält.
Die Papierlosigkeit kann folgendermaßen behoben werden:
1. Zunächst bei der Ausländerbehörde eine Duldung beantragen, um in Ruhe zu klären, ob ein Asylantrag gestellt werden soll.
2. Den schriftlichen Asylantrag nicht mit der Post ans BAMF schicken, sondern bei der Ausländerbehörde abgeben, mit der Bitte, ihn ans BAMF weiterzuleiten und dem Minderjährigen gleichzeitig zu bescheinigen, dass der Asylantrag abgegeben wurde.

Unterbringung in Jugendhilfeeinrichtungen

Sobald das FamG eine Vormünderin bestellt hat, wird die Unterbringung in einer stationären Jugendhilfeeinrichtung zu einer Leistung nach § 34 SGB VIII.

Jede Einrichtung muss eine Betriebserlaubnis nach § 45 SGB VIII haben, die sicherstellen soll, dass die baulichen, personellen und konzeptionellen Anforderungen eingehalten werden.

Die Erziehung und Betreuung in regulären oder spezialisierten Einrichtungen nach den Standards des § 34 SGB VIII ist nicht überall gewährleistet. Es gibt Unterbringungen in stillgelegten Kasernen, Supermärkten, Hotels oder auch Turnhallen.

Es kommt hier zu gravierenden Verstößen gegen die gesetzlichen Vorschriften, die zu einer unmittelbaren Kindeswohlgefährdung und damit einem Verstoß gegen das staatliche Wächteramt nach Art. 6 GG führen.

Die besonderen Bedürfnisse von zum Teil erheblich belasteten und traumatisierten Jugendlichen erfordern eine sehr individuelle Hilfeplanung, die sowohl die psychische Stabilisierung, die Herstellung aller möglichen familiären, sozialen, religiösen Kontakte, als auch die Herausbildung einer Perspektive in Hinblick auf Sprache, Schule, Ausbildung sowie Familiengründung und Entwicklung musischer und sportlicher Fähigkeiten umfasst.

Ab der Aufnahme wird der Lebensunterhalt nicht nach den Bestimmungen des AsylbLG, sondern nach §§ 39, 40 SGB VIII sicher gestellt.

Gesundheitliche Versorgung

UmF haben Ansprüche auf Gesundheitsversorgung nach § 40 SGB VIII. Ausdrücklich umfasst dies den gesamten notwendigen Bedarf, also Leistungen im Umfang der gesetzlichen Krankenversicherung. In manchen Fällen ist auch der Abschluss einer freiwilligen Versicherung möglich. Der Pflichtversicherung unterliegen auch umF wegen der Ausschlussklausel des § 5 Abs. 11 SGB V nicht.

In manchen Kommunen ist diese Krankenversorgung nicht gewährleistet; es werden stattdessen Berechtigungsscheine wie nach § 4 AsylbLG ausgestellt. Das ist gesetzwidrig; dennoch haben die einzelnen Einrichtungen Schwierigkeiten, sich dagegen angemessen zu wehren, weil die JA über die Finanzierung der Einrichtung einen enormen Druck ausüben können. Hier sind die lokalen Initiativen der Zivilgesellschaft, Ärztekammern und Bildungsträger gefragt, um die gesetzlich vorgeschriebene Gesundheitsversorgung einzufordern. Manchmal können auch die übergeordneten Träger der Jugendhilfe eingeschaltet werden, um die JA über die gesetzlich vorgeschriebenen Leistungen zu beraten.

Clearingverfahren

Derzeit existieren drei verschiedene Modelle:

1. Die Durchführung eines Clearings in spezialisierten Jugendhilfeeinrichtungen, sog. stationären Clearingstellen. Hier werden die Minderjährigen für eine Dauer von bis zu sechs Monaten aufgenommen.
2. Die Durchführung eines Clearings in Jugendhilfeeinrichtungen, die dauerhaft für die Erziehung der Minderjährigen verantwortlich sind, aber für das Clearingverfahren mit besonderem Personal (insbesondere einer Psychologin, eventuell auch einer Sprachlehrerin) ausgestattet sind.
3. Die Durchführung eines Clearing durch eine externe Stelle des JA oder im Auftrag des JA, sog. ambulante Clearingstellen. Die Unterbringung erfolgt entweder in Regeleinrichtungen der stationären Jugendhilfe oder in Einrichtungen für umF, die aber nicht über Personal für das Clearingverfahren verfügen.

Die Modelle 1 und 2 ermöglichen eine wesentlich genauere Abklärung sowie eine Förderung bei geringem Eingriff in einen normalen Tagesablauf; nur das Modell 2 vermeidet dabei einen weiteren belastenden Wechsel der Wohneinrichtung und des Betreuungspersonals.

Das Clearingverfahren wird mit folgenden Aufträgen durchgeführt:

- Den Aufenthalt und die Erreichbarkeit von sorgeberechtigten Eltern zu ermitteln;
- sonstige Familienangehörige im Bundesgebiet und in der EU ausfindig zu machen;
- die konkreten gesundheitlichen Bedarfe festzustellen;
- die Bildungssituation zu klären.

Kindergeld

Bislang wird für umF kein Kindergeld gezahlt, weil sie nach dem Gesetzeswortlaut des § 1 Abs. 3 BKGG (nicht EStG, weil sie keine einkommenssteuerpflichtigen Eltern in Deutschland haben) ausgeschlossen sind. Nun hat das BSG vom 5.5.2015 – B 10 KG 1/14 R im Fall eines Minderjährigen mit einer Aufenthaltserlaubnis nach § 25 Abs. 5 AufenthG entschieden, dass die Ausschlussklausel in § 1 Abs. 3 BKGG verfassungskonform auszulegen ist. Bei voraussichtlich dauerhaftem Aufenthalt ist das Kriterium des Gesetzgebers, der auf die Erwerbstätigkeit abstellt, nicht angemessen. Alleinstehende Kinder können keinen Bezug zur Erwerbstätigkeit haben. Bislang ist nicht darüber entschieden, ob diese Überlegungen auch auf umF mit Gestattung oder Duldung anzuwenden sind. Eine positive Entscheidung würde ausschließlich die Kommunen bei den Jugendhilfeleistungen entlasten, ein Grundsatzverfahren sollte daher auch von Kommunen oder Kommunalverbänden geführt werden.

10.4   Vertretung der Minderjährigen

Das endgültig zuständige JA muss unverzüglich das Familiengericht anrufen, um einen Vormund zu bestallen. In Frage kommt eine Privatperson, ein Vereins- oder ein Amtsvormund. Ein Amtsvormund soll nur bestallt werden, wenn kein anderer Vormund in Betracht kommt. Allerdings muss bei der Vertretung eines umF bedacht werden, dass eine enorme Fachkompetenz und solide Rechtskenntnisse erforderlich sind, um die schwierigen Einzelfragen angemessen bearbeiten zu können. Unter anderem geht es um:

– Entscheidung über die Stellung eines Asylantrags;
– Vertretung im Asylverfahren, einschließlich Vorbereitung der Anhörung und Anträgen im Zusammenhang mit besonderen Bedürfnissen;
– Entscheidung über Rechtsmittel im Asylverfahren;
– Einbringen von Abschiebehindernissen;
– genaue Fristenkontrolle;
– Ermittlung der Aufenthaltsorte der Eltern oder weiterer Angehöriger;
– schulische Platzierung und Ermittlung des günstigsten Bildungswegs;
– Planung und Hilfe beim Zugang zu Ausbildung;
– Versorgung mit erforderlicher gesundheitlicher und psychosozialer Behandlung;
– Wechsel der Jugendhilfeeinrichtung, wenn sich aus dem Standort Hürden für die Entwicklung ergeben.

Aus diesem Grund besteht nur die Möglichkeit eine Fachkraft für Asylfragen (die kaum verfügbar sind) zu bestellen oder einem Vormund die erforderliche (insbesondere rechtliche) Unterstützung zur Seite zu stellen.

Derzeit vertreten die Gerichte in Deutschland zur Qualifikation sehr unterschiedliche Meinungen. Ein Teil vertritt die Auffassung, die Vormünder müssten sich soweit fortbilden, dass sie all diese Anforderungen selbst einlösen könnten (OLG Bamberg vom 13.8.2015 – 2 UF 140/15; OLG Frankfurt vom 17.6.2014 – 5 UF 112/14). Auch der BGH vom 29.5.2013 – XII ZB 530/11 verlangt, dass Vormünder die Angelegenheiten ihrer Mündel selbst vertreten, erforderlichenfalls könnten sie Rechtsrat einholen und **für die Vertretung im Asylverfahren eine Anwältin beauftragen**. Die Kosten gehen jedoch zu Lasten der JA und werden in der Praxis kaum übernommen. Dagegen vertritt der 5. Senat des OLG Frankfurt vom 8.1.2015 – 6 UF 292/14 und vom 11.9.2014 – 6 UF 239/14 die Auffassung, dass die fachgerechte Vertretung im Asylverfahren nicht allein durch einen rechtsunkundigen Vormund erfolgen könne, sondern ein Anspruch auf einen **Ergänzungspfleger oder Mitvormund** bestehe.

Das AG Heidelberg vom 21.7.2015 – 31 F 67/15 weist darauf hin, dass sich aus der Dublin-Verordnung (Nr. 640/2013) und aus Art. 25 der VerfahrensRL 2013/32/EU ein **Anspruch auf eine geeignete Vertretung im Asylverfahren** ergebe. Es bestehe also ein Anspruch auf eine asylrechtskundige Ergänzungspflegerin, wenn der Vormund nicht selbst asylrechtskundig ist. Die Argumentation des AG Heidelberg verdeutlicht die Bindung an europäisches Recht. Es bleibt zu hoffen, dass Minderjährige in Zukunft entweder Vormünder mit juristischen Fachkenntnissen erhalten oder eine Ergänzungspflegerin für das Asylverfahren.

Generell lässt sich feststellen, dass die Amtsvormünder mit den hohen Betreuungszahlen dem besonderen Bedarf an Klärung und Weichenstellung von Unbegleiteten nicht gerecht werden können.

Entlastung kann es bringen, wenn Träger der freien Wohlfahrtspflege eine systematische Ausbildung, Betreuung und Begleitung von ehrenamtlichen Vormündern organisieren.

Ein **Vormund wird nur dann bestallt, wenn zu keinem Elternteil ein funktionierender Kontakt hergestellt werden kann** (§ 1773 Abs. 1 BGB). Diese Auffassung ist in der Praxis kaum handhabbar, weil so eventuell ein in einem türkischen Flüchtlingslager lebender Vater per Handy Fragen zu beruflichen Weichenstellungen und zum Asylverfahren entscheiden soll, für die ihm jede Hintergrundkenntnis fehlt. Die Jugendlichen selbst werden anderseits so genötigt, den Kontakt zu ihren Eltern zu verschweigen, obwohl er für sie ein wichtiger Halt und ein zentraler Bezugspunkt ist.

10.5   Entscheidung über die Stellung eines Asylantrags

Die Entscheidung, ob ein Asylantrag gestellt werden soll, setzt eine genaue Prüfung des Einzelfalls voraus und erfordert gute Kenntnisse im Asyl- und Ausländerrecht, die von einem Vormund normalerweise nicht erwartet werden können. Im Zweifel sollte hier eine anwaltliche Beratung in Anspruch genommen werden.

Einige Grundsätze können die Entscheidung erleichtern:

■ Lässt sich eine Anerkennung oder die Zuerkennung subsidiären Schutzes nahezu mit Sicherheit erwarten (derzeit Syrien, Irak, Eritrea), sollte der Asylantrag so bald wie möglich gestellt werden, da die Aufenthaltsgestattung auch den Weg zu bestimmten Leistungen der Arbeitsmarktintegration öffnet und eine dauerhafte Lebensperspektive schneller erarbeitet werden kann.

■ Angehörige aus »sicheren Drittstaaten« (siehe Glossar) sollten – von absoluten Ausnahmen abgesehen – keinen Asylantrag stellen, weil damit auch die letzten winzigen Chancen für eine berufliche Perspektive in Deutschland vernichtet werden. Es sollte immer bedacht werden, dass auch grausame Erlebnisse nicht zur Anerkennung führen, wenn die Asylsuchenden darauf verwiesen werden, sie könnten sich doch in einen anderen Landesteil begeben.

■ Bei Minderjährigen aus den übrigen Staaten, ist zu überlegen, ob ein anderer Dublin-Staat zuständig werden kann, wenn der Asylantrag erst als Volljähriger gestellt wird. Wird der Antrag hingegen nur einen Tag vor dem 18. Geburtstag gestellt, findet kein Dublin-Verfahren statt, die Bundesrepublik bleibt zuständig.

■ Ein Argument gegen einen Asylantrag kann auch die Erwartung sein, dass ein Elternteil alsbald ebenfalls in Deutschland einen Asylantrag stellen wird, und dann vom Familienasyl Gebrauch gemacht werden kann und damit die Anhörung vermieden wird.

■ Weitere Überlegungen können die psychische Stabilität, die größere Distanz zu Extremerfahrungen einerseits, aber auch die schnellere Zukunftsplanung, die bessere soziale Absicherung bei einer Anerkennung oder auch nur bei einem Abschiebeschutz sein.

10.6   Asylantragstellung und Verfahrensablauf

Der Asylantrag ist ausschließlich schriftlich bei der Zentrale des BAMF in Nürnberg zu stellen (§ 14 Abs. 2 Nr. 3 AsylG).
Es muss gut überlegt werden, ob der Antrag umfassend schriftlich begründet werden soll oder ob nur in knappen Worten die wichtigsten Fluchtgründe mitgeteilt werden. Manchmal ist weniger mehr. Genaue Details können gefährlich werden, wenn die jungen Menschen sich nicht absolut sicher sind und dann nach Wochen oder Monaten davon abweichende Angaben in der Anhörung auftauchen. Manche vermeintlich unterschiedlichen Darstellungen können schon auf unterschiedliche Übersetzungen der Dolmetscher zurückzuführen sein. Gleichzeitig sollten aber ganz zentrale Punkte (Gewalttaten, Haft, Tod eines Familienangehörigen, Zwangsrekrutierung) schon benannt werden ohne ins Detail zu gehen.

Die **Vorbereitung auf die Anhörung** (→ S. 175) sollte möglichst gründlich und einfühlsam erfolgen. Junge Menschen in der Pubertät haben manchmal große Hemmungen und Schwierigkeiten über eigene Erlebnisse zu sprechen, wenn sie hiervon emotional betroffen sind. Immer sollte für die Anhörung eine spezialisierte Anhörerin verlangt werden. Eine **Begleitung** ist ratsam, als emotionale Unterstützung, aber auch um die Befragung unterbrechen zu können, auf eine qualitativ gute Übersetzung zu achten und das Protokoll wirklich in Ruhe mit dem Jugendlichen durchzusprechen.

Fluchtgründe

Für junge Menschen kommen selbstverständlich alle Gründe für einen Asylantrag, die Flüchtlingsanerkennung, den subsidiären Schutz oder einen Abschiebeschutz in Betracht, die im Kapitel II erläutert werden.

Besonderes Augenmerk sollte auf bestimmte »kinderspezifischen Formen von Verfolgung« gelegt werden:
– Zwangsrekrutierung als Kindersoldat (Art. 4 EMRK);
– physische oder psychische Gewalt, einschließlich sexueller Gewalt durch die Eltern oder Dritte (Art. 3 EMRK);
– Sklaverei, Kinderarbeit, Kinderhandel (Art. 4 EMRK);
– drohende verletzende traditionelle Praktiken, z.B. Genitalverstümmelung von Mädchen und jungen Frauen (Art. 3 EMRK);
– Zwangsheirat (Art. 12 EMRK).

Je nach den besonderen Umständen können diese Gründe zu einer Flüchtlingsanerkennung oder auch einem anderen Status führen. In jedem Fall ist zu klären, ob eine anwaltliche Vertretung erforderlich ist.

10.7   Schulische und berufliche Ausbildung

Die Ausbildung bildet einen zentralen Bereich in der Begleitung von Minderjährigen. Die Platzierung im Schulsystem sollte sofort und mit Nachdruck in Angriff genommen werden. Es gibt immer noch zu wenig Vorbereitungsklassen (auch internationale Klassen genannt), vor allem aber nicht an allen Schulformen.

Manchmal ist es wichtig, einen **Schulabschluss** aus dem Herkunftsland in Deutschland **anerkennen** zu lassen, um einen Einstieg in einer Realschule, einem Gymnasium oder einem Berufskolleg zu bekommen (zuständige Stellen:

www.anerkennung-in-deutschland.de). Die meisten jungen Flüchtlinge sind sehr motiviert und wissen um die Bedeutung eines Schulabschlusses für ihre Perspektive.

Auch sollten die Ausbildungsperspektiven bald entwickelt werden. Die **Instrumentarien der Ausbildungsförderung** sind unterschiedlich für Asylsuchende (→ S. 285) und Geduldete (→ S. 361).

Besonders wichtige Fristen sind:

– Der Beginn einer **betrieblichen Ausbildung vor dem 21.** Geburtstag führt zur Verlängerung der Duldung bis zum Ausbildungsende (§ 60a Abs. 2 Satz 4 AufenthG). Anschließend kann eine Aufenthaltserlaubnis bei Arbeitsaufnahme erteilt werden (§ 18a AufenthG).

– Vor dem 17. Geburtstag Eingereiste können noch vor dem 21. Geburtstag einen Antrag auf **Aufenthaltserlaubnis für gut integrierte Jugendliche** nach § 25a AufenthG stellen, wenn sie arbeiten oder sich in einer Ausbildung/Studium befinden.

Ein Bleiberecht durch berufliche Integration zu erlangen, bedeutet eine Höchstanstrengung für die jungen Menschen und erlaubt es nicht, entspannt mit der verbleibenden Zeit bis zur Volljährigkeit umzugehen.

Sehr schwierig sind die Perspektiven für junge Menschen aus den »sicheren Herkunftsstaaten« (siehe Glossar):

– Für **Asylsuchende** aus diesen Ländern besteht ein generelles **Arbeitsverbot**, davon sind auch alle beruflichen Ausbildungen erfasst.

– Für **Geduldete** besteht nur dann ein Arbeitsverbot, wenn sie zuvor und nach dem 31.8.2015 einen Asylantrag gestellt hatten. Geduldete umF, die keinen Asylantrag stellen, können also eine betriebliche Ausbildung, ein Praktikum (→ S. 285), einen Freiwilligendienst oder auch eine Einstiegsqualifizierung (sehr schwer, weil die Genehmigung der Arbeitsagentur erforderlich ist) beginnen, solange sie noch nicht volljährig sind. Die Fortsetzung einer beruflichen Ausbildung ist aber nicht gesichert, weil junge Menschen aus »sicheren Herkunftsstaaten« keinen Anspruch auf die Verlängerung der Duldung zum Zweck der Ausbildung haben.

Bei einer besonders günstigen Entwicklung kommt für die Angehörigen der Balkanstaaten auch der Umweg über eine Rückkehr ins Herkunftsland in Betracht. Wenn bis zum 18. Geburtstag ein Ausbildungsplatz gefunden wurde, kann die Rückkehr organisiert werden und bei der deutschen Auslandsvertretung eine Aufenthaltserlaubnis nach § 17 AufenthG auf der Grundlage der Sonderregelung für die Balkanstaaten in § 26 BeschV beantrag werden.

Wichtig ist darauf zu achten, dass keine Leistungen nach dem AsylbLG bezogen werden. Gleichzeitig muss auch der Lebensunterhalt in Deutschland gesichert sein.

10.8   Systemwechsel bei Eintritt der Volljährigkeit

Mit dem Erreichen der Volljährigkeit müssen die jungen Menschen fast immer die Jugendhilfeeinrichtungen verlassen, sie wechseln in kommunale Unterkünfte, sind unmittelbar von Abschiebung bedroht und verlieren die Unterstützung durch eine Vormündin. Diese Perspektive wirkt sich bereits im Vorfeld destabilisierend aus (Fegert et al., JAmt 2015, S. 133 ff., aus Sicht der Kinder- und Jugendpsychiatrie).

Die Fortsetzung der Hilfen ist möglich und soll nach § 41 SGB VIII als Hilfe für junge Menschen dann erfolgen, wenn diese Hilfe zur Persönlichkeitsentwicklung weiter erforderlich ist.

Die meisten umF haben eine lange Zeit auf der Flucht verbracht und nur eine kurze Zeit zur Verfügung, um sich in Deutschland zurechtzufinden. Es gelingt kaum in dieser kurzen Zeit, eine Ausbildungs- und Lebensperspektive zu entwickeln.

Die Anträge auf weitere Hilfen müssen ab der Volljährigkeit von den jungen Menschen selbst beim JA gestellt werden. Die JA selbst stehen deshalb zur Unterstützung kaum zur Verfügung. Auch für die Sozialarbeiterinnen in den Wohneinrichtungen ist die Situation nicht einfach, weil die Belegung und damit die Rentabilität der Einrichtung vom Wohlwollen des JA abhängt.

Hinzu kommt, dass ein Eilantrag beim Verwaltungsgericht auf vorläufige Bewilligung des Verbleibs in der Einrichtung kostenpflichtig ist.

Deshalb sind gerade hier externe Unterstützerinnen gefragt.

Eine Handreichungen und weitere Informationen findet sich auf der Homepage des Bundesverbands unbegleitete minderjährige Flüchtlinge (http://www.b-umf.de /de/themen/junge-volljaehrige).

Tipp: Es kann zur Durchsetzung des Verbleibs in der Jugendhilfeeinrichtung auch ein Antrag auf Prozesskostenhilfe für den Eilantrag beim Verwaltungsgericht gestellt werden. Wird dem Antrag stattgegeben, so entstehen keine Kosten.

Für junge Volljährige kann für den Übergang aus der stationären Betreuung auch eine **sozialpädagogische Einzelbetreuung nach § 35 SGB VIII** beantragt werden.

Für psychisch stark beeinträchtigte umF sollte auch an die Möglichkeiten einer **rechtlichen Betreuung nach §§ 1896 BGB ff.** gedacht werden. Die Bestallung durch das Betreuungsgericht setzt voraus, dass sie ihre Angelegenheiten nicht oder nur teilweise selbständig regeln können. Es reicht als Begründung nicht aus, dass die Asylrechtsmaterie zu kompliziert ist; aber wenn
der junge Mensch psychisch so krank ist, dass er sich weder um Termine
kümmern kann, noch Rat oder Hilfe einholt, kann eine rechtliche Betreuung
z.b. für den Aufgabenkreis »Angelegenheiten gegenüber Behörden« sinnvoll
sein.

11   Rücknahme und Widerruf der Anerkennung

Grundsätzlich kann die Asylanerkennung, der Flüchtlingsstatus und
der Status als subsidiär schutzberechtigt nachträglich wieder entzogen werden. Ebenso kann festgestellt werden, dass ein Abschiebehindernis nicht
(mehr) besteht.

Durch die Begriff »**Rücknahme**« wird ein Verwaltungsakt gekennzeichnet,
der feststellt, dass der ursprüngliche Asylbescheid inhaltlich falsch war und
dies nun nachträglich festgestellt und korrigiert wird.

Mit dem Begriff »**Widerruf**« wird ein Verwaltungsakt gekennzeichnet, der
feststellt, dass die ursprünglich richtigen inhaltlichen Feststellungen aktuell
nicht mehr zutreffen, weil sich in der Lebenswirklichkeit oder den rechtlichen
Bezügen etwas verändert hat.

11.1   Gründe für die Rücknahme

Die Rücknahme eines Asylbescheids erfolgt, wenn Asylsuchenden der
Vorwurf gemacht wird, durch unrichtige Angaben, das Verschweigen wichtiger
Umstände, die Vorlage gefälschter Dokumente oder sonstiger Täuschungs-
handlungen eine falsche Entscheidung bewirkt zu haben.

- Die Rücknahme der **Asylanerkennung oder der Flüchtlingseigenschaft** erfolgt nach § 73 Abs. 2 AsylG. Vor einer Rücknahme muss geprüft werden,
  ob die Anerkennung aus anderen Gründen hätte erfolgen müssen, ob Gründe für einen subsidiären Schutz vorliegen oder ob ein zielstaatsbezogenes
  Abschiebehindernis besteht.

Achmed hat sich in seinem Asylverfahren als ägyptischer Journalist ausgegeben und sich die Identität eines Mannes zugelegt, der in Ägypten wegen regierungsfeindlicher Artikel angeklagt ist. Tatsächlich ist Achmed jedoch libyscher Staatsangehöriger und hat für Gaddafi in Ägypten als Spion gearbeitet. Eine Rücknahme wäre in Hinblick auf die falschen Angaben begründet, es muss jedoch eine Anerkennung als Flüchtling aus anderen Gründen erfolgen, weil Achmed wegen seiner Tätigkeit für den heute geächteten Staatsführer Libyens in seinem Herkunftsland von Verfolgung bedroht ist. Auch kann er trotz seines langjährigen Aufenthalts in Ägypten als enttarnter Spion dort keinen Schutz finden.
Die Rücknahme der Asylanerkennung ist also unzulässig.
Hinweis: Achmed hat zwar gelogen, nicht aber um die Anerkennung zu erschleichen, die er auch auf der Grundlage der tatsächlichen Verfolgung erreicht hätte, sondern aus Angst vor Verfolgung durch den libyschen Geheimdienst auch in Deutschland.

- Die Rücknahme des **subsidiären Schutzes** erfolgt nach § 73b Abs. 3 AsylG. Auch hier geht es um die Täuschung über Umstände, die zur Zuerkennung des Status geführt haben.
Als zweite Variante ist der Status auch zurückzunehmen, wenn eine Straftat oder eine Gefahr vorlag oder vorliegt (eigentlich unlogisch, dann wäre es ein Widerruf!), die dem Status als subsidiär Schutzberechtigter entgegensteht (→ S. 83). Gründe für eine Flüchtlingsanerkennung werden in diesem Fall nicht geprüft, sie müssten durch einen erneuten Asylantrag und ein Folgeverfahren geltend gemacht werden. Immer zu prüfen ist aber ein zielstaatsbezogenes Abschiebehindernis (§ 73b Abs. 4 mit Verweis auf § 73 Abs. 4 AsylG).

- Die Feststellung eines **Abschiebehindernisses** wird nach § 73c Abs. 1 AsylG zurückgenommen. Für diese Rücknahme ist keine Täuschung bei der Antragstellung erforderlich. Es reicht, wenn das Abschiebehindernis objektiv nicht bestand.

Lyla aus dem Sudan erhielt kurz nach der Ankunft in Deutschland die Diagnose einer schweren, lebensbedrohlichen Autoimmunerkrankung, die im Sudan nicht behandelt werden kann. Im Asylverfahren wurden alle übrigen Anträge abgelehnt, jedoch eine akute Lebensgefahr bei Rückkehr in den Sudan wegen fehlender Behandlungsmöglichkeiten ihrer Erkrankung und damit ein Abschiebehindernis nach § 60 Abs. 5 AufenthG festgestellt.
Monate später stellt sich heraus, dass es sich um eine Fehldiagnose handelte und lediglich eine allergische Erkrankung vorliegt. Lyla hat keine unrichtigen Angaben gemacht, sondern war selbst von ihrer Erkrankung überzeugt. Dennoch ist die Anerkennung des Abschiebehindernisses zurückzunehmen.

Auch hier muss vor einer Entscheidung geprüft werden, ob die Rückkehr ins Herkunftsland ohne Gefahr für Leib und Leben möglich ist oder ob ein anderes Abschiebehindernis vorliegt (hier etwa die fehlende Existenzmöglichkeit für eine alleinstehende Frau ohne soziale Einbindung im Sudan).

In keinem dieser Fälle ist eine Rücknahme möglich, wenn in einem Urteil eines VG festgestellt wurde, dass die Gründe für die Anerkennung, den Status oder den Abschiebeschutz vorliegen (BVerwG vom 18.9.2001 – 1 C 7.01). Die Verwaltung darf sich nicht über eine gerichtliche Entscheidung hinwegsetzen.

Die Rücknahme führt nicht zwingend zur Aufenthaltsbeendigung, aber es muss berücksichtigt werden, dass bei Täuschungen im Asylverfahren kein Vertrauen in den Bestand des Aufenthaltsrecht entstehen kann.

11.2 Gründe für den Widerruf

Der Widerruf hat in der Praxis eine weit größere Bedeutung als die Rücknahme. Immer wieder wurden in der Vergangenheit die Flüchtlingsanerkennungen von Menschen aus einzelnen Herkunftsstaaten systematisch widerrufen.

Es gibt im Wesentlichen drei Gründe für den Widerruf einer der Feststellungen im Asylbescheid.

■ Der **nachträgliche Wegfall der Voraussetzungen** für Anerkennung, Statusfeststellung oder ein Abschiebehindernis (§§ 73 Abs. 1 Satz 2, 73b Abs. 1, 73c Abs. 2 AsylG).
Es geht dabei um den nachträglichen Wegfall der Umstände, die zur Anerkennung geführt haben (§ 73 Abs. 1 Satz 2 AsylG in wörtlicher Übernahme von Art. 1 C Nr. 5 GFK und Art. 11 Abs. 1 e QRL).

Meistens geht es darum, dass sich die Verhältnisse im Herkunftsland durch einen Regierungswechsel, einen Demokratisierungsprozess oder eine positive Wirtschaftsentwicklung so verändern, dass keine Verfolgung, keine schweren Schäden durch Kriegshandlungen oder keine Lebensgefahr durch die Lebensbedingungen mehr bestehen.

Die beiden entscheidenden Fragen zum Widerruf eines Asybescheids sind:

– **Wann ist die Schwelle zu einer stabilen Lageveränderung erreicht, ab der erwartet werden kann, dass Flüchtlinge ohne Angst vor Verfolgung oder Gefahr zurückkehren können?**
– **Welche Lebensgrundlage muss Flüchtlingen zur Verfügung stehen, damit ihnen eine Rückkehr zugemutet werden kann?**

Der UNHCR gibt hierauf eine stimmige Antwort:

»Ein solcher Schutz muss daher wirksam und verfügbar sein. Eine rein physische Sicherheit für Leib und Leben ist nicht ausreichend. Erforderlich ist das Vorhandensein einer funktionierenden Regierung und grundlegender Verwaltungsstrukturen, wie sie z.b. in einem funktionierenden Rechtsstaat vorliegen, sowie das Vorhandensein einer angemessenen Infrastruktur, innerhalb derer die Einwohner ihre Rechte ausüben können, einschließlich ihres Rechtes auf eine Existenzgrundlage.« (Richtlinien zum internationalen Schutz: Beendigung der Flüchtlingseigenschaft im Sinne des Artikels 1 C (5) und (6) des Abkommens von 1951 über die Rechtsstellung der Flüchtlinge vom 10.2.2003, HCR/GIP/03/03)

Die Situation in bestimmten Herkunftsstaaten wird dabei von den Gerichten durchaus unterschiedlich bewertet, die Möglichkeit einer Existenz im Herkunftsland wird jedoch überwiegend ausschließlich an dem **Abschiebehindernis wegen einer konkreten Gefahr für Leib und Leben** (§ 60 Abs. 7 AufenthG) gemessen (BayVGH vom 1.2.2003 – 13a B 12.30045: Rückkehrmöglichkeit für volljährige afghanische Männer; anders: HessVGH vom 21.1.2010 – 8 A 302/09.A), über die im Zusammenhang mit einem Widerruf immer zu entscheiden ist (§§ 73 Abs. 3, 73b Abs. 4, 73c Abs. 3 AsylG).

■ Der nachträgliche Wegfall der Voraussetzungen kann auch durch **das spätere Entstehen eines Ausschlussgrundes** geschehen.
Ausschlussgründe, die einer **Anerkennung als Flüchtling** entgegenstehen (§ 3 Abs. 2 AsylG), sind vor allem Gefahren für die öffentliche Sicherheit wegen **schwerer terroristischer Straftaten** (→ S. 75) nach einer Anerkennung.

Es kann sich auch um einen Ausschlussgrund für die **Zuerkennung des Flüchtlingsstatus** (§ 60 Abs. 8 AufenthG) handeln. Ein Widerruf erfolgt danach zwingend bei einer Verurteilung zu einer **Haftstrafe von mindestens drei Jahren**, wenn von dem Flüchtling aktuell eine Gefahr für die Sicherheit oder die Allgemeinheit ausgeht. Nach der Neufassung des § 60 Abs. 8 AufenthG vom März 2016 ist der Widerruf auch dann möglich, wenn ein Flüchtling nach der Anerkennung zu einer **Haftstrafe von mindestens einem Jahr** verurteilt wird, selbst wenn sie zur Bewährung ausgesetzt wird. Allerdings muss bei dieser Entscheidung **Ermessen** ausgeübt werden, sie muss also gegen den hohen Wert des internationalen Flüchtlingsstatus abgewogen werden. Auch hätte ein solcher Widerruf nur eine begrenzte Wirkung; es geht zwar der Status verloren und damit eventuell auch der Flüchtlingspass und die Aufenthaltserlaubnis, **die Eigenschaft als Flüchtling aber bleibt mit allen Rechten nach der GFK und der QRL auf Abschiebeschutz, Familiennachzug und soziale Sicherung erhalten** (EuGH vom 24.6.2015 – C-373/13). Es zeigt sich, dass die Neuregelung zum leichteren Ausschluss von Straftätern vom Flüchtlingsstatus lediglich zu dem unsinnigen Konstrukt von Flüchtlingen mit internationalem Schutzanspruch in Deutschland, aber ohne deutschen Flüchtlingsstatus führt.

Der Widerruf (im Gesetz als Rücknahme bezeichnet) des **subsidiären Schutzstatus** (§ 73b Abs. 3 AsylG) kann erfolgen, wenn die Ausschlussgründe nach § 4 Abs. 2 AsylG nachträglich eintreten. Auch hier handelt es sich im Wesentlichen um den Ausschluss wegen Terrorismus.

- **Der Widerruf des internationalen Familienschutzes erfolgt, wenn die Anerkennung der Stammberechtigten entfallen ist** (§§ 73 Abs. 2b, 73b Abs. 4 i.V.m. 73 Abs. 2b Satz 3 AsylG).
Der Flüchtlingsstatus, die Asylanerkennung oder der subsidiäre Schutzstatus der Familienangehörigen wird widerrufen, wenn
  - der entsprechende Status des Stammberechtigten rechtskräftig **widerrufen oder zurückgenommen** wurde.
  - Die Flüchtlingsanerkennung oder die Asylberechtigung des Stammberechtigten aus sonstigen Gründen **erloschen** ist (§ 72 AsylG). Dies kann geschehen durch Beantragung eines **Passes des Verfolgerstaates.** **Vorsicht:** Manche Flüchtlinge wissen den Wert von zwei Pässen zu schätzen und sind sich nicht des Risikos bewusst!
  Erlöschungsgrund kann auch die Niederlassung im Verfolgerstaat oder die Annahme einer anderen Staatsangehörigkeit sein. Möglich ist auch der Verzicht auf die Anerkennung. Das OVG Saarland vom 18.9.2014 – 2 A 231/14 hält auch den Tod des anerkannten Flüchtlings für einen Fall des »Erlöschens«, obwohl der Gesetzgeber diese Konsequenz nicht vorgesehen hat.
  Der Status als subsidiär schutzberechtigt kann nicht erlöschen, weil der Anspruch auf den Schutz des Herkunftsstaates grundsätzlich fortbesteht.
  - Der Familienangehörige selbst die Voraussetzungen für eine der drei **Ausschlussklauseln** (Terrorismus: §§ 3 Abs. 2 oder 4 Abs. 2 AsylG oder Gefahr für die Sicherheit oder Allgemeinheit: § 60 Abs. 8 AufenthG) erfüllt.

Der Status der Familienangehörigen bleibt also abhängig vom Status des Stammberechtigten bis ihnen eine Niederlassungserlaubnis erteilt wird. Anderseits kann der Status nicht wegen Scheidung, Trennung oder Volljährigkeit der Kinder entzogen werden.

11.3 Verfahren

Widerruf und Rücknahme können nur durch das BAMF, nicht durch die Ausländerbehörde erfolgen. Das gilt auch für die Feststellung, dass kein Abschiebehindernis (mehr) besteht, es sei denn nicht das BAMF, sondern die Ausländerbehörde hat die ursprüngliche Feststellung getroffen.

Die Frist für einen Widerruf wie für eine Rücknahme der Flüchtlingsanerkennung oder Asylberechtigung **beträgt drei Jahre** (seit Unanfechtbarkeit der Anerkennung). Zu diesem Zeitpunkt muss noch kein endgültiger Bescheid des BAMF vorliegen, wohl aber eine Mitteilung an die Ausländerbehörde. Nach Ablauf dieser Frist kann das BAMF kein Verfahren mehr einleiten. (§ 73 Abs. 2a AsylG). Leitet das BAMF kein Überprüfungsverfahren ein, wird in aller Regel die Niederlassungserlaubnis erteilt (→ S. 310).

Will das BAMF hingegen die Anerkennung widerrufen oder zurücknehmen, leitet es ein Verfahren ein. Im ersten Schritt erhalten die Betroffenen eine schriftliche Mitteilung über die Absicht und die Begründung, zu der sie innerhalb einer festgesetzten Frist (in der Regel ein Monat) Stellung nehmen können (§ 73 Abs. 4 AsylG).

Zu diesem Zeitpunkt sollte entschieden werden, ob der Rechtstreit gegen das BAMF geführt wird und dann auch möglichst umgehend eine Rechtsanwältin beauftragt werden. **Widerrufsverfahren können nicht sinnvoll ohne Rechtsbeistand geführt werden.** Die in dem Anhörungsschreiben gesetzte Frist kann von Rechtsanwälten problemlos verlängert werden, sodass zuvor Zeit für ein Gespräch mit der Anwältin bleibt.

Es gibt Situationen, in denen auch der **Verzicht auf einen Rechtsstreit** sinnvoll ist, insbesondere wenn einerseits die Erfolgsaussichten schlecht sind und gleichzeitig aus anderen Gründen (Eheschließung, deutsches Kind, qualifizierte Berufstätigkeit) das Aufenthaltsrecht gesichert ist.

Möglich ist auch eine **Beschränkung auf die Zuerkennung des subsidiären Schutze oder des Abschiebeschutzes.** Auch hierfür sollte ein Rechtsbeistand eingeschaltet werden.

Läuft bereits ein Einbürgerungsverfahren, so wird die Entscheidung bis zur rechtskräftigen Entscheidung über den Flüchtlingsstatus ausgesetzt (§ 73 Abs. 2c AsylG).

Wenn das BAMF dann den Widerrufs/Rücknahmebescheid zustellt, kann dagegen innerhalb eines Monats Klage erhoben werden.

Die Klage hat aufschiebende Wirkung, es sei denn, das BAMF ordnet in dem Bescheid die sofortige Vollziehbarkeit an. Das geschieht in der Regel nur, wenn es um Straftaten und eine Gefahr für die öffentliche Sicherheit oder Allgemeinheit geht.

Erlischt die Rechtsstellung bzw. wird festgestellt, dass kein Abschiebehindernis besteht, geht es meist in einem zweiten Verfahren um die **Aufenthaltserlaubnis**.
Die noch bestehende Aufenthaltserlaubnis nach § 25 Abs. 1 oder Abs. 2 AufenthG (→ S. 294) wird nicht verlängert oder nachträglich befristet.
Für die Erteilung einer anderen Aufenthaltserlaubnis sind dieselben Möglichkeiten in Betracht zu ziehen wie nach einem negativen Asylbescheid (→ S. 362).

Bereits im Vorfeld, spätestens mit Erhalt des Anhörungsschreibens, geht es darum, die verschiedenen möglichen Perspektiven abzuklopfen und erforderliche Schritte einzuleiten. Für die allermeisten Aufenthaltsperspektiven ist ein Erwerbseinkommen Grundvoraussetzung.

IV Leben während des Asylverfahrens

In diesem Kapitel werden die Fragen der Unterbringung, der Versorgung, der Geldleistungen und der schulischen und beruflichen Bildung während des Asylverfahrens behandelt.

Teilweise abhängig, teilweise aber auch unabhängig vom Stand des Asylverfahrens ändern sich die Rechte auf Sozialleistungen, Mobilität und Zugang zum Arbeitsmarkt mehrfach im Laufe des Verfahrens. Aus diesem Grund werden die sozialen Bedingungen entlang der drei Aufnahmestadien behandelt,

1. vor der Ausstellung des Ankunftsnachweises/der BüMA in der zuständigen Aufnahmeeinrichtung,

2. in einer Aufnahmeeinrichtung und

3. nach der Verteilung auf die Kommunen.

1 Der Ankunftsnachweis – davor und danach

Flüchtlinge müssen nach dem Grenzübertritt auf dem Landweg möglichst schnell gegenüber einer Behörde oder der Polizei zu erkennen geben, dass sie einen Asylantrag stellen wollen. Von diesem Moment an unterliegen sie einer Fülle von Verhaltensvorschriften und die geringste Abweichung wird mit Leistungssenkungen sanktioniert.

Zunächst gilt nach dem neuen § 11 Abs. 2a AsylbLG, dass bis zur Stellung des Asylgesuchs in der zuständigen Erstaufnahmeeinrichtung/Ankunftszentrum nur der Bedarf für das **physische Existenzminimum** als Sachleistung erbracht wird.

Konkret handelt es sich um einen Schlafplatz (Unterkunft), die Bereitstellung von drei Mahlzeiten täglich (Ernährung) und Seife, Zahnbürste, Toilettenpapier u.ä. (Körperpflege) sowie eine Akutbehandlung von Krankheiten.

Der Zeitpunkt der Umstellung von den »Überlebens«-Leistungen zum regulären Existenzminimum ist entweder

- die Ausstellung des Ankunftsnachweises/der BüMA, oder

- die Durchführung der erkennungsdienstlichen Behandlung (gedacht ist vor allem an die Registrierung in Registrierungszentren), oder

- die Aufnahme in der zugewiesenen Aufnahmeeinrichtung (das kann auch ein Ankunftszentrum sein), oder

- ab der Feststellung (entweder durch die Einrichtung des tatsächlichen Aufenthalts, durch das BAMF oder auf Antrag der Asylsuchenden), dass sich eine der drei Zeitpunkte ohne Verschulden der Asylsuchenden verzögert. Technische Probleme dürfen nicht zu deren Lasten gehen.

Von einem **eigenen Verschulden** des Asylsuchenden wird insbesondere ausgegangen, wenn sie

- sich weigern, Angaben (z. B. zum Reiseweg, Voraufenthalt, siehe § 25 Abs. 1 AsylG) zu machen (§ 15 Abs. 2 Nr. 1 AsylG),

- einer Meldepflicht (z. B. bei einer Aufnahmeeinrichtung, Außenstelle des BAMF) nicht nachkommen (§ 15 Abs. 2 Nr. 3 AsylG),

- ihren Pass nicht abgeben (§ 15 Abs. 2 Nr. 4 AsylG); hier besteht einerseits das Risiko, dass Flüchtlingen vorgeworfen wird, sie hielten einen vorhandenen Pass verborgen, und anderseits gibt es den nachvollziehbaren Wunsch, den Pass zu behalten, damit er nicht beim BAMF oder an anderer Stelle verloren geht,

- vorhandene Urkunden nicht vorlegen oder abgeben (§ 15 Abs. 2 Nr. 5 AsylG),

- die erkennungsdienstliche Behandlung verweigern (§ 15 Abs. 2 Nr. 7 AsylG).

Personen, die bereits zuvor ein Asylverfahren in Deutschland (**Folgeantrag,** § 71 AsylG) oder in einem anderen Dublinstaat (**Zweitantrag,** § 71a AsylG) abgeschlossen hatten, erhalten ab Antragstellung bis zur Feststellung über die Durchführung eines weiteren Asylverfahrens bzw. der Ausreise oder Abschiebung ebenfalls nur Sachleistungen für das physische Existenzminimum (§ 11 Abs. 2a Satz 5 Nr. 2 AsylbLG).

Die Neuregelung ist sehr komplex; die Prüfung des Verschuldens einer Verzögerung wird absehbar zu Fehleinschätzungen und unzulässigen Pauschalbewertungen führen, weil den Sozialämtern eine Rekonstruktion des Verfahrensablaufs beim BAMF zugemutet wird.

Flüchtlingsberater müssen sich auf die Durchsetzung des vollen Leistungsanspruchs in vielen Einzelfällen einstellen. Am Anfang steht dabei immer das Gespräch mit der Sachbearbeiterin, bei fehlender Einigung mit der Vorgesetzten oder Amtsleiterin.

Wenn eine fehlerhafte Leistungskürzung nicht korrigiert wird, sollte bei der Rechtsantragsstelle des Sozialgerichts ein **Eilantrag auf die vollen Leistungen** gestellt werden.

Die Gesetzesbegründung (Gesetzentwurf zur Einführung beschleunigter Asylverfahren, Stand 1.2.2016, S. 29) geht davon aus, dass es nur für ganz wenige Tage zu einer Versorgung auf dem Niveau zum reinen Überleben kommt und darüber hinaus nur bei einem bewussten Fehlverhalten. Wenn also Asylsuchende, ganz besonders minderjährige Kinder, über einen Zeitraum von mehr als einer Woche keine vollen Leistungen bekommen, obwohl sie den vorgegebenen Ablauf eingehalten haben, sollten die Betroffenen die Verletzung ihrer Menschenwürde nach Art. 1 Abs. 1 GG (BVerfG vom 18.7.2012 – 1 BvL 10/10) nicht mehr hinnehmen.

2 Die Situation in der Aufnahmeeinrichtung

2.1 Die verschiedenen Aufnahmeeinrichtungen

Jedes Bundesland richtet ein oder mehrere Aufnahmeeinrichtungen ein, die jeweils einer Außenstelle des Bundesamtes zugeordnet sind (§§ 44 ff. AsylG). Die Zuständigkeit für die Aufnahmeeinrichtung liegt immer in der Hand des Bundeslandes, nicht der Kommunen.

Die neue, von der Unternehmensberatung McKinsey entwickelte Struktur der Aufnahmeeinrichtungen wird den drei Arten von Registrierungs- und Prüfungseinrichtungen (siehe Glossar) zugeordnet:

1. **Registrierungszentren des BAMF,**
2. **Unterkunft in/bei den Ankunftszentren (ErstaufnahmeE),**
3. **(normale) Aufnahmeeinrichtungen.**

Im Mittelpunkt des gesamten Verfahrens sollen die **Ankunftszentren** stehen, in denen die Asylverfahren der Cluster A und B (→ S. 137) innerhalb weniger Tage entschieden werden und die von den Asylsuchenden entweder mit einer Anerkennung oder Abschiebeschutzfeststellung verlassen werden oder durch Ausreise oder Abschiebung ins Herkunftsland. In Ausnahmefällen, wenn eine schnelle Entscheidung wegen der Besonderheiten des Falles nicht möglich ist, kann auch die Weiterleitung an eine Aufnahmeeinrichtung verfügt werden.

Die **Registrierungszentren** dienen einer Vorsortierung der Flüchtlinge und der Feststellung des zuständigen Ankunftszentrums im EASY-Verfahren (siehe Glossar: Königsteiner Schlüssel). Der Aufenthalt ist hier nur für Stunden und sehr wenige Tage geplant. Von dort erfolgt die Weiterleitung an die Ankunftszentren oder die Aufnahmeeinrichtungen. In den Registrierungszentren findet keine inhaltliche Prüfung des Asylgesuchs statt.

In die **Aufnahmeeinrichtungen** werden die Asylsuchenden der Cluster C und D (→ S. 137) aus den Ankunftszentren oder den Registrierungszentren weitergeleitet. Der Aufenthalt kann hier bis zu sechs Monaten (§ 47 AsylG) betragen. Es ist damit zu rechnen, dass die Menschen, die nach dem Dublin-System verteilt werden sollen (Cluster D), bis zur Abschiebung (Überstellung) in den zuständigen Dublin-Staat oder bis zur Übernahme des Verfahrens durch das BAMF in der Einrichtung bleiben. Dagegen werden die Asylsuchenden des Clusters C, zumindest wenn keine vorrangige Bearbeitung durch das BAMF (siehe Glossar) vorgesehen ist, innerhalb von wenigen Wochen in die Kommunen weitergeleitet.

Die Aufnahmeeinrichtungen werden in den Bundesländern von unterschiedlichen Behörden (Landesstellen) betrieben, die sich teilweise gerade in der Umstrukturierung befinden. Überwiegend werden private Betreiber beauftragt.

Alle Fragen zu Unterbringung müssen an die **Landesstellen** gerichtet werden.

Für Fahrten zwischen den verschiedenen Einrichtungen werden zum Teil Busse eingesetzt, zu einem erheblichen Teil erhalten die gerade angekommenen Menschen aber auch einfach eine Fahrkarte und müssen sich ihren Weg selbst suchen. Sie sind dringend auf die Unterstützung von Ehrenamtlichen und Mitreisenden angewiesen, um die für sie zuständige Aufnahmeeinrichtung überhaupt zu finden.

Treffen sie nicht innerhalb einer gesetzten Frist oder nach Ablauf von wenigen Tagen in der zugewiesenen Einrichtung ein, gilt ihr Asylantrag als zurückgenommen. Dagegen kann nur »unverzüglich« der Beweis angetreten werden, dass sie keinen Einfluss auf die Verzögerung hatten (§§ 20 Abs. 1 , 22 Abs. 3, 23 Abs. 2 AsylG). Gelingt der Beweis nicht, wird das Verfahren eingestellt. Beim ersten Mal kann aber ein Antrag auf Wiederaufnahme gestellt werden (→ S. 134).
Asylsuchende können auch zur Fahndung ausgeschrieben werden, wenn sie nicht innerhalb einer Woche in der Aufnahmeeinrichtung oder Kommune eintreffen, der sie zugewiesen wurden (§ 66 AsylG).

Beraterinnen sollten immer wieder darüber informieren, dass die Verpflichtung, sich in eine bestimmte Einrichtung zu begeben, verbindlich ist und die Einhaltung für den Ausgang des Asylverfahrens entscheidend sein kann.

2.2 Unterbringung

Nach der Aufnahme in einem Ankunftszentrum/einer Aufnahmeeinrichtung besteht die Verpflichtung, die aufgenommenen Asylsuchenden **über ihre Rechte und Pflichten im Zusammenhang mit der Aufnahme zu informieren** (Art. 5 AufnahmeRL).

Diese Verpflichtung wurde wie folgt ins AsylG aufgenommen:

»Die Aufnahmeeinrichtung weist den Ausländer innerhalb von 15 Tagen nach der Asylantragstellung möglichst schriftlich und in einer Sprache, deren Kenntnis vernünftigerweise vorausgesetzt werden kann, auf seine Rechte und Pflichten nach dem Asylbewerberleistungsgesetz hin. Die Aufnahmeeinrichtung benennt in dem Hinweis nach Satz 1 auch, wer dem Ausländer Rechtsbeistand gewähren kann und welche Vereinigungen den Ausländer über seine Unterbringung und medizinische Versorgung beraten können.« (§ 47 Abs. 4 AsylG).

Gerade in den Ankunftszentren muss darauf geachtet werden, dass Asylsuchende die vorgeschriebenen Informationen auch dann erhalten, wenn sie sich nur für wenige Wochen in der Einrichtung aufhalten. Wer lediglich innerhalb von ein oder zwei Tagen an die Aufnahmeeinrichtung weitergereicht wird (Cluster C und D), kann die Informationen auch noch nach der Weiterleitung erhalten, zumal sich die Beratungsstellen und verfügbaren Rechtsanwälte ändern können.

Beachtet werden muss auch hier, dass Merkblätter nicht ohne mündliche Erläuterung an **Analphabeten** gegeben werden dürfen. Es reicht auch nicht, wenn dem Ehemann ein Informationsblatt ausgehändigt wird, welches die Ehefrau nicht lesen kann.

Derzeit existieren keine bundesweiten Standards für die Aufnahmeeinrichtungen. Die Bundesregierung lehnt die Umsetzung der Richtlinie zur Festlegung von Normen für die Aufnahme von Personen, die internationalen Schutz beantragen – 2013/33/EU und damit auch die in Art. 18, 22, 23, 25 Abs. 2 enthaltenen Mindeststandards für Flüchtlingsunterkünfte ausdrücklich ab und verweist darauf, dass die für die Betreibung der Einrichtungen zuständigen Länder und Kommunen die Richtlinie – soweit erforderlich – unmittelbar anwenden könnten.

Die AufnahmeRL verlangt zunächst eine menschenwürdige Unterbringung, die entweder als Geld- oder Sachleistung zu erbringen ist (Art. 17 Abs. 5, 18 Abs. 1). Zulässig sind z. B. Transiteinrichtungen, Unterbringungszentren, Wohnungen, Hotels (Art. 18 Abs. 1).

Dabei muss sichergestellt werden,

- dass die **Kontaktaufnahme nach außen und der Zugang zu der Einrichtung** gewährleistet ist (Art. 18 Abs. 2 b und c). Diese Regelung schließt Eingangskontrollen, die dem Schutz der Bewohnerinnen dienen, nicht aus, darf aber erwünschte Besucher nicht abschrecken;

- dass das **Recht auf Familienleben** beachtet wird (Art. 18 Abs. 2 a). Hierzu gehört die Möglichkeit als Familie, getrennt von anderen Bewohnern, die Beziehungen untereinander und das Sexualleben der Ehepartner zu gestalten. Familiengerechte Unterkünfte setzen also feste Wohneinheiten voraus;

- dass die **Geschlechts- und altersspezifischen Bedürfnisse** und die Bedarfe besonders schutzbedürftiger Personen berücksichtigt werden (Art. 18 Abs. 3). Hierzu gehört eine nach Geschlechtern getrennte Unterbringung von Einzelpersonen, ein gewisses Maß an Privatsphäre, behindertengerechte Zugänge und Sanitäranlagen, ausreichend Spielmöglichkeiten und Freizeiteinrichtungen für Kinder.

In Einrichtungen muss durch geeignete personelle bzw. bauliche Maßnahmen dafür gesorgt werden, dass es nicht zu **Übergriffen bzw. geschlechtsbezogener Gewalt** kommt (Art. 18 Abs. 4). Dazu dienen nach Geschlechtern getrennte und abschließbare Sanitäranlagen und die Möglichkeit, diese auch nachts gefahrlos aufsuchen zu können.
Sicherheit vor geschlechtsbezogener Gewalt in Asylunterkünften fordert auch der UN-Ausschuss für die Beseitigung der Diskriminierung der Frau (2014, CEDAW/GC/32, Ziff. 48).

Ebenso muss auf eine **geschützte Unterbringung** von homo-, bi-, trans-, intersexuellen Menschen (**LGBTI***) geachtet werden. So kann z.B. eine Transgender-Frau weder in der Männer- noch in der Frauen- noch in der Familienabteilung untergebracht werden. Auch offen homosexuelle Männer oder Frauen sind in den Massenunterkünften Gewalt von heterosexuellen Asylsuchenden ausgesetzt (das ist oft der Fluchtgrund!).

Unverzichtbar ist auch eine geeignete **Information über Beschwerdestellen und Beratungsmöglichkeiten** in Fällen von Belästigung und Gewalt. Den Betroffenen muss der Zugang unter Wahrung der Geheimhaltung sowohl über den Anlass als auch über die Tatsache der Beratung ermöglicht werden. Sinnvoll sind z.b. Plakate, die darauf hinweisen, dass die Flüchtlingsberatung für alle Fragen der sexuellen Orientierung und geschlechtsspezifischen Belästigung und Gewalt sensibilisiert ist.

Die **Bedürfnisse von Kindern** müssen in besonderer Weise berücksichtigt werden. Dazu gehören ausreichend Spielmöglichkeiten und Bildungsangebote, nächtliche Ruhezeiten, erreichbare Kinderärztinnen, Schutz vor sexuellem Missbrauch und ein Mindestmaß an geschütztem Familienleben. Auch Art. 22 der UN-Kinderrechtskonvention verpflichtet die Vertragsstaaten, asylsuchenden Kindern und Jugendlichen angemessenen Schutz und humanitäre Hilfe zukommen zu lassen. Die Fachverbände fordern seit langem, dass alle Einrichtungen, in denen Minderjährige untergebracht werden, über eine Betriebserlaubnis nach § 45 SGB VIII verfügen müssen (siehe auch Rieger, Asylmagazin 9/2015, S. 282, 284).

Der EuGH vom 27.2.2014 – C_79/13 »Saciri« bewertet die Einhaltung von Mindeststandards bei der Unterbringung wie folgt:

> »Rn. 35: Im Übrigen stehen die allgemeine Systematik und der Zweck der Richtlinie 2003/9 wie auch die Wahrung der Grundrechte, insbesondere das Gebot nach Art. 1 der Charta der Grundrechte der Europäischen Union, die Menschenwürde zu achten und zu schützen, dem entgegen, dass einem Asylbewerber, und sei es auch nur vorübergehend nach Einreichung eines Asylantrags, der mit den in dieser Richtlinie festgelegten Mindestnormen verbundenen Schutz entzogen wird (vgl. Urteil Cimade und GISTI, Rn. 56)...
> Rn 50: In diesem Zusammenhang ist zu betonen, dass die Mitgliedstaaten darauf achten müssen, dass die betreffenden Einrichtungen die Mindestnormen für die Aufnahme von Asylbewerbern einhalten. Die Vollauslastung der Aufnahmenetze rechtfertigt keinerlei Abweichung von diesen Normen.«

Die Situation in vielen Aufnahmeeinrichtungen entspricht diesen Anforderungen bei weitem nicht. Als Beispiel sei die Aufnahmeeinrichtung auf dem Berliner Flughafen Tempelhof genannt, in der pro Person zwei Quadratmeter Fläche zur Verfügung stehen.

Einige Bundesländer haben bestimmte Standards entwickelt, die die Mindestwohnfläche meist mit sechs Quadratmetern festlegen und die Ausstattung mit Sanitäranlagen regeln. Meist haben sie nur empfehlenden Charakter (z.B. Verwaltungsvorschrift des Sächsischen Staatsministeriums des Innern über die Mindestempfehlungen zu Art, Größe und Ausstattung von Gemeinschaftsunterkünften und zur sozialen Betreuung vom 26.6.2009, Sächsisches ABl. 29/2009) und bleiben bei der Sicherung der Intimsphäre und dem Schutz vor sexueller Belästigung zu unverbindlich. NRW verfügt seit Ende 2014 über eine Leistungsbeschreibung für Betreiber von Aufnahmeeinrichtungen, die immerhin einen Betreuungsschlüssel und die Qualifizierung des Personals festlegt, die Gemeinschaftsräume auflistet und u.a. ein Frauencafé, eine Kinderspielstube und einen Jugendtreff vorschreibt. Eine Reihe von Bundesländern (z.b. NRW, Rheinland-Pfalz, Brandenburg) bemühen sich derzeit um Vorgaben für die Ausschreibung neuer Unterkünfte.

Die Vorgaben zum Schutz vor Gewalt und sexuellen Übergriffen sind derzeit völlig unzureichend, es gibt in kaum einer Einrichtung ein Beschwerdemanagement und meist keine Bildungsangebote (ausgenommen die freiwilligen Angebote von Ehrenamtlern), auch nicht für Kinder im schulpflichtigen Alter.

Die einzige Schutzmaßnahme, die durch die Änderung des AsylG vom 11. März 2016 (BGBl. I vom 16.3.2016, S. 394) eingeführt wurde, ist die Regelverpflichtung für Einrichtungsträger, für in Gemeinschaftsunterkünften beschäftigte Personen, die regelmäßig mit Minderjährigen zu tun haben, ein Führungszeugnis einzuholen, um Vorstrafen wegen Sexualdelikten aufzudecken (§ 44 Abs. 3 Satz 2 AsylG). Es bleibt aber dabei, dass die Aufnahmeeinrichtungen keine Betriebserlaubnis nach § 45 SGB VIII benötigen, wenn dort regelmäßig Kinder untergebracht werden (§ 45 Abs. 3 Satz 1 AsylG). Die Ausnahme von sonst herrschenden Standards des Kinderschutzes wird hier ausgerechnet für Einrichtungen besonderer Größe, hoher Fluktuation und geringstem Privatschutz gesetzlich verfügt.

Es ist dringend erforderlich, die Beachtung des Standards auf Landesebene einzufordern und bei konkreten **Verstößen** auch im Einzelfall rechtlich durchzusetzen.

Wichtig ist es dabei, sehr genau und detailliert zu benennen,

1. welche **Missstände** dazu führen, eine Unterbringung als menschenunwürdig zu bewerten (zu belegen z. B. durch Fotos, ärztliche Bescheinigung über Krätze und sonstige Erkrankungen durch Ungeziefer, Protokolle von amtlichen Stellen und Flüchtlingsberaterinnen) und

2. welche **speziellen Bedürfnisse** für eine Person bestehen (zu belegen z. B. durch ärztliche und psychotherapeutische Atteste über Erkrankungen, Stellungnahmen psychosozialer Zentren oder psychiatrischer Ambulanzen, Stellungnahmen der Jugendämter, Behindertenbeauftragten, Religionsgemeinschaften).

Sozialgerichte bewerten angesichts der gegenwärtigen Kapazitätsprobleme auch sehr fragwürdige Behausungen als zumutbar (LSG Niedersachsen-Bremen vom 2.10.2015 – L 8 AY 40/15 B ER: Unterbringung einer Familie mit drei Kindern, eines davon schulpflichtig, in einem Raum von 40 Quadratmetern in einem Container für mehrere Monate).

Bei der Frage, ob die konkreten Lebensbedingungen gegen die Menschenwürde verstoßen, kommt es auch auf die Dauer der Unterbringung an. Sicher kann auch Familien zugemutet werden, für einige Tage in nicht abgeschlossenen Räumlichkeiten zu leben. Dieser Zustand darf aber nicht für Wochen, Monate oder Jahre bestehen.

Eindeutig nicht zumutbar sind kaputte und verdreckte Toiletten und Duschen, Ungeziefer in den Schlafräumen, nicht verschließbare Sanitäranlagen für Frauen, wenn der Zugang von Männern nicht ausgeschlossen ist, gesundheitsgefährdender Schimmelbefall, der Aufenthalt von alleinstehenden Frauen und Familien in Pritschenlagern für mehr als ein paar Tage. Es ist nicht möglich alle tatsächlich auftretenden Missstände hier aufzulisten, sie müssen jedoch von erheblichem Gewicht sein, damit ein Sozialgericht sich wirklich schnell mit der Angelegenheit befasst. Da der Aufenthalt in der Aufnahmeeinrichtung sehr unterschiedlich lang dauert, lässt sich eine Entscheidung oft nicht vor der Verteilung in die Kommune erreichen.

2.3 Existenzsichernde Leistungen in der Aufnahmeeinrichtung/ im Ankunftszentrum

Der **Leistungsanspruch** nach dem AsylbLG besteht uneingeschränkt ab der Ausstellung des Ankunftsnachweises/der BüMA.

Der Gesetzeswortlaut des § 1 Abs. 1 Nr. 1 AsylbLG ist verwirrend, weil es hier heißt »eine Aufenthaltsgestattung nach dem Asylgesetz« besitzt. Gemeint war vom Gesetzgeber aber nicht nur der Besitz des vom BAMF ausgestellten Dokuments, sondern die materielle Gestattung des Aufenthalts, die durch das Asylgesuch (nach dem Wortlaut des § 13 AsylG als Asylantrag bezeichnet) ausgelöst wird (Hohm in: Schellhorn et al., 2015, § 1 AsylbLG, Rn. 10; siehe auch § 55 Abs. 1 Satz 1 AsylG). Durch den neuen § 11 Abs. 2a AsylbLG werden Asylsuchende vor Ausstellung des Ankunftsnachweises unter bestimmten Voraussetzungen von dem regulären Leistungsanspruch ausgeschlossen. Damit wird aber zugleich auch gesetzlich klargestellt, dass ab der Ausstellung des Ankunftsnachweises die vollen Leistungen zu erbringen sind.

In der Aufnahmeeinrichtung werden Leistungen nach § 3 Abs. 1 AsylbLG gewährt. Die existenzsichernden Leistungen teilen sich auf in:

- die Leistungen für Ernährung, Kleidung, Hygiene und Haushaltspflege, zusätzlich für Unterkunft und Heizung (**notwendiger Bedarf** oder **die Sicherung des physischen Existenzminimums**) und

- die Leistungen für persönliche Bedürfnisse des täglichen Lebens (**notwendiger persönlicher Bedarf** oder **Leistungen für das Mindestmaß an Teilhabe
am Leben in der Gemeinschaft**).

Der Leistungsumfang im Einzelnen wird auf → S. 255 dargestellt.

In der Aufnahmeeinrichtung wird der **notwendige Bedarf zur Sicherung des
physischen Existenzminimums** zwingend als Sachleistung erbracht, d.h. es
wird ein **Schlafplatz** zugewiesen und **drei Mahlzeiten** am Tag ausgegeben. In
der Regel gibt es eine **Kleiderkammer**; ausnahmsweise dürfen auch Gutscheine für Kleidung ausgegeben werden. **Hygieneartikel** wie Seife, Shampoo,
Hautcreme, Damenbinden, Windeln für Säuglinge werden von Mitarbeitern
des Betreibers der Einrichtung ausgegeben. Ebenso **Reinigungsmittel** wie
Putzmittel, Waschpulver, Lappen.

Der Wert all dieser Sachleistungen ist genau festgelegt (ohne Unterkunft und
Heizung **für eine Erwachsene 219 €**, Stand 2016), oft ist aber nicht transparent, wie sich die Kosten für Catering und Materialausgabe auf den Preis der
Lebensmittel und Verbrauchsgegenstände einerseits und auf die Dienstlei-
stung andererseits verteilen.

Das Verbot, sich selbst Mahlzeiten zuzubereiten, die eigenen Kinder selbstbe-
stimmt zu ernähren und eigene Entscheidungen über Essenszeiten und Nah-
rungsmittel zu treffen, bildet einen erheblichen Eingriff in die Handlungsfreiheit des Menschen und nimmt ihm einen wichtigen Teil seiner Selbstbestimmung und der Möglichkeit der Gestaltung seiner Sozialstrukturen. Bei einer
Aufenthaltsdauer von mehreren Monaten in der Aufnahmeeinrichtung lässt
sich ein so schwerwiegender und vermeidbarer Eingriff in das Recht auf
Selbstbestimmung (Art. 2 Abs. 1 GG) nicht rechtfertigen. Die Ausgabe von
Mahlzeiten könnte leicht ersetzt werden durch Lebensmittel und Gemein-
schaftsküchen, auch dann wäre das Sachleistungsprinzip gewahrt.

Allerdings sind gerichtliche Verfahren auf eine Änderung der Versorgung in
Aufnahmeeinrichtungen langwierig und der Ausgang derzeit völlig offen.
Möglich wird das nur mit einer spezialisierten Rechtsanwältin und der Ko-
stenübernahme durch eine Organisation.

Der **notwendige persönliche Bedarf zur Teilhabe am Leben in der Gemein-schaft** soll »soweit mit vertretbarem Verwaltungsaufwand möglich« seit November 2015 ebenfalls durch **Sachleistungen** gedeckt werden. Der Widersinn dieser Regelung liegt darin, dass dieser Bedarf dazu dient, Menschen ein Stück Selbstbestimmung über ihre Lebensgestaltung im Umgang mit Mobilität, sozialen Kontakten, Kultur und Informationsbeschaffung zu gewähren und damit der Achtung der menschlichen Würde gerecht zu werden. Wenn diese Bedarfe als Sachleistungen, z. B. in Form von Fahrscheinen, Telefonkarten, Internet-Sticks, Tageszeitungen, Eintrittskarten, auswärtiger Verpflegung, ausgegeben werden, ist eine selbstbestimmte Handlungsweise nicht realisierbar. Einige Bundesländer (Niedersachsen, Rheinland-Pfalz, Bremen) haben bereits erklärt, dass der Verwaltungsaufwand für die Umstellung des persönlichen Bedarfs auf Sachleistungen nicht vertretbar ist.

Soweit in den Aufnahmeeinrichtungen Bargeld ausgezahlt wird, ist damit zum Teil ein rigider Kontrollmechanismus verbunden. So verfügte der Landesinnenminister NRW (Runderlass vom 17.3.2016, AZ: 123-39.18.03-16-057(01)), dass in allen Aufnahmeeinrichtungen des Landes das Taschengeld wöchentlich am Dienstag zwischen 10 und 13 Uhr ausgegeben wird. Wer zu diesem Zeitpunkt nicht erscheint, verliert seinen gesetzlichen Leistungsanspruch, es sei denn die unverschuldete Verhinderung, insbesondere durch Krankheit, wird nachgewiesen.
Rechtlich erscheint fraglich, woraus sich der Wegfall des Leistungsanspruchs ergeben soll.

Zu erwarten ist allerdings, dass in den Ankunftszentren kein Bargeld mehr ausgezahlt wird.

2.4   Gesundheitsuntersuchung

Die ErstaufnahmeE muss eine **Erstuntersuchung** unmittelbar nach dem Eintreffen der Flüchtlinge sicherstellen.
Es besteht eine rechtliche Verpflichtung nach § 62 AsylG und nach § 36 Abs. 4 IfSG, sich untersuchen zu lassen (einschließlich einer Thorax-Röntgenaufnahme). In § 62 AsylG werden keine Ausnahmen geregelt. Einzelheiten werden in die Regelungskompetenz der Länder gelegt. Allerdings bestimmt § 36 Abs. 4 IfSG, dass **Röntgenaufnahmen erst ab dem 15. Geburtstag** und nicht bei Schwangeren zulässig sind. Für jüngere Kinder muss auf andere Untersuchungsformen wie einen Interferon-Gamma-Test oder einen Tuberkulintest ausgewichen werden. Auch muss sichergestellt werden, dass eine bestehende Schwangerschaft nicht nur abgefragt, sondern in Zweifelsfällen auch diagnostiziert wird, bevor es zu einer Röntgenaufnahme kommt.

Im übrigen sind Blut, Urin und Stuhluntersuchungen auf ansteckende Erreger zulässig. Seit 2015 muss jeder Verdacht auf eine meldepflichtige Erkrankung dem BAMF mitgeteilt werden (§ 62 Abs. 2 Satz 2 AsylG). Damit wird in die Zuständigkeit der Gesundheitsämter eingegriffen, die über ein bewährtes Verfahren von Schutzmaßnahmen (§ 28 IfSG) verfügen, ohne dass für das BAMF vergleichbare Handlungs- und Datenschutzregelungen bestehen.

HIV-Tests ohne Zustimmung werden zwar von einigen Juristen für zulässig gehalten (Hailbronner, AuslR B 2 § 62 AsylVfG Rn. 7; Bergmann in: Renner, AuslR 2013, § 62 AsylVfG Rn. 2); ein Zwangstest stellt jedoch eine ganze Gruppe von Menschen unter Generalverdacht und widerspricht auch § 7 Abs. 3 Nr. 3 IfSG, der lediglich eine Meldepflicht ohne die persönlichen Daten der Betroffenen vorsieht (Marx, AsylVerfG 2014, § 62 Rn. 6; Hofmann, AuslR 2016, § 62 AsylG Rn. 3).

Die vom Bundesgesundheitsamt empfohlenen **Impfungen** müssen allen Flüchtlingen frühzeitig angeboten werden.
Zuständig sind die örtlichen Gesundheitsämter, die die Aufgabe an angestellte Ärztinnen oder durch Dienstleistungsverträge an niedergelassene Ärzte übertragen können.

Die **Gesundheitsversorgung in der Aufnahmeeinrichtung** richtet sich nach § 4 AsylbLG. Damit kann das jeweilige Bundesland entscheiden, ob die medizinische Grundversorgung durch angestellte Ärzte in den Aufnahmeeinrichtungen oder durch niedergelassene Ärztinnen sichergestellt wird. Ob hierzu eine Krankenkarte ausgegeben wird, Berechtigungsscheine für eine bestimmte Zeit oder nur Einzelgenehmigungen kann von Bundesland zu Bundesland unterschiedlich geregelt werden (siehe im Einzelnen → S. 247).

Derzeit wird von Fachverbänden eine chaotische und völlig unzureichende medizinische Untersuchung und Versorgung in den Aufnahmeeinrichtungen beklagt (siehe: Robert Bosch Expertenkommission zur Neuausrichtung der Flüchtlingspolitik unter Armin Laschert, 2015, S. 10 ff.).

Erhebliche ungeklärte Fragen wirft die Versorgung traumatisierter oder psychisch kranker Menschen wie auch aller anderen schutzbedürftigen Personen in den Ankunftszentren/ErstaufnahmeE auf. Niedergelasse Ärzte und Psychotherapeutinnen sind im Umfeld vieler Ankunftszentren nur begrenzt verfügbar und schwer zu erreichen.

2.5   Clearingverfahren

Die AufnahmeRL (siehe Glossar) verpflichtet alle EU-Staaten zur Durchführung eines Clearingverfahrens mit allen Asylsuchenden unmittelbar nach ihrem Asylgesuch (Art. 22). Auch das BAMF stellt im Zusammenhang mit der VerfahrensRL fest, dass ein solches Prüfverfahren seit dem 21.7.2015 mit jeder Antragstellerin durchzuführen sei (Leitfaden vom 20.7.2015, Referat 410, 410-7406-30/15). Deshalb muss die Feststellung, ob eine Person als besonders schutzbedürftig gilt, auf jeden Fall bereits in der Erstaufnahmeeinrichtung/im Ankunftszentrum erfolgen.

Als besonders schutzbedürftig gelten nach Art. 21 AufnahmeRL:
– Minderjährige,
– unbegleitete Minderjährige,
– Behinderte,
– ältere Menschen,
– Schwangere,
– Alleinerziehende, mit minderjährigen Kindern,
– Personen, die Folter, Vergewaltigung oder sonstige schwere Formen psychischer, physischer oder sexueller Gewalt erlitten haben,
– Personen mit schweren körperlichen Erkrankungen,
– Personen mit psychischen Störungen,
– Opfer des Menschenhandels,
– Opfer der Verstümmelung weiblicher Genitalien.

Es gibt keine gesetzliche Regelung des Clearingverfahrens. Deshalb sind die Bundesländer in der Pflicht, die Regelungen der Aufnahmerichtlinie als unmittelbar geltendes Recht umzusetzen. Auch auf Landesebene gibt es keine gesetzlichen Regelungen, aber erste Überlegungen zur Berücksichtigung der Bedürfnisse von besonders schutzbedürftigen Personen.
Für die Asylarbeit bedeutet das, dass die besonderen Bedarfe von schutzbedürftigen Personen jeweils **einzeln eingefordert** werden müssen.

Besondere Probleme bereitet die Identifizierung von Personen mit traumatischen Erlebnissen, wie Opfer von Folter, physischer, psychischer oder sexueller Gewalt.
Um zumindest erste Anhaltspunkte für eine **Posttraumatische Belastungsstörung** (PTBS) erkennen zu können, entwickelte eine Europäische Arbeitsgruppe (deutscher Projektpartner: Zentrum für Flüchtlingshilfen und Migrationsdienste) einen sehr einfachen Fragebogen. Dieser sollte zwar eigentlich nur von geschulten Fachkräften und geeigneten Gesprächsbedingungen angewendet werden, aber wenn keine anderen Mittel verfügbar sind, um zumin-

dest den Bedarf an weiterer Abklärung einer Traumatisierung zu belegen, können auch Beraterinnen mit diesem Fragebogen arbeiten:

Fragebogen und Beobachtungen zur Früherkennung von Asylsuchenden mit traumatischen Erlebnissen

Dieser Fragebogen eignet sich nicht, den rechtlichen Status des Asylsuchenden zu bestimmen oder Ansprüche und Rechte der Person in weiteren Verfahren zu beschränken.

Die Antworten sollen sich auf die vergangenen zwei Wochen beziehen	Ja	Nein
1. Haben Sie häufig Schwierigkeiten einzuschlafen?		
2. Haben Sie häufig Albträume?		
3. Leiden Sie häufig unter Kopfschmerzen?		
4. Leiden Sie häufig unter anderen körperlichen Schmerzen?		
5. Werden Sie schnell wütend?		
6. Haben Sie häufig Erinnerungen an schmerzhafte Ereignisse?		
7. Haben Sie häufig Angst?		
8. Vergessen Sie häufig Dinge im Alltag?		
9. Haben Sie das Interesse an ihrer Umwelt verloren?		
10. Haben Sie häufig Probleme sich zu konzentrieren?		

Anzahl der mit „ja" beantworteten Fragen ►

Einordnung:
Bitte markieren Sie die entsprechende Kategorie, um die Wahrscheinlichkeit einer Traumatisierung anzugeben.

1-3	4-7	8-10
geringe Wahrscheinlichkeit	mittlere Wahrscheinlichkeit	hohe Wahrscheinlichkeit

Dieser Fragebogen ist in vielen Sprachen verfügbar, ebenso wie ein Erläuterungstext, der unbedingt vor der Befragung vorgelesen werden muss (protect-able.eu).

Solange es kein Clearingverfahren gibt, muss das Ergebnis einer mittleren oder hohen Wahrscheinlichkeit für eine Gewalterfahrung ausreichen, um besondere Bedürfnisse bei der Unterbringung geltend zu machen, wie ein Einzelzimmer, die Beendigung der Verpflichtung in der Aufnahmeeinrichtung zu leben, um an den Ort des Aufenthalts von Familienangehörigen verteilt zu werden, die Übernahme von Fahrtkosten zu einer Fachärztin oder einem psychosozialen Zentrum für Flüchtlinge.

Andere besonders schutzbedürftige Personen wie Minderjährige (nicht nur unbegleitete!), Schwangere, Alleinerziehende mit Kindern, körperlich behinderte oder gebrechliche Menschen lassen sich unschwer zuordnen. Auch für sie können die erforderlichen Unterbringungsbedingungen und Hilfen auf der Grundlage der Art. 22 bis 25 AufnahmeRL (siehe Glossar) verlangt werden. Die Berücksichtigung der besonderen Bedürfnisse darf nicht deshalb abgelehnt werden, weil die Asylsuchenden aus einem »sicheren Herkunftsland« (siehe Glossar) kommen (Art. 22 Abs. 4 AufnahmeRL). Die Durchsetzung einer Entlassung aus der Aufnahmeeinrichtung ist oft sehr anstrengend und mit der Einschaltung der Sozialgerichte verbunden. Da es sich um ein bisher von der Rechtsprechung noch nicht bearbeitetes Terrain handelt, gibt es auch keine sicheren Erfolgsprognosen. Anderseits kann jedes Verfahren um einen individuellen Einzelfall dazu beitragen, Standards für alle betroffenen Personen zu setzen.

2.6   Residenzpflicht

Während der Zuweisung zu einer Aufnahmeeinrichtung (jeder Art) besteht eine strikte Residenzpflicht, d.h. der Aufenthalt ist auf den Bezirk der Ausländerbehörde beschränkt, in dem die Aufnahmeeinrichtung liegt (§§ 56, 59a Abs. 1 Satz 2 AsylG). Ein Verlassen des Bezirks ist nur unter folgenden Voraussetzungen möglich:

- Termine bei **Behörden und Gerichten** dürfen ohne Einwilligung wahrgenommen werden (§ 57 Abs. 3 AsylG). Die Termine müssen aber sowohl der Aufnahmeeinrichtung als auch dem BAMF mitgeteilt werden.

- Termine bei **Rechtsanwältinnen, Bevollmächtigten (auch Privatpersonen), Flüchtlingsorganisationen und dem UNHCR** sind auf Antrag unverzüglich vom BAMF zu genehmigen. Die VerfahrensRL (siehe Glossar) verpflichtet in Art. 12 c die zuständigen Behörden, den Antragstellern jederzeit die Kontaktaufnahme mit Rechtsanwältinnen, Beratungsstellen und dem UNHCR zu ermöglichen. Sinnvoll wäre hier ein Verfahren, nach dem ein Antragsformular über die Flüchtlingsberatung per Fax an das BAMF geschickt wird und der Antrag als genehmigt gilt, wenn das BAMF nicht innerhalb von 48 Stunden eine begründete Ablehnung (verpflichtend nach Art. 7 Abs. 4 AufnahmeRL) zurückschickt.

■ Wenn **zwingende Gründe** vorliegen, kann das BAMF die Genehmigung zum vorübergehenden Verlassen nach Ermessen erteilen. Zwingende Gründe sind vor allem erforderliche **medizinische, psychiatrische oder psychotherapeutische Behandlungen, Schutz vor Gewalt oder sexuellen Übergriffen** in der Flüchtlingseinrichtung, der **Besuch von engen Familienangehörigen**, d.h. Ehegatten, Lebenspartnern und minderjährigen Kindern. Auch der Besuch anderer Familienangehöriger kann zwingend sein, wenn dringende Familienangelegenheiten besprochen werden müssen oder eine gegenseitige familiäre Unterstützung unverzichtbar ist. Zwingend Gründe können auch für den Besuch von **religiösen, politischen, wissenschaftlichen oder kulturellen Veranstaltungen** bestehen, wenn sie in einem engen Zusammenhang mit der persönlichen Identität der Flüchtlinge stehen und für seine persönliche Entwicklung von herausragender Bedeutung sind (siehe Bergmann in: Renner et al, 2013, § 57 AsylVerfG, Rn. 22). Es muss stets eine individuelle Prüfung erfolgen und eine ablehnende Entscheidung muss begründet werden (Art. 7 Abs. 4 AufnahmeRL).
Insbesondere gesundheitliche Gründe, Gewaltschutz und Gesichtspunkte des Kindeswohls sind so gewichtig, dass für ein Ermessen kaum ein Spielraum bleibt.

Das unerlaubte Verlassen des Bezirks der Ausländerbehörde ist eine **Ordnungswidrigkeit** nach § 86 AsylG. Es können zwar Geldbußen bis zu 2.500 € festgesetzt werden; angesichts der Einkommenssituation wird die Buße jedoch selten den monatlich verfügbaren Barbetrag übersteigen. Wenn in den ErstaufnahmeE/Ankunftszentren kein Bargeld mehr ausgezahlt wird, müssen die Geldbußen zwangsläufig gestundet werden. Die Verjährung tritt nach einem Jahr ein (§ 31 Abs. 2 Nr. 3 OWiG).

Jedes weitere unerlaubte Verlassen des Bezirks ist eine **Straftat** nach § 85 Nr. 2 AsylG. Gegen diese Regelung haben Organisationen wie Pro Asyl immer wieder vehement protestiert und Migrationsrechtlerinnen bezweifeln die Vereinbarkeit mit der Verfassung (Marx, AsylVfG 2014, § 85 Rn. 7; Fahlbusch in: Hofmann, Ausländerrecht 2016, § 85 AsylG Rn. 23). In jedem Fall sind Strafverfahren nach § 85 AsylG schwierige Verfahren, weil an Hand der Akte geprüft werden muss, ob die Belehrung in Ordnung war, Anträge nicht bearbeitet oder Ablehnungen nicht ordnungsgemäß begründet wurden. Es können noch weitere Rechtfertigungsgründe hinzukommen. Wegen diesen Schwierigkeiten lohnt es sich, die **Beiordnung einer Strafverteidigerin** (kostenlos bei Mittellosigkeit) beim Gericht zu beantragen (§140 Abs. 2 StPO).

2.7 Kita und Schulbildung

Derzeit erhalten Kinder in Aufnahmeeinrichtung überwiegend keine systematischen Bildungsangebote.

Nach §§ 6 Abs. 2, 24 Abs. 3 SGB VIII haben Kinder während des laufenden Asylverfahrens (rechtmäßiger Aufenthalt im Sinne des SGB VIII) einen Anspruch auf einen **Kita-Platz** ab dem 3. Geburtstag. Bereits ab dem 1. Geburtstag besteht ein Anspruch auf Kinderbetreuung (§ 24 Abs. 2 SGB VIII). Dieser Anspruch wird für die Zeit in den Aufnahmeeinrichtungen nicht umgesetzt, weil sich die Kommunen erst ab Zuweisung in die Kommune für die Kinder zuständig fühlen.

Ebenso werden Kinder nicht zum **Schulbesuch** zugelassen, weil die meisten Schulgesetze der Länder eine Schulpflicht erst ab Zuweisung an die Kommune vorsehen (→ S. 267). Nach Art. 14 Abs. 2 AufnahmeRL (siehe Glossar) muss der Zugang zum Bildungssystem spätestens drei Monate nach dem ersten Antrag auf Schutzgewährung/Asyl gewährleistet werden. Der Aufenthalt in den Aufnahmeeinrichtungen kann aber bis zu sechs Monaten dauern und bei Flüchtlingen aus »sicheren Herkunftsstaaten« (siehe Glossar) auch noch länger. Die Übereinstimmung mit geltendem EU-Recht kann nur hergestellt werden, wenn Familien mit schulpflichtigen Kindern generell nicht länger als drei Monate in den Aufnahmeeinrichtungen verbleiben, oder die Einschulung schon am Ort der Aufnahmeeinrichtung beginnt. Die zweite Alternative führt allerdings zu einer unsinnigen Belastung der Schulen und der betroffenen Kinder, weil ein Schulwechsel nach wenigen Wochen erforderlich wird.

Auch in den Aufnahmeeinrichtungen muss schulpflichtigen Kindern ein **Unterrichtsangebot** gemacht werden (so Art. 14 Abs. 1 AufnahmeRL). Auch wenn für die Umsetzung nicht die erforderlichen Lehrerinnen vorhanden sind, kann zumindest ein provisorisches Bildungsangebot entwickelt werden. Die verbindlichen Strukturen können dabei nur durch Mitarbeiterinnen mit regulären Arbeitsverträgen, nicht allein durch ehrenamtliche Helferinnen abgesichert werden.

2.8   Arbeit, Qualifizierung und Spracherwerb

Während der Zeit in der Aufnahmeeinrichtung ist jede **Erwerbstätigkeit verboten.**

Nach § 5 Abs. 1 Satz 1 AsylbLG sollen in Aufnahmeeinrichtung Arbeitsgelegenheiten zur Aufrechterhaltung und Betreibung der Einrichtung zur Verfügung gestellt werden. Es handelt sich nicht um eine Beschäftigung, daher ist auch keine Beschäftigungserlaubnis erforderlich. Die Aufwandsentschädigung von 1,05 Euro pro Stunde (keine Anrechnung auf die Leistung zum Lebensunterhalt) ist für die Menschen in den Aufnahmeeinrichtungen besonders wichtig, wenn ihnen der Barbetrag nicht oder nur zum Teil in Geld ausbezahlt wird. Das Eckpunktepapier der Bundesregierung vom 14.4.2016 zu dem geplanten Integrationsgesetz sieht die Schaffung von 100.000 durch den Bund finanzierte Arbeitsgelegenheiten vor. Ob die Verteilung über das BAMF oder die BA läuft, ist noch unklar. Nach der Begründung (»niederschwelligen Heranführung an den deutschen Arbeitsmarkt«) scheinen diese Tätigkeiten jedoch nicht allein für die Zeit des Arbeitsverbots in der Aufnahmeeinrichtung gedacht zu sein. Für die Arbeitsmarktintegration sind Arbeitsgelegenheiten jedoch ungeeignet, weil sie nur in Bereichen angeboten werden dürfen, in denen sie keine regulären Arbeitsplätze ersetzen.
Dagegen können sie in den Aufnahmeeinrichtungen zumindest das Arbeitsverbot ein wenig erleichtern.
Auch die gemeinnützigen Träger der Flüchtlingsberatung können Arbeitsgelegenheiten schaffen (z. B. für Übersetzungsarbeiten, Lotsen für Neuankommende oder das Ordnen und Ausgeben von Sachspenden). Eventuell müssen ehrenamtliche Helferinnen auch zurücktreten, wenn Tätigkeiten ebenso gut von den Menschen in der Einrichtung übernommen werden können. Die Träger müssen die Arbeitsgelegenheit mit dem zuständigen Sozialamt aushandeln.

Die BA soll Personen aus den Staaten, die eine besonders hohe Anerkennungsquote aufweisen (derzeit Syrien, Irak, Iran und Eritrea), unmittelbar nach ihrer Registrierung in den Ankunftszentren beraten. Die Daten über ihre Qualifizierung und Berufserfahrung sollen in den Ankunftsnachweis aufgenommen werden, um dadurch die schnelle Integration zu fördern. Es muss damit gerechnet werden, dass es bei einer zu schnellen Datenerfassung im Zusammenhang mit der Registrierung zu erheblichen Fehlern kommen wird.

Durch eine zeitlich befristete Sonderregelung (§ 131 SGB III n. F., gültig bis 31.12.2018) wird es möglich, der privilegierten Gruppe (Syrien, Irak, Iran, Eritrea) bereits während der Zeit in den Ankunftszentren **Förderung aus dem Vermittlungsbudget (§ 44 SGB III)** und **Maßnahmen zur Aktivierung und beruflichen Eingliederung (§ 45 SGB III)** anzubieten, obwohl in dieser Zeit noch ein Arbeitsverbot besteht (§ 61 AsylG). Obwohl § 131 SGB III n. F. den Besitz einer Aufenthaltsgestattung (siehe Glossar) verlangt, genügt auch der Besitz eines Ankunftsnachweises/einer BüMA, weil dieser für die Arbeitsmarktintegration der Aufenthaltsgestattung gleichgestellt ist. Besonders wichtig in den ersten Monaten sind die Leistungen zur Finanzierung der Anerkennung von Berufsausbildungen, Studien- und Schulabschlüssen, die aus dem Vermittlungsbudget (§ 44 SGB III) gezahlt werden können und von beruflichen Praktika (→ S. 286), die als Leistungen nach § 45 SGB III trotz Arbeitsverbot ermöglicht und finanziert werden können.

Für alle nicht privilegierten Asylsuchenden besteht in den Zeiten des Arbeitsverbots nach § 61 AsylG (während des Aufenthalts in der Aufnahmeeinrichtung) nur ein **Anspruch auf Beratung** nach §§ 29 ff. SGB III. Genutzt werden kann dieser Anspruch, um grundsätzlich zu klären, ob für eine vorhandene Ausbildung eine Nachfrage am Arbeitsmarkt besteht, welche Zusatzqualifikation erforderlich werden, wer für die Anerkennung bzw. Gleichwertigkeitsfeststellung zuständig ist und welche Unterstützungen des Netzwerks IQ (www.netzwerk-iq.de/anerkennung.html) möglich sind. In die Fahrt zu einer Beratungsstelle muss vom BAMF eingewilligt werden (§ 57 Abs. 2 AsylG:»Organisation, die sich mit der Betreuung von Flüchtlingen befasst«); hierzu muss eine Einladung zu einem Termin vorgelegt werden. Die Asylberaterinnen können die Ratsuchenden unterstützen, indem sie den Antrag auf Einwilligung an die zuständige Außenstelle des BAMF faxen (vielleicht demnächst auch über die Homepage?).

Ebenso können Informationen über bestimmte Ausbildungen und ihre schulischen Voraussetzungen eingeholt werden und bereits sondiert werden, ob und welche Unterstützungsleistungen nach dem Ende des Arbeitsverbotes ermöglicht werden können.

Das BAMF und die Arbeitsagentur haben eine gemeinsame Hotline zu Fragen der Arbeitsaufnahme, der Berufsanerkennung und der Sprachkurse eingerichtet. Sie ist Montag bis Freitag von 9 Uhr bis 15 Uhr unter der Nummer: +49 30 1815-1111 erreichbar, leider wird nur deutsch und englisch gesprochen.

Vorbereitend auf eine spätere Berufstätigkeit kann auch versucht werden, einen Platz in einem **Sprachkurs** zu erhalten. Es gibt die Möglichkeit, im Rahmen verfügbarer Plätze an einem Integrationskurs des BAMF (siehe Glossar) teilzunehmen. Das gilt jedoch derzeit nur für Flüchtlinge aus Syrien, Irak, Iran und Eritrea (siehe im Einzelnen → S. 273).

Wer nicht aus den begünstigten Staaten kommt, kann nur versuchen an Sprachangeboten von Flüchtlingsorganisationen oder Ehrenamtlerinnen teilzunehmen, die zwar oft mit viel Engagement angeboten werden, aber kaum über ausgebildete Lehrerinnen für Deutsch als Fremd- oder Zweitsprache verfügen. Gelegentlich finden sich auch Sponsoren für Deutschkurse bei der Volkshochschule (ermäßigte Gebühren).

In der Asylarbeit sollte immer beachtet werden, dass Sprache nicht nur durch systematisches Lernen, sondern auch informell erworben wird. Manche Menschen lernen sogar viel schneller Deutsch, wenn sie nicht mit Lehrbüchern, sondern in der direkten Kommunikation bei gemeinsamen Aktivitäten Zugang zu einer neuen Sprache finden. Hier können Ehrenamtlerinnen mit Stadtspaziergängen, Besuchen von praktisch interessanten Orten wie Rathäusern, Arbeitsagenturen, Wohnungs- und Jugendämtern, Jugendzentren und Familienbildungsstätten, aber auch Märkten und Einkaufsstraßen, gemeinsamem Essen und Feiern wichtige Sprachhilfen geben.

Viele Flüchtlinge werden sich aber auch über die verschiedenen Internetangebote selbst weiterhelfen. Mittlerweile hat die Telekom erklärt, alle Aufnahmeeinrichtung mit WLAN zu versorgen; wo das noch nicht umgesetzt ist, helfen Organisationen wie »freifunk.net«.

Eine Übersicht über die Internet-Angebote zum Deutschlernen findet sich unter: http://www.deutsch-lernen-online.net.

---

3   Ankommen in der Kommune

3.1   Verteilung

Die Landesstelle kann zu einem beliebigen Zeitpunkt innerhalb von sechs Monaten entscheiden, dass Flüchtlinge nicht mehr verpflichtet sind, sich in einer Aufnahmeeinrichtung aufzuhalten. Sie muss die Verteilung verfügen, wenn das BAMF mitteilt, dass eine kurzfristige Entscheidung nicht möglich ist oder wenn ein Verwaltungsgericht die aufschiebende Wirkung einer Klage gegen einen ablehnenden Asylbescheid angeordnet hat.

Vorsicht: Asylsuchende aus »sicheren Herkunftsstaaten« (siehe Glossar) sollen grundsätzlich nicht aus den Ankunftszentren entlassen werden und dort bis zum Ende des Verfahrens oder bis zur Ausreise/Abschiebung verbleiben (§ 47 Abs. 1a AsylG). Ausnahmen sind nur zulässig, wenn es zur Gefahrenabwehr oder aus sonstigen Gründen zwingend erforderlich ist (§§ 47 Abs. 1 a Satz 2, 48–50 AsylG).

Mit dem Ende der Verpflichtung zum Aufenthalt in der Aufnahmeeinrichtung ist die Zuweisung zu einer Kommune verbunden, die von der jeweiligen Landesstelle bestimmt wird.

In den Flächenstaaten werden Flüchtlinge einer Kommune zugewiesen, in Bayern einem Regierungsbezirk. In den Stadtstaaten Berlin, Hamburg, Bremen wird die Unterbringung unmittelbar durch die Landesverwaltung organisiert.

Bei der Verteilung auf die Kommunen sind die Familieneinheit (Ehegatten, eingetragene Lebenspartnerinnen, Eltern und minderjährige, ledige Kinder) und sonstige humanitäre Gründe von vergleichbarem Gewicht zu berücksichtigen.

Schon während dem Aufenthalt in einer Aufnahmeeinrichtung sollte bei der zuständigen Landesstelle ein Antrag auf Zuweisung an einen bestimmten Ort (innerhalb desselben Bundeslandes) gestellt werden,

- wenn Familienangehörige ihren zugewiesenen Aufenthalt oder ihren Wohnsitz am gewünschten Ort haben (Nachweis: Heiratsurkunde, Geburtsurkunde; Vaterschaftsanerkennung beim Jugendamt oder Notar, DNA-Abstammungstest);

- zum Nachzug eines Vormunds zum Mündel (Bestallungsurkunde);

- bei einer bestehenden Schwangerschaft zum Kindesvater, wenn die Mutter auf die Unterstützung durch den Vater angewiesen ist, z.B. wegen einer Risikoschwangerschaft (Attest der Frauenärztin), wegen fehlender anderer soziale Kontakte (Bescheinigung der Flüchtlingsberatung oder des Betreibers der Aufnahmeeinrichtung), zur Begleitung der Geburt durch den Vater (Erklärung des Vaters);

- wenn pflegebedürftige sonstige Angehörige dort auf Unterstützung angewiesen sind (ärztliches Attest, Bescheinigung des Pflegedienstes, Bescheid der Pflegeversicherung oder des Sozialamts über Hilfe zur Pflege);

- wenn eine medizinische Versorgung (z.b. wegen einer Psychotherapie in der Herkunftssprache) an einem bestimmten Ort erfolgen muss;

- wenn andere Verwandte dort leben und diese zur Unterstützung wegen einer eigenen Erkrankung dringend erforderlich sind (Nachweis: ärztliches Attest);

- wenn der Ortswechsel zum Schutz vor häuslicher, sexualisierter oder sonstiger Gewalt erforderlich ist (Nachweise: Polizeiprotokolle, Bericht des Sozialdienstes der Einrichtung, ärztliches Attest);

- oder wenn sonstige wichtige Gründe bestehen.

Die Entlassung aus der Aufnahmeeinrichtung und die Zuweisung zu einer Kommune kann durch einen solchen Antrag beschleunigt werden.

3.2 Unterbringung

Nach § 53 AsylG sollen Flüchtlinge »in der Regel« in Gemeinschaftsunterkünften untergebracht werden.

Die Kommunen können aber frei entscheiden, wie sie die Unterbringung von Asylsuchenden organisieren:

> »Der Bedarf für Unterkunft, Heizung und Hausrat wird gesondert als Geld- oder Sachleistung erbracht.« (§ 3 Abs. 2 Satz 4 AsylbLG).

Es besteht also ein großer Entscheidungsspielraum, der von den einzelnen Kommunen sehr unterschiedlich genutzt wird. Vereinzelt wird aus Kostengründen oder zur Förderung der Integration auf Gemeinschaftsunterkünfte ganz verzichtet und Privatwohnungen vermittelt, in anderen Kommunen oder auch Bundesländern werden zunächst nur Sammelunterkünfte bereit gehalten und vielfach werden auch die verschiedensten Unterbringungsmöglichkeit genutzt. Das reicht derzeit von der Notunterkunft, in dem ein menschenwürdiges Leben nicht im Ansatz gewährleistet werden kann, über z. B. Container, Häuser mit und ohne Kochmöglichkeit, Wohnungen, Hostels.

In einigen Bundesländern und in vielen größeren Städten arbeiten die Wohnungsämter mit privaten Vermietern, Wohnungsbaugesellschaften und Flüchtlingsorganisationen zusammen, um privaten Wohnraum zu akquirieren. Die jeweiligen Wohnung- oder Sozialämter sollten dazu Auskünfte geben.

> Ein sozialpolitischer Auftrag der Flüchtlingsberatung über den Einzelfall hinaus ist es, sich in der eigenen Kommune für die Unterbringung in Privatwohnungen oder kleinen Unterkünften mit eigenen Wohneinheiten einzusetzen. Der Einfluss von Wohlfahrtsverbänden, Religionsgemeinschaften und Zivilgesellschaft kann im Rahmen des Spielraums der Kommunen viel bewirken.

Die Flüchtlinge selbst haben **weder einen Anspruch auf die Unterbringung in einer (bestimmten) Sammelunterkunft noch einen Anspruch auf Unterbringung außerhalb der Sammelunterkunft.** Sogar der Anspruch, überhaupt untergebracht zu werden, musste in einigen Städten in Deutschland durch die Einschaltung der Sozialgerichte festgestellt werden.

Die **Kriterien für die Ausgestaltung der Unterbringung** werden nicht durch das AsylG oder das AsylbLG vorgegeben, sondern nur durch übergeordnetes Recht. Zu beachten ist insbesondere die AufnahmeRL 2013/33/EU (siehe Glossar).

Abweichungen von den Standards der AufnahmeRL sind zulässig, wenn die Unterbringungskapazitäten vorübergehend erschöpft sind. Die Grundbedürfnisse müssen jedoch unter allen Umständen gedeckt sein (Art. 18 Abs. 9 AufnahmeRL).
Gleichzeitig gelten auch die Grundsätze der Menschenwürde (Art. 1 Abs. 1 GG), der körperlichen Unversehrtheit (Art. 2 Abs. 2 GG), des Schutzes der Familie (Art. 6 Abs. 1 GG) und des Schutzes des Kindeswohls (Art. 3 KRK).

Soll die Kommune verpflichtet werden, eine menschenwürdige/nicht gesundheitsgefährdende/familiengerechte/geschlechtergerechte Unterkunft zur Verfügung zu stellen, so ist dies beim Sozialamt (je nach Aufgabenverteilung in der Kommune auch beim Wohnungsamt) einzufordern. Ein Eilantrag ist an das örtliche Sozialgericht zu richten. Von einigen Sozialgerichten wurde zwar vertreten, die Zuweisung zu einer Gemeinschaftsunterkunft für Flüchtlinge sei eine ordnungsrechtliche Angelegenheit und deshalb die Verwaltungsgerichte zuständig. Das OVG NRW vom 27.2.2015 – 12 E 159/15 und das LSG NRW vom 27.8.2015 – L 20 AY 50/15 B stellen jedoch klar, dass es sich bei der Unterbringung um eine Leistung nach § 3 AsylbLG handelt und damit die Sozialgerichte zuständig sind.

Beispiele

Die Familie mit einem asthmakranken Kind lebt in einer Unterkunft mit Schimmelbefall in den Wohnräumen. Es muss eine familiengerechte Alternativunterkunft zur Verfügung gestellt werden. Andernfalls können sich die verantwortlichen Mitarbeiterinnen des Sozialamts der unterlassenen Hilfeleistung schuldig machen.

Eine junge Frau lebt zusammen mit drei weiteren Frauen in einem Zimmer einer Sammelunterkunft. Die Waschräume befinden sich am Ende des Flurs, der an den Flur angrenzt, auf dem alleinstehende Männer untergebracht sind. Diese Männer halten sich regelmäßig vor den Waschräumen der Frauen auf und belästigen sie auch. Das Sozialamt muss dafür Sorge tragen, dass die Bereiche der Frauen und Männer getrennt werden (Art. 18 Abs. 4 AufnahmeRL).

Eine Familie wird in einer Unterkunft in einem Raum zusammen mit drei weiteren Familien untergebracht. Zwei Kinder besuchen die Schule; sie haben keine Möglichkeit, Hausaufgaben in Ruhe zu machen, und es ist nicht möglich, altersgerecht ausreichend zu schlafen. Das Mindestmaß einer familiengerechten Unterbringung ist ein eigener Raum.

Eine Flüchtlingsfrau leidet unter den körperlichen Übergriffen ihres Ehemannes. Wenn sie sich in ein Frauenhaus begibt, müssen die Kosten durch das Sozialamt übernommen werden, es sei denn, der Frau kann eine angemessene Alternativunterkunft zur Verfügung gestellt werden.

Ein alleinstehender Flüchtling leidet nach einer Flucht durch die Wüste und über das Meer unter erheblichen psychischen Störungen. Er ist übermäßig schreckhaft, schreit im Schlaf, bekommt Panikattacken. Er ist in einem Raum mit drei weiteren Flüchtlingen untergebracht. Einerseits hat er Angst vor den fremden Personen, anderseits fühlen sich die anderen durch ihn belästigt und um den Schlaf gebracht. Je nach Krankheitsbild kann das Recht geltend gemacht werden, in einem Einzelzimmer untergebracht zu werden, eventuell außerhalb der Sammelunterkunft.

Verlassen Flüchtlinge die Unterkunft (Privatwohnung, zu Freunden, Verwandten oder auch ohne Abmeldung), so wird ihr Platz nicht freigehalten, es gibt also kein Rückkehrrecht in die bisherige Einrichtung. Benötigen sie später wieder eine kommunale Unterkunft, z.B. weil die Freundin sich wieder trennt, so besteht erneut der Anspruch auf Unterbringung nach § 3 Abs. 2 Satz 4 AsylbLG, nicht aber auf Rückkehr in die bisherige Unterkunft.

Sammelunterkünfte im Gewerbegebiet

Das Gesetz über Maßnahmen im Bauplanungsrecht zur Erleichterung der Unterbringung von Flüchtlingen vom 20.11.2014 ermöglicht bis zum 31.12.2019 die Einrichtung von Gemeinschaftsunterkünften für Flüchtlinge oder Asylsuchende in Gewerbegebieten, im Außengelände oder unter erleichterten Anforderungen der Anpassung an die vorhandene Bebauung (§ 246 Abs. 8 – 10 BauGB).

3.3 Residenzpflicht und Ortswechsel (Umverteilung)

Mit der Verteilung auf die Kommunen besteht die Residenzpflicht (→ S. 234) bis zum Ablauf von drei Monaten fort (§ 59a Abs. 1 AsylG). Anschließend besteht Bewegungsfreiheit im gesamten Bundesgebiet.

Die Residenzpflicht kann von der Ausländerbehörde wieder angeordnet werden,

1. wegen einer rechtskräftig verurteilten Straftat, mit Ausnahme solcher Straftaten, deren Tatbestand nur von Ausländern verwirklicht werden können;
2. wenn der begründete Verdacht besteht, dass gegen Vorschriften des Betäubungsmittelgesetzes verstoßen wurde; oder
3. wenn konkrete Maßnahmen zur Aufenthaltsbeendigung (→ S. 383) bevorstehen (§ 59b Abs. 1 AsylG).

Auch wenn die Residenzpflicht aufgehoben ist, besteht weiterhin eine Wohnsitzauflage, die meist für die zugewiesene Kommune angeordnet wird, aber auch konkret für ein bestimmtes Wohnheim o.ä. bestimmt werden darf.

Die Wohnsitzauflage verbietet es, den Lebensmittelpunkt an einen anderen Ort zu verlegen, vorübergehende Aufenthalte, auch längerer Dauer oder in kurzen regelmäßigen Abständen sind dagegen zulässig.

Vorsicht: Für das Asylverfahren muss die (postalische) Erreichbarkeit in der zugewiesenen Kommune bzw. der gemeldeten Unterkunft immer sichergestellt werden. Sonst riskiert der Flüchtling wegen fehlender Erreichbarkeit die Einstellung des Verfahrens ohne Prüfung der Asylgründe.

Anträge auf **Umverteilung innerhalb desselben Bundeslandes** (§ 50 AsylG) können auch gestellt werden, wenn es bereits eine Zuweisung zu einer Kommune gibt, wenn die zur Zuweisung genannten Gründe (→ S. 239) aber erst später eintreten oder bei der Verteilung nicht berücksichtigt wurden.

Beispiele

Der Ehemann Hassan erfährt erst nach der Zuweisung nach Bad Hersfeld, dass seine Ehefrau Lyla bereits seit vier Monaten in Deutschland ist und der Stadt Fulda zugewiesen wurde. Da Lyla in einer Unterkunft mit gemischter Belegung wohnt, in der auch Familienzimmer verfügbar sind, Hassan hingegen in einer Unterkunft allein für Männer, beantragt er die Umverteilung nach Fulda bei der Landesaufnahmestelle für Hessen, dem Regierungspräsidium in Gießen.

Shewit wurde als alleinstehende Frau der Gemeinde Jüchen am Niederrhein zugewiesen. In der Gemeinschaftsunterkunft trifft sie auf einen Mann, den sie aus Eritrea kennt und der sie sexuell belästigt und ihr damit droht, Informationen über sie an die eritreischen Behörden zu geben. Da Jüchen mit 20.000 Einwohnern zu klein ist, um Shewit eine sichere Unterkunft zu bieten, begibt sie sich in ein Frauenhaus in Düsseldorf und beantragt die Umverteilung nach Düsseldorf.

Die Landesbehörden für Verteilung gehen oft von der schematischen Regel aus, dass die Umverteilung zu der Person erfolgt, die zuerst eingereist ist. Dafür gibt es keine gesetzliche Grundlage, es kommt vielmehr auf den Einzelfall an und damit auf die Frage, wer von den Beteiligten ein besonders schutzwürdiges Interesse am Verbleib am bisherigen Ort hat. Sind Kinder beteiligt, so sollte aus Gründen des Kindeswohls zu ihnen hin verteilt werden. Auch das ist nur eine Grundregel; es können auch wichtige Gründe für einen Ortswechsel der Kinder sprechen, etwa eine familiengerechte Unterbringung am Ort des anderen Elternteils oder eine bessere kinderpsychiatrische oder sozialpädiatrische Versorgung.

Anträge auf **Umverteilung in ein anderes Bundesland** (§ 51 AsylG) sind bei der Landesstelle des zukünftigen Bundeslandes zu stellen. Es gelten die gleichen Anforderungen wie bei der landesinternen Verteilung.

Generell wird das Ermessen restriktiv gehandhabt, allein der Wunsch mit Geschwistern oder erwachsenen Kindern zusammenzuleben oder die Übernahme der Unterkunftskosten oder sogar aller Kosten durch Freunde oder Verwandte reicht nicht.

Für einen Umverteilungsantrag müssen die Gründe durch entsprechende Unterlagen belegt werden:

- Für die **Familienzusammenführung**: Heiratsurkunde, übersetzt und beglaubigt; Geburtsurkunde der Kinder, übersetzt und beglaubigt; sie können ersetzt werden durch die Vaterschaftsanerkennung beim Jugendamt oder auch einen DNA-Abstammungsnachweis.

- Für die **Zusammenführung mit Verwandten außerhalb der Kernfamilie**: Ärztliche Bescheinigung über eine schwere Erkrankung oder eine Pflegebedürftigkeit der Verwandten; Bestallung als Vormund für einen minderjährigen Verwandten.

■ Für die **Krankenbehandlung**: Eine ortsansässige Ärztin muss die Diagnose stellen oder bestätigen und bescheinigen, dass eine angemessene Behandlung ortsnah nicht möglich ist, weil z.B. keine Plätze bei Psychotherapeuten mehr verfügbar sind, den Ärzten vor Ort die erforderlichen Sprachkenntnisse fehlen, eine spezielle Therapie nicht verfügbar ist oder die erforderliche sozialpädagogische Begleitung nicht angeboten werden kann.

■ Für den **Schutz vor Gewalt**: Polizeiliche Einsatzberichte; Stellungnahmen der Betreiber einer Sammelunterkunft oder der örtlichen Asylberaterinnen; Stellungnahme des aufnehmenden Frauenhauses; ärztliche Atteste und Strafanzeigen.

Umverteilungsverfahren können sehr lange dauern und werden häufig nicht vor einer Anerkennung oder Ablehnung des Asylverfahrens beendet. In den meisten Fällen begeben sich die Antragsteller daher bereits an den neuen Aufenthaltsort. Die Ausländerbehörde kann aber keine »Erlaubnis zum vorübergehenden Verlassen« des zugewiesenen Ortes mehr ausstellen, weil keine Residenzpflicht mehr besteht und der Wohnort auch ohne Genehmigung verlassen werden kann. Am neuen Ort wird aber das dortige Sozialamt nicht für die Leistungen nach AsylbLG zuständig; es bleibt bei der Zuständigkeit des Sozialamts der Zuweisungskommune (§ 11 Abs. 2 AsylbLG). Die Betroffenen müssen also immer an den bisherigen Aufenthaltsort zurückkehren, um Leistungen vom Sozialamt zu erhalten.

Je nach der konkreten Situation kann das Sozialamt gebeten werden, die Leistungen als Geldleistungen zu erbringen und auf ein Konto (über das Recht auf ein Konto → S. 400) zu zahlen. Auch die Kosten der Unterkunft können – außerhalb der Aufnahmeeinrichtung – als Geldleistung erbracht werden (§ 3 Abs. 2 Satz 4 AsylbLG). Die Sozialämter werden hierzu jedoch nur bereit sein, wenn ein zwingender Grund für den Aufenthalt an einem Ort außerhalb ihrer Zuständigkeit besteht. Eine Leistungsverpflichtung kann sich ergeben, wenn Asylsuchende aus gesundheitlichen Gründen zwingend auf die Hilfe von Verwandten oder anderen Personen angewiesen sind, eine bestimmte lebenswichtige Therapie nur an einem anderen Ort durchführen können oder sie sich zum Schutz vor Gewalt in Sicherheit gebracht haben. Wenn eine Asylsuchende von einem Frauenhaus aufgenommen wurde, kann auch das Frauenhaus den entsprechenden Antrag auf Kostenübernahme bei dem Sozialamt der Zuweisungskommune stellen. Auch muss die Erreichbarkeit sichergestellt werden. Dies ist durch die Beauftragung einer Rechtsanwältin möglich, allerdings auch mit Kosten verbunden. Alternativ kann eine Vollmacht an einen zuverlässigen Menschen erteilt werden, der sich am Ort der Zuweisung um die eingehende Post bzw. den Kontakt zur Ausländerbehörde kümmert.

Beispiel

Najib aus Afghanistan ist der Kommune Gotha in Thüringen zugewiesen. Mit She-
rin, einer iranischen Staatsangehörigen mit Niederlassungserlaubnis und Wohnsitz in Hannover (nicht berufstätig) hat er ein gemeinsames Kind. Der Umverteilungsantrag läuft, bis zur Entscheidung kann Najib sich zwar in Hannover aufhalten, hier aber keine Leistungen vom Sozialamt beziehen. Najib kann das Sozialamt bitten, seine Leistungen auf ein Konto zu überweisen, sodass er in Hannover
davon leben kann. Wenn das Kindeswohl ohne ein Zusammenleben mit dem Vater
gefährdet wird, etwa weil die Mutter krank und auf Unterstützung angewiesen ist,
muss das Sozialamt Gotha auch die Kosten der Unterkunft übernehmen.

In besonders dringenden Fällen kann auch bei der zuständigen Landesstelle
auf eine vorgezogene Bearbeitung gedrängt werden. Sollte dies ohne Erfolg
bleiben, kann beim Verwaltungsgericht ein Eilantrag auf Vornahme der Umverteilung gestellt werden.

3.4 Gesundheitsversorgung

3.4.1 Zugang zu den Leistungen

Bislang bestehen in Deutschland noch vier Verfahren im Bereich der
Gesundheitsversorgung von Personen im Leistungsbezug nach §§ 3, 4 und 6
AsylbLG (also insbesondere während des Asylverfahrens):

- Ausstellung einer **Krankenversicherungskarte** mit einem Anspruch auf
  medizinische Versorgung entsprechend gesetzlich Versicherten. Die Karte
  dokumentiert keine Mitgliedschaft in der gesetzlichen Krankenversicherung, vermittelt aber einen Leistungsanspruch im selben Umfang. Die von
  den Betroffenen selbst gewählte Krankenversicherung rechnet die tatsächlich erbrachten Leistungen mit dem Sozialamt ab.

Diese Karten erhalten nach § 48 SGB XII i.V.m. § 264 SGB V alle Flüchtlinge mit Analogleistungen, also ab dem 16. Monat, gerechnet ab der ersten
Registrierung.
Vorsicht: Hier zählt der Ankunftsnachweis, nicht die förmliche Asylantragstellung.

**Von den Zuzahlungen kann auf Antrag freigestellt werden, wenn die Be-
lastungsgrenze überschritten ist.** Diese Grenze errechnet sich aus 2 Pro-

zent (für chronisch Kranke aus 1 %) des monatlichen Regelbedarfs für Alleinstehende (404 € für 2016) x 12 (4.848 € Jahresbetrag) für die gesamte Familie (Partner, Eltern und minderjährige Kinder) und beträgt also 96,96 € (bzw. 48,48 € bei chronisch Kranken) im Jahr.

■ Ausstellung einer **Gesundheitskarte** (§ 264 Abs. 1 Satz 3 SGB V), die den Leistungsanspruch auf die Versorgung nach § 4 und § 6 AsylbLG beschränkt. Dieses Modell wird bereits als »Bremer Modell« seit mehreren Jahren praktiziert und derzeit in verschiedenen Ländern eingeführt. Die Krankenkassen sind seit Oktober 2015 verpflichtet, Vereinbarungen über die Abrechnung durch Gesundheitskarten vorzunehmen. Hierzu müssen entweder landesweite Versorgungsverträge mit gesetzlichen Versicherungen, meist der AOK abgeschlossen oder Rahmenvereinbarungen auf Landesebene getroffen werden, auf deren Grundlage die einzelnen Kreise und kreisfreien Städte Vereinbarungen mit einer gesetzlichen Krankenversicherungen treffen können (§ 264 Abs. 1 Satz 2 SGB V). Die Karten müssen einen Aufdruck erhalten, nachdem die Leistungen dem Umfang nach auf Behandlungen nach § 4 und § 6 AsylbLG beschränkt sind (§ 264 Abs. 1 Satz 6 SGB V). Eine exakte Prüfung der Anspruchsvoraussetzung kann jedoch von den behandelnden Ärztinnen nicht erwartet werden. Die Bewertung als »notwendig« durch den Arzt muss daher von den Sozialämtern akzeptiert werden. Dennoch ist zu befürchten, dass die aufgedruckte Leistungseinschränkungen viele Ärzte und Krankenhäuser verunsichern wird und gerade bei kostenintensiven Behandlungen mit Ablehnungen oder der Anforderungen von Vorabzustimmungen gerechnet werden muss.

Personen im Leistungsbezug nach §§ 3, 4 und 6 AsylbLG werden grundsätzlich von der Zuzahlung befreit, weil der Regelbedarf keinen Anteil für Gesundheitskosten enthält. Die Freistellung von der Zuzahlung muss bei der Krankenkasse beantragt werden.

■ Die Ausstellung von **Berechtigungsscheinen, die quartalsweise gelten.** Sie ermöglichen eine Behandlung beim Hausarzt und Überweisungen zu Fachärzten. Auf diese Weise wird die Entscheidung über eine behandlungsbedürftige Akut- oder Schmerzerkrankung zumindest weitgehend auf die Mediziner übertragen.

■ Die Ausstellung von **einzelnen Berechtigungsscheinen** durch Verwaltungsmitarbeiterinnen des Sozialamts aufgrund einer eigenen Einschätzung der Behandlungsbedürftigkeit.

Die beiden letzten Modelle sollten eigentlich bald der Vergangenheit angehören, werden aber in der Praxis zumindest in der Wartezeit bis zur Ausstellung der **Gesundheitskarte** (derzeit mehrere Monate) weiter angewendet werden.

Art. 19 Abs. 2 AufnahmeRL verpflichtet die Mitgliedstaaten, **Asylantragstellerinnen mit besonderen Bedürfnissen** die »erforderlichen« medizinischen Hilfen zu gewähren. Diese Leistungsbeschreibung deckt sich mit dem »Maß des Notwendigen« der Leistungen der GKV nach § 12 Abs. 1 SGB V. Sie haben einen **Anspruch auf medizinische Behandlung im Umfang der GKV.**

Ob der Leistungsanspruch nach § 4 und § 6 AsylbLG davon abhängig ist, dass das Sozialamt vor der Behandlung informiert wurde, war bisher umstritten (nur bei Kenntnis: LSG Sachsen-Anhalt vom 9.3.2015 – L 8 SO 23/14 B ER; auch ohne Kenntnis: LSG NRW vom 6.5.2013 – L 20 AY 145/11). Durch den 2015 eingefügten § 6b AsylbLG ist geklärt, dass ein Anspruch erst besteht, wenn das Sozialamt über den Bedarf informiert wurde. Leistungen, die ohne Kenntnis des Sozialamts in Anspruch genommen werden, können nur von Ärzten, Krankenhäusern, Rettungsdiensten unmittelbar als Nothelfer gegenüber dem Sozialamt geltend gemacht werden.

Für Ärzte und Krankenhäuser ist die Einführung der **Nothilferegelung (§ 6a** AsylbLG) wichtig, da sie in Fällen der Notfallbehandlung nicht mehr befürchten müssen, die Kosten nicht erstattet zu erhalten.

Die Behandlungskosten können Ärzte und Krankenhäuser unmittelbar als eigen Anspruch gegenüber dem Sozialamt geltend machen, wenn

- die medizinische Behandlung sofort erfolgen musste, um Schmerzen zu lindern oder eine Verschlimmerung der Erkrankung zu verhindern (Notfall);

- es den Behandelten nicht möglich war, vor der Behandlung das Sozialamt zu informieren; es besteht aber auch während einer laufenden Behandlung die Verpflichtung, das Sozialamt so bald wie möglich zu informieren;

- die Behandelten leistungsberechtigt nach dem AsylbLG sind; dies muss von Ärzten und Krankenhäusern nachgewiesen werden;

- der Anspruch unverzüglich geltend gemacht wird, d.h. nach BSG vom 23.8.2013 – B 8 SO 19/12 R beträgt die Frist einen Monat nach dem Ende des Eilfalls. Entscheidend ist weder der Beginn noch das Ende der Behandlung, sondern der Zeitpunkt während einer laufenden Behandlung, zu dem das Sozialamt informiert wurde oder hätte informiert werden müssen.

Beispiel

Ninive, 14 Jahre alt, lebt mit ihrer Mutter in einer Gemeinschaftsunterkunft. Auf dem Weg von ihrer Freundin nach Hause fällt sie an einem Mittwoch um 19.30 Uhr über eine Baumwurzel und bricht sich den Fuß. Im Krankenhaus wird festgestellt, dass sie operiert werden muss, der Termin wird auf den nächsten Tag festgesetzt. Die Erstversorgung ist eine Notfallbehandlung, für die das Krankenhaus die Kosten unmittelbar gegenüber dem Sozialamt geltend machen kann. Am nächsten Tag muss das Sozialamt aber informiert werden (einfache Mitteilung per Fax reicht).

3.4.2 Umfang der Leistungen

Leistungsberechtigte nach dem AsylbLG erhalten nach § 4 AsylbLG Krankenbehandlung nur bei **akuten Erkrankungen und Schmerzzuständen**. Als akute Erkrankung wird unisono »ein unvermutet auftretender, schnell und heftig verlaufender, regelwidriger Körper- oder Geisteszustand«, der aus medizinischen Gründen der ärztlichen Behandlung bedarf, definiert (Pschyrembel, Klinisches Wörterbuch, »akut«; Frerichs in: jurisPK-AsylbLG, § 4 Rn. 28; LSG NRW vom 6.5.2013 – L 20 AY 145/11). Unklar bleibt bei dieser Definition allerdings, warum ein gegenwärtig bestehender ärztlicher Behandlungsbedarf zur Abwendung einer relevanten Verschlechterung des Gesundheitszustandes eines Menschen für eine akute Erkrankung nicht ausreicht, weil die zusätzlichen Voraussetzungen »unvermutet«, »schnell« und »heftig verlaufend« fehlen.

Auch **chronische Erkrankungen** müssen immer dann behandelt werden, wenn sie mit Schmerzzuständen verbunden sind (VGH Baden-Württemberg vom 4.5.1998 – 7 S 920/98). Soweit allerdings kein schmerzhafter Verlauf der Erkrankung festzustellen ist, soll der Behandlungsanspruch erst bestehen, wenn die Krankheit in ein lebensbedrohliches Stadium tritt (OVG Mecklenburg-Vorpommern vom 28.1.2004 – 1 O 5/04, NVwZ-RR 2004, S. 902; LSG Baden-Württemberg vom 11.1.2007 – L 7 AY 6025/06 PKH-B).
Bei chronischen Erkrankungen kann sich der Anspruch auch aus § 6 AsylbLG ergeben, wenn die Behandlung zur Sicherung »der Gesundheit unerlässlich« ist. So sieht das LSG NRW vom 6.5.2013 – L 20 AY 145/11 im Fall einer Polypenoperation wegen chronischen Mandelentzündungen keine akute Erkrankung und auch keine akuten (zum Zeitpunkt der Operation bestehenden) Schmerzzustände entsprechend § 4 AsylbLG, wohl aber eine unerlässliche Behandlung zur Sicherung der Gesundheit entsprechend § 6 AsylbLG.

Zahnbehandlungen werden nur in dem Umfang übernommen, wie sie zur Beseitigung von Schmerzen erforderlich sind, Zahnprothesen und Zahnersatz werden in aller Regel nicht gezahlt (BT-Drs. 12/4451, S. 9).

Die Leistungen im Zusammenhang mit **Schwangerschaft und Geburt** werden weitgehend im selben Umfang erbracht wie bei gesetzlich Versicherten: Vorsorgeuntersuchungen, Entbindungskosten, Hebammenhilfe.
Die Kosten für einen **Schwangerschaftsabbruch** werden übernommen (§ 19 SchKG). Der Verweis in § 19 Abs. 1 Satz 2 SchKG auf § 10a Abs. 3 Satz 4 AsylbLG soll klar stellen, dass Frauen, die im Besitz eines Ankunftsnachweises/einer BüMA oder einer Aufenthaltsgestattung sind, für den Schwangerschaftsabbruch als Personen mit einem gewöhnlichen Aufenthalt in Deutschland gelten. Die Kostenübernahme kann bei jeder gesetzlichen Krankenversicherung beantragt werden. Sollte eine GKV abweisend oder verzögernd reagieren, sollte auf eine Auseinandersetzung verzichtet werden und eine andere GKV aufgesucht werden.
Die Kostenübernahme für **Empfängnisverhütungsmittel** wird unterschiedlich gehandhabt. Einige Kommunen übernehmen sie, weil es vernünftig ist, den Schwangerschaftsabbruch nicht zum Ersatz der Verhütung zu machen. Andere Kommunen verweigern die Leistung mit Verweis auf eine Entscheidung des BSG vom 15.11.2012 – B 8 SO 6/11 R zur Sozialhilfe. Eine Gleichsetzung ist hier jedoch nicht angemessen, weil im Regelbedarf nach dem AsylbLG ein geringerer Anteil für »Gesundheitspflege« enthalten ist als im Regelbedarf der Sozialhilfe oder des Alg II (so auch Hohm in: Schellhorn et al. 2015, § 6 AsylbLG, Rn. 18).

Für **Kinder** werden die **Vorsorgeuntersuchungen** und die empfohlenen Impfungen durchgeführt. Neu geregelt wurde, dass die **Schutzimpfungen**, die auch von den Krankenkassen übernommen werden (siehe die Begründung des Asylverfahrensbeschleunigungsgesetzes, BT-Drs. 18/6185 vom 26.9.2015, S. 45) für alle Asylsuchenden frühzeitig angeboten werden sollen, um Lücken beim Impfschutz möglich schnell nach der Einreise zu schließen (§ 4 Abs. 3 Satz 2 AsylbLG).
Auch für **Erwachsene** sind **Vorsorgeuntersuchungen** in dem Umfang zu erbringen, wie sie gesetzlich Krankenversicherten zustehen (§§ 25, 26 SGB V; siehe auch Frerichs in: Schlegel/Voelzke, jurisPK-SGB XII, 2016, § 4 AsylbLG Rn. 48.3).

Eine **Psychotherapie**, die zur Linderung einer schweren psychischen Erkrankung und akuten Suizidalität dient, wurde teilweise anerkannt (OVG Niedersachsen vom 22.9.1999 – 4 M 3551/99; VG Schleswig-Holstein vom 25.7.2006 – 7 A 43/03); aber es finden sich auch ablehnende Entscheidungen bei posttraumatischen Belastungsstörungen (LSG Thüringen vom 22.8.2005 – L 8 AY 383/05 ER). Hier wird häufig von einer chronischen Erkrankung ohne akute Ausprägung, keiner lebensbedrohlichen Entwicklung und auch vom Fehlen relevanter Schmerzzustände ausgegangen (SG Landshut vom 24.11.2015 – S 11 AY 11/14; OVG NRW vom 20.8.2003 – 16 B 2140/02; OVG Niedersachsen vom 6.7.2004 – 12 ME 209/04). Das SG Aachen vom 2.6.2008 – S 20 AY 110/08 ER verweist auf einen ausreichenden Gesundheitsschutz durch die Instrumente des PsychKG.

Übernahmefähig nach § 6 AsylbLG sind auch die **Fahrkosten zu einer Therapie** (OVG Berlin vom 3.4.2001 – 6 S. 49.98). Es besteht die Verpflichtung zur Übernahme der Kosten eines **Sprachmittlers** nach § 6 AsylbLG, wenn ansonsten der Anspruch auf Krankenhilfe nicht erfüllt werden könnte (BVerwG vom 25.1.1996 – 5 C 20.95; so auch die Bundesregierung in der Antwort vom 14.5.2013 auf eine kleine Anfrage der GRÜNEN, BT-Drs. 17/134/61, S. 6).

Probleme bereitet die **Kostenübernahme für Hilfsmittel** wie Brillen, Hörgeräte, Orientierungshilfen für Blinde, Prothesen. Es handelt sich um medizinische Leistungen, die in der Regel nicht mit einer schmerzhaften Erkrankung verbunden sind und deshalb nicht nach § 4 AsylbLG übernommen werden können. Sie sind jedoch zum Erhalt der Gesundheit erforderlich, wenn dadurch Unfälle und Verletzungen vermieden werden können (VG Meiningen vom 1.6.2006 – 8 K 560/04.Me).

3.4.3   Pflichtversicherung und AsylbLG

Ausländerinnen mit einem kleinen sozialversicherungspflichtigen Einkommen und ergänzenden Leistungen nach dem AsylbLG sind als reguläres Mitglied krankenversichert und unterliegen in vollem Umfang den Regelungen des SGB V. Sie fallen jedoch wegen einer Lücke im Krankenversicherungsrecht nicht unter die Sonderregelung des § 62 Abs. 2 Satz 5 SGB V (Errechnung der Belastungsgrenze von 2 % bzw. 1 % aus dem Regelsatz des Haushaltsvorstandes), sodass sich die Belastungsgrenze aus den gesamten Leistungen an die Bedarfsgemeinschaft errechnet, die jedoch überwiegend als Sachleistung gewährt wird. Das BSG vom 22.4.2008 – B 1 KR 5/07 R geht davon aus, dass keine Zuzahlungspflicht besteht, wenn sich nach § 62 Abs. 2 SGB V durch die Absetzungsbeträge ein Negativeinkommen ergibt.

3.5   Die Sicherung des Lebensunterhalts in den ersten 15 Monaten

Die Sicherung des Lebensunterhalts in der Kommune richtet sich in den **ersten 15 Monaten**, gerechnet ab der Ausstellung des Ankunftsnachweises oder auch einer ersten Registrierung **nach dem AsylbLG. Ab dem 16. Monat** werden die Leistungen analog zu den Leistungen der Sozialhilfe **nach dem SGB XII** erbracht.

3.5.1 Örtliche Zuständigkeiten

Zuständig sind nach § 10a AsylbLG die örtlichen Sozialämter nach Zuweisung in die Kommune.

Das Sozialamt der Zuweisung bleibt auch zuständig, wenn Flüchtlinge außerhalb seines Bezirks untergebracht sind (§ 10a Abs. 1 Satz 2 AsylbLG). Möglich ist das entweder, wenn eine überlastete Kommune mit einer Nachbarkommune eine Vereinbarung trifft, um eine Unterkunft außerhalb ihres Bezirks zu betreiben, oder bei der Genehmigung, vorübergehend in einer anderen Kommune zu wohnen, etwa bei dringendem familiären Unterstützungsbedarf oder bei der Unterbringung in einem Frauenhaus außerhalb des Sozialamtsbezirks. Das Sozialamt des Aufenthaltsortes wird in diesen Fällen nicht zuständig. Das Sozialamt vor Ort kann aber die Leistungen in Amtshilfe für das zuständige Sozialamt erbringen.

Nach dem neuen Wortlaut des §§ 11 Abs. 2 AsylbLG dürfen von einem unzuständigen Sozialamt Leistungen nach dem AsylbLG »regelmäßig« nur für die notwendigen Reise- und Verpflegungskosten zum zugewiesenen Aufenthaltsort erbracht werden. Die Einfügung des Wortes »regelmäßig« weist darauf hin, dass auch weiterhin vor Ort Leistungen erbracht werden müssen, wenn eine Rückkehr an den Ort der Zuweisung aus zwingenden Gründen (z.B. Krankheit, unmittelbar bevorstehende Geburt, Schutz vor Gewalt) nicht möglich ist. Allerdings muss in Zukunft mit einer restriktiven Prüfung der Hinderungsgründe gerechnet werden. Hinzu kommt, dass Leistungen, die nach § 11 Abs. 2 AsylbLG erbracht werden, vom Sozialamt der Zuweisungskommune nur erstattet werden müssen, wenn dieses zur Leistung verpflichtet gewesen wäre.

3.5.2 Antrag und Nachzahlung von Leistungen

Ein ausdrücklicher Antrag auf Leistungen nach AsylbLG ist nicht erforderlich: hierzu verweist § 6b AsylbLG auf § 18 SGB XII.
In der Regel werden die Flüchtlinge von der Ausländerbehörde an die zuständigen Sozialämter verwiesen. Keine Schwierigkeiten bereitet dies, wenn die Zuweisung von der Aufnahmeeinrichtung direkt an eine Sammelunterkunft erfolgt, und hier die Mitarbeiter des Sozialamtes die Ankunft registrieren oder die Ankunftslisten von den Betreibern der Unterkunft direkt an das Sozialamt weitergegeben werden. Bei einer Privatunterbringung oder bei einem mehrfachen Wechsel der Unterkunft kann es jedoch dazu kommen, dass ein Sozialamt nicht über den Leistungsbedarf informiert wird.

Das Sozialamt muss aber **keine Leistungen rückwirkend** erbringen, wenn es nichts von der Bedarfslage wusste.

Dazu muss das Sozialamt zunächst den Bedarf kennen (§ 6b AsylbLG mit Verweis auf § 18 SGB XII).

Steht nicht zweifelsfrei fest, dass das zuständige Sozialamt von der Ausländerbehörde, der Unterkunft oder einer Privatperson informiert wurde, sollte dies sicherheitshalber (Fax) nachgeholt werden.

Auch wenn das Sozialamt den Bedarf kannte und aufgrund eigener Organisationsmängel keine oder zu geringe Leistungen erbracht hat, folgt daraus kein automatischer Anspruch auf Nachzahlung. Weil nur der akut bestehende Bedarf gedeckt wird (BVerfG vom 12.5.2005 – 1 BvR 569/05), werden Leistungen nur nachbezahlt, wenn der Bedarf auch aktuell noch besteht, z. B. wenn die Flüchtlinge sich Geld leihen mussten, um zu leben und eine Rückzahlung schulden (BSG vom 26.6.2013 – B 7 AY 3/12 R). Der aktuelle Bedarf kann auch darin bestehen, dass notwendige Gegenstände (Handy, Fahrrad) bislang nicht angeschafft wurden. Die rückwirkende Zahlung ist auf ein Jahr begrenzt (§ 9 Abs. 4 AsylbLG).

Beispiel

Marie, 19 Jahre, aus Kamerun wird nach einem Aufenthalt in der Aufnahmeeinrichtung in Chemnitz von der Zentralen Ausländerbehörde Sachsen (Landesstelle für Verteilung) nach Bad Schandau zugewiesen, weil hier ihre Schwester Cathrin lebt und Marie wegen einer Depression auf die Unterstützung einer Familienangehörigen angewiesen ist. Marie begibt sich direkt zu ihrer Schwester und lebt zusammen mit ihr in einer kleinen Zwei-Zimmer-Wohnung (300 € Warmmiete), die vom Jobcenter finanziert wird, weil Cathrin SGB II-Leistungen bezieht. Nach zwei Monaten erhält Cathrin einen Rückforderungsbescheid über die Hälfte der Miete für die zwei Monate und ihr wird auch für die Zukunft nur noch ein Mietanteil von 150 € pro Monat gewährt. Erst jetzt versteht Marie, dass sie sich an das Sozialamt in Bad Schandau hätte wenden müssen. Sie holt dies jetzt nach, erhält aber für die beiden zurückliegenden Monate keine Leistungen mehr, weil das Sozialamt nicht über Maries Bedarf informiert war.

Wenn die Ausländerbehörde routinemäßig die Zuweisung von Marie nach Bad Schandau an das Sozialamt mitgeteilt hätte, könnte Marie das Geld für die Unterkunft rückwirkend geltend machen, weil das Sozialamt über den Bedarf informiert war. Geld für den übrigen Lebensunterhalt kann sie dann rückwirkend verlangen, wenn Marie und Cathrin sich Geld leihen mussten, um ohne Einkünfte von Marie zurechtzukommen.

3.5.3 Art und Umfang der Leistung

In **kommunalen Unterkünften** werden vorrangig Geldleistungen erbracht. Bei besonderen Umständen (z. B. Sammelunterkunft) können jedoch für den notwendigen Bedarf weiter Sachleistungen erbracht werden (§ 3 Abs. 2 Satz 3 AsylbLG). Der notwendige persönliche Bedarf zur Teilhabe am Leben in der Gemeinschaft ist zwingend als Geldleistung zu erbringen.

Sobald eine **eigene Wohnung** bezogen wurde, sind die gesamten Leistungen als Geldleistung, in der Regel durch Überweisung auf ein Konto (zur Kontoeröffnung → S. 400), zu übernehmen. In den ersten 15 Monaten (Leistungen nach § 3 AsylbLG) liegt es im Ermessen des Sozialamtes, ob Mietzahlungen an private Vermieter direkt durch das Amt erfolgen oder den Mietern zur Verfügung gestellt werden.

Leistungen bei Unterbringung außerhalb von Aufnahmeeinrichtungen (2016)

Stufe	Bezeichnung	notwendiger Bedarf	notwendiger persönlicher Bedarf	Summe
1	Alleinstehende Leistungsberechtigte	219 €	135 €	**354 €**
2	Zwei erwachsene Partner pro Person	196 €	122 €	**318 €**
3	Weiterer Erwachsener ohne eigenen Haushalt	176 €	108 €	**284 €**
4	Jugendliche (14–17 Jahre)	200 €	76 €	**276 €**
5	Kinder (7–13 Jahre)	159 €	83 €	**242 €**
6	Kinder (0–6 Jahre)	135 €	79 €	**214 €**

Der notwendige persönliche Bedarf wurde im Asylpaket II (Gesetz vom 11.3.2016, BGBl. I vom 16.3.2016, S. 394) **um bis zu 10 € gekürzt**. An der Bedarfslage hat sich nichts geändert. Die Verpflichtung des BVerfG vom 18.7.2012 – 1 BvL 10/10, Rn. 73 f. auf Gleichbehandlung von Asylsuchenden (solange ein abweichender Bedarf nicht empirisch nachgewiesen ist) gilt weiter. Die Absenkung wird in der Gesetzesbegründung (BT-Drs. 18/7538 vom 16.2.2016, S. 21) damit gerechtfertigt, dass bei einer ungesicherten Bleibeperspektive kein Bedarf besteht für Teile der Bildungsausgaben, Computer, Fernseher, Antennen und einige weiter Ansätze. Der fehlende Bedarf wird nicht auf empirische Untersuchungen, sondern auf eine »normative Wertung« gestützt, d.h. auf die politische Entscheidung, derartige Bedarfe seien für die Gruppe der Leistungsbezieher nach § 3 AsylbLG unangemessen.

Eine weitere Leistungskürzung um ca. 34 € soll mit dem geplanten Integrationsgesetz erfolgen.

Hausrat wird in den Regelbedarfen nicht berücksichtigt, sondern ist zusätzlich als Sachleistung zu erbringen (§ 3 Abs. 2 Satz 3 AsylbLG). In der Gemeinschaftsunterkunft werden z. B. Möbel, Gardinen, Hausreparaturen, Geschirr, Besteck, Töpfe und Wäsche in der Regel zur Verfügung gestellt. Es ist darauf zu achten, dass auch Putz- und Waschmittel ausgegeben werden. Verfügt die Einrichtung nicht über Waschmaschinen, so müssen auch die Kosten für den Waschsalon oder eine andere Waschmöglichkeit übernommen werden.

In den Gemeinschaftsunterkünften sind die Kosten für den **Strom** in den Unterkunftspauschalen enthalten. Deshalb wird der notwendigen Bedarf, wenn dieser in bar ausgezahlt bzw. auf ein Konto überwiesen wird, gekürzt. Der Betrag darf nicht höher liegen als der Ansatz für Energiekosten im Regelbedarf, das entspricht etwa 32 € für alleinstehende Erwachsene, 29 € für Partnerinnen, 26 € für Erwachsene ohne eigenen Haushalt, 14 € für Jugendliche von 14 bis 17 Jahren, 11 € für Kinder von sechs bis dreizehn und 6 € für Kinder bis sechs Jahre.

Bei einem Umzug in eine Wohnung oder eine Unterkunft ohne Ausstattung mit Möbeln oder Wäsche besteht ein Anspruch auf Leistungen für die **Erstausstattung** und später für den Ersatz von Gegenständen oder notwendige Reparaturen.

Die Kosten für **Putz- und Waschmittel** müssen als laufender Bedarf zusätzlich zu den Regelbedarfen gezahlt werden.

Es empfiehlt sich, einen detaillierten Antrag auf Hausrat zu stellen, damit auch alle Bedarfe berücksichtigt werden.

> Musteranträge unter: www.fluechtlingsinfo-berlin.de/fr/arbeitshilfen/Antraege
> _ AsylbLG_SGBII_SGBXII.pdf).

Der Bedarf an **Kleidung** soll als Sachleistung gewährt werden. Grundsätzlich gelten gebrauchte Kleidungsstücke und Schuhe als zumutbar. Die Weiternutzung von Unterwäsche, Strümpfen und Schlafanzügen ist jedoch unwürdig, deshalb müssen Neuware oder Gutscheine zur Verfügung gestellt werden (Hohm in: Schellhorn et al., SGB XII 2015, § 3 AsylbLG Rn. 23). Für Gebrauchtkleidung müssen die Kommunen eigene Kleiderkammern bereit stellen, die den gesamten Bedarf vollständig und saisonangemessen bedienen können; es reicht nicht auf Wohlfahrtsverbände und Kleiderspenden durch Ehrenamtliche zu verweisen.

Zulässig ist es aber, niedrige Pauschalen auszugeben, um sich in Sozialkaufhäusern (z. B. des DRK) oder Second-Hand-Läden auszustatten, soweit entsprechende Angebote vor Ort verfügbar sind.

3.5.4 Leistungen zur Bildung und Teilhabe

Die Bildungsleistungen werden nach § 3 Abs. 3 AsylbLG jetzt im selben Umfang gewährt wie für andere Leistungsbezieherinnen (Verweis auf §§ 34, 34a, 34b SGB XII):

Folgende Leistungen werden auf Antrag gewährt:

1. **Leistungen für Schüler allgemein- und berufsbildender Schulen bis zum 25. Geburtstag:**
   – 100 € als Barleistung für den allgemeinen Schulbedarf, auszuzahlen in zwei Raten von 70 € zum 1. August und von 30 € zum 1. Februar (§ 34 Abs. 3 SGB XII).
   Die Stichtagsregelung bewirkt, dass Flüchtlingskinder, die nach diesen Stichtagen eingeschult werden, keine Leistung mehr für das Schulhalbjahr erhalten. Eine Anpassung der gesetzlichen Regelung an die tatsächliche Bedarfslage wird auch von den Schulen dringend gefordert.
   – Die Kosten für mehrtägige Klassenreisen in tatsächlicher Höhe (§ 34 Abs. 2 Nr. 2 SGB XII).
   Die Kommunen können eigenständig bestimmen, ob die Kosten unmittelbar an die Leistungsempfänger ausgezahlt werden oder an die Schulen (§ 34a Abs. 2 SGB XII). Auf diese Weise können Stigmatisierungen in der Schule vermieden werden. Nicht die gesamte Klasse muss sich auf Reisen begeben, es genügt, wenn es sich um eine Schulveranstaltung auch einer kleineren Gruppe handelt (BSG vom 22.11.2011 – B 4 AS 204/10 R).
   – Gutscheine für Schulausflüge (§ 34a Abs. 2 Nr. 1 SGB XII).
   – Gutscheine für ein Mittagessen, welches von der Schule angeboten oder organisiert wird.
   Die Gutscheine sollen die Kosten decken, die den Betrag von 1 € pro Tag (Eigenleistung) übersteigen (§ 34 Abs. 6 SGB XII).
   – Gutscheine für Nachhilfe, wenn diese Förderung erforderlich ist, um die festgelegten Lernziele zu erreichen (§ 34 Abs. 5 SGB XII).
   Sie können nach der Rechtsprechung auch eingesetzt werden, um einen allgemein vorgesehenen Bildungsstand zu erreichen (LSG Niedersachsen-Bremen vom 28.2.2012 – L 7 AS 43/12 B ER; SG Stuttgart vom 18.2.2014 – S 17 AS 29/14 ER). Wenn Schulen keine ausreichende Sprachförderung

anbieten können, muss auch für den Spracherwerb auf die Nachhilfe zurückgegriffen werden.
- Fahrtkosten zur Schule, die eine zumutbare Belastung übersteigen (§ 34 Abs. 4 SGB XII), soweit sie erforderlich sind, um die nächstgelegene Schule des jeweilgen Schultyps zu erreichen (BayLSG vom 23.10.2014 – L 7 AS 253/14).

2. Leistungen bis zum 18. Geburtstag, die nicht vom Besuch einer Schule abhängig sind (§ 34 Abs. 7 SGB XII):
- Mitgliedsbeiträge in den Bereichen Sport, Spiel, Kultur und Geselligkeit.
- Musikunterricht.
- Vergleichbare Kurse der kulturellen Bildung oder Teilnahme an Freizeiten.

Die Leistungen werden durch die Ausgabe von Gutscheinen oder durch Direktleistungen an die Anbieter erbracht, der Gesamtwert für jedes Kind beträgt 10 € im Monat. Es steht den Kommunen frei, welche Finanzierungsform sie wählen (§ 34a Abs. 2 SGB XII).

3. Leistungen für Kinder, die eine Kindertagesstätte besuchen:
- Die Kosten für mehrtägige Ausflüge der Tagesstätte in tatsächlicher Höhe.
- Gutscheine für Ausflüge (§ 34 Abs. 2 Satz 2 SGB XII).
- Gutscheine für ein Mittagessen in der Tagesstätte.
  Die Gutscheine sollen die Kosten decken, die den Betrag von 1 € pro Tag (Eigenleistung) übersteigen (§ 34 Abs. 6 Nr. 2 SGB XII).

4. Leistungen für Kinder in Kindertagespflege/bei Tagesmutter/-vater:
Übernahme der Kosten des Mittagsessens bei der Tagesmutter/-vater, die den Betrag von 1 € übersteigen (§ 34 Abs. 6 Nr. 2 SGB XII).

3.5.5   Zusätzliche Leistungen

Das AsylbLG kennt keine Leistungen für Mehrbedarfe für Schwangere, Alleinerziehende oder behinderte Menschen (LSG Niedersachsen-Bremen vom 27.11.2014 – L 8 AY 57/14 B ER; SG Landshut vom 21.10.2015 – S 11 AY 41/15). Auch bestehen keine Ansprüche auf die besonderen Leistungen der Sozialhilfe wie die Eingliederungshilfe für behinderte Menschen (§ 53 ff. SGB XII), der Hilfe zur Pflege (§ 61 ff. SGB XII) und der Hilfe zur Überwindung besonderer sozialer Schwierigkeiten (§ 67 ff. SGB XII); sie sind nach § 23 Abs. 2 SGB XII ausgeschlossen.

Diese Leistungen sind aber nach § 6 AsylbLG im Einzelfall zu übernehmen, wenn sie zur Sicherung der Gesundheit, zur Deckung besonderer Bedürfnisse von Kindern oder zur Erfüllung einer verwaltungsrechtlichen Mitwirkungspflicht »unerlässlich« sind. Die Auslegung des § 6 AsylbLG darf nicht allein am physischen Überleben ausgerichtet werden, die Regelung dient in verfassungskonformer Anwendung vielmehr dazu, das soziokulturelle Existenzminimum (einschließlich eines Mindestmaßes an Teilhabe am Leben in der Gemeinschaft) zu gewährleisten.

Zusätzliche Leistungen müssen z.b. in folgenden Fällen erbracht werden:

- Im Zusammenhang mit der **Schwangerschaft, Geburt und Erziehung von Kindern** besondere Bedarfe auftreten wie z.b. Gebühren für den Geburtsvorbereitungskurs, höhere Ausgaben für eine besonders hochwertige Ernährung während der Schwangerschaft und Stillzeit (ärztliches Attest), Bezahlung einer Putzhilfe wegen geringer Beweglichkeit, Taxifahrten zum Arzt, die Kosten des Kinderwagens, Kinderbetts, der Wickelauflage. Nicht zu den Leistungen nach § 6 AsylbLG gehören die Kosten für Umstandskleidung und Erstausstattung mit Säuglingsbekleidung. Diese Kosten sind als Teil der Sachleistung »Kleidung« in der Regel durch Wertgutscheine (für Intimwäsche) und als Gebrauchtkleidung zu übernehmen.

> Auch asylsuchende Schwangere können Leistungen der »Stiftung Mutter und Kind« bei den Schwangerschaftskonfliktberatungsstellen beantragen.

- Wenn die **Aufnahme in ein Frauenhaus** erforderlich wird.

- Wenn Menschen mit Behinderung auf bestimmte **Eingliederungsleistungen** (Rollstuhl, Schulassistenz, Gebärdendolmetscher in der Muttersprache) angewiesen sind (SG Frankfurt vom 16.1.2006 – S 20 AY 1/06 ER; VG Sigmaringen vom 2.4.2003 – 5 K 781/02).

- Wenn Leistungen bei **Pflegebedürftigkeit** (OVG Schleswig-Holstein vom 9.9.1998 – 1 M 98/98) unabweisbar erforderlich sind. Pflegegeld können Bezieher von Leistungen nach dem AsylbLG nicht erhalten (LSG NRW vom 14.2.2011 – L 20 AY 28/08); ebenso wenig Blindengeld nach SGB XII oder nach den landesrechtlichen Regelungen (LSG NRW vom 17.6.2011 – 12 A 1011/10).

- Leistungen der **Frühförderung und sonstige Hilfen für behinderte Kinder** sind im Rahmen des § 6 AsylbLG im notwendigen Umfang zu übernehmen, soweit sie nicht in die Zuständigkeit der Jugendhilfe (seelische Behinderungen) fallen.

- **Schwerbehinderten** mit den Kennzeichen G, Gl, aG, H oder Bl. im Leistungsbezug nach AsylbLG ist eine kostenlose **Wertmarke für den ÖPNV** in analoger Anwendung des § 145 Abs. 1 S. 5 SGB IX zu erteilen (BSG vom 6.10.2011 – B 9 SB 7/10 R).

- Die **Kosten für die Ausstellung eines Passes** einschließlich der Reisekosten zur Botschaft oder zum Konsulat sind nach § 6 AsylbLG zu übernehmen (LSG NRW vom 10.3.2008 – L 20 AY 16/07; OVG NRW vom 5.6.2008 – 18 E 471/08; SG Wiesbaden vom 9.5.2008 – S 21 AY 9/07), wenn nach dem Ende des Asylverfahrens (**während des Asylverfahrens darf kein Antrag auf einen Pass gestellt werden!**) ein Nationalpass erforderlich wird, um der Passpflicht nach § 3 AufenthG zu genügen. Kosten für die Passbeschaffung können aber nicht als sonstige Leistungen geltend gemacht werden, wenn keine Aussichten auf Erteilung eines Aufenthaltstitels bestehen (BayVGH vom 3.4.2006 – 12 C 06.526). Die Ausländerbehörde stellt eine Bescheinigung über die beabsichtigte Erteilung eines Aufenthaltstitels aus. Damit wird der Antrag beim Sozialamt auf Übernahme von Passkosten und Reisekosten zur Botschaft gestellt.

- Ebenso sind **Fahrtkosten zur Wahrnehmung des Sorge- und Umgangsrechtes** mit einem leiblichen Kind im Rahmen des § 6 AsylbLG zu übernehmen, da die Eltern-Kind-Beziehung unter den Grundrechtsschutz nach Art. 6 GG fällt (LSG Sachsen-Anhalt vom 3.1.2006 – L 8 B 11/05 AY ER).

- **Kosten eines Deutschkurses** werden **in der Regel nicht übernommen**, weil es sich nicht um eine für die Sicherung des Lebensunterhalts »unerlässliche« Leistung handelt. Ausnahmen können aber bestehen, wenn das Asylverfahren ganz außergewöhnlich lang dauert (LSG NRW vom 19.5.2014 – L 20 AY 90/13).

3.5.6 Leistungskürzungen

Die nach § 1a AsylbLG einzig mögliche Leistungskürzung **nach der Ausstellung des Ankunftsnachweises** (davor: → S. 220; während der Duldung: → S. 351) trifft Personen, die in einem Europäischen Verteilungsverfahren einem anderen Mitgliedstaat oder teilnehmendem Drittstaat zugewiesen werden. § 1a Abs. 4 AsylbLG, eingefügt im Oktober 2015, enthält jedoch keine genau Festlegung des Zeitpunkts für die Leistungskürzung. Sie kann deshalb erst ab der Rechtskraft eines Verteilungsbescheids und einer Abschiebungsanordnung gelten. Für das Rechtsschutzverfahren gelten die Regelungen des Dublin-Verfahrens (§§ 27a, 34a AsylG).

3.5.7 Leistungsausschluss bei Garantieerklärung

In § 8 AsylbLG wurde ein Leistungsausschluss eingeführt, wenn die Leistungen durch Dritte, insbesondere auf der Grundlage einer sog. Garantieerklärung nach § 68 Abs. 1 AufenthG gedeckt sind. Besondere Vorsicht ist hier geboten, weil die Gefahr besteht, dass Sozialämter die Leistung schon dann ablehnen, wenn eine Garantieerklärung abgegeben wurde. Das ist jedoch nicht zulässig, weil die Flüchtlinge selbst keinen Anspruch aus der Garantie gelten machen können. Nur die Leistungsbehörden können sich ihre Kosten auf der Grundlage der Garantieerklärung von den Bürgen wiederholen (BVerwG vom 13.2.2014 – 1 C 4.13). Deshalb darf die Leistungen an die Asylsuchenden nur abgelehnt werden, wenn sie tatsächlich Geld von einer dritten Person erhalten.

Vorsicht: Vielen Menschen ist nicht bewusst, dass die Leistungen (eventuell einschließlich Krankheitskosten und den hohen Kosten der Naturalverpflegung), die sie erhalten, von ihrem Bürgen zurückgezahlt werden müssen. Ein Leistungsantrag kann also zu schweren Belastungen im Familienkontext oder anderer sozialer Bindungen führen.

Besonders betroffen sind zur Zeit syrische Flüchtlinge, die im Wege des Aufnahmeverfahrens gekommen sind. Sobald sie einen Asylantrag stellen, verlieren sie nach § 51 Abs. 1 Nr. 8 AufenthG ihre Aufenthaltserlaubnis und müssten Leistungen nach AsylbLG in Anspruch nehmen. **Für die Zeit des Asylverfahrens gilt die Garantieerklärung nach § 68 AufenthG weiter,** sodass Leistungen nach AsylbLG den Bürgen in Rechnung gestellt werden (BVerwG vom 13.2.2014 – 1 C 4.13).

Mit **Anerkennung als Flüchtling** und Erteilung der Aufenthaltserlaubnis nach § 25 Abs. 1 oder 2 AufenthG wird jedoch ein neuer Tatbestand geschaffen, für den die Garantieerklärung nicht mehr gilt (so jedenfalls LSG Sachsen-Anhalt vom 9.10.2015 – L 5 AS 643/15 B ER; VG Minden vom 30.3.2016 – 7 K 2137/15; a. A. der Bundesinnenminister, der erklärt hat, er gehe von einer Weitergeltung aus; und auch VG Düsseldorf vom 1.3.2016 – 22 K 7814/15; VG Köln vom 19.4.2016 – 5 K 79/16). Die BA hat sich in einer Weisung an die Regionaldirektionen ausdrücklich der Auffassung des Innenministers angeschlossen. Es muss also mit Rückzahlungsbescheiden gerechnet werden, gegen die aber Widerspruch eingelegt werden sollte.

3.5.8   Leistungen bei Inhaftierung

Befinden sich Asylantragsteller in Untersuchungs- oder Abschiebehaft (Folgeantrag), so stehen ihnen dort ebenfalls Leistungen nach dem AsylbLG zu. In Strafhaft bestehen keine Ansprüche, weil ein angemessenes Taschengeld durch die Anstalt gewährt wird (§§ 46, 176 Abs. 3 StVollzG).

Da Leistungen für Unterkunft und Verpflegung nicht anfallen, kann sich der Anspruch nur auf ein »Taschengeld« beziehen. Die Höhe wird nach § 3 Abs. 1 Satz 4 AsylbLG von den jeweiligen Vollzugsbehörden festgelegt und hängt davon ab, welche Leistungen (Hygieneartikel, Kleidung, Fernsehen etc.) von der Haftanstalt bereit gestellt werden. In der Abschiebehaft in NRW (Haftanstalt Büren) beträgt das Taschengeld zurzeit 108 €.

3.5.9   Anrechnung von Einkommen

Die Aufnahme einer Erwerbstätigkeit muss innerhalb von drei Tagen gemeldet werden (§ 8a AsylbLG).

> Diese Information muss immer Flüchtlingen gegeben werden, die über eine geplante Arbeitsaufnahme berichten.

Es gibt einen Freibetrag vom Erwerbseinkommen. Er beträgt 25 % vom Bruttoeinkommen, höchstens aber 50 % des jeweiligen Regelbedarfs (§ 7 Abs. 3 AsylbLG).

Berechnungsbeispiele

Frau Chen verdient	800 € monatlich brutto = 640 € netto.
25 % ergeben also	200 €.

Als Gegenrechnung ist von einem Regelbedarf von 323 € auszugehen, weil Frau Chen mit ihrem Ehemann zusammen lebt. 50 % von diesem Betrag bilden die Obergrenze.

Der Freibetrag wird also auf	161,50 € reduziert.
Vom Einkommen werden angerechnet.	478,50 € (= 640 € netto – 161, 50 € Freibetrag)

Von einem Einkommen, welches nicht aus eigener Erwerbstätigkeit stammt (z.B. Unterhalt, Rente), werden nur Beiträge für eine gesetzlich vorgeschriebene Versicherung, etwa eine private Krankenversicherung, abgezogen.

Jurek erhält eine ausländische Rente von 800 €. Er muss sich in Deutschland privat krankenversichern und dafür 400 € monatlich aufwenden.

Einkommen:	800 €
Ausgaben:	400 €
	400 € werden angerechnet.

Alternative: Jurek ist familienversichert (kostenfrei). Es gibt keinen Absetzungsbetrag; es wird von einem Einkommen von 800 € ausgegangen.

> Die Aufwandsentschädigung für Arbeitsgelegenheiten wird nicht angerechnet.

3.5.10 Anrechnung von Vermögen

§ 7 Abs. 1 AsylbLG verpflichtet auch die im Haushalt lebenden Familienangehörigen zum Einsatz ihres Vermögens. Aus dem Gesetzeswortlaut ergibt sich nicht eindeutig, welcher Familienbegriff dem AsylbLG zugrunde liegt. Das LSG NRW vom 21.9.2010 – L 20 B 50/09 AY ER entwickelt in mehreren Entscheidungen aus der Entstehungsgeschichte heraus die Eingrenzung auf die Kleinfamilie ((Ehe-)Partner und minderjährige Kinder) und verneint etwa die Anrechnung des Einkommens eines im selben Haushalt lebenden erwachsenen Kindes. Von einem engen Begriff geht auch das LSG Niedersachsen-Bremen vom 19.6.2007 – L 11 AY 80/06 aus; ähnlich auch VG Göttingen vom 24.3.2004 – 2 A 220/03; SG Dortmund vom 5.9.2008 – S 47 AY 191/08 ERA; SG Aachen vom 13.1.2010 – S 19 AY11/09.

Es gibt einen **Vermögensfreibetrag von 200 €** für jedes Familienmitglied im Haushalt, damit aus einem Einkommen auch eine Mini-Rücklage gebildet werden kann.

Berechnungsbeispiel

Familie Chen mit zwei Kindern kann aus dem Einkommen von Frau Chen 800 € ansparen ohne dass dies auf den Bedarf nach AsylbLG angerechnet würde.

> **Tipp**: Immer darauf hinweisen, dass dieser Betrag nicht überschritten werden darf, weil er sonst angerechnet wird.

Anrechnungsfrei bleiben nach § 7 Abs. 2 Nr. 4 AsylbLG **Schmerzensgeldleistungen** (BVerfG vom 11.7.2006 – 1 BvR 293/05); Schmerzensgeld ist keine Leistung zur materiellen Existenzsicherung, sondern erfüllt eine Ausgleichs- und Genugtuungsfunktion. Auch **Entschädigungsleistungen** nach § 15 Abs. 2 AGG wegen unerlaubter Diskriminierung haben den Charakter eines Schmerzensgeldes und werden deshalb nicht angerechnet (LSG NRW vom 20.12.2010 – L 19 AS 1166/10 B ER).

Ein mitgebrachtes Geldvermögen muss zunächst aufgebraucht werden, bevor Leistungen nach dem AsylbLG bezogen werden können.

Die Sozialämter können vorhandenes Vermögen nach § 7a AsylbLG auch als Sicherheitsleistung für zukünftig entstehende Kosten konfiszieren. Betroffen davon sind nicht nur Barvermögen, sondern auch Sachwerte. Es dürfen dabei aber keine Gegenstände abgenommen werden, die für ein menschenwürdiges Leben erforderlich sind (Handy für den Kontakt zu Angehörigen, Computer zur Informationsbeschaffung und Kommunikation) oder zu denen ein besonderer persönlicher Bezug besteht (Familienschmuck). Orientieren kann sich die Bewertung an § 90 Abs. 2 Nr. 6 und Nr. 7 SGB XII, die das geschützte, mobile Sachvermögen für Sozialhilfeempfängerinnen beschreiben.

Diskutiert wird das Recht der Bundespolizei, des Zolls und der Ausländerbehörden, körperliche Durchsuchungen zum Auffinden von Vermögen bei oder im Zusammenhang mit der Einreise vorzunehmen. Da es aber keine ausdrückliche Regelung (Eingriffsgrundlage) für eine solche Zwangsmaßnahme gibt, kann sie nur auf § 66 Abs. 5 AufenthG (Sicherung der Ausreisekosten) und das Recht und die Pflicht zur Gefahrenabwehr in den Polizeigesetzen gestützt werden. Für eine Zwangsmaßnahme, die mit einer Freiheitsentziehung verbunden ist, bedarf es aber einer konkreten gesetzlichen Grundlage (Art. 104 Abs. 1 GG).

3.6   Analogleistungen (zur Sozialhilfe) ab dem 16. Monat

Ab dem 16. Monat werden die Leistungen entsprechend den Regelungen des SGB XII erbracht. Nach § 2 AsylbLG wird die Umstellung auf Analogleistungen verwehrt, wenn die Aufenthaltsdauer »rechtsmissbräuchlich selbst beeinflusst« wurde. Diese Regelung darf während eines laufenden Asylverfahrens nicht angewendet werden, weil die Berechtigung zum Aufenthalt vom Sozialamt nicht in Frage gestellt werden darf, solange der Flüchtlingsschutz vom BAMF geprüft wird. Es ist wichtig, die rechtzeitige Umstellung der Leistung von § 3 AsylbLG auf § 2 AsylbLG bei den Flüchtlingen abzufragen, weil hier immer wieder Fehler vorkommen. Es bestehen auch immer noch Unsicherheiten über den exakten Beginn der Fristberechnung. Normalerweise werden die 15 Monate **ab der Registrierung als asylsuchend** durch einen Ankunftsnachweis oder die BüMA berechnet. Teilweise wird diese Fristbegrenzung für Flüchtlinge, die auf den Landweg eingereist sind, jedoch (zu Unrecht) in Frage gestellt.

Die Umstellung der Leistungen betrifft nicht nur den Leistungsumfang, sondern auch für die Anrechnung von Einkommen und Vermögen (BayLSG vom 13.4.2015 – L 8 AY 6/15 B ER), die Leistungsausschlüsse und die Leistungen in besonderen Lebenslagen, die allerdings zum Teil nur nach Ermessen geleistet werden (§ 23 Abs. 1 SGB XII).

Für **Menschen im Rentenalter und dauerhaft voll erwerbsgeminderte Personen** bestehen Ansprüche auf Grundsicherung nach §§ 41 ff. SGB XII.

Kinder erhalten die Analogleistungen dann, wenn ein Elternteil diese Leistungen bezieht (§ 2 Abs. 3 AsylbLG). Mit der gesetzlichen Regelung wird die bisherige Rechtsprechung hinfällig, nach der auch im Bundesgebiet geborene Kinder zunächst die Zeit von 15 Monaten des Leistungsbezugs nach § 3 AsylbLG durchlaufen mussten, bevor sie in die Analogleistungen aufstiegen.

Nach § 2 Abs. 1 AsylbLG i.V.m. § 48 SGB XII i.V.m. §§ 27 – 43b SGB V müssen die von den gesetzlichen Krankenkassen zu gewährenden **Krankenbehandlungsleistungen** uneingeschränkt vom Sozialamt gewährt werden. Eine selbst gewählte gesetzliche Krankenversicherung stellt eine Gesundheitskarte aus, die bei Ärzten und allen sonstigen Leistungserbringern vorgelegt wird. Nach § 264 SGB V rechnet die Krankenversicherung die Leistungen gegen Kostenerstattung mit dem Sozialamt ab.

Für die Unterbringung bleibt weiter umstritten, ob mit dem Übergang in die Analogleistungen ein Rechtsanspruch auf eine **Privatunterkunft** besteht.
Nach § 19 Abs. 1 i.V.m. § 35 SGB XII besteht ein Anspruch auf die Übernahme der Unterkunftskosten; den Kommunen bleibt jedoch die Möglichkeit, Asylsuchende zu verpflichten, ihren Wohnsitz nicht nur in der zugewiesenen Kommune, sondern auch in der von der Kommune bestimmten Unterkunft zu nehmen.
Viele Kommunen erlauben den Auszug aus einer Sammlunterkunft nach einer bestimmten Verfahrensdauer oder für Familien generell oder auch für alle Menschen im Asylverfahren.
Damit ist aber kein Anspruch auf die Beschaffung einer Wohnung verbunden. Solange ein Platz in der Gemeinschaftsunterkunft vorhanden ist, gelten die Betroffenen nicht als wohnungslos und werden darauf verwiesen, selbständig eine Wohnung zu finden.
Allerdings kann ein Anspruch nach §§ 67 ff. SGB XII auf Hilfe zur Überwindung besonderer sozialer Schwierigkeiten bestehen, der auch einen Anspruch auf Wohnungsbeschaffung umfasst.
Die Leistung wird nur nach Ermessen erbracht, soweit sie im Einzelfall gerechtfertigt ist (§ 23 Abs. 1 SGB XII).

Das führt letztlich dazu, dass ein Anspruch auf eine Unterbringung außerhalb der Sammelunterkunft auch nach Ablauf von 15 Monaten nur besteht, wenn sie aus übergeordnetem Recht zwingend erforderlich ist.

3.7   Schule und Bildung

3.7.1   Kindertagesstätten und andere Betreuungsformen

Kinder und ihre Familien haben ein Recht auf die Leistungen der Jugendhilfe; der Aufenthalt mit einer Aufenthaltsgestattung gilt als ein **rechtmäßiger Aufenthalt** im Sinne des § 6 Abs. 2 SGB VIII (Vorsicht: Im Aufenthaltsrecht gilt eine andere Definition!). Für einen Leistungsanspruch ist aber zusätzlich ein **gewöhnlicher Aufenthalt** (§ 30 Abs. 3 SGB I) erforderlich. Das BVerwG vom 24.6.1999 – 5 C 24.98 hat entschieden, dass bei Asylsuchenden spätestens nach einem Aufenthalt von sechs Monaten von einem »gewöhnlichen Aufenthalt« auszugehen ist.

Die Bewertung des Aufenthalts wird durch das Haager Minderjährigenschutzabkommen beeinflusst, dass auf den Lebensmittelpunkt eines Minderjährigen abstellt und diesem am Ort seines Aufenthalts einen möglichst effektiven Schutz gewährleisten will. Auch Minderjährige, die ohne die Absicht zu bleiben eingereist sind, halten sich daher spätestens nach sechs Monaten mit gewöhnlichem Aufenthalt in Deutschland auf. An dieser Einschätzung hat sich auch in der Zwischenzeit nichts geändert, im Gegenteil wird durch das Inkrafttreten der UN-Kinderrechtskonvention eine Auslegung erforderlich, die das Kindeswohl vorrangig berücksichtigt (Art. 3). Leistungen der Jugendhilfe sind aber stets am Kindeswohl orientiert, sie müssen daher immer dann erbracht werden, wenn der Aufenthalt voraussichtlich so lange dauert, dass die Hilfen wirken können. Wenn also absehbar ist, dass ein Kind auf keinen Fall in ein anderes Land zurückgeschickt werden kann, z. B. weil dort Krieg herrscht, so kann ein gewöhnlicher Aufenthalt schon von Beginn des Aufenthalts an festgestellt werden.

Werden Familien aus der Erstaufnahmeeinrichtung den Kommunen zugewiesen, besteht für die Kinder ein Recht auf den Besuch von **Kindertageseinrichtungen ab dem 3. Geburtstag** (§ 24 Abs. 3 SGB VIII) und ein **Anspruch auf eine Tagesbetreuung** (z.B. Tagesmutter) ab dem 1. Geburtstag (§ 24 Abs. 2 SGB VIII) (Meysen u.a., NVwZ 2016, S. 427 ff.). Diese beiden Ansprüche sind nicht davon abhängig, dass die Eltern die Betreuung wegen Arbeit oder Ausbildung benötigen, sie kann auch in Anspruch genommen werden, damit das Kind in Kontakt mit anderen Kindern kommt und in den Einrichtungen eine Bildungsförderung erhält. Deshalb ist es auch wichtig, gerade Flüchtlingskindern den Zugang zu öffentlichen Einrichtungen zu ermöglichen, weil eine vergleichbare sprachliche und soziale Förderung bei einer Tagesmutter nicht möglich ist. Die Eltern wenden sich am besten direkt an das zuständige Jugendamt und lassen sich einen Platz vermitteln.

Wenn beide Eltern oder ein alleinerziehender Elternteil bereits **im ersten Lebensjahr** des Kindes eine Berufstätigkeit oder eine Ausbildung aufnehmen will und kann, ist das Jugendamt verpflichtet, entweder einen Platz in einer Kita zu vermitteln oder zumindest bei einer Tagesmutter. Ein kostenloser Sprachkurs auf freiwilliger Basis gehört nicht zu den in § 24 Abs. 1 SGB VIII genannten Gründen für eine Kinderbetreuung. Das hindert das Jugendamt aber nicht, auch darin eine Vorbereitung für die Arbeitsaufnahme zu sehen und die Kinderbetreuung zu ermöglichen. Wenn die Arbeitsagentur eine Maßnahme der Arbeitsmarktintegration vermittelt (→ S. 285), muss ein Betreuungsplatz zur Verfügung gestellt werden.

Solange die Eltern lediglich Leistungen nach dem AsylbLG beziehen, werden sie wegen des niedrigen Einkommens in fast allen Bundesländern von den **Gebühren befreit**. Von einem Arbeitseinkommen müssen aber auch Kita-Beiträge bezahlt werden.

3.7.2   Schulpflichtige Kinder

Die **Verpflichtung zum Schulbesuch** ist in Art. 7 GG festgelegt und konkret durch Landesrecht geregelt. Die meisten Landesschulgesetze enthalten Regelungen für Kinder im Asylverfahren. Überwiegend beginnt die Schulpflicht danach mit der Entlassung aus der Erstaufnahmeeinrichtung (z. B. § 34 Abs. 6 SchulG NRW) oder grundsätzlich sechs Monate nach Zuzug (z. B. § 72 Abs. 1 Satz 3 SchulG BW).
Das **Recht zum Schulbesuch** besteht hingegen für jedes Kind, welches sich in Deutschland nicht nur vorübergehend aufhält. Abgeleitet wird dies aus Art. 7 GG, in der Landesverfassung NRW ist es ausdrücklich aufgenommen (Art. 8 Abs. 1 Verfassung NRW).

Völlig unterschiedlich sind jedoch die Regelungen zur Platzierung von zugewanderten Kindern und Jugendlichen und zur Förderung beim Spracherwerb.

Solange ein Kind schulpflichtig ist, hat es einen Anspruch darauf, in der Schule die grundlegenden Kompetenzen zu erwerben, die seinen Potentialen entsprechen. Nicht das Kind muss für die Schule passend gemacht werden, sondern die Schule für das Kind.

Vollzeitschulpflichtig sind Kinder und Jugendliche, die bislang noch keine neun bzw. zehn Jahre Vollzeitschule durchlaufen haben. In den meisten Bundesländern (anders: Bayern mit einer Schulpflicht bis zum 25. Geburtstag) endet die Schulpflicht mit der Volljährigkeit. Die Verlängerung der Schulpflicht bis zum 25. Geburtstag wird auch von den anderen Bundesländern gefordert, weil junge Flüchtlinge so länger einen Anspruch auf Erwerb eines Schulabschlusses haben.

Berufsschulpflichtig sind Jugendliche bis zur Volljährigkeit und je nach Bundesland auch darüber hinaus, wenn sie sich in einer Ausbildung befinden.

In keinem Fall dürfen Sprachprobleme dazu führen, Kinder auf **Förderschulen** zu überweisen oder sie von der Beschulung an der Regelschule auszuschließen.

Auch international gilt als optimal das Modell, ein neu zugewandertes Kind einer Regelklasse zuzuordnen und es anfangs vollständig oder überwiegend in einem **Vorbereitungskurs** mit der Sprache vertraut zu machen. Schrittweise erfolgt dann die Teilnahme am Unterricht der Regelklasse, zunächst in den weniger sprachorientierten Fächern Sport, Musik und Kunst, anschließend Mathematik und Naturwissenschaften und zum Schluss in den geistes- und sozialwissenschaftlichen Fächern. Dieses Modell wird allerdings keineswegs überall idealtypisch durchgeführt. Teilweise werden eigene Klassen für zugewanderte Kinder gebildet, es gibt aber auch Zuordnungen zu Regelklassen ohne schulischen Sprachunterricht. Vorbereitungsklassen werden auch vorzugsweise in Grund- und Hauptschulen angeboten, an Gymnasien finden sie sich nur in Großstädten. Die zweite Fremdsprache kann in vielen Bundesländern durch die Herkunftssprache ersetzt werden.

Eltern und Schülerinnen müssen sich nicht immer mit dem örtlich vorhandenen Angebot abfinden. Wenn die örtliche Schule keine Angebote vorhält, muss der Zugang zu einer angemessenen Schulbildung auch an einem anderen Ort ermöglicht werden, dafür müssen dann die Fahrtkosten übernommen werden.
Obwohl die Schule eigentlich für die entsprechenden Förderangebote verantwortlich ist, ist es praktisch nicht so einfach, diese einzufordern. Dann kann ausnahmsweise auch auf die Leistungen des Bildungs- und Teilhabepakets (→ S. 257) zurückgegriffen werden, um den Spracherwerb als notwendige Nachhilfe zur Erreichung des Klassenziels zu finanzieren.

In der Regel wird vor der Schulaufnahme eine amtsärztliche Untersuchung gefordert, die ihren Sinn in der Feststellung der Schulreife hat und ansteckende Krankheiten ausschließen soll. Gelegentlich wird diese Untersuchung jedoch an die Vorlage von Impfausweisen, Vorsorgeuntersuchungen etc. gebunden, wodurch es zu bürokratischen Hürden und Verzögerungen kommen kann. Auch kann es passieren, dass Gesundheitsbehörden mit den Untersuchungen nicht nachkommen und die Wartezeiten sich dann verlängern.

Im Folgenden werden die landesrechtlichen Regelungen und Zuständigkeiten zum Schulbesuch zusammengestellt:

Bundesland	Beginn der Schulpflicht	Beratung und Zuweisung in eine Schule	Ausdrückliche Förderansprüche
Baden-Württemberg	6 Monate nach Zuzug, § 72 Abs. 1 Satz 3 SchulG BW	Schulämter und für die Gymnasien die Regierungspräsidenten, Jugendmigrationsdienste	Während der Aufnahme in den Kommunen wird der Zugang zum Schulbesuch und zu kostenlosem Deutschunterricht sichergestellt, § 13 FlüAG
Bayern	Mit Ausstellung der Aufenthaltsgestattung, § 35 Abs. 1 Satz 2 Nr. 1 BayEUG	Staatliche Schulberatung: http://www.schulberatung.bayern.de/schulberatung, / Jugendmigrationsdienste	Deutschförderklassen an Grund- und Hauptschulen, Schlau-Schulen für junge Flüchtlinge gemäß Art. 36 Abs. 1 S. 1 Nr. 3 BayEUG. Spezielle Berufsvorbereitungskurs für berufsschulpflichtige Jugendliche an den Berufsschulen
Berlin	Mit Asylverfahren oder Duldung, § 41 Abs. 2 SchulG Berlin	Schulämter bei den Bezirksämtern, Jugendmigrationsdienste	Willkommensklassen an Grund- und Oberschulen
Brandenburg	Mit Asylverfahren oder Duldung, § 36 Abs. 2 Bbg SchulG	RAA – Regionale Arbeitsstelle für Bildung, Integration und Demokratie mit sechs Niederlassungen http://www.raa-brandenburg.de/	Förderkurse, Vorbereitungsgruppen, Sonderregeln zur Notengebung, Eingliederungsverordnung (EinglV) (GVBl.II/14)
Bremen	Mit Begründung des Wohnsitzes, § 52 SchulG Bremen	Regionale Beratungs- und Unterstützungszentren – ReBUZ http://www.rebuz.bremen.de	Förderkurs, § 36 SchulG; Sonderregelung zur Notengebung § 49 SchulG

Bundesland	Beginn der Schulpflicht	Beratung und Zuweisung in eine Schule	Ausdrückliche Förderansprüche
Hamburg	Mit Begründung des Wohnsitzes, § 37 Hamburgisches SchulG; unabhängig vom aufenthaltsrechtlichen Status, Nr. 1 der RL für den Umgang mit Schulpflichtverletzungen	Schulinformationszentrum (SIZ) der Behörde für Schule und Berufsausbildung, http://www.hamburg.de/bsb/siz	Beschulung in den Erstaufnahmeeinrichtungen; internationale Vorbereitungsklassen oder Alphabetisierungsklasse; BvB am Hamburger Institut für berufliche Bildung (HIBB); für Flüchtlinge mit Bleibeperspektive: ESF-Projekt »Fluchtort Hamburg«: http://www.fluchtort-hamburg.de
Hessen	Mit Begründung des Wohnsitzes, § 56 Abs. 1 HessSchulG; während des Asylverfahrens erst nach der Zuweisung zu einer Kommune, § 46 Abs. 1 VO zur Gestaltung der Schulverhältnisse	Angebote der staatlichen Schulämter, z.B. Frankfurt am Main: Aufnahme- und BeratungsZentrum für Seiteneinsteiger, Kassel: Aufnahme- und Beratungszentrum	Intensivklassen, Förderkurse, Alphabetisierungskurse, Sonderregelungen zur Notengebung, §§ 48 ff. VO zur Gestaltung der Schulverhältnisse
Mecklenburg-Vorpommern	Ab der Zuweisung zu einer Kommune, § 41 Abs. 1 SchulG MV; 3.4 Satz 1 der Bestimmungen zur Eingliederung und zum Schulbesuch von Schülern nichtdeutscher Herkunftssprache. Die Schulberechtigung besteht schon zuvor, 3.4 Satz 2 der Bestimmung	Schulen und Schulämter, Jugendmigrationsdienste	Aufnahme in Regelklassen, individueller Förderplan, erforderliche Sprachförderung, Sonderregelungen zur Notengebung nach Nr. 5 der Bestimmung; nachholender Schulabschluss im Rahmen der Berufsschulpflicht, Nr. 4.6 und 4.7
Niedersachsen	Ab Zuweisung zu einer Kommune, § 63 Abs. 1 NiedersSchulG, Nr. 3.1.2 Erlass »Ergänzende Bestimmungen zur Schulpflicht und zum Rechtsverhältnis zur Schule«	Schulen und Schulämter, Jugendmigrationsdienste	Sprachlernklassen in Anbindung an die Regelklassen, Förderunterricht; Berufsförderungsjahr an berufsbildenden Schulen mit der Option den Hauptschulabschluss zu erwerben

Bundesland	Beginn der Schulpflicht	Beratung und Zuweisung in eine Schule	Ausdrückliche Förderansprüche
Nordrhein-Westfalen	Ab Zuweisung zu einer Kommune, § 34 Abs. 6 SchulG NRW	Kommunale Integrationszentren www.kommunale-integrationszentren-nrw.de	Keine gesetzliche Regelung; Seiteneinsteigerklassen, vorrangig an Grund- und Hauptschulen; VHS-Kurse für Zugewanderte ab 16 Jahren; keine Rechtsansprüche
Rheinland-Pfalz	Ab Zuweisung zu einer Kommune, § 56 Abs. 1 SchulG; Nr. 2 Abs. 2 Verwaltungsvorschrift Unterricht von Schülerinnen und Schülern mit Migrationshintergrund	Schulleitung, Jugendmigrationsdienste	Die Aufnahme in einer Realschule plus darf nicht wegen mangelnder Sprachkenntnisse abgelehnt werden, § 15 Übergreifende Schulordnung; Sprachförderung, § 46; Schulischer Förderplan; Individueller Förderplan
Saarland	Aufgrund des Wohnsitzes oder gewöhnlichen Aufenthalts, § 30 Abs. 1 SchulOrdG Saarland; § 1 VO zum Unterricht für ausländische Kinder, Jugendliche und Heranwachsende sowie Schüler und Schülerinnen mit Migrationshintergrund	Schulleitung, schulpsychologischer Dienst, Jugendmigrationsdienste	Verpflichtende Sprachfördermaßnahmen, § 4b SchulOrdG Saarland
Sachsen	Aufgrund des Wohnsitzes oder des gewöhnlichen Aufenthalts, § 26 Abs. 1 Sächsisches SchulG; allerdings nicht nach Nr. 1.1 Verwaltungsvorschrift zum Unterricht für ausländische Schüler an den allgemeinbildenden und beruflichen Schulen im Freistaat Sachsen; danach beginnt nur das Recht zum Schulbesuch mit der Zuweisung zu einer Kommune	Schulen, Kommunale Ausländer- und Integrationsbeauftragte, Berufliche Schulzentren bzw. Regionale Kompetenzzentren, Jugendmigrationsdienste	Vorbereitungsklassen an Grund- und Mittelschulen; Förderkurse ab 4 Schülern; besondere Klassen an Berufsschulen; Sprachkenntnisse kein Kriterium für die Förderschule

Bundesland	Beginn der Schulpflicht	Beratung und Zuweisung in eine Schule	Ausdrückliche Förderansprüche
Sachsen-Anhalt	Aufgrund der Wohnung, § 36 Abs. 1 SchulG Sachsen-Anhalt, nicht aber nach Nr. 2.1 des RdErl. zur Beschulung von Kindern deutscher Spätaussiedlerinnen und Spätaussiedler sowie ausländischer Bürgerinnen und Bürger; es besteht nur ein Recht zum Schulbesuch auf ausdrücklichen Antrag	Schulen, Schulämter, Jugendmigrationsdienste	Vorbereitungsklasse (20 Wochenstunden Sprachunterricht) ab 15 Schülern, Vorbereitungsgruppe ab 8 (10 Wochenstunden Sprachunterricht) – auch schulübergreifend
Schleswig-Holstein	Aufgrund der Wohnung, § 20 Abs. 1 SchulG Schleswig-Holstein	Schulämter	Verbindliche Regelungen zur Förderung fehlen
Thüringen	Aufgrund des Wohnsitzes oder gewöhnlichen Aufenthalts, aber erst drei Monate nach Zuzug, § 17 Abs. 1 Satz 2 SchulG Thüringen	Schulen, Schulämter § 24 SchulG, Jugendmigrationsdienste	Verbindliche Regelungen zur Förderung fehlen

Ein besonderes Problem stellen **Betreuungsangebote über Mittag** und nach der Schule dar. In einigen Bundesländern sind sie unmittelbar an die Schule gebunden, werden jedoch nicht kostenfrei angeboten. Die Kosten sind meist einkommensabhängig, werden Menschen mit geringem Einkommen aber nicht immer vollständig erlassen.

Nur für echte öffentliche Ganztagsschulen dürfen in ganz Deutschland keine Gebühren erhoben werden, weil ein Schulgeld für die Regelschule verfassungswidrig wäre.

Vorsicht: Das gilt nicht für private Ersatzschulen, z. B. Waldorfschulen.

3.7.3   Nachholen von Schulabschlüssen

In allen Bundesländern gibt es Berufskollegs oder berufsbildende Schulen, an denen Schulabschlüsse nachgeholt werden können.

Für die Vorbereitung auf einen **Hauptschulabschluss** sind keine festgelegten schulischen Vorleistungen erforderlich, es wird jedoch bei Aufnahme in die Schule eine Prognose erstellt, ob das Ziel des Hauptschulabschlusses in der vorgegebenen Zeit erreichbar ist.

Ebenso können Klassen zur Erreichung des **Realschulabschluss** oder des **Abiturs** besucht werden, in diesen Fällen muss jedoch ein Schulabschluss im Herkunftsland vorliegen, der dem jeweils niedrigeren Abschluss entspricht (Hauptschulabschluss für die Vorbereitungsklasse zum Realschulabschluss; Realschulabschluss für die Vorbereitungsklasse zum Abitur). Die Schulabschlüsse im Ausland müssen von den jeweiligen Zeugnisanerkennungsstellen der Länder bewertet werden. Meist sind die Schulaufsichtsbehörden (Regierungspräsidien) zuständig, Auskunft erteilen aber auch die Schulämter, kommunalen Integrationszentren und Jugendmigrationsdienste. Für die Anerkennung müssen die Schulzeugnisse beschaffbar sein, sie müssen übersetzt und beglaubigt werden. Aus diesem Grund gelingt es nur selten, unmittelbar in eine Vorbereitungsklasse für einen höheren Schulabschluss einzusteigen. Es gibt jedoch einige Angebote, die sowohl einen Hauptschul- als auch einen Realschulabschluss ermöglichen.

Besondere Klassen mit intensiver Sprachförderung werden nicht an allen Berufskollegs und berufsbildenden Schulen angeboten, die Informationen müssen konkret vor Ort eingeholt werden.

> Die Aufnahme einer betrieblichen Ausbildung setzt keinen Hauptschulabschluss voraus. Er wird zwar von vielen Betrieben verlangt; wenn junge Flüchtlinge jedoch keine Papiere über ihren Schulabschluss besitzen, können die Betriebe auch ohne nachgewiesenen Schulabschluss einen Ausbildungsvertrag abschließen. Zur Einschätzung der Fähigkeiten kann ein Praktikum (→ S. 286) vorgeschaltet werden. Für beides ist eine Beschäftigungserlaubnis erforderlich.

3.8   Sprach- und Integrationskurse

§ 44 Abs. 4 Satz 1 Nr. 1 AufenthG sieht vor, dass zur Teilnahme Asylsuchende zugelassen werden können, die »eine Aufenthaltsgestattung besitzen und bei denen ein rechtmäßiger und dauerhafter Aufenthalt zu erwarten ist«. Der Aufenthaltsgestattung gleichgestellt ist der Ankunftsnachweis/die BüMA; allerdings verlangt der Antrag des BAMF die Kopie einer Aufenthaltsgestattung.

Tatsächlich zugelassen werden nur Asylsuchende aus wenigen Herkunftsländern, derzeit aus Iran, Irak, Syrien und Eritrea.

Durch das geplante Integrationsgesetz sollen auch Asylsuchende aus anderen Herkunftsstaaten zu den Integrationskursen zugelassen werden.
Aktuelle Informationen sind verfügbar unter: www.bamf.de → Willkommen in Deutschland → Deutsch lernen → Integrationskurse für Asylbewerber.

Asylsuchende aus »sicheren Herkunftsstaaten« (siehe Glossar) **sind nach § 44 Abs. 4 Satz 2 AufenthG von der Teilnahme ausgeschlossen.**

Die Zulassung zum Integrationskurs kann über den Sprachkursträger oder direkt beim BAMF beantragt werden (www.bamf.de → Willkommen in Deutschland → Deutsch lernen → Integrationskurse für Asylbewerber).

Das BAMF stellt einen Berechtigungsschein aus, der bei einem Sprachkursanbieter eingelöst werden kann (Vorsicht: nur drei Monate gültig). Ein Kurs umfasst 600 oder 900 Stunden, je nach Voraussetzungen. Allerdings bestehen in einigen Regionen erhebliche Engpässe, sodass eine Teilnahmemöglichkeit nicht gesichert ist.

Das Lernziel ist die Stufe B 1 des GER (siehe Glossar), die durch einen Abschlusstest nachgewiesen wird.

Zum Integrationskurs gehört auch ein Orientierungskurs im Umfang von 60 Stunden, der bei vielen Trägern nur der Vorbereitung auf die Fragen des Abschlusstestes zur Rechtsordnung, Kultur und Geschichte Deutschlands dient. In dem geplanten Integrationsgesetz soll eine Ausweitung auf 100 Stunden erfolgen, wobei die zusätzlichen Stunden ausschließlich zur »Wertevermittlung« genutzt werden sollen.

Es gibt auch Integrationskurse für spezielle Zielgruppen:

- Jugendintegrationskurse für junge Menschen bis zum 27. Geburtstag;

- Eltern- und Familienintegrationskurse, bei denen die Anforderungen an die Kinderbetreuung besonders berücksichtigt werden;

- Integrationskurse zur Alphabetisierung für Menschen, die keine oder kaum eine Schulbildung mitbringen bzw. die lateinische Schrift lernen müssen;

- Förderkurse für Personen mit besonderem sprachpädagogischem Förderbedarf.

Die speziellen Kurse umfassen 900 Stunden und können bei Bedarf auf 1.200 Stunden verlängert werden.

Daneben gibt es noch Intensivkurse mit insgesamt 430 Stunden für Personen mit Vorkenntnissen oder einem besonders schnellen Lerntempo.
Interessant ist auch die mögliche Kombination mit einem begleitenden Praktikum (§ 11 Abs. 3 IntV).
In der Realität werden die Intensivkurse und die begleitenden Praktika jedoch nur selten angeboten.
Die BAMF-Kurse sind zwar grundsätzlich kostenpflichtig, für Asylsuchende erfolgt jedoch eine Kostenbefreiung von Amts wegen, es muss kein gesonderter Antrag gestellt werden.

Neu eingeführt wurde der Zugang zur berufbezogenen Sprachförderung nach § 45a AufenthG.
Diese Sprachkurse setzten voraus, dass bereits das Sprachniveau B 1 in einem Integrationskurs oder auf andere Weise erworben wurde und können – müssen aber nicht – auf bestimmte Berufsbereiche bezogen sein.
Die Möglichkeit der Teilnahme besteht ausschließlich für Asylantragstellerinnen mit einer guten Bleibeperspektive (Syrien, Irak, Iran, Eritrea).

Für Personen aus »sicheren Herkunftsstaaten« (siehe Glossar) **ist der Zugang ausgeschlossen.**

Ob die Möglichkeit eröffnet wird, an einem Sprachkurs teilzunehmen, hängt von dem lokalen Angebot der Sprachkursträger ab.

3.9 Schulische Ausbildungen

Für schulische Ausbildungen wird keine Beschäftigungserlaubnis benötigt und deshalb ist der Zugang für Asylsuchende grundsätzlich möglich.

Die Bildungsträger erheben jedoch Kursgebühren, die von der Arbeitsagentur als Bildungsgutschein (§§ 81 ff. SGB III) bewilligt werden können (vorausgesetzt die Ausbildung ist von der BA zugelassen und umfasst nur zwei Jahre (§ 180 Abs. 4 SGB III) bzw. für die Altenpflege auch drei Jahre (§ 131b SGB III)).
Die Bewilligung als berufliche Weiterbildung nach §§ 81 ff. SGB III erfolgt jedoch nur nach Ermessen und setzt die Prognose voraus, dass nach der Maßnahme ein adäquater Arbeitsplatz gefunden wird. Eine solche Prognose kann bei Menschen, die sich noch im Asylverfahren befinden im Grunde mit Sicherheit nie gestellt werden.

Handelt es sich um junge Menschen aus Staaten, in die derzeit generell nicht abgeschoben wird (Syrien, Irak, Eritrea) ist allerdings eine Bewilligung denkbar, wenn die sprachlichen Voraussetzungen erfüllt werden und es sich um besondere Mangelberufe (Altenpflege) handelt.

> In diesen Fällen muss gut überlegt werden, ob es nicht sinnvoller ist, die Flüchtlingsanerkennung abzuwarten, um dann mit einer Förderung durch BAföG die Ausbildung nach den eigenen Berufswünschen frei wählen zu können.

Im Einzelfall ist auch denkbar, dass die Ausbildungskosten von Sponsoren, eventuell sogar Firmen übernommen werden.

3.10 Studium

Für die Aufnahme eines Studiums stellen sich vergleichbare Probleme. Die Zulassung zum Studium ist allerdings in keinem Hochschulgesetz ausgeschlossen.

Das Problem ist jedoch die Finanzierung des Lebensunterhalts während des Studiums. **In den ersten 15 Monaten** des Aufenthalts während des Bezugs von Leistungen nach § 3 AsylbLG hindert ein Studium den Leistungsbezug nicht. In diesem Zeitraum sind jedoch meist die Sprachkenntnisse noch nicht ausreichend. Bei besonders sprachbegabten jungen Menschen kommt aber eventuell der Besuch eines Studienkollegs in Betracht.

Ab dem 16. Monat des Aufenthalts wird mit dem Übergang zu den Analogleistungen nach SGB XII auch der **Leistungsausschluss für Studierende** nach § 22 SGB XII wirksam. BAföG-Leistungen sind für Menschen während des Asylverfahrens ausgeschlossen (§ 8 BAföG).

Das geplante Integrationsgesetz soll – zeitlich befristet – den Zugang zu Leistungen der Ausbildungsförderung auch für Asylsuchende ermöglichen. Die Voraussetzungen stehen noch nicht fest.

In seltenen Einzelfällen wird BAföG auch während des Asylverfahrens gezahlt, wenn

- die Auszubildende bereits fünf Jahre in Deutschland erwerbstätig (legal) war, oder wenn

- ein Elternteil innerhalb der vorangegangenen sechs Jahre drei Jahre lang in Deutschland erwerbstätig war oder im Fall unverschuldeter Arbeitslosigkeit, Erwerbsunfähigkeit, Mutterschutz, Reha- Maßnahme oder Tod zumindest sechs Monate erwerbstätig war. Als Erwerbstätigkeit gelten nach sechs Monaten Erwerbsarbeit auch Haushaltstätigkeiten bei Betreuung eines Kindes unter 10 Jahren (§ 8 Abs. 3 BAföG, BAföG-VwV Nr. 8.3). In jedem Fall gilt eine Mindestaufenthaltsdauer von drei Jahren.

Beispiel

Nino aus Georgien kam mit 24 Jahren nach Deutschland und beantragte Asyl. Sie hatte in Georgien bereits ein Germanistikstudium begonnen und möchte hier möglichst schnell ein Lehramtsstudium aufnehmen. Ihr Vater ist russischer Staatsangehöriger und ging nach der Scheidung von ihrer Mutter vor über zehn Jahren nach Deutschland und ist jetzt seit vier Jahren Inhaber eines Transportunternehmens. Nino hat bereits während des Asylverfahrens Anspruch auf BAföG.

Dasselbe gilt, wenn der Vater vor fünf Jahren eine Beschäftigung aufgenommen hätte, diese jedoch nach acht Monaten wegen einem Arbeitsunfall beenden musste und vor einem Jahr nach Russland zurückgekehrt ist.

Fast immer aber müssen Wege zu einer eigenen Finanzierung des Studiums gefunden werden. In Betracht kommen **Stipendien** oder sonstige Sponsoren.

Auch ein **duales Studium** bietet eine Finanzierung durch das Ausbildungsgehalt des Betriebes.

Denkbar ist auch ein **Teilzeitstudium**, weil in diesem Fall der Leistungsausschluss nach § 22 SGB XII nicht gilt, weil ein Teilzeitstudium grundsätzlich nicht mit BAföG gefördert werden kann (§ 2 Abs. 5 BAföG). So können weiterhin Leistungen zum Lebensunterhalt bezogen werden.

Auch bieten viele Hochschulen **besondere Förderungen für Flüchtlinge** an: Befreiung von den Studiengebühren, kostenlose Sprachförderung oder ein gebührenfreies Gasthörerprogramm. Teilweise könne die Gasthörerinnen nun auch Prüfungsleistungen erbringen, die auf das reguläre Studium, welches erst nach der Flüchtlingsanerkennung aufgenommen wird, angerechnet werden.

Ein weiteres Problem bildet der Nachweis der **Hochschulzugangsberechtigung**. Hierzu sind schulische Abschlüsse sowie Hochschulabschlüsse bzw. ein unterbrochenes Studium nachzuweisen.

In der Datenbank der Kultusministerkonferenz (www.anabin.kmk.org) lässt sich meist überprüfen, ob und zu welchen Studiengängen der jeweilige Abschluss im Herkunftsland berechtigt.

Viele Flüchtlinge haben aber ihre Unterlagen nicht oder nicht vollständig mitnehmen können und sind auch nicht in der Lage, diese nachträglich zu beschaffen. Um Bildungswege nicht aus diesem Grund zu blockieren, hat die Kultusministerkonferenz am 3.12.2015 beschlossen, durch Plausibilitätsprüfungen und spezielle Prüfungs- und Feststellungsverfahren bestimmte Originaldokumente zu ersetzen:

»Hochschulzugang und Hochschulzulassung für Studienbewerberinnen bzw. Studienbewerber, die fluchtbedingt den Nachweis der im Heimatland erworbenen Hochschulzugangsberechtigung nicht erbringen können«, www.kmk.org/themen/anerkennung-auslaendischer-abschluesse/veroeffentlichungen-und-beschluesse.

Schwierig bleibt es dennoch, den Nachweis der Hochschulzugangsberechtigung zu führen, denn immer wird zumindest ein Originaldokument (z.B. Studentenausweis, Schreiben der Hochschule, Seminarschein) verlangt.

Der erleichterte Nachweis ist für Asylsuchende aus »sicheren Herkunftsstaaten« (siehe Glossar) **ausgeschlossen.**

Auch bleibt das Problem, dass ohne Nachweis einer Abschlussnote für die zulassungsbeschränkten Fächer die unterste Bestehensnote (ausreichend) für das Bewerbungsverfahren verwendet wird. Zulassungschancen werden dann nur über besondere Quoten für ausländische Studienbewerberinnen eröffnet oder durch einen **Quereinstieg in ein höheres Semester durch Anrechnung bereits im Ausland erbrachter Studienleistungen**, die im Vergleich zu den geforderten Studienleistungen in dem deutschen Studiengang keine wesentlichen Unterschiede aufweisen. Für einen solchen Quereinstieg bieten die Prüfungsausschüsse der Hochschulen Beratungen und Vorprüfungen an.

Auch die Anerkennungsberatung »Integration durch Qualifizierung« (www.netzwerk.iq.de) bietet Vorinformationen und Hilfen bei der Weiterleitung. Siehe zum Hochschulzugang für Asylsuchende auch: Weizsäcker, Asylmagazin 2016, S. 65 ff.).

3.11   Arbeitsmarktintegration

3.11.1   Genehmigungen

In der Zeit eines laufenden Asylverfahrens besteht ein zeitlich gestaffelter Zugang zum Arbeitsmarkt.

> Für alle Fristberechnungen ist auf den Zeitpunkt der Ausstellung des Ankunftsnachweises/der BüMA abzustellen.

Wenn sich Menschen vor dem Asylgesuch schon in Deutschland mit einem Aufenthaltstitel oder einer Duldung aufgehalten haben, werden diese Zeiten auf die Fristen angerechnet (§ 61 Abs. 2 Satz 2 AsylG).
Während der Zeit in der Aufnahmeeinrichtung besteht aber immer ein Arbeitsverbot.

Anfangs wird der Ankunftsnachweis/die BüMA mit dem Stempel »Erwerbstätigkeit nicht gestattet« versehen. Nach Entlassung aus der Aufnahmeeinrichtung, frühestens aber nach drei Monaten sollte er durch den Stempel »Beschäftigung nur mit Genehmigung der Ausländerbehörde gestattet« o.ä. versehen werden. Das geschieht aber nicht immer, der Antrag auf eine Beschäftigungserlaubnis für einen konkreten Arbeitsplatz kann dennoch nach dem Ablauf von drei Monaten gestellt werden.

Es empfiehlt sich auch eine Meldung als arbeit- oder ausbildungsuchend (auch online über die Internetseite der Bundesagentur für Arbeit, www.arbeitsagentur.de, Bürgerinnen und Bürger, online-Dienstleistungen) als Voraussetzung für Leistungen zur Integration in den Arbeitsmarkt.

Es gibt drei unterschiedliche Abläufe für die Ausstellung einer Beschäftigungserlaubnis:

■ **Mit Zustimmung und mit Vorrangprüfung** durch die Arbeitsagentur:
  Die Ausländerbehörde leitet den Antrag auf Beschäftigungserlaubnis an die regional zuständige »Zentrale Auslands- und Fachvermittlung« (ZAV) der BA weiter. Diese prüft
  1. ob in der örtlichen Datenbank Arbeitsuchende verfügbar sind, die für dem Arbeitsplatz geeignet sind und die deutsche oder die Staatsangehörigkeit eines EU-Staates haben oder als Drittstaatsangehörige über eine Erwerbserlaubnis oder allgemeine Beschäftigungserlaubnis verfügen (§ 39 Abs. 2 Nr. 1 AufenthG).

Bei Arbeitsplätzen ohne Qualifikationsanforderungen gibt es immer vorrangige Arbeitsuchende. Dennoch ist ein Antrag nicht völlig sinnlos, weil die Arbeitsagentur auf der Grundlage der Einschätzung der Arbeitsmarktlage auf die Prüfung verzichten kann (§ 39 Abs. 2 Nr. 2 AufenthG). Wenn z.b. deutlich ist, dass in einer Region ständig offene Stellen, z.b. in der Landwirtschaft, Produktion oder Gastronomie, nicht besetzt werden können, wird nicht geprüft, ob es in der Datenbank noch verfügbare Arbeitsuchende gibt;

2. ob die Arbeitsbedingungen nicht ungünstiger sind als für vergleichbare Arbeitnehmerinnen (§ 39 Abs. 2 AufenthG).

Der Schwerpunkt liegt in dem Verbot von Lohndumping durch ausländische Arbeitnehmerinnen. Das Risiko ist sehr hoch, wird jedoch seit Einführung des allgemeinen Mindestlohns verlagert auf Praktika, Werkverträge und Schwarzarbeit. Bei unqualifizierten Beschäftigungen wird in der Regel nur geprüft, ob der Mindestlohn gezahlt wird und die gesetzlich vorgeschriebene Arbeitszeit nicht überschritten wird. Die Prüfung bedeutet nicht, dass der Arbeitsvertrag keine unzulässigen Klauseln enthält, weil die Arbeitsagentur keine umfassende Rechtsprüfung vornimmt;

3. ob es sich bei der Beschäftigung um Leiharbeit handelt. Dieser darf die Agentur für Arbeit nicht zustimmen (§ 40 Abs. 1 Nr. 2 AufenthG). Für Asylsuchende wurde dieses Verbot nach Ablauf von 15 Monaten aufgehoben (§ 32 Abs. 3 BeschV). Mit dem geplanten Integrationsgesetz soll das Verbot der Leiharbeit für Asylsuchende – zeitlich begrenzt – vollständig aufgehoben werden.

Über die Zustimmung muss innerhalb von **zwei Wochen** entschieden werden, trifft die Arbeitsagentur (ZAV) keine Entscheidung, gilt die Zustimmung als erteilt (§ 36 Abs. 2 BeschV).

Problematisch bleibt, dass zwar die ZAV eine Bearbeitungsfrist hat, nicht aber die Ausländerbehörden. Wegen Arbeitsüberlastung dauert es manchmal nach Eingang der Zustimmung noch Wochen, bis die Beschäftigungserlaubnis erteilt wird.

Schon bei der Antragstellung sollte mit der Mitarbeiterin der Ausländerbehörde ein weiterer Termin nach Ablauf der zwei Wochen vereinbart werden, um eine zügige Erteilung sicherzustellen.

■ **Mit Zustimmung der ZAV und ohne Vorrangprüfung**:

Für die Zustimmung werden nur noch die Arbeitsbedingungen (§ 39 Abs. 2 AufenthG) überprüft.

Für den Ablauf des Verfahrens gelten die gleichen Bedingungen wie vorstehend beschrieben. Im Einzelfall lässt sich jedoch auch durch ein Telefongespräch mit der ZAV erreichen, dass die Zustimmung schon vor Ablauf der zwei Wochen erteilt wird, weil in der Regel ein Blick auf den Arbeitsvertrag ausreicht.

- **Ohne Zustimmung der ZAV:**
  In diesen Fällen erteilt die Ausländerbehörde die Beschäftigungserlaubnis ohne eine Anfrage bei der ZAV. Da bei Asylsuchenden, die nicht aus »sicheren Herkunftsländern« kommen, kein Arbeitsverbot verhängt werden darf, bleibt der Ausländerbehörde kaum ein Spielraum, um die Beschäftigungserlaubnis abzulehnen.
  Es gibt zwei Formen der Erlaubnis:
  – Die **Beschäftigungserlaubnis für einen konkreten Arbeitsplatz,**
  – eine **allgemeine Beschäftigungserlaubnis,** die nach Ablauf von vier Jahren Aufenthalt in die Aufenthaltsgestattung etwa mit einem Stempel »Beschäftigung erlaubt« eingetragen werden muss. Nicht immer geschieht dies. Es sollte dann bei der Ausländerbehörde ausdrücklich beantragt werden, weil dadurch die Arbeitsuche deutlich erleichtert wird.

Übersicht über die Anforderungen an die Beschäftigungerlaubnis

Beschäftigungserlaubnis der Ausländerbehörde für	Während der Zeit in der Aufnahmeeinrichtung bzw. in den ersten drei Monaten	Vom vierten bis zum 15. Monat	Vom 16. Monat bis zum Ende des vierten Jahres	Ab Beginn des fünften Jahres
Beschäftigung ohne berufliche Qualifizierung	Nein, § 61 Abs. 1 und Abs. 2 Satz 1 AsylG	Ja, mit Vorrangprüfung der Arbeitsagentur, § 32 Abs. 1 und Abs. 4 BeschV	Ja, mit Zustimmung, aber ohne Vorrangprüfung der Arbeitsagentur, § 32 Abs. 5 Nr. 2 BeschV	Ja, ohne Zustimmung der Arbeitsagentur, § 32 Abs. 2 Nr. 5 BeschV
Beschäftigung als Leiharbeiterin	Nein, § 40 Abs. 1 Nr. 2 AufenthG	Nein	Ja, mit Zustimmung, § 32 Abs. 3 und Abs. 5 BeschV	Ja, ohne Zustimmung, § 32 Abs. 2 Nr. 5 BeschV
Beschäftigung mit Ausbildung in Deutschland	Nein	Ja, ohne Vorrangprüfung, § 32 Abs. 5 Nr. 1 BeschV	Ja	Ja
Beschäftigung in einem Mangelberuf mit anerkannter ausländischer Ausbildung	Nein	Ja, ohne Vorrangprüfung, § 32 Abs. 5 Nr. 1 BeschV	Ja	Ja

Beschäftigungs-erlaubnis der Ausländerbehörde für	Während der Zeit in der Aufnahmeein-richtung bzw. in den ersten drei Monaten	Vom vierten bis zum 15. Monat	Vom 16. Monat bis zum Ende des vierten Jahres	Ab Beginn des fünften Jahres
Beschäftigung mit einem Hochschulab-schluss in Deutsch-land	Nein	Ja, ohne Zustim-mung, § 32 Abs. 2 Nr. 3, § 2 Abs. 1 Nr. 3, § 4 BeschV	Ja	Ja
Beschäftigung mit einem anerkannten ausländischen Hochschulabschluss	Nein	Ja, mit Vorrangprüfung § 32 Abs. 2 Nr. 3, § 2 Abs. 3, Abs. 4 BeschV	Ja, ohne Vorrangprüfung § 32 Abs. 5 Nr. 2, § 2 Abs. 3 BeschV	Ja, ohne Zustimmung
Beschäftigung mit einem anerkannten ausländischen Hoch-schulabschluss + 49.600 € brutto/Jahr	Nein	Ja, ohne Zustim-mung, § 32 Abs. 2 Nr. 3 BeschV	Ja	Ja
Beschäftigung mit einem anerkannten ausländischen Hochschulabschluss in einem MINT-Fach + 37.752 € brutto/Jahr	Nein	Ja, ohne Vorrangprüfung, § 32 Abs. 5 Nr. 1, § 2 Abs. 2 BeschV	Ja, ohne Vorrangprüfung	Ja, ohne Zustimmung
Beschäftigung in der Unternehmensfüh-rung, an Hochschulen und Forschungs-instituten	Nein	Ja, ohne Zustim-mung, § 32 Abs. 2 Nr. 3 und Abs. 4, § 3 und 5 BeschV	Ja	Ja
Betriebliche Ausbildung	Nein	Ja, ohne Zustim-mung, § 32 Abs. 2 Nr. 2 und Abs. 4 BeschV	Ja	Ja
Beschäftigung zum Zweck der Berufsan-erkennung (Grundlage: Bescheid der Anerkennungs-stelle)	Nein	Ja, ohne Vorrangprüfung, § 32 Abs. 5 Nr. 1 BeschV	Ja, ohne Vorrangprüfung	Ja, ohne Zustimmung

Beschäftigungs-erlaubnis der Ausländerbehörde für	Während der Zeit in der Aufnahmeein-richtung bzw. in den ersten drei Monaten	Vom vierten bis zum 15. Monat	Vom 16. Monat bis zum Ende des vierten Jahres	Ab Beginn des fünften Jahres
Freiwilligendienste	Nein	Ja, ohne Zustim-mung, § 32 Abs. 2 Nr. 3 und Abs. 4, § 14 BeschV	Ja	Ja
Praktika: Einstiegsqualifizie-rung; als Nachqualifi-zierung zur Berufs-anerkennung; Aus-tauschprogramm, Schul- und Hochschul-praktika;	Nein	Ja, ohne Zustim-mung, § 32 Abs. 2 Nr. 3 und Abs. 4, § 15 BeschV	Ja	Ja
Besondere Beschäftigungen: Bei internationalen Sportveranstaltungen, als Berufssportlerin, bei Tagesdarbietun-gen oder als Model, Dressman etc.	Nein	Ja, ohne Zustim-mung, § 32 Abs. 2 Nr. 3 und Abs. 4, §§ 22 Nr. 3–5, 23 BeschV	Ja	Ja
Im Familienbetrieb	Nein	Ja, ohne Zustim-mung, § 32 Abs. 2 Nr. 4 und Abs. 4 BeschV	Ja	Ja
Erlaubnis für eine selbständige Tätigkeit	Nein, generell nicht ohne Aufent-haltstitel, § 21 Abs. 6 AufenthG	Nein	Nein	Nein

Solange ein Arbeitsverbot nach § 61 AsylG besteht, stellt die Ausübung einer Erwerbstätigkeit eine Straftat dar, die mit einer Freiheitsstrafe bis zu einem Jahr oder mit Geldstrafe bestraft wird (§ 85 Nr. 4 AsylG). In der Zeit danach handelt es sich um eine Ordnungswidrigkeit (§ 404 Abs. 2 Nr. 4; Abs. 3 SGB III).

> Durch das geplante Integrationsgesetz soll die Vorrangprüfung – zeitlich befristet – bereits ab dem 4. Monat für alle Beschäftigungen aufgehoben werden.

3.11.2 Arbeitsverbot für Menschen aus »sicheren Herkunftsstaaten«

> Menschen aus »sicheren Herkunftsländern« (siehe Glossar), die nach dem 31.8.2015 einen Asylantrag gestellt haben, können keine Beschäftigungserlaubnis erhalten. Für sie besteht ein Arbeitsverbot während des gesamten Verfahrens, § 61 Abs. 2 Satz 4 AsylG.

Beispiele

Boris aus Mazedonien ist im März 2015 eingereist und erhielt am 10.4.2015 eine BüMA. Sein förmlichen Asylantrag hat er am 2.8.2015 gestellt und eine Aufenthaltsgestattung erhalten. Die Anhörung fand am 2.10.2015 statt und ein Bescheid ist noch nicht zugegangen. Boris hatte schon am 2.9.2015 eine Beschäftigung in der Gastronomie aufgenommen. Er kann diese Tätigkeit bis zu einer Entscheidung fortführen (§ 61 Abs. 2 Satz 4 AsylG). Sollte im Anschluss daran eine Duldung erteilt werden, so kann ihm ebenfalls weiter eine Beschäftigungserlaubnis erteilt werden (§ 60a Abs. 6 Nr. 3 AufenthG). Voraussetzung wird dann aber zusätzlich sein, dass er weder zum Leistungsbezug eingereist ist, noch selbst beeinflusst hat, dass die Abschiebung nicht möglich ist (§ 60a Abs. 6 Nr. 1 und Nr. 2 AufenthG).

Natascha aus Serbien ist im Juli 2015 eingereist, ihr wurde die BüMA am 5.8.2015 ausgestellt. Am 15.9. stellte sie einen förmlichen Asylantrag und erhielt die Aufenthaltsgestattung. Bislang wurde keine Anhörung durchgeführt. Für Natascha besteht ein absolutes Arbeitsverbot sowohl während des Verfahrens als auch nach dem Verfahren, selbst wenn die Ausländerbehörde feststellt, dass ein (inlandsbezogenes) Abschiebehindernis vorliegt.

Es wird eine Möglichkeit geschaffen, eine **Beschäftigungserlaubnis** zu erhalten, wenn der **Antrag von einem Balkanstaat** aus gestellt wird. Auch hier muss der Vorrang deutscher oder sonstiger Arbeitnehmerinnen geprüft werden:

»§ 26 Abs. 2 BeschV
Für Staatsangehörige von Albanien, Bosnien und Herzegowina, Kosovo, Mazedonien, Montenegro und Serbien können in den Jahren 2016 bis einschließlich 2020 Zustimmungen zur Ausübung jeder Beschäftigung erteilt werden. Die Zustimmung

darf nur erteilt werden, wenn der Antrag auf Erteilung des Aufenthaltstitels bei der jeweils zuständigen deutschen Auslandsvertretung im Herkunftsstaat gestellt wurde und der Antragsteller in den letzten 24 Monate vor Antragstellung nicht nach dem Asylbewerberleistungsgesetz anspruchsberechtigt war.«

3.11.3 Leistungen der Arbeitsmarktintegration

Für Asylsuchende aus den Staaten mit guter Bleibeperspektive (Syrien, Irak, Iran, Eritrea) besteht auch nach dem Ankommen in der Kommune unabhängig davon, ob das dreimonatige Arbeitsverbot noch besteht, die Möglichkeit, Leistungen aus dem Eingliederungsbudget oder zur Aktivierung und Vermittlung in Anspruch zu nehmen (§ 131 SGB III, siehe auch → S. 237).

Für alle nicht privilegierten Asylsuchenden besteht in den Zeiten des Arbeitsverbots nach § 61 AsylG (mindestens drei Monate ab Ausstellung des Ankunftsnachweises) nur ein Anspruch auf Beratung nach §§ 29 ff. SGB III.

Genutzt werden kann dieser Anspruch, um grundsätzlich zu klären, ob für eine vorhandene Ausbildung eine Nachfrage am Arbeitsmarkt besteht, welche Zusatzqualifikation erforderlich werden, wer für die Anerkennung bzw. Gleichwertigkeitsfeststellung zuständig ist und welche Unterstützungen des Netzwerks IQ (http://www.netzwerk-iq.de/anerkennung.html#_) möglich sind. Ebenso können Informationen über bestimmte Ausbildungen und ihre schulischen Voraussetzungen eingeholt werden und bereits vorsondiert werden, ob und welche Unterstützungsleistungen nach dem Ende des Arbeitsverbotes ermöglicht werden können.

Ab dem vierten Monat können alle Integrationsleistungen beantragt werden; ihre Bewilligung steht jedoch im Ermessen der Arbeitsagentur.

Bei der Entscheidung wird insbesondere berücksichtigt, ob die Prognose über den Ausgang des Verfahrens erwarten lässt, dass eine Leistung der langfristigen Integration in den Arbeitsmarkt dient. **Das bedeutet allerdings, dass regelmäßig nur Personen aus wenigen Staaten (Syrien, Iran, Irak, Eritrea) in den Genuss der Leistungen kommen.** Die Arbeitsagentur ist jedoch verpflichtet, alle individuellen Umstände zu prüfen, auch daraufhin, ob ein weiterer Aufenthalt in Deutschland aus anderen Gründen (z.B. Abschiebehindernisse wegen Familienschutz, keine Ausstellung von Reisedokumenten durch den Herkunftsstaat) zu erwarten ist.

Als Integrationsleistungen kommen insbesondere in Betracht:
- Übernahme von Bewerbungskosten (§ 44 SGB III),
- Übernahme der Kosten für Übersetzungen von Diplomen u.ä. und des Anerkennungsverfahrens (§ 44 SGB III),
- Maßnahmen zur Ergänzungsqualifizierung für die Berufsanerkennung (§ 45 SGB III),
- Bildungsgutscheine (§§ 81 ff. SGB III),
- Eingliederungszuschüsse (§§ 88 ff. SGB III), insbesondere für behinderte oder ältere Menschen, wenn die Einschränkungen zu einer Minderleistung führen.

Für junge Menschen wären auch die Berufsvorbereitenden Bildungsmaßnahmen (BvB §§ 51 ff. SGB III) mit der Möglichkeit, in diesem Rahmen einen Hauptschulabschluss abzulegen, die außerbetriebliche Ausbildung (§ 76 SGB III), wenn am ersten Arbeitsmarkt kein Ausbildungsplatz zu bekommen ist, z.B. weil ein deutscher Schulabschluss fehlt, die ausbildungsbegleitenden Hilfen (§ 75 SGB III), z.B. Sprachförderung, und für förderungsbedürftige junge Flüchtlinge auch die Assistierte Ausbildung (§ 130 SGB III) von großer Bedeutung.

Die Leistungen werden von der BA derzeit noch abgelehnt, mit der Begründung, es fehle an der »nötigen Klarheit über die Bleibeperspektive«. Das gilt trotz Abschiebeverbot sogar für Syrien, Irak, Eritrea und Iran, Staaten mit einer »positiven Prognose« im Asylverfahren.

> Mit dem geplanten Integrationsgesetz soll auch hier eine Öffnung erfolgen, Einzelheiten sind noch nicht bekannt.

Von besonderer Bedeutung sind **betriebliche Praktika**, weil die meisten Betriebe keinen Ausbildungs- oder Arbeitsvertrag ohne eine »Probebeschäftigung« abschließen wollen.

Hier ist Vorsicht geboten:

- Unter dem Begriff »Praktikum« darf kein Scheinarbeitsverhältnis verborgen sein; es muss sich um eine Tätigkeit im Betrieb von begrenzter Dauer zum Erwerb praktischer Kenntnisse handeln (Empfehlung des Rates der Europäischen Union vom 10.3.2014 zu einem Qualitätsrahmen für Praktika).

- Abweichungen vom Mindestlohn sind nur unter bestimmten Voraussetzungen zulässig (§ 22 MiLoG).

- Für fast alle Praktika wird eine Erlaubnis der Ausländerbehörde benötigt, die erst nach drei Monaten und nicht während des Aufenthalts in einer Aufnahmeeinrichtung erteilt werden darf (§ 61 AsylG).

Als mögliche Varianten, für die eine Beschäftigungserlaubnis benötigt wird, die von der Ausländerbehörde ohne Zustimmung der Arbeitsagentur erteilt werden kann und für die kein Mindestlohn gezahlt werden muss, bieten sich an:

1. Ein **Praktikum bis zu drei Monaten zur Orientierung für eine Berufsausbildung** oder als vorgeschriebenes Vorpraktikum für ein Studium (§ 22 Abs. 1 Nr. 2 MiLoG).

2. Eine **Einstiegsqualifizierung** nach § 54a SGB III für die Dauer von sechs bis zu zwölf Monaten, die von der Arbeitsagentur genehmigt und bezahlt werden muss (§ 22 Abs. 1 Nr. 4 MiLoG). Voraussetzungen ist der erfolglose Versuch einer Ausbildungsplatzvermittlung oder die fehlende Ausbildungsreife oder eine soziale Benachteiligung. In der Regel werden nur Personen bis zum 25. Geburtstag gefördert, bei Zuwanderer sind jedoch Überschreitungen der Altersgrenze möglich (BA, GA 2012, 54a.44). Es wird eine Aufwandsentschädigung von 216 €, zusätzlich 107 € Anteil am Gesamtsozialversicherungsbeitrag, bezahlt.

3. Zur Vorbereitung auf Soziale Berufe auch ein **Bundesfreiwilligendienst** für mindestens sechs und höchstens zwölf Monate (in Ausnahmefällen auch bis zu 24 Monate). Hier zahlt der Arbeitgeber den wesentlichen Teil des Lebensunterhalts und die gesetzliche Krankenversicherung; erforderlichenfalls werden ergänzende Leistungen nach AsylbLG vom Sozialamt erbracht.

4. **Praktika im Rahmen eines von der EU geförderten Programms** (§§ 32 Abs. 2 Nr. 3; 15 Nr. 2 BeschV), etwa im Handlungsschwerpunkt »Integration von Asylbewerbern und Flüchtlingen« (IvAF). Diese Praktika sind nur dann vom Mindestlohn freigestellt, wenn es sich zugleich um Berufsorientierungspraktika mit einer Dauer von höchstens drei Monaten handelt (§ 22 Abs. 1 Nr. 2 MiLoG).

5. Ein **Praktikum**, welches zugleich einer **Nachqualifizierung zum Erwerb der vollen Anerkennung oder Gleichwertigkeit eines ausländischen Berufsabschlusses** dient; ein solches Praktikum gilt dann als Pflichtpraktikum im Sinne von § 22 Abs. 1 Nr. 1 MiLoG.

6. Eine **betriebliche Eignungsfeststellung von höchstens acht Wochen**, die von der Arbeitsagentur nach § 45 Abs. 2 Satz 3 SGB III gefördert wird.

Auch eine reine **Hospitation**, um den Betrieb kennenzulernen, ist zulässig. Nur wenn keine Verpflichtung zu einer Arbeitsleistung besteht, handelt es sich um eine Hospitation. Hospitationen dürfen in der Regel nur wenige Tage dauern, weil sonst nicht mehr glaubhaft ist, dass keine Einbindung in die betrieblichen Abläufe stattfindet. Eine Hospitation ist keine Beschäftigung, sie kann **ohne Genehmigung** durch die Ausländerbehörde durchgeführt werden.

Freiwillige Praktika, die nicht im Rahmen einer Maßnahme der Arbeitsmarktintegration der Arbeitsagentur durchgeführt werden, **gelten als Beschäftigungsverhältnisse, für die der Mindestlohn gezahlt werden muss** und für die die Zustimmung der Arbeitsagentur und eine Vorrangprüfung erforderlich sind. Auf die Vorrangprüfung wird verzichtet, wenn die Beschäftigung bzw. das Praktikum erforderlich ist, um die Anerkennung oder Gleichwertigkeitsfeststellung eines ausländischen Berufsabschlusses zu erreichen (§ 32 Abs. 5 Nr. 1 i.V.m. § 8 BeschV). Erforderlich ist ein Bescheid einer Anerkennungsstelle (z.B. IHK, Regierungspräsidium, Universität), nach dem bestimmte praktische Berufserfahrungen erforderlich sind für die vollständige Gleichwertigkeit. Eine Ausnahme von der Verpflichtung zur Zahlung des Mindestlohns gilt nur, wenn die Bewerberin bereits seit einem Jahr bei der Arbeitsagentur arbeitssuchend gemeldet ist (§ 22 Abs. 4 MiLoG).

> Mit dem geplanten Integrationsgesetz sollen Flüchtlinge während der Teilnahme an einem Sprachkurs als arbeitslos eingestuft werden. Damit soll erreicht werden, dass sie nach dem Kurs als langzeitarbeitslos gelten und dann in Praktika und Beschäftigungen ohne Bindung an den Mindestlohn beschäftigt werden können (§ 22 Abs. 4 MiLoG).

Derzeit werden in vielen Regionen Deutschlands Arbeitsmarktprojekte für junge Flüchtlinge entwickelt. Für lokale Informationen lohnt es sich, bei Handelskammern, Arbeitsagenturen und auch Jugendmigrationsdiensten (www.jmd-portal.de) anzufragen.

3.12 Sonstige Leistungen

3.12.1 Familienleistungen

Von Familienleistungen sind Asylsuchende generell ausgeschlossen. Ausnahmen gelten für die Angehörigen folgender Staaten:
– Algerien
– Bosnien-Herzegowina
– Kosovo
– Marokko
– Monenegro
– Serbien
– Tunesien
– Türkei.
Für die jeweiligen Voraussetzungen siehe Glossar.

3.12.2 Jugendhilfeleistungen

Minderjährige (im Einzelfall auch junge Menschen bis zum 21. Geburtstag) im Asylverfahren haben Ansprüche auf Leistungen der Jugendhilfe (BVerwG vom 24.6.1999 – 5 C 24.98; OVG Saarlouis vom 24.4.2006 – 3 W 3/ 06; Kunkel ZAR 2006, S. 92 ff). Auch in Hinblick auf Art. 2 des Haager Übereinkommens über die Zuständigkeit der Behörden und das anzuwendende Recht auf dem Gebiet des Schutzes von Minderjährigen vom 5.10.1961 ist jedenfalls nach Ablauf von sechs Monaten von einem gewöhnlichen Aufenthalt in Deutschland und damit von einer Leistungsberechtigung auszugehen (OVG NRW vom 30.4.2004 – 12 B 308/04). Diese umfasst u.a. den Anspruch auf den Besuch einer Kindertageseinrichtung (§ 24 SGB VIII), die Bezahlung einer Tagesmutter (§ 23 SGB VIII), Hilfen zur Erziehung (§§ 27 ff. SGB VIII) und auch Hilfen für seelisch behinderte junge Menschen (§ 35a SGB VIII).

3.12.3 Rundfunkgebühren

Leistungsbezieher nach dem AsylbLG werden auf Antrag gemäß § 4 Abs. 1 Nr. 4 Rundfunkbeitragsstaatsvertrag (RBStV) von den GEZ-Gebühren befreit.
In Gemeinschaftsunterkünften muss kein eigener Antrag gestellt werden.
Beim Umzug in eine Privatwohnung sollte der Befreiungsantrag sofort gestellt werden.

Das Antragsformular ist verfügbar unter: www.rundfunkbeitrag.de/formulare/ buergerinnen_und_buerger/

V Nach der Asylentscheidung

1   Asylberechtigte und anerkannte Flüchtlinge

Für Flüchtlinge, die als Asylberechtige oder Flüchtling nach der GFK anerkannt wurden, ändern sich die Lebensbedingungen und Perspektiven grundlegend. Gleichzeitig muss der Berg der deutschen Bürokratie erklommen werden. Menschen, denen eventuell über Jahre hinweg kein Raum für eigene Handlungsentscheidungen gelassen wurde, dürfen und sollen von einem Tag auf den anderen ihre Lebensentwürfe in Deutschland in Eigenverantwortung umsetzen. Sprachliche Barrieren erschweren die Umstellung, umso mehr als Ämter nur selten Sprachmittler zur Verfügung stellen.

Mit dem geplanten Integrationsgesetz wird eine Wohnsitzauflage auch für Asylberechtigte und anerkannte Flüchtlinge eingeführt.
Seit das BVerwG vom 15.1.2008 – 1 C 17.07 Wohnsitzauflagen für anerkannte Flüchtlinge aus Gründen der gleichmäßigen Verteilung der Soziallasten als unvereinbar mit dem Freizügigkeitsanspruch nach Art. 26 GFK erklärt hatte, hatte es keine Versuche mehr gegeben, nach einer Anerkennung des BAMF die Freizügigkeit einzuschränken.
Seit Anfang 2016 ist die Diskussion erneut entfacht worden und es wurden erste **Vorüberlegungen zu einer entsprechenden Gesetzesänderung** vorgelegt (BMI: Eckpunkte für ein WohnsitzzuweisungsG, Stand 16.2.2016, www.flüchtlingsrat-berlin.de, Gesetzgebung, Zuwanderungsgesetz). Ziel ist vor allem die Steuerung der Wohnraumverteilung und aller übrigen Kosten der Integration. Zeitgleich hatte der EuGH vom 1.3.2016 – C-443/14 über die Vereinbarkeit von Wohnsitzauflagen für subsidiär Schutzberechtigte mit Art. 33 QRL (siehe Glossar) zu entscheiden.
Ebenso wie Art. 26 GFK enthält Art. 33 QRL ein Gleichstellungsgebot »unter den gleichen Bedingungen und Einschränkungen wie für andere Drittstaats-

angehörige, die sich rechtmäßig in ihrem Hoheitsgebiet aufhalten«. Auch der EuGH hält daran fest, dass es für international Schutzberechtigte keine Beschränkungen zur Verteilung von Soziallasten geben darf.

Gleichzeitig ließe sich nach der Entscheidung des EuGH eine Beschränkung der Freizügigkeit jedoch rechtfertigen, wenn die Gruppe der international Schutzberechtigten deutlich andere Integrationsmaßnahmen erforderlich macht und die Beschränkung dafür notwendig ist.

In der Rechtsliteratur werden Wohnsitzauflagen teilweise für zulässig gehalten (Lehner/Lippold, ZAR 2016, S. 81 ff.), teilweise wird sogar noch weitergehend eine Residenzpflicht gefordert (Ruge, ZAR 2016, S. 89 ff.). Zu Recht wird jedoch darauf hingewiesen, dass sich eine grundlegende Verschiedenheit hinsichtlich der Integrationsbedingungen zwischen Schutzberechtigten und allen anderen nicht schutzberechtigten Ausländerinnen kaum empirisch belegen lässt (Pelzer/Pichl, ZAR 2016, S. 96 ff.).

Unabhängig von der rechtlichen Problematik kann Integration aber auch ausgebremst werden, wenn Menschen verpflichtet werden, sich an Orten aufzuhalten, an denen sie nicht leben möchten. Sie werden z.B. ihre Energie nicht darein setzen, dort eine Wohnung anzumieten, eine Arbeit zu finden, Freundschaften zu schließen. Dagegen werden sie viel Zeit und Aufwand benötigen, sich an dem Ort eine Arbeit und ein Einkommen zu suchen, wo sie hinziehen wollen (aus familiären oder sonstigen Gründen).

Wenn die Wohnsitzauflagen mit dem Integrationsgesetz eingeführt werden, wird den anerkannten Flüchtlingen ein wichtiges Element der Gleichstellung mit Inländern genommen. Ob die Konstruktion des spezifischen Integrationsbedarfs den vom EuGH in der Entscheidung vom 1.3.2016 – C-443/14 aufgestellten Anforderungen entsprechen werden, bleibt abzuwarten.

Für die Bewältigung der Anfangshürden haben die anerkannten Flüchtlinge einen Anspruch auf Unterstützung durch die **Migrationsberatung** für Erwachsene (MBE) oder junge Menschen unter 27 Jahren durch die **Jugendmigrationsdienste** (JMD).

Im Folgenden werden
– die Aufenthaltsrechte (→ 1.1),
– der Nachzug von Familienangehörigen (→ 1.2),
– die Verfestigung des Aufenthalts und die Einbürgerung (→ 1.3) ,
– die Ansprüche auf Sozialleistungen (→ 1.4)
– die sprachliche Integration (→ 1.5) und
– die Leistungen zur Unterstützung der Arbeitsmarktintegration (→ 1.6)
dargestellt.

1.1   Aufenthaltsrechte

1.1.1   Übergang zur Aufenthaltserlaubnis

Asylberechtigte haben einen Anspruch auf die Aufenthaltserlaubnis nach § 25 Abs. 1 AufenthG, anerkannte Flüchtlinge nach § 25 Abs. 2, 1. Alternative AufenthG.
Die Rechtsposition von anerkannten Flüchtlingen wird auch in Art. 23 ff. der Qualifikationsrichtlinie 2011/95/EU (QRL) festgelegt; der Anspruch auf eine Aufenthaltserlaubnis ergibt sich aus Art. 24.

Die Aufenthaltsgestattung ist nur während des laufenden Asylverfahrens gültig; sie erlischt, wenn die Entscheidung des BAMF unanfechtbar ist (§ 67 Abs. 1 Nr. 6 AsylG).

> Sobald ein positiver Asylbescheid unanfechtbar ist, endet die Zuständigkeit des BAMF, der Landesstelle für die Verteilung und des Trägers der Aufnahmeeinrichtung (z.B. Zentrale Ausländerbehörde).
> Zuständig ist jetzt ausschließlich die Ausländerbehörde der Stadt oder des Kreises, in dem sich die Flüchtlinge aufhalten.

Unanfechtbar ist der Asylbescheid entweder sofort oder nach zwei Wochen:

- Allen Anträgen wurde stattgegeben. Das kann entweder geschehen, wenn die Anerkennung als Asylberechtigte nach Art. 16a GG erfolgt (ganz selten), oder wenn eine Anerkennung als Flüchtlingen nach der GFK ausgesprochen wird und der Antrag auf Asylberechtigung vorher zurückgenommen worden ist.
  Hier ist der Bescheid schon unanfechtbar, sobald er ausgehändigt oder zugeschickt wird.

- Der Antrag auf Anerkennung als asylberechtigt wird abgelehnt, aber dem Antrag auf Flüchtlingsanerkennung wird statt gegeben.
  Dann wird der Bescheid zwei Wochen nach der Aushändigung (§ 74 Abs. 1 AsylG) unanfechtbar, weil dann die Klagefrist abgelaufen ist.

Niemand muss sich aber Sorgen machen, dass eine Lücke im legalen Aufenthalt entsteht, wenn nicht sofort eine Aufenthaltserlaubnis beantragt wird – manchmal dauert es sogar eine Weile, bis hierfür ein Termin vergeben wird. Auch dann wird zunächst nur eine Fiktionsbescheinigung (siehe Glossar) ausgestellt, weil die Herstellung des elektronischen Aufenthaltstitels und des Reiseausweises mehrere Wochen dauert.

> Zwischen der rechtskräftigen Anerkennung und der Erteilung der Aufenthalts-
> erlaubnis gilt der Aufenthalt als erlaubt (§ 25 Abs. 1 Satz 3 und Abs. 2 Satz 2
> AufenthG, 25.1.7 VwV AufenthG).

1.1.2 Ausschlussgründe

Die Aufenthaltserlaubnis wird nicht erteilt, wenn eine bestandskräftige Ausweisung vorliegt. Auch eine terroristische Betätigung oder politisch
oder religiös motivierte Gewalttaten stehen der Erteilung der Aufenthaltserlaubnis entgegen (§ 5 Abs. 4 AufenthG unter Verweis auf § 54 Abs. 1 Nr. 2
oder Nr. 4 AufenthG). In diesen Fällen wird in der Regel eine Duldung zu erteilen sein, weil gleichzeitig Abschiebehindernisse vorliegen. Eine Aufenthaltserlaubnis kann in der Regel nicht erteilt werden, weil die Ausweisung ein
ausdrücklicher Ausschlussgrund ist (§ 5 Abs. 1 Nr. 2 AufenthG).

Andere Straftaten werden schon bei der Zuerkennung der Asylberechtigung
oder dem Status als anerkannter Flüchtling vom BAMF berücksichtigt
(→ S. 74). Die Ausländerbehörde ist an diese Entscheidung gebunden.

1.1.3 Aufenthaltsort und Wohnen

Der Antrag auf die Aufenthaltserlaubnis (§ 25 Abs. 1 oder Abs. 2, 1.
Alt. AufenthG) sollte so schnell wie möglich bei der örtlichen Ausländerbehörde gestellt werden, weil der erlaubte Aufenthalt dann durch die Erteilung einer (Fiktions-)Bescheinigung belegt wird.

Derzeit kann mit dem Asylbescheid auch bei jeder anderen Ausländerbehörde in
Deutschland der Antrag auf Aufenthaltserlaubnis gestellt werden. Die Bearbeitung kann etwas länger dauern, weil zunächst die Akten der bisher zuständigen
Ausländerbehörde angefordert werden müssen. Die Anmeldung muss aber sofort
erfolgen und auch eine Fiktionsbescheinigung ausgestellt werden. Gleichzeitig gilt
der Asylbescheid deutschlandweit wie ein Ausweispapier für alle Behörden. Diese
Situation ändert sich, wenn eine Wohnsitzauflage gesetzlich geregelt wird.

Zukünftig soll die Zuweisung zu einer Kommune auch nach einer Anerkennung noch möglich werden, wenn bisher nur die Zuweisung zu einem An-
kunftszentrum/Aufnahmeeinrichtung bestand.
Mit einer Zuweisung muss dann auch Wohnraum an dem Ort der Wohnsitzauflage
zur Verfügung gestellt werden. Allerdings kann auch jede Privatwohnung ange-

mietet werden. Bestehen Leistungsansprüche nach SGB II stellt das Jobcenter eine Zusicherung über die Kostenübernahme für eine angemessene Wohnung aus.

Bis zum Inkrafttreten des geplanten Integrationsgesetzes können sich anerkannte Flüchtlinge ihren Wohnort noch aussuchen. Sie müssen allerdings eigenständig eine Wohnung finden.

1.1.4 Flüchtlingspass

Asylberechtigte sind zugleich anerkannte Flüchtlinge nach der GFK. Für beide Gruppen besteht ein Anspruch auf einen Reiseausweis nach der GFK. Ausgestellt wird er von der örtlichen Ausländerbehörde.

Es darf kein Nationalpass bei der diplomatischen Vertretung des Herkunftsstaates beantragt werden, sonst erlischt der Schutzstatus (§ 72 Abs. 1 Nr. 1 AsylG), weil Flüchtlinge sich schon durch die Vorsprache bei einer Botschaft wieder unter den Schutz des Herkunftsstaates stellen.

Es kommt immer wieder vor, dass anerkannte Flüchtlinge so schnell wie möglich zu ihren Angehörigen ins Herkunftsland reisen wollen, um diese bei der Ausreise zu unterstützen. Hier muss ganz unmissverständlich klar gemacht werden, dass damit der Schutzstatus und voraussichtlich auch jedes Recht zum Aufenthalt verloren gehen.

> Der Reiseausweis verleiht keine deutsche Staatsangehörigkeit und ist dieser im internationalen Personenverkehr auch nicht gleichgestellt.

Anerkannte Flüchtlinge haben das Recht, sich innerhalb der EU (mit Ausnahme von Großbritannien) bis zu drei Monate innerhalb eines halben Jahres frei zu bewegen.

Das ergibt sich zum einen aus dem Europäischen Übereinkommen vom 20.4.1959 zur Aufhebung des Sichtvermerkszwangs (BGBl. II vom 24.2.1962, S. 48). Diesem Europaratsabkommen sind aber nicht alle Mitgliedstaaten der EU beigetreten.

Das Reiserecht ergibt sich aber auch aus Art. 1 Abs. 2 EU-VisumVO, die nur von Großbritannien und Irland nicht angewendet wird. Irland ist aber wiederum Mitglied des Europaratsabkommens. Auch mit der Schweiz bestehen entsprechende Abkommen.

Bei Reisen in Staaten außerhalb der EU genießen die Inhaberinnen von Reiseausweisen nicht immer dieselben Vergünstigungen wie deutsche Staatsangehörige und müssen sich für viele Staaten ein Visum besorgen. So werden die Reiseausweise etwa von der Türkei anerkannt; die Einreise ist jedoch nur mit einem Visum möglich, welches bei einem türkischen Konsulat in Deutschland eingeholt werden muss.

> Informationen zu den Einreisebedingungen anderer Staaten bietet das Auswärtige Amt: www.auswaertiges-amt.de, Länderinformationen

1.2 Familiennachzug

Für viele anerkannte Flüchtlinge ist der Nachzug ihrer Angehörigen das wichtigste Anliegen überhaupt. Nur allzu oft haben die Familien alles Geld zusammengelegt, um einem – meist den Männern und Vätern – die Flucht zu ermöglichen; die Zurückgebliebenen befinden sich noch mitten im Kriegsgebiet, in Auffanglagern oder ihnen fehlt die Existenzgrundlage.

Es besteht ein **Rechtsanspruch** auf den Nachzug von Ehegatten (§§ 30 Abs. 1 Nr. 3 c AufenthG) und minderjährigen, ledigen Kindern (§ 32 Abs. 1 und Abs. 2 Satz 2 Nr. 1 AufenthG).

Dieser Anspruch kann auch nicht durch eine Änderung des AsylG abgeschafft oder eingeschränkt werden, weil er in Art. 23 Abs. 2 und 24 Abs. 2 QRL (siehe Glossar) festgelegt ist.

Auch **unbegleitete Minderjährige** haben einen Anspruch auf den Nachzug ihrer Eltern, aber nur, wenn **sie zum Zeitpunkt der Visumserteilung an die Eltern noch minderjährig sind** (§ 36 Abs. 1 AufenthG). Minderjährige Geschwister von minderjährigen anerkannten Flüchtlingen können den Nachzugsanspruch nur als Kinder ihrer Eltern nach § 32 AufenthG geltend machen. Allerdings muss auch hier die Anforderung der Sicherung des Lebensunterhalts verzichtet werden, weil sonst das Nachzugsrecht der Eltern leerlaufen würde (VG Berlin vom 29.12.2015 – 26 L 489.15 V).

Wichtig ist der Unterschied zwischen Familienasyl und Familiennachzug:

Der Antrag auf Familienasyl oder internationalen Familienschutz kann nur auf deutschem Territorium gestellt werden. Ebenso wie bei jedem anderen Asylgesuch ist die Beantragung aus dem Ausland nicht möglich.

Der Antrag auf Familiennachzug kann und muss bei den deutschen Auslandsvertretungen gestellt werden. Bei einer Eheschließung oder Geburt in Deutschland kann der Antrag auch in Deutschland gestellt werden (§ 39 AufenthV); in diesem Fall muss nach § 14a Abs. 3 AsylG auf die Durchführung eines Asylverfahrens (→ S. 308) verzichtet werden.

1.2.1 Antrag

Der Antrag muss innerhalb einer **Frist von drei Monaten nach der Anerkennung** als Flüchtling (Rechtskraft des Bescheides!) gestellt werden (§ 29 Abs. 2 Satz 2 Nr. 1 AufenthG), um in den Genuss des Nachzugserleichterungen (insbesondere Verzicht auf einen gesicherten Lebensunterhalt) zu kommen.

Er ist an die deutsche Auslandsvertretung in dem Staat zu richten, in dem sich die Familienangehörigen aufhalten. Befinden sie sich außerhalb des Heimatstaates, so benötigen sie einen Aufenthaltstitel oder eine Registrierung als Flüchtling, entweder des Aufenthaltsstaates oder des UNHCR. Gibt es im Herkunftsland keine deutsche Auslandsvertretung, so wird einer oder mehreren Botschaften in Nachbarstaaten die Zuständigkeit zugewiesen. Die deutsche Botschaft in Damaskus ist derzeit geschlossen; sie wird von der deutschen Botschaft in Beirut vertreten. Visumsanträge zum Familiennachzug von syrischen Staatsangehörigen werden von allen deutschen Botschaften entgegen genommen.

Der Antrag kann von den Familienangehörigen selbst oder auch von den anerkannten Flüchtlingen gestellt werden (§ 29 Abs. 2 Satz 3 AufenthG).

Um sicher zu gehen, dass die Frist eingehalten wird, sollten die Flüchtlinge von Deutschland aus ein Fax an die deutsche Botschaft und immer auch an das Auswärtige Amt (als vorgesetzte Dienststelle aller Auslandsvertretungen) senden.

Das Verfahren läuft wie folgt ab:
– Antrag an die deutsche Auslandsvertretung (Deutsche Botschaft oder Konsulat im Ausland) und ans Auswärtigen Amt in Berlin;
– Prüfung der Unterlagen des Familienangehörigen durch die Botschaft/das Konsulat;
– Anfrage an die Ausländerbehörde, in deren Bezirk der Familienangehörige lebt;
– die Ausländerbehörde prüft die Flüchtlingsanerkennung;
– die Ausländerbehörde erteilt die Zustimmung gegenüber der deutschen Auslandsvertretung;
– zeitgleich: Anfrage beim Bundesverwaltungsamt, welches nach Datenweitergabe an die Sicherheitsdienste eine Sicherheitsüberprüfung vornimmt;
– die deutsche Auslandsvertretung erteilt ein Visum;
– wird der Antrag abgelehnt, muss hiergegen beim VG Berlin geklagt werden. Alternativ besteht auch die Möglichkeit einer Eingabe beim Auswärtigen Amt (Remonstration).

Syrische Flüchtlinge (anerkannt oder asylberechtigt) können seit Januar 2016 den Antrag für ihre Familienangehörigen über ein online-Portal des Auswärtigen Amtes stellen: www.familyreunion-syria.diplo.de. Es wird dringend empfohlen, dieses Antragsverfahren zu wählen!

Bei der Bearbeitung der Anträge kommt es zu erheblichen Problemen. Derzeit müssen Familienangehörige von syrischen Flüchtlingen in der Türkei unvorstellbar lange auf einen Termin zur Vorlage der Unterlagen warten; Anfang September 2015 waren es in Istanbul 15 Monate und drei Wochen und in Ankara 13 Monate und 10 Tage (Antwort der Bundesregierung vom 3.9.2015 auf die Kleine Anfrage der Fraktion DIE LINKE, BT-Drs. 18/5914). Die Terminvergabe erfolgt über den privaten Dienstleister iDATA; ob hierbei Korruption und Terminkäufe wirklich ausgeschlossen werden können, bleibt unklar.

Im Libanon besteht für syrische Familienangehörige die Möglichkeit, einen Termin im Internet zu vereinbaren. Auch hier bestehen aber monatelange Wartezeiten.

Das BMI und die Arbeitsagentur haben die Innenministerien der Länder mit Schreiben vom 4.5.2015 – M I 3 – 21002/16#7 – gebeten, von der Möglichkeit der Globalzustimmung Gebrauch zu machen. Mit einer Globalzustimmung wird auf die Einschaltung der Ausländerbehörde verzichtet und die Daten über die Anerkennung des Stammberechtigten werden dem AZR entnommen. Die Bundesländer haben entsprechende Erlasse herausgegeben, die eine Globalzustimmung erteilen, jedoch nur für einen Teil der Verfahren, insbesondere werden männliche Personen im wehrfähigen Alter ausgenommen (z.b. Erlass vom 1.9.2015, MIK NRW, http://www.frnrw.de/index.php/inhaltliche-themen/herkunftslaender/syrien/erlasse/item/4932-verfahrenserleichterungen). Auch sollen die Anforderungen an die **Urkunden** erleichtert werden und es soll ersatzweise auf andere Möglichkeiten der Glaubhaftmachung zurückgegriffen werden. Es gibt aber keine Möglichkeit, eine Eheschließung anders als durch eine Heiratsurkunde glaubhaft zu machen.

Eine weitere Erleichterung soll durch die Möglichkeit der Vorabzustimmung (siehe Glossar) gemäß § 31 Abs. 3 AufenthV geschaffen werden. Danach kann die Ausländerbehörde am Wohnort des Flüchtlings dem Antrag auf Familiennachzug bereits zuzustimmen, bevor die deutsche Auslandsvertretung die Zustimmungsanfrage an sie weiterleitet.

Hierdurch wird der oft langwierige Dienstweg vermieden und das Verfahren beschleunigt. Im günstigsten Fall können die Familienangehörigen die Zustimmung schon vorlegen, wenn sie einen Termin zur Vorlage der Unterlagen erhalten haben.

Wichtig ist, dass der Ausländerbehörde alle Voraussetzungen (abgesehen von der Sicherheitsüberprüfung) nachgewiesen werden. Dazu müssen Urkunden zum Nachweis der Familienbeziehung, in der Regel übersetzt und legalisiert in Deutschland vorgelegt werden.

Die Ausländerbehörde ist nicht verpflichtet, eine Vorabzustimmung zu erteilen.

Für syrische Staatsangehörige wird dieses Verfahren derzeit vom Auswärtigen Amt empfohlen (Antwort der Bundesregierung vom 3.9.2015 auf die Kleine Anfrage, BT-Drs. 18/5914, S. 10).

1.2.2 Voraussetzungen

Für den Nachzug zu Asylberechtigten und anerkannten Flüchtlingen wird bei Antragstellung innerhalb von drei Monaten nach Rechtskraft des Anerkennungsbescheides auf die Sicherung des Lebensunterhalts, auf den Nachweis von ausreichendem Wohnraum (siehe Glossar) und Sprachnachweise verzichtet (§§ 29 Abs. 2 Satz 1, 30 Abs. 1 Satz 3 Nr. 1 AufenthG).

Als unverzichtbare Anforderungen bleiben:

■ **Der Pass**
Die Familienangehörigen sind nicht immer im Besitz eines Passes und die Beschaffung kann auf vielfältige Hürden stoßen, zum Beispiel:
– die Behörden lehnen die Passausstellung wegen der oppositionellen Tätigkeit oder auch nur der Ausreise des Angehörigen ab;
– die Familie befindet sich außerhalb der Heimatstaates und die konsularischen Vertretungen des Heimatstaates stellen keine Pässe aus;
– die Gebühren für die Passausstellung sind exorbitant hoch und de facto Subventionszahlungen an den Staat;
– die Passausstellung wird von sonstigen unzumutbaren Bedingungen abhängig gemacht.
Die deutschen Konsulate haben die Möglichkeit, einen **deutschen Reiseausweis** (§ 5 AufenthV) auszustellen. Mit diesem Dokument wird aber in das Hoheitsrecht eines anderen Staates eingegriffen, weshalb derartige Pässe nur ausgestellt werden, wenn die Beschaffung des Nationalpasses unmöglich oder unzumutbar ist. Dabei gilt der Grundsatz, dass sowohl hohe Gebühren (§ 5 Abs. 2 Satz 4 AufenthV) als auch lange Wartezeiten hinzunehmen sind. Wenn die Ausstellung eines Passes im Einzelfall verweigert wurde, muss dies nachgewiesen werden.

■ **Nachweis der Eheschließung oder vergleichbaren Verpartnerung**
Grundsätzlich ist eine Heirats-/Lebenspartnerschaftsurkunde erforderlich. Es gilt das Prinzip, dass die Ehe oder Verpartnerung dann wirksam ist, wenn sie entweder nach dem Recht des Staates, in dem sie geschlossen wurde (Ortsrecht), wirksam ist oder nach dem Geschäftsrecht beider Ehegatten (bei gleicher Staatsangehörigkeit) (Art. 11 EGBGB).

Beispiele

Wurde die Ehe zweier afghanischer Staatsangehöriger in Pakistan geschlossen, so muss sie entweder nach pakistanischem oder nach afghanischem Recht wirksam sein. Nach pakistanischem Recht ist die Ehe wirksam, wenn sie im Falle der Beteiligung eines muslimischen Ehegatten vor dem muslimischen Standesbeamten oder vor dem staatlichen Standesbeamten geschlossen wurde, nach afghanischem Recht, wenn sie vor der afghanischen Auslandsvertretung geschlossen wurde (entsprechend OLG Frankfurt vom 2.5.2013 – 20 W 248/12).

In Eritrea kann eine Ehe vor dem staatlichen Standesbeamten, in religiöser Form oder nach dem örtlichen Gewohnheitsrecht geschlossen werden. Entscheidend kommt es darauf an, dass sie im Eheregister eingetragen wird.

In Syrien findet die Eheschließung vor einem Schariagericht oder für Christen vor einem Kirchengericht statt; erforderlich ist in jedem Fall die Eintragung im syrischen Zivilregister.

Die **Urkunden** müssen zusätzlich von der deutschen Auslandsvertretung in dem Staat der Ausstellung der Urkunde **legalisiert** werden. So wird die Bestätigung genannt, dass es sich um eine echte Urkunde handelt, die von der richtigen Behörde in der richtigen Weise ausgestellt wurde (Details siehe → S. 399).

Nach dem Personenstandsgesetz (PStG) kann die Beurkundung eines Personenstandes auch auf der Grundlage eidesstattlicher Versicherungen der Betroffenen oder weiterer Personen erfolgen, wenn die Beschaffung der erforderlichen Urkunden unmöglich ist (§ 9 Abs. 2 PStG). Allerdings zeigen sich die deutschen Auslandsvertretungen nur extrem selten bereit, auf Personenstandsurkunden vollständig zu verzichten.

Auch müssen von allen Urkunden **amtlich beglaubigte Übersetzungen** gefertigt werden.

- Nachweis der **Abstammung bei Kindern**
  Hierfür werden grundsätzlich **Geburtsurkunden mit Übersetzungen und Legalisierungen** verlangt, in denen der in Deutschland anerkannte Elternteil eingetragen ist.
  In vielen Staaten wird aber ein Vater nicht in die Urkunde eingetragen, wenn er nicht mit der Mutter verheiratet ist. Auch sind Geburtsurkunden nicht immer verfügbar. Auch werden in einigen Staaten so viele Fälschungen von Urkunden produziert, dass es nicht möglich ist, eine Legalisierung zu erhalten, weil immer der Verdacht der Fälschung besteht.
  In diesen Fällen werden von den deutschen Auslandsvertretungen oft DNA-Nachweise verlangt. Wurde das Kind etwa während einer bestehenden Ehe geboren, so reicht auch der Nachweis der Abstammung von der Mutter, weil in diesem Fall das Kind als ehelich und damit der Ehemann als Vater gilt (rechtliche Vaterschaft). Anderseits können Väter im Ausland nicht immer eine Vaterschaft anerkennen wie in Deutschland; dann lässt sich der Nachweis der Vaterschaft (bei unverheirateten Müttern) kaum anders als durch einen DNA-Test nachweisen.

■ **Kein aufnahmebereiter Drittstaat (§ 29 Abs. 2 Nr. 2 AufenthG)**
Die Ablehnung des Familiennachzugs unter Verweis auf einen anderen Staat spielt in der Praxis keine große Rolle, weil die Familie nur auf Staaten außerhalb der EU verwiesen werden darf, zu denen sie bereits einen besonderen Bezug hat und die der gesamten Familie ein gesichertes Aufenthaltsrecht einräumen.

■ **Voraussetzungen bei verspäteter Antragstellung, fehlendem Visum oder Heirat in Deutschland**
Familienangehörige haben **keinen Rechtsanspruch** auf Nachzug zu den erleichterten Bedingungen,
– wenn der Antrag erst **nach Ablauf von drei Monaten** nach Anerkennung der Stammberechtigten gestellt wurde. Die Frist kann verstreichen, wenn der Aufenthaltsort der Familienangehörigen nicht bekannt ist oder wenn ein Kind geboren wurde, von dem der hier Stammberechtigte zum Zeitpunkt der Anerkennung nichts weiß.

> Zur Vermeidung eines Fristablaufs sollte der Antrag von dem hier lebenden Stammberechtigten immer beim Auswärtigen Amt gestellt werden, wobei ein Aufenthaltsort zu vermuten ist. Eine spätere Änderung der zuständigen deutschen Auslandsvertretung ist unschädlich.

Nach Fristablauf ist über den Nachzugsanspruch **nach Ermessen** zu entscheiden, wobei auch dann auf die Sicherung des Lebensunterhalts verzichtet werden kann (§ 29 Abs. 2 AufenthG). Wenn die Familieneinheit langfristig in keinem anderen Staat als in Deutschland herstellbar ist und erkennbar ist, dass sich der Stammberechtigte um die Schaffung einer Existenzgrundlage in Deutschland bemüht, ist das Ermessen auf Null reduziert. Die Ausländerbehörde muss dem Nachzug zustimmen (OVG Saarland vom 26.3.2015 – 2 B 19/15; VG Saarland vom 22.4.2015 – 6 L 277/15).

Beispiel

Karima, sudanesische Staatsangehörige erhält am 15.1.2016 den rechtskräftigen Bescheid über die Anerkennung als Flüchtling. Sie vermutet ihren Ehemann und ihr Kind in Bulgarien und versucht ohne Erfolg mit ihnen Kontakt aufzunehmen. Erst im Mai 2016 erfährt sie, dass beide in die Türkei abgeschoben wurden und dort in der Nähe von Ankara mehr oder weniger auf der Straße leben.
Über den Antrag auf Familiennachzug ist nach Ermessen zu entscheiden, weil der Lebensunterhalt der Familie in Deutschland von Karima nicht sichergestellt werden kann (§ 29 Abs. 2 Satz 1 AufenthG). Gleichwohl hat der Schutz der Fa-

304   V   Nach der Asylentscheidung

milie (Art. 6 GG, Art. 8 EMRK) ein so großes Gewicht, dass nur die Erteilung eines Einreisevisums in Betracht kommt.

Allerdings lässt sich der Anspruch praktisch nur sehr schwer realisieren, weil der Ehemann beim deutschen Konsulat in Ankara voraussichtlich über ein Jahr warten müsste, um überhaupt einen Termin zu bekommen. Auch dann besteht das Risiko, dass der Antrag abgelehnt wird und dann noch ein Verfahren vor dem VG Berlin erforderlich wird.

– wenn die Familienangehörigen **ohne Visum zum Zweck des Familiennachzugs**, sondern nur mit einem Touristenvisum oder visumsfrei nach Deutschland gekommen ist. Es besteht wegen des fehlenden Visums zum Zweck des Familiennachzugs kein Rechtsanspruch auf die Erteilung der Aufenthaltserlaubnis. Im Rahmen des Ermessens kann jedoch nach § 5 Abs. 2 Satz 2 AufenthG auf die Nachholung des Visumsverfahrens verzichtet werden, wenn die Ausreise und Trennung von der Familie nicht zumutbar ist (VG Saarland vom 22.4.2015 – 6 L 277/15).

Beispiel

Im obigen Fall stellt Karima zwar rechtzeitig den Antrag auf Familiennachzug beim Auswärtigen Amt, der Ehemann und das Kind bekommen jedoch keinen Termin für die Visumserteilung. Sie reisen daraufhin nach Ägypten und es gelingt ihnen dort, ein Touristenvisum für Frankreich zu erhalten (das ist keine Handlungsempfehlung, sondern nur ein konstruiertes Beispiel!), mit dem sie dann auch nach Deutschland einreisen können. Würde der Ehemann auf die Einholung des Visums zum Familiennachzug verwiesen, führt das zu einer erneuten Trennung der Familie von Monaten, wenn nicht Jahren. Auch das Kindeswohl steht der Trennung entgegen (Art. 3 KRK). Die Aufenthaltserlaubnis ist daher unter Verzicht auf das Visum zu erteilen.

– wenn **die Ehe erst in Deutschland geschlossen wurde**. Für den privilegierten Familiennachzug wird nicht mehr gefordert, dass die Ehe bereits im Verfolgerstaat bestanden haben muss (so noch für das »Familienasyl«). Ehen, die auf der Flucht oder bei einem langfristigen Aufenthalt in einem Drittstaat geschlossen wurden, werden ebenso behandelt wie im Herkunftsstaat geschlossene Ehen. Allerdings wird für Ehen, die erst geschlossen wurden, nachdem der Stammberechtigte seinen Aufenthalt nach Deutschland verlegt hat, ein Sprachnachweis gefordert (§ 30 Abs. 1 Satz 3 Nr. 1 AufenthG).

Gedacht ist hier an Fälle, in denen Asylsuchende während des Verfahrens oder nach einer Anerkennung einen Partner aus ihrem Herkunftsstaat oder einem sonstigen Staat ehelichen. Erfasst werden dabei auch die Fälle der Eheschließung oder Verpartnerung mit ausländischen Personen, die in Deutschland leben.

Beispiel
————

Die chinesische Staatsangehörige Chen Lu kam Anfang 2014 nach Deutschland und wird am 1.2.2016 als Flüchtling anerkannt. Sie lebt seit August 2015 mit ihrer Partnerin Kateryna, ukrainische Asylsuchende, zusammen und ist im Dezember 2015 mit ihr eine eingetragene Lebenspartnerschaft eingegangen. Kateryna kann zwar nun die Aufenthaltserlaubnis nach § 30 AufenthG beantragen, auch ist auf die Sicherung des Lebensunterhalts zu verzichten (§ 29 Abs. 2 Satz 2 AufenthG); nicht verzichtbar ist jedoch der Sprachnachweis nach § 30 Abs. 1 Satz 1 Nr. 2 AufenthG, weil die Partnerschaft erst in Deutschland geschlossen wurde (siehe § 30 Abs. 1 Satz 3 Nr. 1 AufenthG). Verlangt wird das Niveau A 1, welches im Regelfall für Menschen, die schon einige Zeit in Deutschland leben, kein Problem bietet. Ärgerlich sind aber die Kosten für das Zertifikat (beim Goetheinstitut für Externe 95 €, Stand 12/2015).

1.2.3 Fallkonstellationen

■ **Die Familienangehörigen befinden sich als registrierte Flüchtlinge in einem Staat außerhalb der EU**

– Die Antragstellung sollte möglichst zügig von Deutschland aus per Fax an das vom Aufenthalt der Familie nächstgelegene Konsulat geschickt werden. Den Antrag sicherheitshalber zusätzlich per Einschreiben ans Auswärtige Amt mit der Bitte um Weiterleitung an die Botschaft senden.

– Die Familienangehörigen müssen entsprechend dem jeweiligen Verfahren (auf der Homepage von Botschaft/Konsulat) einen Termin bei der Botschaft/beim Konsulat vereinbaren.

– Alle nur denkbaren Möglichkeiten müssen genutzt, um an Unterlagen über die Familienverhältnisse zu kommen. Soweit erforderlich, sollte auch der DNA-Test in Auftrag geben.

– Die Pässe werden, soweit noch nicht vorhanden, bei der Botschaft/dem Konsulat des Heimatstaates im Zufluchtstaat (z.B. für syrische Staatsangehörige bei der syrischen Botschaft in Istanbul) beantragt. Das alles kostet viel Geld, welches meistens nur durch private Schulden in Deutschland beschafft werden kann.
Nur wenn Nationalpässe auch mit allen Anstrengungen und Geldzahlungen nicht beschafft werden können, darf die deutsche Auslandsvertretung einen deutschen **Reiseausweis für Ausländer** (siehe Glossar) oder einen Notreiseausweis für die Einreise nach Deutschland ausstellen (§§ 5, 13 AufenthV).

– Die Ausländerbehörde am Wohnort in Deutschland kann konsultiert werden – auch hier bestehen zum Teil Wartezeit für einen Termin –, um über die Vorabzustimmung und über die Anforderungen, die an die Urkunden gestellt werden, zu verhandeln. Die Begleitung durch Flüchtlingsberaterinnen ist sehr empfehlenswert!

Beispiel

Ibraim aus Somalia wurde als Flüchtling anerkannt. Seine Ehefrau Amina hält sich in einem Flüchtlingslager im Sudan auf. Sie verfügt weder über eine Heiratsurkunde noch über einen Pass. Ihr Antrag auf Passausstellung bei der somalischen Botschaft in Khartum wurde abgewiesen. In Ibraims Besitz befindet sich ein Ehevertrag, dieser wurde übersetzt und der Ausländerbehörde vorgelegt. Er reicht zum Nachweis der Eheschließung, weil andere Urkunden aus Somalia derzeit kaum beschaffbar sind (Änderungen sind jederzeit möglich). Der Ehevertrag ist auch der einzige Hinweis auf die Identität der Ehefrau von den somalischen Behörden. Amina verfügt noch über eine Identitätskarte, die für das Flüchtlingslager im Sudan ausgestellt wurde. Diese Karte ist an sich kein Identitätsnachweis, kann jedoch zusammen mit dem Ehevertrag als ausreichendes Indiz gewertet werden. Auf dieser Grundlage kann Amina bei der deutschen Botschaft in Khartum ein Einreisevisum zum Familiennachzug und die Ausstellung eines Reiseausweises für Ausländer beantragen.

■ **Unbegleitete minderjährige Familienangehörige befinden sich im Verfolger- oder in einem Drittstaat außerhalb der EU**

– Der Antrag muss sofort von Deutschland aus per Fax an das zum Aufenthaltsort des Kindes nächstgelegene Konsulat gerichtet werden.

– Den DNA-Test in Auftrag geben, wenn das Kind nicht über eine Geburtsurkunde, einen Pass oder ein Personaldokument verfügt.

– Mit dem Testergebnis oder einem Identitätsnachweis einen deutschen Reiseausweis für Ausländer beim Konsulat beantragen.

– Die Ausländerbehörde am Wohnort in Deutschland um eine Vorabzustimmung bitten. Die Flüchtlingsberaterinnen sollten sich unbedingt persönlich um die Angelegenheit kümmern.

– Per Mail und eventuell auch telefonisch beim Konsulat um einen vorgezogenen Termin bitten.

– Wenn die Beschleunigung nicht gelingt, durch eine Anwältin einen Eilantrag (§ 129 VwGO) beim VG Berlin auf Ausstellung des Visums und des deutschen Reiseausweis stellen.

■ Familienangehörige befinden sich in einem anderen EU-Staat

– Wenn die Familienangehörigen in einem anderen Dublin-Staat einen Asylantrag gestellt haben, über den noch nicht abschließend entschieden wurde, bietet die Einreise nach Deutschland den einfachsten Weg der Familienzusammenführung. (Vorsicht: auch in einem solchen Fall könnten Helferinnen wegen Schleppertums belangt werden.)

– Unmittelbar an der Grenze kann das Asylgesuch, entweder umfassend oder beschränkt auf Familienasyl nach § 26 AsylG, gestellt werden und eine Verteilung zu dem anerkannten Stammberechtigten beantragt werden.

– Wenn die Einreise nicht möglich ist, müssen die Familienangehörigen an ihrem Aufenthaltsort einen Antrag auf Verteilung nach dem Dublin-System stellen. Hierbei berufen sie sich auf Art. 9 Dublin-III-Verordnung, wonach der Staat zuständig ist, in dem sich ein bereits anerkannter Familienangehöriger befindet, soweit die Familienangehörigen dies wünschen. Eine Kopie dieses Antrags sollte auch an das BAMF geschickt werden mit der Bitte dem Ersuchen des anderen Staates auf Übernahme der Familienangehörigen zuzustimmen.

– Wurde über den Asylantrag der Familienangehörigen in einem anderen EU-Staat bereits negativ entschieden, so ist ein Antrag auf Familiennachzug bei der deutschen Botschaft/Konsulat des anderen EU-Staats zu stellen. Es gilt die gleiche Vorgehensweise wie in der ersten Konstellation.

– Wurde den Familienangehörigen bereits ein Flüchtlingsausweis ausgestellt oder ein subsidiärer Schutzstatus mit einem Aufenthaltstitel eingeräumt, so besteht die Möglichkeit einer Einreise zum kurzfristigen Aufenthalt nach Deutschland (§ 18 AufenthV) und einer Antragstellung auf Familiennachzug bei der zuständigen Ausländerbehörde (§ 39 Nr. 6 AufenthV). Wird die Aufenthaltserlaubnis zum Familiennachzug erteilt, bleibt der Flüchtlingsstatus erhalten. Die deutsche Ausländerbehörde wird für die Ausstellung des Flüchtlingspasses zuständig (Art. 28 GFK).

■ Familienangehörige befinden sich als Asylsuchende in Deutschland
Siehe unter Umverteilung → S. 244.

Wenn der Kontakt zu Familienangehörigen abgebrochen ist, kann der Suchdienst des Roten Kreuzes (www.drk-suchdienst.de) Hilfe anbieten. Hier wurde eine spezielle Internetseite eingerichtet, auf der Flüchtlinge ihr Foto veröffentlichen können, um eine Verbindung zu Angehörigen herzustellen (www.tracetheface.org).

1.2.4   Optionen nach der Einreise

Nach der Einreise mit einem **Visum zum Familiennachzug** kann die **Aufenthaltserlaubnis** nach §§ 30, 32 AufenthG beantragt werden. Es besteht jedoch auch die Möglichkeit, einen Antrag auf **Familienasyl bzw. internationalen Familienschutz** (§ 26 AsylG) zu stellen.

> Die Entscheidung zwischen einer Aufenthaltserlaubnis zum Familiennachzug und dem Status als anerkannter Flüchtling muss gut überdacht werden und sollte in Zweifelsfällen mit einer Rechtsanwältin beraten werden.

Vorteile des Familienasyls

Der wichtigste Vorteil besteht darin, dass die Aufenthaltserlaubnis nach § 25 Abs. 1 oder Abs. 2 AufenthG erteilt wird und damit bereits nach drei Jahren ein Anspruch auf die Niederlassungserlaubnis (unbefristet) unter stark erleichterten Voraussetzungen besteht (§ 26 Abs. 3 AufenthG). Besonders für nachziehende Ehepartner ergibt sich auch der Vorteil, dass die Aufenthaltserlaubnis nicht nachträglich befristet wird, wenn die eheliche Lebensgemeinschaft beendet wird und auch die Erteilung der Niederlassungserlaubnis nicht vom Fortbestand der ehelichen Lebensgemeinschaft abhängig ist.

Auch bietet der Flüchtlingsstatus Vorteile für Personen, die nicht über einen Nationalpass verfügen, sondern mit einem deutschen Reiseausweis eingereist sind, weil sie mit Anerkennung des Familienasyls einen Reiseausweis nach der GFK erhalten, der weltweit eine höhere Anerkennung genießt.

Nachteile des Familienasyls

Der Status ist abhängig vom Schutzstatus des Stammberechtigten. Das ist in der Regel unproblematisch, wenn eine ernsthafte Verbesserung der Bedingungen im Herkunftsstaat nicht absehbar ist. Besteht die Anerkennung des Stammberechtigten aber schon längere Zeit, so kann der Antrag auf Familienasyl auch eine Überprüfung des Schutzanspruchs des Stammberechtigten auslösen und zu einem Widerrufsverfahren (→ S. 212) führen.

Wenn bereits ein Widerrufsverfahren gegen den Stammberechtigten eingeleitet wurde, wird das BAMF den Antrag auf Familienasyl entweder ruhen lassen oder ablehnen. Auch ein gerichtliches Verfahren kann nur zu einer Aussetzung der Entscheidung führen (HessVGH vom 10.2.2005 – 8 UE 280/02.A). Für einige Menschen bildet es auch einen Nachteil, nicht mehr über ihren Nationalpass zu verfügen.

Durch die Zuständigkeit des BAMF kann es zu einer Zeitverzögerung und zu Verfahrenskomplikationen kommen.

Vorteile der Aufenthaltserlaubnis zum Familiennachzug

Manchmal möchten Familienangehörige ihren bereits vorhandenen National-pass nicht gegen einen Flüchtlingspass eintauschen, weil sie dann nicht mehr in ihren Herkunftsstaat ausreisen können. In diesen Fällen ist die Aufenthalts-erlaubnis zum Familiennachzug die richtige Wahl.

Wenn die Gefahr eines Widerrufs für den Stammberechtigten besteht, wird durch den Antrag auf Aufenthaltserlaubnis zum Familiennachzug nicht auto-matisch ein Prüfungsverfahren ausgelöst.

Die Erteilung ist meist schnell und unkompliziert möglich.

Die Aufenthaltserlaubnis wird auch erteilt, wenn die Ehe noch nicht im Ver-folgerstaat bestanden hat (in Deutschland oder auf der Flucht geheiratet). Ein Zusammenleben im Herkunftsstaat ohne Heirats- oder Lebenspartnerschafts-urkunde wird von der Rechtsprechung weiterhin nicht als Grundlage für das Familienasyl akzeptiert (VG Saarland vom 7.4.2015 – 5 K 2074/14; BVerwG vom 22.2.2005 – 1 C 17.03).

Nachteile der Aufenthaltserlaubnis zum Familiennachzug

Das Aufenthaltsrecht bleibt abhängig vom Bestand der ehelichen/partnerschaft-lichen Lebensgemeinschaft (endet also bei Trennung, nicht erst bei Scheidung). Ein eigenständiges Aufenthaltsrecht tritt erst nach drei Jahren in Deutschland gelebter Lebensgemeinschaft ein (§ 31 AufenthG, Verweis für die Lebenspart-nerschaft in § 27 Abs. 2 AufenthG). Wenn die Bindungen also bereits bei Antrag-stellung brüchig sind, könnte das Familienasyl die bessere Alternative bieten.

In jedem Fall sollte zuerst der Antrag auf Aufenthaltserlaubnis nach § 30 Auf-enthG (Ehegatten) oder § 32 AufenthG (Kinder) bei der Ausländerbehörde ge-stellt werden.

Nach der Erteilung bzw. schon nach Ausstellung einer Fiktionsbescheinigung (siehe Glossar), die mindestens sechs Monate gültig sein muss, kann der Asylan-trag schriftlich beim BAMF gestellt werden (§ 14 Abs. 2 Nr. 1 AsylG). Für Min-derjährige, die ohne den anderen Elternteil eingereist sind, wird der Asylantrag immer schriftlich beim BAMF gestellt (§ 14 Abs. 2 Nr. 3 AsylG).

Es muss darauf geachtet werden, dass dieser Antrag unverzüglich nach Einrei-se gestellt wird. Deshalb sollte die Ausländerbehörde nicht erst nach Ablauf des Visums, sondern unmittelbar nach der Einreise aufgesucht werden. Gleichzeitig kann dort der Antrag auf Familienasyl abgegeben oder auch aufge-nommen werden. Die Ausländerbehörde leitet diesen an das BAMF weiter (§ 14 Abs. 2 Satz 2 AsylG).

Das Asylverfahren hindert die Erteilung der Aufenthaltserlaubnis nicht, weil ein Rechtsanspruch besteht (§§ 10 Abs. 1, 29 Abs. 2 Satz 2 AufenthG). Zunächst wird die Aufenthaltserlaubnis nach §§ 29, 30 AufenthG erteilt und nach dem Erhalt des Asylbescheids des BAMF in eine Aufenthaltserlaubnis nach § 25 Abs. 1 oder Abs. 2 AufenthG umgewandelt.

1.3   Verfestigung des Aufenthalts und Einbürgerung

Die Aufenthaltserlaubnis wird grundsätzlich für drei Jahre erteilt (§ 26 Abs. 1 Satz 2 AufenthG).
Danach wird die **Niederlassungserlaubnis** (unbefristet) erteilt, wenn das BAMF bis zu diesem Zeitpunkt die Anerkennung als asylberechtigt oder als Flüchtling nicht widerrufen oder zurückgenommen hat (§ 26 Abs. 3 Satz 1 AsylG). Auch hier wird weiterhin auf die Sicherung des Lebensunterhalts verzichtet (§ 5 Abs. 3 Satz 1 AufenthG). Mit dem geplanten Integrationsgesetz soll die Niederlassungserlaubnis frühestens nach fünf Jahren erteilt werden, und nur bei gesichertem Lebensunterhalt und nach Abschluss eines Integrationskurses bzw. vergleichbarer Integrationsleistungen. Ohne jede empirische Grundlage wird anerkannten Flüchtlingen eine Verweigerungshaltung gegenüber dem Spracherwerb oder der Arbeitsaufnahme unterstellt, obwohl bislang die angebotenen Integrationskursen nicht ausreichen, um die Nachfrage zu decken.

Noch bis Sommer 2015 wurde in jedem Fall nach Ablauf von drei Jahren ein Überprüfungsverfahren beim BAMF durchgeführt. Die Gesetzesänderung vom August 2015 überlässt es nun der Abwägung des BAMF, ob ein Verfahren eingeleitet werden soll. Die Anerkennung wird nur dann überprüft, wenn sich die Situation im Herkunftsland grundlegend verändert hat oder Tatsachen bekannt geworden sind, die dafür sprechen, dass die Anerkennung zu Unrecht erfolgte. Das neue Verfahren entlastet das BAMF, aber auch die Flüchtlinge werden meist nicht erneut durch eine Überprüfung belastet.

Zusätzlich kann nach fünf Jahren die Erlaubnis zum Daueraufenthalt EU nach § 9a AufenthG erworben werden; dadurch wird die Weiterwanderung innerhalb der EU zu Erwerbszwecken möglich. Voraussetzung für die Erlaubnis ist allerdings ein gesicherter Lebensunterhalt.

Die **Einbürgerung** erfolgt nach den Anforderungen der Anspruchseinbürgerung gemäß § 10 StAG in der Regel nach acht Jahren, bei Sprachkenntnissen bereits nach sieben und bei besonderen Integrationsleistungen auch nach sechs Jahren. Das StAG enthält keine Sonderregelungen, die etwa auf einen gesicherten Lebensunterhalt oder auf sonstige Anforderungen verzichten (für die Einbürgerung allgemein siehe auch → S. 409).

Allerdings verlangt Art. 34 GFK, anerkannten Flüchtlingen die Einbürgerung zu erleichtern, sie zu beschleunigen und die Kosten so weit wie möglich herabzusetzen. Mit einer Gebühr von derzeit 255 € wird diesen Grundsätzen nicht Rechnung getragen. Es lohnt sich daher ein Antrag auf Herabsetzung der Gebühren. Auch darf die Einbürgerung nicht daran scheitern, dass Flüchtlinge die erforderlichen Dokumente wie Geburts- und Heiratsurkunden nicht beibringen können. Auch hier verpflichtet die GFK zu einer Hilfestellung des Schutzstaates bei der Ausstellung von Dokumenten (Art. 25 Verwaltungshilfe).
Nicht gefordert werden darf die Entlassung aus der Staatsangehörigkeit des Herkunftsstaates (§ 12 Abs. 1 Nr. 6 StAG).

Beispiel

Ludmilla, ukrainische Staatsangehörige, kam 2010 im Alter von 16 Jahren nach Deutschland, wurde 2012 als Flüchtling anerkannt, erreichte 2015 ihr Abitur und studiert jetzt Soziale Arbeit. Sie ist zur Zeit im Besitz einer Niederlassungserlaubnis und möchte sich 2016 einbürgern lassen. Ihr Lebensunterhalt wird durch BAföG gesichert.
Sie würde nach Ableistung des Einbürgerungstests die Voraussetzungen des § 10 StAG, abgesehen von der Entlassung aus der ukrainischen Staatsangehörigkeit, erfüllen. Allerdings beträgt die Aufenthaltsdauer erst sechs Jahre (Zeiten des Asylverfahrens werden nach § 55 Abs. 3 AsylG angerechnet). Die besonderen Integrationsleistungen (§ 10 Abs. 3 Satz 2 StAG) sind durch das Studium nachgewiesen. Es besteht aber nur ein Ermessensanspruch. Bei der Ausübung des Ermessens ist Art. 34 GFK zu berücksichtigen, nach dem die Einbürgerung zu erleichtern ist. Liegen die Voraussetzungen für die Einbürgerung vor, kann das Ermessen praktisch nur noch zu Gunsten der Betroffenen ausgeübt werden.

1.4 Sozialleistungen

Als Beratungsgrundlage gilt der Grundsatz: **Anerkannten Flüchtlingen stehen Sozialleistungen und soziale Vergünstigungen in gleichem Umfang zu wie deutschen Staatsangehörigen.**
Von diesem Grundsatz gibt es nur wenige Ausnahmen (→ S. 313 f.).

1.4.1 Leistungen vom Jobcenter

Mit der Anerkennung endet der Anspruch auf Leistungen nach dem AsylbLG und es entsteht für erwerbsfähige Flüchtlinge ein **Anspruch auf Leistungen nach dem SGB II**, die vom Jobcenter gewährt werden.

Nach der Anerkennung als Flüchtling sollte für den **Wechsel vom Sozialamt zum Jobcenter** wie folgt vorgegangen werden:

1. Bei der Ausländerbehörde eine Bescheinigung über das Aufenthaltsrecht bzw. die Beantragung des elektronischen Aufenthaltstitels holen.
2. Beim Sozialamt eine Bescheinigung über die Einstellung der Leistung nach AsylbLG holen.
3. Mit diesen beiden Bescheinigungen den Antrag beim Jobcenter stellen. Wenn kein Geld mehr verfügbar ist, kann ein Vorschuss beantragt werden (§ 40 Abs. 2 Nr. 1 SGB II i.V.m. § 328 Abs. 1 Nr. 3 SGB III).

Ein Teil der anerkannten Flüchtlinge ist erst kurze Zeit in Deutschland und benötigt Dolmetscher zur Antragstellung.

In einer Dienstanweisung der Bundesagentur für Arbeit (HEGA 05/11 – 08 – Geschäftszeichen: POE 6 – 1236 / 1233 / 7034.14 / II-5020 / II-8402) heißt es dazu:

»3.1.1 Verfahren
Kunden/Kundinnen mit unzureichenden Deutsch-Kenntnissen sollen zur Vermeidung von Verständnisschwierigkeiten in erster Linie eine Person mit entsprechenden Sprachkenntnissen mitbringen.
Ist dies nicht möglich, sind für Übersetzungen und Dolmetscherdienste Mitarbeiterinnen und Mitarbeiter mit entsprechenden Sprachkenntnissen zu betrauen.
Sofern dies ebenfalls ausscheidet, sollen soziale Verbände bzw. ehrenamtliche Einrichtungen u.ä. – soweit die Übersetzungs- und Dolmetscherdienste im Zusammenhang mit ihren Aufgaben stehen – hierfür gewonnen werden.

3.1.2 Erstattung von Dolmetscherkosten
Bei Erstkontakten (schriftlich und mündlich) sind notwendige Übersetzungen bzw. Dolmetscherdienste in jedem Fall von der BA bzw. dem jeweiligen Jobcenter zu veranlassen und zu erstatten.«

Anerkannte Flüchtlinge können daher für die Antragstellung und das Ausfüllen der Formulare beim Jobcenter auf jeden Fall eine vom Amt gestellt Sprachmittlung verlangen, wenn sie selbst niemand kennen, der wirklich ausreichend deutsch spricht.

Für Flüchtlinge im Rentenalter oder für dauerhaft wegen einer Behinderung nicht Erwerbsfähige findet kein Wechsel zum Jobcenter statt. Sie erhalten weiterhin Leistungen vom Sozialamt, nun aber als **Grundsicherung nach §§ 41 ff. SGB XII.**

1.4.2   Sonstige Sozialleistungen

Es sind grundsätzlich alle Familienleistungen, Ausbildungsbeihilfen, Leistungen für behinderte und pflegebedürftige Menschen und sonstige Beihilfen, auch nach Landesgesetzen, zu prüfen.
Anträge auf **Kindergeld** und **Unterhaltsvorschuss** sollten so bald wie möglich gestellt werden und soweit bereits eine Erwerbstätigkeit vorliegt, auch Anträge auf Wohngeld, Kinderzuschlag oder Elterngeld.

Gewisse Einschränkungen bestehen für folgende Leistungen:

- **Pflegeversicherung**: Mit dem Wechsel vom AsylbLG zum SGB II werden die anerkannten Flüchtlinge auch Mitglied in der Pflegeversicherung. Von den Leistungen bleiben sie aber zunächst für zwei Jahre ab dem Beitritt ausgeschlossen (§ 30 Abs. 2 Nr. 6 SGB XI). Besteht oder entsteht in dieser Zeit ein Bedarf an Pflegeleistungen (für alte Menschen, aber auch für behinderte Kinder oder für Geh-, Seh-, Sprach-, oder Hörbehinderte), so müssen die Leistungen vom Sozialamt im Rahmen der Hilfe zur Pflege (§§ 61 ff. SGB XII) erbracht werden. Es darf dabei nicht zu einer Benachteiligung gegenüber den Leistungen aus der Pflegeversicherung kommen, weil das Sozialamt die erforderlichen Leistungen ebenso zu erbringen hat wie die Pflegeversicherung, nur ist der Umfang der Leistungen nicht wie bei der Pflegeversicherung beschränkt. Für alte und behinderte Menschen, die Grundsicherungsleistungen nach SGB XII beziehen, wird keine Pflegeversicherung abgeschlossen. Sie haben dauerhaft einen Anspruch auf Hilfe zur Pflege (§§ 61 ff. SGB XII).

- **Rentenversicherung**: Anerkannte Flüchtlinge werden in die Europäische Sozialrechtskoordinierung (Verordnung 883/2004) einbezogen, wenn sie Versicherungszeiten in einem anderen EU-Staat zurückgelegt haben. Die Berücksichtigung von Rentenbeiträgen aus Staaten außerhalb der EU (und EWR, Schweiz) ist nur möglich, soweit Sozialversicherungsabkommen bestehen.

- **Opferentschädigungsgesetz**: Nach dem Wortlaut des § 1 Abs. 5 Nr. 1 OEG ist der volle Leistungsanspruch von einem mindestens dreijährigen gewöhnlichen Aufenthalt in Deutschland abhängig.
  Anerkannte Flüchtlinge könnten jedoch nach § 1 Abs. 4 Nr. 2 OEG gleichgestellt sein, wenn dies durch eine Regelung der EU geboten ist. Art. 29 QRL verpflichtet zu einer Gleichstellung im Bereich der Sozialhilfe. Unter diesen Begriff sind die Leistungen nach dem OEG jedoch nicht eindeutig zu fassen.

Die GFK enthält zwar in Art. 24 ein Gleichstellungsgebot für Leistungen der sozialen Sicherheit, gestattet jedoch Ausnahmen für ausschließlich steuerfinanzierte Leistungen.

Nach drei Jahren Aufenthalt bestehen in jedem Fall volle Leistungsansprüche. Die Zeit des Asylverfahrens wird angerechnet.

Gewalttaten, die Flüchtlinge im Herkunftsland und auf der Flucht erlebt haben, werden nicht nach dem OEG entschädigt. Dagegen bestehen Leistungsansprüche bei Schädigungen durch Gewalt – auch in Flüchtlingsunterkünften oder im häuslichen Umfeld – in Deutschland. Hier hilft der »Weiße Ring« weiter (www.weisser-ring.de).

1.5   Sprachliche Integration

Integrationskurse: Es besteht sowohl eine Berechtigung (§ 44 AufenthG) als auch eine Verpflichtung zur Teilnahme, falls noch keine Deutschkenntnisse auf dem Niveau B 1 des GER (siehe Glossar) vorhanden sind (§ 44a AufenthG). Bezieherinnen von SGB-II- oder SGB-XII-Leistungen werden von den Kosten befreit (§ 9 Abs. 2 IntV); auch die Fahrtkosten werden erstattet (§ 4a Abs. 1 IntV).

Berufsbezogene Deutschförderung: Im Herbst 2015 wurde ein weiteres Sprachförderungsinstrument geschaffen (§ 45a AufenthG). Diese Kurse schließen an die Integrationskurse an und sind zum Teil auf bestimmte Berufsbereiche ausgerichtet. Anerkannte Flüchtlinge sind zur Teilnahme berechtigt. Wenn sie Leistungen des Jobcenters beziehen, können sie zur Teilnahme auch in der Eingliederungsvereinbarung verpflichtet werden (§ 45a Abs. 2 AufenthG). Nähere Informationen können über die örtlichen Sprachkursträger, die Migrationsberatungsstellen und die Jugendmigrationsdienste beschafft werden.

Garantiefonds Hochschulbereich: Besondere Förderungen gibt es für junge anerkannte Flüchtlinge bis zum 30. Geburtstag, wenn seit der Einreise noch keine fünf Jahre vergangen sind, vom Garantiefonds Hochschulbereich. Finanziert werden Intensivsprachkurse, Vorbereitungen für die Hochschulzulassung und Unterstützungen zur Fortsetzung eines begonnenen Studiums. Die Förderleistungen können nur über die Beratungsstellen des Garantiefonds abgerufen werden; die Standorte sind zu finden unter: http://www.bildungsberatung-gfh.de.

1.6 Arbeitsmarktintegration

1.6.1 Erwerbserlaubnis

Die Aufenthaltserlaubnis nach § 25 Abs. 1 oder Abs. 2 AufenthG umfasst immer auch die Erwerbserlaubnis (siehe Glossar), welche sowohl (abhängige) Beschäftigungen als auch selbständige Tätigkeiten ohne Einschränkungen erlaubt.

1.6.2 Leistungen der Jobcenter

Für die Leistungen der Arbeitsmarktintegration sind bei SGB-II-Leistungsempfängern die Jobcenter zuständig. Anerkannte Flüchtlinge sind bei der Arbeitsmarktintegration völlig gleichgestellt mit Deutschen (Art. 26 Abs. 2 QRL). Sie befinden sich aber in einer besonderen Ausgangslage, weil sie erstmals auf diesen spezifischen Arbeitsmarkt treffen. Ihnen sind also auch die Leistungen zu gewähren, die sie speziell in Hinblick auf diese Situation benötigen.

Hier liegt ein wichtiges Tätigkeitsfeld der Flüchtlingsarbeit.
Oftmals haben die Mitarbeiterinnen der Jobcenter nicht die ausreichende Zeit, die erforderliche Vorstellungskraft oder auch schlicht nicht den Überblick über die möglichen Leistungen. Auch der Anspruch auf den Dolmetschereinsatz nicht nur für den Leistungsantrag, sondern auch die Beratung und den Abschluss der Eingliederungsvereinbarung (§ 15 SGB II) ist noch immer nicht eindeutig geklärt.

In der Dienstanweisung der Bundesagentur für Arbeit (HEGA 05/11 – 08 – Geschäftszeichen: POE 6 – 1236 / 1233 / 7034.14 / II-5020 / II-8402) heißt es dazu:

»Andere Fälle
Ausländische Personen und Institutionen, denen keine generelle Kostenbefreiung eingeräumt wird, sollten bereits im Zusammenhang mit dem ersten Kontakt aufgefordert werden, im Schriftverkehr und in mündlichen Verhandlungen künftig die deutsche Sprache zu verwenden und ggf. selbst Übersetzungen anfertigen zu lassen oder einen Dolmetscher/ eine Dolmetscherin mitzubringen. ... **Die Übernahme der Kosten von Amts wegen kann jedoch erfolgen, wenn die Umstände des Falls dies rechtfertigen.**« (eigene Hervorhebungen)

Anerkannte Flüchtlinge werden in dieser Anweisung nicht genannt, sie dürfen jedoch im Bereich der Leistungen der Arbeitsmarktintegration nach

Art. 26 Abs. 2 QRL gegenüber Deutschen (Spätaussiedlern) nicht benachteiligt werden, deshalb sind die **Kosten für Dolmetscherdienste** zwingend zu übernehmen.

Wichtige Leistungen der Arbeitsmarktintegration:

- Die Übersetzungen von Diplomen, Arbeitszeugnissen und Schulabschlüssen sowie die Kosten des Verfahrens auf Anerkennung von Berufsabschlüssen auf der Grundlage des § 44 SGB III (hierauf verweist § 16 Abs. 1 Nr. 1 SGB II).
- Kosten für Bewerbungen (§§ 44 SGB III, Verweis in § 16 Abs. 1 Nr. 1 SGB II).
- Die Einstiegsqualifizierung nach § 54a SGB III (hierauf verweist § 16 Abs. 1 Nr. 3 SGB II) kann für Flüchtlinge hilfreich sein, wenn die Deutschkenntnisse noch nicht reichen, um eine Ausbildung aufzunehmen, oder aber kein in Deutschland anerkannter Schulabschluss nachgewiesen werden kann. Es werden Praktika mit einer Dauer von bis zu 12 Monaten zur Vorbereitung einer Ausbildung gefördert. Ergänzend können auch »ausbildungsbegleitende Hilfen« (§ 75 SGB III) erbracht werden, die auch zur Sprachförderung eingesetzt werden können. Wichtig ist, den Ausbildungsbetrieb sorgfältig auszusuchen, um nicht als billige Arbeitskraft verheizt zu werden, ohne eine wirkliche Perspektive zu haben.
- Die assistierte Ausbildung (§ 130 SGB III) ermöglicht sowohl eine vorbereitende Unterstützung und Hilfe bei der Anbahnung eines Ausbildungsverhältnisses als auch eine Begleitung der Ausbildung.
- Bildungsgutscheine nach 81 SGB III (Verweis in § 16 Abs. 1 Nr. 4 SGB II) können auch eingesetzt werden, um bestimmte Anpassungsmaßnahmen zur Anerkennung eines Berufsabschlusses zu finanzieren.
- Für geringqualifizierte Arbeitnehmerinnen, insbesondere auch ältere, können Zuschüsse zum Arbeitseinkommen an Arbeitgeberinnen gezahlt werden (Eingliederungszuschüsse nach §§ 88 ff. SGB III, Verweis in § 16 Abs. 1 Nr. 5 SGB II).
- Für Personen bis zum 25. Geburtstag kann eine Berufsvorbereitende Bildungsmaßnahme auch zum Erreichen des Hauptschulabschluss (§ 51 SGB III) gefördert werden. Hier erfolgt jedoch ein Wechsel bei der Finanzierung des Lebensunterhalts vom SGB II zur Berufsausbildungsbeihilfe der Arbeitsagentur nach §§ 56 ff. SGB III, die mit erheblichen bürokratischen Hürden belastet ist.
- In der Eingliederungsvereinbarung können »Berufsbezogene Deutschsprachförderungen« nach § 45a AufenthG vorgesehen werden.

1.6.3 Aufnahme eines Studiums

Anerkannten Flüchtlingen soll die Aufnahme eines Studiums erleichtert werden. Nach dem Beschluss der Kultusministerkonferenz vom 3.12.2015 (http://www.hrk.de/uploads/media/BS_151203_HochschulzugangHochschulzulassung_Fluechtlinge.pdf) verpflichten sich alle Bundesländer, einheitliche Regelungen für die Hochschulen ihres Landes zu erlassen, die

- die Feststellung einer **Hochschulzugangsberechtigung** ermöglichen, auch wenn die erforderlichen Dokumente nicht verfügbar sind. Diese Ausnahmeregelung ist auf alle anerkannten Flüchtlinge anzuwenden. Sie brauchen nicht im Einzelnen nachzuweisen, dass die Dokumente wegen der Verfolgung oder der Flucht nicht beschafft werden konnten. Die Voraussetzungen für ein Studium müssen jedoch durch andere Unterlagen **plausibel belegt werden**. Als Beispiele werden genannt: Studierendenausweis, Prüfungsbescheinigungen oder Studienbücher;

- mindestens ein Prüfverfahren einführen, um auf der Grundlage der zuvor festgestellten Plausibilität der Hochschulzugangsberechtigung die **Studierfähigkeit** zu prüfen. Hierzu können die bereits verfügbaren Zugangsprüfungen der Studienkollegs, für beruflich Qualifizierte o.ä. genutzt werden, auch Einzelfallprüfungen oder Probestudien sind möglich.

Unterschieden wird bei den Zulassungsverfahren zwischen Hochschulstudiengängen ohne Zulassungsbeschränkungen, bei denen die Zulassung auf der Grundlage der beiden Prüfungsschritte erfolgt, und zulassungsbegrenzten Studiengängen. Für letztere muss entweder im Rahmen der Feststellung der Studierfähigkeit eine Note gebildet werden, um am Zulassungsverfahren teilnehmen zu können, oder auf einen Platz im Kontingent für ausländische Studierende zurückgegriffen werden.

Die landesrechtlichen Regelungen können bei den Akademischen Auslandsämtern der Hochschulen oder direkt bei den Kultusministerien abgefragt werden.

Ansprüche auf BAföG bestehen unter denselben Voraussetzungen wie für Deutsche (§ 8 Abs. 2 Nr. 1 BAföG). Ein Studium gilt nicht als Zweitstudium, wenn ein vorausgegangenes Studium im Herkunftsstaat noch nicht abgeschlossen war. Auch eine völlig andere Studienwahl wird akzeptiert, weil erst nach der Ausreise die Wahlmöglichkeit besteht, das Studium in Deutschland aufzunehmen. Das braucht nicht nachgewiesen zu werden, sondern wird bei anerkannten Flüchtlingen angenommen (BAföG VwV 7.1.15). Wurde das Studium im Herkunftsland schon abgeschlossen, so wird zunächst auf die Anerkennung bzw. Gleichwertigkeitsfeststellung verwiesen. Nur wenn diese nicht mit einem vertretbaren Aufwand erreicht werden kann, wird auch ein weiteres Studium gefördert. Sonst können auch Weiterbildungen zur Erreichung der Anerkennung oder auch zu einer höheren Qualifizierung durch BAföG gefördert werden (§ 7 Abs. 2 BAföG).

Die Altersgrenze von 30 Jahren kann überschritten werden, wenn das Studium wegen der Verfolgung oder Flucht nicht früher aufgenommen werden konnte (§ 10 Abs. 3 Satz 2 BAföG).

2   Subsidiär Schutzberechtigte

Der Status als subsidiär schutzberechtigt wurde erst Ende 2013 in Deutschland eingeführt, weil er durch die Neuregelung der QRL für die gesamte EU vorgegeben wurde. Derzeit ist hiervon nur ein sehr kleiner Personenkreis betroffen. Es ist jedoch erklärtes Ziel des Bundesinnenministeriums, die Zahl der anerkannten Flüchtlinge zu senken und Menschen aus Kriegsgebieten nur noch den subsidiären Schutzstatus zuzuerkennen. Diese Entwicklung wird dazu führen, dass gegen viele Entscheidungen Klagen bei den Verwaltungsgerichten eingelegt werden.

2.1   Entscheidung über Rechtsmittel

Nach einer Zuerkennung des Status als subsidiär schutzberechtigt muss die schwierige Frage entschieden werden, ob gegen die Ablehnung der Zuerkennung der Flüchtlingseigenschaft geklagt wird.

Vorteile eines Rechtsmittels

Der wichtigste praktische Unterschied liegt im Bereich des Familiennachzugs. Um nahe Angehörige, die sich in Kriegsgebieten, unter Verfolgungsdruck, in Flüchtlingslagern oder ungesicherten Lebenssituationen befinden, legal nach Deutschland einreisen zu lassen, wird der Flüchtlingsstatus benötigt.

Auch für Personen, die über keinen eigenen Nationalpass verfügen und diesen auch nicht beschaffen können, ist der Flüchtlingsstatus wichtig, um mit dem Flüchtlingspass ein international einigermaßen anerkanntes Personaldokument zu erhalten.

Die Stellung als Flüchtling bietet weitere Vorteile wie den schnelleren Übergang in eine Niederlassungserlaubnis (unbefristet, siehe Glossar).

Während des Verfahrens auf Anerkennung der Flüchtlingseigenschaft ist bereits eine Aufenthaltserlaubnis nach § 25 Abs. 2, 2. Alt. AufenthG zu erteilen, weil hierauf ein Rechtsanspruch besteht (kein Ausschluss nach § 10 Abs. 1 AufenthG). In dieser Zeit muss ein Reiseausweis für Ausländer ausgestellt werden, weil während eines Asylverfahrens kein Nationalpass beantragt werden darf.

Nachteile eines Rechtsmittels
Das Verfahren kann sehr lange dauern und ist nur mit anwaltlicher Vertretung sinnvoll.
Es kommt also auf die Erfolgsaussichten an. Es gibt bestimmte Diktaturen auf der Welt, die jeden Flüchtling als Oppositionellen betrachten, der mit seiner Ausreise auch die Ablehnung des Regimes zum Ausdruck bringt. Derzeit finden sich diese Verfolgungsmotive vor allem beim syrischen (OVG Berlin-Brandenburg vom 9. Januar 2014 – OVG 3 N 91.13; OVG Sachsen-Anhalt vom 18. Juli 2012 – 3 L 147/12; VGH Baden-Württemberg vom 19. Juni 2013 – A 11 S 927/13) und beim eritreischen Staat (VG Stuttgart vom 25.1.2012 – A 12 K 804/11; VG Saarland vom 22.1.2015 – 3 K 403/14).
Wenn in den Entscheidungen des BAMF nur auf den Schaden durch den Krieg (Syrien) oder eine drohende unmenschliche Behandlung im Zusammenhang mit dem Wehrdienst (Eritrea) Bezug genommen wird, lohnt sich die Klage auf die volle Flüchtlingsanerkennung. Seit Mitte April 2016 besteht beim BAMF eine Weisung, nach der syrische Staatsangehörige nur noch als subsidiär schutzberechtigt anerkannt werden, es sei denn sie können glaubhaft machen, persönlich als Regimegegner verfolgt zu werden.
Gegen diese Bescheid werden sicher viele Flüchtlinge klagen, zumal die Gerichte hier Prozesskostenhilfe bewilligen müssten, da die Gerichte bislang überwiegend einen Anspruch auf Flüchtlingsanerkennung bejaht haben.

Wenn hingegen die unmenschliche Behandlung vor allem in der fehlenden medizinischen Behandlungsmöglichkeit oder den völlig menschenunwürdigen Lebensbedingungen gesehen wird, lohnt sich die Klage nicht.

2.2 Aufenthaltsrechte

Wird in dem Bescheid des BAMF nur der Anspruch auf subsidiären Schutz festgestellt, so erlischt die Aufenthaltsgestattung immer erst zwei Wochen nach Zustellung des Bescheids, weil gegen die Ablehnung der Asylberechtigung und der Anerkennung als Flüchtling noch Rechtsmittel möglich sind.

> Auch hier gilt der Grundsatz, dass der Aufenthalt bis zur Erteilung der Aufenthaltserlaubnis nach § 25 Abs. 2, 2. Alternative als erlaubt gilt (→ S. 294).

Es bestehen aber wesentliche Unterschiede im Aufenthaltsstatus von subsidiär Schutzberechtigten und anerkannten Flüchtlingen, obwohl beide Gruppen gleichermaßen eine Aufenthaltserlaubnis nach § 25 Abs. 2 AufenthG erhalten. Bei den subsidiär Schutzberechtigten wird sie jedoch nach der 2. Alternative erteilt. Anders als bei den anerkannten Flüchtlingen wird diese Aufenthaltserlaubnis nur für ein Jahr erteilt.

Auch soll grundsätzlich ein Nationalpass beschafft werden, wenn keiner beim BAMF hinterlegt worden war.

Es besteht kein Anspruch auf den Reiseausweis nach der GFK.

Ist ein Nationalpass aber nicht (zumutbar) beschaffbar, so kann ein deutscher Reiseausweis ausgestellt werden. § 5 Abs. 3 AufenthG bestimmt ausdrücklich, dass für die Erteilung der Aufenthaltserlaubnis kein Pass verlangt werden darf.

Viele Verwaltungsgerichte gehen davon aus, dass die Beantragung eines Nationalpasses schon wegen der Zuerkennung des subsidiären Schutzstatus nicht zumutbar ist, weil die Schutzberechtigten damit »im Ergebnis den Schutz des Verfolgerstaates in Anspruch nehmen« (VG Würzburg vom 26.1.2015 – 7 K 14.1220; BayVGH vom 18.1.2011 – 19 B 10.2157). Diese Rechtsauffassung wird aber nicht von allen Verwaltungsgerichten geteilt (dagegen: VG Dresden vom 12.3.2015 – 3 K 687/13; VG Augsburg vom 9.10.2012 – Au 1 K 12.903).

Für die Beratung ist es wichtig, zwischen anerkannten Flüchtlingen mit einer Aufenthaltserlaubnis nach § 25 Abs. 2, 1. Alternative und subsidiär Schutzberechtigten mit einer Aufenthaltserlaubnis nach § 25 Abs. 2, 2. Alternative zu unterscheiden. Auf dem eAT ist dies nicht erkennbar.
Aber: Anerkannte Flüchtlinge haben immer einen Flüchtlingsausweis, subsidiär Schutzberechtigte nie. Auch wird die Aufenthaltserlaubnis für anerkannte Flüchtlinge für drei Jahre erteilt, die für subsidiär Schutzberechtigte nur für ein Jahr.

Gerade weil die Beschaffung des Nationalpasses einige Zeit in Anspruch nehmen kann, ist es wichtig, die (Fiktions-)Bescheinigung der Ausländerbehörde zu erhalten, durch die der Bezug von Leistungen nach dem SGB II sichergestellt wird (→ S. 311).

Unbefriedigend bleibt, dass der Gesetzgeber nicht ausdrücklich klar gestellt hat, dass die Erwerbserlaubnis ab der bestandskräftigen Feststellung des subsidiären Schutzstatus gilt. In der Praxis wird sie erst auf den eAT aufgedruckt, nicht aber auf die Fiktionsbescheinigung (siehe Glossar). Zumindest der Fortbestand einer schon erteilten Beschäftigungserlaubnis sollte von der Ausländerbehörde auf der Bescheinigung vermerkt werden.

Falls in der Zeit vor der Erteilung des eAT eine Arbeit gefunden wird, kann von der Ausländerbehörde eine Bescheinigung verlangt werden, aus der hervorgeht, dass die Beschäftigung oder selbständige Tätigkeit ohne Genehmigung erlaubt ist. Das ergibt sich aus Art. 26 Abs. 1 QRL (»unmittelbar nach Zuerkennung des Schutzes«), die in Deutschland unmittelbar anzuwenden ist, wenn sie nicht vollständig in deutsches Recht umgesetzt wurde.

Wohnsitzwechsel

Die Aufenthaltserlaubnis nach § 25 Abs. 2, 2. Alternative AufenthG wird regelmäßig mit einer Wohnsitzauflage (§ 12 Abs. 2 AufenthG) versehen, solange Leistungen nach SGB II/SGB XII in Anspruch genommen werden. Subsidiär Schutzberechtigte bleiben auch nach der Anerkennung an die Kommune gebunden, der sie nach dem Zufallsprinzip zugeordnet wurden.

Wird ein Wohnortwechsel erforderlich, um die Zusammenführung mit einem Ehegatten, Lebenspartner oder minderjährigen, ledigen Kindern zu ermöglichen, muss die Wohnsitzauflage aufgehoben werden.

Wenn der Wohnort zum Zweck einer Arbeitsaufnahme, einer Ausbildung oder eines Studiums gewechselt werden soll, kann die Ausländerbehörde am neuen Wohnort die Auflage löschen oder ändern. Wenn keine gewichtigen Gründe (z.B. Ermittlungsverfahren wegen schweren Straftaten oder Terrorismus) entgegenstehen, kann das Ermessen nur zu Gunsten der Schutzberechtigten ausgeübt werden.

Auch weitere Gründe wie Schutz vor Gewalt oder Bedrohung, besondere Therapiemöglichkeiten oder eine aus gesundheitlichen Gründen notwendige Unterstützung durch Familienangehörige führen zu einem Recht auf den Wechsel des Wohnortes.

Ob die Einschränkung der Freizügigkeit subsidiär Schutzberechtigter mit Art. 33 QRL (siehe Glossar) vereinbar ist, erschien auch dem BVerwG vom 19.8.2014 – 1 C 1.14 klärungsbedürftig. Auf die Vorlagefragen an den EuGH erfolgte am 1.3.2016 (Az: C-443/14 und C-444/14) die Bewertung, nach der Wohnsitzauflagen zur gleichmäßigen Verteilung von Soziallasten unzulässig sind. Zulässig wären Auflagen hingegen, wenn sie notwendig sind, um spezifischen Integrationsbedarfen von subsidiär Schutzberechtigten, die sich substantiell von den Bedarfen anderer Ausländer unterscheiden, Rechnung zu tragen.

Das BVerwG muss nun darüber entscheiden, ob die derzeit bestehenden Wohnsitzauflagen beibehalten werden können. Voraussichtlich wird mit dem geplanten Integrationsgesetz eine einheitliche Wohnsitzauflage für anerkannte Flüchtlinge und subsidiär Schutzberechtigte geschaffen, die mit spezifischen Integrationszielen gerechtfertigt wird.

Reiserechte

Die Aufenthaltserlaubnis berechtigt zu Kurzaufenthalten von bis zu drei Monaten (innerhalb von sechs Monaten) innerhalb des Schengen-Raums. Eine Erwerbstätigkeit darf aber nicht in jedem Schengen-Staat ohne Genehmigung aufgenommen werden. Die verschiedenen Mitgliedstaaten haben die Arbeitsmöglichkeiten von Personen mit einer Aufenthaltserlaubnis in einem anderen Mitgliedstaat unterschiedlich geregelt.

Subsidiär Schutzberechtigte, die nur über einen deutschen Reiseausweis verfügen, müssen bei jeder Reise prüfen, ob dieser Ausweis von dem jeweiligen Staat anerkannt wird, z.B. ist die Einreise in die Vereinigten Arabischen Emirate nicht möglich; von der Türkei werden die Ausweise anerkannt, aber ein Visum verlangt.

2.3 Familiennachzug

Für den Familiennachzug und auch für den Erwerb des »Familienasyls« galten seit Juli 2015 die gleichen Anforderungen wie beim Familiennachzug zu anerkannten Flüchtlingen.

Das Recht auf Familiennachzug wurde jedoch durch das Gesetz vom 11.3.2016 (BGBl. I vom 16.3.2016, S. 394) bis zum **16. März 2018 ausgesetzt** (§ 104 Abs. 13 AufenthG).

Damit wird der Familiennachzug auch bei z.B. gesichertem Lebensunterhalt, ausreichendem Wohnraum ausgeschlossen.

Entsprechende Anträge werden weder von der deutschen Auslandsvertretung noch vom Auswärtigen Amt bearbeitet. Die Blockade des Familiennachzugs stellt für viele Familien eine humanitäre Katastrophe dar, weil die Angehörigen im Kriegsgebiet festsitzen, nicht aus den Flüchtlingslagern heraus kommen und ihnen allenfalls die Möglichkeit einer lebensgefährlichen Reise über das Mittelmeer bleibt. Derzeit ist der Anteil der subsidiär Schutzberechtigten an der Gesamtschutzquote sehr niedrig (0,6 % in 2015, BAMF, Geschäftsstatistik 12/2015, S. 6). Die Neuregelung muss jedoch im Zusammenhang mit dem erklärten Ziel des BMI gesehen werden, zukünftig Flüchtlinge aus Syrien und dem Irak nur noch als subsidiär Schutzberechtigte und nicht mehr als Flüchtlinge nach der GFK anerkennen zu lassen. Die Einzelentscheiderinnen des BAMF sind auch weisungsgebunden im Verhältnis zur Amtsleitung.

Die Familiennachzugsrichtlinie (siehe Glossar) steht der Aussetzung des Familiennachzugs nicht entgegen, weil dort nur der privilegierte Nachzug zu anerkannten Flüchtlingen geregelt wird. Die einzige Möglichkeit, die Familie nachkommen zu lassen, ist der Wechsel des Aufenthaltstitels, z.B. in einen Aufenthaltserlaubnis zum Zweck der Beschäftigung. Neben der Sicherung des Lebensunterhalts müssen dann aber auch die Anforderungen ausreichend Wohnraum und eventuell auch Sprachkenntnisse der nachziehenden Partner erfüllt sein.

2.4 Verfestigung des Aufenthalts und Einbürgerung

Die Aufenthaltserlaubnis wird zunächst für ein Jahr und anschließend jeweils für weitere zwei Jahre erteilt, ohne dass die Sicherung des Lebensunterhalts nachgewiesen werden muss.
Der subsidiäre Schutzstatus kann unter denselben Bedingungen zurückgenommen oder widerrufen werden wie bei anerkannten Flüchtlingen (→ S. 212).

Die Erteilung der **Niederlassungserlaubnis** ist erst **nach fünf Jahren** und nur dann möglich, wenn alle Anforderungen des § 9 AufenthG erfüllt sind (§ 26 Abs. 4 AufenthG). Bei der Berechnung der Frist werden die Zeiten des Asylverfahrens angerechnet (§ 55 Abs. 3 AsylG).

Voraussetzungen für die Niederlassungserlaubnis sind:

- ■ **Gesicherter Lebensunterhalt** (siehe Glossar).
  Ausnahmen:
  – Wenn die Anforderung wegen einer körperlichen, geistigen oder seelischen Krankheit oder Behinderung nicht erfüllt werden kann, §§ 9 Abs. 2 Satz 6, 35 Abs. 4 AufenthG;

– bei jungen Menschen in Ausbildung, § 35 Abs. 3 Satz 1 Nr. 3 AufenthG;
– bei der Erteilung zum 16. Geburtstag nach fünf Jahren Aufenthalt, § 35 Abs. 1 Satz 1 AufenthG;

■ 60 **Monate Rentenbeiträge** oder eine vergleichbare Alterssicherung.
Ausnahmen:
– Soweit Ausfallzeiten wegen Kinderbetreuung oder Pflege angerechnet werden, § 9 Abs. 2 Nr. 3, 2. Halbsatz AufenthG;
– wenn der Ehegatte die Voraussetzung erfüllt, § 9 Abs. 3 Satz 1 AufenthG;
– wenn die Anforderung wegen einer körperlichen, geistigen oder seelischen Krankheit oder Behinderung nicht erfüllt werden kann, § 9 Abs. 2 Satz 6 AufenthG;
– Minderjährige und junge Volljährige, die bis zum 13. Geburtstag eingereist sind, § 35 AufenthG.

■ Ausreichend **Kenntnisse der deutschen Sprache** (Niveau B 1 GER, siehe Glossar).
Ausnahmen:
– Soweit wegen geringem Integrationsbedarf kein Anspruch auf Teilnahme an einem Integrationskurs bestand oder wegen dauerhafter Unmöglichkeit (z.B. Pflege von Angehörigen) keine Verpflichtung bestand, § 9 Abs. 2 Satz 5 AufenthG;
– wenn die Anforderung wegen einer körperlichen, geistigen oder seelischen Krankheit oder Behinderung nicht erfüllt werden kann, § 9 Abs. 2 Satz 3 AufenthG;
– Erteilung zum 16. Geburtstag nach fünf Jahren Aufenthalt, § 35 Abs. 1 Satz 1 AufenthG;
– zur Vermeidung einer Härte kann auf die Anforderung verzichtet werden, § 9 Abs. 2 Satz 4 AufenthG.

■ **Grundkenntnisse der Rechts- und Gesellschaftsordnung** und der Lebensverhältnisse.
Ausnahmen:
– In den Fällen der Ausnahmen für den Spracherwerb;
– Anspruch ab dem 18. Geburtstag nach fünf Jahren Aufenthalt, § 35 Abs. 1 Satz 2 AufenthG.

■ Ausreichend **Wohnraum** (siehe Glossar) für sich und die Familienangehörigen.
Ausnahmen:
– Für Minderjährige und minderjährig Eingereiste nach fünf Jahren Aufenthalt, § 35 Abs. 1 AufenthG.

Auch können subsidiär Schutzberechtigte seit 2015 zusätzlich die Erlaubnis zum **Daueraufenthalt EU** nach § 9a AufenthG erhalten, wodurch ihnen die Weiterwanderung innerhalb der EU zu Erwerbszwecken ermöglicht wird.

Für subsidiär Schutzberechtigte gibt es keine Erleichterung bei der **Einbürgerung** im StAG. Es gelten aber die Vorgaben der QRL zur Erleichterung der Einbürgerung (→ S. 409 ff.). Grundsätzlich muss auch die Entlassung aus der bisherigen Staatsangehörigkeit beantragt werden (§ 10 Abs. 1 Nr. 4 StAG).

Darauf wird aber verzichtet, wenn

- das Recht des ausländischen Staates das Ausscheiden aus dessen Staatsangehörigkeit nicht vorsieht;
- der ausländische Staat die Entlassung regelmäßig verweigert;
- der ausländische Staat die Entlassung aus der Staatsangehörigkeit aus Gründen versagt hat, die der Ausländer nicht zu vertreten hat, oder von unzumutbaren Bedingungen abhängig macht oder über den vollständigen und formgerechten Entlassungsantrag nicht in angemessener Zeit entschieden hat;
- der Einbürgerung älterer Personen ausschließlich das Hindernis eintretender Mehrstaatigkeit entgegensteht, die Entlassung auf unverhältnismäßige Schwierigkeiten stößt und die Versagung der Einbürgerung eine besondere Härte darstellen würde;
- dem Ausländer bei Aufgabe der ausländischen Staatsangehörigkeit erhebliche Nachteile insbesondere wirtschaftlicher oder vermögensrechtlicher Art entstehen würden, die über den Verlust der staatsbürgerlichen Rechte hinausgehen (§ 12 Abs. 1 StAG).

2.5   Sozialleistungen

Subsidiär Schutzberechtigte sind sozialrechtlich nicht zwingend mit anerkannten Flüchtlingen gleichgestellt. Da aber die meisten Sozialleistungen, die nach dem Aufenthaltsstatus unterscheiden, die Inhaberinnen der Aufenthaltserlaubnis nach § 25 Abs. 2 AufenthG privilegieren, erhalten subsidiär Schutzberechtigte fast alle Sozialleistungen:

Ansprüche nach SGB II/SGB XII bestehen, sobald kein Leistungsanspruch mehr nach AsylbLG besteht (§ 1 Abs. 1 Nr. 1 AsylbLG). Um einen schnellen Übergang vom Sozialamt zum Jobcenter zu gewährleisten, sollte auch hier die auf → S. 311 beschriebene Abfolge beachtet werden.

Auch die folgenden Leistungen können ohne Einschränkung beansprucht werden:

- **Kindergeld** (§ 62 Abs. 2 Nr. 2 EStG)
- **Unterhaltsvorschuss** (§ 1 UhVorschG)
- **Elterngeld** (§ 1 BEEG)
- **Kinderzuschlag** (§ 6a BKGG)
- **Wohngeld**
- **Wohnberechtigungsschein**
- **BAföG** (§ 8 Abs. 2 Nr. 1 BAföG)
- **Berufsausbildungsbeihilfe** (§§ 56, 59 Abs. 1 Satz 2 SGB III mit Verweis auf § 8 Abs. 2 Nr. 1 BAföG)

Für die Leistungen der **Pflege- und Rentenversicherung** nach dem **Opferentschädigungsgesetz** gelten Einschränkungen (→ S. 313).

2.6 Sprachliche Integration

Subsidiär Schutzberechtigte sind ebenso wie anerkannte Flüchtlinge berechtigt und verpflichtet, an einem Integrationskurs teilzunehmen. Auch die Leistungen des Garantiefonds Hochschule stehen zur Verfügung (siehe im Einzelnen → S. 317).

2.7 Arbeitsmarktintegration

Für die Leistungen der Arbeitsmarktintegration gelten alle Hinweise unter 1.6 (→ S. 315) gleichermaßen. Auch für subsidiär Schutzberechtigte garantiert Art. 26 Abs. 2 QRL eine vollständige Gleichbehandlung und damit auch das Recht auf Dolmetscherdienste bei der Ausfüllung von Formblättern und zumindest bei der Erstberatung.

Auch für den erleichterten Zugang zum Studium bei fehlenden Dokumenten über Schul- oder Hochschulabschlüsse gelten die Regelungen, auf die sich die Kultusministerkonferenz geeinigt hat und die in den einzelnen Bundesländern umgesetzt werden müssen (→ S. 317).

Viele Bundesländer und Hochschulen haben im Moment noch Klauseln, die einen Vorrang bei der Berücksichtigung nur für Asylberechtigte nach Art. 16a GG vorsehen. Hier soll jedoch nach der Übereinkunft der Kultusministerkonferenz zügig eine Gleichbehandlung für anerkannte Flüchtlinge und subsidiär Schutzberechtigte erfolgen.

3 Nationale Abschiebehindernisse (§ 60 Abs. 5 und Abs. 7 AufenthG)

3.1 Aufenthaltsrecht

3.1.1 Aufenthaltserlaubnis (§ 25 Abs. 3 AufenthG)

Werden in dem Asylbescheid die Anträge auf Asyl, Anerkennung als Flüchtling und subsidiären Schutz abgelehnt, wohl aber das Vorliegen eines zielstaatsbezogenen Abschiebehindernis nach § 60 Abs. 5 oder Abs. 7 AufenthG (siehe auch → S. 84) festgestellt, so verpflichtet § 5 Abs. 3 AufenthG die Ausländerbehörde im Regelfall (»soll«) zur Erteilung der Aufenthaltserlaubnis. Die Erteilung einer Aufenthaltserlaubnis darf also nur abgelehnt werden, wenn das Schutzbedürfnis nicht besteht.
Die Verwaltungsvorschriften (25.3.3.3) benennen als eine solche Situation den Wegfall des Abschiebehindernisses. Die Entscheidung des BAMF bindet jedoch die Ausländerbehörde, sie darf keine eigene Bewertung des Abschiebehindernisses vornehmen, sondern kann nur eine Mitteilung an das BAMF senden, um ein Widerrufsverfahren anzuregen. Das gilt aber nicht, wenn die Ausländerbehörde selbst in einem isolierten Verfahren über das Abschiebehindernis entschieden hatte. In dem Fall kann die Ausländerbehörde den Wegfall des Abschiebehindernisses (→ S. 214) selbst feststellen (nach Anhörung des BAMF).
Solange ein Abschiebehindernis besteht, ist die Erteilung der Aufenthaltserlaubnis zwingend, es sei denn es liegt einer der Ausschlussgründe (→ S. 328) vor.

3.1.2 Entscheidung über die Klage auf einen Schutzstatus

Wurden in dem Asylantrag nur Abschiebehindernisse geltend gemacht, so hat auch die Klage auf Anerkennung als Flüchtling keine Erfolgsaussichten.
Schwierig wird es, wenn die Abschiebehindernisse damit begründet wurden, dass die medizinische Behandlung im Herkunftsland nicht möglich ist. In dieser Feststellung liegt immer zugleich auch ein möglicher Grund für einen subsidiären Schutzstatus wegen der Gefahr der unmenschlichen Behandlung.
Ebenso schwierig ist die Bewertung, wenn Verfolgungsgründe vorgetragen wurden und diese von der Entscheiderin nicht geglaubt wurden.
Es muss eine sehr **individuelle Erfolgsprognose** für das gerichtliche Verfahren gestellt werden, bei der sowohl das Anhörungsprotokoll, die Einschätzung der zuständigen Kammer des VG und auch das Risiko des Wegfalls des Abschiebehindernisses eine Rolle spielen. Aus diesem Grund sollte die Entscheidung mit einer Fachanwältin besprochen werden.

> Bedacht werden muss auch, dass im Fall einer Klage gegen den Asylbescheid keine Aufenthaltserlaubnis erteilt wird, solange das Asylverfahren noch nicht endgültig abgeschlossen ist (§ 10 Abs. 1 AufenthG, siehe BVerwG vom 17.12.2015 – 1 C 31.14).

Beispiel

Die alleinerziehende Mutter aus Tadschikistan beantragt für sich und ihre drei minderjährigen Kinder (bei Einreise zwischen sieben und zehn Jahre alt) Asyl. Der Asylbescheid stellt fest, es bestehe keine Verfolgungsgefahr, jedoch ein Abschiebehindernis für alle vier Personen wegen einer schweren, seit Jahren andauernden Posttraumatischen Belastungsstörung (PTBS) der Mutter.

Wird nun gegen den Asylbescheid Klage beim VG eingereicht, so verbleibt die Familie im Asylverfahren mit einer Aufenthaltsgestattung und Unterbringung in einer kommunalen Sammelunterkunft (wenn nicht der Auszug durch das Sozialamt genehmigt wird).

Wird keine Klage eingereicht, erhalten alle vier Personen eine Aufenthaltserlaubnis nach § 25 Abs. 3 AufenthG. Die Kinder können die Niederlassungserlaubnis ab dem 16. Geburtstag erhalten, auch wenn der Lebensunterhalt nicht gesichert ist. Die Verlängerung der Aufenthaltserlaubnis kann jedoch jederzeit versagt werden, wenn das BAMF die Feststellung des Abschiebehindernisses widerruft, weil die Mutter geheilt ist (→ S. 214) (nachgebildet: VG Köln vom 28.7.2015 – 14 K 4809/12.A).

3.1.3 Voraussetzungen für die Aufenthaltserlaubnis (§ 25 Abs. 3 AufenthG)

Hat das BAMF ein Abschiebehindernis festgestellt, so darf die Ausländerbehörde diese Entscheidung nicht in Frage stellen. Die allgemeinen Erteilungsvoraussetzungen nach § 5 Abs. 1 und Abs. 2 AufenthG dürfen bei der Erteilung einer Aufenthaltserlaubnis nach § 25 Abs. 3 AufenthG nicht vorausgesetzt werden.

Die Erteilung einer Aufenthaltserlaubnis ist in den folgenden Fällen gesetzlich untersagt (§ 25 Abs. 3 Satz 2 AufenthG):

- Wenn Flüchtlingen die Ausreise in einen anderen Staat möglich und zumutbar ist.
  Solche Ausreisemöglichkeiten können insbesondere dann bestehen, wenn der Flüchtling mit einer Person verheiratet ist, die die Staatsangehörigkeit

eines Landes besitzt, in dem dem Flüchtling keine Gefahren drohen. Hier ist zunächst zu klären, ob dieser Staat bereit ist, eine Einreise- und Aufenthaltserlaubnis zu erteilen. Es ist auch zu berücksichtigen, ob es für die Eheleute in diesem Staat eine Existenzbasis gibt.

- Wenn Flüchtlinge wiederholt oder gröblich gegen entsprechende Mitwirkungspflichten verstoßen.

  Nicht jeder in der Vergangenheit liegende Verstoß gegen Mitwirkungspflichten kann hier erfasst sein, vielmehr muss es sich um »entsprechende« Verpflichtungen handeln, also gerade solche, die dazu beitragen könnten, dem Flüchtling die Ausreise in einen dritten Staat zu ermöglichen. Hierzu gehört insbesondere die beharrliche Weigerung, sich um eine Einreiseerlaubnis zu bemühen oder die hierzu erforderlichen Unterlagen zu beschaffen.

- Wenn schwerwiegende Gründe die Annahme rechtfertigen, dass der Flüchtling ein Verbrechen gegen den Frieden, ein Kriegsverbrechen oder ein Verbrechen gegen die Menschlichkeit begangen hat. Dieser Ausschlussgrund findet sich auch in in Art. 1 F GFK.

- Wenn schwerwiegende Gründe die Annahme rechtfertigen, dass der Flüchtling eine Straftat von erheblicher Bedeutung begangen hat.

  Verlangt werden muss hier eine Straftat, die auch nach deutschem Recht mit einer langjährigen Freiheitsstrafe geahndet würde und für die der Flüchtling durch aktive Beteiligung unmittelbare Verantwortung trägt (Marx, ZAR 2004, 275, 281).

Die Erteilung der Aufenthaltserlaubnis nach § 25 Abs. 3 AufenthG erfordert grundsätzlich einen **Pass**; die Ausländerbehörde darf von den Betroffenen auch verlangen, dass sie sich einen Pass bei der Botschaft ihres Herkunftsstaates beschaffen. Die Bemühungen um den Pass und der Besuch der Botschaft dürfen daher nicht als Schutzunterstellung bewertet werden. Auch sehr hohe Kosten der Passbeschaffung gelten als zumutbar.

Ein fehlender Pass steht der Erteilung der Aufenthaltserlaubnis nicht grundsätzlich entgegen (§ 5 Abs. 3 Satz 1 AufenthG). Wenn die Beschaffung nicht (zumutbar) möglich ist, wird ein Reiseausweis für Ausländer nach § 5 AufenthV erteilt.

3.1.4 Reisemöglichkeiten

Grundsätzlich berechtigt die Aufenthaltserlaubnis zu Auslandsreisen und zur Rückkehr nach Deutschland. Da mit der Feststellung des Abschiebehindernis jedoch kein internationaler Schutzstatus verbunden ist, kann die

Aufenthaltserlaubnis nach § 51 Abs. 1 Nr. 6 oder Nr. 7 AufenthG **erlöschen**. Das geschieht, wenn

1. die Ausreise unter Bedingungen erfolgt, die auf eine endgültige Verlagerung des Wohnsitzes schließen lassen, z.b. Aufgabe von Arbeitsplatz und Wohnung, Auflösung des Kontos. Besonders kritisch ist es, wenn keine Meldeadresse mehr in Deutschland besteht;
2. der **Auslandsaufenthalt länger als sechs Monate** andauert. Diese Frist muss sehr ernst genommen werden, weil schon die Überschreitung um einen Tag zum Erlöschen der Aufenthaltserlaubnis führt. Es besteht aber die Möglichkeit, die Frist von sechs Monaten von der zuständigen Ausländerbehörde vorab verlängern zu lassen (z.b. bei einem Studienaufenthalt) oder während des Auslandsaufenthalts, wenn wichtige berufliche oder familiäre Gründe eine unvorhergesehene Verlängerung erforderlich machen.

Die Probleme des Reisens mit einem deutschen Reiseausweis für Ausländer wurden auf → S. 319 beschrieben.

3.1.5   Aufenthaltsrisiken

Die Aufenthaltserlaubnis wird für mindestens ein Jahr erteilt (§ 26 Abs. 1 Satz 4 AufenthG) und kann anschließend für die Dauer von bis zu drei Jahren (Ermessen der Ausländerbehörde) verlängert werden.

Die Feststellung eines Abschiebehindernisses kann zurückgenommen (§ 73c Abs. 1 AsylG) oder widerrufen werden (§ 73c Abs. 2 AsylG). Siehe hierzu im Einzelnen → S. 214.

Liegt das Abschiebehindernis in gesundheitlichen Gefahren bei Rückkehr (§ 60 Abs. 7 AufenthG), wird das BAMF bei jeder Verlängerung der Aufenthaltserlaubnis beteiligt.

> Asylberaterinnen sollten sich genau über die Anerkennungsgründe im Bescheid des BAMF informieren. Sie müssen frühzeitig auf die Gefahr eines Widerrufs hinweisen und über mögliche Verlängerungen der Aufenthaltserlaubnis aus anderen Gründen (→ S. 362) beraten.

Wenn der Abschiebeschutz wegen einer Krankheit gewährt wurde, die im Herkunftsland nicht behandelbar ist, so kann sich die Änderung entweder durch die Heilung von der Krankheit oder durch die Verbesserung der medizinischen Versorgung im Herkunftsland ergeben.

Bei allen heilbaren Krankheiten, besonders bei psychischen Erkrankungen, kann für jede Verlängerung der Aufenthaltserlaubnis ein erneutes fachärztliches Gutachten verlangt werden.
Flüchtlinge geraten hier in einen Zwiespalt zwischen der Förderung des Heilungsprozesses und der Gefährdung des Aufenthalts.
Eine wichtige Beratungsaufgabe bildet in diesen Fällen der mögliche **Übergang zu einem anderen Aufenthaltstitel**. Obwohl die Sicherung des Lebensunterhalts für die Verlängerung der Aufenthaltserlaubnis nach § 25 Abs. 3 AufenthG nicht gefordert werden kann, bildet die Aufnahme einer Erwerbstätigkeit die Grundlage für eine Aufenthaltserlaubnis zum Zweck der Beschäftigung (§§ 18 ff. AufenthG) (→ S. 371). Die Eheschließung in Deutschland kann zur Erteilung einer Aufenthaltserlaubnis zum Familiennachzug führen, ebenso wie die Geburt eines deutschen Kindes (→ S. 373).

> **Vorsicht**: Bei der Umstellung auf eine Aufenthaltserlaubnis zum Zweck des Studiums (§ 16 AufenthG) geht der bisherige Anspruch auf BAföG verloren. Nur wenn Studierende selbst schon fünf Jahre in Deutschland gearbeitet haben oder ein Elternteil drei Jahre (→ S. 276), bleibt der Anspruch bestehen.

3.2 Familiennachzug

Der Familiennachzug ist nur aus humanitären Gründen oder aus völkerrechtlichen Gründen (sehr seltene Konstruktion) zulässig oder weil ein besonderes staatliches Interesse an dem Familiennachzug besteht.

Ein humanitärer Grund liegt vor, wenn ein gemeinsames Familienleben nur in Deutschland möglich ist (BT-Drs. 15/420, S. 81). Da bei Personen mit einer Aufenthaltserlaubnis nach § 25 Abs. 3 AufenthG ein Abschiebehindernis festgestellt wurde, können sie typischer Weise nicht zu ihrer Familie im Herkunftsland zurückkehren. Humanitäre Gründe liegen also immer dann vor, wenn es nicht ausnahmsweise einen Staat gibt, in dem alle Familienmitglieder zusammenkommen können. Wenn die Familienangehörigen etwa in einem anderen EU-Staat mit einem gesicherten Aufenthalt leben (z.B. weil sie als Flüchtlinge anerkannt wurden), kann der Antrag auf Familienzusammenführung abgelehnt werden. Verlangt werden aber alle übrigen Anforderungen an den Familiennachzug aus §§ 5 und 27 AufenthG; insbesondere ein gesicherter Lebensunterhalt (siehe Glossar), ausreichend Wohnraum (siehe Glossar) und keine Sicherheitsbedenken gegen die Nachziehenden.

Manchmal sind die Familienangehörigen auch schon in Deutschland. Dann kann die Aufenthaltserlaubnis zum Zweck des Familiennachzugs (§§ 30, 32 AufenthG) schon deshalb nicht erteilt werden, weil kein Einreisevisum zum Familiennachzug vorliegt. Beim Nachzug zu Personen mit einer Aufenthaltserlaubnis nach § 25 Abs. 3 AufenthG darf nicht auf ein Visum zum Zweck des Familiennachzugs verzichtet werden, weil es sich nur um einen Ermessensanspruch handelt (§ 5 Abs. 2 Satz 2 AufenthG).

Für Familienangehörige in Deutschland bestehen folgende Optionen:

- Die Familienangehörigen führen ein **Asylverfahren** durch bzw. zu Ende, um (mindestens) ein eigenes Abschiebehindernis feststellen zu lassen. Hier sollte nach Möglichkeit die Einschätzung der Erfolgsaussichten durch Rechtsanwältinnen eingeholt werden. Das Verfahren ergibt nur Sinn, wenn eigene Verfolgungsgründe oder Abschiebehindernisse vorliegen. Aus dem Abschiebehindernis (meist gesundheitliche Gründe) des Stammberechtigten lassen sich keine eigenen Gründe ableiten.
  Gleichzeitig ist mit diesem Antrag das Risiko verbunden, dass der Antrag als »offensichtlich unbegründet nach § 30 Abs. 3 Nr. 1 bis 6 AsylG« (→ S. 190) abgelehnt wird und damit die Erteilung einer Aufenthaltserlaubnis – vor einer Ausreise – völlig ausgeschlossen ist.

- Familienangehörige, die noch keinen Asylantrag gestellt haben, können einen isolierten Antrag auf Feststellung eines **zielstaatsbezogenen Abschiebehindernis** (§ 60 Abs. 5 oder 7 AufenthG) und Erteilung einer Aufenthaltserlaubnis nach § 25 Abs. 3 AufenthG stellen. Auch das macht nur Sinn, wenn sie selbst bei Rückkehr einer extremen Gefahr für Leib, Leben oder Freiheit ausgesetzt wären. Der Antrag ist bei der Ausländerbehörde zu stellen, die dann das BAMF für die Einschätzung der Lage einbezieht (§ 72 Abs. 2 AufenthG).
  Bei diesem Antrag besteht nicht das Risiko einer Sperre für jeden anderen Aufenthaltstitel bei einer Ablehnung.

- Es wird ein Antrag auf Feststellung eines **auf Deutschland bezogenen (inlandsbezogenen) Abschiebehindernis** nach § 60a Abs. 2 AufenthG und ein Antrag auf die Aufenthaltserlaubnis nach § 25 Abs. 5 AufenthG (→ S. 364) gestellt. Für diese Aufenthaltserlaubnis kann (nach Ermessen) von der Visumspflicht abgesehen werden (§ 5 Abs. 3 Satz 2 AufenthG).
  Wenn die Familie nur in Deutschland gemeinsam leben kann, bilden der Schutz von Ehe und Familie sowie das Wohl des Kindes nach Art. 6 GG ein rechtliches Abschiebehindernis. Hinzu kommt, dass Art. 3 der KRK vorschreibt, dass das Kindeswohl ein bei allen behördlichen Entscheidungen vorrangig zu berücksichtigender Gesichtspunkt ist.

Allerdings wird der Antrag häufig abgelehnt, wenn keine kleinen Kinder im Haushalt leben und der Ehegatte nicht krank oder besonders betreuungsbedürftig ist. Solange die Trennung nur für das Visumsverfahren erforderlich ist, liegt darin nach Auffassung der Verwaltungsgerichte noch kein unverhältnismäßiger Eingriff in das Recht auf Familienleben nach Art. 6 GG und Art. 8 EMRK.
Der Antrag kann auch gestellt werden, wenn schon ein Asylantrag gestellt wurde, dieser aber wieder zurückgenommen wurde.

- Es erfolgt eine **Ausreise ins Herkunftsland** oder in einen anderen Staat, in dem sich die Familienangehörigen anmelden können, und von hieraus wird bei der deutschen Auslandsvertretung der Antrag auf ein **Visum** zum Zweck der Familienzusammenführung gestellt. Die deutsche Ausländerbehörde kann eine Vorabzustimmung (siehe Glossar) erteilen, damit das Visum von der deutschen Botschaft schnell erteilt werden kann. Für diesen Weg müssen aber die Voraussetzungen für eine Aufenthaltserlaubnis nach § 30 oder § 32 AufenthG vollständig vorliegen, d.h., es muss der Lebensunterhalt (siehe Glossar) für die gesamte Familie gesichert sein.

3.3   Verfestigung und Einbürgerung

Die **Niederlassungserlaubnis** kann frühestens nach fünf Jahren erteilt werden (§ 26 Abs. 4 AufenthG), wenn die Voraussetzungen nach § 9 AufenthG vorliegen (→ S. 323).
Die Erteilung der Erlaubnis zum Daueraufenthalt EU nach § 9a AufenthG ist ausgeschlossen (§ 9a Abs. 3 Nr. 1 AufenthG).

Für die **Einbürgerung** sind die allgemeinen Anforderungen nach §§ 10 ff. StAG (für die Details siehe auch → S. 409) zu erfüllen.

3.4   Sozialleistungen

3.4.1   Existenzsicherung

Die Aufenthaltserlaubnis nach § 25 Abs. 3 AufenthG ist verbunden mit einem Leistungsanspruch nach dem SGB II bzw. dem SGB XII (Grundsicherung im Alter und bei Erwerbsminderung).
Die Leistungsansprüche entstehen nicht bereits, wenn der Asylbescheid unanfechtbar ist, sondern erst, wenn die Aufenthaltserlaubnis tatsächlich erteilt wird. Schon wegen der Beschaffung des Nationalpasses vergeht bis dahin

manchmal ein längerer Zeitraum. Bis zur Erteilung der Aufenthaltserlaubnis bleibt das Sozialamt zuständig für Leistungen nach dem AsylbLG.

Da die Aufenthaltserlaubnis nach § 25 Abs. 3 AufenthG mit einer Wohnsitzauflage versehen ist, lehnen die Jobcenter ihre Zuständigkeit oft ab, wenn der Antrag auf SGB II-Leistungen außerhalb des Ortes der Zuweisung gestellt wird. Die Sozialgerichte gehen aber davon aus, dass es allein auf die tatsächliche Begründung eines Wohnsitzes ankommt bzw. in Zweifelsfällen nach § 36 Satz 4 SGB II auf den tatsächlichen Aufenthalt abzustellen ist (LSG NRW vom 13.5.2015 – L 12 AS 573/15 B ER und – L 12 AS 574/15 B).

3.4.2   Familienleistungen

Die verschiedenen Familienleistungen unterliegen gesetzlichen Einschränkungen:

Alle Familienleistungen werden erst nach einem **Aufenthalt von drei Jahren** einschließlich des Asylverfahrens erbracht (§ 1 Abs. 7 Nr. 2 c und 3a BEEG; § 1 Abs. 2a Nr. 2c und 3a UhVorschG; § 1 Abs. 3 Nr. 2c und 3a, § 6a Abs. 1 Nr. 1 BKGG; § 62 Abs. 2a Nr. 2c und 3a EStG).

Die weitere gesetzliche Anforderung einer Erwerbstätigkeit oder eines Arbeitslosengeld-Bezugs nach dem SGB III oder einer Elternzeit wurde vom BVerfG vom 10.7.2012 – 1 BvL 2/10 für das Elterngeld für verfassungswidrig erklärt.

Elterngeld und Unterhaltsvorschuss wird deshalb nach drei Jahren Aufenthalt gezahlt, auch wenn keine Erwerbstätigkeit o.ä. vorliegt. Derzeit ist noch nicht geklärt, ob sich aus Art. 12 Abs. 1 e) der Richtlinie 2011/98/EU über die kombinierte Erlaubnis zum Aufenthalt und Arbeit (siehe Glossar) ein Anspruch auf Familienleistungen ab der Erteilung der Aufenthaltserlaubnis ergibt. Insoweit sind Musterklagen bei den Sozialgerichten erwünscht.

Auch hat der BFH vom 26.3.2013 – III B 158/12 das Urteil des BVerfG zum Elterngeld nicht entsprechend auf das Kindergeld angewendet. Das FG Niedersachsen vom 19.8.2013 – 7 K 111/13 hat diese Frage nun dem BVerfG (Az: 2 BvL 10/14) vorgelegt.

Gegen ablehnende Kindergeldbescheide für Personen mit einer Aufenthaltserlaubnis nach § 25 Abs. 5 AufenthG, die sich bereits seit drei Jahren in Deutschland aufhalten, sollte Widerspruch eingelegt und zugleich gebeten werden, das Verfahren bis zu einer Entscheidung des BVerfG in der Sache 2 BvL 10/14 ruhen zu lassen.

Ausnahmen gelten für **türkische Staatsangehörige**, die ab dem 7. Monat des Aufenthalts Kindergeld für ihre in Deutschland lebenden Kinder erhalten und (das sehr geringe) Abkommenskindergeld für ihre Kinder in der Türkei (siehe Glossar).

Angehörige von **Bosnien und Herzegowina, des Kosovo, von Montenegro und Serbien**, haben einen Anspruch auf Kindergeld (siehe Glossar), wenn sie sozialversicherungspflichtig beschäftigt sind (BFH vom 21.2.2008 – III R 79/03) oder Arbeitslosengeld nach dem SGB III beziehen oder sich in Elternzeit befinden.

Angehörige **Algeriens, Marokkos und Tunesiens** haben auf der Grundlage der Mittelmeerabkommen mit der EG Ansprüche auf Kindergeld, Elterngeld und Unterhaltsvorschuss, wenn sie in einem System der gesetzlichen Sozialversicherung als Pflichtmitglied oder freiwillig versichert sind (siehe Glossar).

3.4.3   Sonstige Leistungen

Der Anspruch auf **Wohngeld** besteht ohne Einschränkungen, setzt jedoch bei einigen Wohnungsämtern voraus, dass die Ausländerbehörde bescheinigt, dass der rechtmäßige Aufenthalt voraussichtlich noch für länger als ein Jahr fortgesetzt wird.

Auch der Anspruch auf einen **Wohnberechtigungsschein** kann davon abhängig gemacht werden, dass ein voraussichtlicher Aufenthalt von mehr als einem Jahr von der Ausländerbehörde bescheinigt wird.

Hilfe zur Pflege (§ 61 SGB XII) muss bei Bedarf durch das Sozialamt geleistet werden. Es handelt sich um einen Rechtsanspruch, durch den zugleich auch der fehlende Versicherungsschutz in der gesetzlichen Pflegeversicherung ausgeglichen wird. Die Mitgliedschaft in der gesetzlichen Pflegeversicherung beginnt erst mit dem Bezug von SGB-II-Leistungen. Ab dem Beginn der Mitgliedschaft in der Versicherung besteht zunächst eine Wartezeit von zwei Jahren, bis die Leistungsansprüche entstehen (§ 33 Abs. 2 Nr. 6 SGB XI):

Die Ansprüche auf **Leistungen für behinderte Menschen** nach §§ 53 ff. SGB XII und für Menschen in **besonderen sozialen Schwierigkeiten** nach §§ 67ff. SGB XII (z.B. gewaltgeprägte Lebensverhältnisse, Wohnungslosigkeit) bestehen nur nach Ermessen, weil die Aufenthaltserlaubnis nach § 25 Abs. 3 AufenthG noch keinen auf Dauer ausgelegten Aufenthalt dokumentiert (§ 23 Abs. 1 AufenthG). Das kann für die Praxis der Asylberatung bedeuten, dass detailliert dargelegt werden muss, dass ohne die Hilfeleistungen für die Betroffenen eine Situation entsteht, in der Grundrechte der Verfassung (Menschenwürde nach Art. 1 Abs. 1 GG, Handlungsfreiheit nach Art. 2 Abs. 1 GG,

Recht auf körperliche Unversehrtheit nach Art. 2 Abs. 2 GG) oder Menschenrechte, insbesondere aus der UN-Behindertenrechtskonvention (Unabhängige
Lebensführung nach Art. 19, Teilhabe am Leben in Gemeinschaft und Gesellschaft nach Art. 26), der KRK (Vorrangige Beachtung des Kindeswohls nach
Art. 3) oder der EMRK (Recht auf Privatleben und Familie nach Art. 8) verletzt
würden. Zusätzlich kommt es auch darauf an, ob die Gesamtumstände für einen längerfristigen Aufenthalt sprechen (z.b. eine chronische Krankheit, die
auch langfristig im Herkunftsstaat nicht behandelbar ist; Kinder, die in die
hiesigen Lebensverhältnisse hineinwachsen).

Die Mitgliedschaft in der **Gesetzlichen Krankenversicherung** wird bei Personen ohne Einkommen nach § 251 Abs. 4 SGB V im Rahmen des SGB-II-Leis-
tungsbezugs vom Jobcenter übernommen oder erfolgt durch die Pflichtversicherung als Arbeitnehmerin. Für Personen, die keine Leistungsansprüche haben, weil ein unverheirateter Partner über ein Einkommen verfügt, entsteht
die Pflichtversicherung nach § 5 Abs. 1 Nr. 13 SGB V (sog. Bürgerversicherung). Der Leistungsausschluss für Ausländerinnen nach § 5 Abs. 11 SGB V
gilt hier nicht, weil für die Aufenthaltserlaubnis nach § 25 Abs. 3 AufenthG
kein gesicherter Lebensunterhalt erforderlich ist. Auch Personen, die einer
selbständigen Tätigkeit nachgehen, können über die Bürgerversicherung
nach § 5 Abs. 1 Nr. 13 SGB V versichert werden, es sei denn, sie waren zuvor
privat versichert (in Deutschland oder in EU-Ausland).

3.5 Sprachliche Integration

Flüchtlinge mit einer Aufenthaltserlaubnis nach § 25 Abs. 3 AufenthG haben keinen Anspruch auf Teilnahme an einem Integrationskurs (siehe Glossar). Sie können allerdings im Rahmen freier Plätze zugelassen werden (§ 44 Abs. 4 Satz 1 AufenthG). Über die Zulassung entscheidet dann das
BAMF.

Während des Leistungsbezugs nach SGB II ist das Jobcenter nach § 3 Abs. 2b
SGB II gehalten, auf die Teilnahme an einem Integrationskurs hinzuwirken.
Die Verpflichtung zur Teilnahme ergibt sich sowohl aus einer entsprechenden
Festlegung in der Eingliederungsvereinbarung als auch aus § 44a Abs. 1 Nr. 2
AufenthG.
Auch die aufbauenden Leistungen der berufsbezogenen Deutschförderung
(§ 45a AufenthG) können nach Ermessen durch das Jobcenter bestimmt und
vom BAMF bewilligt werden.
Die Leistungen des Garantiefonds Hochschule stehen Flüchtlingen mit einer
Aufenthaltserlaubnis nach § 25 Abs. 3 AufenthG nicht zur Verfügung.

3.6 Arbeitsmarktintegration

3.6.1 Genehmigungen

Die Aufenthaltserlaubnis nach § 25 Abs. 3 AufenthG wird nicht mit einer Erwerbserlaubnis (siehe Glossar) verbunden. Die Ausländerbehörde erteilt jedoch eine allgemein gültige **Beschäftigungserlaubnis**, ohne die Zustimmung der Arbeitsagentur einzuholen (§ 31 BeschV).

Problematisch bleibt aber die Übergangszeit zwischen der Entscheidung des BAMF und der Erteilung der Aufenthaltserlaubnis nach § 25 Abs. 3 AufenthG, die wegen des Erfordernisses eines Passes, einer eventuellen Sicherheitsüberprüfung und der Anfertigung des elektronischen Aufenthaltstitels (eAT) durch die Bundesdruckerei mehrere Wochen oder Monate dauern kann. Die Erteilung einer Fiktionsbescheinigung nach § 81 AufenthG ist nicht vorgesehen, weil es sich bei der Aufenthaltsgestattung zur Durchführung des Asylverfahrens nicht um einen rechtmäßigen Aufenthalt (siehe § 81 Abs. 3 AufenthG) und auch nicht um einen Aufenthaltstitel (siehe § 81 Abs. 4 AufenthG) handelt. Die Art der Bescheinigung für die Zeit zwischen dem Ende des Asylverfahrens und der Ausstellung der Aufenthaltserlaubnis ist gesetzlich nicht geregelt, deshalb wird oftmals einfach die Aufenthaltsgestattung verlängert (obwohl sie nach § 67 Abs. 1 Nr. 6 AsylG erloschen ist). Tatsächlich kann aber auf diese Weise eine laufende Beschäftigung problemlos fortgesetzt werden.

Für eine selbständige Tätigkeit wird eine gesonderte Genehmigung der Ausländerbehörde nach § 21 Abs. 6 AufenthG vorausgesetzt. Da die Erteilung im weiten Ermessen der Ausländerbehörde liegt, darf geprüft werden, ob ein wirtschaftlich tragfähiges Konzept für das Gewerbe oder die freiberufliche Tätigkeit vorliegt.

3.6.2 Leistungen der Arbeitsmarktintegration

Die Leistungen der Beratung, Vermittlung und Qualifizierung für den Arbeitsmarkt werden vom Jobcenter übernommen. Es stehen hier dieselben Leistungen wie für anerkannte Flüchtlinge (→ S. 311) zur Verfügung. Die Leistungen der Berufsausbildungsbeihilfe nach § 56 SGB III werden jedoch erst nach Ablauf von 15 Monaten Aufenthalt einschließlich des Asylverfahrens erbracht (§ 59 Abs. 1 Satz 2 SGB III i.V.m. § 8 Abs. 2 Nr. 2 BAföG). Das bedeutet, dass eine Berufsausbildung erst nach 15 Monaten finanziert werden kann, wenn die Ausbildung alleine nicht reicht, um die Existenz zu sichern. Auch eine außerbetriebliche Ausbildung nach § 76 SGB III **kann nicht durchgeführt werden**. Ebenso wenig kann eine berufsvorbereitende Bildungsmaßnahme (BvB) nach § 51 SGB III vor Ablauf von 15 Monaten Aufenthalt bewilligt werden.

3.6.3 Zugang zum Studium

Für den erleichterten Zugang zum Studium unter Verzicht auf die erforderlichen Dokumente gelten dieselben Regelungen der Kultusministerkonferenz wie für anerkannte Flüchtlinge (→ S. 317); diese müssen von den einzelnen Bundesländern umgesetzt werden.

Der Bezug von BAföG ist erst nach 15 Monaten Aufenthaltsdauer einschließlich des Asylverfahrens möglich.

Für ein weiteres Studium nach Beginn oder Abschluss des Studiums im Herkunftsland gelten dieselben Anforderungen wie für anerkannte Flüchtlinge (→ S. 317).

4 Inlandsbezogene Vollstreckungshindernisse

4.1 Schutzantrag nach negativem Asylbescheid

Sobald ein Asylverfahren einschließlich aller Rechtsmittel negativ beendet ist, bleibt nur noch wenig Zeit, um einer Abschiebung zu entgehen.

Eilanträge gegen die Abschiebung sollten nur von einer Rechtsanwältin eingelegt werden. Wenn es aber wegen Überlastung der örtlichen Anwältinnen nicht möglich ist, einen Termin rechtzeitig vor dem Fristablauf zu bekommen, können die Betroffenen zunächst selbst einen Antrag/Klage auf Untersagung der Abschiebung oder Ausstellung einer Duldung bei der Rechtsantragstelle des Verwaltungsgerichts einreichen.

Aufgabe der Asylberatung ist es, sorgfältig mit den Betroffenen zu überlegen, ob Rechtsmittel gegen den Bescheid sinnvoll sind.

Sind die Tatsachen in dem Bescheid richtig bewertet worden und stehen auch die rechtlichen Einordnungen in Übereinstimmung mit dem, was auch von den Gerichten ohne große Abweichungen festgestellt wird, so sollten andere Alternativen als der Weg zum Gericht überlegt werden.

Eine geordnete freiwillige Ausreise (→ S. 380) kann hier die bessere Alternative sein.

Als erstes ist zu prüfen, ob inlandsbezogene Vollstreckungshindernisse vorliegen.

Dabei handelt es sich um ein Verfahren, welches allein in der Hand der Ausländerbehörde liegt. Das BAMF hat diese Fragen im Rahmen des Asylverfahrens nicht geprüft, weil es nur für alle Fragen zuständig ist, die mit der Situation in den Herkunftsländern zu tun haben.

Die Ausländerbehörde hat die Umstände zu berücksichtigen, die sich aus der Situation einer Person hier in Deutschland ergeben. Einer Abschiebung müssen Gründe entgegenstehen, die in keinem Zusammenhang mit der Situation im Herkunftsland stehen.

> Die Zuständigkeit der Ausländerbehörde gilt nicht, wenn es um die Überstellung in einen anderen Dublin-Staat geht. Hier werden inlandsbezogene Abschiebehindernisse im Zusammenhang mit der Überstellungsanordnung nach § 34a Abs. 1 AsylG vom BAMF geprüft.
>
> Ob das BAMF auch zuständig ist, wenn Flüchtlinge bereits in einem anderen Dublin-Staat anerkannt wurden und in diesen Staat abgeschoben werden sollen, ist derzeit ungeklärt.
>
> Der Petitionsausschuss des Landtags NRW hat daher in einem Schreiben vom 10.12.2015 vorgeschlagen, derzeit keine Abschiebungen von Personen vorzunehmen, die in einem anderen Dublin-Staat anerkannt wurden.

4.1.1 Abschiebehindernis Reiseunfähigkeit

Ein inlandsbezogenes Abschiebehindernis kann während einer **Schwangerschaft** und in der Zeit unmittelbar **nach der Geburt** vorliegen. Nach § 3 MuSchG dürfen werdende Mütter sechs Wochen vor der Entbindung und acht Wochen nach der Entbindung (§ 6 MuSchG) nicht beschäftigt werden. Weil diese Vorschriften auf der Erkenntnis beruhen, dass in dieser Zeit erhebliche physische oder psychische Belastungen Gefahren für Mutter und Kind bedeuten können, löst diese gesetzgeberische Wertung auch ein entsprechendes Abschiebeverbot aus (VG Saarland vom 6.3.2015 – 3 K 1004/14). Auch innerhalb von sechs Monaten nach der Geburt kann nicht abgeschoben werden, vgl. → S. 127. Zulässig ist die Abschiebung in diesem Zeitraum aber, wenn für das Kind ein ablehnender Asylbescheid mit einer an das Kind gerichteten Abschiebungsandrohung ergeht.

Ein inlandsbezogenes Abschiebehindernis kann vorliegen, wenn eine **psychische Erkrankung**, insbesondere eine posttraumatische Belastungsstörung mit Suizidalität verbunden ist und bei Abschiebung mit einer lebensbedrohlichen Dekompensation oder zumindest einer deutlichen Verschlechterung des Gesundheitszustandes gerechnet werden muss.
Besteht diese Gefahr während des unmittelbaren Vorgangs der Abschiebung, handelt es sich um eine **Reiseunfähigkeit im engen Sinne**.
Zu beachten sind aber auch Gesundheitsgefahren im Zusammenhang mit der Abschiebung, beginnend mit der Zustellung des Abschiebebescheides. Hier

wird von einer **Reiseunfähigkeit im weiteren Sinne** gesprochen (VGH Mannheim vom 6.2.2008 – 11 S 2439/07). Diese liegt auch vor, wenn die Gefahr unmittelbar bei Ankunft besteht, weil eine Person auf lückenlose Betreuung angewiesen ist (OVG Münster vom 29.11.2010 – 18 B 910/10).

Seit März 2016 (Gesetz vom 11.3.2016, BGBl. I vom 16.3.2016, S. 394) sind die Regelungen zu den gesundheitlichen Abschiebehindernissen drastisch verschärft worden. Gerade weil viele Flüchtlinge gesundheitlich stark beeinträchtigt sind durch die Situation im Herkunftsland und die Fluchterfahrungen, soll der Nachweis der Reiseunfähigkeit mit immer höheren Hürden verbunden werden.

Zunächst enthält § 60 Abs. 2c AufenthG eine **gesetzliche Vermutung, »dass der Abschiebung gesundheitliche Gründe nicht entgegenstehen«.** Eine gesetzliche Vermutung bewirkt eine Beweislastumkehr; die Ausländerbehörde muss bei Anhaltspunkten für eine Reiseunfähigkeit keine Prüfung mehr vornehmen, sondern die Betroffenen sind verpflichtet, die Unmöglichkeit des Antritts der Reise in vollem Umfang nachzuweisen. Der Nachweis der Erkrankung ist nur noch durch eine **»qualifizierte ärztliche Bescheinigung«** möglich.

Zunächst muss die Bescheinigung von einem für die jeweilige Erkrankung zuständigen Facharzt ausgestellt sein.

Umstritten ist derzeit, ob ein Gutachten über eine PTBS nur von Psychiatern erstellt werden kann oder auch von Psychotherapeuten.

Viele Ausländerbehörden wollen lediglich Psychiater als Gutachter akzeptieren. Die Stellungnahme der Bundespsychotherapeutenkammer vom 9.1.2014 »Substantiierung von psychischen Erkrankungen, insbesondere einer posttraumatischen Belastungsstörung, durch Bescheinigungen von Psychotherapeuten« (http://www.bptk.de, Stellungnahmen) erläutert dagegen die Fachkompetenz auch von Psychotherapeutinnen für diese Diagnose.

Diese Einschätzung wird auch von vielen Verwaltungsgerichten geteilt (VG München vom 3.5.2013 – M 23 K 11.30599, Rn. 19; VG München vom 29.6.2012 – M 23 K 11.20264; BayVGH vom 23.11.2012 – 13a B 12.30061; VG Ansbach vom 3.6.2013 – An 11 K 13.30144, Rn. 51).

Ob sich diese Bewertung auch für die neue gesetzliche Formulierung durchsetzen wird, ist derzeit offen.

Die ärztliche Bescheinigung muss weiter folgende Inhalte haben:

- Die tatsächlichen Umstände, auf deren Grundlage eine fachliche Beurteilung erfolgt ist:
  Es kommt darauf an, dass die Dauer der Behandlung, möglich mit den einzelnen Daten und (besonders bei psychischen Erkrankungen) Terminen und Dauer der Sitzung angegeben wird.

Angaben zur Sprache, in der kommuniziert wurde, und ggf. die Anwesenheit einer Dolmetscherin mit Angabe der Qualifikation, sind unverzichtbar. Alle diagnostischen Maßnahmen und die Ergebnisse sind aufzulisten.

- Die Methode der Tatsachenerhebung:
  Auch diese Anforderung zielt speziell auf psychische Erkrankungen, bei denen anzugeben ist, welche Erkenntnisse auf den Angaben der Patienten und welche auf Beobachtungen, Tests oder körperlichen Untersuchungen basieren.

- Die fachlich-medizinische Beurteilung des Krankheitsbildes (Diagnose):
  Hier erfolgt die Klassifikation der Erkrankung gemäß ICD oder DSM.

- Den Schweregrad der Erkrankung:
  Die Schweregrade werden ebenfalls so weit wie möglich nach ICD oder DSM angegeben und mit den Befundtatsachen begründet.

- Die Folgen, die sich nach ärztlicher Beurteilung aus der krankheitsbedingten Situation voraussichtlich ergeben:
  Hier kommt es auf die Bewertung möglicher Verläufe unter verschiedenen Bedingungen an, insbesondere unter der Bedingung einer Abschiebung gegen den Willen der Betroffenen, bei Ankunft im Herkunftsstaat und vergleichsweise bei Beibehaltung der derzeitigen Lebensbedingungen. Es bedarf Angaben zu den Resilienz- und Risikofaktoren, zur Suizidalität und zu wissenschaftlich belegten Krankheitsverläufen unter bestimmten Umweltbedingungen. Es müssen Angaben dazu gemacht werden, ob und welche Begleitumstände einer Abschiebung die Risiken für Leib und Leben beseitigen oder wesentlich reduzieren können. Die medizinische Versorgungslage im Herkunftsland sollte von den Gutachterinnen nur dann bewertet werden, wenn sie ausnahmsweise über eine entsprechende Sachkunde verfügen (eigene Forschungen). In der Regel verfügen Psychiater nicht über eine derartige Sachkunde und entwerten mit eigenen Einschätzungen ihr Gutachten insgesamt.

Das Gesetz enthält nun auch die Verpflichtung, die ärztliche Bescheinigung unverzüglich (unklar ist ob hier nach der Erstellung durch den Arzt oder ein anderer Bezugspunkt gemeint ist) vorzulegen, andernfalls darf die Erkrankung nicht berücksichtigt werden. Dieses Verbot soll nicht gelten, wenn die Betroffenen keine Bescheinigung einholen konnten (unklar ist, zu welchem Zeitpunkt eine solche Verpflichtung bestehen soll) oder ihre lebensbedrohliche oder schwerwiegende Erkrankung aus anderen Umständen deutlich wird (§ 60a Abs. 2d Satz 1 AufenthG).

Die Diagnose kann amtsärztlich überprüft werden (so auch OVG Hamburg vom 13.1.2015 – 1 Bs 211/14). Wird dazu ein Untersuchungstermin angeordnet und dieser ohne ausreichende Entschuldigung nicht wahrgenommen, so kann ohne Berücksichtigung der Erkrankung abgeschoben werden (§ 60a Abs. 2d Satz 3 AufenthG).

Allerdings sieht die Rechtsprechung zum Teil auch in einer amtsärztlich bestätigten Diagnose allein kein Abschiebehindernis, wenn die Abschiebung medizinisch begleitet wird und bei Ankunft eine Übergabe an medizinisches Fachpersonal erfolgt (so OVG Münster vom 15.10.2010 – 18 A 2088/10; OVG Magdeburg vom 20.6.2011 – 2 M 38/11; VG Koblenz vom 23.2.2015 – 3 L 99/15.KO).

Die Summe dieser Reglementierung wird zweifellos dazu führen, dass Ausländerbehörden deutlich leichter trotz schwerster Erkrankungen eine Abschiebung anordnen werden.

Gleichzeitig bleibt jedoch die Bindung der Behörden und der Gerichte an das GG, die EMRK und die Europäische Grundrechtecharta (GRC) erhalten. Den Vertretern der öffentlichen Hand ist es untersagt, daran mitzuwirken, dass Menschen einer konkreten Gefahr für Leib und Leben ausgesetzt werden (Art. 2 Abs. 2 GG, Art. 2 und 3 EMRK und Art. 2 und 4 GRC).

4.1.2   Abschiebehindernis Familienschutz

Das Zusammenleben zweier Menschen wird grundsätzlich nur geschützt, wenn eine gültige **Ehe** oder **eingetragene Lebenspartnerschaft** besteht (OVG Berlin-Brandenburg vom 8.12.2014 – OVG 11 S 10.14).

Das Verhältnis eines **Kindes** zu jedem seiner beiden Eltern fällt unter den Schutz nach Art. 6 GG.

Gefordert werden darf aber ein gelebtes Familienleben. Die Grundsatzentscheidung traf das BVerfG vom 8.12.2005 – 2 BvR 1001/04.
Auf verschiedene Details ist hierbei zu achten:

- Eine biologische Vaterschaft ist nicht erforderlich, es muss nur eine **Vaterschaftsanerkennung** vorliegen. Die Vaterschaft kann nicht mehr amtlich angefochten werden (siehe § 1600 Abs. 1 Nr. 6 BGB). Allerdings hängt in diesen Fällen der Familienschutz in besonderem Maße von einer gelebten Eltern-Kind-Bindung ab (BVerfG vom 17.12.2013 – 1 BvL 6/10).

- Hat das Kind eine **deutsche Staatsangehörigkeit**, so darf es nicht abgeschoben werden; der Aufenthalt des betreuenden und erziehenden Elternteils ist geschützt (es kommt nicht allein auf das Sorgerecht an, weil ein Kind das

Recht auf beide Eltern hat). Wenn das Kind beim anderen Elternteil lebt, kommt es auf die Intensität des Kontakts und der Bindung an. Die Anforderungen werden hier durch die Gerichte recht unterschiedlich gesetzt (BayVGH vom 17.12.2014 – 10 CE 14.2751, hält bei einem Straftäter durchschnittlich einen Kontakt im Monat für nicht ausreichend).

- Befindet sich das Kind in **Fremdunterbringung** (Pflegefamilie/Heim), kommt es auf die Bindung und die sozialen Kontakte zu dem Kind an.

- Der Schutz der Familie ist auch davon abhängig, dass sich **zumindest ein Elternteil berechtigt in Deutschland aufhält** (BVerfG vom 18.4.1989 – 2 BvR 1169/84). War den Beteiligten von Anfang an klar, dass sie nicht darauf vertrauen konnten, langfristig in Deutschland zu bleiben, fällt ihr Zusammenleben nicht unter den Schutz von Art. 8 EMRK (EGMR vom 31.7.2008 – Nr. 265/07).

- Auch wenn beide Elternteile verschiedene Staatsangehörigkeiten besitzen, beide sich aber nicht auf ein Bleiberecht berufen können, muss ihnen selbst dann kein Familienleben in Deutschland ermöglicht werden, wenn sie nicht zusammen in einem anderen Staat leben können (BVerwG vom 8.2.1999 – 1 B 2.99; VG Ansbach vom 23.2.2015 – AN 5 E 14.01802).

- Auch eine **bestehende Schwangerschaft** kann einen Familienschutz auslösen, wenn der Vater die Vaterschaft anerkannt hat, ein Familienleben beabsichtigt ist und die Mutter auf die Unterstützung des Vaters angewiesen ist (OVG Berlin-Brandenburg vom 3.9.2012 – OVG 11 S 40.12 und vom 16.12.2014 – OVG 11 S 52.14; OVG Sachsen-Anhalt vom 10.12.2014 – 2 M 127/14).

- In den sechs Monaten nach der Geburt eines Kindes in Deutschland können Mutter und Kind generell nicht abgeschoben werden, wenn das Kind bei der Mutter lebt oder eine tatsächliche familiäre Bindung zwischen Beiden besteht. Nach § 81 Abs. 2 Satz 2 AufenthG muss für ein im Bundesgebiet geborenes Kind bis zum Ende des sechsten Monats nach der Geburt ein Aufenthaltstitel beantragt werden. Das bedeutet im Umkehrschluss, dass der Aufenthalt des Kindes bis zum sechsten Monat ohne Aufenthaltstitel rechtmäßig ist. Es kann also nicht abgeschoben werden, es sei denn gegen das Kind liegt ein ablehnender Asylbescheid mit Abschiebungsandrohung vor. Die Mutter kann wegen der Familienbeziehung und zum Schutz des Kindeswohls auch nicht alleine abgeschoben werden.

- Eine **beabsichtigte Eheschließung** führt dann zu einem Abschiebehindernis, wenn alle erforderlichen Dokumente vorliegen (insbesondere Geburtsurkunde, Ledigkeitsbescheinigung, eventuell Scheidungsurteil aus einer früheren Ehe, Pass) und der Termin für die standesamtliche Trauung festgelegt wurde (OVG Berlin-Brandenburg vom 25.3.2014 – OVG 2 S 18.14; BayVGH vom 11.3.2010 – 19 CE 10.364). Zu den Voraussetzungen der Eheschließung → S. 398.

Ausdrücklich geregelt ist in § 60a Abs. 2b AufenthG der Abschiebeschutz für die Eltern, den alleinsorgeberechtigten Elternteil und die Geschwister von Minderjährigen, die eine Aufenthaltserlaubnis nach § 25a AufenthG für gut integrierte Jugendliche erhalten haben. Hier besteht ein besonderer Beratungsbedarf, um zu verdeutlichen, dass der Abschiebeschutz mit der Volljährigkeit nach § 25a AufenthG entfällt. Gelingt es, noch vor diesem Zeitpunkt eine Erwerbstätigkeit aufzunehmen, die den Lebensunterhalt für die Eltern und Geschwister deckt, kann die Aufenthaltserlaubnis nach § 25a Abs. 2 AufenthG von den Eltern beantragt werden. Als Alternative kann nach sechs Jahren (solange noch ein Minderjähriger im Haushalt lebt, sonst nach acht Jahren) die Aufenthaltserlaubnis nach § 25b AufenthG erteilt werden, wenn der Lebensunterhalt überwiegend (d.h. zu mehr als 50 Prozent) durch eigene Erwerbsarbeit gesichert wird. In beiden genannten Fällen darf der Erteilung jedoch nicht der Vorwurf entgegenstehen, die Aufenthaltsbeendigung werde durch eigenes Verschulden verhindert.

4.1.3 Abschiebehindernis Passlosigkeit

Eine freiwillige Ausreise oder eine Abschiebung kann nicht durchgeführt werden, wenn kein Pass vorliegt und die Behörden des Herkunftsstaates auch kein Passersatzpapier oder eine Rückübernahmeerklärung zum Zweck der Abschiebung ausstellen. Der Abschiebung kann nicht mit der Begründung entgegen getreten werden, es sei ein Pass beantragt, wenn bereits ein Passersatzpapier vorliegt. Wenn entsprechende Vereinbarungen mit den Herkunftsländern bestehen, können die Ausländerbehörden auch selbst **EU-Laissez-Passer** ausstellen (u.a. für Balkanstaaten).

Eine Rückübernahmeerklärung muss von den Staaten ausgestellt werden, mit denen ein Rückübernahmeabkommen besteht. Eine Liste dieser Staaten findet sich in Kapitel III, → S. 124.

Ablehnen werden die Vertragsstaaten die Ausstellung in der Regel, wenn die Identität nicht geklärt ist. Einige Botschaften in Deutschland sind jedoch gewillt, Personen auch nach einer sehr oberflächlichen Prüfung der gesprochenen Sprache als eigene Staatsangehörige anzuerkennen, weil sie dadurch Vergünstigungen erhalten.

4.1.4 Duldung für Zeuginnen in Strafverfahren

Wird im Bundesgebiet ein Verfahren geführt, in dem die Anklageerhebung wegen eines Verbrechens (Mindeststrafe ein Jahr, § 12 Abs. 1 StGB) zu erwarten ist oder schon erfolgt ist, so muss Personen, die für die Durchführung des Verfahrens als Zeuginnen unverzichtbar sind, eine Duldung erteilt werden (§ 60a Abs. 2 Satz 2 AufenthG).
Für eine solche Duldung ist die Stellungnahme der Staatsanwaltschaft an die Ausländerbehörde unverzichtbar.
Besondere Bedeutung hat die Regelung für Situationen, in denen die Zeuginnen zugleich die Geschädigten sind und der Aufschub der Aufenthaltsbeendigung auch die Möglichkeit verschafft, zivilrechtliche Ansprüche und mögliche Ansprüche nach dem Opferentschädigungsgesetz geltend zu machen.

Beispiel

Sonja aus Serbien hat erfolglos ein Asylverfahren durchlaufen, welches als »offensichtlich unbegründet« abgelehnt wurde. Unter normalen Umständen wäre nun ihre sofortige Abschiebung zu erwarten. Wenn erst noch Reisedokumente von der serbischen Botschaft zu beschaffen wären, würde eine Grenzübertrittsbescheinigung erteilt und die Leistungen nach dem AsylbLG würden auf das physische Existenzminimum reduziert (§ 1a Abs. 2 AsylbLG).
Sonja wurde jedoch in der Aufnahmeeinrichtung von einem männlichen Bewohner vergewaltigt und hat diese Straftat angezeigt. Gegen den Täter wird nun ein Strafverfahren geführt.
– Vergewaltigung ist ein Verbrechen (§ 177 Abs. 2 StGB).
– Sonja ist als einzige unmittelbare Zeugin für das Verfahren unverzichtbar.
– Die Staatsanwaltschaft hat gegenüber der Ausländerbehörde mitgeteilt, dass Sonja als Zeugin erforderlich ist.
Die Duldung nach § 60a Abs. 2 Satz 2 AufenthG ist damit zwingend zu erteilen.
Absolut widersinnig ist allerdings die zum November 2015 neu eingefügte Regelung, nach der ihr jede Erwerbstätigkeit untersagt wird, nur weil sie aus einem »sicheren Herkunftsland« stammt (§ 60a Abs. 6 Nr. 3 AufenthG).
Sonja kann jetzt ein Verfahren auf Schmerzensgeld gegen den Täter führen. Oft wird dies nutzlos sein, weil der Täter über keinerlei Vermögen verfügt. Als Ausgleich hierfür steht das Opferentschädigungsgesetz (OEG) zur Verfügung. Hier wird von der öffentlichen Hand eine gewisse Entschädigung gezahlt. Da Sonja nicht über einen gesicherten Aufenthalt verfügt, sind die Leistungen nach § 1 Abs. 5 OEG begrenzt. Bei der Durchsetzung der Ansprüche ist der »Weiße Ring« (www.weisser-ring.de) behilflich.

Eine Person, die sich im Zeugenschutzprogramm befindet, darf nur mit Zustimmung der Zeugenschutzdienststelle abgeschoben werden (§ 72 Abs. 4 Satz 2 AufenthG).

Wenn gegen die Betroffenen selbst ein Strafverfahren anhängig ist, so muss vor einer Abschiebung die Zustimmung der Staatsanwaltschaft eingeholt werde (§ 72 Abs. 4 AufenthG). Das gilt jedoch nicht bei Straftaten, an deren Verfolgung offenbar ein geringeres Interesse besteht; die Auflistung findet sich in § 72 Abs. 4 Satz 3 und 4 AufenthG.

4.1.5   Duldung aus humanitären Gründen

Die Erteilung einer Duldung ohne Abschiebehindernis liegt im Ermessen der Ausländerbehörde. In den meisten Fällen wird sie nur erteilt, wenn von Anfang an klar ist, dass sie nur einem vorübergehenden Zweck dient.

Mögliche Gründe sind:

■ Abschluss eines Schuljahrs für schulpflichtige Kinder.

■ Fortsetzung einer schon begonnen medizinischen Behandlung, wenn die Unterbrechung durch Rückkehr zu erheblichen Rückschlägen führen könnte (zur fehlenden Behandlungsmöglichkeit im Herkunftsstaat siehe → S. 339).

■ Pflege eines nahen Angehörigen; hierzu gehört auch die Sterbebegleitung von Menschen, bei denen ein tödlicher Krankheitsverlauf abzusehen ist.

■ Vorbereitung der Rückkehr durch ein vorausreisendes Familienmitglied, wenn zunächst eine Familienunterkunft organisiert werden muss.

Zu bedenken ist, dass wegen des generell weiten Ermessensspielraums der Behörden, gerichtliche Verfahren zur Anspruchsdurchsetzung nur selten empfehlenswert sind. Das Verhandlungsgeschick der Asylberaterinnen ist hier besonders gefragt, aber auch die Einschätzung, ob die Gründe für eine Ermessensduldung wirklich tragfähig sind und die bisherige Mitwirkung der betroffenen Flüchtlinge eine bestimmtes Maß an gutem Willen der Ausländerbehörde erwarten lassen.

Grundsätzlich können die Landesinnenminister die Abschiebung in ein bestimmtes Land oder für eine bestimmte Gruppe von Menschen für einen begrenzten Zeitraum aussetzen (»Winterabschiebestopp«). Die Höchstfrist wurde durch die Gesetzesänderung zum 24.10.2015 von sechs auf drei Monate gesenkt (§ 60a Abs. 1 AufenthG).

4.2 Weitere formelle und informelle Anträge

Zunächst besteht theoretisch die Möglichkeit ein weiteres Asylverfahren durch **Folgeanträge** oder **Wiederaufgreifensanträge** (→ S. 171) zu stellen. Es gibt nur sehr wenige Fälle, in denen dies unmittelbar nach einem abgeschlossenen Verfahren Erfolgsaussichten hat. Wenn allerdings erst ganz aktuell, in jedem Fall aber nach der Anhörung oder der letzten mündlichen Verhandlung bei Gericht, neue Ereignisse eingetreten sind oder Erkenntnisse bekannt geworden sind, kann sich so ein Antrag lohnen. Ohne Rechtsbeistand lässt sich dieses Verfahren jedoch nicht führen, weil die formalen Anforderungen zu hoch sind.

Anders sieht es mit Anträgen an **Petitionsausschüsse** des Bundes oder der Länder und an die **Härtefallkommissionen** der Länder aus. Hier können sich auch Flüchtlingsinitiativen einsetzen, um in besonderen Einzelfällen eine humanitäre Einzelfallentscheidung herbeizuführen. Voraussetzung ist immer, dass zunächst die möglichen Rechtsmittel ausgeschöpft sind. Auch sollte von diesem Instrument nicht beliebig Gebrauch gemacht werden, sondern nur, wenn ein menschenrechtlich unhaltbares Ergebnis korrigiert werden soll.

Besonders wichtig ist in diesen Verfahren auch die bisher erbrachte Leistung zur Integration in den Arbeitsmarkt. Ein fester Arbeitsplatz, Schulabschlüsse, Berufsausbildungen und sonstige Qualifikationen in der gesamten Familie spielen eine herausragende Rolle. Daneben wird auch besonderes gesellschaftliches Engagement, Pflege von Angehörigen und Erziehung von Kindern berücksichtigt.

Da jedes Bundesland, darüber hinaus aber auch einzelne Städte und Kreise über Härtefallkommissionen oder vergleichbare Ausschüsse verfügen, müssen nicht nur die Anlaufstellen, sondern auch die spezifischen Voraussetzungen für Anträge und die Entscheidungskriterien ermittelt werden, ehe entsprechende Anträge gestellt werden oder den Betroffenen eine Antragstellung empfohlen wird.

Zu bedenken ist, dass ein solches Verfahren keinen Schutz vor Abschiebung bietet, ein Zuwarten muss immer gesondert mit der Ausländerbehörde ausgehandelt werden. Auch wenn die Anträge von Einzelpersonen oder Flüchtlingsinitiativen gestellt werden können, sollte immer eine anwaltliche Beratung und eine Akteneinsicht durch die Anwältin vorausgehen. Anträge ohne eine genaue Aktenkenntnis zu stellen, ist leichtfertig, weil leicht ein unvollständiger oder sogar falscher Sachverhalt zugrunde gelegt wird. Auch hat es keinen Sinn, gegenüber der Härtefallkommission die Bewertungen in einer gerichtlichen Entscheidung in Frage zu stellen.

4.3 Rechtsstellung Geduldeter

4.3.1 Rechtsqualität der Duldung

Die Duldung bescheinigt die Aussetzung der Abschiebung, damit aber keinen rechtmäßigen Aufenthalt. Sie wird vollziehbar ausreisepflichtigen Personen erteilt, um zu dokumentieren, dass die Abschiebung derzeit nicht vollzogen werden kann oder nicht vollzogen werden soll. Die eigentliche Funktion der Duldung ist es, Personen, die nicht über ein Aufenthaltsrecht verfügen, deren Aufenthalt jedoch faktisch nicht beendet wird, mit einem Dokument auszustatten. Es besteht ein Rechtsanspruch auf die Ausstellung einer Duldungsbescheinigung (§ 60a Abs. 4 AufenthG) als Nachweis der behördlichen Registrierung.

Sobald Geduldete Deutschland verlassen, erlischt die Duldung es besteht kein Recht auf Wiedereinreise (§ 60a Abs. 5 Satz 1 AufenthG).

4.3.2 Wohnsitzauflage

Die Duldung wird immer mit einer Wohnsitzauflage erteilt, solange noch Leistungen nach dem AsylbLG bezogen werden (§ 61 Abs. 1d AufenthG).

Besteht die Notwendigkeit des Wechsels des Wohnorts, sind Anträge auf die Erteilung einer neuen Duldung bei der Ausländerbehörde des gewünschten Aufenthaltsortes zu stellen (OVG NRW vom 16.4.12 – 18 B 1585/11). Vor der Erteilung der neuen Duldung soll diese Ausländerbehörde die Zustimmung der bisher zuständigen Ausländerbehörde einholen. Dadurch sollen Einwendungen gegen den Wohnsitzwechsel erfragt werden. Voraussetzung ist, dass die Person unabweislich auf ein Leben an dem gewünschten Ort angewiesen ist, nicht vorrangig, dass sie an dem bisherigen Ort nicht mehr leben kann (OVG Rheinland-Pfalz vom 15.2.2012 – 7 A 11177/11; VGH Baden-Württemberg vom 9.7.2002 – 11 S 2240/01; OVG Niedersachsen vom 17.10.2002 – 8 ME 142/02). Die Ausländerbehörde muss die begehrte neue Duldung ausstellen, wenn durch die Verweisung auf den Ort der Wohnsitzauflage Grundrechte verletzt werden (OVG Niedersachsen vom 25.2.2000 – 3 M 11/00; Hailbronner, § 56 Rn. 7a, Stand: 2014).

Gründe sind z.b. die Zusammenführung der Kernfamilie (OVG NRW vom 16.4.2012 – 18 B 1585/11), die Unterstützung von kranken, behinderten oder pflegebedürftigen Angehörigen, der Schutz vor häuslicher Gewalt oder eine drohende Zwangsverheiratung.

Erst nach der Neuerteilung der Duldung und damit der Zuständigkeit der neuen Kommune bestehen Ansprüche auf Leistungen nach dem AsylbLG am neuen Wohnort. Mit der Neufassung des § 11 Abs. 2 AsylbLG zum 24.10.2015 soll jede Leistungserbringung an einem Aufenthaltsort, der im Widerspruch zu einer asyl- oder ausländerrechtlichen Beschränkung besteht, auf die Reisebeihilfe beschränkt sein. In Notsituationen (Gewaltschutz, Kinderbetreuung, Krankheit) müssen die erforderlichen Leistungen auch am Ort des Aufenthalts erbracht werden (siehe LSG NRW vom 27.4.2015 – L 20 AY 2/15). Das wird auch in der Gesetzesbegründung eingeräumt (BT-Drs. 18/6185 vom 29.9.2015, zu Nr. 10, S. 47).

Beispiel

Fatima lebt mit einer Duldung in einer Gemeinschaftsunterkunft. Sie wurde von ihrem Ehemann mehrfach misshandelt. Nach einem erneuten Vorfall wird Fatima von der Polizei in das nächstgelegene Frauenhaus in einer anderen Kommune gebracht. Das Frauenhaus beantragt beim zuständigen Sozialamt die Kostenübernahme und Fatima selbst Leistungen nach dem AsylbLG. In diesem Fall kann das Sozialamt am Ort des Frauenhauses die Leistung nicht mit dem Hinweis verweigern, es sei nur die Reisebeihilfe zu leisten. Fatima kann aus zwingenden Gründen des Gewaltschutzes nicht in die Unterkunft zurückkehren.

4.3.3   Verlängerung der Duldung

Die Duldung wird verlängert, wenn das Abschiebehindernis weiter besteht.

Es kommt aber auch eine Verlängerung aus dringenden humanitären oder persönlichen Gründen sowie öffentlichen Interessen in Betracht (§ 60a Abs. 2 Satz 3 AufenthG).

Ausdrücklich gesetzlich geregelt ist die Verlängerung der Duldung während eines bestehenden Ausbildungsverhältnisses (§ 60a Abs. 2 Satz 4 AufenthG). Hierzu müssen jedoch folgende Voraussetzungen erfüllt sein:

■ Es muss sich um eine anerkannte Berufsausbildung (siehe Verzeichnis der anerkannten Berufsausbildungen, https://www.bibb.de/berufe) handeln.

■ Die Ausbildung muss vor dem 21. Geburtstag begonnen worden sein.

■ Die Auszubildende darf nicht aus einem »sicheren Herkunftsland« (siehe Glossar) stammen.

Sind diese Voraussetzungen erfüllt, wird die Duldung für jeweils ein Jahr erteilt, solange mit einer erfolgreichen Beendigung der Ausbildung zu rechnen ist.

Mit dem geplanten Integrationsgesetz soll die Altersgrenze von 21 Jahren aufgehoben werden und die Duldung für die gesamte Zeit der Ausbildung erteilt werden.

Im Anschluss an die Ausbildung kann eine Aufenthaltserlaubnis nach § 18a AufenthG erteilt werden, wenn ein entsprechender Arbeitsplatz nachgewiesen wird.

Weitere Möglichkeiten eines späteren Übergangs zu einem Aufenthaltstitel werden auf → S. 362 beschrieben.
Ein Familiennachzug zu Geduldeten ist gesetzlich nicht vorgesehen. Bereits in Deutschland lebende Mitglieder der Kernfamilie können sich jedoch unter bestimmten Voraussetzungen auf einen Familienschutz berufen (→ S. 342).

Eine Duldung kann jederzeit widerrufen werden, wenn die Voraussetzungen nicht mehr vorliegen. Die Abschiebung ist dann unverzüglich möglich. Läuft die Duldung ab, so besteht innerhalb des ersten Jahres eines geduldeten Aufenthalts kein Schutz vor einer sofortigen Abschiebung oder einem Abschiebegewahrsam (→ S. 383). Wird die Duldung nicht verlängert, so kann die Abschiebung ohne Fristsetzung erfolgen (§ 60a Abs. 5 Satz 2 AufenthG). Hinzu kommt seit dem 24.10.2015 das **Verbot, eine Abschiebung nach Ablauf der Ausreisefrist anzukündigen** (§ 59 Abs. 1 Satz 7 AufenthG). Wird eine Duldung nicht verlängert, ist damit auch die Ausreisefrist abgelaufen und die Abschiebung kann jederzeit ohne Vorankündigung erfolgen.
Nach Ablauf eines Jahres mit Duldung muss die Abschiebung mindestens einen Monat zuvor angekündigt werden (§ 60a Abs. 5 Satz 3 AufenthG). Diese Ankündigung hat gleichzeitig auch den Charakter einer Ausreisefrist.

4.4 Sozialleistungen

4.4.1 Existenzsichernde Leistungen

Geduldete haben Ansprüche nach § 1 Abs. 1 Nr. 4 AsylbLG. Im Wesentlichen gelten die Regelungen wie in Kapitel IV → S. 252 und → S. 264 beschrieben. Allerdings müssen folgende Besonderheiten beachtet werden:

Leistungskürzungen:
1. Personen, die sich **zum Zweck des Leistungsbezugs nach Deutschland begeben haben**, erhalten Leistungen nur, soweit dies entsprechend der individuellen Situation unabweisbar geboten ist (§ 1a Abs. 1 AsylbLG). Der Leistungsbezug muss dabei die prägende Motivation für die Einreise gewesen sein. Die Familienangehörigen werden einbezogen, auch wenn ihnen keine entsprechende Einreisemotivation angelastet werden kann. Die Regelung wird bisher fast ausschließlich auf Personen angewendet, die keinen Asylantrag gestellt haben und sich nur auf ein Abschiebehindernis berufen. Möglich ist aber auch die Anwendung auf Geduldete nach dem negativen Ausgang eines Asylverfahrens, indem die ursprüngliche Einreise als ausschließlich wirtschaftlich motiviert bewertet wird.
2. Personen, denen vorgeworfen wird, **ihre Abschiebung selbst verhindert (fehlende Mitwirkung, Vertuschung der Identität) zu haben**, erhalten ab dem Tag nach der Vollziehbarkeit der Abschiebungsandrohung, d.h. in der Regel ab dem Fristablauf für die Ausreise im Asylbescheid, nur noch Leistungen zur Sicherung des physischen Existenzminimums. Diese umfassen Sachleistungen für die Ernährung, eine zugewiesene Unterkunft, Hygieneartikel und die medizinische Notfallbehandlung nach § 4 AsylbLG. Nur in Ausnahmefällen können unabweisbare Leistungen (Rollstuhl für Körperbehinderte, Fahrkarte zum Arzt, Winterkleider) als Sachleistungen erbracht werden. Auch die Familienangehörigen erhalten nur noch die Leistungen zum Überleben. Es handelt sich um eine zwingende Regelung (neu eingefügt zum 24.10.2015), die immer zur Anwendung kommt, wenn die Abschiebung nicht möglich ist ohne dass dies durch legitime Gründe (Ausreisepapiere nicht beschaffbar, weitere Abschiebehindernisse → S. 338) gerechtfertigt ist. Eine Leistungskürzung kann aber nicht darauf gestützt werden, dass Geduldete sich weigern, bei ihrer Botschaft eine Erklärung zu unterzeichnen, sie wollten freiwillig zurückkehren (BSG vom 30.10.2013 – B 7 AY 7712 R). Auch wenn Botschaften eine solche Erklärung zur Vorbedingung für die Ausstellung eines Pass machen, kann diese Erklärung »von niemandem verlangt werden, der den entsprechenden Willen nicht besitzt« (BSG a.a.O., Rn. 27).

Die Betroffenen können bei einer Leistungskürzung auch keine Rechtsanwältin mehr finanzieren, um z.B. ein Abschiebehindernis geltend zu machen.

Kein Übergang zu Leistungen analog SGB XII:
Der Übergang zu Analogleistungen, der regulär nach 15 Monaten Aufenthalt erfolgt, findet nicht statt, wenn die Dauer des Aufenthalts »rechtsmissbräuchlich selbst beeinflusst« wurde (§ 2 Abs. 1 AsylbLG). Damit wird die Leistungsumstellung vor allem für die auf → S. 318 genannte Gruppe ausgeschlossen. Neben den Leistungen zur Existenzsicherung wirkt sich dieser Ausschluss auch auf Leistungen für behinderte oder pflegebedürftige Menschen aus. Ihnen können die erforderlichen Leistungen nur nach der allgemeinen Auffangregelung des § 6 AsylbLG erbracht werden, wenn sie im Einzelfall unabweislich erforderlich sind.

Es ist zu erwarten, dass die Hilfen für Menschen mit besonderen Bedarfen von den Sozialhilfeträgern nur erbracht werden, wenn sich engagierte Flüchtlingsberaterinnen dafür einsetzen und in jedem Einzelfall verdeutlichen, warum die Ablehnung gegen die Menschenwürde (Art. 1 Abs. 1 GG), das Recht auf Leben (Art. 2 Abs. 2 GG) und weitere Menschenrechte aus internationalen Konventionen verstoßen würde.

4.4.2   Familienleistungen

Geduldete haben grundsätzlich **keinen Anspruch auf Familienleistungen**.
Das Niedersächsische Finanzgericht vom 21.8.2013 – 7 K 116/13 hat die Frage, ob der Leistungsausschluss für Geduldete verfassungswidrig ist, dem BVerfG (Az: 2 BvL 14/14) zur Entscheidung vorgelegt.
Ausnahmen gelten aber für die Angehörigen der Türkei, der Staaten mit Sozialversicherungsabkommen und der Staaten der Mittelmeerabkommen (siehe Glossar).

4.4.3   Sozialversicherungsleistungen

Geduldete haben nach Verlust einer versicherungspflichtigen Beschäftigung von mindestens einem Jahr einen **Anspruch auf Arbeitslosengeld I**. Der Anspruch entfällt, wenn ein Arbeitsverbot nach § 60a Abs. 6 AufenthG besteht, sie also dem Arbeitsmarkt nicht zur Verfügung stehen.

Beispiel

Gaston aus Kamerun hat einen Asylantrag gestellt, welcher am 15.12.2015 als offensichtlich unbegründet abgelehnt wurde. Gaston hat dagegen keine Klage erhoben, mit der Folge, dass die Abschiebungsandrohung bereits eine Woche (§ 36 Abs. 1 AsylG) nach Rechtskraft der Entscheidung (eine Woche nach Zustellung, § 74 Abs. 1, § 36 Abs. 3 AsylG) vollziehbar wird, also am 29.12.2015.

Gaston arbeitet sozialversicherungspflichtig seit 18 Monaten. Er verliert die Arbeit zum Ende des Jahres 2015, weil die Ausländerbehörde eine Duldung mit einem Arbeitsverbot nach § 60a Abs. 6 AufenthG erteilt, da G. noch keinen Nationalpass bei der Botschaft von Kamerun beantragt hat. Dies hätte er aber unmittelbar nach der Rechtskraft der Asylentscheidung am 22.12.2015 tun müssen (fehlende Mitwirkung). Die Zahlung von Arbeitslosengeld I lehnt die Arbeitsagentur ab, weil er dem Arbeitsmarkt aufgrund des Arbeitsverbots nicht zur Verfügung stehen kann (§ 138 Abs. 1 Nr. 3 SGB III).

Wird Gaston die Duldung ausgestellt, weil über das Asylverfahren seiner Ehefrau noch nicht entschieden wurde (Familienschutz), und verliert er seinen Arbeitsplatz betriebsbedingt, so besteht ein Anspruch auf Arbeitslosengeld I, weil ihm für einen neuen Arbeitsplatz eine Beschäftigungserlaubnis erteilt werden könnte (§ 32 BeschV).

Geduldete ohne eine sozialversicherungspflichtige Beschäftigung sind weder in der GKV noch in der GPfV versichert. Sie erhalten zwar spätestens nach 15 Monaten (soweit die Dauer des Aufenthalts nicht selbstverschuldet ist) die Versicherungskarte einer Krankenversicherung; diese dient jedoch lediglich der Abrechnung zwischen den medizinischen Dienstleistern und dem Sozialamt (§ 264 SGB V) und führt nicht zu einer Mitgliedschaft in der Versicherung.

Insbesondere haben sie keine Ansprüche auf Leistungen der gesetzlichen Pflegeversicherung; Pflegebedarfe können nur vom Sozialamt finanziert werden. In den ersten 15 Monaten ist dies nur bei zwingenden Bedarfen nach § 6 AsylbLG möglich, wobei grundsätzlich kein Pflegegeld gezahlt wird. Nach Beginn der Analogleistungen (nach 15 Monaten) muss das Sozialamt den Pflegebedarf im Rahmen der Hilfe zur Pflege (§§ 63 ff. SGB XII) in vollem Umfang, einschließlich des Pflegegeldes, übernehmen (→ S. 313).

4.4.4 Sonstige Leistungen

Geduldete haben **Anspruch auf Wohngeld**, wenn sie keine Leistungen nach dem AsylbLG bzw. analog SGB XII beziehen (§ 3 Abs. 5 Nr. 2 WoGG).

Ein **Wohnberechtigungsschein** wird ihnen dagegen nur erteilt, wenn die Ausländerbehörde bestätigt, dass sie voraussichtlich noch mindestens ein Jahr in Deutschland leben werden und keine Aufenthaltsbeendigung geplant ist. Die Anforderungen variieren nach den Bundesländern, es können auch noch höhere Ansprüche an die Zukunftsprognose gestellt werden. So verlangt der VGH Baden-Württemberg vom 19.7.2013 – 3 S 1514/12 ein dauerhaftes rechtliches Abschiebehindernis (Zusammenleben mit der Kernfamilie).

Schwerbehindertenausweise sind auch Geduldeten auf Antrag auszustellen, wenn ihr Aufenthalt in Deutschland voraussichtlich länger als sechs Monate andauern wird (BSG vom 29.4.2010 – B 9 SB 2/09 R).

Anspruch auf Ausgabe einer kostenlosen Wertmarke zur unentgeltlichen Beförderung im öffentlichen Personenverkehr haben auch schwerbehinderte Menschen mit einem Schwerbehindertenausweis mit dem Merkzeichen »G«, die nur über eine Duldung verfügen (BSG vom 6.10.2011 – B 9 SB 7/10 R).

Jugendhilfeleistungen können in vollem Umfang beantragt werden. Auch hier kann jedoch bei bestimmten Maßnahmen geprüft werden, ob die voraussichtliche Aufenthaltsdauer die Maßnahme rechtfertigt. Für den Kita-Besuch oder auch die meisten Erziehungshilfen spielt dies keine Rolle. Dagegen können therapeutische Maßnahmen für seelisch behinderte Kinder (§ 35a SGB VIII) mit der Begründung abgelehnt werden, eine therapeutische Wirkung könne wegen des kurzen Verbleibs in Deutschland (voraussichtlich) nicht erreicht werden.

Von **Leistungen der Stiftung »Mutter und Kind – Schutz des ungeborenen Lebens«** dürfen geduldete Schwangere nicht ausgenommen werden. Anträge können nur bei den Schwangerschaftskonfliktberatungsstellen gestellt werden. Auf die Leistungen besteht kein Rechtsanspruch, sie können nur im Rahmen verfügbarer Haushaltsmittel bewilligt werden.

4.5   Sprachliche Integration

Geduldete haben keinen Anspruch auf einen Integrationskurs. Sie können jedoch im Rahmen verfügbarer Plätze zugelassen werden (§ 44 Abs. 4 Nr. 2 AufenthG). Anträge auf Zulassung können direkt beim BAMF (Antragsvordrucke auf der Homepage) oder über die Sprachkursträger gestellt werden. Bei Personen aus »sicheren Herkunftsstaaten« muss mit einer Ablehnung gerechnet werden, auch wenn sie nicht ausdrücklich ausgeschlossen sind.

Leistungsbezieherinnen nach AsylbLG werden von den Kosten des Integrationskurses befreit (§ 9 Abs. 2 IntV) und können auch die Fahrtkosten erstattet bekommen (§ 4a Abs. 1 IntV).

4.6   Arbeitsmarktintegration

Seit einigen Jahren wird auch die Arbeitsmarktintegration von Geduldeten gefördert und bei guter Integration sogar mit einem gesicherten Aufenthalt belohnt.

4.6.1 Genehmigungen

Die Beschäftigungserlaubnis zur Aufnahme einer Arbeitstätigkeit wird von der Ausländerbehörde erteilt; teilweise muss hierzu jedoch die Zustimmung der Arbeitsagentur eingeholt werden.

Das Verfahren zur Erteilung einer Beschäftigungserlaubnis ist in vier Zeitzonen aufgeteilt.

1. In den **ersten drei Monaten** des Aufenthalts einschließlich der Zeiten eines vorangegangenen Aufenthalts darf die Arbeitsagentur keine Zustimmung zu einer Beschäftigungserlaubnis erteilen (§ 32 Abs. 1 BeschV).
2. **Ab dem vierten Monat** des (dokumentierten) Aufenthalts (Duldung) kann die Zustimmung zur Beschäftigungserlaubnis erteilt werden. Voraussetzung ist jedoch eine Vorrangprüfung (→ S. 279) und eine Prüfung der Arbeitsbedingungen durch die Arbeitsagentur.
3. **Ab dem 16. Monat** des (dokumentierten) Aufenthalts (Duldung) kann die Zustimmung zur Beschäftigungserlaubnis ohne Vorrangprüfung, aber nach einer vorgeschalteten Prüfung der Arbeitsbedingungen durch die Arbeitsagentur, erteilt werden (§ 32 Abs. 5 Nr. 2 BeschV).
4. **Nach Ablauf von vier Jahren** des (dokumentierten) Aufenthalts (Duldung) kann die Beschäftigungserlaubnis ohne Zustimmung der Arbeitsagentur, direkt von der Ausländerbehörde erteilt werden (§ 32 Abs. 2 Nr. 5 BeschV).

Von diesen Anforderungen gibt es sowohl positive als auch negative Ausnahmen.

Positive Ausnahmen:

- **Ausbildung**: Die Aufnahme einer anerkannten betrieblichen Ausbildung kann sofort nach der Erteilung der Duldung von der Ausländerbehörde ohne Zustimmung der Arbeitsagentur genehmigt werden (§ 32 Abs. 2 Nr. 2 BeschV).

- Eine Tätigkeit im **Bundesfreiwilligendienst** kann von Anfang an von der Ausländerbehörde genehmigt werden (§ 32 Abs. 2 Nr. 3 BeschV).

- **Praktika**, für die kein Mindestlohn gezahlt werden muss (§ 22 MiLoG), können von Anfang an genehmigt werden (§ 32 Abs. 2 Nr. 1 BeschV).
  In erster Linie dient die Regelung der Öffnung des Zugangs zu einer Einstiegsqualifizierung nach § 54a SGB III und zur Durchführung von Praktika, die für die Gleichwertigkeitsfeststellung oder Anerkennung eines ausländischen Berufsabschluss erforderlich sind (§ 8 Abs. 3 BeschV). Derartige berufliche Tätigkeiten sollen als »notwendige« Praktika ebenfalls von der Bindung an den Mindestlohn freigestellt sein.

Die **Einstiegsqualifizierung** nach § 54a SGB III kann für Geduldete von der Arbeitsagentur genehmigt werden und ermöglicht ein Praktikum von sechs bis zu zwölf Monaten in einem Ausbildungsbetrieb zur (eventuell auch sprachlichen) Vorbereitung und Erprobung der Ausbildungsfähigkeit. Die Sozialversicherungsbeiträge in Höhe von 107 € sowie eine Mini-Aufwandsentschädigung von 216 € für die Praktikantinnen werden dabei von der Arbeitsagentur übernommen. Auch diese geringe Aufwandsentschädigung wird nach Abzug des Freibetrags (25% = 54 € nach § 7 Abs. 3 AsylbLG oder 30% = 64,80 € nach § 82 Abs. 3 SGB XII für Bezieherinnen von Analogleistungen) auf die Leistungen zum Lebensunterhalt angerechnet.

Betriebspraktika bis zu sechs Wochen können im Rahmen der Aktivierung nach § 45 SGB III von der Arbeitsagentur gefördert werden, um Vermittlungshindernisse abzubauen oder zur Feststellung der Berufseignung.

Berufsorientierungspraktika bis zu drei Monaten können von der Arbeitsagentur gefördert werden. Sie werden ohne Zustimmung der Arbeitsagentur von der Ausländerbehörde genehmigt.

Die Genehmigung von **Schul- und Hochschulpraktika** sowie der vorgeschriebenen **Vorpraktika** für Studium und Ausbildung sind ohne Beteiligung der Arbeitsagentur möglich.

Praktika im Rahmen von **internationalen oder nationalen öffentlichen Programmen** können von Anfang an von der Ausländerbehörde genehmigt werden (§ 32 Abs. 2 Nr. 3 i.V.m. § 15 BeschV).

- Die Beschäftigung in einem **Familienunternehmen** (Ehegatte, Verpartnerte, Verwandte und Verschwägerte ersten Grades) kann von der Ausländerbehörde ohne Zustimmung der Arbeitsagentur von Anfang an genehmigt werden (§ 32 Abs. 2 Nr. 4 BeschV).

- Die Ausübung bestimmter **akademische Berufe** kann von Anfang an ohne Zustimmung der Arbeitsagentur genehmigt werden (§ 32 Abs. 2 Nr. 3 BeschV). Erfasst werden Tätigkeiten auf der Grundlage eines ausländischen Hochschulabschluss, dessen Gleichwertigkeit von der zuständigen Stelle in Deutschland (für das Verfahren siehe: www.anerkennung-in-deutschland.de) festgestellt wurde **und** für die ein Mindestgehalt in Höhe von 2/3 der Beitragsbemessungsgrenze der Rentenversicherung (für 2016 ein Bruttogehalt von mindestens 4.130 € West bzw. 3.600 € Ost) gezahlt wird (§ 2 Abs. 1 Nr. 2a BeschV).

Tätigkeiten auf der Grundlage eines inländischen Hochschulabschlusses können unabhängig von der Höhe des Gehalts von der Ausländerbehörde genehmigt werden (§ 2 Abs. 1 Nr. 2b und Nr. 3 BeschV).

Eher theoretisch ist die Ausübung einer **hochqualifizierten Tätigkeit im Bereich der Hochschulen** (§ 2 Abs. 1 Nr. 1 BeschV), weil sich hier in aller Regel ein Weg finden wird, einen rechtmäßigen Aufenthalt zu begründen.

Ohne Zustimmung können **wissenschaftliche Tätigkeiten** an Hochschulen, Stellen als Technikerinnen oder Ingenieure in Forscherteams, Lehrkräfte an Schulen oder zum Spracherwerb an Hochschulen genehmigt werden (§ 32 Abs. 2 Nr. 3 i.V.m. § 5 BeschV).

■ Ohne Zustimmung der Arbeitsagentur können Tätigkeiten als **leitende Angestellte** mit Generalvollmacht oder Prokura, gesetzliche Vertreter von Gesellschaften und Vereinen oder Gesellschafter einer OHG und Ähnliches genehmigt werden (§ 32 Abs. 2 Nr. 3 i.V.m. § 3 BeschV).

■ Weiter können frei und ohne Wartefrist genehmigt werden: Beschäftigungen als Berufssportler mit einem Mindesteinkommen von 3.100 € (West) bzw. 2.700 € (Ost) monatlich brutto, akkreditierte Beschäftigungen bei internationalen Sportveranstaltungen, Fotomodelle, Werbekräfte, Mannequins und Dressmen sowie für einzelne Tagesdarbietungen bis zu 15 Tage im Jahr (§ 32 Abs. 2 Nr. 3 i.V.m. §§ 22 Nr. 3 – 5, 23 BeschV).

Negative Ausnahmen:

Für Geduldete besteht nach § 60a Abs. 6 AufenthG (eingefügt zum 24.10.2015) ein zeitlich unbegrenztes, absolutes Arbeitsverbot, wenn sie

■ aus einem »**sicheren Herkunftsstaat**« (siehe Glossar) stammen, nach dem 31.8.2015 einen Asylantrag gestellt haben und dieser abgelehnt worden ist. Damit besteht für Asylsuchende aus den »sicheren Herkunftsstaaten« keinerlei Zugang zum deutschen Arbeitsmarkt. Das gilt aber nicht für Personen, die zwar vor dem 31.8.2015 ein Asylgesuch (Ausstellung einer BüMA), aber noch keinen förmlichen Asylantrag beim BAMF gestellt haben (umstritten).
Jeder **Wechsel in einen anderen Aufenthaltsstatus** zu Erwerbszwecken (→ S. 337 f.) ist vor einer Ausreise **ausgeschlossen**. Für Angehörige der **Balkanstaaten** bleibt die Möglichkeit, sich während des Aufenthalts einen Arbeitsplatz zu suchen, ins Herkunftsland zurückzukehren und ein Visum zum Zweck der Beschäftigung nach § 18 AufenthG zu beantragen (§ 26 Abs. 2 BeschV). Auch für dieses Visum bestehen zwei erhebliche Hürden:
Zum einen wird vor der Erteilung eine Vorrangprüfung (siehe Glossar) vorgenommen.
Zum anderen gilt die Regelung nur für
a) Asylantragstellerinnen mit Antrag im Jahr 2015, die nach dem 24. Oktober 2015 (in Kraft treten des Asylpakets I) unverzüglich ausgereist sind (§ 26 Abs. 2 Satz 4BeschV), oder
b) Personen, die in den letzten zwei Jahren keine Leistungen nach dem AsylbLG bezogen haben (§ 26 Abs. 2 Satz 3BeschV);

- ein **eigenes Verschulden** daran tragen, dass eine Abschiebung nicht durchgeführt werden kann. Ein solches Verschulden wird angenommen, wenn nach einem negativen Asylbescheid keine oder keine ausreichenden Bemühungen bei der Passbeschaffung gezeigt werden, wenn die Identität verschleiert wird oder eine Abschiebung in sonstiger Weise verhindert wird. Die Rechtsprechung hält es überwiegend für zumutbar eine Erklärung gegenüber der Botschaft abzugeben, die Ausreise solle freiwillig erfolgen, obwohl dies nicht zutrifft und die Erklärung nur dazu dienen soll, ein Reisepapier zu erhalten, mit dem dann die Abschiebung durchgeführt werden kann (BVerwG vom 10.11.2009 – 1 C 19.08; OVG Lüneburg vom 29.4.2015 – 11 LA 274/14); die davon abweichende Wertung des BSG vom 30.10.2013 – B 7 AY 7/12 R gilt nur für die Leistungen nach AsylbLG;

- eingereist sind, um Leistungen nach dem AsylbLG in Anspruch zu nehmen. Der Leistungsbezug muss prägendes Motiv der Einreise gewesen sein. Davon wird insbesondere bei Personen ausgegangen, die keinen Asylantrag gestellt haben und auf eine Arbeitsaufnahme hoffen, die aber gerade durch diese Regelung ausgeschlossen ist.

Arbeit für Menschen mit Duldung – Überblick

Die Zeit rechnet ab der ersten Registrierung in Deutschland, die Zeit des Asylverfahrens wird mitgerechnet. Die folgende Tabelle gilt nicht für Geduldete mit einem Arbeitsverbot (siehe bei negative Ausnahmen).

Beschäftigungs-erlaubnis der Ausländerbehörde für	In den ersten drei Monaten	Vom vierten bis zum 15. Monat	Vom 16. Monat bis zum Ende des vierten Jahres	Ab Beginn des fünften Jahres
Beschäftigung ohne berufliche Qualifizierung	Nein, § 32 Abs. 1 BeschV	Ja, mit Vorrangprüfung der Arbeitsagentur, § 32 Abs. 1 BeschV	Ja, mit Zustimmung, aber ohne Vorrangprüfung der Arbeitsagentur, § 32 Abs. 5 Nr. 2 BeschV	Ja, ohne Zustimmung der Arbeitsagentur, § 32 Abs. 2 Nr. 5 BeschV
Beschäftigung als Leiharbeiterin	Nein, § 40 Abs. 1 Nr. 2 AufenthG	Nein	Ja, mit Zustimmung, § 32 Abs. 3 und Abs. 5 BeschV	Ja, ohne Zustimmung, § 32 Abs. 2 Nr. 5 BeschV

Beschäftigungs-erlaubnis der Ausländerbehörde für	In den ersten drei Monaten	Vom vierten bis zum 15. Monat	Vom 16. Monat bis zum Ende des vierten Jahres	Ab Beginn des fünften Jahres
Beschäftigung mit Ausbildung in Deutschland	Nein	Ja, ohne Vorrangprüfung, § 32 Abs. 5 Nr. 1 BeschV	Ja, ohne Vorrangprüfung, § 32 Abs. 5 Nr. 1 BeschV	Ja, ohne Zustimmung, § 32 Abs. 2 Nr. 5 BeschV
Beschäftigung in einem Mangelberuf mit anerkannter ausländischer Ausbildung	Nein	Ja, ohne Vorrangprüfung, § 32 Abs. 5 Nr. 1 BeschV	Ja, ohne Vorrangprüfung, § 32 Abs. 5 Nr. 1 BeschV	Ja, ohne Zustimmung, § 32 Abs. 2 Nr. 5 BeschV
Beschäftigung mit einem Hochschulabschluss in Deutschland	Ja, ohne Zustimmung, § 32 Abs. 2 Nr. 3, § 2 Abs. 1 Nr. 3 BeschV	Ja	Ja	Ja
Beschäftigung mit einem anerkannten ausländischen Hochschulabschluss	Nein	Ja, mit Vorrangprüfung, § 32 Abs. 2 Nr. 3, § 2 Abs. 3, BeschV	Ja, ohne Vorrangprüfung § 32 Abs. 5 Nr. 2, § 2 Abs. 3 BeschV	Ja, ohne Zustimmung, § 32 Abs. 2 Nr. 5 BeschV
Beschäftigung mit einem anerkannten ausländischen Hochschulabschluss + 49.600 € brutto/Jahr	Ja, ohne Zustimmung, § 32 Abs. 2 Nr. 3 BeschV	Ja	Ja	Ja
Beschäftigung mit einem anerkannten ausländischen Hochschulabschluss in einem MINT-Fach und 37.752 € brutto/Jahr	Nein	Ja, ohne Vorrangprüfung, § 32 Abs. 5 Nr. 1, § 2 Abs. 2 BeschV	Ja, ohne Vorrangprüfung	Ja, ohne Zustimmung § 32 Abs. 2 Nr. 5 BeschV
Beschäftigung in der Unternehmensführung, an Hochschulen und Forschungsinstituten	Ja, ohne Zustimmung, § 32 Abs. 2 Nr. 3, § 3 und 5 BeschV	Ja	Ja	Ja
Betriebliche Ausbildung	Ja, ohne Zustimmung, § 32 Abs. 2 Nr. 2 BeschV	Ja	Ja	Ja

Beschäftigungs-erlaubnis der Ausländerbehörde für	In den ersten drei Monaten	Vom vierten bis zum 15. Monat	Vom 16. Monat bis zum Ende des vierten Jahres	Ab Beginn des fünften Jahres
Beschäftigung zum Zweck der Berufsan-erkennung (Grundlage: Bescheid der Anerkennungs-stelle)	Nein	Ja, ohne Vorrangprüfung, § 32 Abs. 5 Nr. 1 BeschV	Ja, ohne Vorrangprüfung	Ja, ohne Zustimmung
Freiwilligendienste	Ja, ohne Zu-stimmung, § 32 Abs. 2 Nr. 3, § 14 BeschV	Ja	Ja	Ja
Praktika: Einstiegsqualifizie-rung; als Nachquali-fizierung zur Berufs-anerkennung; Aus-tauschprogramm, Schul- und Hochschul-praktika;	Ja, ohne Zu-stimmung, § 32 Abs. 2 Nr. 3, § 15 BeschV	Ja	Ja	Ja
Besondere Beschäftigungen: Bei internationalen Sportveranstaltungen, als Berufssportlerin, bei Tagesdarbietungen oder als Model, Dress-man etc.	Ja, ohne Zu-stimmung, § 32 Abs. 2 Nr. 3, §§ 22 Nr. 3–5, 23 BeschV	Ja	Ja	Ja
Im Familienbetrieb	Ja, ohne Zu-stimmung, § 32 Abs. 2 Nr. 4 BeschV	Ja	Ja	Ja
Erlaubnis für eine selbständige Tätigkeit	Nein, generell nicht ohne Aufent-haltstitel, § 21 Abs. 6 AufenthG	Nein	Nein	Nein

4.6.2 Leistungen der Arbeitsmarktintegration

Für Beratung, Vermittlung und Qualifizierungsmaßnahmen ist bei Geduldeten ausschließlich die Arbeitsagentur zuständig. Die Leistungen müssen von den Betroffenen beantragt werden, weil sie als Nicht-Leistungsbezieherinnen kaum aktiv angesprochen werden.

Der Anspruch auf Beratung nach §§ 29 ff. SGB III hinsichtlich einer Beschäftigung, Qualifizierung oder Ausbildung besteht von Anfang an, auch solange die ZAV (siehe Glossar) noch keine Zustimmung erteilen darf. Auch Hilfen zur Aufnahme einer Berufsausbildung, eines Praktikums oder einer Einstiegsqualifizierung nach § 54a SGB III können grundsätzlich von Anfang an erbracht werden.

> Bei Geduldeten muss aber in jedem Einzelfall die Bleibeperspektive geprüft werden. Nur wenn die Ausländerbehörde bescheinigt, dass mit einer Aufenthaltsbeendigung in absehbarer Zeit nicht zu rechnen ist, können Leistungen zur Arbeitsmarktintegration (→ S. 285) erbracht werden.

Seit dem 1.1.2016 werden durch Änderung des § 59 Abs. 2 SGB III Leistungen der Berufsausbildungsbeihilfe (BAB) gemäß § 56 ff. SGB III bereits nach 15 Monaten des Aufenthalts erbracht. Für Geduldete werden diese Leistungen bislang aber nur als Ergänzung zu einer betrieblichen Ausbildung gezahlt (§ 59 Abs. 2 SGB III). Von Berufsvorbereitenden Bildungsmaßnahme (BvB) nach § 51 SGB III , die auch die Möglichkeit bieten einen Hauptschulabschluss nachzuholen, bleiben sie trotz heftiger Kritik von Arbeitsmarktexperten weiter ausgeschlossen. Das gilt auch für die außerbetriebliche Ausbildung nach § 76 SGB III. Dagegen können ausbildungsbegleitende Hilfen (§ 75, 78 Abs. 3 SGB III) und die Leistung der »Assistierten Ausbildung« (§ 130 Abs. 2 Satz 2 SGB III) in Ergänzung zu einer betrieblichen Ausbildung erbracht werden.

Leistungsansprüche bestehen dagegen nach einer eigenen mindestens fünfjährigen Erwerbstätigkeit oder nach einer mindestens dreijährigen Erwerbstätigkeit eines Elternteils in den letzten sechs Jahren (§ 59 Abs. 3 SGB III).

> Leistungen der Arbeitsmarktintegration können nicht erbracht werden, wenn ein Arbeitsverbot nach § 60a Abs. 6 AufenthG besteht (→ S. 355).

4.6.3 Zugang zum Studium

Die Duldung steht der Aufnahme eines Studiums grundsätzlich nicht im Wege. Alle Bundesländer haben bestehende Hürden in den Hochschulgesetzen geändert und auch Berlin hat die Praxis der Ausländerbehörde, Duldungen mit einem Studienverbot zu versehen, aufgegeben.

Schwierig kann es sein, einen Platz in einem Studienkolleg zu erhalten, um sich für die Feststellungs- oder die Sprachprüfung zu qualifizieren. In NRW sind die Studienkollegs fast vollständig abgeschafft, sodass die Studienvorbereitung selbst finanziert werden muss. Die Bundesagentur für Arbeit bietet einen 12-wöchigen Onlinekurs zur Studienvorbereitung an: www.ready4study.de.

Ein Anspruch auf BAföG entsteht nach 15 Monaten des Aufenthalts (gerechnet ab der Erteilung der Duldung oder der Ausstellung der BüMA).
In seltenen Einzelfällen wird BAföG auch vor Ablauf der 15-Monats-Frist gezahlt, wenn
– die Auszubildende bereits fünf Jahre in Deutschland (legal) erwerbstätig war, oder wenn
– ein Elternteil innerhalb der vorangegangenen sechs Jahre drei Jahre lang in Deutschland erwerbstätig war oder im Fall unverschuldeter Arbeitslosigkeit, Erwerbsunfähigkeit, Mutterschutz, Reha- Maßnahme oder Tod zumindest sechs Monate erwerbstätig war. Als Erwerbstätigkeit gelten nach sechs Monaten Erwerbsarbeit auch Haushaltstätigkeiten bei Betreuung eines Kindes unter 10 Jahren (§ 8 Abs. 3 BAföG, BAföG-VwV Nr. 8.3). In jedem Fall gilt eine Mindestaufenthaltsdauer von drei Jahren.

Für die Berücksichtigung eines Studiums im Herkunftsland und die Altersgrenze gelten dieselben Regeln wie für Flüchtlinge mit einer Aufenthaltserlaubnis nach § 25 Abs. 3 AufenthG.
Für die Verlängerung der Duldung in Hinblick auf ein laufendes Studium ist anders als in Hinblick auf eine »qualifizierte Berufsausbildung« (§ 60a Abs. 2 Satz 3 AufenthG) nicht ausdrücklich geregelt. Es bestehen jedoch gute Aussichten, eine Verlängerung aus humanitären Gründen zu erhalten, wenn gute Studienerfolge nachgewiesen werden können.

4.7 Wechsel zu einem Aufenthaltstitel

Für die Inhaber einer Duldung bestehen mittlerweile zahlreiche Möglichkeiten des Wechsels in eine Aufenthaltserlaubnis. Solange kein Rechtsanspruch auf die Erteilung einer Aufenthaltserlaubnis besteht – etwa durch eine Heirat –, ist das nur möglich, wenn kein eigenes Verschulden an der Aussetzung der Abschiebung besteht.

Für abgelehnte Asylsuchende bildet die Sperrklausel des § 10 Abs. 3 AufenthG eine besondere Hürde. Sie enthält ein gestuftes System der Verbote, einen Aufenthaltstitel zu erteilen:

- Soweit ein **Rechtsanspruch** auf einen Aufenthaltstitel besteht, steht die Ablehnung des Asylantrags der Erteilung nicht entgegen. Voraussetzung dafür ist, dass zum einen alle Voraussetzungen erfüllt sind und zum anderen, dass der Wortlaut des Gesetzes einen Rechtsanspruch (»ist zu erteilen«, »wird erteilt«) gewährt.

- Bei einer Ablehnung des Asylantrags als »unbegründet« oder als »offensichtlich unbegründet« ohne eine Bezugnahme auf § 30 Abs. 3 Nr. 1 bis 6 AsylG (siehe den folgenden Spiegelstrich) darf vor einer Ausreise nur eine **Aufenthaltserlaubnis aus humanitären Gründen** (Abschnitt 5 des AufenthG) erteilt werden.

- Wurde der Asylantrags als »offensichtlich unbegründet« abgelehnt, weil:

    »1. in wesentlichen Punkten das Vorbringen des Ausländers nicht substantiiert oder in sich widersprüchlich ist, offenkundig den Tatsachen nicht entspricht oder auf gefälschte oder verfälschte Beweismittel gestützt wird,
    2. der Ausländer im Asylverfahren über seine Identität oder Staatsangehörigkeit täuscht oder diese Angaben verweigert,
    3. er unter Angabe anderer Personalien einen weiteren Asylantrag oder ein weiteres Asylbegehren anhängig gemacht hat,
    4. er den Asylantrag gestellt hat, um eine drohende Aufenthaltsbeendigung abzuwenden, obwohl er zuvor ausreichend Gelegenheit hatte, einen Asylantrag zu stellen,
    5. er seine Mitwirkungspflichten nach § 13 Abs. 3 Satz 2, § 15 Abs. 2 Nr. 3 bis 5 oder § 25 Abs. 1 gröblich verletzt hat, es sei denn, er hat die Verletzung der Mitwirkungspflichten nicht zu vertreten oder ihm war die Einhaltung der Mitwirkungspflichten aus wichtigen Gründen nicht möglich,
    6. er nach §§ 53, 54 des Aufenthaltsgesetzes vollziehbar ausgewiesen ist ...«
    (§ 30 Abs. 3 Nr. 1 bis 6 AsylG)

so dürfen Aufenthaltstitel, die nach Ermessen erteilt werden, nicht vor einer Ausreise erteilt werden, es sei denn es besteht eine gesetzliche Ausnahmeregelung.

Das Erteilungssystem wird am Ende dieses Kapitels in einer Tabelle dargestellt.

4.7.1 Aufenthaltserlaubnis wegen eines Abschiebehindernisses (§ 25 Abs. 5 AufenthG)

Besteht ein tatsächliches oder rechtliches Abschiebehindernis, so entsteht zunächst ein **Ermessensanspruch** auf die Erteilung der Aufenthaltserlaubnis nach § 25 Abs. 5 AufenthG, wenn folgende Voraussetzungen erfüllt sind:

– Die **Ausreise ist in absehbarer Zeit nicht möglich**; wie weit die Prognose hier reichen muss, wird von den Ausländerbehörden recht unterschiedlich bewertet.

– **Kein Verschulden** am Ausreisehindernis. Die Aufenthaltserlaubnis darf jedoch nicht erteilt werden, wenn die Ausländerbehörde zwar nicht in der Lage ist abzuschieben, die freiwillige Ausreise aber möglich und zumutbar ist.

– **Kein Aufenthaltsverbot** (§§ 55 Abs. 4, 10 Abs. 3, 11 Abs. 1, 6, 7 AufenthG); die Sperrwirkung kann auf Antrag nach § 11 Abs. 4 AufenthG beseitigt werden.

– **Pass, Passersatz** (§ 6 AufenthV) oder Ausweisersatz (§ 55 AufenthV) liegen vor.

Nach Ablauf von 18 Monaten seit der Feststellung des Abschiebehindernisses, d.h. im Zweifel seit der Ausstellung der ersten Duldung, wird aus dem Ermessensanspruch unter denselben Voraussetzungen ein sog. **Regelanspruch** (»soll«). Die Aufenthaltserlaubnis muss also erteilt werden, wenn dem keine besonderen Gründe (z.B. Sicherheitsbedenken, Straffälligkeit, fehlende Integrationsbemühungen) in der Person der Antragstellerin entgegenstehen. Allein die Tatsache, dass die Betroffenen und ihre Familien auf Leistungen nach dem AsylbLG angewiesen sind, reicht für eine Ablehnung nicht. Ernsthafte Bemühungen um ein Erwerbseinkommen können allerdings gefordert werden. Liegen diese vor, wiegt das individuelle Interesse an der Erteilung der Aufenthaltserlaubnis schwerer als das öffentliche Interesse (OVG Berlin-Brandenburg vom 24.1.2012 – 3 B 19.10).

Ist der Lebensunterhalt gesichert (siehe Glossar) und liegt kein Ausweisungsinteresse vor, so wird das **Ermessen auf Null reduziert** und die Aufenthaltserlaubnis muss erteilt werden. In der Praxis sind die Widerstände dagegen oft hoch.

■ **Sozialleistungen**

Inhaberinnen einer Aufenthaltserlaubnis nach § 25 Abs. 5 AufenthG erhalten in den ersten 18 Monaten, gerechnet ab der Feststellung des Abschiebehindernisses, d.h. in der Regel ab Erteilung der Duldung, **existenzsichernde Leistungen nach AsylbLG**. Im 15. bis 18. Monat sind dies die Analogleistungen nach SGB XII. Ab dem 19. Monat wechseln sie vom Sozialamt zum

Jobcenter und erhalten Leistungen nach SGB II. Beraterinnen müssen auf diese Fristen hinweisen und folgende Schritte einleiten, wenn ein Wechsel trotz Ablauf der 18 Monate nicht erfolgt ist:

– Beim Sozialamt einen Bescheid über die Einstellung der Leistungen zum Ende des laufenden Monats beantragen.

– Falls das Sozialamt keine Unterlagen über die erste Duldungserteilung hat, einen Auskunft bei der Ausländerbehörde einholen bzw. vom Sozialamt einholen lassen – das wird vor allem bei einem Wohnsitzwechsel erforderlich.

– Beim Jobcenter schon vor Beginn des neuen Monats mit dem Einstellungsbescheid des Sozialamts die Leistungen nach SGB II beantragen.

– Falls es zu einer Lücke bei den Leistungen kommt, einen Vorschuss nach § 40 Abs. 2 Nr. 1 SGB II i.V.m. § 328 Abs. 1 Nr. 3 SGB III beantragen.

Familienleistungen werden erst nach drei Jahren Aufenthalt erbracht; zu den Einzelheiten und den offenen Rechtsfragen → S. 334.

Leistungsansprüche nach **BAföG** und auf **BAB** nach §§ 56 ff. SGB III bestehen nach Ablauf von 15 Monaten Aufenthalt (gerechnet im Zweifel ab der ersten Erteilung der Duldung, § 8 Abs. 2 Nr. 2 BAföG, § 59 Abs. 1 SGB III).

Die weiteren Sozialleistungen werden im selben Umfang erbracht wie für Personen mit einer Aufenthaltserlaubnis nach § 25 Abs. 3 AufenthG (→ S. 335).

■ Leistungen der **Arbeitsmarktintegration** werden in den ersten 18 Monaten von der Arbeitsagentur erbracht. Ab dem 19. Monat erfolgt der Wechsel zum Jobcenter, wenn Ansprüche auf existenzsichernde Leistungen bestehen. Wird der Lebensunterhalt anderweitig, z.B. durch Familienangehörige oder Partner, abgedeckt, bleibt die Arbeitsagentur zuständig.

■ **Integrationskurse**

Ein Anspruch auf Teilnahme an einem Integrationskurs besteht nicht; sobald die Aufenthaltserlaubnis nach § 25 Abs. 5 AufenthG erteilt ist, können die Betroffenen jedoch im Rahmen verfügbarer Plätze zu einem Integrationskurs zugelassen werden (§ 44 Abs. 4 Nr. 3 AufenthG). Sobald der Wechsel zum Jobcenter (nach 18 Monaten) erfolgt, kann auch eine Zuweisung zu einem Integrationskurs erfolgen (§ 3 Abs. 2b SGB II).

■ **Arbeitsmarktzugang**

Die Aufenthaltserlaubnis nach § 25 Abs. 5 AufenthG wird immer mit einer Beschäftigungserlaubnis nach § 31 BeschV verbunden. Möglich ist damit die Aufnahme jeder Arbeitstätigkeit, nicht aber einer selbständigen Tätigkeit; für sie muss eine gesonderte Genehmigung nach § 21 Abs. 6 AufenthG eingeholt werden. Die Ausländerbehörde kann hierfür eine positive Wirtschaftsprognose einer sachkundigen Stelle verlangen.

4.7.2   Aufenthaltserlaubnis für gut integrierte junge Menschen (§ 25a AufenthG)

Junge Menschen mit einer Duldung können eine Aufenthaltserlaubnis nach § 25a AufenthG unter folgenden Voraussetzungen erhalten:

- Der Antrag muss nach dem 14. und vor dem 21. Geburtstag gestellt werden;
- es muss ein ununterbrochener Aufenthalt von mindestens vier Jahren vorliegen, d.h., der junge Mensch muss in Deutschland geboren oder vor dem 17. Geburtstag eingereist sein;
- es muss entweder vier Jahre erfolgreicher Schulbesuch nachgewiesen werden oder ein Schul- bzw. Berufsabschluss in Deutschland erreicht worden sein;
- die Integrationsprognose muss positiv ausfallen, d.h., es muss zu erwarten sein, dass langfristig eine berufliche und gesellschaftliche Integration erfolgen wird, dazu gehört auch das Bekenntnis zur freiheitlich-demokratischen Grundordnung;
- es dürfen keine **eigenen** falschen Angaben oder Täuschung über die Identität erfolgt sein; das Verhalten der Eltern wird nicht zugerechnet (§ 25a Abs. 1 Satz 3 AufenthG);
- es muss entweder der Lebensunterhalt gesichert sein (siehe Glossar) oder der junge Mensch muss sich in einer schulischen oder beruflichen Ausbildung (einschließlich Hochschule) befinden;
- es dürfen keine Ausweisungsinteressen bestehen, die der positiven Integrationsprognose entgegenstehen (§ 5 Abs. 1 Nr. 2 AufenthG);
- ein Pass oder Passersatz (§ 5 Abs. 1 Nr. 4 AufenthG) ist erforderlich und die Identität muss geklärt sein (§ 5 Abs. 1 Nr. 1a AufenthG);
- es darf keine Einreise- und Aufenthaltssperre nach § 11 AufenthG vorliegen; eine solche kann allerdings nachträglich beseitigt werden (§ 11 Abs. 4 AufenthG); die Sperre des § 10 Abs. 3 AufenthG wegen eines als offensichtlich unbegründet abgelehnten Asylantrags steht der Erteilung nicht entgegen (§ 25a Abs. 4 AufenthG).

Wird die Aufenthaltserlaubnis nach § 25a AufenthG minderjährigen Antragstellerinnen erteilt, so können auch ihre **Eltern** eine entsprechende Aufenthaltserlaubnis erhalten, wenn sie erwerbstätig sind und so ihren Lebensunterhalt sicherstellen können (siehe Glossar), nicht durch Täuschung ihre Abschiebung verhindert haben und keine Verurteilung zu mehr als 50 Tagessätzen vorliegt (bzw. 90 Tagessätzen bei auf Ausländer zugeschnittenen Straftatbeständen).

Auch die **Kinder und der Ehegatte** von Anspruchsberechtigten nach § 25a AufenthG können eine entsprechende Aufenthaltserlaubnis erhalten (§ 25a Abs. 2 Satz 2 und 3 AufenthG).

■ **Sozialleistungen**

Die **existenzsichernden Leistungen** werden vom Jobcenter **nach SGB II** erbracht.

Es bestehen Ansprüche auf alle **Familienleistungen** (§ 62 Abs. 2 Nr. 2 EStG, § 1 Abs. 7 Nr. 2 BEEG, § 1 Abs. 2a Nr. 2 UnterhVG).

Sonstige Leistungen der **Sozialhilfe, Wohngeld und Ausbildungsbeihilfen** werden ohne Einschränkungen erbracht, da die Aufenthaltserlaubnis mit einer Erwerbserlaubnis verbunden ist und auf einen dauerhaften Verbleib ausgerichtet ist.

Für die Leistungen der **Pflegeversicherung** besteht eine Wartezeit von zwei Jahren, weil während der Zeit mit einer Duldung keine Versicherung bestand. Ausgeglichen wird diese Lücke durch Hilfe zur Pflege nach §§ 61 ff. SGB XII; hier werden allerdings die Einkommen des Partners und der (erwachsenen) Kinder berücksichtigt.

■ **Arbeitsmarktzugang**

Die Aufenthaltserlaubnis nach § 25a AufenthG wird mit einer Erwerbserlaubnis (siehe Glossar) verbunden (§ 25a Abs. 4 AufenthG).

Leistungen der Arbeitsmarktintegration werden während des Leistungsbezugs nach SGB II vom Jobcenter übernommen, sonst von der Arbeitsagentur.

4.7.3 Aufenthaltserlaubnis bei nachhaltiger Integration (§ 25b AufenthG)

Grundvoraussetzung für die Erteilung der Aufenthaltserlaubnis nach § 25b AufenthG ist eine nachhaltige Integration in die Lebensverhältnisse in Deutschland.

Die im Folgenden aufgelisteten Voraussetzungen sollen regelmäßig vorliegen. Dies eröffnet ausdrücklich einen Spielraum, falls eine Voraussetzung nicht erfüllt wird, sich aber dennoch das Gesamtbild einer gelungenen Verwurzelung ergibt:

■ Eine **Aufenthaltszeit von acht Jahren**, bei einer Haushaltsgemeinschaft **mit einem minderjährigen, ledigen Kind von sechs Jahren**. Auf die Zeit werden alle Zeiten des Asylverfahrens, vorangegangener Aufenthaltserlaubnisse und der Duldung angerechnet. Das Kind muss nicht zwingend ein leibliches Kind sein, auch Stiefkinder oder Pflegekinder werden berücksichtigt.

■ **Bekenntnis zur freiheitlich-demokratischen Grundordnung** und Grundkenntnisse der Rechts- und Gesellschaftsordnung sowie der Lebensverhältnisse in Deutschland.

■ Zur **Sicherung des Lebensunterhalts** bestehen zwei alternative Vorgaben:

– Entweder muss der Lebensunterhalt überwiegend durch Erwerbstätigkeit gesichert sein, d.h. es müssen mehr als 50% des Bedarfs der Familie entsprechend den Regelbedarfen zzgl. Unterkunft und Heizung nach dem SGB II/SGB XII durch Erwerbseinkommen erwirtschaftet werden. Ein ergänzender Leistungsbezug steht der Erteilung also nicht im Wege.

– Oder die bisherige Ausbildungs- und Einkommenssituation lässt unter Berücksichtigung der familiären Situation eine zukünftige Sicherung des Lebensunterhalts erwarten. Hier kann insbesondere berücksichtigt werden, dass Alleinerziehende mit kleinen Kindern, kinderreiche Familien oder pflegende Angehörige vorübergehend weniger als die Hälfte des Bedarfs erwirtschaften; ebenso kann eine gegenwärtige Ausbildungssituation oder ein Studium berücksichtigt werden, soweit der Lebensunterhalt hier nicht bereits durch Ausbildungsbeihilfen als gesichert betrachtet werden kann.

Der Bezug von **Wohngeld** ist im Unterschied zu anderen Aufenthaltstiteln ausdrücklich unschädlich.

Auf die Anforderung der Lebensunterhaltssicherung wird verzichtet, wenn diese aus Gesundheits- oder Altersgründen nicht erfüllt werden kann (§ 25b Abs. 3 AufenthG).

■ **Sprachnachweis** auf dem Niveau A2 des Gemeinsamen Europäischen Referenzrahmens für Sprachen (siehe Glossar). Auf einen Nachweis soll verzichtet werden, wenn sich die Antragsteller bislang ohne Schwierigkeiten bei Vorsprachen bei der Ausländerbehörde verständigen konnten, vier Jahre eine deutsche Schule besucht haben oder ein Studium abgeschlossen haben. Auf den Sprachnachweis wird verzichtet, wenn dieser aus Gesundheits- oder Altersgründen nicht erbracht werden kann.

■ Bei schulpflichtigen Kindern ist der **Schulbesuch** durch eine Schulbescheinigung nachzuweisen.

■ Eine **gegenwärtige** Verhinderung oder Verzögerung der Aufenthaltsbeendigung durch **Täuschung oder fehlende Mitwirkung** schließt die Erteilung der Aufenthaltserlaubnis aus.

- **Verurteilung** zu mindestens einem Jahr Freiheitsstrafe oder Jugendstrafe, die nicht zur Bewährung ausgesetzt wurden, sowie alle Ausweisungsinteressen, die auf **politischen Handlungen oder Einstellungen beruhen, die gegen die freiheitlich-demokratische Grundordnung gerichtet sind** (§ 54 Abs. 1 und Abs. 2 Nr. 1 und Nr. 2 AufenthG), schließen die Erteilung aus. Zu berücksichtigen ist auch, dass die allgemeinen Erteilungsvoraussetzungen nach § 5 AufenthG vorliegen müssen und deshalb in der Regel auch kein sonstiges Ausweisungsinteresse vorliegen darf. Hiervon sind aber Ausnahmen möglich, wenn die positive Integrationsleistung überwiegt.

- Es darf **keine Einreise- und Aufenthaltssperre** nach § 11 Abs. 1, Abs. 6 oder Abs. 7 AufenthG bestehen. Allerdings kann eine solche Sperre nach § 11 Abs. 4 AufenthG nachträglich aufgehoben oder befristet werden. Nach der Gesetzesbegründung ist eine solche Aufhebung oder Befristung regelmäßig vorzunehmen, wenn die Voraussetzungen für die Erteilung einer Aufenthaltserlaubnis nach § 25b AufenthG vorliegen.

- Von der Sperrwirkung wegen eines als »offensichtlich unbegründet« abgelehnten Asylantrags nach § 10 Abs. 3 Satz 2 AufenthG kann abgesehen werden.

Auf die Erteilung der Aufenthaltserlaubnis nach § 25b AufenthG besteht ein **Regelanspruch** (»soll«); somit muss die Aufenthaltserlaubnis erteilt werden, wenn kein Ausnahmefall vorliegt, der von der Ausländerbehörde zu begründen wäre.

Sozialleistungen und **Arbeitsmarktintegration** entsprechen den Regelungen bei einer Aufenthaltserlaubnis nach § 25a AufenthG (→ S. 366).

4.7.4 Aufenthaltserlaubnis aufgrund einer Entscheidung der Härtefallkommission (§ 23a AufenthG)

Die Aufenthaltserlaubnis nach § 23a AufenthG ist nicht an bestimmte gesetzliche Voraussetzungen gebunden, sondern setzt eine Empfehlung der Härtefallkommission voraus. Mittlerweile existieren in allen Bundesländern Härtefallkommissionen, teilweise allerdings ohne Beteiligung von Nichtregierungsorganisationen. Die Kommission arbeitet in jedem Fall nach dem Prinzip der Selbstbefassung; es gibt ausdrücklich keinen individualrechtlichen Anspruch auf Prüfung eines Antrags. Die Kommission kann eine Empfehlung zur Erteilung einer Aufenthaltserlaubnis aussprechen, obwohl keine Anspruchsgrundlage im Gesetz (ausgenommen die gesetzliche Regelung über die Härtefallkommission) besteht. Gebunden ist sie aber an die jeweiligen Ländererlasse, die jeweils unterschiedliche Personenkreise von der Erteilung aus-schließen (siehe zu den einzelnen Regelungen: http://www.fluechtlingsinfo-berlin.de → Gesetzgebung → Durchführungsbestimmungen zum Zuwande-rungsgesetz → Härtefallverordnungen und -kommissionen in den Bundeslän-dern).

Die Kommission kann ein Ersuchen auf Erteilung einer Aufenthaltserlaubnis an das Landesinnenministerium oder je nach Bundesland direkt an die Aus-länderbehörde richten. Beide sind nicht an das Ersuchen gebunden und ent-scheiden nach **Ermessen**, wobei berücksichtigt werden kann, ob der Lebens-unterhalt gesichert ist oder ein Dritter eine Unterhaltsgarantie übernommen hat. Von den Erteilungsverboten nach § 10 Abs. 3 und § 11 Abs. 1 AufenthG kann abgewichen werden. Es darf aber **keine Aufenthaltserlaubnis** erteilt werden, wenn erhebliche Straftaten begangen wurden oder **wenn der Termin zur Abschiebung bereits konkret bestimmt ist**.

Rechtsschutz gegen die Entscheidungen der Kommission besteht nur ganz eingeschränkt in Fällen offensichtlicher Willkür oder sachfremder Entschei-dungskriterien. Gegen die Ermessensentscheidung der zuständigen Anord-nungsstelle können Rechtsmittel, beschränkt auf die Überprüfung der Ermes-sensausübung, eingelegt werden.

Die Aufenthaltserlaubnis wird meist zunächst für ein Jahr erteilt, kann jedoch auch für einen Zeitraum bis zu drei Jahren erteilt werden (§ 26 Abs. 1 Auf-enthG).

■ **Sozialleistungen**
Es bestehen Ansprüche auf **Leistungen nach dem SGB II bzw SGB XII** bei Alter und Erwerbsunfähigkeit.
Ansprüche auf **Familienleistungen** entstehen erst nach drei Jahren Aufent-halt (Kindergeld § 62 Abs. 2 Nr. 2c EStG; Elterngeld § 1 Abs. 7 Nr. 2c BEEG; Unterhaltsvorschuss § 1 Abs. 2 Nr. 2c UhVorschG) (zu den rechtlichen Ein-zelheiten siehe auch → S. 334).
Es bestehen Ansprüche auf **Berufsausbildungsbeihilfe** (§ 59 Abs. 1 SGB III), **BAföG** (§ 8 Abs. 2 Nr. 1 BAföG) und **Aufstiegsfortbildungsförde-rung** (§ 8 Abs. 2 Nr. 1 AFBG).
Jugendhilfeleistungen werden ohne Einschränkungen erbracht.

■ **Arbeit**
Die Beschäftigungserlaubnis wird zusammen mit der Aufenthaltserlaubnis von der Ausländerbehörde ohne Zustimmung der Agentur für Arbeit erteilt (§ 31 BeschV). Eine selbständige Tätigkeit kann nach § 21 Abs. 6 AufenthG erlaubt werden.

4.7.5 Aufenthaltserlaubnis nach Ausbildung oder qualifizierter Beschäftigung (§ 18a AufenthG)

Nach § 18a AufenthG kann Personen, die sich mit einer Duldung in Deutschland aufhalten, eine Aufenthaltserlaubnis zum Zweck der Beschäftigung erteilt werden, wenn sie

- in Deutschland ein **Studium** oder eine **anerkannte oder vergleichbare Berufsausbildung** abgeschlossen und einen Arbeitsplatz gefunden haben, oder

- mit einem **ausländischen Hochschulabschluss** in Deutschland eine dem Abschluss angemessene Tätigkeit seit **mindestens zwei Jahren** ohne Unterbrechung ausgeübt haben; der Abschluss muss entweder formal anerkannt sein oder die Vergleichbarkeit mit einem deutschen Abschluss muss festgestellt worden sein, oder

- als **Fachkraft seit drei Jahren** eine Beschäftigung ausgeübt haben, die eine qualifizierte Berufsausbildung voraussetzt.

Zusätzlich müssen folgende Voraussetzungen erfüllt sein:
- Ausreichender Wohnraum (siehe Glossar);
- ausreichende Kenntnisse der deutschen Sprache (B1 des Gemeinsamen Europäischen Referenzrahmens für Sprachen, siehe Glossar);
- keine vorsätzliche Täuschung über aufenthaltsrechtlich relevante Umstände;
- keine vorsätzliche Hinauszögerung oder Behinderung behördlicher Maßnahmen zur Aufenthaltsbeendigung;
- keine Verbindung zu extremistischen oder terroristischen Organisationen;
- keine vorsätzliche Straftat; Geldstrafen von insgesamt bis zu 50 Tagessätzen oder bis zu 90 Tagessätzen wegen ausländerrechtlicher Straftaten sind unbeachtlich.

Ehegatten, Lebenspartnerinnen und Kinder können eine Aufenthaltserlaubnis nach § 30 oder § 32 AufenthG beantragen, wenn der Lebensunterhalt (siehe Glossar) gesichert ist, ausreichend Wohnraum (siehe Glossar) besteht und kein Ausweisungsinteresse und keine Einreise- oder Aufenthaltssperre besteht.
Diese Aufenthaltserlaubnis ist für junge Flüchtlinge wichtig, die nicht von der Aufenthaltserlaubnis nach § 25a AufenthG für integrierte junge Menschen Gebrauch machen können, weil sie erst nach dem 17. Geburtstag eingereist sind und deshalb die erforderlichen vier Jahre Aufenthalt nicht vor ihrem 21. Geburtstag (Ende der Antragsmöglichkeit) erreichen können. Jungen Menschen aus »sicheren Herkunftsstaaten« (siehe Glossar) darf allerdings keine Erwerbstätigkeit und damit auch keine Ausbildung mehr gestattet werden, wenn sie seit dem 1.9.2015 einen Asylantrag gestellt haben (§ 60a Abs. 6 Nr. 3 AufenthG).

- **Sozialleistungen**

Die Erteilung der Aufenthaltserlaubnis setzt die Sicherung des Lebensunterhalts voraus (§ 5 Abs. 1 Nr. 1 AufenthG, siehe Glossar).

Im Übrigen bestehen alle Ansprüche auf **Familienleistungen** und **Ausbildungsbeihilfen**. Sie können bei der Bewertung des gesicherten Lebensunterhalts berücksichtigt werden. Sozialhilfeleistungen können das Aufenthaltsrecht gefährden. Auch Wohngeldansprüche sind nur unschädlich, wenn sie nicht zur Sicherung des Existenzminimums erforderlich sind.

4.7.6 Blaue Karte für die Beschäftigung Hochqualifizierter (§ 19a AufenthaltsG)

Auf die »Blaue Karte EU« besteht nach § 19a AufenthaltsG ein **Rechtsanspruch.**

Aus diesem Grund ist die Erteilung im Prinzip auch dann möglich, wenn keine Einreise mit einem Visum zum Zweck des Aufenthalts aus Erwerbsgründen stattgefunden hat; die Erteilung ist für Geduldete jedoch nach § 19a Abs. 5 Nr. 5 AufenthG ausgeschlossen. Vom Inland aus kann eine »Blaue Karte EU« nur beantragt werden, wenn zuvor eine Aufenthaltserlaubnis erteilt wurde, z.B. nach § 18a AufenthG zu Erwerbszwecken (→ S. 371).

Der Anspruch auf die Erteilung besteht, wenn

- ein Hochschulabschluss vorliegt (deutsch, anerkannt oder gleichwertig);

- ein qualifikationsangemessener Arbeitsplatz nachgewiesen wird;

- ein Einkommen von mindestens zwei Dritteln der Beitragsbemessungsgrenze der Rentenversicherung (für 2016 West: 6.200 €, Ost: 5.400 €) erzielt wird. Derzeit sind also 4.133 € brutto (Jahresgehalt 49.600 €) in den westlichen Bundesländern und 3.600 € brutto (43.200 € Jahresgehalt) in den östlichen Bundesländern als Mindesteinkommen vorgesehen (§ 41a BeschV).
  In MINT-Berufen (Mathematik, Ingenieurwesen, Naturwissenschaften, Technik) werden nur 52 % der Beitragsbemessungsgrenze, also 3.224 € bzw. 2.808 € verlangt;

- die allgemeinen Erteilungsvoraussetzungen vorliegen (u.a. Visumverfahren, kein Ausweisungsgrund, keine Einreisesperre).

Der Nachzug von Familienangehörigen wird ohne weitere Anforderungen zugelassen (§ 30 Abs. 1 Nr. 3g) AufenthG), sie erhalten eine Erwerbserlaubnis (§ 27 Abs. 5 AufenthG).

■ **Sozialleistungen**

Der Lebensunterhalt muss durch das Erwerbseinkommen gesichert sein; im übrigen bestehen alle Ansprüche auf Familienleistungen und sonstige Sozialleistungen. Bei Verlust des Arbeitsplatzes werden mindestens drei Monate eingeräumt, um einen neuen Arbeitsplatz zu finden. Nach einer Beschäftigungszeit von mindestens einem Jahr bestehen Ansprüche auf Alg I (§§ 136 ff. SGB III). Bei einer kürzeren Beschäftigungszeit können keine Leistungen nach SGB II beansprucht werden, weil der Leistungsausschluss für Arbeitsuchende nach § 7 Abs. 1 Satz 2 Nr. 2 SGB II greift. In absoluten Notlagen besteht ein Anspruch auf Hilfe nach SGB XII gegenüber dem Sozialamt.

■ Die **Niederlassungserlaubnis** wird nach 33 Monaten Beschäftigung erteilt; wenn deutsche Sprachkenntnisse auf dem Niveau B 1 (siehe Glossar) nachgewiesen werden, bereits nach 21 Monaten (§ 19a Abs. 6 AufenthG).

4.7.7 Aufenthaltserlaubnis zum Familiennachzug

Aufenthaltserlaubnisse, die zur **Familienzusammenführung mit Flüchtlingen** erteilt werden, werden bei den verschiedenen Formen der Anerkennung oder des Abschiebeschutzes in diesem Kapitel behandelt.

Der Übergang von einer Duldung zur Aufenthaltserlaubnis ist aber auch möglich, wenn

1. die Ehe oder eingetragene Lebenspartnerschaft mit einer Deutschen eingegangen wird, der Lebensunterhalt (siehe Glossar) gesichert ist, kein Ausweisungsinteresse und kein Aufenthaltsverbot besteht, oder

2. in Deutschland ein deutsches Kind geboren wird, oder

3. in Deutschland eine Person mit einer Niederlassungserlaubnis oder einer Erlaubnis zum Daueraufenthalt-EU geheiratet wird und alle Voraussetzungen (insbesondere gesicherter Lebensunterhalt, siehe Glossar) erfüllt sind, oder

4. in Deutschland eine Person mit einer »Blauen Karte« oder einem Forscheraufenthalt nach § 20 AufenthG geheiratet wird und die Voraussetzungen nach § 5 AufenthG (gesicherter Lebensunterhalt, Pass, kein Ausweisungsinteresse) erfüllt sind, oder

5. in Deutschland eine Person geheiratet wird, die bereits seit mindestens zwei Jahren eine Aufenthaltserlaubnis besitzt, die einer Verlängerung und Verfestigung grundsätzlich ermöglicht.

Die Erteilung einer Aufenthaltserlaubnis ist nach § 39 Nr. 5 AufenthV für Geduldete im Bundesgebiet möglich, wenn durch Eheschließung, Verpartnerung oder Geburt in Deutschland ein Rechtsanspruch auf die Aufenthaltserlaubnis entsteht. Nur in diesen Fällen gilt die Sperre nach § 10 Abs. 3 AufenthG nicht. Es darf aber kein Ausweisungsinteresse bestehen, z.b. wegen illegaler Einreise.

Beispiele

Gülan aus Pakistan (Einreise mit Touristenvisum) verpartnert sich nach einem abgelehnten Asylantrag mit Savinder aus Indien, der in Deutschland geboren wurde und über eine Niederlassungserlaubnis verfügt. Savinder hat als Ingenieur ein ausreichendes Einkommen, um sich und seinen Partner zu finanzieren. Gülan verfügt über einen Nationalpass, hat keine Straftaten begangen und eine Sicherheitsüberprüfung bestanden. Gülan kann die Aufenthaltserlaubnis nach § 30 AufenthG erteilt werden, obwohl er ausreisepflichtig ist, weil ein Rechtsanspruch aufgrund der Verpartnerung (§ 39 Nr. 5 AufenthV, § 10 Abs. 3 Satz 3 AufenthG) besteht. Auf die Einholung des Visums zur Familienzusammenführung kann verzichtet werden, weil der Lebensunterhalt gesichert ist.

Behare aus Albanien (visumfreie Einreise) stellte zunächst einen Asylantrag, der als offensichtlich unbegründet abgelehnt wurde. Zunächst wurde ihr eine Duldung erteilt, weil sie im siebten Monat schwanger war. Sodann heiratet sie den albanischen Staatsangehörigen Kristi mit einer Aufenthaltserlaubnis nach § 18 AufenthG, der seit drei Jahren als Krankenpfleger in einer Klinik in Koblenz arbeitet. Da Kristi seine Aufenthaltserlaubnis bereits seit mehr als zwei Jahren hat, den Lebensunterhalt von Behare sichern kann und Behare zum Zeitpunkt der Eheschließung eine Duldung hatte, kann die Aufenthaltserlaubnis nach § 30 AufenthG erteilt werden. Keine Hürde bildet § 10 Abs. 3 AufenthG, weil Behare einen Rechtsanspruch auf die Erteilung hat. Allerdings wurde im Zusammenhang mit der ablehnenden Asylentscheidung eine Einreise- und Aufenthaltssperre nach § 11 Abs. 7 AufenthG erlassen. Diese kann aber nach § 11 Abs. 4 AufenthG nachträglich aufgehoben werden.

Sobald nur ein Ermessensanspruch auf Familiennachzug besteht (beim Nachzug zu Ausländerinnen immer, wenn der Lebensunterhalt nicht gesichert ist), ist die Erteilung einer Aufenthaltserlaubnis zum Familiennachzug ausgeschlossen (BVerwG vom 16.2.2012 – 1 B 22.11). Das BVerwG vom 16.11.2010 – 1 C 17.09 hatte festgestellt, dass auch ein Anspruch auf eine Aufenthaltserlaubnis zum Familiennachzug bei einem illegalen Grenzübertritt zu einem Ermessensanspruch wird. So kann etwa den Müttern von deutschen Kindern nach einer illegalen Einreise keine Aufenthaltserlaubnis nach § 28 Abs. 1 Nr. 3 AufenthG erteilt werden.

Auch in diesen Fällen kann die Aufenthaltserlaubnis in Deutschland jedoch erteilt werden, wenn es im konkreten Einzelfall unzumutbar ist, dass Visum im Herkunftsland einzuholen. Überlange Wartezeiten für einen Termin bei der deutschen Botschaft können unzumutbar sein (VG Saarlouis vom 25.02.2016 – 6 L 2026/15).

Ob das auch gilt, wenn ein gebundenes Ermessen (»soll«) besteht, wie beim Nachzug zu einem deutschen Ehegatten, der den Lebensunterhalt der Familie nicht finanzieren kann (siehe Glossar), wurde bislang vom BVerwG noch nicht entschieden und bleibt umstritten.

In allen Fällen des Zusammenlebens mit Ehepartnerinnen, eingetragenen Lebenspartnern oder minderjährigen Kindern ohne einen Rechtsanspruch kann die Aufenthaltserlaubnis nur aus humanitären Gründen nach § 25 Abs. 5 AufenthG erteilt werden, weil das vorangegangene Asylverfahren der Erteilung einer Aufenthaltserlaubnis zum Familiennachzug entgegensteht (§ 10 Abs. 3 AufenthG).

Beispiel

In den Fällen unter Nr. 3 und Nr. 5 könnten keine Aufenthaltserlaubnisse nach § 30 AufenthG erteilt werden, wenn die Partner kein oder kein ausreichendes Einkommen hätten. Ist in diesen Fällen eine Rückkehr nicht zumutbar, so kann die Aufenthaltserlaubnis nach § 25 Abs. 5 AufenthG wegen einem inlandsbezogenen Abschiebehindernis erteilt werden. Gründe können etwa das Kindeswohl sein, wenn ein kleines Kind keine längere Trennung von seiner Mutter verkraften kann oder auch wenn bei einer gleichgeschlechtlichen Beziehung die Unmöglichkeit besteht, die Beziehung in einem der Herkunftsstaaten leben zu können.

4.7.8 Aufenthaltskarte als Familienangehörige eines Unionsbürgers

Die Eheschließung oder Verpartnerung mit einem nichtdeutschen EU-Bürger oder die Geburt eines Kindes mit EU-Staatsangehörigkeit können zu einem Anspruch auf eine Aufenthaltskarte nach §§ 3, 5 Abs. 1 FreizügG führen.

Das fehlende Visum oder das Verbot der Erteilung einer Aufenthaltserlaubnis (§ 10 Abs. 3 AufenthG) spielen hier keine Rolle, weil das EU-Recht vorrangig zu beachten ist und eine Einreise ohne Visum oder ein illegaler Grenzübertritt der Erteilung eines Aufenthaltskarte als Familienangehöriger nicht entgegensteht (EuGH vom 25.7.2002 – C-459/99 »Mrax«).

Anspruchsberechtigt sind:

■ Ehegatten und Verpartnerte von EU-Bürgerinnen, die als Arbeitnehmerinnen, Selbständige oder Daueraufenthaltsberechtigte in Deutschland leben, ohne jede weitere Anforderung an die Sicherung des Lebensunterhalts.

Beispiel

Eine serbische Staatsangehörige Milena hatte einen Asylantrag gestellt, der als offensichtlich unbegründet abgelehnt wurde. Sie heiratet nun einen kroatischen Staatsangehörigen, der einen Übersetzungsdienst betreibt und damit 400 € brutto durchschnittlich verdient. Milena erhält eine Aufenthaltskarte, weil ihr Ehemann den Status eines Selbständigen hat. Für den Lebensunterhalt können die beiden aufstockende Leistungen nach dem SGB II in Anspruch nehmen.

- Ehegatten und Verpartnerte von sonstigen EU-Bürgerinnen, wenn der Lebensunterhalt gesichert ist (siehe Glossar).

Beispiel

Der russische Staatsangehörige Sascha verpartnert sich während seines laufenden Asylverfahrens mit dem polnischen Staatsangehörigen Mateusz, der als Rentner ein Einkommen von 1.400 € netto erzielt. Beide können in einer bescheidenen Wohnung von diesem Geld leben. Es reicht für die Erteilung der Aufenthaltskarte, dass keine Leistungen nach dem SGB II beantragt werden, ein genauer Nachweis der Einkommenshöhe seines Partners ist nicht erforderlich. Auch Sascha kann nach der Ausstellung der Aufenthaltskarte jede Beschäftigung ohne Genehmigung aufnehmen.

- Kinder und Stiefkinder (ein Elternteil ist mit einem EU-Bürger verheiratet oder verpartnert) von EU-Bürgerinnen bis zum 21. Geburtstag.

Beispiel

Lassad, 19 Jahre alt, aus Mali, ist zusammen mit ihrer Mutter vor zwei Jahren nach Deutschland gekommen und beide haben einen Asylantrag gestellt. Beide Anträge wurden abgelehnt. Die Mutter heiratete einen Franzosen mit Arbeitsstelle und Wohnsitz in Köln. Lassad lebt in Stuttgart und möchte einen Schulabschluss machen.
Als Stiefkind eines Unionsbürgers mit Arbeitnehmerstatus erhält er eine Aufenthaltskarte und kann auch alle Sozialleistungen (z.B. nach dem SGB II, BAföG) in Anspruch nehmen.

- Verwandte von EU-Bürgerinnen in gerader Linie, wenn der Lebensunterhalt (im EU-Recht gibt es keinen festen Mindesteinkommensbetrag) zumindest überwiegend von der EU-Bürgerin gedeckt wird.

Beispiel

Faruk aus Ägypten kam als Flüchtling nach Deutschland, sein Asylantrag wurde abgelehnt. Sein Großvater Shukran, französischer Staatsangehöriger, lebt in Berlin und bezieht eine relativ gute Rente. Wenn Shukran sich bereit erklärt für den Lebensunterhalt von Faruk aufzukommen, kann dieser eine Aufenthaltskarte erhalten und anschließend einen Arbeitsplatz suchen.

- Eltern von minderjährigen Unionsbürgerinnen, wenn der Elternteil mit einer Unionsbürgerschaft zuvor gemeinsam mit dem Kind in Deutschland gelebt hat und der Elternteil mit der Staatsangehörigkeit eines Drittstaates nun das alleinige Sorgerecht hat.

Beispiel

Endurance aus Nigeria lernt während ihres Asylverfahrens einen Mann mit belgischer Staatsangehörigkeit kennen, der in Hannover lebt und dort auch arbeitet. Endurance bekommt mit ihm zusammen ein Kind und alle drei leben ein Jahr lang zusammen in Hannover. Dann verlässt der Kindesvater Deutschland und geht zurück nach Belgien. Das Kind besucht mittlerweile den Kindergarten und Endurance möchte in Deutschland bleiben. Sie hat das alleinige Sorgerecht für das Kind. Sie kann eine Aufenthaltskarte erhalten (oder auch behalten, falls sie zuvor schon ausgestellt wurde) und SGB-II-Leistungen für sich und das Kind beziehen, ohne dass dadurch der Aufenthalt gefährdet wäre.

- Eltern eines minderjährigen Unionsbürgers, wenn sie über ein Einkommen verfügen, von dem sie selbst leben können und für das Kind Unterhaltsleistungen erbringen können.

Beispiel

Sabriye aus Marokko floh über Italien nach Deutschland. In Italien war sie mit einem Mann italienischer Staatsangehörigkeit zusammen. Aus der Verbindung ist ein Kind hervorgegangen, welches erst in Deutschland zur Welt kam. Der Kindesvater war zu keinem Zeitpunkt in Deutschland, hat aber die Vaterschaft anerkannt. Der Asylantrag von Sabriye wird abgelehnt. Sie kann nicht nach Marokko abgeschoben werden, weil das Kind als EU-Bürger vor einer Abschiebung in einen Drittstaat geschützt ist. In Betracht kommt nur eine Abschiebung nach Italien, wenn die dortigen Behörden zur Aufnahme von Sabriye bereit sind. Sobald Sabriye eine Beschäftigung findet, kann sie diese ohne Genehmigung aufnehmen, weil sie Anspruch auf eine Aufenthaltskarte hat, sobald sie zumindest zum Teil für den Lebensunterhalt ihres Kindes aufkommen kann. Verdient sie z.B. 700 € netto und hat Unterkunftskosten von 300 €, so reicht dieses Einkommen zusammen mit Wohngeld, Kindergeld, Kinderzuschlag und Unterhaltsvorschuss zum Lebensunterhalt.

4.7.9   Aufenthaltserlaubnis zum Zweck des Studiums (§ 16 AufenthG)

Auf die Aufenthaltserlaubnis zum Zweck des Studiums besteht entgegen dem Wortlaut des § 16 Abs. 1 AufenthG ein Rechtsanspruch bestehen, der sich unmittelbar aus der Studentenrichtlinie (siehe Glossar) ergibt. Der Erteilung steht jedoch in der Regel die illegale Einreise entgegen, sodass nur eine Duldungsverlängerung während des Studiums und anschließend die Erteilung der Aufenthaltserlaubnis nach § 18a AufenthG möglich ist. In vielen Fällen ist das Studieren mit einer Duldung auch vorzuziehen, weil so ein BAföG-Anspruch (nach 15 Monaten Aufenthalt) besteht, der in aller Regel (Ausnahmen → S. 362) bei einer Aufenthaltserlaubnis nach § 16 AufenthG entfallen würde.

4.7.10   Überblick zum Wechsel in eine Aufenthaltserlaubnis und zur Visumsanforderung

Wechsel von der Duldung zu einem Aufenthaltstitel
Im Folgenden wird nur dargestellt, ob eine Ausreise und ein Visumsantrag zwingend erforderlich ist oder ob der Aufenthaltstitel auch in Deutschland beantragt werden kann.

> Voraussetzung ist immer die tatsächliche Erteilung einer Duldung, d.h. die Feststellung eines Abschiebehindernisses oder die Aussetzung der Abschiebung aus humanitären Gründen. Die Nichtabschiebung in Hinblick auf einen laufenden Eilantrag genügt nicht (BayVGH vom 7.1.2013 – 10 CE 13.36).

Aufenthaltstitel	Asylantrag wurde ausdrücklich als »offensichtlich unbegründet« nach § 30 Abs. 3 Nr. 1–6 AsylG abgelehnt	Asylantrag wurde als »unbegründet« oder als »offensichtlich unbegründet« ohne Bezug auf § 30 Abs. 3 Nr. 1–6 AsylG abgelehnt
Aufenthaltserlaubnis wegen eines **Abschiebehindernis** nach § 25 Abs. 5 AufenthG	**Nicht möglich**, § 10 Abs. 3 Satz 2 AufenthG	**Möglich**, § 10 Abs. 3 Satz 1 AufenthG
Aufenthaltserlaubnis für **junge integrierte Menschen** nach § 25a AufenthG	**Möglich** nach Ermessen, § 25a Abs. 4 AufenthG	**Möglich**, § 10 Abs. 3 Satz 1 AufenthG
Aufenthaltserlaubnis wegen **langjährigen Aufenthalts** nach § 25b AufenthG	**Möglich** nach Ermessen, § 25b Abs. 5 Satz 2 AufenthG	**Möglich**, § 10 Abs. 3 Satz 1 AufenthG

Aufenthaltstitel	Asylantrag wurde ausdrücklich als »offensichtlich unbegründet« nach § 30 Abs. 3 Nr. 1–6 AsylG abgelehnt	Asylantrag wurde als »unbegründet« oder als »offensichtlich unbegründet« ohne Bezug auf § 30 Abs. 3 Nr. 1–6 AsylG abgelehnt
Aufenthaltserlaubnis auf der Grundlage der Entscheidung einer **Härtefallkommission** nach § 23a AufenthG	**Möglich**, § 23a Abs. 1 Satz 1 AufenthG	**Möglich**, § 23a Abs. 1 Satz 1 und § 10 Abs. 3 Satz 1 AufenthG
Aufenthaltserlaubnis wegen **qualifizierter Beschäftigung** nach § 18a AufenthG	**Nicht möglich**, § 10 Abs. 3 Satz 2 AufenthG, § 18a Abs. 3 AufenthG	**Möglich**, § 18a Abs. 3 AufenthG
Aufenthaltserlaubnis zum Zweck der **Beschäftigung** nach § 18 AufenthG	**Nicht möglich**, § 10 Abs. 3 Satz 2 AufenthG	**Nicht möglich**, § 10 Abs. 3 Satz 1 AufenthG
Blaue Karte-EU nach § 19a AufenthG	**Nicht möglich**, Rechtsanspruch, aber Ausschluss nach § 19a Abs. 5 Nr. 5 AufenthG	**Nicht möglich**, Rechtsanspruch, aber Ausschluss nach § 19a Abs. 5 Nr. 5 AufenthG
Aufenthaltserlaubnis zum **Studium** nach § 16 AufenthG	**Nicht möglich**, § 10 Abs. 3 Satz 2 AufenthG, kein Rechtsanspruch wegen fehlendem Visum, § 5 Abs. 2 AufenthG	**Nicht möglich**, § 10 Abs. 3 Satz 1 AufenthG, kein Rechtsanspruch wegen fehlendem Visum, § 5 Abs. 2 AufenthG
Aufenthaltserlaubnis zum Nachzug zu **deutschem Ehegatten oder Lebenspartner**, § 28 Abs. 1 Nr. 1 AufenthG (umstritten, ob der Lebensunterhalt gesichert sein muss)	**Möglich**, wenn die Ehe erst in Deutschland geschlossen wurde, § 10 Abs. 3 Satz 3 AufenthG; Visum nicht erforderlich nach § 39 Nr. 5 AufenthV Kein Ausweisungsinteresse!	**Möglich**, wenn die Ehe erst in Deutschland geschlossen wurde, § 10 Abs. 3 Satz 3 AufenthG; Visum nicht erforderlich nach § 39 Nr. 5 AufenthV Kein Ausweisungsinteresse!
Aufenthaltserlaubnis zum Nachzug zu **deutschem Kind**, Sorgerecht, gelebtes Familienleben, § 28 Abs. 1 Nr. 3 AufenthG (Sicherung des Lebensunterhalts nicht erforderlich)	**Möglich**, wenn das Kind erst in Deutschland geboren wurde, § 10 Abs. 3 Satz 3 AufenthG; Visum nicht erforderlich nach § 39 Nr. 5 AufenthV Kein Ausweisungsinteresse!	**Möglich**, wenn das Kind erst in Deutschland geboren wurde, § 10 Abs. 3 Satz 3 AufenthG; Visum nicht erforderlich nach § 39 Nr. 5 AufenthV Kein Ausweisungsinteresse!
Aufenthaltserlaubnis zum Nachzug zu **ausländischem Ehegatten oder Lebenspartner** mit einer »**Blauen Karte-EU**«, § 30 Abs. 1 Nr. 3 g AufenthG (Sicherung des Lebensunterhalts erforderlich)	**Möglich**, wenn die Ehe erst in Deutschland geschlossen wurde, § 10 Abs. 3 Satz 3 AufenthG; Visum nicht erforderlich nach § 39 Nr. 5 AufenthV Kein Ausweisungsinteresse!	**Möglich**, wenn die Ehe erst in Deutschland geschlossen wurde, § 10 Abs. 3 Satz 3 AufenthG; Visum nicht erforderlich nach § 39 Nr. 5 AufenthV Kein Ausweisungsinteresse!

Aufenthaltstitel	Asylantrag wurde ausdrücklich als »offensichtlich unbegründet« nach § 30 Abs. 3 Nr. 1–6 AsylG abgelehnt	Asylantrag wurde als »unbegründet« oder als »offensichtlich unbegründet« ohne Bezug auf § 30 Abs. 3 Nr. 1–6 AsylG abgelehnt
Aufenthaltserlaubnis zum Nachzug zu **ausländischem Ehegatten oder Lebenspartner** mit **Niederlassungserlaubnis** bzw. **Erlaubnis zum Daueraufenthalt-EU**, § 30 Abs. 1 Nr. 3 a), b) AufenthG (Sicherung des Lebensunterhalts erforderlich)	**Möglich**, wenn die Ehe erst in Deutschland geschlossen wurde, § 10 Abs. 3 Satz 3 AufenthG; Visum nicht erforderlich nach § 39 Nr. 5 AufenthV Kein Ausweisungsinteresse!	**Möglich**, wenn die Ehe erst in Deutschland geschlossen wurde, § 10 Abs. 3 Satz 3 AufenthG; Visum nicht erforderlich nach § 39 Nr. 5 AufenthV Kein Ausweisungsinteresse!
Aufenthaltserlaubnis zum Nachzug zu **ausländischem Ehegatten oder Lebenspartner** mit Aufenthaltserlaubnis seit mindestens **zwei Jahren** (zukunftsoffen), § 30 Abs. 1 Nr. 3 d) AufenthG (Sicherung des Lebensunterhalts erforderlich)	**Möglich**, wenn die Ehe erst in Deutschland geschlossen wurde, § 10 Abs. 3 Satz 3 AufenthG; Visum nicht erforderlich nach § 39 Nr. 5 AufenthV Kein Ausweisungsinteresse!	**Möglich**, wenn die Ehe erst in Deutschland geschlossen wurde, § 10 Abs. 3 Satz 3 AufenthG; Visum nicht erforderlich nach § 39 Nr. 5 AufenthV Kein Ausweisungsinteresse!
Alle **übrigen** Aufenthaltserlaubnisse zum **Familiennachzug** zu Ehegatten und Lebenspartnern vor Ablauf von zwei Jahren, wenn die Ehe vor der letzten Einreise nach Deutschland geschlossen wurde, zu ausländischen Kindern, wenn der Lebensunterhalt nicht gesichert ist, bei Ausweisungsinteressen	**Nicht möglich**, § 10 Abs. 3 Satz 2 AufenthG; kein Rechtsanspruch oder keine Visumsbefreiung nach § 39 Nr. 5 AufenthV	**Nicht möglich**, § 10 Abs. 3 Satz 1 AufenthG; kein Rechtsanspruch oder keine Visumsbefreiung nach § 39 Nr. 5 AufenthV
Aufenthaltskarte als **Familienangehörige eines Unionsbürgers**	**Möglich**, § 3 Abs. 1 FreizügG	**Möglich**, § 3 Abs. 1 FreizügG

5   Freiwillige Ausreise

Dem ablehnenden Asylbescheid ist in der Regel bereits der Hinweis auf das REAG/GARP-Programm für die freiwillige Ausreise beigefügt.
REAG/GARP ist ein vom Bund und den Ländern finanziertes Programm, umgesetzt von der zwischenstaatlichen Organisation IOM (Internationale Organisation für Migration) »zur finanziellen und operationellen Unterstützung von Asylbewerbern, abgelehnten Asylbewerbern, anerkannten Flüchtlingen, Bür-

gerkriegsflüchtlingen, ausreispflichtigen Ausländern, Opfern von Zwangsprostitution oder Menschenhandel sowie sonstigen Ausländern im Sinne des § 1
AsylbLG, die aus eigenem Entschluss freiwillig in ihr Heimatland zurückkehren wollen oder in einen aufnahmebereiten Drittstaat weiterwandern wollen«.

Die Antragstellung kann **nicht eigenständig**, sondern nur durch Beratungsstellen der Wohlfahrtsverbände, durch den UNHCR, durch zentrale Rückkehrberatungsstellen oder durch Behörden (z.b. Sozialamt, Ausländeramt) erfolgen.

Die möglichen finanziellen Hilfen umfassen:
- Reisekosten (Flug, Bahn, Bus / privater Pkw 250 € pro Fahrzeug)
- Reisebeihilfen (200 € pro Erwachsener / 100 € pro Kinder unter 12 Jahren)
- Starthilfen (je nach Herkunftsland Gruppe 1 oder 2 – siehe unten)

Die **Reisekosten** werden für Ausreisewillige aller Herkunftsländer übernommen.
Die Herkunftsländer, für die Reisebeihilfen und Starthilfen gewährt werden,
werden jährlich unter migrationspolitischen Gesichtspunkten neu bestimmt,
teils auch unterjährig zur »Steuerung von Migrationsbewegungen« (IOM,
2016, 1). Für 2016 gelten folgende Regelungen:

Staatsangehörigen aus europäischen Drittstaaten, die visumsfrei einreisen
können (Mazedonien, Montenegro, Serbien, Bosnien und Herzegowina, Albanien, Moldau wie auch aus dem Kosovo) werden ausschließlich die Fahrtkosten, nicht jedoch Reisebeihilfe oder Starthilfe bewilligt. Diese Einschränkung
gilt nicht für Opfer von Zwangsprostitution und Frauenhandel.

Die **Starthilfe** ist ebenfalls ausgeschlossen für Personen, die nach §§ 53, 54
AufenthG ausgewiesen wurden.

Staatsangehörigen der **Gruppe 1** (für 2016: Afghanistan, Äthiopien, Eritrea,
Ghana, Irak, Iran, Nigeria und Pakistan) wird neben der Reisebeihilfe eine
Starthilfe von 500 € für Erwachsene und Jugendliche (250 € für Kinder unter
12 Jahren) bewilligt
Staatsangehörigen der **Gruppe 2** (für 2016: Ägypten, Algerien, Armenien,
Aserbaidschan, Bangladesch, Benin, Burkina Faso, China, Côte d'Ivoire, Gam-
bia, Georgien, Guinea, Guinea-Bissau, Indien, Kamerun, Kenia, Libanon, Libyen, Mali, Marokko, Niger, Palästinensische Autonomiegebiete, Russ. Föderation, Senegal, Sierra Leone, Somalia, Sudan, Syrien, Türkei, Tunesien,
Ukraine, Vietnam) steht eine Starthilfe von 300 € für Erwachsene und Jugendliche (150 € für Kinder unter 12 Jahren) zur Verfügung.

Eine **Sonderregelung** gilt, wenn das Asylverfahren in Deutschland rechtskräftig abgeschlossen ist und nach **Dublin III** die Zuständigkeit eines anderen Staates feststeht: hier wird die Starthilfe nur bis zu einer Obergrenze von 1.500 € (Gruppe 1) bzw. 900 € (Gruppe 2) pro Familie bewilligt. Die volle Förderung bei einer großen Familie kann also nur vor Rechtskraft des Dublin-Bescheides bewilligt werden. Für die Reise in einen anderen EU-Staat im Rahmen der Dublin-Überstellung werden keine Kosten übernommen.

Die Voraussetzungen für die Bewilligung sind:

- **Status**
  Inhaber von Ankunftsnachweis/BüMA, Aufenthaltsgestattung, Duldung, Grenzübertrittsbescheinigung etc. und von Aufenthaltserlaubnissen nach Abschnitt 5 des AufenthG aus völkerrechtlichen, humanitären und politischen Gründen (§§ 22 bis 25 AufenthG).
  Nicht antragsberechtigt sind Ausländerinnen, die z.B. eine Aufenthaltserlaubnis aus familiären Gründen oder zum Zwecke von Ausbildung oder Studium besitzen.

- **Mittellosigkeit**
  Nachweis durch einen Bescheid AsylbLG, SGB II oder SGB XII.

- **Erstantrag**
  Manche Anträge werden abgelehnt, weil Flüchtlinge Jahre zuvor als Kinder mit ihren Familien zurückgekehrt sind. Hier ist keine erneute Förderung durch IOM möglich, es empfiehlt sich ein Antrag an das zuständige Sozialamt.

- Gültiges **Reisedokument**
  Dies kann außer dem Reisepass auch ein für die Rückkehr ausgestelltes Passersatzpapier der Botschaft sein. Für manche Herkunftsländer kann die Ausländerbehörde aufgrund zwischenstaatlicher Vereinbarungen ein EU-Laissez-Passer ausstellen. Einige Staaten verlangen vor der Einreiseerlaubnis weitere Angaben oder Nachweise. Dies muss im Einzelfall mit Hilfe der Beratungsstellen und IOM geklärt werden.

- **Erklärung über die dauerhafte Rückkehrbereitschaft**
  Mit der Förderung durch REAG/GARP ist die Erklärung über eine dauerhafte Rückkehr verbunden. Bei einer Wiedereinreise nach Deutschland werden die Kosten zurückgefordert, es sei denn, die Flüchtlinge werden nach erneuter Antragstellung als Flüchtlinge anerkannt bzw. ihnen wird ein anderer humanitärer Aufenthalt gewährt.

- **Verzicht auf bestehende Aufenthaltstitel und Rücknahme von Rechtsmitteln, ggf. Rückgabe des Flüchtlingspasses nach der GFK.**

Besondere Regelungen gelten für die freiwillige Rückkehr von Kranken (Attest Flugtauglichkeit), unbegleiteten minderjährigen Flüchtlingen (muss am Zielort in die Obhut eines Sorgeberechtigten oder einer verantwortlichen Organisation übergeben werden) und Schwangeren (Flug in der Regel bis 31. SSW). Spezialisierte Rückkehrberatungsstellen können im Einzelfall weitere Unterstützung vermitteln, z.b. Mittel für Existenzgründung alleinstehender Frauen akquirieren oder Rückkehrer in Integrationsprogramme im Herkunftsland vermitteln. Die Beratungsstellen können vor Ort bei den Migrationsberatungsstellen erfragt werden.

Aus REAG/GARP-Mitteln wird auch die **Weiterwanderung** z.b. nach USA, Kanada, Australien oder Neuseeland unterstützt. Hier ist die Einschaltung einer Beratungsstelle für Weiterwanderung zur Klärung der Bedingungen und zur Unterstützung der Antragstellung notwendig, die Kontaktdaten sind auf der Website des Bundesverwaltungsamtes, Bundesstelle für Auswanderer und Auslandstätige (www.bva.bund.de) zu finden.

6 Abschiebehaft und Abschiebung

Sind alle Rechtsmittelfristen abgelaufen oder alle Rechtsmittel erfolglos geblieben, so droht die Abschiebung und in manchen Fällen auch die Abschiebehaft.

Die Abschiebung kann jederzeit durchgeführt werden und sie darf nach der Neuregelung vom 24.10.2015 auch nicht mehr angekündigt werden (§ 59 Abs. 1 AufenthG). Die Ausländerbehörden werden so verpflichtet, in die Unterkünfte von Menschen, auch Familien mit Kindern, einzudringen und die Menschen unmittelbar zum Flughafen zu transportieren.
In dieser Situation besteht kaum noch eine realistische Chance, die Abschiebung zu vermeiden.

Asylberaterinnen müssen ganz genau klären, ab welchem Zeitpunkt die Vollziehbarkeit der Abschiebungsandrohung (Ablauf der Rechtsmittelfrist oder Ablauf der Ausreisefrist) eintritt und die Betroffenen auf die Konsequenzen hinweisen. Eine Verlängerung der Ausreisefrist kann in der Regel mit der Ausländerbehörde ausgehandelt werden, wenn die Bereitschaft zur freiwilligen Ausreise erklärt wird.

Auf der Grundlage der Rückführungsrichtlinie und der Dublin III-Verordnung wurden die Formen der Abschiebungshaft mit der Gesetzesänderung vom Juli 2015 erweitert.

Es gibt jetzt drei Formen der Haft zum Zweck der Abschiebung:
- Abschiebungshaft,
- Überstellungshaft zur Rückführung in einen anderen EU-Staat (§ 2 Abs. 15 AufenthG),
- Ausreisegewahrsam (§ 62 b AufenthG).

■ **Abschiebungshaft**

Die Abschiebungshaft ist eine freiheitsentziehende Maßnahme und nur auf der Grundlage einer richterlichen Anordnung zulässig. Diese Anforderung ist im Grundgesetz in Art. 104 Abs. 2 Satz 1 festgelegt. Haft ist immer ein Eingriff in das Grundrecht auf Freiheit der Person (Art. 2 Abs. 2 GG); die Haftrichter sind verpflichtet, in jedem individuellen Einzelfall umfassend zu prüfen, ob alle Voraussetzungen vorliegen. Grundlage ist immer die vollziehbare Ausreisepflicht; hängt diese von einem Ausweisungsbescheid, der Ablehnung einer Aufenthaltserlaubnis, der Beendigung eines Asylverfahrens ab, so muss der Bescheid dem Betroffenen auch ordnungsgemäß zugestellt worden sein. Ob der Inhalt der aufenthaltsbeendenden Verfügung rechtmäßig ist, kann der Haftrichter aber nicht prüfen.

Der Gesetzgeber hat in § 62 Abs. 2 AufenthG bestimmte Regelbeispiele gebildet, wobei für Menschen nach der Beendigung des Asylverfahrens der neu aufgenommene Haftgrund des begründeten Verdachts, eine Person werde sich der Abschiebung durch Flucht entziehen, im Vordergrund steht. Die Anhaltspunkte für diesen Verdacht werden in den Begriffsbestimmungen detailliert in § 2 Abs. 14 AufenthG aufgelistet:
- Bereits in der Vergangenheit erfolgte die Entziehung vor einem behördlichen Zugriff durch nicht nur vorübergehendes Wechseln des Aufenthaltsortes, ohne der Behörde die neue Anschrift anzugeben (§ 2 Abs. 14 Nr. 1 AufenthG);
- Identitätstäuschung, insbesondere durch Unterdrückung oder Vernichtung von Identitäts- und Reisedokumenten (§ 2 Abs. 14 Nr. 2 AufenthG);
- keine Mitwirkung an Maßnahmen zur Identitätsfeststellung, wenn hieraus im Einzelfall darauf geschlossen werden kann, dass der Betroffene einer Abschiebung aktiv entgegenwirken will (§ 2 Abs. 14 Nr. 3 AufenthG);
- Zahlung erheblicher Geldbeträge an einen Dritten für dessen Schleusungshandlungen nach § 96 AufenthG, die unter Umständen darauf schließen lässt, dass der Ausreisepflichtige die Abschiebung verhindern will, damit die Aufwendungen nicht vergeblich waren (§ 2 Abs. 14 Nr. 4 AufenthG);
- eine ausdrückliche Erklärung des Ausländers, er wolle sich der Abschiebung entziehen (§ 2 Abs. 14 Nr. 5 AufenthG);
- sonstige konkrete Vorbereitungshandlungen, um sich der bevorstehenden Abschiebung zu entziehen, die nicht durch Anwendung unmittelbaren Zwangs überwunden werden können (§ 2 Abs. 14 Nr. 6 AufenthG).

Der vielleicht kritischste Haftgrund ist die Zahlung von Geld an Schleuser, weil es nach Deutschland kaum Fluchtwege gibt, die ganz ohne Hilfe und damit ohne Geldzahlungen an Schleuser verfügbar sind. So kann gegen Flüchtlinge sehr leicht ein Haftgrund konstruiert werden, auch wenn sie im Bundesgebiet ihren Mitwirkungs- und Meldepflichten nachkommen.

■ **Überstellungshaft nach der Dublin-III-Verordnung**
Die Dublin-III-Verordnung (EU) Nr. 604/2013 (siehe Glossar) ist ein unmittelbar in Deutschland – wie in allen anderen Mitgliedstaaten – wirksames Gesetz. Art 28 Abs. 1 bestimmt zunächst, dass die Mitgliedstaaten eine Person nicht allein deswegen in Haft nehmen dürfen, weil sie dem Dublin-III-Verfahren unterliegt.

In Art. 28 Abs. 2 der Verordnung werden die Voraussetzungen genannt, unter denen eine Person in Abschiebehaft zum Zweck der Überstellung in einen anderen EU-Staat genommen werden darf:
– nach einer Einzelfallprüfung;
– wenn eine **erhebliche** Fluchtgefahr besteht und
– die Haft verhältnismäßig ist und
– sich weniger einschneidende Maßnahmen nicht wirksam anwenden lassen.

Um die Kriterien für die erhebliche Fluchtgefahr zu konkretisieren, legt § 2 Abs. 15 AufenthG fest, dass die Kriterien für die Fluchtgefahr, die in § 2 Abs. 14 AufenthG für die Abschiebehaft bestimmt werden, für die Bestimmung der Fluchtgefahr nach Art. 28 Abs. 2 Dublin-III-Verordnung entsprechend anzuwenden sind.
Auch hier ergibt sich das Problem, dass die Zahlung von erheblichen Geldbeträgen an Schlepper zur »Fluchtnormalität« gehört und damit die Schwelle für eine Inhaftierung viel zu niedrig gelegt wird.

Zusätzlich führt die Begriffsbestimmung in § 2 Abs. 15 AufenthG noch ein weiteres Kriterium für die Fluchtgefahr in den sog. Dublin-Fällen ein. Wer einen anderen EU-Staat betreten hat und vor dem Abschluss des Prüfungsverfahrens auf internationale Schutzbestimmung wieder verlassen hat, kann schon dann in Haft genommen werden, wenn sich aus seinem Verhalten in Deutschland ergibt, dass er nicht die Absicht hat, in den anderen EU-Staat zurückzukehren. Damit wird jedoch fast jede Weiterwanderung, die nicht irgendwie »unbeabsichtigt« erfolgte, mit Inhaftierung sanktionierbar. Der Unterschied zu einer Inhaftnahme nur, weil eine Person dem Dublin-Verfahren unterliegt (nach Art. 28 Abs. 1 Verordnung untersagt), ist nicht mehr erkennbar (auf die Europarechtswidrigkeit weist sehr deutlich hin: Beichel-Benedetti, NJW 2015, S. 2541). Es bleibt zu hoffen, dass den zuständigen Haftrichterinnen diese Maßstäbe bekannt sind.

■ **Ausreisegewahrsam**

Als weitere Haftmöglichkeit wurde mit der Gesetzesänderung vom Juli 2015 in § 62b AufenthG ein Kurzzeitgewahrsam eingeführt. Ermöglich werden soll damit die Inhaftierung von Menschen, deren Abschiebetermin bereits feststeht. Die Haft darf maximal vier Tage andauern und nur verhängt werden, wenn zu erwarten ist, dass die Abschiebung in diesem Zeitraum durchgeführt werden kann.

Auch hierfür ist natürlich entsprechend der verfassungsrechtlich garantierten Rechte nach Art. 104 Abs. 2 GG die Haftanordnung eines Richters erforderlich.

Voraussetzungen für die Haftanordnung sind:
- Die Ausreisefrist wurde **deutlich** überschritten;
- es gibt keinen sachlichen Grund für die fehlende freiwillige Ausreise;
- aus einem Verhalten der Betroffenen lässt sich schließen, dass sie durch Verweigerung der Mitwirkung oder Täuschung über die Identität versuchen wird, die Abschiebung zu verhindern;
- die Betroffene hat nicht auf andere Weise glaubhaft gemacht, dass sie sich der Abschiebung nicht entziehen wird (insbesondere Nachweise für eine geplante und unmittelbar bevorstehende freiwillige Ausreise);
- die Abschiebung ist vorbereitet, der Flug gebucht, etc., sodass sie tatsächlich innerhalb von vier Tagen durchgeführt werden kann.

In der Regel wird der Ausreisegewahrsam im Flughafenbereich durchgeführt.

VI   Flüchtlingsaufnahme außerhalb des Asylverfahrens

Von der ursprünglich bestehenden alleinigen Kompetenz zur Aufnahme »Gebietsfremder« durch die Vertreter der Obrigkeit ist bis heute in nahezu allen Nationalstaaten das Recht erhalten, Personen allein auf der Grundlage einer politischen Entscheidung aufzunehmen, ohne dass damit irgendein subjektives Recht der Betroffenen verbunden wäre.

■ Klassisch ist zunächst die Möglichkeit, eine einzelne im Ausland befindliche Person auf der Grundlage einer Entscheidung des Bundesinnenministeriums oder auch jeder Ausländerbehörde aufzunehmen (§ 22 AufenthG) (→ 1).

■ Eine lange Tradition hatte auch die Aufnahme bestimmter Menschengruppen, die bis 2005 im Gesetz über Maßnahmen für im Rahmen humanitärer Hilfsaktionen aufgenommene Flüchtlinge (HumHAG) geregelt war und die aktuell noch jüdische Zuwanderer aus der ehemaligen Sowjetunion nutzen können (§ 23 Abs. 2 AufenthG) (→ 2).

- Erst zum August 2015 wurde eine eigenständige Regelung für Flüchtlinge aufgenommen, die im Rahmen eines Resettlement-Programms des Bundes oder der Länder aufgenommen werden (§ 23 Abs. 4 AufenthG) (→ 3).

- Bereits im Jahr 2001 hatte sich der Rat der Europäischen Union auf eine Richtlinie für den Fall des Massenzustroms von Flüchtlingen auf das Territorium der EU geeinigt. Diese Regelung ist ins Aufenthaltsgesetz übernommen worden (§ 24 AufenthG) (→ 4).

1 Aufnahme aus dem Ausland (§ 22 AufenthG)

1.1 Erteilung der Aufenthaltserlaubnis (§ 22 AufenthG)

Die Aufenthaltserlaubnis nach § 22 AufenthG ist als **Ermessensanspruch** konstruiert, soll aber keinen Anspruch auf Prüfung und Bescheidung auslösen (VwV AufenthG 22.01.2); jedenfalls lässt sich diese Aufenthaltserlaubnis nicht als subjektiver Anspruch durchsetzen.

Der Antrag kann nur bei einer deutschen Auslandsvertretung gestellt werden. Durch den Aufenthalt außerhalb des Schutzbereichs des Grundgesetzes besteht eine denkbar gering geschützte Rechtsposition. Die Zahl der aufgenommenen Personen ist daher verschwindend gering. Zum Ende 2013 hielten sich insgesamt nur 584 Personen mit einer Aufenthaltserlaubnis nach § 22 AufenthG in Deutschland auf (BAMF, Migrationsbericht 2013, 2015, S. 85).

Vorausgesetzt werden völkerrechtliche oder dringende humanitäre Gründe. Damit soll Aufnahmen aus rein wirtschaftlichen oder privaten Gründen vorgebeugt werden.

Als völkerrechtliche Gründe kommen insbesondere zwischenstaatliche Absprachen in Betracht, z.B. eine Übernahme von ehemaligen Gefangenen aus Guantanamo auf der Grundlage einer Absprache mit den USA.

Humanitäre Gründe zählen nur in besonders gelagerten Einzelfällen, z.B. zur Behandlung einer schweren Erkrankung oder zum Familiennachzug in ganz besonderen Härtefällen, wenn die Anspruchsvoraussetzungen der §§ 5, 27 ff. AufenthG nicht erfüllt werden.

Nicht vorausgesetzt wird die Sicherung des Lebensunterhalts, der Besitz eines Passes und das Fehlen eines Ausweisungsinteresses (§ 5 Abs. 3 Satz 1 AufenthG).

Die Erteilung eines Visums durch eine deutsche Auslandsvertretung setzt fast immer eine Verhandlung und Absprache mit der zuständigen Ausländerbehörde oder direkt mit dem BMI voraus. Ist die Aufnahmeentscheidung getroffen, kann auch eine Vorabzustimmung (siehe Glossar) zur Erteilung des Visums durch die Ausländerbehörde gegenüber der deutschen Auslandsvertretung erteilt werden und dadurch das Verfahren deutlich abgekürzt werden (Stiegeler, in: Hofmann, 2016, § 22 Rn. 9).

1.2 Familiennachzug

Für den Familiennachzug gelten die allgemeinen Regelungen nach §§ 5, 27, 30, 32 AufenthG. Insbesondere muss der Lebensunterhalt für die nachziehenden Angehörigen gesichert sein, ausreichend Wohnraum bestehen und in der Regel von einem nachziehenden Ehegatten auch einfache Sprachkenntnisse nachgewiesen werden (siehe im Einzelnen § 30 Abs. 1 Satz 3 AufenthG).

Bestand die Ehe schon im Herkunftsland kann der Familiennachzug unter diesen Voraussetzungen ohne Wartefrist beantragt werden. Bei einer späteren Eheschließung muss eine Wartezeit von zwei Jahren eingehalten werden (§ 30 Abs. 1 Satz 1 Nr. 3 d) und e) AufenthG).

1.3 Verlängerung/Verfestigung

Die Aufenthaltserlaubnis kann für bis zu drei Jahre erteilt und verlängert werden (§ 26 Abs. 1 Satz 1 AufenthG). Nach einer Aufnahme besteht in aller Regel kein Grund die Aufenthaltserlaubnis kürzer als drei Jahre zu erteilen, da die Aufnahme auf einen langfristigen Aufenthalt gerichtet ist.

Die Niederlassungserlaubnis kann nach fünf Jahren Aufenthalt erteilt werden, wenn alle Voraussetzung (Lebensunterhalt, Sprache, Rentenversicherungsbeiträge) erfüllt sind (§§ 26 Abs. 4, 9 AufenthG).

1.4 Arbeit

Die Aufenthaltserlaubnis wird mit einer allgemeinen Beschäftigungserlaubnis nach § 31 BeschV für jede abhängige Beschäftigung verbunden. Die Erlaubnis für eine selbständige Tätigkeit kann von der Ausländerbehörde nach § 21 Abs. 6 AufenthG erteilt werden.

Personen mit einer Aufnahmeerklärung des BMI werden privilegiert, indem die Aufenthaltserlaubnis mit einer Erwerbserlaubnis verbunden wird.

1.5 Sozialleistungen

Es bestehen Leistungsansprüche nach dem SGB II, bei Alter und Erwerbsminderung nach SGB XII.
Ansprüche auf Ausbildungsbeihilfen und Familienleistungen bestehen von Anfang an, ebenso auf einen Wohnberechtigungsschein und Wohngeld zur Aufstockung eines geringen Einkommens.

2 Aufnahme aus besonderen politischen Gründen (§ 23 Abs. 2 AufenthG)

2.1 Aufnahmeverfahren

Personen jüdischer Abstammung aus den Gebieten der ehemaligen Sowjetunion (ausgenommen die baltischen Staaten, weil sie der EU angehören) können im Wege eines Aufnahmeverfahrens, welches vom Herkunftsstaat aus zu betreiben ist, nach Deutschland zuwandern. Das Verfahren wird zentral vom BAMF durchgeführt.
Allerdings ist dies Verfahren seit 2005 wesentlich verschärft worden. Die Zahl der Zuwanderer ist von mehr als 16.000 im Jahr 2000 auf nur noch 246 im Jahr 2013 gesunken (BAMF, Migrationsbericht 2013, S. 84).

Aufnahmevoraussetzungen, die die Antragsteller erfüllen müssen:

– Staatsangehörigkeit eines Nachfolgestaates der ehemaligen Sowjetunion oder als staatenlose Personen mindestens seit 1.1.2005 dort ihren Wohnsitz haben.

– Jüdischer Nationalität sein oder von mindestens einem jüdischen Elternteil abstammen und sich zu keiner anderen als der jüdischen Religion bekennen.

– Deutschkenntnisse, die mindestens der Niveaustufe A1 des Gemeinsamen Europäischen Referenzrahmens entsprechen; diese Verpflichtung besteht auch für die mitreisenden Familienangehörigen. Bei Kindern, die noch nicht 14 Jahre alt sind, kann hiervon abgesehen werden.

– Dauerhaft selbst für ihren Lebensunterhalt in Deutschland sorgen zu können; dazu benötigen die Antragsteller eine positive Integrationsprognose, die vom BAMF auf der Grundlage einer Selbstauskunft des Antragstellers und unter Einbeziehung des familiären Umfeldes erstellt wird; Kriterien sind u.a. die Sprachkenntnisse, die Qualifikation und Berufserfahrung sowie das Alter der Zuwanderer.

– Den Nachweis zur Aufnahmemöglichkeit in einer jüdischen Gemeinde im Bundesgebiet; hierzu fordert das BAMF eine gutachterliche Stellungnahme der Zentralwohlfahrtsstelle der Juden in Deutschland e.V. (ZWST) an. Die Union Progressiver Juden wird in dieses Verfahren eingebunden und kann ebenfalls eine Stellungnahme abgeben.

Bei Opfern nationalsozialistischer Verfolgung wird auf die Integrationsprognose und den Nachweis der Deutschkenntnisse verzichtet. Das Gleiche gilt für Härtefälle.

Personen mit jüdischer Abstammung erhalten nach der Einreise mit einem Aufnahmebescheid eine Niederlassungserlaubnis nach § 23 Abs. 2 AufenthG, ihre nichtjüdischen Familienangehörigen eine Aufenthaltserlaubnis zum Familiennachzug aus humanitären Gründen nach §§ 29, 30, 32 AufenthG, wenn sie gleichzeitig einreisen.

Zusätzlich wurden auf der Grundlage der Anordnung nach § 23 Abs. 2 AufenthG des BMI vom 5.12.2008 im Jahr 2009 insgesamt 2500 irakische Flüchtlinge aus den Flüchtlingslagern in Syrien und Jordanien aufgenommen. Das Auswahlverfahren wurde durch das BAMF durchgeführt. Die Aufenthaltserlaubnis wurde auf drei Jahre befristet und kann verlängert werden, auch wenn der Lebensunterhalt nicht ohne Sozialleistungen gesichert ist.

2.2   Familiennachzug

Für einen späteren Familiennachzug gelten die allgemeinen Regelungen nach §§ 5, 27, 30, 32 AufenthG. Insbesondere muss der Lebensunterhalt für die nachziehenden Angehörigen gesichert sein, ausreichend Wohnraum bestehen und in der Regel von einem nachziehenden Ehegatten auch einfache Sprachkenntnisse nachgewiesen werden (siehe im Einzelnen § 30 Abs. 1 Satz 3 AufenthG).

Wurde die Niederlassungserlaubnis erteilt, wird der Familiennachzug unter diesen Voraussetzungen ohne Wartefrist bewilligt. Für die Inhaber einer Aufenthaltserlaubnis gilt das nur, wenn die Ehe schon im Herkunftsland bestand. Bei einer späteren Eheschließung muss eine Wartezeit von zwei Jahren eingehalten werden (§ 30 Abs. 1 Satz 1 Nr. 3 d) und e) AufenthG).

2.3 Verlängerung/Verfestigung

Wurde nur eine Aufenthaltserlaubnis erteilt, so kann diese – auch mehrfach – verlängert werden, solange die Voraussetzungen für eine Niederlassungserlaubnis noch nicht erfüllt sind.

Die Niederlassungserlaubnis kann nach fünf Jahren Aufenthalt erteilt werden, wenn alle Voraussetzung (Lebensunterhalt, Nachweis von Deutschkenntnissen , Rentenversicherungsbeiträge) vorliegen (§§ 26 Abs. 4, 9 AufenthG).

2.4 Arbeit

Soweit nur eine Aufenthaltserlaubnis erteilt wird, wird diese mit einer Erwerbserlaubnis versehen (§ 23 Abs. 2 Satz 5 AufenthG).

Die Niederlassungserlaubnis berechtigt immer zur Erwerbstätigkeit.

2.5 Sozialleistungen

Es bestehen Leistungsansprüche nach dem SGB II, bei Alter und Erwerbsminderung nach dem SGB XII.

Ansprüche auf Ausbildungsbeihilfen und Familienleistungen bestehen von Anfang an, ebenso auf einen Wohnberechtigungsschein und Wohngeld zur Aufstockung eines geringen Einkommens.

3 Resettlement-Flüchtlinge (§ 23 Abs. 4 AufenthG)

3.1 Aufnahmeverfahren

Durch Beschluss der Innenministerkonferenz (IMK) vom Dezember 2011 wurde ein kontinuierliches Resettlement-Programm zur Aufnahme von Flüchtlingen, zunächst 300 in drei Jahren, geschaffen. Die Auswahl erfolgt in Zusammenarbeit mit dem Hohen Flüchtlingskommissar der UN (UNHCR).
Die Bundesregierung hat in Zusammenarbeit mit den Ländern bislang drei Aufnahmeanordnungen (vom 30.5.2013, 23.12.2013 und 18.7.2014) über jeweils 10.000 Personen getroffen. Vorrangig berücksichtigt wurden Personen mit familiären Bezügen in Deutschland, für die nach Möglichkeit eine Ver-

pflichtungserklärung nach § 68 AufenthG zur Übernahme der Kosten des Lebensunterhalts abzugeben war.
Derzeit bestehen keine weiteren Programme und sind auch nicht geplant.

Für die Aufnahme von Personen im sog. »Resettlement-Programm« wurde mit der Gesetzesänderung zum Juli 2015 eine eigene Aufenthaltserlaubnis in § 23 Abs. 4 AufenthG geschaffen. Das Verfahren wird vom BAMF durchgeführt und die Aufnahmezusage muss vor der Einreise erteilt werden. Die weiteren Anforderungen werden jeweils vom BMI in Abstimmung mit den Bundesländern festgelegt. Derzeit besteht kein laufendes Programm.

3.2 Verlängerung/Verfestigung

Die Aufenthaltserlaubnis wird für mindestens ein Jahr erteilt (§ 26 Abs. 1 AufenthG).

Die Niederlassungserlaubnis wird bereits nach drei Jahren erteilt, ohne dass die Voraussetzungen des § 9 AufenthG erfüllt sein müssen. Möglich ist jedoch eine Überprüfung, ob die Gründe für die Schutzgewährung weiterhin bestehen (§ 26 Abs. 3 Satz 2 AufenthG).

3.3 Familiennachzug

Die aufgenommenen Personen werden hinsichtlich des Nachzugs ihrer Familie (Ehegatten, Lebenspartner und minderjährige Kinder) weit gehend den anerkannten Schutzberechtigten gleichgestellt.

Wenn die Familie schon im Herkunftsland bestand und der Antrag innerhalb von drei Monaten nach Erteilung der Aufenthaltserlaubnis nach § 23 Abs. 4 AufenthG erfolgt, wird auf die Sicherung des Lebensunterhalts und auf ausreichenden Wohnraum verzichtet. Bei sonstigen Anträgen kann auf diese Anforderungen verzichtet werden, wenn die Familieneinheit auf andere Weise nicht hergestellt werden kann und ein Bemühen um wirtschaftliche Integration nachgewiesen werden kann. Auch auf den Sprachnachweis für Ehegatten wird verzichtet (§ 30 Abs. 1 Satz 3 Nr. 1 AufenthG) und der Kindernachzug wird bis zum 18. Geburtstag zugelassen, auch wenn der Nachzug erst später erfolgt.

3.4   Arbeit

Die Aufenthaltserlaubnis wird mit einer Erwerbserlaubnis verbunden (§ 23 Abs. 4, Abs. 2 Satz 5 AufenthG).

3.5   Sozialleistungen

Es werden Leistungen nach dem SGB II/SGB XII gewährt. Auch die Ansprüche auf Familienleistungen, Wohngeld und Ausbildungsbeihilfen (§ 8 Abs. 2 Nr. 1 BAföG, § 59 Abs. 1 Satz 2 SGB III) bestehen uneingeschränkt. Im AFBG (§ 8 Abs. 2 Nr. 1) wurde die nachträgliche Änderung vergessen.

4   Aufnahme wegen eines Massenzustroms (§ 24 AufenthG)

Die Mitgliedstaaten einigten sich 2001 unter dem Eindruck der Fluchtbewegungen während der Balkankriege auf die Richtlinie 2001/55/EG des Rates vom 20.7.2001 über Mindestnormen für die Gewährung vorübergehenden Schutzes im Falle eines Massenzustroms von Vertriebenen und Maßnahmen zur Förderung einer ausgewogenen Verteilung der Belastungen, die mit der Aufnahme dieser Personen und den Folgen dieser Aufnahme verbunden sind, auf die Mitgliedstaaten.

Nach Art. 2 b) handelt es sich um ein Verfahren, das »im Falle eines Massenzustroms oder eines bevorstehenden Massenzustroms von Vertriebenen aus Drittländern, die nicht in ihr Herkunftsland zurückkehren können, diesen Personen sofortigen, vorübergehenden Schutz garantiert, insbesondere wenn auch die Gefahr besteht, dass das Asylsystem diesen Zustrom nicht ohne Beeinträchtigung seiner Funktionsweise und ohne Nachteile für die betroffenen Personen oder andere um Schutz nachsuchende Personen auffangen kann«.

Obwohl die derzeitige Situation genau diesem Szenario entspricht, auf welches die Richtlinie reagieren sollte, kam und kommt sie nicht zur Anwendung. Voraussetzung für ein entsprechendes Aufnahmeverfahren wäre ein Beschluss des Rates des EU, also der Zustimmung der Regierungsverantwortlichen aller 28 Mitgliedstaaten. Die Mitgliedstaaten sind in der Flüchtlingsaufnahme zerstritten und ein Teil der Mitgliedstaaten verweigert jedwede Aufnahme von Flüchtlingen. So ist auf absehbare Zeit auch nicht damit zu rechnen, dass eine Anwendung der Massenzustrom-Richtlinie möglich ist.

VII Übergreifende Fragen

1 Personenstandsdokumente

In der Praxis treten erhebliche Probleme mit der Ausstellung von Personenstandsdokumenten – Geburtsurkunden, Eintragung ins Eheregister, Staatsangehörigkeitsfeststellung bei in Deutschland geborenen Kindern – auf, weil die Identität einer Person nicht geklärt ist.

Um vor deutschen Behörden Beweiskraft zu haben, müssen Personenstandsdaten in einem Personenstandsregister eingetragen werden. Eingetragen werden können:
– Geburt
– Eheschließung
– Begründung der Lebenspartnerschaft
– Sterbefall.

Eingetragen werden alle Vorgänge, die in Deutschland von Standesbeamtinnen registriert werden.

Deutsche Staatsangehörige, anerkannte Flüchtlinge und Staatenlose können auf Antrag auch Vorgänge im Ausland registrieren lassen (§§ 34 – 36 PStG).

Alle Registrierungen erfordern den Nachweis der Identität einer Person. Für Vorgänge im Ausland muss auch das Geschehnis selbst (z.B. Geburt, Eheschließung) nachgewiesen werden (§§ 9, 10 PStG).

> Personenstandsdokumente werden unabhängig vom Aufenthaltsstatus ausgestellt. Nur die Zuständigkeit des Standesamts muss bei Eheschließungen durch einen legalen Aufenthalt (jedes Aufenthaltsdokument: BüMA, Duldung, Grenzübertrittsbescheinigung) begründet werden.

1.1   Geburtsurkunden für in Deutschland geborene Kinder

Die Standesämter verlangen bei der Anzeige der Geburt eines Kindes die Vorlage der Geburtsurkunde der Mutter und gegebenenfalls auch die des Vaters.

Für die Ausstellung einer Geburtsurkunde ist die Geburtsurkunde der Mutter Voraussetzung (nach § 33 Nr. 1 und 2 PStV), liegt sie nicht vor, wird vom Standesamt nur eine Geburtsbescheinigung ausgestellt.

Ersetzt werden kann eine Geburtsurkunde durch andere Urkunden, wenn die Beschaffung nicht möglich oder der Aufwand hierfür unverhältnismäßig ist (§ 9 Abs. 2 S. 1 PStG).

Kann die Identität der Mutter nicht durch eine Geburtsurkunde nachgewiesen werden, reicht in der Regel die Vorlage eines **Nationalpasses** (OLG Hamm vom 22.12.2015 – I-15W 137/14 und vom 5.7.2012 – I-15 W 26/12; OVG Zweibrücken vom 9.1.2014 – 3 W 90/13; KG Berlin vom 27.6.2000 – 1 VA 32/99).

Die Personalien in einem **Flüchtlingspass** beruhen zwar teilweise auf den eigenen Angaben der Flüchtlinge, wenn sie nicht durch einen Nationalpass oder eine Geburtsurkunde nachgewiesen werden konnten. Dennoch hat der Flüchtlingspass eine Identifikationsfunktion, die von anderen Behörden anerkannt werden muss.

Bei der Geburt von Kindern in Deutschland reicht der Flüchtlingspass der Eltern aus, um ihre Identität nachzuweisen und damit eine Geburtsurkunde ohne Zusatz auszustellen (OLG Schleswig-Holstein vom 20.8.2013 – 2 W 54/13; KG Berlin vom 24.2.2015 – 1 W 380/14).
Nur wenn der Pass den ausdrücklichen Vermerk »Personendaten beruhen auf eigenen Angaben« enthält, dürfen Standesämter weitere Unterlagen verlan-

gen oder die Geburtsurkunde auch mit dem Zusatz »beruht auf eigenen Angaben« ausstellen.

Wenn konkrete Anhaltspunkte für eine falsch dokumentierte Identität in einem Nationalpass oder Flüchtlingspass vorliegen, ist das Standesamt berechtigt nach freiem Ermessen zu bestimmen, welche weiteren Ermittlungen vorgenommen werden sollen (OLG Düsseldorf vom 13.12.2010 – I-3 Wx 228/10). Es können weitere Dokumente oder Registerauszüge verlangt werden.

Wenn es nicht möglich ist andere Urkunden oder Nachweise zu beschaffen, so besteht als letzter Ausweg auch die Möglichkeit eine eidesstattliche Erklärung entgegen zu nehmen (§ 9 Abs. 2 Satz 2 PStG).

> Die Betroffenen haben aber keine Wahlmöglichkeit! Das Standesamt wird zunächst verlangen, dass alle Möglichkeiten der Beschaffung von Unterlagen ausgeschöpft werden.

In der Praxis ist es sehr schwer, eine Geburtsurkunde ohne jeden Identitätsnachweis zu erhalten.

Es besteht jedoch auch die Möglichkeit einer Eintragung in ein Personenstandsregister bei ungeklärter Identität, wenn der Eintrag mit einem einschränkenden Vermerk (»Identität ungeklärt«) versehen wird (OLG Nürnberg vom 25.7.2014 – 11 W 1116/14; OLG München vom 15.9.2011 – 31 Wx 273/11).

Wenn eine Ausreise geplant ist, sollte für in Deutschland geborene Kinder unbedingt vorher eine Geburtsurkunde besorgt werden. Als Identitätsnachweis wird von den Standesämtern zum Teil auch das »Travel Document« der Botschaft akzeptiert. Gleichzeitig kann die Ausstellung der Geburtsurkunde auch ein Grund für die Verlängerung der Ausreisefrist sein.

1.2   Eintragung von Geburten im Ausland ins Geburtenregister

In aller Regel reicht eine amtlich beglaubigte Übersetzung der ausländischen Geburtsurkunde, um die Identität gegenüber deutschen Behörden nachzuweisen. In besonders gelagerten Fällen, in denen z.B. die Eltern, die Staatsangehörigkeit oder der Name nicht aus der Urkunde hervorgeht und erst durch weitere Nachweise erwiesen werden kann, führt die Eintragung im deutschen Geburtenregister (nur für anerkannte Flüchtlinge und Deutsche) zu einem eindeutigen Nachweis.

1.3 Eheschließung oder Begründung einer Lebenspartnerschaft in Deutschland

In Deutschland kann eine gültige Ehe oder eine Lebenspartnerschaft nur vor dem Standesbeamten in der nach deutschem Recht vorgeschriebenen Form vorgenommen werden.

Hierzu müssen folgende Voraussetzungen erfüllt sein:

– Die **Identität** der Ehegatten bzw. Lebenspartner muss geklärt sein. Ein Nationalpass reicht zum Nachweis der Identität aus, solange keine ernsthafte Zweifel an seiner Echtheit bestehen (OLG Düsseldorf vom 24.5.20111 – I-3 Wx 19/11). Während des Asylverfahrens kann auch eine von der Ausländerbehörde beglaubigte Kopie des hinterlegten Passes vorgelegt werden.

– Es wird eine **Aufenthaltsbescheinigung** der Ausländerbehörde benötigt. Für diese Bescheinigung genügt auch eine Duldung oder Aufenthaltsgestattung.

– Die Ehegatten bzw. Lebenspartnerinnen müssen beide **mindestens 18 Jahre alt** sein. Minderjährige ab 16 Jahren können eine Befreiung von der Ehe- bzw. Lebenspartnerschaftsmündigkeit beim Familiengericht beantragen.

– Es darf **kein Ehe- bzw. Lebenspartnerschaftshindernis** bestehen. Dazu gehören nahe Verwandtschaftsbeziehungen, Adoptionsverhältnisse und vor allem noch gültige Vorehen. Ausländische Staatsangehörige müssen ein Ehefähigkeitszeugnis vorlegen.
Zuständig für die Ausstellung ist eine Behörde im Herkunftsstaat oder auch die Auslandsvertretung in Deutschland. In vielen Staaten dieser Welt werden jedoch keine Ehefähigkeitszeugnisse ausgestellt. Stattdessen werden auch Eheunbedenklichkeitsbescheinigungen oder Ledigkeitsbescheinigungen akzeptiert. Hierfür ist jedoch eine Ausnahmegenehmigung des zuständigen Oberlandesgerichts (OLG) einzuholen. Die Dokumente sind beim Standesamt einzureichen, von dort werden sie an das OLG mit dem Antrag auf Befreiung vom Ehefähigkeitszeugnis weitergeleitet. Auch darf das Dokument nicht älter als sechs Monate alt sein. Bei einer geringfügigen Fristüberschreitung und erheblichen Beschaffungsproblemen kann die Urkunde dennoch akzeptiert werden (OLG Frankfurt am Main vom 29.8.2013 – 20 VA 15/12).
Die Ledigkeitsbescheinigung muss in der Regel auch durch die deutsche Botschaft legalisiert werden oder es muss, wenn dies nicht möglich ist, ein Gutachten der deutschen Botschaft eingeholt werden (→ 1.4).
Wurde eine frühere Ehe geschieden oder aufgelöst, so muss die Scheidungs- oder Aufhebungsurkunde vorgelegt werden.

Mit jedem Staat auf der Welt bestehen zwischenstaatliche Vereinbarungen, welche Bescheinigungen oder Dokumente für eine Eheschließung/Verpartnerung von den deutschen Standesämtern akzeptiert werden. Deshalb gilt: Immer zuerst beim Standesamt die Information über die erforderlichen Heiratsunterlagen einholen.

Die in Deutschland geschlossene Ehe wird dann automatisch in das Eheregister eingetragen, die Lebenspartnerschaft in das Lebenspartnerschaftsregister.

1.4 Registrierung einer im Ausland geschlossenen Ehe oder Lebenspartnerschaft

Die Eintragung in das deutsche Eheregister ist für Menschen ausländischer Staatsangehörigkeit nur möglich, wenn sie als Flüchtling oder als Staatenlos anerkannt sind, also im **Besitz eines Flüchtlings- oder eines Staatenlosenpass** sind.

Grundsätzlich ist eine Heiratsurkunde erforderlich. Es gilt das Prinzip, dass die Ehe oder Lebenspartnerschaft dann wirksam ist, wenn sie entweder nach dem Recht des Staates, in dem sie geschlossen wurde (Ortsrecht), wirksam ist oder nach dem Geschäftsrecht beider Ehegatten (bei gleicher Staatsangehörigkeit) (Art. 11 EGBGB).

Die Urkunden müssen zusätzlich von der deutschen Auslandsvertretung in dem Staat der Ausstellung der Urkunde **legalisiert** werden. So wird die Bestätigung genannt, dass es sich um eine echte Urkunde handelt, die von der richtigen Behörde in der richtigen Weise ausgestellt wurde.

Hier kommt es zu Problemen, wenn die deutsche Botschaft geschlossen ist (Syrien) oder aus anderen Gründen keine Legalisierung erteilen kann (sehr viele Staaten, u.a. Afghanistan, Eritrea, Irak, Pakistan, Indien und die meisten afrikanischen Staaten). Im Fall von Syrien dürfen die deutschen Auslandsvertretungen in der Türkei, in Jordanien und im Libanon die Legalisierungen ersatzweise vornehmen. Wenn keine Legalisierung vorgenommen werden kann, können deutsche Behörden (Standesämter) bei der deutschen Botschaft im Herkunftsstaat eine gutachterliche Stellungnahme anfordern, die mit sehr hohen Kosten (bis zu 1.500 €) verbunden sein und monatelang dauern kann (Auswärtiges Amt, Merkblatt, Stand 12/2015, http://www.konsularinfo.diplo.de/Vertretung/konsularinfo/de/05/Urkundenverkehr__Allgemein/_Urkundenverkehr.html).

Für einige Staaten (neben den EU-Staaten u.a. auch China, Russland, Balkanstaaten) ist eine Legalisierung nicht erforderlich, es genügt eine sog. **Apostille** (nach dem Haager Übereinkommens zur Befreiung ausländischer öffentlicher Urkunden von der Legalisation vom 5. Oktober 1961). Dabei handelt es sich um eine Echtheitsbescheinigung, die von einer bestimmten Behörde des Herkunftsstaates ausgestellt wird (Auswärtiges Amt, Merkblatt, Stand 12/2015, http:// www.konsularinfo.diplo.de/Vertretung/konsularinfo/de/05/Urkundenverkehr__ Allgemein/__Urkundenverkehr.html).

Auch müssen von allen Urkunden amtlich beglaubigte Übersetzungen gefertigt werden.

Nach dem Personenstandsgesetz (PStG) kann die Beurkundung eines Personenstandes auch auf der Grundlage eidesstattlicher Versicherungen der Betroffenen oder weiterer Personen erfolgen, wenn die Beschaffung der erforderlichen Urkunden unmöglich ist (§ 9 Abs. 2 PStG). Die Standesämter machen von dieser Möglichkeit erst Gebrauch, wenn alle anderen Möglichkeiten nachweislich ausgeschöpft sind.

Die Lebenspartnerschaft im Ausland wird in Deutschland im Lebenspartnerschaftsregister (§ 35 PStG) eingetragen.

2   Bank- oder Sparkassenkonto

Der Zugang zu einem Konto wird mit dem »Gesetz zur Umsetzung der Richtlinie über die Vergleichbarkeit von Zahlungskontoentgelten, den Wechsel von Zahlungskonten sowie den Zugang zu Zahlungskonten mit grundlegenden Funktionen« (Entwurf vom 6.1.2016, BT-Drs. 18/7204) völlig neu geregelt. Mit dem Inkrafttreten wird für Mitte 2016 gerechnet.

Bislang können die Banken eigenständig entscheiden, ob sie einer Privatperson ein Girokonto zur Verfügung stellen. Die Sparkasse sind zwar als Institutionen im Besitz der Kommunen an das GG gebunden und hatten sich seit 2013 verpflichtet, jeder Peron mit Wohnsitz in Deutschland eine Kontoeröffnung zu ermöglichen.

Das größte Problem bildete jedoch bisher der Nachweis der Identität als Grundvoraussetzung für die Kontoeröffnung.

Durch die Umsetzung der EU-Richtlinie 2014/92/EU über die Vergleichbarkeit von Zahlungskontoentgelten, den Wechsel von Zahlungskonten und den Zugang zu Zahlungskonten mit grundlegenden Funktionen (sog. »Zahlungskontenrichtlinie«) vom 17.9.2014, wird nun allen Verbrauchern ein Rechtsanspruch auf ein Konto mit Grundfunktionen (Basiskonto) eingeräumt wird.

Ausdrücklich erfasst werden auch Asylsuchende und Geduldete (§ 2 Zahlungskontengesetz-E). Ein vollständiger Identitätsnachweis ist nicht mehr erforderlich, es reicht die Vorlage des Ankunftsnachweises, der BüMA, der Aufenthaltsgestattung oder der Duldung.

Jede Person darf nur ein Basiskonto in Deutschland führen.

Verweigert oder gekündigt werden darf das Konto nur in wenigen Ausnahmefällen, nicht aber wegen ungeklärter Identität.

Für den Antrag steht ein bundesweit einheitliches Formular zur Verfügung (Anhang zu § 33 Abs. 2 Zahlungskontengesetz-E).

3   Führerschein

Ausländische Führerscheine, die außerhalb der EU ausgestellt wurden, dürfen in Deutschland noch sechs Monate nach Begründung eines Wohnsitzes genutzt werden, danach werden sie ungültig. Viele Flüchtlinge konnten ihre Dokumente auch nicht mit auf die Reise nehmen und so entsteht für viele das Bedürfnis, in Deutschland den Führerschein zu erwerben.

Auch hier werden die Identitätspapiere zum Problem.

Verschiedene Gerichte haben in letzter Zeit entschieden, dass ein amtliches Dokument, welches mit einem Lichtbild versehen ist, auch dann als Identitätsnachweis für die Führerscheinprüfung (§ 21 Abs. 1 Satz 3 Nr. 1 und Nr. 2 Fahrerlaubnis-Verordnung, FeV) ausreicht, wenn die eingetragenen Personenstandsdaten ausschließlich auf den Angaben der Inhaber beruhen (VGH Kassel vom 9.6.2015 – 2 A 732/14; VG Hannover vom 14.9.2011 – 9 A 1640/11, Rdnr. 39; VG Gelsenkirchen vom 22.6.2011 – 7 K 4343/10).

Zu diesen Dokumenten gehören auch die Aufenthaltsgestattung und der Ankunftsnachweis.

Geduldete können ihrer Ausweispflicht (§ 3 Abs. 1 Satz 2 AufenthG) nur mit einem Ausweisersatz genügen. Die Duldung wird als ein solcher Ausweisersatz mit Lichtbild nur ausgestellt, wenn die Betroffenen nachweisen können,

dass sie sich vergeblich um die Ausstellung eines eigenen Nationalpasses bemüht haben.

Eine Duldung, die nicht als Ausweisersatz ausgestellt wird, verfügt über einen
Aufdruck, nachdem die Inhaber nicht der Pass- und Ausweispflicht genügen
(§ 78a Abs. 5 Satz 2 AufenthG). Diese Duldung wird nicht als Identifikations-
dokument anerkannt.

Die Rechtsprechung ist jedoch nicht einheitlich, einige VG lehnen die Zulassung ab (VG Neustadt a.d. Weinstraße vom 13.1.2015 – 3 K 993/14.N; VG Sta-
de vom 28.1.2013 – 1 A 1845/12). Deshalb hat der VGH Kassel vom 9.6.2015 –
2 A 732/14 die Revision zum BVerwG zugelassen.

Einige Bundesländer haben Erlasse zu diesem Thema herausgegeben (z.b. in
NRW: Ministerium für Wohnen, Stadtentwicklung und Verkehr vom 16.6.2015,
AZ: III B 2-21-01/3.2, http://www.frnrw.de/index.php/inhaltliche-themen/aufent-
halt/erlasse/item/4714-fuehrerschein-fuer-gestattete-und-geduldete).

4 Verpflichtungserklärung (§ 68 AufenthG), »Garantieerklärung«

In die Beratung kommen immer wieder Menschen, die mit einem
Schengenvisum (Besuchszwecke), einem Visum zu Studienzwecken oder auch
im Rahmen eines Resettlementprogramms (syrische Staatsangehörige) nach
Deutschland eingereist sind und nun überlegen, einen Asylantrag zu stellen
oder schon gestellt haben.

In sehr vielen Fällen haben Angehörige oder sonstige Personen eine Verpflichtungserklärung nach § 68 AufenthG abgegeben, die allgemein auch »Garantieerklärung« genannt wird.

Mit dieser Erklärung haftet die Bürgin für Sozialleistungen, die der Begünstig-
te während des Aufenthalts in Anspruch nimmt einschließlich aller Kosten,
die im Zusammenhang mit einer Aufenthaltsbeendigung und Abschiebung
anfallen können.

Die Bürgen unterwerfen sich einer sofortigen Zwangsvollstreckung. Die Sozi-
alleistungsbehörden müssen die Kostenerstattung nicht gerichtlich geltend
machen, sondern können einen Bescheid erlassen und aus diesem vollstre-
cken.

Die Erklärung beinhaltet in der Regel eine unbestimmte Gültigkeitsdauer, die mit folgender Formulierung zum Ausdruck gebracht wird:

»vom Beginn der voraussichtlichen Visumgültigkeit oder Tag der Einreise am …. bis zur Beendigung des letzten Aufenthalts des Ausländers innerhalb des Gültigkeitszeitraumes des Visums oder bis zur Erteilung eines Aufenthaltstitels für einen anderen Aufenthaltszweck«

Wird nun ein Asylantrag gestellt, so können die Flüchtlinge Leistungen nach dem AsylbLG in Anspruch nehmen, falls die Bürgen die Zahlung verweigern. Die Regelung in § 8 AsylbLG schließt Leistungen nur dann aus, wenn von einem Dritten auch tatsächlich Leistungen erbracht werden (VGH Baden-Württemberg vom 21.3.2013 – 12 S 1188/12). Das Sozialamt wird aber alle Leistungen einschließlich der Kosten einer Krankenbehandlung den Bürgen anschließend in Rechnung stellen.

Beispiele

Tayyip aus Ägypten ist mit einem Schengenvisum zu Besuch bei seiner Schwester Jamalia in Leipzig. Jamalia hat für den Besuchsaufenthalt eine Verpflichtungserklärung unterschrieben. Tayyip möchte nicht zurückkehren, weil seine Eltern ihn gegen seinen Willen mit einem Mädchen verheiraten wollen. Er möchte einen Asylantrag stellen und dann in Leipzig ein Studium aufnehmen.
Jamalia glaubt, ihr Bruder könne sich während des Asylverfahrens mit Leistungen des Sozialamts finanzieren. Richtig ist zwar, dass Tayyip einen Anspruch auf Leistungen nach AsylbLG hat, wenn Jamalia die Leistungen verweigert. Diese Leistungen muss Jamalia jedoch für die gesamte Zeit des Asylverfahrens und im Falle einer Ablehnung bis zur Ausreise oder Abschiebung erstatten. Eventuelle Abschiebungskosten kommen hinzu.
Eine Anerkennung als Flüchtling oder eine sonstige Schutzgewährung ist höchst unwahrscheinlich, weil Tayyip in einer anderen Region Ägyptens Schutz vor einer Zwangsverheiratung finden könnte (siehe interne Fluchtalternative, → S. 67).

Wenn Jamalia hingegen bereit wäre, die Verpflichtungserklärung auch für einen Studienaufenthalt abzugeben, könnte Tayyip sich für ein Studienkolleg (Studienvorbereitung) einschreiben, nach Ägypten zurückfliegen und sich ein Studienvisum bei der deutschen Botschaft besorgen. Nach Aufnahme des Fachstudiums könnte er durch eine Halbtagstätigkeit (siehe § 16 Abs. 3 AufenthG) seinen Lebensunterhalt verdienen, sodass Jamalia nicht mehr für ihn aufkommen müsste.

Noch immer umstritten ist die Frage, wie lange die Verpflichtungserklärung wirkt, wenn Angehörige sie abgegeben haben, um syrische Staatsangehörige im Rahmen des **Resettlement-Programms** nach Deutschland zu holen (derzeit bestehen keine Programme mehr, → S. 392). Zunächst wirkt die Erklärung zeitlich unbegrenzt. Viele Resettlement-Flüchtlinge stellen jedoch einen Asylantrag, um als anerkannte Flüchtlinge ihren Status zu verbessern. Während des Asylverfahrens gilt die Verpflichtungserklärung ebenfalls weiter (BVerwG vom 13.2.2014 – 1 C 4.13, Rn. 10). Mit der Anerkennung als Flüchtling wird jedoch ein anderer Aufenthaltstitel (§ 25 Abs. 2 AufenthG) erteilt. Das BMI vertrat jedoch die Auffassung, dass diese Aufenthaltserlaubnis die gleiche Zielrichtung habe wie die Aufenthaltserlaubnis nach § 23 AufenthG und deshalb die Verpflichtungserklärung auch weiter gelte (Anlage 27 zum BT-Plenarprotokoll 18/72 der Sitzung vom 3.12.2014). Dieser Auffassung ist u.a. der Landesinnenminister NRW entgegen getreten (Erlass vom 24.4.2015 – AZ: 122-39.12.03-1-13-346). Auch Rechtsprechung und Literatur sehen in der Erteilung einer Aufenthaltserlaubnis nach § 25 Abs. 2 AufenthG eine Zäsur mit der die Verpflichtung der Bürger endet (LSG Sachsen-Anhalt vom 9.10.2015 – L 5 AS 643/15 B ER; Münch, Asylmagazin 2014, S. 226, 232). Anderer Auffassung ist das VG Düsseldorf vom 1.3.2016 – 22 K 7814/15).

Wenn Menschen mit Wohnsitz und Arbeit in Deutschland gebeten werden, eine Verpflichtungserklärung für einen Menschen zum Zweck der Einreise mit Schengenvisum oder zum Studium abzugeben, erfordert jede Beratung eine deutliche Aufklärung über die hohen Risiken einer unbegrenzten finanziellen Belastung. Die Entscheidung werden die potentiellen Bürgen aber immer in Abwägung des Risikos gegen ihre familiären und ethischen Pflichten sowie unter Berücksichtigung ihrer Belastbarkeit treffen.

---

5   Adoption

Mit einer Adoption verändern sich Rechtsbeziehungen und eventuell auch die Staatsangehörigkeit. Deshalb wird sie als Möglichkeit des Flüchtlingsschutzes angesehen.

Zu unterscheiden sind die Minderjährigen-Adoption und die Erwachsenen-Adoption, die für Ausländerinnen völlig unterschiedliche Rechtsfolgen bewirken.

Neben der Adoption in Deutschland kann es auch um die Anerkennung einer Adoption im Ausland gehen, die ein Rechtsverhältnis zwischen Eltern und Kind mit Aufenthalt in Deutschland begründet.

5.1   Adoption von Minderjährigen in Deutschland

■ **Verfahren**
Die Adoption von Minderjährigen kann nur vom **Familiengericht** vorgenommen werden und richtet sich nach den §§ 186 ff. FamFG.

An dem Verfahren werden neben den Adoptiveltern und dem Adoptivkind noch weitere Angehörige beteiligt: die leiblichen Eltern des Adoptivkindes und die Ehegatten und Lebenspartner sowohl des Adoptivkindes als der auch eines Adoptivelternteils. Für diese Beteiligung sind oft langwierige Recherchen und bürokratische Verfahren im Herkunftsland erforderlich.

Vorab ist die Adoptionsvermittlungsstelle einzuschalten, welche die Eignungsprüfung vornimmt und die Stellungnahme beim FamG abgibt.

In der Regel wird auch das Jugendamt beteiligt.

■ **Voraussetzungen** für eine Adoption sind nach §§ 1741 ff. BGB:

– Es muss ein Eltern-Kind-Verhältnis bestehen oder erwartet werden, dass ein solches entsteht. Hier prüfen die Gerichte besonders genau, ob die Adoption wirklich auf die Herstellung eines Familienlebens gerichtet ist oder nur eine Aufenthaltsbeendigung oder Abschiebung verhindern soll.
– Die Adoption muss dem Kindeswohl dienen (es reicht nicht, dass sie es nicht gefährdet).
– Mindestens ein Elternteil muss 25 Jahre alt sein; bei einer Stiefkind-Adoption oder als zweiter Elternteil nur 21 Jahre.
– Ehepaare oder Verpartnerte können ein Kind nur gemeinsam annehmen, es sei denn, es handelt sich um eine Stiefkindadoption oder ein Elternteil ist unter 21 Jahre oder nicht geschäftsfähig.
– Unverheiratete können ein Kind nur alleine annehmen (nicht zusammen mit einer Partnerin).
– Die Adoption darf nicht den Interessen der übrigen Kinder der Adoptiveltern widersprechen.
– Die leiblichen Eltern müssen zustimmen, es sei denn ihr Aufenthalt ist nicht ermittelbar oder sie haben in schwerwiegender Weise gegen die Kindesinteressen verstoßen. Die Zustimmung kann erst acht Wochen nach der Geburt erteilt werden.
– Ein Kind ab dem 14. Geburtstag muss der Adoption zustimmen.
– Die Adoption soll in der Regel erst nach einer Zeit der Aufnahme im Haushalt der Adoptiveltern erfolgen.

■ **Rechtsfolgen der Adoption**

Das minderjährige Kind erwirbt die Staatsangehörigkeit seiner Adoptiveltern. Wird ein ausländisches oder staatenloses Kind durch einen deutschen Staatsangehörigen adoptiert, so erwirbt das Kind die deutsche Staatsangehörigkeit, wenn es im Zeitpunkt der Stellung des Annahmeantrags (§ 6 StAG) noch nicht 18 Jahre alt ist. Es ist ausreichend, wenn ein Elternteil die deutsche Staatsangehörigkeit besitzt. Das Kind selbst muss aber nach dem Eintritt der Volljährigkeit und spätestens bis zum 21. Geburtstag selbst einen Antrag nach § 1768 Abs. 1 BGB auf Adoption stellen (BVerwG vom 19.2.2015 – 1 C 17.14). Die Volljährige wird dann adoptiert, aber die Rechtswirkungen (Name, Staatsangehörigkeit) sind die einer Minderjährigenadoption.

Das Kind erhält den Namen der Adoptiveltern.

Die Rechtsbeziehungen zu seinen leiblichen Eltern erlöschen. Tatsächliche Kontakte sind selbstverständlich weiter möglich, aber es kann z.b. kein Familiennachzug der Eltern beansprucht werden.

Die Adoptiveltern sind unterhaltspflichtig. Eventuell zuvor bestehende Leistungsansprüche des Kindes (Pflegekindergeld, Leistungen nach § 39 SGB VIII) entfallen. Die Adoptiveltern haben Anspruch auf Kindergeld, Alleinerziehende auch auf Unterhaltsvorschuss, wenn das Kind noch keine 12 Jahre alt ist. Elterngeld kann ab der Annahme bis zum 8. Geburtstag des Kindes bezogen werden. Das Kind wird erbberechtigt.

5.2   Erwachsenenadoption

Die Voraussetzungen für eine Erwachsenenadoption sind deutlich geringer, sie muss nach § 1767 BGB lediglich »sittlich gerechtfertigt« sein. Auch hierfür wird ein bereits bestehendes Eltern-Kind-Verhältnis verlangt. Abgelehnt wird die Adoption regelmäßig, wenn sie ausschließlich aus finanziellen Interessen erfolgt oder um einen Adelsnamen zu führen. Ehe- und Lebenspartner der Anzunehmenden müssen der Adoption zustimmen. Soweit die Anzunehmende bereits eigene Kinder hat, ist auch zu prüfen, ob die Adoption gegen überwiegende Interessen dieser Kinder verstößt (§ 1769 BGB).

> Die Erwachsenenadoption führt nicht zur Änderung der Staatsangehörigkeit und verleiht in der Regel auch keinen Anspruch auf ein Aufenthaltsrecht.

Nur wenn bereits eine echte Beistandsgemeinschaft entstanden ist, kann durch die Adoption eine familiäre Beistandsgemeinschaft begründet werden.

Beispiele

Matías ist als einziger Sohn bei seiner alleinerziehenden Mutter in Kolumbien aufgewachsen. Nach dem Tod der Mutter kommt er als 18-Jähriger zu seiner Tante Rosa, die über die deutsche Staatsangehörigkeit verfügt und in Nürnberg lebt. Matías erhält eine Aufenthaltserlaubnis zum Zweck des Studiums (§ 16 AufenthG), schafft aber die Feststellungsprüfung mehrfach nicht, sodass die Aufnahme eines Fachstudiums in absehbarer Zeit aussichtlos erscheint. Rosa will ihren Neffen adoptieren und das Familiengericht stellt eine echte Eltern-Kind-Beziehung fest.

Matías wird keine Aufenthaltserlaubnis erhalten, weil er ausschließlich die kolumbianische Staatsangehörigkeit besitzt und keinen Nachzugsanspruch zu seiner Adoptivmutter hat. Da er nicht mehr minderjährig ist, käme nur der Nachzug zu sonstigen Familienangehörigen nach § 36 Abs. 2 AufenthG in Betracht, der aber eine »außergewöhnliche Härte« erfordert.

Anders wäre die Situation zu bewerten, wenn Matías auf dem Hintergrund des frühen Verlustes seiner Eltern in Deutschland an einer Schizophrenie erkrankt wäre, deren Verlauf sich als so schwerwiegend darstellt, dass er dauerhaft nicht alleine leben kann. Matías ist auf einen familiären Beistand angewiesen, weil er nicht alleine leben kann und die erforderliche familiäre Lebenshilfe durch keine andere Person als die Adoptivmutter, und damit nur in Deutschland, erbracht werden kann (BVerfG vom 1.8.1996 – 2 BvR 1119/96; BVerwG vom 10.3.2011 – 1 C 7.10). Ihm kann daher im Wege des Ermessens eine Aufenthaltserlaubnis nach § 36 Abs. 2 AufenthG erteilt werden.

In der Beratung ist zu bedenken, dass die Regelung des § 36 Abs. 2 AufenthG von den Ausländerbehörden und ebenso von den Verwaltungsgerichten äußerst restriktiv gehandhabt wird. Es muss sich also – ärztlich bescheinigt (→ S. 339) – um eine Erkrankung handeln, die ein selbständiges Leben ausschließt, und es dürfen keine Angehörigen im Herkunftsland leben, die gleichermaßen geeignet sind, den familiären Beistand zu übernehmen. Eine einfache Erklärung von Geschwistern oder Eltern, sie seien nicht gewillt, sich um ihren kranken Angehörigen zu kümmern, wird von den Gerichten als wenig glaubwürdig bewertet. Es müssen also schon die Umstände im Herkunftsland konkret dargestellt und auch durch Beweismittel belegt werden.

5.3   Anerkennung von Auslandsadoptionen

Adoptionen, die im Ausland vorgenommen wurden, müssen in Deutschland von einem Familiengericht anerkannt werden, damit sie für alle deutschen Behörden als wirksam gelten (§ 2 Adoptionswirkungsgesetz).

Beispiel

Sascha kommt zusammen mit seinem Onkel Kolja aus der Ukraine. Das zuständige Gericht in Kiew hatte die Adoption verfügt, nachdem der Vater bei Kämpfen in der Ostukraine gefallen war und die Mutter alleine nach Russland ausgewandert war. Kolja wird als Flüchtling anerkannt. Sascha kann auf dieser Grundlage ebenfalls als Familienangehöriger anerkannt werden (§ 26 AsylG, siehe auch → S. 90). Dafür ist jedoch die gerichtliche Anerkennung der ausländischen Adoption erforderlich.

Grundlage für die Anerkennung ist das Haager Adoptionsübereinkommen (HAÜ), dem bislang 90 Staaten beigetreten sind.

Das HAÜ dient der Vermeidung von Adoptionen, die dem Kindeswohl widersprechen, sowie der vereinfachten grenzüberschreitenden Anerkennung von Adoptionsentscheidungen. In Deutschland kann beim Familiengericht auf der Grundlage des Adoptionswirkungsgesetzes die Feststellung der Anerkennung einer ausländischen Adoption beantragt werden. Das gilt auch für Adoptionen, die in Staaten durchgeführt wurden, die dem HAÜ nicht beigetreten sind. Auch wenn der ausländische Rechtsakt keine Volladoption bewirkt, kann das Familiengericht die Wirkung einer Volladoption nach deutschem Recht aussprechen.

Dem betroffenen Kind wird in dem gerichtlichen Verfahren ein Verfahrensbeistand bestellt, wenn die Perspektive des Kindes für die Entscheidung bedeutend ist (§ 191 FamFG).

Hierbei ist in zwei Stufen zu prüfen:

1. Ist die Adoption nach dem Recht des Staates, in dem sie durchgeführt wurde, wirksam?
   Hier ist lediglich zu prüfen, ob die Adoptionsvorschriften des jeweiligen Staates eingehalten wurden. Es gilt der Grundsatz, dass ausländische Entscheidungen anzuerkennen sind, wenn sie ordnungsgemäß zustande gekommen sind (§ 108 FamFG).
2. Verstößt die Adoption gegen die deutsche öffentliche Ordnung?
   Dies wäre dann der Fall, wenn die ausländische Adoptionsentscheidung »zu einem Ergebnis führt, das mit wesentlichen Grundsätzen des deutschen Rechts offensichtlich unvereinbar ist, insbesondere wenn die Aner-

kennung mit den Grundrechten unvereinbar ist« (§ 109 Abs. 1 Nr. 4 FamFG). Der gleiche Grundsatz findet sich auch in Art. 24 HAÜ. Das Familiengericht prüft auch, ob die grundlegenden Mitwirkungs- und Zustimmungsrechte des Kindes und seiner Eltern beachtet wurden und eine umfassende Prüfung des Kindeswohls vorgenommen wurde.

Die Rechtsprechung stellte teilweise darauf ab, ob wesentliche Beteiligungsrechte im Verfahren eingehalten wurden, insbesondere ob das Kind vom Gericht angehört wurde oder der Kindeswille ermittelt wurde (OLG Düsseldorf vom 24.6.2014 – 1 UF 1/14; OLG Hamm vom 21.1.2014 – 11 UF 127/13). Diese Rechtsprechung wird als zu restriktiv kritisiert (Majer, NZFam 2015, S. 1138 ff.); auch der BGH vom 17.6.2015 – XII ZB 730/12 betont, dass möglichst keine hinkenden Rechtsverhältnisse geschaffen werden sollten und deshalb die Anerkennung nur ausnahmsweise abgelehnt werden darf, wenn das Ergebnis dem Kindeswohl widerspricht. Deshalb sollten ausländische Entscheidungen immer anerkannt werden, wenn die Adoption aktuell nicht dem Kindeswohl widerspricht.

Wird ein minderjähriges Kind im Ausland von einem Deutschen adoptiert, so ist für den Erwerb der deutschen Staatsangehörigkeit die Anerkennung im Inland erforderlich (§ 6 StAG).

6 Einbürgerung

Ein Anspruch auf Einbürgerung (§ 10 StAG) besteht für anerkannte Flüchtlinge ebenso wie für die Inhaberinnen anderer Aufenthaltstitel unter folgenden Voraussetzungen:

■ **Geklärte Identität.**
Obwohl sich diese Anforderung nicht ausdrücklich im StAG findet, handelt es sich nach der Auffassung des BVerwG um eine ungeschriebene Anforderung, die die Standesämter oder Ausländerbehörden im Einbürgerungsverfahren berechtigt, weitere Nachforschungen zur Identität vorzunehmen und den Betroffenen hierzu Mitwirkungspflichten aufzuerlegen (BVerwG vom 1.9.2011 – 5 C 27.10; das hatte das OVG NRW vom 18.8.2010 – 19 A 1412/09 noch anders gesehen).
Eine Einbürgerung darf nicht ohne eine geklärte Identität vorgenommen werden (OLG Schleswig-Holstein vom 5.2.2015 – 4 LB 15/13).
Lässt sich die Identität eines Elternteils, von dem die deutsche Staatsangehörigkeit abgeleitet wird (§ 4 StAG) nicht nachweisen, so geht dies zu Las-

ten des Kindes, welches dann nicht als deutsch, sondern als ausländisch behandelt wird (OVG Berlin-Brandenburg vom 31.3.2015 – OVG 5 N 9.12).

■ **Besitz einer Aufenthaltserlaubnis** (gilt nicht für humanitäre Aufenthaltstitel nach §§ 22, 23, 25 Abs. 3 bis Abs. 5, 25a, 25b AufenthG) oder einer **Niederlassungserlaubnis.**

■ **Rechtmäßiger Aufenthalt in Deutschland seit acht Jahren.**
Die Frist wird bei erfolgreichem Abschluss eines Integrationskurses (siehe Glossar) auf sieben Jahre verkürzt, bei besonderen Integrationsleistungen (z.B. Abitur, abgeschlossene Ausbildung) auf sechs Jahre.

■ **Bekenntnis zur freiheitlichen demokratischen Grundordnung.**

■ **Sicherung des Lebensunterhalts.**
Es sei denn eine Erwerbstätigkeit ist unverschuldet nicht möglich. Wenn wegen einer Erkrankung Erwerbsunfähigkeit (nicht zu verwechseln mit dem Grad der Behinderung, der nichts über die Erwerbsfähigkeit aussagt) besteht, ist die Einbürgerung auch bei einem Leistungsbezug nach dem SGB XII möglich (§ 10 Abs. 1 Nr. 3 StAG).
Solange jedoch Alg II nach §§ 7 Abs. 1, 19 SGB II bezogen wird, wird von einer Erwerbsfähigkeit (§ 8 SGB II) ausgegangen, sodass vor einem Einbürgerungsantrag der Wechsel in die Leistungen vom Sozialamt nach dem SGB XII zu empfehlen ist. Anders ist es, wenn Sozialgeld vom Jobcenter nach §§ 7 Abs. 2, 19 Abs. 1 Satz 2 SGB II bezogen wird, weil eine Bedarfsgemeinschaft mit einer erwerbsfähigen Bezieherin von Alg II besteht.

■ **Aufgabe der bisherigen Staatsangehörigkeit.**
Wenn möglich und zumutbar (§ 12 StAG); Inhaberinnen von Flüchtlingsausweisen werden ohne diese Anforderung eingebürgert.

■ **Keine Vorstrafen.**
Außer wegen Bagatelldelikten: § 12a StAG.

■ **Ausreichende mündliche und schriftliche Kenntnisse der deutschen Sprache.**
Es sei denn, Krankheit oder Behinderung stehen dem entgegen.

■ **Kenntnisse der Rechts- und Gesellschaftsordnung Deutschlands.**
Es sei denn, Krankheit oder Behinderung stehen dem entgegen.

■ **Kein Sicherheitsrisiko (§ 11 StAG).**

Gemäß § 4 Abs. 3 StAG erwerben in Deutschland geborene Kinder von Ausländerinnen neben der elterlichen auch die deutsche Staatsangehörigkeit,
wenn ein Elternteil seit acht Jahren ununterbrochen rechtmäßig in Deutschland lebt und ein unbefristetes Aufenthaltsrecht hat.

Ein unbefristetes Aufenthaltsrecht haben:

– Ausländer(innen) mit einer Niederlassungserlaubnis
– Ausländer(innen) mit einer Erlaubnis zum Daueraufenthalt-EU
– Freizügigkeitsberechtigte EU-Bürger und ihre Familienangehörigen
– Freizügigkeitsberechtigte Staatsangehörige der EWR-Staaten (Island, Nor-
  wegen, Liechtenstein) und ihre Familienangehörigen
– Freizügigkeitsberechtigte Staatsangehörige der Schweiz und ihre Familien-
  angehörigen
– Staatenlose, die unter § 1 des Gesetzes über die Rechtstellung heimatloser
  Ausländer fallen
– Türkische Staatsangehörige, die unter Art. 6 und 7 Assoziationsratsbe-
  schluss (ARB) 1/80 fallen.

Nach der Geburt eines deutschen Kindes entsteht für die sorgeberechtigten
Elternteile ein Anspruch auf die Aufenthaltserlaubnis nach § 28 AufenthG.
Der Erteilung können aber Ausweisungsinteressen entgegenstehen (siehe
auch → S. 374).

7   Gebühren der Ausländerbehörden

Die Gebühren für die Ausstellung von Ausweisen und Aufenthaltstiteln sowie für die Bearbeitung von Anträgen sind in §§ 44-54 AufenthV geregelt.

■ Personen, die Leistungen nach dem AsylbLG, SGB II oder SGB XII beziehen,
  sind von den meisten gängigen Gebühren für einen Aufenthaltserlaubnis,
  eine Fiktionsbescheinigung und die Bearbeitung von Anträgen befreit (§ 53
  AufenthV).

■ Asylberechtige, anerkannte Flüchtlinge und Resettlement-Flüchtlinge mit
  Einkommen sind ebenfalls von den Gebühren für die Aufenthaltserlaubnis,
  Fiktionsbescheinigung, eAT und auch die Niederlassungserlaubnis befreit.
  Die Kosten für die Passausstellung müssen sie hingegen bezahlen.

- Personen, die nach § 23 Abs. 2 AufenthG (→ S. 390) aufgenommen wurden, sind von den Kosten für die Niederlassungserlaubnis und die Bearbeitung von Anträgen befreit, nicht aber für die Aufenthaltserlaubnis und die Fiktionsbescheinigung.

- Subsidiär Schutzberechtigte mit Einkommen sind systemwidrig nicht von Gebühren befreit (es sei denn, sie sind mittellos).

- Türkische Staatsangehörige zahlen für viele Amtshandlungen nur einen reduzierten Betrag (§ 52a AufenthV), weil sie durch das Assoziationsratsabkommen EG/Türkei privilegiert werden.

- Minderjährige zahlen nur die Hälfte der Gebühren (§ 50 AufenthV).

Die wichtigsten Gebühren betragen:

Aufenthaltserlaubnis/Blaue Karte bis zu einem Jahr	100 €
Aufenthaltserlaubnis/Blaue Karte für mehr als ein Jahr	110 €
Verlängerung der Aufenthaltserlaubnis/Blaue Karte bis zu drei Monaten	65 €
Verlängerung der Aufenthaltserlaubnis/Blaue Karte für mehr als drei Monate	80 €
Niederlassungserlaubnis	135 €
Niederlassungserlaubnis für junge Menschen nach § 35 AufenthG	55 €
Niederlassungserlaubnis für Selbständige	200 €
Niederlassungserlaubnis für Hochqualifizierte	250 €
Ausstellung einer Duldung ohne Ausweisersatz	15 €
Ausstellung einer Duldung mit Ausweisersatz	20 €
Fiktionsbescheinigung	20 €
Aufenthaltsbescheinigung	10 €
Flüchtlingsausweis, Reiseausweis für Ausländer	59 €
Flüchtlingsausweis, Reiseausweis für Ausländer bis zum 24. Geburtstag	37,50 €
Flüchtlingsausweis, Reiseausweis für Ausländer bis zum 12. Geburtstag	13 €

Als **Bearbeitungsgebühren** können für Anträge auf einen bestimmten Aufenthaltstitel oder andere Amtshandlungen Beträge in derselben Höhe wie oben aufgelistet verlangt werden. Die Antragsteller müssen aber vor der Bearbeitung zur Zahlung aufgefordert werden und können den Antrag dann noch kostenfrei zurücknehmen. Wird dem Antrag stattgegeben, werden schon bezahlte Bearbeitungsgebühren mit den Gebühren für die Ausstellung der Dokumente verrechnet.

8 Anwalts- und Gerichtskosten

Die anwaltliche Vertretung in Asylsachen erfordert zunächst eine sorgfältige Auswahl einer geeigneten Rechtsanwältin. Den Rechtsanwalt in einem laufenden Verfahren zu wechseln, ist immer mit erheblichen Kosten verbunden. Deshalb sollten alle Asylsuchenden so früh wie möglich darauf hingewiesen werden, dass die Entscheidung nicht leichtfertig getroffen werden sollte.

Zukünftig gibt es den Fachanwalt für Migration und damit wird erstmals ein Nachweis über die Fachkompetenz für Asyl- und Ausländerrecht geschaffen. Weitere wichtige Anhaltspunkte für eine fachgerechte und engagierte Vertretung sind die Zusammenarbeit mit Flüchtlingsräten, Wohlfahrtsverbänden und weiteren Flüchtlingsorganisationen. Gute Rechtsanwältinnen sind aufgeschlossen für die Zusammenarbeit mit der Flüchtlingssozialarbeit.

Der Berechnung der **Anwaltskosten** liegt zunächst der Streitwert in einem gerichtlichen Verfahren zugrunde.

Für Klagen in Asylsachen ist dieser gesetzlich auf 5.000 Euro festgelegt und erhöht sich für jede weitere Person um 1.000 Euro (§ 30 Rechtsanwaltsvergütungsgesetz, RVG). Für das Klageverfahren eines Ehepaars mit drei Kindern beträgt der Streitwert also 9.000 Euro.
Für ein Eilverfahren reduziert sich der Streitwert auf 2.500 Euro und 500 Euro für jede weitere Person. Zu beachten ist, dass jedes Verfahren gesondert abgerechnet wird.
Wenn also gegen eine »offensichtlich unbegründet«-Entscheidung für die fünfköpfige Familie eine Klage zum VG und ein Eilantrag auf Wiederherstellung der aufschiebenden Wirkung dieser Klage eingelegt wird, dann ist für die Klage ein Streitwert von 9.000 Euro und für das Eilverfahren ein Streitwert von 4.500 Euro anzusetzen.

Aus dem Streitwert errechnen sich die Gebühren abhängig von der Art des gerichtlichen Verfahrens oder der außergerichtlichen Tätigkeit.

Für eine Einzelperson betragen die Gebühren für ein **Klageverfahren** mit mündlicher Verhandlung ca. 1.000 Euro, für die fünfköpfige Familie ca. 1.600 Euro. Für ein Eilverfahren kommen für eine Einzelperson ca. 350 Euro hinzu, für die Familie ca. 500 Euro. Es können noch Abwesenheitsgelder und zusätzliche Kosten hinzukommen.

Auch für die Vertretung im **Verwaltungsverfahren** gegenüber dem BAMF vor einem gerichtlichen Verfahren können für eine Einzelperson Kosten bis 1.000 Euro anfallen.

Für eine reine Beratung dürfen die Kosten nach dem Gesetz über die Vergütung der Rechtsanwältinnen und Rechtsanwälte (RVG) nicht höher als ca. 240 Euro angesetzt werden.

Statt der gesetzlich festgelegten Gebühren kann auch eine Vereinbarung über höhere Gebühren geschlossen werden. Die meisten Anwältinnen im Bereich des Migrationsrechts werden das nur vorschlagen, wenn das Verfahren besonders kompliziert ist oder besondere Leistungen, wie z.B. die Begleitung zur Anhörung des BAMF, besondere Recherchen, Kontaktaufnahme mit Personen im Herkunftsland, gewünscht werden.

Es kann auch eine Abrechnung nach dem Zeitaufwand vereinbart werden.

Die meisten Flüchtlinge sind mittellos, sodass auch **Beratungshilfe** und **Prozesskostenhilfe** in Anspruch genommen werden kann.

Beratungshilfe wird für eine reine Beratung oder eine außergerichtliche Vertretung gewährt. Die Mandanten zahlen eine Gebühr von 15 Euro an die Rechtsanwälte, diese erhalten 35 Euro für eine Beratung und 85 Euro für eine Vertretung von der Staatskasse (Vergütungsverzeichnis Nr. 2501 bis Nr. 2503 zur Rechtsanwaltsvergütungsverordnung). Angesichts dieser geringen Vergütung können die Anwältinnen nur einfache Beratungen oder kurze Anschreiben an Behörden auf der Grundlage eines Beratungsscheins abrechnen. Eine inhaltliche und umfassende Vertretung in einem Asylverfahren kann für diesen Betrag nicht erwartet und auch nicht verlangt werden.

In Bremen und Hamburg wird keine Beratungshilfe gewährt, die Bürger werden stattdessen auf die öffentliche Rechtsberatung verwiesen. In Bremen nimmt die Arbeitnehmerkammer die Beratung wahr, in Hamburg erfolgt sie durch die öffentlichen Rechtsauskunfts- und Vergleichsstellen. In Berlin kann zwischen der anwaltlichen Beratungshilfe und der öffentlichen Rechtsberatung gewählt werden.

Bei geringem Einkommen kann für ein Klageverfahren in Asylsachen Prozesskostenhilfe (PKH) entsprechend §§ 114–124 ZPO bei Gericht beantragt werden. Prozesskostenhilfe wird nur gewährt, wenn
– die Klage Aussicht auf Erfolg hat,
– sie nicht mutwillig betrieben wird und
– die klagende Partei bedürftig ist (Berechnung nach § 115 ZPO).

Über die Erfolgsaussichten und die »Mutwilligkeit« entscheidet das Verwaltungsgericht, welches auch die Klage selbst entscheiden wird. Das Gericht nimmt also im Rahmen der Entscheidung über die PKH schon eine vorläufige Bewertung des Klageausgangs vor.

Die Erfolgsaussichten in Asylsachen werden häufig negativ bewertet, wenn das BAMF die Darstellung im Asylverfahren bereits als unglaubwürdig eingeschätzt hat. In diesen Fällen kann sich ein PKH-Antrag auch negativ auf den Prozessverlauf auswirken, weil sich die Verwaltungsrichter eventuell schon frühzeitig auf eine bestimmte Bewertung der Darstellungen der Asylsuchenden festlegen.

Wenn eine Rechtsanwältin davon abrät einen PKH-Antrag zu stellen, muss das also keineswegs daran liegen, dass sie höhere Gebühren berechnen will.

Wird ein PKH-Antrag mangels Erfolgsaussichten abgelehnt, kann gegen den Beschluss des Verwaltungsgerichts Beschwerde beim Landessozialgerichteingelegt werden (§ 146 VwGO).

Gerichtskosten werden in Asylangelegenheiten nicht erhoben (§ 83b AsylG).

Auch Klagen und Anträge zu den Sozialgerichten wegen Streitigkeiten über Leistungen nach dem AsylbLG, dem SGB II oder SGB XII sind gerichtskostenfrei.

Glossar

1   Die Rechtsakte des Gemeinsamen Europäischen Asylsystems (GEAS)

■ Dublin III-Verordnung

Die »Verordnung (EU) Nr. 604/2013 des Europäischen Parlaments und des Rates vom 26. Juni 2013 zur Festlegung der Kriterien und Verfahren zur Bestimmung des Mitgliedstaats, der für die Prüfung eines von einem Drittstaatsangehörigen oder Staatenlosen in einem Mitgliedstaat gestellten Antrags auf internationalen Schutz zuständig ist (Neufassung)«, regelt innerhalb des Gemeinsamen Europäischen Asylsystems (GEAS) die Bestimmung des für die Prüfung des Schutzanspruchs zuständigen Mitgliedstaates und das Verfahren zur Überstellung der Betroffenen zwischen den Mitgliedstaaten. An dem gemeinsamen System beteiligen sich die 28 Mitgliedstaaten der EU sowie Norwegen, Island, Liechtenstein und die Schweiz. Die Zuständigkeit wird vor allem nach dem Prinzip bestimmt, in welchem EU-Staat das Territorium der EU erstmals betreten wurde. Vorrangig sind allerdings Familienbindungen, der Schutz unbegleiteter Minderjähriger und die Ausstellung eines Visums durch einen Dublin-Staat zu berücksichtigen. Unter bestimmten Umständen können oder müssen die Staaten auch von ihrem Selbsteintrittsrecht Gebrauch machen. Die Zuständigkeit wird vor allem durch die EURODAC-Datei geprüft, in der alle Personenregistrierungen in den Dublin-Staaten gespeichert werden. Gegen die Überstellungsverfügung in einen Dublin-Staat kann das Verwaltungsgericht angerufen werden. Eingewendet werden kann nur, dass das Asylverfahren in dem anderen Mitgliedstaat systemische Mängel aufweist oder dass die Überstellung für die Betroffenen eine konkrete Gefahr für Leib und Leben bedeutet.

Das Dublin-System funktioniert nicht mehr, weil nicht alle Staaten bereit sind, Flüchtlinge aufzunehmen, keine ordnungsgemäßen Verfahren oder Aufnahmebedingungen anbieten, als Ankunftsstaaten völlig überlastet sind und sich das gesamte Verteilungsverfahren als willkürlich erwiesen hat.

- **EU-Aufnahmerichtlinie**

Die Aufnahmerichtlinie wurde durch die »Richtlinie 2013/33/EU des Europäischen Parlaments und des Rates vom 26. Juni 2013 zur Festlegung von Normen für die Aufnahme von Personen, die internationalen Schutz beantragen« neu gefasst. Die Umsetzungsfrist ist am 20.7.2015 abgelaufen. Die Umsetzung der Verpflichtungen aus der Richtlinie durch ein Bundesgesetz ist derzeit nicht beabsichtigt. Der Bund reicht die Verantwortung an die Bundesländer und Kommunen weiter.

Die Regelungen sind unmittelbar anzuwenden, soweit sie die Rechte der Flüchtlinge konkret festlegen.

Wie schon in der Vorgängerrichtlinie 2003/9/EG werden die Mitgliedstaaten verpflichtet, für alle Asylsuchenden einen menschenwürdigen Lebensstandard sicherzustellen einschließlich der Mindestanforderungen an die Haftbedingungen bei Abschiebe- oder Rückschiebehaft. Die Richtlinie erfasst insbesondere die Bereiche Information, Beratung, Freizügigkeit, Gesundheitsversorgung, Unterkünfte, Schulbesuch und Berufsausbildung sowie Zugang zum Arbeitsmarkt. Konkreter als zuvor wird eine kostenlose Beratung durch das BAMF, eine geschlechts- und altersgerechte Gestaltung der Unterbringung, Schutz vor Gewalt und sexuellen Übergriffen in den Einrichtungen, kind- und familiengerechte Ausstattung vorgeschrieben.

Besonderer Wert wird auf die Bedürfnisse von Personen gelegt, die besonders schutzbedürftig sind. Dazu gehören Minderjährige, Alleinerziehende, ältere Menschen, Menschen mit Behinderung oder psychischen bzw. körperlichen Krankheiten. Sie erhalten einen Zugang zu allen notwendigen medizinischen Leistungen und ihre Bedürfnisse sind bei der Unterbringung speziell zu berücksichtigen.

Viele dieser Verpflichtungen werden derzeit nicht eingelöst. Es lohnt sich, auch diese Bedingungen gerichtlich einzufordern. Schon aus Zeitgründen wird das nicht in jedem Fall möglich sein, aber einige Verfahren können schon dazu führen, dass sich die Praxis der Sozialämter und der zuständigen Behörden für die Aufnahmeeinrichtungen verändert.

- **Qualifikationsrichtlinie**

Die Qualifikationsrichtlinie wurde durch die »Richtlinie 2011/95/EU des Europäischen Parlaments und des Rates vom 13. Dezember 2011 über Normen für die Anerkennung von Drittstaatsangehörigen oder Staatenlosen als

Personen mit internationalem Schutz, für einen einheitlichen Status für
Flüchtlinge oder für Personen mit Anrecht auf subsidiären Schutz und für
den Inhalt des zu gewährenden Schutzes« neu gefasst. Die Umsetzungsfrist
ist am 21.12.2013 abgelaufen. Der Richtlinie kommt ein zentraler Stellen-
wert in der ersten Phase des Gemeinsamen Europäischen Asylsystems zu.
Innerhalb der EU sollen dieselben Kriterien für die Anerkennung von Personen, die internationalen Schutz benötigen, angewandt werden; diese Personen sollen in allen Mitgliedsstaaten ein Mindestmaß an Rechten und Vergünstigungen erhalten. Die Richtlinie sieht auch ein einheitliches System
für den Schutz der Personen vor, die nicht in den Geltungsbereich der
Flüchtlingskonvention fallen, aber dennoch internationalen Schutz benötigen. Der Begriff des Verfolgers erfasst auch nichtstaatliche Kräfte; ge-
schlechterspezifische Aspekte werden besonders berücksichtigt. Die Richtlinie nennt auch die Rechte und Vergünstigungen, die Personen zustehen, denen die Flüchtlingseigenschaft oder der subsidiäre Schutzstatus zuerkannt
wurde, wie das Recht auf einen Aufenthaltstitel, Zugang zu Bildung und
Beschäftigung, medizinische Versorgung und Sozialhilfe, Familiennachzug
und Integration. Anderseits sollen strenge Klauseln über den Ausschluss
vom Flüchtlingsstatus oder vom subsidiären Schutzstatus verhindern, dass
das Asylsystem von Terroristen oder Gewaltverbrechern missbraucht wird.
Die Richtlinie wurde durch Gesetz vom 28.8.2013 (BGBl. I, S. 3474) umgesetzt.

■ **Rückführungsrichtlinie**

Die »Richtlinie 2008/115/EG des Europäischen Parlaments und des Rates
vom 16. Dezember 2008 über gemeinsame Normen und Verfahren in den
Mitgliedsstaaten zur Rückführung illegal aufhältiger Drittstaatsangehöri-
ger« regelt die Abschiebung und die Abschiebungshaft von Personen, die
sich unerlaubt auf dem Gebiet der Mitgliedsstaaten aufhalten. Die Staaten
werden verpflichtet, diese Personen zurückzuführen; es werden aber auch
bestimmte Mindestgarantien zum Schutz der Grundrechte der Betroffenen
geregelt. So wird eine Obergrenze von 18 Monaten für die Abschiebungshaft festgelegt, Minderjährige in besonderer Weise geschützt und die Möglichkeit zur freiwilligen Ausreise eingeräumt.
Die Umsetzungsfrist ist am 24.12.2010 abgelaufen, ob die Richtlinie vollständig umgesetzt wurde, ist zumindest umstritten (siehe: Hecker, ZIS 2014,
S. 47 ff.).

■ **Verfahrensrichtlinie**

Die »Richtlinie 2013/32/EU des Europäischen Parlaments und des Rates
vom 26. Juni 2013 zum gemeinsamen Verfahren für die Zuerkennung und

Aberkennung des internationalen Schutzes« ersetzt die Vorgängerrichtlinie 2005/85/EG. Die Umsetzungsfrist ist am 20.7.2015 abgelaufen.
In einem »Leitfaden zur unmittelbaren innerstaatlichen Anwendung der Richtlinie 2013/32/EU« des BAMF vom 21.7.2015 (410-7406-30/15) wird die Anwendung bei der Durchführung der Asylverfahren angekündigt.
Entscheidende Veränderungen gegenüber dem bisherigen Verfahrensablauf ergeben sich vor allem aus dem Anspruch auf unentgeltliche rechtliche Beratung und unter bestimmten Umständen auch die rechtliche Vertretung im gerichtlichen Verfahren, den Verfahrensgarantien für besonders schutzbedürftige Personen und die erweiterten Verfahrensgarantien für unbegleitete minderjährige Flüchtlinge.
Die Umsetzung in deutsches Recht ist bislang nicht absehbar. Die Europäische Kommission hat ein Vertragsverletzungsverfahren gegen die Bundesrepublik eingeleitet.

2 Weitere Rechtsakte der EU/EG

■ Daueraufenthaltsrichtlinie

»Richtlinie 2003/109/EG des Rates vom 25. November 2003 betreffend die Rechtsstellung der langfristig aufenthaltsberechtigten Drittstaatsangehörigen«. Die Umsetzungsfrist ist am 23.1.2006 abgelaufen.
Die Richtlinie basiert auf der Entscheidung des Europäischen Rats in Tampere (15./16.10.1999), nach der die Rechtsstellung von Drittstaatsangehörigen der Rechtsstellung von Unionsbürgern angeglichen werden soll. Drittstaatsangehörige, die sich rechtmäßig und dauerhaft in einem Mitgliedsstaat aufhalten, sollten vergleichbare Rechte genießen wie Angehörige der EU. Damit soll auch die Anwendung von Art. 63 Abs. 4 EGV gewährleistet werden, nach dem festzulegen ist, unter welchen Bedingungen Drittstaatsangehörige, die im Sinne der Richtlinie in einem Mitgliedsstaat langfristig aufenthaltsberechtigt sind, sich in anderen Mitgliedsstaaten aufhalten können. Neben einem fünfjährigen Aufenthalt sind umfangreiche weitere Voraussetzungen zu erfüllen, die eine weit gehende wirtschaftliche und soziale Integration sicherstellen. Das Daueraufenthaltsrecht kann nicht von Personen mit humanitärem Aufenthaltsstatus (gilt nicht für anerkannte Flüchtlinge und subsidiär Schutzberechtigte), mit Aufenthaltstiteln zum Zweck des Studiums oder zum Zweck der vorübergehenden Erwerbstätigkeit erworben werden, ebenso nicht von Diplomaten oder Angehörigen internationaler Organisationen, die sich erlaubnisfrei im Land aufhalten.

■ **Familiennachzugsrichtlinie**

»Richtlinie 2003/86/EG des Rates vom 22. September 2003 betreffend das Recht auf Familienzusammenführung.« Die Umsetzungsfrist ist am 3.10.2005 abgelaufen.
Die Richtlinie regelt die Voraussetzungen für die Erteilung, Versagung oder Entziehung der Aufenthaltstitel zum Zweck der Familienzusammenführung zu Drittstaatsangehörigen, die sich rechtmäßig im Hoheitsgebiet der Mitgliedsstaaten aufhalten. Sie regelt das Nachzugsrecht für Ehegatten, eingetragene Lebenspartner, minderjährige Kinder und Stiefkinder. Sie enthält Regelungen für weitere Familienangehörige und unverheiratete Partner. Die Richtlinie gibt den Mitgliedsstaaten das Recht, durch Festlegung eines Mindestalters beim Ehegattennachzug junge Ausländer vor Zwangsehen zu schützen. Beim Nachzug zu Flüchtlingen gemäß der Genfer Flüchtlingskonvention ist unter bestimmten Voraussetzungen auf die Sicherung des Lebensunterhalts durch die Flüchtlinge zwingend zu verzichten.

■ **Hochqualifiziertenrichtlinie**

Die »Richtlinie 2009/50/EG des Rates vom 25. Mai 2009 über die Bedingungen für die Einreise und den Aufenthalt von Drittstaatsangehörigen zur Ausübung einer hochqualifizierten Beschäftigung« regelt die Einreise und den Aufenthalt zum Zweck der Erwerbstätigkeit von Drittstaatsangehörigen mit akademischer Ausbildung. Sie erhalten für Tätigkeiten, die ihrer Qualifikation entsprechen, die »Blue Card EU«. Erforderlich ist, dass ein bestimmtes Mindesteinkommen erzielt wird, welches die Mitgliedsstaaten festlegen können, wobei das Eineinhalbfache des Durchschnittseinkommens in einem Staat nicht unterschritten werden darf. Sozialrechtlich werden die Inhaberinnen der Blue Card Unionsbürgerinnen gleichgestellt.
Die Umsetzungsfrist ist am 19.6.2011 abgelaufen.

■ **Opferschutzrichtlinie**

»Richtlinie 2004/81/EG des Rates vom 29. April 2004 über die Erteilung von Aufenthaltstiteln für Drittstaatsangehörige, die Opfer des Menschenhandels sind oder denen Beihilfe zur illegalen Einwanderung geleistet wurde und die mit den zuständigen Behörden kooperieren«. Die Umsetzungsfrist ist am 6.8.2006 abgelaufen.
Die Richtlinie dient der Bekämpfung der illegalen Einwanderung in Form der organisierten Kriminalität und der Verfolgung von entsprechenden Straftaten. Zu diesem Zweck wird Personen, die bereit sind, mit den Strafverfolgungsbehörden und Strafgerichten zusammenzuarbeiten und sich als

Zeugen zur Aufklärung und Verfolgung entsprechender Straftaten zur Verfügung zu stellen, ein Aufenthaltstitel erteilt.

■ **»Single Permit«-Richtlinie**

Die »Richtlinie 2011/98/EU des Europäischen Parlaments und des Rates vom 13. Dezember 2011 über ein einheitliches Verfahren zur Beantragung einer kombinierten Erlaubnis für Drittstaatsangehörige, sich im Hoheitsgebiet eines Mitgliedstaats aufzuhalten und zu arbeiten, sowie über ein gemeinsames Bündel von Rechten für Drittstaatsarbeitnehmer, die sich rechtmäßig in einem Mitgliedstaat aufhalten«, dient der Erleichterung der Ausstellung von Genehmigungen, für die stets ein Antrag ausreichen soll und vereinheitlicht die Rechtstellung von Drittstaatsangehörigen, die zu einem längerfristigen Verbleib zugelassen wurden. Die Richtlinie greift aber nicht in das Recht der Mitgliedstaaten ein, frei zu entscheiden, unter welchen Voraussetzungen die Einreise erlaubt wird.

■ **Studentenrichtlinie**

»Richtlinie 2004/114/EG des Rates vom 13. Dezember 2004 über die Bedingungen für die Zulassung von Drittstaatsangehörigen zur Absolvierung eines Studiums oder zur Teilnahme an einem Schüleraustausch, einer unbezahlten Ausbildungsmaßnahme oder einem Freiwilligendienst«. Die Umsetzungsfrist ist am 12.1.2007 abgelaufen.

Die Richtlinie soll die bildungspolitischen Ziele der EU, die darauf gerichtet sind, die Bereitschaft von Drittstaatsangehörigen zu fördern, sich zu Studienzwecken in die Gemeinschaft zu begeben, umsetzen. Die Richtlinie regelt das Verfahren für die Zulassung von Drittstaatsangehörigen im Hoheitsgebiet der Mitgliedsstaaten zu Studienzwecken oder zur Teilnahme an einem Schüleraustausch, einer unbezahlten Ausbildungsmaßnahme oder einem Freiwilligendienst. Ein unmittelbarer Anspruch auf Aufnahme entsteht durch die Verfahrensregelungen nicht.

■ **Unionsbürgerrichtlinie**

»Richtlinie 2004/38/EG des Europäischen Parlaments und des Rates vom 29. April 2004 über das Recht der Unionsbürger und ihrer Familienangehörigen, sich im Hoheitsgebiet der Mitgliedsstaaten frei zu bewegen und aufzuhalten, zur Änderung der Verordnung (EWG) Nr. 1612/68 und zur Aufhebung der Richtlinien 64/221/EWG, 68/360/EWG, 72/194/EWG, 73/148/EWG, 75/34/EWG, 75/35/EWG, 90/364/EWG, 90/365/EWG und 93/96/EWG«. Die Richtlinie wird auch Freizügigkeitsrichtlinie genannt. Die Umsetzungsfrist ist am 30.4.2006 abgelaufen.

Die Richtlinie regelt das Recht der Unionsbürger, sich im Hoheitsgebiet der Mitgliedsstaaten frei zu bewegen und aufzuhalten. In die Richtlinie sind sämtliche Rechtsvorschriften eingegangen, die zur Regelung dieses Bereichs bisher erlassen wurden. Ziel der Richtlinie ist es, die Ausübung des Aufenthaltsrechts für Unionsbürger und ihre Familienangehörigen so weit wie möglich von Formalitäten zu befreien.

Die Richtlinie umfasst folgende Regelungsbereiche:

– Die Bedingungen, unter denen Unionsbürger und ihre Familienangehörigen ihr Recht auf Aufenthalt und Freizügigkeit ausüben können;
– das Recht auf Daueraufenthalt;
– die Beschränkungen dieser Rechte aus Gründen der öffentlichen Ordnung, Sicherheit und Gesundheit.

Die Richtlinie findet auf die Angehörigen der EWR-Staaten (Norwegen, Island, Liechtenstein) und ihre Familienangehörigen in gleicher Weise Anwendung. Bis auf gewisse Einschränkungen hinsichtlich der Einreise und der Dokumentation des Aufenthaltsrechts gelten die Grundsätze der Richtlinie auch für Schweizer Staatsangehörige.

■ Visumverordnung

»Verordnung (EG) Nr. 539/2001 des Rates vom 15. März 2001 zur Aufstellung der Liste der Drittländer, deren Staatsangehörige beim Überschreiten der Außengrenzen im Besitz eines Visums sein müssen, sowie der Liste der Drittländer, deren Staatsangehörige von dieser Visumpflicht befreit sind«.

Die Visumverordnung regelt für die Einreise in das Gebiet der EU, welche Personen (nach der Staatsangehhörigkeit) ein Visum benötigen und welche nicht. Erfasst werden dabei nur Einreisen für Besuchs- oder touristische oder andere kurzfristige Aufenthalte, die eine Dauer von drei Monaten innerhalb von sechs Monaten nicht überschreiten.

Die Verordnung findet keine Anwendung für das Vereinigte Königreich und Irland. Die Verordnung findet auch für die EWR-Staaten Norwegen und Island Anwendung, ebenso für die Schweiz. Für Liechtenstein ist die Anwendung derzeit noch ausgesetzt.

3   Abkommen der EU/EG

■ Assoziationsabkommen zwischen der EG und der Türkei

Zur Vorbereitung der Aufnahme der Türkei in die (damals noch) EWG wurde am 12.9.1963 ein Assoziierungsabkommen zwischen der EWG und der Türkei geschlossen. 1970 wurde in einem Zusatzprotokoll die schrittweise Herstellung der Freizügigkeit bis 1986 vereinbart, die jedoch aus wirtschaftlichen und sozialen Gründen nicht verwirklicht wurde. Zwischen 1976 und 1980 legte der Assoziationsrat EWG/Türkei Regeln für die Beschäftigung und die Freizügigkeit sowie die soziale Sicherung der Arbeitnehmer fest. Auf Grundlage des Assoziierungsabkommen Türkei/EWG vom 12.9.1963 und der darauf beruhenden Assoziationsratsbeschlüsse ARB 1/80 und ARB 3/80 hat der Europäische Gerichtshof durch seine reichhaltige Rechtsprechung die Rechte von Arbeitnehmerinnen mit türkischer Staatsangehörigkeit und ihren Familienangehörigen seit Mitte der 1980er-Jahre immer weiter gestärkt. Zusammenfassend wird dieses Recht als Assoziierungsrecht oder Assoziationsrecht bezeichnet.

■ Mittelmeerabkommen mit der EG

Bei den so genannten Mittelmeerabkommen handelt es sich um Abkommen zwischen der EG und ihren Mitgliedsstaaten einerseits und:
- Algerien von 2002 (BGBl. II, S. 1138),
- Ägypten von 2001 (BGBl. II, S. 2546),
- Israel von 1995 (BGBl. II 1997, S. 1168),
- Jordanien von 2002 (BGBl. II, S. 1403),
- Libanon von 2002 (BGBl. II, S. 970),
- Marokko von 1996 (BGBl. II, S. 1810) und
- Tunesien von 1995 (BGBl. II 1997, S. 342)

anderseits über Zollfreiheit, Niederlassungsrechte und Dienstleistungsfreiheit. In den Abkommen mit Algerien, Marokko und Tunesien sind auch Diskriminierungsverbote für Wanderarbeitnehmer und Ansprüche auf Familienleistungen für Arbeitnehmerinnen enthalten.

4   Europäische Einrichtungen

■ Europol

Europol ist eine europäische Polizeibehörde, die die Arbeit der nationalen Polizeibehörden Europas im Bereich der grenzüberschreitenden organisierten Kriminalität, des Terrorismus, des illegalen Waffenhandels, des Drogenhandels, der Kinderpornografie und der Geldwäsche koordinieren soll. Europol darf sämtliche Informationen zu diesem Bereich erhalten, wenn zwei oder mehr EU-Mitgliedsstaaten in einer Weise betroffen sind, die aufgrund des Umfangs, der Bedeutung und der Folgen der Straftaten ein gemeinsames Vorgehen erfordert. Seit 1.1.2010 ist Europol eine Agentur der EU. Die Anbindung an die nationalen Strafverfolgungsbehörden erfolgt durch Verbindungsbeamte, durch die auch die Aufsicht durch die jeweiligen Justiz- und Innenminister der Mitgliedsstaaten ausgeübt wird.

■ Frontex

Frontex ist keine Grenzpolizei, sondern eine Agentur der EU zum Schutz der Außengrenzen. Sie wurde am 1.5.2005 durch die Verordnung Nr. 2007/2004 der EG gegründet.

Frontex erfasst und bewertet Informationen über illegale Migration, über grenzüberschreitende Kriminalität und alles, was die Grenzsicherheit betrifft. Frontex entwickelt auch Überwachungs- und Kontrolltechniken, bringt diese mit Grenzschutzexperten zusammen und initiiert weitere Forschung zum Grenzschutz.

Weil Frontex selbst keine Polizeibefugnisse hat, koordiniert sie die grenzpolizeilichen Einsätze der Mitgliedstaaten. So werden 50 verschiedene Behörden miteinander verbunden, dazu gehören neben der Polizei und den Innenministerien auch der Zoll, Fischereibehörden oder die Küstenwache. Der Grenzschutz der Mitgliedstaaten mit EU-Außengrenzen erhält auch Unterstützung, u.a. durch das Training von Grenzpolizisten. Frontex leitet auch Einsätze der Grenzüberwachung mehrerer Mitgliedstaaten (auch Deutschlands) im Mittelmeer; die Verpflichtung zur Seenotrettung besteht wie für jedes Schiff der Küstenwache.

5 Internationales Recht

■ Europäische Menschenrechtskonvention (EMRK)

Die Konvention zum Schutze der Menschenrechte und Grundfreiheiten wurde durch den Europarat ausgearbeitet, am 4.11.1950 in Rom unterzeichnet und trat am 3.9.1953 allgemein in Kraft. Alle Mitgliedsstaaten des Europarats haben die Konvention unterzeichnet und auch in innerstaatliches Recht transformiert.

Alle Mitgliedsstaaten der EU sind zugleich Mitglied im Europarat. Mitglieder sind auch die EWR-Staaten, die Türkei, die Nachfolgestaaten Jugoslawiens sowie Russland und weitere GUS-Staaten. In Deutschland gilt die EMRK derzeit in der Fassung der Bekanntmachung vom 17.5.2002 (BGBl. II, S. 1054).

Die EMRK enthält in den Art. 2–14 einen Katalog der wichtigsten Freiheitsrechte:

– Recht auf Leben;
– Verbot der Folter;
– Recht auf Freiheit und Sicherheit;

- Recht auf ein faires Verfahren;
- keine Strafe ohne Gesetz;
- Recht auf Achtung des Privat- und Familienlebens;
- Gedanken-, Gewissens- und Religionsfreiheit;
- Meinungsäußerungsfreiheit;
- Versammlungs- und Vereinigungsfreiheit;
- Recht auf Eheschließung;
- Recht auf eine wirksame Beschwerde;
- Diskriminierungsverbot

und verpflichtet die Vertragsstaaten, diese Rechte allen ihrer Hoheitsgewalt unterstehenden Personen zu garantieren.

Ergänzt wird die EMRK von vierzehn Zusatzprotokollen, die teils materiellrechtliche Bestimmungen, teils verfahrensrechtliche Regelungen enthalten. Die Einhaltung der EMRK wird im Rahmen eines Individual- bzw. Staatenbeschwerdeverfahrens durch den Europäischen Gerichtshof für Menschenrechte (EGMR) kontrolliert. Weltweit erstmalig wurde damit die Möglichkeit geschaffen, dass Personen, die sich durch eine Behörde in ihren Menschenrechten verletzt fühlen, bei einem internationalen Gericht Beschwerde erheben können und die Entscheidungen für die betreffenden Staaten bindend sind. Neben Individualbeschwerden besteht auch die Möglichkeit von Staatenbeschwerden, die allerdings bislang selten geblieben sind.

Auch sind alle nationalen Gerichte, im Ausländerrecht also die Verwaltungsgerichte, verpflichtet, alle Regelungen des nationalen Rechts so auszulegen, dass die in der EMRK verbürgten Grundrechte gewahrt bleiben.

■ Genfer Flüchtlingskonvention (GFK)

Das »Abkommen über die Rechtsstellung der Flüchtlinge« der Vereinten Nationen wurde am 28.7.1951 auf einer UN-Konferenz verabschiedet.

Damit fand das jahrzehntelange Bemühen des Völkerbundes (Vorgängerorganisation der UN) um einen wirksamen Flüchtlingsschutz einen vorläufigen Höhepunkt. In Deutschland ist die GFK als Bundesgesetz unmittelbar anwendbar (verkündet mit Gesetz vom 1.9.1953, BGB. II S. 559, in Kraft getreten am 22.4.1954 gemäß Bekanntmachung des Bundesministers des Auswärtigen vom 25.4.1954, BGBl. II S. 619).

Die Konvention legt fest, wer ein Flüchtling ist und welchen rechtlichen Schutz, welche Hilfe und welche sozialen Rechte er von den Unterzeichnerstaaten erhalten sollte. Aber es schließt auch bestimmte Gruppen, z. B. Kriegsverbrecher, vom Flüchtlingsstatus aus. Einen Individualanspruch auf Aufnahme als Flüchtling enthält die GFK allerdings nicht; wohl aber einen Schutz vor Abschiebung bei Verfolgung im Herkunftsland (Art. 33). Die GFK war zunächst auf den Schutz europäischer Flüchtlinge direkt nach dem Zweiten Weltkrieg ausgerichtet. Als die Flüchtlingsbewegungen globale

Ausmaße erreichten, wurde die regionale Beschränkung der GFK mit dem Protokoll von 1967 aufgehoben. Bis heute sind 146 Staaten Mitglieder des Abkommens und/oder des Zusatzprotokolls geworden. Die Türkei hat bis heute nur den zeitlichen Vorbehalt aufgehoben, begrenzt die Anwendung der GFK aber weiterhin auf Flüchtlinge aus Europa.

Der Hohe Flüchtlingskommissar der Vereinten Nationen (United Nations High Commissioner for Refugees – UNHCR) wurde 1951 von der UN-Generalversammlung eingeführt, um Millionen von europäischen Flüchtlingen in der Folge des Zweiten Weltkrieges zu helfen. UNHCR übt eine Kontrollfunktion aus und greift notfalls ein, um sicherzustellen, dass Flüchtlinge Asyl erhalten und nicht zur Rückkehr in Länder gezwungen werden, in denen ihr Leben in Gefahr sein könnte. In einigen Staaten wird UNHCR an der Durchführung des Asylverfahrens beteiligt oder übernimmt es im staatlichen Auftrag. In Deutschland unterhält UNHCR in Berlin eine Regionalvertretung für Deutschland, Österreich und die Tschechische Republik. In Nürnberg gibt es eine UNHCR-Außenstelle beim BAMF (siehe dort). Am Asylverfahren wird UNHCR nicht beteiligt, aber auf Bitten sowohl des BAMF und der Gerichte als auch der Asylantragsteller beratend tätig.

■ **Kinderrechtskonvention**

Das Übereinkommen über die Rechte des Kindes (Convention on the Rights of the Child, CRC) wurde am 20.11.1989 von der UN-Generalversammlung angenommen und trat am 20.9.1990 in Kraft. Die Kinderrechtskonvention (KRK) wurde von 193 Staaten ratifiziert und hat damit die weltweit höchste Anerkennung aller UN-Konventionen erlangt.

Die Bundesrepublik Deutschland unterzeichnete das Abkommen am 17.2.1992, am 5.4.1992 trat es in Kraft (Bekanntmachung vom 10.7.1992 – BGBl. II, S. 990).

Die Bundesrepublik hatte die Konvention mit einem Vorbehalt versehen, der sicherstellen sollte, dass Flüchtlingskinder keine Rechtspositionen aus ihr ableiten konnten. Dieser Vorbehalt wurde durch Erklärung der Bundesregierung vom Mai 2010 aufgehoben, sodass die KRK nunmehr in Deutschland uneingeschränkt anzuwenden ist.

In der KRK werden im Wesentlichen alle Menschenrechte einschließlich der sozialen Grundstandards auch Minderjährigen zuerkannt; das Kindeswohl wird als oberster Maßstab für alle behördlichen Maßnahmen festgelegt; der Anspruch auf das Zusammenleben mit Eltern und Familie wird besonders betont und Kinder, die von ihren Familien getrennt sind, dem besonderen Schutz des Staates unterstellt.

Für die Überwachung der Anwendung der Konvention wurde der UN-Ausschuss für die Rechte des Kindes eingerichtet, der die Staatenberichte anfordert und auswertet.

6 Aufenthaltsdokumente

■ Ankunftsnachweis

Ankunftsnachweis ist die neue Bezeichnung für die Bescheinigung über die Meldung als Asylsuchender (BüMA), die mit dem Asylverfahrensbeschleunigungsgesetz (vom 20.10.2015, BGBl. I vom 23.10.2015, S. 1722) eingeführt und mit dem Datenaustauschverbesserungsgesetz (vom 2.2.2016, BGBl. I vom 4.2.2016, S.130) in Ankunftsnachweis umbenannt wurde (§ 63a AsylG).

Der Ankunftsnachweis wird von den zuständigen Aufnahmeeinrichtungen oder den zuständigen Außenstellen des BAMF, (teils unter dem Begriff des Ankunftszentrums geführt) im Anschluss an die erkennungsdienstliche Behandlung ausgestellt.

Das Dokument enthält Namen, Geburtsdatum, Geburtsort, Staatsangehörigkeit, Geschlecht, Größe, Augenfarbe, Herkunftsland, Kontaktdaten, Gesundheitsinformationen, Angaben über Ausbildung und Qualifikationen, eine zentrale Nummer, ein Foto und Fingerabdrücke.

Der Ankunftsnachweis wird für maximal sechs Monate ausgestellt und kann jeweils für drei Monate verlängert werden.

Der Ankunftsnachweis ist grundsätzlich erforderlich um die Regelleistungen nach dem AsylbLG zu erhalten.

■ Anlaufbescheinigung

Anlaufbescheinigung ist der seit 2016 verwendete Begriff für die Aufforderung, sich in die zuständigen Aufnahmeeinrichtungen/Erstaufnahmeeinrichtungen/Ankunftszentren zu begeben.

Seit die Ausländer- und Polizeibehörden keine Bescheinigungen über die Meldung als Asylsuchender (BüMA, jetzt Ankunftsnachweis genannt) mehr ausstellen dürfen (durch Änderung des § 63a AsylG zum 17.3.2016), wird mit der Anlaufbescheinigung ein Papier von den Ausländer- oder Polizeibehörden oder auch der ersten (noch nicht zuständigen) Aufnahmeeinrichtung ausgestellt, welches den Zeitraum bis zur Ausstellung des Ankunftsnachweises überbrückt und die zwingende Aufforderung enthält, sich innerhalb einer bestimmten Frist bei der zuständigen (Erst-)Aufnahmeeinrichtung / dem Ankunftszentrum zu melden.

■ Aufenthaltserlaubnis

Die Aufenthaltserlaubnis gewährt ein befristetes und an einen Zweck gebundenes Recht zum Aufenthalt (rechtmäßiger Aufenthalt).

■ **Aufenthaltsgestattung**

Die Aufenthaltsgestattung dokumentiert den erlaubten Aufenthalt zur Durchführung eines Asylverfahrens oder eines Verfahrens zur Anerkennung der Flüchtlingseigenschaft nach der Genfer Flüchtlingskonvention. Sie erlischt ohne einen Rücknahme- oder Widerrufsbescheid, sobald das Asylverfahren durch Anerkennung oder Ablehnung bestandskräftig beendet ist.

■ **Aufenthaltskarte (EU)**

Die Aufenthaltskarte EU wird Staatsangehörigen der Schweiz und den Familienangehörigen (Drittstaatsangehörigen) von Staatsangehörigen der EU-Staaten zur Dokumentation ihres Rechts auf Freizügigkeit ausgestellt.

■ **Blaue Karte EU**

Die Blaue Karte EU wird Personen mit einem Aufenthalt nach § 19a AufenthG zum Zwecke der Erwerbstätigkeit als Akademikerin mit einem bestimmten Gehalt befristet ausgestellt und erlaubt die Weiterwanderung innerhalb der EU unter bestimmten Voraussetzungen.

■ **Bescheinigung über die Meldung als Asylsuchender**

BüMA, siehe Ankunftsnachweis.

■ **Duldung**

Mit der Duldung wird die Aussetzung der Abschiebung bescheinigt (kein rechtmäßiger Aufenthalt). Die Ausreisepflicht bleibt bestehen. Sie berechtigt nach einem Verlassen des Bundesgebiets nicht zur Wiedereinreise.

■ **Erlaubnis zum Daueraufenthalt EU**

Dieser Aufenthaltstitel gewährt ein unbefristetes Aufenthaltsrecht, welches die Rechte der Niederlassungserlaubnis umfasst und zusätzlich ein Recht auf Weiterwanderung innerhalb der EU gewährt.

■ **Fiktionsbescheinigung**

Mit der Fiktionsbescheinigung wird dokumentiert, dass ein Antrag auf Erteilung oder auf Verlängerung eines Aufenthaltstitels (Aufenthaltserlaubnis, Niederlassungserlaubnis) gestellt wurde und dass der Aufenthalt bis zur Entscheidung über den Antrag als erlaubt gilt (rechtmäßiger Aufenthalt).

Mit dem Antrag auf Verlängerung gilt der bisherige Aufenthaltstitel als fortbestehend (§ 81 AufenthG).

■ **Nationales Visum**

Ein Visum zum Zwecke der Einreise und eines Aufenthalts von mehr als drei Monaten muss immer als nationales Visum ausgestellt werden. Es berechtigt nur zum Aufenthalt in dem ausstellenden Staat. In der Regel wird die zuständige Ausländerbehörde vor Erteilung des Visums um ihre Zustimmung ersucht.

■ **Niederlassungserlaubnis**

Die Niederlassungserlaubnis gewährt ein unbefristetes und zweckunabhängiges Recht zum Aufenthalt (rechtmäßiger Aufenthalt).

■ **Reiseausweis für Ausländer**

Ausländerinnen kann ein Reiseausweis von einer Ausländerbehörde, einer deutschen Auslandsvertretung oder unmittelbar vom Auswärtigen Amt ausgestellt werden. Durch den Reiseausweis wird die Passpflicht in Deutschland (§ 3 AufenthG) erfüllt und Reisen ermöglicht. Insbesondere kann Personen, denen ein Visum oder eine Aufenthaltserlaubnis erteilt werden soll, mit dem Reiseausweis die Einreise nach Deutschland ermöglicht werden. Die Anforderungen für die Ausstellung sind in § 5 AufenthV geregelt.

Da durch die Ausstellung des Reiseausweises in die Passhoheit eines anderen Staates eingegriffen wird, erfolgt die Ausstellung meist erst nach einer restriktiven Prüfung. Die Ausstellung kommt nur in Betracht, wenn der Herkunftsstaat die Ausstellung eines Passes verweigert hat oder intensive Bemühungen erfolglos geblieben sind. In manchen Fällen ist die Beantragung auch nicht zumutbar, vor allem für Personen mit subsidiärer Schutzberechtigung.

■ **Schengenvisum**

Ein Visum zum Zweck der Einreise und des Aufenthalts für einen Zeitraum von bis zu drei Monaten wird immer als Schengenvisum ausgestellt, wenn kein längerfristiger Aufenthalt beabsichtigt ist. Das Visum berechtigt zu einem oder mehreren vorübergehenden Aufenthalten in allen EU-Staaten, ausgenommen Vereinigtes Königreich und Irland. Die Einzelheiten regelt das Schengener Durchführungsübereinkommen und die EU-Visumverordnung (VO (EG) Nr. 539/2001).

7 Sonstige asyl- oder ausländerrechtliche Begriffe

■ Abschiebehindernis

– zielstaatsbezogen

Zielstaatsbezogene Abschiebehindernisse liegen vor, wenn durch die Rückkehr in den Herkunftsstaat eine Menschenrechtsposition nach der Europäischen Menschenrechtskonvention oder das Grundrecht auf Menschenwürde (Art. 1 Abs. 1 GG) oder das Recht auf Leben (Art. 2 Abs. 2 GG) verletzt würde. In Betracht kommt die Gefahr von Folter, Todesstrafe, grausame oder unmenschliche Behandlung, auch durch fehlende Möglichkeiten der medizinischen Versorgungen, Bedrohungen für Leib und Leben durch kriegerische Auseinandersetzungen oder durch öffentliche Stellen oder Privatpersonen. Es muss sich immer um eine sehr konkrete Gefahr einer schweren Menschenrechtsverletzung handeln.

– inlandsbezogen

Inlandsbezogene Abschiebehindernisse sind tatsächliche oder rechtliche Gründe, die einer Abschiebung entgegenstehen und sich aus Umständen in Deutschland ergeben.
Tatsächliche Gründe sind insbesondere fehlende Reisedokumente, Verweigerung der Einreise durch den Staat, in den abgeschoben werden soll, oder Transportunfähigkeit durch Krankheit oder Behinderung.
Rechtliche Abschiebehindernisse können sich durch bestehende Bindungen in Deutschland ergeben, insbesondere aus dem Recht auf Schutz von Ehe und Familie (Art. 6 GG; Art. 8 EMRK), aus dem Schutz des Kindeswohls (Art. 6 GG; UN-Kinderrechtskonvention; Haager Minderjährigenschutzabkommen) oder aus dem Recht auf Privatleben (Art. 8 EMRK).

■ Ausländerzentralregister

Es handelt sich um eine Datensammlung, in der die Daten aller Ausländer und Ausländerinnen erfasst werden, die sich länger als drei Monate in Deutschland aufhalten. Die gesondert geführte Visadatei enthält die Daten der ausländischen Personen, die ein Visum bei einer deutschen Auslandsvertretung beantragt haben. Mit etwa 23,7 Millionen personenbezogenen Datensätzen ist es eines der großen automatisierten Register der öffentlichen Verwaltung in Deutschland.
Das Ausländerzentralregister ist Informationsquelle für ca. 6.000 Verwaltungsbehörden, unter anderem für die Ausländerbehörden, die Polizei und die Zollverwaltung. Es unterstützt die Erfüllung ordnungsrechtlicher Aufga-

ben im ausländer- und asylrechtlichen Bereich, dient als Instrument der inneren Sicherheit und wird für ausländerpolitische Planungen verwendet. Seit dem 1.1.2005 ist das BAMF Registerführer. Das Bundesverwaltungsamt verarbeitet und nutzt die Daten im Auftrag und nach Weisung des BAMF (§ 1 Abs. 1 Bundeszentralregistergesetz).

Auf schriftlichen Antrag können Betroffene nach § 34 AZRG unentgeltlich Auskunft über die zu ihrer Person gespeicherten Daten erhalten. Zum Nachweis der Identität muss die Unterschrift auf dem Antrag beglaubigt werden. Im Ausland kann dies durch die Auslandsvertretung, einen Notar oder eine Behörde des Herkunftsstaates geschehen. Eine Passkopie ist beizufügen.

■ **Ausweisungsinteresse**

Die Ausweisung nach deutschem Recht führt nicht nur zum Entzug des Aufenthaltsrechts, sondern bildet auch eine Sperre für jede Erteilung einer Einreise- oder Aufenthaltserlaubnis.

Bis 2015 sprach das Gesetz von Ausweisungsgründen. Auf dem Hintergrund der Rechtsprechung des EGMR und des BVerwG wurde das gesamte Ausweisungsrecht (§§ 53–56 AufenthG) neu gefasst. Es gibt jetzt keine zwingende Ausweisung mehr, wenn bestimmte Tatbestände erfüllt sind, sondern das Interesse des Staates und der Allgemeinheit an einer Ausweisung (Ausweisungsinteresse) wird den persönlichen Interessen am Verbleib in Deutschland (Bleibeinteresse) gegenüber gestellt und abgewogen. Überwiegt das Ausweisungsinteresse, so ist auszuweisen; die Abwägung erfolgt also auf der Tatbestandsebene, nicht im Rahmen einer Ermessensentscheidung, und ist damit gerichtlich voll überprüfbar.

Neu eingefügt wurde durch das Gesetz zur erleichterten Ausweisung straffälliger Ausländer und der Ausschluss der Flüchtlingsanerkennung bei Straffälligen vom 11.3.2016, in Kraft seit dem 17.3.2016 (BGBl. I vom 16.3.2016, S. 394) als besonders schwerwiegendes Ausweisungsinteresse nach § 54 Abs. 1 Nr. 1a AufenthG:

»wegen einer oder mehrerer vorsätzlicher Straftaten gegen das Leben, die körperliche Unversehrtheit, die sexuelle Selbstbestimmung, das Eigentum oder wegen Widerstands gegen Vollstreckungsbeamte rechtskräftig zu einer Freiheits- oder Jugendstrafe von mindestens einem Jahr verurteilt worden ist, sofern die Straftat mit Gewalt, unter Anwendung von Drohung mit Gefahr für Leib oder Leben oder mit List begangen worden ist; bei serienmäßiger Begehung von Straftaten gegen das Eigentum wiegt das Ausweisungsinteresse auch dann besonders schwer, wenn der Täter keine Gewalt, Drohung oder List angewendet hat«.

Mit dieser Neuregelung wurde auf die Übergriffe in der Kölner Silvesternacht 2015/16 reagiert.

■ **Beschäftigungserlaubnis**

Die Beschäftigungserlaubnis wird von der Ausländerbehörde erteilt und berechtigt zur Aufnahme einer abhängigen Beschäftigung, nicht zu einer selbständigen Tätigkeit.

Nach welchen Kriterien die Beschäftigungserlaubnis erteilt wird, ergibt sich aus der Beschäftigungsverordnung (BeschV). Es gibt drei Stufen der Prüfungsintensität:

1. Die Ausländerbehörde erteilt die Beschäftigungserlaubnis eigenständig und ohne Zustimmung der Arbeitsagentur.
2. Die Ausländerbehörde erteilt die Beschäftigungserlaubnis mit Zustimmung der Arbeitsagentur, aber ohne Vorrangprüfung (siehe unten). In diesen Fällen wird von der Arbeitsagentur geprüft, ob die Arbeitsbedingungen den gesetzlichen Bestimmungen (z.B. über Mindestlohn und Arbeitszeit) und den üblichen Bedingungen entspricht.
3. Die Ausländerbehörde erteilt die Beschäftigungserlaubnis mit Zustimmung der Arbeitsagentur, die eine Vorrangprüfung (siehe unten) und eine Prüfung der Arbeitsbedingungen durchführt.

Die Beschäftigungserlaubnis kann für eine bestimmte Arbeitsstelle oder unbeschränkt für jede Arbeitsstelle erteilt werden.

■ **Besonders schutzbedürftige Personen**

Die Aufnahmerichtlinie verpflichtet die Mitgliedstaaten besonders schutzbedürftige Flüchtlinge zu identifizieren und dafür Sorge zu tragen, dass sie entsprechend ihrer besonderen Bedarfe untergebracht und betreut werden (Art. 22), auch sind ihnen die notwendigen medizinischen Behandlungen einschließlich einer erforderlichen psychologischen Betreuung (Art. 19 Abs. 2) zu gewähren.

Auch die Verfahrensrichtlinie verpflichtet die Mitgliedstaaten, besonders schutzbedürftigen Personen die erforderliche Unterstützung zur Durchführung des Verfahrens zu gewähren (Art. 24). Sie dürfen insbesondere keinem beschleunigten Verfahren unterworfen werden (Art. 24 Abs. 3).

Die Aufnahmerichtlinie listet folgende Personen als besonders schutzbedürftig auf (Art. 21):

– Minderjährige,
– unbegleitete Minderjährige,
– behinderte Menschen,
– ältere Menschen,
– Schwangere,
– Alleinerziehende mit minderjährigen Kindern,
– Opfer des Menschenhandels,
– Personen mit schweren körperlichen Erkrankungen,

– Personen mit psychischen Störungen,
– Personen, die Folter, Vergewaltigung oder sonstige schwere Formen psy-
  chischer, physischer oder sexueller Gewalt erlitten haben,
– Opfer der Verstümmelung weiblicher Genitalien.
Die Liste ist nicht abschließend. Die Erfahrungen in den Unterkünften zei-
gen, dass auch LGBTI*-Menschen (lesbisch, gay, bi, trans, inter) besondere
Aufnahmebedingungen benötigen, um vor Diskriminierungen geschützt zu
werden.

■ **Bundesamt für Migration und Flüchtlinge (BAMF)**

Dem BAMF sind verschiedenartige Aufgaben zugewiesen:
1. Die Anerkennung von Ausländerinnen als Asylberechtigte, Flüchtlinge
   nach der GFK oder Personen mit zielstaatsbezogenen Abschiebehindernissen gehört zu den Kern-Aufgaben des Bundesamtes.
   Über Asylanträge wird nach einer persönlichen Anhörung der Antragsteller durch Mitarbeiter des BAMF entschieden. Früher wurden sie Ein-
   zelentscheider genannt, wodurch zum Ausdruck gebracht wurde, dass
   sie unabhängig und weisungsfrei über die Anträge zu entscheiden hatten. Seit 2005 unterliegen diese Mitarbeiter bei ihren Entscheidungen
   den Weisungen ihrer Dienstvorgesetzten. Derzeit soll der Personalbe-
   stand innerhalb relativ kurzer Zeit um 2000 Mitarbeiterinnen aufge-
   stockt werden. Es besteht die Gefahr, dass es aufgrund der Kurzausbil-
   dung (sechs Wochen) zu erheblichen Qualitätsverlusten bei den Entscheidungen kommt.
2. Seit 2007 hat das BAMF die zentrale Steuerung der Einreise und Verteilung jüdischer Zuwanderer aus den Gebieten der ehemaligen Sowjetunion übernommen.
3. Das BAMF berät Personen, die freiwillig in ihre Herkunftsländer zurückreisen wollen. Organisiert wird dies durch Ausschreibungen und Finanzierung freier Träger.
4. Die Entwicklung, Durchführung und Kontrolle der Integrationskurse
   liegt in der Hand des BAMF. Es erteilt die Zulassungen an die freigemeinnützigen und gewerblichen Träger, von denen die Kurse durchgeführt
   werden, legt die Standards fest und bestimmt wesentliche Teile des Lehr-
   plans.
   Über Anträge von Einzelpersonen auf Zulassung zu einem Integrationskurs und auf Fahrkostenzuschüsse entscheidet das BAMF (die Kurs-Trä-
   ger leiten die Anträge an das BAMF weiter). Das BAMF entwickelt ein
   bundesweites Integrationsprogramm und arbeitet der Bundesregierung
   auf dem Gebiet der Integrationsförderung fachlich zu. Durch die Regio-
   nalstellen des BAMF wird die Entwicklung kommunaler Integrations-
   strategien gefördert und Projekte zur Integration von dauerhaft bleibe-

berechtigten Ausländern und von Spätaussiedlern gefördert. Das BAMF steuert und koordiniert auch die Tätigkeit der Migrationsberatung für Erwachsene (MBE), die vom Bund finanziert wird.

5. Das BAMF übernimmt den Austausch und die Kooperation mit der EU und ihren Mitgliedsstaaten im Bereich von Asyl und Migration. Es dient als Kontaktstelle für zeitlich begrenzten Schutz bei einem Massenzustrom von Flüchtlingen.
6. Das BAMF führt das Ausländerzentralregister (siehe oben).
7. Das BAMF betreibt wissenschaftliche Forschung zu Migrationsfragen, um analytische Aussagen zur Steuerung der Zuwanderung zu gewinnen. Seine Aufgabe ist es auch, Informationsmaterialien für die Öffentlichkeit und die beteiligten Fachstellen zu erstellen und Beratung anzubieten.

Zurzeit gliedert sich das Bundesamt in eine Zentrale mit Sitz in Nürnberg, Außenstellen und Fachreferate. Die Struktur wird aber derzeit nach einem Konzept von McKinsey neu gestaltet.

■ **Drittstaatsangehörige**

Als Drittstaatsangehörige werden alle Personen bezeichnet, die weder über eine deutsche noch eine Staatsangehörigkeit eines EU-Staats verfügen. Auch Bürgerinnen der EWR-Staaten und der Schweiz werden nicht als Drittstaatsangehörige bezeichnet, weil für sie die europäische Freizügigkeit gilt.

■ **Erwerbserlaubnis**

Die Erwerbserlaubnis umfasst die Erlaubnis, einer Beschäftigung (sozialversicherungspflichtig oder Minijob) nachzugehen, ebenso wie die Erlaubnis einer selbständigen Tätigkeit (Gewerbe, freiberufliche Tätigkeit, Werkverträge, Honorartätigkeit). Sie wird mit dem Aufenthaltstitel verbunden und auf dem eAT sichtbar eingetragen. Folgende Aufenthaltstitel werden mit einer Erwerbserlaubnis verbunden:

– Niederlassungserlaubnis (§ 9 Abs. 1 Satz 2 AufenthG),
– Erlaubnis zum Daueraufenthalt EU (§ 9a Abs. 1 Satz 2 AufenthG),
– Aufenthaltserlaubnis im Anschluss an ein Studium in Deutschland (§ 16 Abs. 4 Satz 2 AufenthG),
– Aufenthaltserlaubnis im Anschluss an eine betriebliche Ausbildung in Deutschland (§ 17 Abs. 3 Satz 2 AufenthG),
– Aufenthaltserlaubnis nach der Aufnahme aus dem Ausland durch das BMI, § 22 Satz 3 AufenthG),
– Aufenthaltserlaubnis für aufgenommene Juden aus den Gebieten der ehemaligen Sowjetunion (§ 23 Abs. 2 Satz 5 AufenthG),

- Aufenthaltserlaubnis für Resettlement-Flüchtlinge (§ 23 Abs. 4 Satz 2 AufenthG),
- Asylberechtigte (§ 25 Abs. 1 Satz 3 AufenthG),
- Anerkannte Flüchtlinge (§ 25 Abs. 2, 1. Alt., Satz 2 AufenthG),
- Subsidiär Schutzberechtigte (§ 25 Abs. 2, 2. Alt., Satz 2 AufenthG),
- Aufenthaltserlaubnis für gut integrierte junge Menschen (§ 25a Abs. 4 AufenthG),
- Aufenthaltserlaubnis bei nachhaltiger Integration (§ 25b Abs. 5 Satz 2 AufenthG),
- Alle Aufenthaltserlaubnisse zum Zweck des Familiennachzugs (§ 27 Abs. 5 AufenthG),
- Aufenthaltserlaubnis zum Zweck der Wiederkehr (§ 37 Abs. 1 Satz 2 AufenthG),
- Aufenthaltserlaubnis für ehemalige Deutsche (§ 38 Abs. 4 Satz 1 AufenthG),
- Aufenthaltserlaubnis für langfristig Aufenthaltsberechtigte aus anderen EU-Staaten nach einem Jahr der Beschäftigung (§ 38a Abs. 4 Satz 3 AufenthG).

■ **Europäischer Referenzrahmen für Sprachen**

Der Gemeinsame Europäische Referenzrahmen für Sprachen (GER) des Europarats stellt eine gemeinsame Basis dar für die Entwicklung von Lehrplänen, curricularen Richtlinien, Prüfungen, Lehrwerken usw. in ganz Europa. Er schafft eine gemeinsame Grundlage für die Beschreibung von Zielen, Inhalten und Methoden und schreibt einheitliche Bewertungskriterien für ein erreichtes Sprachniveau vor. So wird die gegenseitige Anerkennung von Qualifikationsnachweisen erleichtert, die in unterschiedlichen Kontexten erworben wurden.

Der GER befasst sich mit der Beurteilung von Fortschritten in den Lernerfolgen beim Erlernen einer Fremdsprache. Ziel ist, die verschiedenen europäischen Sprachzertifikate vergleichbar zu machen und einen Maßstab für den Erwerb von Sprachkenntnissen zu schaffen.

Die Niveaustufen des GER sind zunächst in grundlegende Level aufgeteilt:

A: Elementare Sprachverwendung
B: Selbstständige Sprachverwendung
C: Kompetente Sprachverwendung

Diese sind nochmals in sechs Sprachniveaus unterteilt:

A1 – Anfänger
Kann vertraute, alltägliche Ausdrücke und ganz einfache Sätze verstehen und verwenden, die auf die Befriedigung konkreter Bedürfnisse zielen. Kann sich und andere vorstellen und anderen Leuten Fragen zu ihrer Per-

son stellen – z. B. wo sie wohnen, was für Leute sie kennen oder was für Dinge sie haben – und kann auf Fragen dieser Art Antwort geben. Kann sich auf einfache Art verständigen, wenn die Gesprächspartnerinnen oder Gesprächspartner langsam und deutlich sprechen und bereit sind zu helfen.

A2 – Grundlegende Kenntnisse

Kann Sätze und häufig gebrauchte Ausdrücke verstehen, die mit Bereichen von ganz unmittelbarer Bedeutung zusammenhängen (z. B. Informationen zur Person und zur Familie, Einkaufen, Arbeit, nähere Umgebung). Kann sich in einfachen, routinemäßigen Situationen verständigen, in denen es um einen einfachen und direkten Austausch von Informationen über vertraute und geläufige Dinge geht. Kann mit einfachen Mitteln die eigene Herkunft und Ausbildung, die direkte Umgebung und Dinge im Zusammenhang mit unmittelbaren Bedürfnissen beschreiben.

B1 – Fortgeschrittene Sprachverwendung

Kann die Hauptpunkte verstehen, wenn klare Standardsprache verwendet wird und wenn es um vertraute Dinge aus Arbeit, Schule, Freizeit usw. geht. Kann die meisten Situationen bewältigen, denen man auf Reisen im Sprachgebiet begegnet. Kann sich einfach und zusammenhängend über vertraute Themen und persönliche Interessengebiete äußern. Kann über Erfahrungen und Ereignisse berichten, Träume, Hoffnungen und Ziele beschreiben und zu Plänen und Ansichten kurze Begründungen oder Erklärungen geben.

B2 – Selbständige Sprachverwendung

Kann die Hauptinhalte komplexer Texte zu konkreten und abstrakten Themen verstehen; versteht im eigenen Spezialgebiet auch Fachdiskussionen. Kann sich so spontan und fließend verständigen, dass ein normales Gespräch mit Muttersprachlern ohne größere Anstrengung auf beiden Seiten gut möglich ist. Kann sich zu einem breiten Themenspektrum klar und detailliert ausdrücken, einen Standpunkt zu einer aktuellen Frage erläutern und die Vor- und Nachteile verschiedener Möglichkeiten angeben.

C1 – Fachkundige Sprachkenntnisse

Kann ein breites Spektrum anspruchsvoller, längerer Texte verstehen und auch implizite Bedeutungen erfassen. Kann sich spontan und fließend ausdrücken, ohne öfter deutlich erkennbar nach Worten suchen zu müssen. Kann die Sprache im gesellschaftlichen und beruflichen Leben oder in Ausbildung und Studium wirksam und flexibel gebrauchen. Kann sich klar, strukturiert und ausführlich zu komplexen Sachverhalten äußern und dabei verschiedene Mittel zur Textverknüpfung angemessen verwenden.

C2 – Annähernd muttersprachliche Kenntnisse

Kann praktisch alles, was er/sie liest oder hört, mühelos verstehen. Kann Informationen aus verschiedenen schriftlichen und mündlichen Quellen zusammenfassen und dabei Begründungen und Erklärungen in einer zusammenhängenden Darstellung wiedergeben. Kann sich spontan, sehr flüssig und genau ausdrücken und auch bei komplexeren Sachverhalten feinere Bedeutungsnuancen deutlich machen.

■ **Familienleistungen**

Besonderheiten für Flüchtlinge aus Abkommensstaaten

Türkei:
Aufgrund des Art. 10 Abs. 1 ARB wird die Gleichstellung der EU-Arbeitnehmer im Bereich der sozialen Sicherheit vollständig auf türkische Arbeitnehmer innerhalb der EU übertragen.
Bei den Familienleistungen werden türkische Staatsangehörige als Arbeitnehmer unabhängig von ihrem Aufenthaltsstatus Deutschen gleichgestellt (Art. 10 Abs. 1 ARB i.V.m. Art. 7 VO (EU) Nr. 492/2011). Sie erhalten daher alle Familienleistungen, sobald sie eine Beschäftigung, auch einen Minijob, aufnehmen oder in einem System der Sozialversicherung versichert sind. Das gilt beim Kindergeld auch für in der Türkei lebende Kinder (EuGH 4.5.1999, C – 262/92), allerdings wird nur ein stark herabgesetzter Betrag gezahlt, für das erste Kind 5,11 EUR, für das zweite 12,78 EUR, für das dritte 30,68 EUR sowie für jedes weitere 35,79 EUR. Die Abstammung und der Wohnort des Kindes müssen durch eine amtliche Bescheinigung belegt werden, die über das türkische Konsulat angefordert werden kann.
Auch ohne Arbeitnehmer zu sein und unabhängig vom Aufenthaltsstatus besteht ab dem siebten Aufenthaltsmonat ein Kindergeldanspruch nach dem Vorläufigen Europäischen Abkommen über soziale Sicherheit vom 11.12.1953 (BFH vom 17.6.2010 – III R 42/09, NJW 2010, S. 3472).

Algerien, Marokko, Tunesien
Nach Art. 41 EMA (Europa-Mittelmeer-Abkommen) mit Marokko, Tunesien und Algerien, stehen Arbeitnehmern und ihren Familienangehörigen, die sich erlaubt im Gebiet der EU aufhalten, unabhängig von ihrem Aufenthaltsstatus alle Familienleistungen (EuGH vom 3.10.1996 – C-126/95 »Hallouzi-Choho«, BSG vom 29.1.2002 – B 10 EG 5/01 R) zu. Die Zahlung von Kindergeld erfolgt nach Art. 65 Abs. 3 EMA nur für Kinder, die sich im Gebiet der EU aufhalten (EuGH vom 31.1.1991– C-18/90 »Kziber«).
Der Begriff des Arbeitnehmers richtet sich nach EU-Recht; danach ist keine sozialversicherungspflichtige Beschäftigung erforderlich, es kann sich auch um eine geringfügige Beschäftigung handeln. Selbst wenn keine Beschäftigung vorliegt reicht es, dass die Betroffenen einem System der sozialen Sicherheit angehören.

Nachfolgestaaten Jugoslawiens

Für die Angehörigen der Nachfolgestaaten Jugoslawiens sind die Rechte zu beachten, die sich aus dem Deutsch-Jugoslawischen Abkommen über soziale Sicherheit (BGBl. II 1969, 1437) ergeben. Dieses Abkommen ist jedoch für die Staaten Kroatien und Mazedonien erloschen. Abgelöst wurde es durch das deutsch-kroatische Abkommen über soziale Sicherheit vom 24.11.1997, in Kraft getreten am 13.1.1999 (BGBl. II, 138) und das deutsch-mazedonische Abkommen über soziale Sicherheit vom 8.7.2003, in Kraft getreten am 1.1.2005 (BGBl. II, 95). In den neuen Abkommen sind keine Regelungen zum Kindergeld mehr enthalten.

In dem alten Abkommen mit Jugoslawien finden sich noch Regelungen zum Kindergeld. Begünstigt werden alle Arbeitnehmer aus Serbien, Montenegro, Kosovo und Bosnien-Herzegowina mit einem gewöhnlichen Aufenthalt in Deutschland (Art. 2 Abs. 1 Nr. 1d). Unabhängig vom Aufenthaltsstatus haben sozialversicherungspflichtig beschäftigte Personen sowie Bezieher von Kranken- oder Arbeitslosengeld (nicht Alg II) spätestens nach sechs Monaten Aufenthalt einen Anspruch auf Kindergeld (BSG vom 12.4.2000 – 14 KG 3/99 R; BayLSG vom 17.5.2010 – L 14 KG 2/09 ZVW). Es besteht auch ein Anspruch auf Abkommenskindergeld für Kinder in den Herkunftsstaaten Serbien, Montenegro, Kosovo und Bosnien-Herzegowina; es werden die herabgesetzten Beträge gezahlt, für das erste Kind 5,11 EUR, für das zweite 12,78 EUR, für das dritte 30,68 EUR sowie für jedes weitere 35,79 EUR.

■ **Integrationskurs**

In den §§ 43–45a AufenthG werden das Recht und die Pflicht zur Teilnahme an Integrationskursen geregelt. Die Zuständigkeit für die Durchführung liegt beim BAMF. Freigemeinnützigen und gewerblichen Trägern wird vom BAMF auf Antrag die Zulassung zur Durchführung der Kurse erteilt.

> Einzelheiten zum Verfahren finden sich unter http://www.bamf.de/DE/Infothek/TraegerIntegrationskurse/traegerintegrationskurse-node.html).

Die Teilnehmerinnen sind frei, einen Anbieter am Markt auszuwählen, bei dem sie den Kurs durchführen wollen. Auch ein Wechsel des Kursträgers nach Abschluss eines Kursabschnittes ist möglich (§ 14 Abs. 4 IntV). Die Integrationskurse legen den Schwerpunkt auf den Erwerb der deutschen Sprache (Sprachkurs), ergänzt durch Grundkenntnisse der Rechtsordnung, der Kultur, der Geschichte und der Lebensverhältnisse in Deutschland (Orientierungskurs).

Anspruch

Einen Anspruch auf Teilnahme haben Ausländerinnen nach § 44 AufenthG innerhalb von zwei Jahren nach erstmaliger Erteilung eines Aufenthaltstitels zum Zweck der Erwerbstätigkeit (§§ 18, 21 AufenthG), des Familiennachzugs, als Asylberechtigte bzw. anerkannte Flüchtlinge (§ 25 Abs. 1 und Abs. 2 AufenthG), als von der Bundesregierung aufgenommene Flüchtlinge (§ 23 Abs. 2 und Abs. 4 AufenthG), als Bleibeberechtigte (§§ 25 Abs. 4a Satz 3, 25b AufenthG) oder als langfristig aufenthaltsberechtigte Drittstaatsangehörige, die aus einem anderen EU-Staat zuwandern (§ 38a AufenthG).

Innerhalb der Gruppen der Berechtigten sind wiederum bestimmte Personen von dem Anspruch ausgenommen (§ 44 Abs. 3 AufenthG):
- Junge Menschen, die sich in einer schulischen Ausbildung befinden.
- Ausländerinnen, die über ausreichende Kenntnisse der deutschen Sprache (B1 GER) verfügen; der Anspruch auf den Orientierungskurs bleibt hier aber erhalten.
- Ausländer, die einen erkennbar geringen Integrationsbedarf haben (§ 4 Abs. 2 IntV).

Teilnahmepflicht

Grundsätzlich sind alle Ausländerinnen mit einem Teilnahmeanspruch auch teilnahmeverpflichtet. Hiervon gibt es folgende Ausnahmen:
- Es besteht bereits die Fähigkeit, sich auf einfache Art mündlich zu verständigen. Nachziehende Ehegatten und Personen, die mit einer Aufnahmezusage nach § 23 Abs. 2 AufenthG eingereist sind, sind nur befreit, wenn sie Sprachkenntnisse auf dem Niveau B1 nachweisen können (§ 44a Abs. 1 Nr. 1 AufenthG).
- Es wird eine berufliche oder sonstige Ausbildung im Bundesgebiet durchgeführt (§ 44a Abs. 2 Nr. 1 AufenthG).
- Es wird die Teilnahme an einem vergleichbaren Bildungsangebot nachgewiesen (§ 44a Abs. 2 Nr. 2 AufenthG).
- Die Teilnahme ist auf Dauer unmöglich oder unzumutbar. Dies gilt insbesondere bei einer Krankheit oder Behinderung oder bei längerfristiger intensiver Pflege eines Angehörigen. Dagegen ist die Erziehung von Kindern kein Grund für eine Ausnahme. In diesen Fällen soll eine Kinderbetreuung bereitgestellt werden, die von den Ländern zu finanzieren ist (VwV AufenthG 44a.2).
- Zur Teilnahme an einem Orientierungskurs können langfristig aufenthaltsberechtigte Drittstaatsangehörige (§ 38a AufenthG) nicht verpflichtet werden, wenn sie bereits in einem anderen EU-Staat an Integrationsmaßnahmen teilgenommen haben (§ 44a Abs. 2a AufenthG).
- Eine Entpflichtung ist von der Ausländerbehörde vorzunehmen, wenn die Teilnahme – auch an einem Teilzeitkurs – neben einer Berufstätigkeit nicht zumutbar ist (§ 44a Abs. 1 S. 6 AufenthG).

Teilnahmeverpflichtet sind auch Ausländer, die von der Ausländerbehörde zur Teilnahme aufgefordert werden, weil ein besonderer Integrationsbedarf besteht. Dieser wird vor allem bei Eltern mit schulpflichtigen Kindern angenommen, die sich nicht in der deutschen Sprache verständigen können (§ 4 Abs. 3 IntV).

Bezieher von Alg II können auch durch das Jobcenter zur Teilnahme verpflichtet werden, entweder durch Aufnahme in eine Eingliederungsvereinbarung (§ 44a Abs. 1 Nr. 2 AufenthG) oder durch einen verpflichtenden Verwaltungsakt (§ 15 Abs. 1 Satz 3 SGB II). Das Jobcenter ist nach § 3 Abs. 2b SGB II auch verpflichtet, auf die Teilnahme an einem Integrationskurs hinzuwirken, soweit das Sprachniveau B1 noch nicht erreicht ist.

Ein Verstoß gegen die Teilnahmepflicht aus eigenem Verschulden kann nach § 8 Abs. 3 AufenthG erhebliche aufenthaltsrechtliche Konsequenzen haben. Besteht nur ein Ermessensanspruch auf die Verlängerung der Aufenthaltserlaubnis, so ist die Verlängerung in der Regel abzulehnen, wenn wiederholt und »gröblich« gegen die Teilnahmepflicht verstoßen wurde. Gröblich ist der Verstoß insbesondere dann, wenn auch nach einer ausdrücklichen Belehrung wegen eines Verstoßes erneut keine oder keine regelmäßige Teilnahme erfolgt. Das Nichtbestehen des Abschlusstestes reicht allein für einen gröblichen Verstoß nicht aus, da es nicht auf ein steuerbares Verhalten zurückgeführt werden kann (VwV AufenthG 8.3.1.2). Selbst wenn ein Rechtsanspruch nach dem AufenthG besteht, kann die Verlängerung nach Ermessen abgelehnt werden, wenn nicht nachgewiesen wird, dass die Integration in das gesellschaftliche und soziale Leben anderweitig erfolgte (§ 8 Abs. 3 AufenthG). Die Möglichkeit der Aufenthaltsbeendigung besteht jedoch nicht, wenn sich aus EG-Recht ein Aufenthaltsanspruch (türkische Staatsangehörige, anerkannte Flüchtlinge) ergibt (VwV AufenthG 8.4.1 und 8.4.4). Auch der Aufenthalt der Ehegatten von Deutschen kann nicht wegen der Nichterfüllung von Sprachanforderungen beendet werden. Solange der Abschlusstest noch nicht bestanden wurde und auch keine gleichwertige Integrationsleistung nachgewiesen werden kann, soll die Aufenthaltserlaubnis jeweils nur für ein Jahr verlängert werden (§ 8 Abs. 3 S. 6 AufenthG).

Geplant ist derzeit, die Sanktionen auch für anerkannte Flüchtlinge zu verschärfen, indem u.a. die Erteilung der Niederlassungserlaubnis von einem bestandenen Integrationskurs abhängig gemacht wird.

Die Teilnahme kann auch mit Mitteln des Verwaltungszwangs durchgesetzt (§ 44a Abs. 3 S. 2 AufenthG) und die Nichtteilnahme als Ordnungswidrigkeit verfolgt werden (§ 98 Abs. 2 Nr. 4 AufenthG).

Bei Verletzung der Teilnahmepflicht können die Kosten für den gesamten Integrationskurs sofort in Rechnung gestellt werden (§ 44a Abs. 3 S. 3 AufenthG). Ansonsten werden diese Kosten erst mit Beginn des jeweiligen Abschnitts fällig.

Freiwillige Teilnahme

Ausländerinnen können auch durch Eigeninitiative eine Berechtigung zur Teilnahme erlangen, indem sie nach § 44 Abs. 4 AufenthG einen Antrag auf Teilnahme am Integrationskurs stellen. Dieser Antrag muss nach § 5 IntV schriftlich beim BAMF gestellt werden, Interessenten können sich aber auch an jeden zugelassen Träger wenden, der den Antrag an das BAMF weiterleitet. Zugelassen werden auch Geduldete, Ausländer mit einer Aufenthaltserlaubnis nach § 25 Abs. 5 AufenthG und Asylsuchende mit günstiger Anerkennungsprognose (derzeit Eritrea, Irak, Iran, Syrien) im Rahmen verfügbarer Plätze (§ 44 Abs. 4 AufenthG).

Ablauf der Integrationskurse

Die Integrationskurse werden im Umfang von 660 Stunden durchgeführt, die sich auf einen Basissprachkurs mit 300 Stunden, einen Aufbausprachkurs mit 300 Stunden und einen Orientierungskurs mit 60 Stunden verteilen. Die beiden Sprachkurse werden jeweils in drei Kursabschnitte à 100 Unterrichtsstunden aufgeteilt. Es sollen mehrere Leistungsstufen angeboten werden. Die Teilnehmer können nach Abschluss eines Kursabschnittes die Leistungsstufe wechseln, überspringen oder wiederholen (§ 11 Abs. 1 IntV). Die Träger sind verpflichtet, vor Beginn der Kurse einen Einstufungstest vorzunehmen. Das BAMF gibt die Lehrinhalte und Lernziele vor und regelt auch Qualitätskontrollen bei den einzelnen Kursträgern. Der Integrationskurs wird mit einem Abschlusstest beendet, wobei der Inhalt der Sprachprüfung von den Kriterien des »Zertifikat Deutsch Stufe B1« vorgegeben ist und der Orientierungskurs mit einem vom BAMF vorgegebenen Test abgeschlossen wird. Wird das Niveau des »Zertifikat Deutsch Stufe B1« nicht erreicht, so können die Teilnehmer zur einmaligen Wiederholung des Aufbaukurses (weitere 300 Stunden) zugelassen werden, wenn sie im ersten Durchgang ordnungsgemäß teilgenommen haben (§ 5 Abs. 4 IntV). In diesen Fällen werden auch die Kosten für einen weiteren Versuch im Abschlusstest übernommen (§ 17 Abs. 3 S. 2 IntV).

Zusätzlich sollen Integrationskurse für spezielle Zielgruppen eingerichtet werden. Sie umfassen bis zu 900 Unterrichtsstunden im Sprachkurs. Vorgesehen sind nach § 13 IntV:

– Jugendintegrationskurse für junge Menschen bis zum 27. Geburtstag, die die deutsche Sprache für eine schulische oder berufliche Ausbildung benötigen.
– Eltern- bzw Frauenintegrationskurse für Personen, die wegen familiärer Verpflichtungen oder aus kulturellen Gründen keinen allgemeinen Integrationskurs besuchen können.
– Integrationskurse mit Alphabetisierung für Personen, die im Heimatland noch keine Schule besucht haben.
– Förderkurse bei besonderem sprachpädagogischen Förderbedarf.

Angeboten werden sollen nach Bedarf auch Intensivkurse für »Schnelllerner« (§ 13 Abs. 2 IntV). Der Stoff wird auf 400 Stunden für den Sprachkurs und 30 Stunden für den Orientierungskurs verdichtet. Das Ergebnis des Einstufungstestes muss den erfolgreichen Abschluss des Kurses in verkürzter Zeit erwarten lassen.

Kosten

Die Teilnehmer werden mit einem Betrag von 1,55 EUR pro Unterrichtsstunde (1.023 € für 660 Stunden) an den Kosten beteiligt. Der Kostenbetrag für einen Kursabschnitt muss vollständig bezahlt werden, es sei denn, der Teilnehmer bricht den Kurs aus Gründen ab, die er nicht selbst zu verantworten hat.

Vom Eigenanteil befreit werden auf Antrag die Bezieher von Arbeitslosengeld II, Sozialgeld, Hilfe zum Lebensunterhalt oder Leistungen nach dem AsylbLG. Andere Personen mit geringem Einkommen können einen Befreiungsantrag stellen, benötigen dafür aber den Bescheid einer anderen Bewilligungsstelle (Wohngeld, GEZ-Befreiung, ÖPV-Ermäßigung).

Ein Fahrkostenzuschuss wird gewährt, wenn eine Befreiung von den Teilnahmekosten bewilligt wurde (§ 4a Abs. 1 IntV). Teilnehmer, die den gesamten Integrationskurs innerhalb von zwei Jahren nach der Verpflichtung erfolgreich abschließen, erhalten 50% des Kostenbeitrags erstattet (§ 9 Abs. 6 IntV). Es handelt sich zwar um eine Ermessensregelung, aus Gründen der Gleichbehandlung kann hiervon jedoch nur in besonders gelagerten Ausnahmefällen abgewichen werden.

Folgen des erfolgreichen Integrationskurses

Der erfolgreiche Abschluss der Kurse dient dem Nachweis ausreichender Kenntnisse der deutschen Sprache sowie der Grundkenntnisse der Rechts- und Gesellschaftsordnung und der Lebensverhältnisse im Bundesgebiet, wie sie für die Erteilung der Niederlassungserlaubnis nach § 9 Abs. 2 AufenthG oder des Daueraufenthalts-EG (§ 9a AufenthG) verlangt werden. Der Nachweis der erfolgreichen Teilnahme führt nach § 10 Abs. 3 StAG zur Verkürzung der Mindestaufenthaltsdauer für die Einbürgerung von acht auf sieben Jahre.

Im Anschluss an den Integrationskurs kann ein berufsbezogene Deutschförderung zur weiteren Verbesserung der Sprachkenntnisse im Rahmen des jeweils vor Ort vorhandenen Angebots gewährt werden (§ 45a AufenthG).

Beratung

Im Rahmen der Integrationsförderung wird vom Bund ein Grundberatungsangebot für Migranten finanziert. Schwerpunktmäßig in den Orten, in denen auch Integrationskurse angeboten werden, führen verschiedene freie Träger eine Migrationsberatung für Erwachsene (Zuständigkeit des BMI) und einen Jugendmigrationsdienst (Zuständigkeit des BMFSFJ) durch. Die Migrationsberatung steht Ausländerinnen ab 27 Jahren nach Begründung eines dauerhaften Wohnsitzes in Deutschland zur Verfügung. Migranten, die sich schon länger in Deutschland aufhalten, können sich ebenfalls an die Beratungsstellen wenden. Der Jugendmigrationsdienst steht allen Zuwandererinnen unter 27 Jahren zur Verfügung.

> Eine Liste der Beratungsstellen findet sich unter http://www.bamf.de/DE/ Willkommen/InformationBeratung/informationberatung-node.html.

■ **Königsteiner Schlüssel**

Nach § 45 AsylG wird zwischen dem Bund und den Ländern ein bestimmter Schlüssel zur gleichmäßigen Aufteilung der Asylsuchenden festgelegt. Die jährlich neu berechnete Quote richtet sich nach den Steuereinnahmen (2/3 Anteil bei der Bewertung) und der Bevölkerungszahl (1/3 Anteil bei der Bewertung).

Die Zuweisung der Personen entsprechend der Verteilungsquote erfolgt über ein IT-System zur »Erstverteilung der Asylbegehrenden« (EASY) auf die Bundesländer.

Der Begriff »Königsteiner Schlüssel« geht zurück auf das Königsteiner Staatsabkommen vom 31. März 1949, in welchem zunächst die Aufteilung der Kosten für Forschungseinrichtungen festgelegt wurden.

■ **Lebensunterhalt, gesichert**

Grundsätzlich gilt der Lebensunterhalt dann als gesichert, wenn der Bedarf für ein menschenwürdiges Existenzminimum durch eigene Mittel wie Einkommen, Vermögen, Leistungen der Sozialversicherungen, Ausbildungsbeihilfen, Kindergeld und Unterhaltsvorschuss gewährleistet wird. Wohngeld gilt weiterhin als eine Sozialleistung, durch die der Lebensunterhalt nicht eigenständig gesichert werden kann, die also zur Aufenthaltsbeendigung führen kann, wenn die eigenen Mittel ohne die Berücksichtigung des Wohngeldes nicht ausreichen.

Es gibt allerdings drei verschiedene Methoden zur Berechnung des Lebensunterhalts:

1. Für Personen, die eine Aufenthaltserlaubnis zum **Zweck des Familiennachzugs** beantragen, muss nur der Bedarf nach den Sätzen des SGB II/ SGB XII ohne einen Mehrbedarf gedeckt sein.

   Zum Beispiel für den Nachzug eines Ehepartners, wenn die Miete 400 € warm beträgt:

2 x Regelbedarf von 364 € = 728 € + 400 € Miete = 1.128 €
So hoch muss das Nettoeinkommen sein, damit eine Aufenthaltserlaubnis zum Familiennachzug genehmigt werden kann.
Die Privilegierung gegenüber anderen Aufenthaltserlaubnissen folgt aus der Familiennachzugsrichtlinie (siehe oben).

2. Bei Personen, die **zu einem anderen Zweck** eine Aufenthaltserlaubnis anstreben, muss das Einkommen so hoch sein, dass daneben kein Leistungsanspruch nach SGB II/SGB XII mehr besteht.
Zum Beispiel für eine Aufenthaltserlaubnis nach § 18 AufenthG zur Aufnahme einer Beschäftigung für einen Alleinstehenden, wenn das Einkommen 1.400 € brutto = 1.050 € netto und die Warmmiete 300 € beträgt:
Zunächst sind vom Bruttoeinkommen 100 € + 180 € + 20 € = 300 € als Freibetrag nach § 11b Abs. 2 und Abs. 3 SGB II abzusetzen.
Dadurch bleibt vom Nettoeinkommen nur noch ein zu berücksichtigender Betrag von 750 €.
Der Bedarf beträgt:
404 € Regelbedarf + 300 € Warmmiete = 704 €.
Auch hier reicht das Einkommen für die Erteilung der Aufenthaltserlaubnis; es muss jedoch ein deutlich höherer Betrag erreicht werden, als bei der Aufenthaltserlaubnis zum Familiennachzug.

3. Für die Aufenthaltserlaubnis zum Zweck des **Studiums** (§ 16 AufenthG) besteht eine weitere Sonderregelung, die sich aus der Studentenrichtlinie ergibt. Hier gilt immer der jeweilige BAföG-Höchstsatz (bis August 2016: 670 €, ab 1.9.2016: 735 €) als der erforderliche Betrag zum Nachweis der Existenzsicherung.

■ **Sichere Herkunftsstaaten**

Durch gesetzliche Bestimmung in der Anlage II zum AsylG werden »sichere Herkunftsstaaten« bestimmt, in denen von vereinzelten Ausnahmen abgesehen keine Verfolgungen und schweren Menschenrechtsverletzungen zu befürchten sind. Es muss sich um Staaten mit einem funktionierenden demokratischen System und einem entwickelten Rechtsstaat handeln. Insbesondere legt die Verfahrensrichtlinie im Anhang als Kriterien für die Bestimmung »sicherer Herkunftsstaaten« fest:

»Bestimmung sicherer Herkunftsstaaten im Sinne des Artikels 37 Absatz 1
Ein Staat gilt als sicherer Herkunftsstaat, wenn sich anhand der dortigen Rechtslage, der Anwendung der Rechtsvorschriften in einem demokratischen System und der allgemeinen politischen Lage nachweisen lässt, dass dort generell und durchgängig weder eine Verfolgung im Sinne des Artikels 9 der Richtlinie2011/95/EU noch Folter oder unmenschliche oder erniedrigende Be-

handlung oder Strafe noch Bedrohung infolge willkürlicher Gewalt im Rahmen eines internationalen oder innerstaatlichen bewaffneten Konflikts zu befürchten sind. Bei der entsprechenden Beurteilung wird unter anderem berücksichtigt, inwieweit Schutz vor Verfolgung und Misshandlung geboten wird durch

a) die einschlägigen Rechts- und Verwaltungsvorschriften des Staates und die Art und Weise ihrer Anwendung;

b) die Wahrung der Rechte und Freiheiten nach der Europäischen Konvention zum Schutz der Menschenrechte und Grundfreiheiten und/oder dem Internationalen Pakt über bürgerliche und politische Rechte und/oder dem Übereinkommen der Vereinten Nationen gegen Folter, insbesondere der Rechte, von denen gemäß Artikel 15 Absatz 2 der Europäischen Konvention keine Abweichung zulässig ist;

c) die Einhaltung des Grundsatzes der Nicht-Zurückweisung nach der Genfer Flüchtlingskonvention;

d) das Bestehen einer Regelung, die einen wirksamen Rechtsbehelf bei Verletzung dieser Rechte und Freiheiten gewährleistet.«

Mit Gesetz vom 20.10.2015 werden zurzeit folgende Staaten als »sichere Herkunftsstaaten« bestimmt: Albanien, Bosnien und Herzegowina, Ghana, Kosovo, Mazedonien, Montenegro, Senegal und Serbien.

In Vorbereitung ist die Erweiterung auf Algerien, Marokko, Tunesien. Ob alle diese Staaten die oben genannten Garantien gegenüber allen ihren Staatsangehörigen einhalten, ist ausgesprochen zweifelhaft.

■ **Stammberechtigte**

Als Stammberechtigte werden Ausländer bezeichnet, die über ein Aufenthaltsrecht in Deutschland verfügen, wenn sich Familienangehörige hierauf berufen, um ein Recht auf Familiennachzug von diesem Stammrecht abzuleiten.

■ **Vorabzustimmung**

Die Vorabzustimmung durch eine Ausländerbehörde gegenüber einer deutschen Auslandsvertretung ersetzt die Zustimmungsanfrage der Auslandsvertretung an die Ausländerbehörde.

Normalerweise muss der Antrag auf ein nationales Visum bei der Auslandsvertretung gestellt werden, diese prüft zunächst die Anforderungen, die durch die Person im Ausland erfüllt werden müssen, und sendet dann eine Anfrage an die Ausländerbehörde, in deren Bezirk der Ausländer zuziehen möchte. In der Regel wird dabei die wirtschaftliche und soziale Situation der Familienangehörigen bzw. die Einstellungsbereitschaft eines Arbeitgebers abgefragt. Anschließend gibt die Ausländerbehörde ihre Zustimmung zur Visumserteilung gegenüber der Auslandsvertretung ab.

Dieses Verfahren kann abgekürzt werden, indem die Ausländerbehörde die Zustimmung zur Visumserteilung schon abgibt, bevor die deutsche Auslandsvertretung eine Anfrage an sie richtet. So wird den Antragstellern ermöglicht, diese Zustimmung schon bei der ersten Kontaktaufnahme mit der Auslandsvertretung vorzulegen und das Visum eventuell sofort zu erhalten. Die Ausländerbehörde hat gemäß § 31 Abs. 3 AufenthV einen relativ weiten Ermessensspielraum zur Erteilung der Vorabzustimmung:

> »(3) Die Ausländerbehörde kann insbesondere im Fall eines Anspruchs auf Erteilung eines Aufenthaltstitels, eines öffentlichen Interesses, in den Fällen der §§ 18, 19, 19a oder 21 des Aufenthaltsgesetzes, in denen auf Grund von Absatz 1 Satz 1 Nummer 2 eine Zustimmung der Ausländerbehörde vorgesehen ist, oder in dringenden Fällen der Visumerteilung vor der Beantragung des Visums bei der Auslandsvertretung zustimmen (Vorabzustimmung).«

■ **Vorrangprüfung**

Die Vorrangprüfung ist für viele Beschäftigungen von Asylsuchenden und Geduldeten von der Arbeitsagentur (genauer der ZAV, siehe unten) vorzunehmen.

Im Rahmen der Vorrangprüfung wird geprüft, ob keine bevorrechtigten Arbeitnehmerinnen, das sind deutsche Staatsangehörige, Bürgerinnen eines EU- oder EWR-Staates oder Drittstaatsangehörige mit einer Erwerbserlaubnis (siehe oben) oder einer unbeschränkten Beschäftigungserlaubnis (siehe oben) für die zu besetzende Stelle zur Verfügung stehen.

Die Arbeitsagentur kann auch pauschal für einzelne Berufsgruppen oder Wirtschaftszweige feststellen, dass die Erteilung einer Beschäftigungserlaubnis den Arbeitsmarkt nicht negativ beeinträchtigt. Dies geschieht für die Beschäftigung in Mangelberufen

> Siehe die Positivliste für Mangelberufe, www.arbeitsagentur.de/positivliste.

■ **Wohnraum, ausreichender**

Die Bestimmung des ausreichenden Wohnraums enthält § 2 Abs. 4 AufenthG:

> »Als ausreichender Wohnraum wird nicht mehr gefordert, als für die Unterbringung eines Wohnungssuchenden in einer öffentlich geförderten Sozialmietwohnung genügt. Der Wohnraum ist nicht ausreichend, wenn er den auch für Deut-

sche geltenden Rechtsvorschriften hinsichtlich Beschaffenheit und Belegung nicht genügt. Kinder bis zur Vollendung des zweiten Lebensjahres werden bei der Berechnung des für die Familienunterbringung ausreichenden Wohnraumes nicht mitgezählt.«

Die Allgemeinen Verwaltungsvorschriften zum AufenthG konkretisieren diese Bestimmung:

»2.4.2 Ausreichender Wohnraum ist – unbeschadet landesrechtlicher Regelungen – stets vorhanden, wenn für jedes Familienmitglied über sechs Jahren zwölf Quadratmeter und für jedes Familienmitglied unter sechs Jahren zehn Quadratmeter Wohnfläche zur Verfügung stehen und Nebenräume (Küche, Bad, WC) in angemessenem Umfang mitbenutzt werden können. Eine Unterschreitung dieser Wohnungsgröße um etwa zehn Prozent ist unschädlich. Wohnräume, die von Dritten mitbenutzt werden, bleiben grundsätzlich außer Betracht; mitbenutzte Nebenräume können berücksichtigt werden.«

■ **Zentrale Auslands- und Fachvermittlung der Bundesagentur für Arbeit (ZAV)**

Die ZAV bietet Informations-, Beratungs- und Vermittlungsdienstleistungen für Arbeitnehmer und Arbeitgeber, die entweder Beschäftigungen im Ausland betreffen oder Beschäftigungen in Deutschland für Ausländer mit Wohnsitz im Ausland. Zuständig sind sie auch für alle Zustimmungen zu Beschäftigungserlaubnissen, die von den Ausländerbehörden ausgestellt werden.

Die jeweils zuständige Regionaldirektion, weitere Informationen und Antragsformulare finden sich unter: www.arbeitsagentur.de → Über uns → weitere Dienststellen → Zentrale Auslands- und Fachvermittlung

Anhang

1   Aufnahmebogen Flüchtlinge

Bei jeder Aufnahme von Daten muss den Ratsuchenden gesagt werden:
1. dass sie zu Angaben nicht verpflichtet ist,
2. dass ihre Daten ohne ihre Zustimmung an niemanden weitergegeben werden.
Es sind nur die Daten aufzunehmen, die für das Anliegen der Ratsuchenden erforderlich sind.

Anliegen:	☐ Asylverfahren ☐ Aufenthalt ☐ Soziales	
	Vollmacht erteilt?	
Name		
Anschrift		☐ Aufnahmeeinrichtung ☐ Gemeinschaftsunterkunft ☐ Hotel, Hostel o.ä. ☐ Privatwohnung
Mobil(telefon) **Mail**		
Staatsangehörigkeit		
Alter, Geburtsdatum		

Pass	☐ Nationalpass
	☐ Flüchtlingspass
	bitte immer zeigen lassen, bei Einwilligung Kopie anfertigen.
	☐ Pass hinterlegt?
	    Wo?
	    Wann?
	☐ keinen Pass
	    ☐ abgelehnt, warum?
	    ☐ nicht beantragt
	        ☐ wegen Geldmangel
	        ☐ sonstige Gründe:	

Letzte Einreise:		
Frühere Aufenthalte in Deutschland:		
Frühere Aufenthalte in der EU:		
Aufenthaltsstatus	☐ keine Papiere ☐ Anlaufbescheinigung oder Papier mit Zuweisung: seit: bis: ☐ Ankunftsnachweis/BüMA seit: bis: ☐ Aufenthaltsgestattung seit: bis: Aktenzeichen des BAMF: ☐ Duldung seit: bis:	

	☐ Aufenthaltserlaubnis
	    ☐ humanitäre Gründe (§§ 22, 23, 23a, 25, 25a, 25b AufenthG)
	    ☐ Studium, Ausbildung (§§ 16, 17 AufenthG)
	    ☐ Erwerbstätigkeit (§§ 18, 18a, 20, 21 AufenthG)
	    ☐ Familiennachzug (§ 28 zu Deutschen, §§ 29, 30, 32, 33, 34, 36 AufenthG zu Ausländern)
	seit: bis:
	Kopie vom eAT und Beiblatt anfertigen!
	☐ Fiktionsbescheinigung
	seit: bis:

Verlauf des Asylverfahrens/ der Aufenthaltssituation:	☐ Erstantrag ☐ Folgeantrag ☐ Zweitantrag ☐ erstes Interview (Dublin), am: Protokoll vorhanden? *Eventuell Kopie anfertigen!* ☐ Anhörung, am: Protokoll vorhanden? *Eventuell Kopie anfertigen!* ☐ Ladungen /Termine, am: ☐ sonstiges:
Dublin-Verfahren	☐ eingeleitet? ☐ EURODAC-Treffer vorhanden? ☐ Bescheid? Von wann? ☐ Gerichtliches Verfahren? Stand?
Anwaltlich vertreten	☐ nein ☐ ja Name: ☐ früher, Mandat beendet Name: Warum? ☐ es gab in den letzten Wochen anwaltliche Post *Eventuell Kopie anfertigen!*
Dolmetscher	Name: Erreichbar:
Weitere Beraterinnen/Unterstützer	
Familienangehörige	☐ Kinder: Welche Staatsangehörigkeiten ☐ Ehegatte/ eingetr. Lebenspartnerin Staatsangehörigkeit: ☐ Verheiratet seit: Heiratsurkunde: ☐ ja ☐ nein ☐ nur religiös verheiratet derzeitiger Aufenthaltsort: Aufenthaltspapier in Deutschland?: Einkommen: ☐ sonstige Familienangehörige: Verwandtschaftsverhältnis: Staatsangehörigkeit: Aufenthaltspapiere in Deutschland: Unterhaltsleistungen/ Garantieerklärung:

Erwerbstätigkeit	☐ Beschäftigungserlaubnis *eventuell Kopie anfertigen!* ☐ keine Erlaubnis
Schulabschluss	☐ja, wo? ☐Anerkennung beantragt?
Berufsausbildung/ Hochschulabschluss	☐ja, wo? Welche? ☐Anerkennung beantragt?
Leistungen zum Lebensunterhalt	☐ AsylbLG, § 3 ☐beantragt ☐ bewilligt ☐ Analogleistungen, § 2 ☐beantragt ☐ bewilligt ☐ SGB II ☐beantragt ☐ bewilligt ☐ SGB XII ☐beantragt ☐ bewilligt ☐ weitere Schritte erforderlich: ☐ folgende Unterlagen kopiert:
Familienleistungen	Welche?: ☐ beantragt, noch nicht entschieden ☐ bewilligt ☐ weitere Schritte erforderlich: ☐ folgende Unterlagen kopiert:
Ausbildungsbeihilfe	Welche?: ☐ beantragt, noch nicht entschieden ☐ bewilligt ☐ weitere Schritte erforderlich: ☐ folgende Unterlagen kopiert:
Sonstige:	☐ weitere Schritte erforderlich: ☐ folgende Unterlagen kopiert:

2 Tabellarische Übersicht über Leistungsansprüche

Aufenthaltsstatus	Grundsicherung Folgen bei Leistungsbezug	Ausbildungsbeihilfen BAföG/BAB/ MeisterBAföG	Familienleistungen
Anlaufbescheinigung	»Überlebens«-Sachleistungen	Nein	Nein
Ankunftsnachweis/ BüMA	AsylbLG	Nein	Nein*
Aufenthalts-gestattung	AsylbLG Analogleistungen ab dem 16. Monat nach Asylgesuch	Nein	Nein*
Duldung	AsylbLG Analogleistungen ab dem 16. Monat nach der ersten Aufent-haltsregistrierung – kein Übergang in Missbrauchsfällen!	Ab dem 16. Monat nach der ersten Auf-enthaltsregistrierung	Nein*
Humanitäre Aufenthaltserlaubnis			
§ 22 AufenthG Aufnahme durch Ein-zelfallentscheidung	SGB II Unschädlich	Ja	Ja
§ 23 Abs. 1 AufenthG Altfallregelung	SGB II Kann Verlängerung beeinflussen	Ja	Ja
§ 23 Abs. 2 AufenthG Aufnahme durch Gruppenentscheidun-gen (Jüdinnen aus Ex-Sowjetunion, Iraker)	SGB II Unschädlich	Ja	Ja
§ 23 Abs. 4 AufenthG Resettlement-Flücht-linge	SGB II Unschädlich, eventuell Wohnsitz-auflage	Ja	Ja
§ 23a AufenthG Entscheidung der Härtefallkommission	SGB II Kann Verlängerung beeinflussen	Ja	Nach drei Jahren Aufenthalt. Die Be-schränkung auf Er-werbstätige verstößt gegen die Verfas-sung und ist nichtig

Aufenthaltsstatus	Grundsicherung Folgen bei Leistungsbezug	Ausbildungsbeihilfen BAföG/BAB/ MeisterBAföG	Familienleistungen
§ 25 Abs. 1 oder Abs. 2 AufenthG Anerkannte Flüchtlinge	SGB II Unschädlich, eventuell Wohnsitzauflage	Ja	Ja
§ 25 Abs. 3 AufenthG Zielstaatsbezogene Abschiebehindernisse	SGB II Unschädlich, Wohnsitzauflage	Ab dem 16. Monat nach der ersten Aufenthaltsregistrierung – unvereinbar mit Art. 27, 23 QRL	Nach drei Jahren Aufenthalt. Möglicherweise Verstoß gegen Art. 29 Abs. 2 QRL. Die Beschränkung auf Erwerbstätige verstößt gegen die Verfassung und ist nichtig
§ 25 Abs. 4 Satz 1 AufenthG Vorübergehender Aufenthalt	AsylbLG Wohnsitzauflage	Fünf Jahre eigene Erwerbstätigkeit oder drei Jahre Erwerbstätigkeit eines Elternteils innerhalb der letzten sechs Jahre	Nach drei Jahren Aufenthalt. Die Beschränkung auf Erwerbstätige verstößt gegen die Verfassung und ist nichtig
§ 25 Abs. 4 Satz 2 AufenthG Aufenthaltsverlängerung in Härtefällen	SGB II Kann in bestimmten Fällen die Verlängerung beeinflussen Wohnsitzauflage	Ab dem 16. Monat nach der ersten Aufenthaltsregistrierung	Nach drei Jahren Aufenthalt. Die Beschränkung auf Erwerbstätige verstößt gegen die Verfassung und ist nichtig
§ 25 Abs. 4a AufenthG Opferzeugin in einem Strafverfahren wegen Menschenhandels	SGB II Kann in bestimmten Fällen die Verlängerung beeinflussen, Wohnsitzauflage	Fünf Jahre eigene Erwerbstätigkeit oder drei Jahre Erwerbstätigkeit eines Elternteils innerhalb der letzten sechs Jahre	Nach drei Jahren Aufenthalt. Die Beschränkung auf Erwerbstätige verstößt gegen die Verfassung und ist nichtig
§ 25 Abs. 4b AufenthG Straf- und Zivilverfahren wegen Arbeitsausbeutung	SGB II Wohnsitzauflage	Fünf Jahre eigene Erwerbstätigkeit oder drei Jahre Erwerbstätigkeit eines Elternteils innerhalb der letzten sechs Jahre	Nach drei Jahren Aufenthalt. Die Beschränkung auf Erwerbstätige verstößt gegen die Verfassung und ist nichtig

Aufenthaltsstatus	Grundsicherung Folgen bei Leistungsbezug	Ausbildungsbeihilfen BAföG/BAB/ MeisterBAföG	Familienleistungen
§ 25 Abs. 5 AufenthG Inlandsbezogenes Abschiebehindernis	AsylbLG Analogleistungen ab dem 16. Monat nach der ersten Aufenthaltsregistrierung. SGB II ab dem 19. Monat. Wohnsitzauflage	Ab dem 16. Monat nach der ersten Aufenthaltsregistrierung	Nach drei Jahren Aufenthalt. Die Beschränkung auf Erwerbstätige verstößt gegen die Verfassung und ist nichtig
§ 25a AufenthG Aufenthaltserlaubnis für integrierte Jugendliche	SGB II Unschädlich, solange in Ausbildung	Ja	Ja
§ 25b AufenthG Stichtagsunabhängiges Bleiberecht	SGB II In der Regel schädlich, wenn nicht mind. 50 % des Bedarfs durch Erwerbstätigkeit gesichert sind	Ja	Ja
Aufenthaltserlaubnis zum Familiennachzug			
§ 28 AufenthG Zu Deutschen	SGB II Unschädlich, steht aber der Erteilung einer Niederlassungserlaubnis entgegen	Ja	Ja
§§ 30, 32 AufenthG Zu Ausländern mit Niederlassungserlaubnis	SGB II Entscheidung über Verlängerung nach Ermessen	Ja	Ja
§§ 30, 32 AufenthG Zu Ausländern mit Studentenaufenthalt, Arbeitsaufenthalt, Forschungsaufenthalt	SGB II Führt zu Verlust des Aufenthaltsrechts	Ab dem 16. Monat nach der ersten Aufenthaltsregistrierung	Ja
§§ 30, 32 AufenthG Zu Ausländern mit humanitärem Aufenthalt nach § 25 Abs. 1 oder Abs. 2 AufenthG	SGB II Steht einer Verlängerung nicht entgegen	Laut Wortlaut ab dem 16. Monat – unvereinbar mit Art. 27, 23 QRL	Ja

Aufenthaltsstatus	Grundsicherung Folgen bei Leistungsbezug	Ausbildungsbeihilfen BAföG/BAB/ MeisterBAföG	Familienleistungen
§ 30, 32 AufenthG Zu Ausländern mit humanitärem Aufenthalt nach §§ 22, 23 Abs. 1 oder 25 Abs. 3 AufenthG	SGB II In den meisten Fällen ist eine Aufenthaltsbeendigung aus humanitären Gründen ausgeschlossen	Ab dem 16. Monat nach der ersten Aufenthaltsregistrierung	Ja
§ 30, 32 AufenthG Zu Ausländern mit Aufenthaltserlaubnis zum Zweck des Familiennachzugs	SGB II Entscheidung über Verlängerung nach Ermessen	Ab dem 16. Monat nach der ersten Aufenthaltsregistrierung	Ja
Aufenthaltserlaubnis zur Ausbildung/ Arbeit			
§§ 16, 17 AufenthG Studenten und Auszubildende	Nein, bei Schwangerschaft und Geburt eventuell, nur in Absprache mit der Ausländerbehörde	Nein	Nein*
§§ 18, 18a, 19a AufenthG Arbeitsaufenthalt für Beschäftigte	SGB II Führt zur Aufenthaltsbeendigung	Fünf Jahre eigene Erwerbstätigkeit oder drei Jahre Erwerbstätigkeit eines Elternteils innerhalb der letzten sechs Jahre	Ja
§ 21 AufenthG Arbeitsaufenthalt für Selbständige	SGB II Führt zu Aufenthaltsbeendigung	Fünf Jahre eigene Erwerbstätigkeit oder drei Jahre Erwerbstätigkeit eines Elternteils innerhalb der letzten sechs Jahre	Ja
Ausnahme: § 18 AufenthG, wenn von Beginn an feststeht, dass die Beschäftigung zeitlich befristet ist (Saisonarbeiter, Entsandte etc.)	SGB II Führt zur Aufenthaltsbeendigung	Nein	Nein*

Aufenthaltsstatus	Grundsicherung Folgen bei Leistungsbezug	Ausbildungsbeihilfen BAföG/BAB/ MeisterBAföG	Familienleistungen
§ 20 AufenthG Forschungsaufenthalt	Nein, Verweis auf die Garantieerklärung der Forschungsorganisation	Nein	Ja
Daueraufenthalt			
§§ 9, 9a AufenthG Niederlassungserlaubnis/ Daueraufenthalt-EG	SGB II Unschädlich	Ja	Ja

* **Anmerkung zu den Familienleistungen**:
Türkische Staatsangehörige erhalten Familienleistungen, wenn sie einer Sozialversicherung angehören, andernfalls erhalten sie nach sechs Monaten Aufenthalt Kindergeld.
Tunesische und marokkanische Staatsangehörige erhalten Kindergeld, wenn sie einer Sozialversicherung angehören.
Angehörige der Staaten Serbien, Montenegro, Kosovo und Bosnien-Herzegowina erhalten Kindergeld, wenn sie einer sozialversicherungspflichtigen Beschäftigung nachgehen.

Literatur

Aliens Act 1905 (An Act to amend the Law with regard to Aliens), Parliament of the United Kingdom, 5 Edw. 7 c. 13. http://www.uniset.ca/naty/aliensact1905.pdf, aufgerufen am 2.2.2016.

Bast, Jürgen (2011): Aufenthaltsrecht und Migrationssteuerung, Tübingen: Mohr Siebeck.

Beichel-Benedetti, Stephan: Die Neuregelung der Abschiebungshaft im Gesetz zur Neubestimmung des Bleiberechts und der Aufenthaltsbeendigung, NJW 2015, S. 2541 ff.

Bergmann, Jan/Dienelt, Klaus (2016): Ausländerrecht Kommentar, 11. Aufl., München: Beck.

Buckel, Sonja/ Pichl, Maximilian: Staatsprojekt Europa – Kämpfe um Hegemonie in der Europäischen Union, ZAR 2012, S. 178 ff.

Bundesamt für Migration und Flüchtlinge (BAMF) (2014): Durchführungsanweisung (DA) Asyl, Stand 2/2014.

Bundesamt für Migration und Flüchtlinge (BAMF) (2014), Entscheiderbrief 12/2014, http://www.bamf.de/SharedDocs/Anlagen/DE/Publikationen/Entscheiderbrief/2014/entscheiderbrief-12-2014.html, aufgerufen am 10.4.2016.

Bundesamt für Migration und Flüchtlinge (BAMF) (2015): Migrationsbericht 2013, http://www.bamf.de/SharedDocs/Anlagen/DE/Publikationen/Migrationsberichte/migrationsbericht-2013.html.

Bundesamt für Migration und Flüchtlinge (BAMF) (2013): Die Organisation der Aufnahme und Unterbringung von Asylbewerbern in Deutschland, Autor: Andreas Müllert.

Bundespsychotherapeutenkammer (2014): Stellungnahme vom 9.1.2014, PDF unter: www.bptk.de → Stellungnahmen → Stellungnahmen nach Thema → weitere Themen: Substantiierung von PTBS durch Psychotherapeuten.

ECRE: Crossing Boundaries, The new asylum procedure at the border and restrictions to accessing protection in Hungary, 10/2015.

Fahlbusch, Peter (2016) in: Hofmann.

Fegert, Jörg/Ludolph, Andrea/Wiebels, Katharina: Stellungnahme zur Perspektive unbegleiteter minderjähriger Flüchtlinge bei Erlangung der Volljährigkeit, JAmt 2015, S. 133 ff.

Filzwieser, Christian/Sprung, Andrea (2014): Dublin-III-Verordnung – Das Europäische Asylzuständigkeitssystem, Stand: 1.2.2014, Wien: NWV-Verlag.

Frerichs, Konrad (2016) in: Schlegel, Rainer/Voelzke, Thomas, juris Praxiskommentar SGB XII, 2. Aufl. 2014.

Friele, Boris/Saborowski, Nadja: Zur frühzeitigen Erkennung besonders schutzbedürftiger Asylsuchender, Asylmagazin 2015, S. 110 ff.

Frings, Dorothee/Tießler-Marenda, Elke (2015): Ausländerrecht für Studium und Beratung, 3. Aufl., Frankfur am Main: Fachhochschulverlag.

Gutmann, Rolf, Anm. zu BGH vom 26.2.2015 – 4 StR 233/14, NVwZ 2015, S. 838 f.

Hailbronner, Kay (Stand 2016): Ausländerrecht, Loseblatt, München: Rehm.

Hailbronner, Kay (2014): Asyl- und Ausländerrecht, 3. Aufl., Stuttgart: Kohlhammer.

Harbou, Frederik von: Einschluss und Ausschluss, Asylmagazin 2016, S. 9 ff.

Hecker, Bernd: Die verspätet und fehlerhaft umgesetzte Richtlinie 2008/115/EG und ihre Auswirkungen auf das Einreise- und Aufenthaltsverbot gem § 95 Abs 2 Nr 1 lit a, b AufenthG, ZIS 2014, S. 47 ff.

Heinhold, Hubert (2015): Recht für Flüchtlinge – Ein Leitfaden durch das Asyl- und Ausländerrecht für die Praxis, Karlsruhe: Loeper.

Hofmann, Rainer (Hrsg.) (2016): Ausländerrecht, 2. Aufl., Baden-Baden: Nomos.

Hohm, Karl-Heinz (2015) in: Schellhorn et al.

Hörich, Carsten/Riebau, Anne Meike: Zur Frage der Weitergeltung einer Verpflichtungserklärung für anerkannte Flüchtlinge, ZAR 2015, S. 253 ff.

Keßler, Stefan (2016) in: Hofmann.

Land NRW, Ministerium für Familien, Kinder, Jugend, Kultur und Sport: Leitfaden zur Umsetzung des vorläufigen Verfahrens zur Verteilung von unbegleiteten minderjährigen Flüchtlingen in Nordrhein-Westfalen vom 16.12.2015, www.mfkjks.nrw/ sites/default/files/asset/document/leitfaden_vorlaeufiges_verfahren_zur_verteilung_von_umf_nrw_0.pdf, aufgerufen am 7.2.2016.

Lehner, Roman/Lippold, Andreas: Wohnsitzauflagen für anerkannte Flüchtlinge und subsidiär Schutzberechtigte: Was lässt das (Europa-)Recht zu?, ZAR 2016, S. 81 ff.

Maiani, Francesco/Hruschka, Constantin: Änderungen im Dublin-Verfahren nach der Dublin III-Verordnung, ZAR 2014, S. 69 ff.

Majer, Christian: Die Anerkennung ausländischer Adoptionsentscheidungen, NZFam 2015, S. 1138 ff.

Makarov, Alexander: Das internationale Flüchtlingsrecht und die Rechtsstellung heimatloser Ausländer nach dem Bundesgesetz vom 25.4.1951, Zeitschrift für ausländisches öffentliches Recht und Völkerrecht 1952, 14 (3), S. 431 ff.

Marx, Reinhard (14.3.2016): »Rechtsgutachten zur unionsrechtlichen Zulässigkeit
des Plans der Staats- und Regierungschefs der Europäischen Union, die Türkei
als ›sicherer Drittstaat‹ zu behandeln im Auftrag von Pro Asyl«, www.proasyl.de.

Marx, Reinhard (2015): Aufenthalts- Asyl- und Flüchtlingsrecht, 5. Aufl., Baden-Baden:
Nomos.

Marx, Reinhard (2014a): Kommentar zum Asylverfahrensgesetz, 8. Aufl., Köln: Luchterhand.

Marx, Reinhard (2014b): Gutachten zur Einstufung von Serbien, Mazedonien und
Bosnien & Herzegowina zu »sicheren Herkunftsstaaten«, Pro Asyl, https://
www.proasyl.de/material/gutachten-zur-einstufung-von-serbien-mazedonien-und-
bosnien-herzegowina-zu-sicheren-herkunftsstaaten/, aufgerufen am 15.4.2016.

Marx, Reinhard: Änderungen im Dublin-Verfahren nach der Dublin III-Verordnung,
ZAR 2014, S. 5 ff.

Marx, Reinhard: Anm. zu BVerwG vom 6.3.2014 – BVerwG 1 C 2.13, ZAR 2014, S.
337 ff.

Meysen, Thomas/Beckmann, Janna/González Méndez de Vigo, Nerea: Zugang be-
gleiteter ausländischer Kinder zu Leistungen der Kinder- und Jugendhilfe nach
der Flucht, NVwZ 2016, 427 ff.

Münch, Bertold: Die Verpflichtungserklärung – ein zweischneidiges Schwert, Asylmagazin 2014, S. 226 ff.

Oltmer, Jochen (2013): Migration im 19. und 20. Jahrhundert, 2. Aufl., München:
Oldenbourg.

Pelzer, Marei/Pichl, Maximilian: Wohnsitzauflage und Residenzpflicht: Aktuelle Einschränkungen der Freizügigkeit von Flüchtlingen, ZAR 2016, S. 96 ff.

Pelzer, Marei/Pichl, Maximilian: Die Geltung der EU-Aufnahme- und Asylverfahrens-
richtlinien, Asylmagazin 2015, S. 331 ff.

Pschyrembel (2015), Klinisches Wörterbuch, de Gryuter: open-access-Verlag.

Renner, Günter/Bergmann, Jan/Dienelt, Klaus (2013): Ausländerrecht, Kommentar,
10. Aufl., München: Beck.

Rieger, Uta: Junge Flüchtlinge und ihre Familien – Neue Entwicklungen und Hand-
lungsbedarfe, Asylmagazin 2015, S. 282 ff.

Rixen, Stephan: Zwischen Hilfe, Abschreckung und Pragmatismus: Gesundheitsrecht der Flüchtlingskrise, NvwZ 2015, S. 1640 ff.

Robert Bosch Expertenkommission zur Neuausrichtung der Flüchtlingspolitik unter Armin Laschert (2015): Themendossier Zugang zu Gesundheitsleistungen und Gesundheitsversorgung für Flüchtlinge und Asylbewerber: Von der Erstversorgung bis zur psychosozialen Behandlung, Stuttgart.

Ruge, Kay: Residenzpflicht als Voraussetzung für Integration, ZAR 2016, S. 89 ff.

Schellhorn, Walter/Schellhorn, Helmut/Hohm, Karl-Heinz/Scheider, Peter (2015): Kommentar zum Sozialgesetzbuch XII, 19. Aufl., Köln: Luchterhand.

Stascheit, Ulrich/Winkler, Ute (2015): Leitfaden für Arbeitslose – Der Rechtsratgeber zum SGB III, 31. Aufl., Frankfurt am Main: Fachhochschulverlag.

Stiegeler, Klaus-Peter (2016) in: Hofmann.

Tiedemann, Paul (2015): Flüchtlingsrecht – Die materiellen und verfahrensrechtlichen Grundlagen, Heidelberg: Springer.

UNHCR: Guidelines on international protection No. 9, http://www.unhcr.org/refworld/docid/4f33c8d92.html, aufgerufen am 11.4.2016.

Wahrendorf, Volker (2014) in: Grube, Christian/Wahrendorf, Volker: SGB XII Kommentar, 5. Aufl., München: Beck.

Weizsäcker, Esther: Hochschulzugang für Asylsuchende, Asylmagazin 2016, S. 65 ff.

Wiesner, Reinhard: Nachtragskommentierung zum SGB VIII, Dezember 2015, § 42a Rn. N 16, http://rsw.beck.de/cms/?toc=WiesnerSGB.20, aufgerufen am 20.3.2016.

Informationsquellen

1   Arbeitshilfen für die Beratungsarbeit

GGUA-Flüchtlingshilfe e.V.
Bietet Qualifizierung für die Flüchtlings- und Migrationsarbeit.
Auf der Homepage finden sich hervorragende Übersichten und Arbeitshilfen, Gesetzestexte und Synopsen zu Gesetzesänderungen.
Das hochqualifizierte Beraterteam (Volker Maria Hügel, Claudius Vogt und Kirsten Eichler) bietet auch Fortbildungen an.
www.einwanderer.net/willkommen/

Flüchtlingsrat Berlin
Stellt auf seiner Homepage unter der Rubrik »Gesetzgebung« Merkblätter und Arbeitshilfen zum Asylverfahren ein. Von Gereon Classen wird das gesamte Sozialrecht für Flüchtlinge ständig aktualisiert.
www.fluechtlingsrat-berlin.de

2   Asylrechtsprechung und Länderinfos

Informationsverbund Asyl- und Migration
Ist ein Zusammenschluss von ProAsyl, Amnesty International, allen Wohlfahrtsverbänden und dem UNHCR.
Es werden aktuelle Informationen aus der Rechtsprechung zur Verfügung gestellt und auf die Datenbank ECOI weitergeleitet.
Der Informationsverbund ist Herausgeber des monatlich erscheinenden »Asylmagazin«, Zeitschrift für Flüchtlings- und Migrationsrecht.
www.asyl.net

European Country of Origin Information Network
Ist die umfangreichste europäische Datenbank zu den Herkunftsländern von Flüchtlingen. Die Dokumente können unter dem jeweiligen Herkunftsland aufgerufen werden.
www.ecoi.net

Amnesty International
Erstellt Berichte zu Menschenrechtsverletzungen in allen Staaten der Welt.
www.amnesty.de

BAMF – Informationsdatenbank MiLo (Migrations-InfoLogistik)

Auch das Bundesamt für Migration und Flüchtlinge stellt eine Datenbank zu den Herkunftsstaaten mit Länderberichten und Asylrechtsprechung der deutschen Verwaltungsgerichte zur Verfügung:
https://milo.bamf.de/milop/livelink.exe?func=llworkspace&attlogin

Austrian Centre for Country of Origin and Asylum Research and Documentation (ACCORD)

Das Forschungszentrum erstellt eigene Berichte zu wichtigen Herkunftsstaaten und dokumentiert Berichte von Menschenrechtsorganisationen.
http://www.roteskreuz.at/migration-suchdienst/accord/

Schweizerische Flüchtlingshilfe

Die schweizerische Flüchtlingshilfe erstellt eigene Berichte zu den Herkunftsstaaten, die von vielen Verwaltungsgerichten in Deutschland für Asylentscheidungen herangezogen werden.
www.fluechtlingshilfe.ch

Deutsches Institut für Menschenrechte

Das Deutsche Institut für Menschenrechte gibt Stellungnahmen ab zu Menschenrechtsverletzungen in Deutschland, ist Monitoringstelle für mehrere Menschenrechtspakte und arbeitet international mit Menschenrechtsorganisationen zusammen.
http://www.institut-fuer-menschenrechte.de

UNHCR

Der Hohe Flüchtlingskommissar der Vereinten Nationen stellt auf der deutschen Homepage Informationen zum internationalen und deutschen Flüchtlingsrecht sowie zu der Situation von Flüchtlingen weltweit bereit.
www.unhcr.de

3   Kontaktadressen

Informationsverbund Asyl- und Migration

Hier finden sich Verzeichnisse zu Beratungsangeboten, Organisationen, Migrationsanwältinnen, den Flüchtlingsräten der Bundesländer und den Psychosozialen Zentren.
www.asyl.net

Flüchtlingsrat Berlin
Auf der Homepage findet sich eine umfangreiche Link-Liste zu Behörden und staatlichen Stellen, zu Flüchtlingsorganisationen in Deutschland, Europa und weltweit, zu Forschungsprojekten und zu Antirassismus-Projekten.
www.fluechtlingsrat-berlin.de

Asyl in der Kirche e.V.
Ökumenische Bundesarbeitsgemeinschaft Kirchenasyl berichtet auf ihrer Homepage über aktuelle Ereignisse und Zahlen im Zusammenhang mit der Aufnahme von Flüchtlingen im Kirchenasyl.
www.kirchenasyl.de

ECRE
The European Council on Refugees and Exiles (ECRE) ist ein Europäischer Zusammenschluss von 90 NGO zur Unterstützung von Flüchtlingen.
Auf ihrer Homepage können Kontaktadressen in ganz Europa ermittelt werden.
Die Datenbank »aida« enthält Informationen zum Asylrecht in vielen europäischen Staaten.
Der ELENA-Index listet Rechtsanwältinnen und Organisationen auf, die rechtliche Beratung und Vertretung im Asylverfahren anbieten.
www.ecre.org

4   Gesetzgebung

Flüchtlingsrat Berlin
Der Berliner Flüchtlingsrat stellt auf seiner Homepage unter der Rubrik Gesetzgebung alle Gesetzentwürfe, Stellungnahmen und sonstigen parlamentarischen Vorgänge ein.
www.fluechtlingsrat-berlin.de

Gesetzestexte
Finden sich vollständig und aktuell unter:
www.gesetze-im-internet.de

Stichwortverzeichnis